KB113670

문학 거장들에게 영감을 불러일으킨 사랑과 열정, 그리고 유머

프랑스 궁정 스캔들

브랑톰 Brantiôme 지음 | 임승신 옮김

태양 없는 토요일이란 있을 수 없고,
아름다운 여자가 사랑을 하지 않는다는 건
있을 수 없는 일이다.

뻐꾸기 남편들은 흔히 자신의 정력과 열정에
회의를 가지며, 아내들은 아직도
기운이 넘쳐난다고 믿는 늙은이들이다.

젊고 아름다운 여자와 결혼하는
어리석음을 범한 연인이나
의 마음은 질투와 의심으로 가득 차 있다.

스페인 사람들은 어떻게 말하지 않았던가.
"많이는 아주 잘 안다.
충분히 나이를 먹었기 때문에."

아내를 만족시켜 주지 못한다는
모멸감이 이리도 큰데
대체 왜 결혼을 한 것인지.

젊고 아름다운 여자들은 늙은 남편이 죽은 후에
누리게 될 부의 그림자를 좇아 결혼을 하고,
새로운 시간이 오기만을 늘 기다린다.

더치맨이 갑먼 낭군들에게도 하직
온순한 구석이 남아 있어
사자가 빠른 나비로 바뀌기도 한다.

우리 몸을 무겁게 하는 이복시이면 됨옷들은
깊은 따뜻하게 해줄 수 있는데
어째서 몸속은 데워줄 수 없는 건지 참 이상도 하지요?

엉덩이의 외육이 너무 장하고 힘이 외육을
따르지 못한다면 그보다 더한
고통과 애석한 일이 또 있으랴.

작신에 대한 상대의 세평을 확인하겠다고
철학적인 돌너라를 달리고 있는 남잘 아랠게 끌리면서
혼지 미믿스런 쾌감을 느꺼는 것이다.

어떤 다리가 가장 유혹적이며 사람의
눈길을 끄는가 하는 질문을 던져보고자 한다.
맨 다리일까, 감추어진 다리일까.
아니면 구두를 신은 다리일까?

해쁘고, 야심 많고, 돈 좋아하고, 오만하고,
웃 갈 입고, 갖은 치장을 다하는,
한 다리로 딱 그런 여자들은 모를 대는 게
아니라 엉덩이부터 디반다니까

사랑에 복달아하는 이의 갈증을 풀어주고,
죽어가는 사람에게 생명을 주는 것보다 더한
자비로움이 어디 있나요?

산수야

프랑스 궁정 스캔들

초판 1쇄 발행   2014년 9월 1일
초판 2쇄 발행   2014년 10월 10일

지은이   브랑톰
옮긴이   임승신
발행인   권윤삼
발행처   도서출판 산수야

등록번호   제1-1515호
주소   서울시 마포구 월드컵로 165-4
우편번호   121-826
전화   02-332-9655
팩스   02-335-0674

ISBN 978-89-8097-311-8   03330

값은 뒤표지에 있습니다. 잘못된 책은 바꾸어 드립니다.

이 도서의 국립중앙도서관 출판시도서목록(CIP)은
서지정보유통지원시스템 홈페이지(http://seoji.nl.go.kr)와
국가자료공동목록시스템(http://www.nl.go.kr/kolisnet)에서 이용하실 수 있습니다.
(CIP제어번호: CIP2014020945)

알랑송 공작 전하께

····· *Les Dames galantes* ·····

전하와 함께 은밀하고 친숙하게 궁에서 나누었던 많은 이야기를 저는 새로운 이야기로 만들어 볼까 합니다. 궁정의 많은 어르신을 대하듯 친절하게 맞아 주시며 함께 나누었던 이야기들 속에서 저를 기억하며, 당신께서 흡족한 시간을 보내실 수 있기를 희망하면서 최선을 다해 이 글을 시작하였습니다.

저는 이 책을 당신께 바칩니다. 이 책이 진지한 내용으로 가득하기를 기대하며, 당신의 고귀한 이름과 권위를 더욱 군건히 하는 데 기여할 수 있기를 기원합니다. 이 이야기가 한편으로는 오늘날 기독교에 관용을 베풀고 있는 여섯 분의 왕자님과 장군님들, 즉 당신의 형이신 앙리 3세와 매제이신 나바르 왕, 귀즈 공작, 뒤 멘, 파름 왕자의 빛나는 능력과 가치와 장점과 공적 등을 상세히 열거하며 나보다 더 좋은 판단을 내릴 수 있는 분께 결론을 미루고 있음을 보시게 될 것입니다.

전하, 영원히 잊지 못할 당신의 위대함이 더욱더 빛나게 해주시길 하나님께 기도 드립니다.

당신의 미천하고 충성스러운 기사 부르데유

알랑송 공작님의 죽음에 부쳐

····· *Les Dames galantes* ·····

저는 '여인'에 관해 쓴 이 책을 살아생전 늘 제게 정을 베풀어 주시고 함께 은밀한 담소를 즐긴 알랑송 전하께 바칩니다. 비록 고귀하신 육신은 명예로운 검 아래 누워 계시지만, 이 땅을 스쳐 가신 위대한 분들과 함께 너무도 일찍 죽음을 맞이하신 그분의 업적과 공을 되새기고 싶습니다.

심각한 이야기는 잠시 접어두고 유쾌한 이야기를 시작하려 합니다.

차례

····· Les Dames galantes ·····

CHAPTER 1
바람둥이 아내를 둔 뻐꾸기 남편들의 이야기 _ 16

뻐꾸기의 계절 | 칼을 품은 뻐꾸기 | 살아남은 여인들 | 로마 시대의 바람둥이 |
처참한 죽음 | 바람둥이 아내를 만드는 남편들 | 쾌락을 위하여 | 성적인 승리 |
산제의 모험 | 아내에 대한 찬사와 자랑 | 다양한 뻐꾸기들 | 복수의 문제

CHAPTER 2
사랑에 빠진 여인들과 바람을 피우는 이유 _ 77

사랑을 찾아 나선 여인들 | 순결하지 않은 처녀들 | 첫날밤의 에피소드 | 신부
의 바람기 | 무능한 남편 | 건달이냐, 부자 뻐꾸기냐 | 애정 표현 | 복수의 쾌
락 | 몰래 하는 사랑과 드러낸 사랑 | 바람둥이 아내에 대한 처방 | 누가 더 창
녀일까 | 박애주의의 실천 | 추녀의 정절보다는 미녀의 바람기가 낫다 | 뻐꾸
기 남편의 변태적 행위 | 왕실의 악습과 편견 | 불륜의 대가

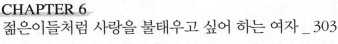

브랑톰과 『프랑스 궁정 스캔들』

1584년은 브랑톰에겐 불운의 한 해로 기록된다. 그해 초여름 그가 모시고 따르던 프랑스의 왕위 계승권자 알랑송 공작이 세상을 떴다.[1] 그리고 불행은 결코 혼자 찾아오지 않는다고 했던가. 그해 가을 어느 날 여느 때처럼 머릿속에 익살스런 상상을 하며 말을 달리던 그는 안장이 뒤집히면서 말에서 떨어진다. 이 사고로 18개월 동안 침대만 지켜야 하는 나날을 보내게 된다. 움직일 수 없는 고통의 나날 동안 피에르 드 부르데유, 브랑톰 경은 브랑톰 승원에 갇혀 지내면서 운명의 부침에 관하여 많은 생각을 하게 된다. 알랑송 공작이 죽었을 때 왕이었던 앙리 3세에게선 더 이상 기대할 것이 없으며[2] 귀즈 공작 역시 더 바랄 것이 없다

---

1) 알랑송 공작은 앙리 2세와 카트린 드 메디시스의 넷째 아들로서 앙리 3세를 이을 프랑스 왕위 계승권자였으나 1584년 사망하였고, 그의 누이 마르그리트 드 발루아(여왕 마고)와 결혼한 앙리 드 나바르가 계승권자가 된다. 이때의 왕위 계승권을 둘러싼 세력 다툼을 간단히 살펴보면, 앙리 2세(1547-1559); 카트린 드 메디시스와 결혼, 10명의 자녀를 두었으며 그중 3명의 아들이 왕이 되었다.

  • 프랑수아 2세(앙리 2세의 장남, 1559-1560)
  • 샤를 9세(앙리 2세의 둘째 아들, 1560-1574)
  • 앙리 3세(앙리 2세의 셋째 아들, 1574-1589)

그 다음 왕위 계승권자인 넷째 아들 알랑송 공작이 사망하고, 왕위 계승권자가 되면서 야심이 불타오른 앙리 드 나바르는 지지세력인 종교(위그노, 즉 신교)적 열정을 다시 키운다. 그러나 가톨릭 세력을 업고 있는 앙리 드 귀즈는 앙리 드 나바르의 왕위 계승권을 인정하려 들지 않았다.

  • 앙리 4세, 즉, 앙리 드 나바르(1589-1610).

고 생각한 그는 모든 재산을 팔고는 프랑스를 떠나 필립 2세[3]에게 가는 것만이 고귀한 보답을 받을 수 있는 길이라고 생각하게 된다.

그러나 뜻하지 않은 사고로 꿈을 버리고 모든 것이 신의 뜻이라 여기면서 다른 길을 걷게 된다. 이로써 그는 물질적인 명예와 부 대신에 '누군가'에 의해 '풍요롭게 쌓아올린' 재산과 명예를 갖게 된다. 그가 받아들일 수 없었던 부르봉 왕가의 치하에서 쓰인 이 글들은 어쩔 수 없이 적응하고 체념하며 때론 아첨하는 듯 보이기도 하지만 그 속에서 종종 내비치는 냉소주의는 마음속에 깔려 있는 반감에서 비롯된 것이 아닐까 싶다. 시간이 지나면서 몸이 많이 회복됐지만 예전과 같이 자유롭지 못했던 브랑톰은 특별한 경우가 아니면 승원을 떠나지 않았다. 1587년 잠시 파리에 머물렀으나 과거의 동료들은 세 갈래의 적이 되어 마음대로 만날 수도 없었다. 게다가 과부인 그의 제수 자케트 드 몽브롱은 콩 데 왕자의 사람들에게 쫓기고 있으니 보호해 달라며 마르타 성에 은거했다.

3파전이[4] 극에 달했던 1588년에는 지방에 기거한 것으로 보이며

---

2) 알랑송 공작 밑에서 일해 온 브랑톰은 주인이 죽은 뒤 앙리 3세가 자기를 인정해 주지 않고 바라던 직책에서 제외시켜 버리자 실망감을 맛보게 된다. 앙리 3세가 앙드레 드 브루데아가 물러난 페리고르의 대법관직을 브랑톰에게 주지 않고 오베테르가 맡도록 승인했기 때문이다. 그는 왕의 어머니인 카트린 드 메디시스와 저녁 식사를 하면서 강력하게 항의하지만 이미 내려진 결정을 돌이킬 수는 없었다. 분을 이기지 못한 브랑톰은 절친한 동료들에게 이 모든 이야기를 하며 다시는 프랑스 왕을 위해 봉사하지 않겠다고 선언했다. 그러고는 하늘을 미워하고 왕을 저주하면서 허리춤에 지니고 있던 왕실의 황금열쇠를 센강에 던져 버렸다. 그로부터 왕과의 인연은 완전히 끊어지고 말았다.

3) 1556-1598, 스페인 왕.

4) 앙리 3세에 이어 왕위를 계승할 알랑송 공작이 죽음으로써 정국은 3명의 앙리에 의한 3파전에 본격적으로 돌입했다. 앙리 3세를 필두로 한 왕정주의자, 가톨릭 옹호를 내세우며 앙리 3세를 밀어내려는 목적으로 앙리 드 귀즈가 이끈 가톨릭 동맹(라 리그(La Ligue)), 앙리 드 나바르가 이끄는 신교도가 바로 그들이다. 이렇게 세 갈래로 나뉘어 서로를 죽이는 16세기 말의 프랑스를 이해한다면 브랑톰의 입장과 처신을 이해할 수 있으며, 본문을 읽어감에 있어서도 얽히고설킨 남녀 관계가 이런 시대상과 무관하지 않음을 느낄 수 있을 것이다.

1589년 2월 7일 파리에서 비참하게 살해된 앙리 3세의 장례식에 참석했으나 이후 "파리는 살기에 괜찮은 곳이지만, 죽기에 적합하지 않다."며 영지로 돌아와 세상사에서는 완전히 은퇴하고 지내게 된다. 그의 유일한 외출은 말하기를 즐기는 여왕 마고, 마르그리트 드 발루아를 만나는 일이었다. 카이사르나 폼페이우스의 연설문을 번역해서 그녀와 함께 읽곤 했는데 그녀는 늘 브랑톰에게 글쓰기를 독려해 준 여인이었다.

일찍이 궁정 생활을 할 때부터 생생하고 감칠맛 나게 이야기를 잘했던 브랑톰은 자신이 늙어 간다는 것을 깨달으면서 기억들을 글로 옮기기 시작했다. 뿐만 아니라 병석에 있을 때부터 많은 산문과 콩트, 시, 이야기 등을 쌓아놓고 있었으며, 15년 이상 자신의 작품을 교정하고 집필하는 데 바쳤다. 그는 오랜 시간을 서재에서 보냈지만 책보다는 자신이 갖고 있던 생생한 기억 속에서 더 많은 걸 끌어내었다. 그는 자신의 영지 안에 있는 브랑톰 승원, 부르데유 가의 저택, 샤토 투르 블랑슈, 그리고 자기 땅 한구석에 지어올린 리슈몽 저택을 오가면서 아름답던 젊은 날을 회상하며 글을 쓰거나 받아 적게 하며 작품 생활에 몰두하며 지냈다.

브랑톰은 늘 독서를 즐겼을 뿐만 아니라, 용맹스런 전사들의 덕행, 처세술, 결투, 모험, 그밖에도 민첩하게 오가는 비방과 모략에 의해 들추어지는 귀부인들의 내밀한 이야기들을 좋아했다. 한편, 고대에서부터 당대에 이르기까지 불어로 된 책뿐 아니라 스페인, 고대 그리스, 로마 시대의 라틴어 서적에 이르기까지 엄청난 양의 책을 소화해 낼 능력과 정열과 시간이 충분했다. 브랑톰은 종종 책 속의 기억으로 거슬러 올라가 거의 유사한 언어로 있는 그대로의 내용을 자신의 이야기 속에 끼워 넣기도 하고, 때론 변화를 주면서 자신의 기억에 남아 있는 채로 인용하기도 하며, 이야기의 감칠맛과 자극을 더하기 위해 작은 항목들을 윤색하며 배열해 넣기도 한다. 따라서 그에게서 책 냄새를 맡지 못하고 단지 이야기꾼으로만 받아들인다면 이는 분명 그를 그릇되게 인식하는 것이다. 물론 이 책의 근간은 대부분 구술에 의존하며 이야기를 엮어가는 방식은 엄격한 글쓰기보다는 '잘 말하는 것'에 대부분을 할애하고 있다.

브랑톰의 언어를 살펴보면 그와 동시대인인 몽테뉴나 아미요의 언어와는 전혀 다른, 독특하고 상쾌한 즐거움을 간직하고 있다. 특히 『프랑스 궁정 스캔들』은 쓰였다기보다는 말하여졌다고 할 수 있는데, 작자는 '잘 쓰지 않는' 반면 회화적인 용어, 정확한 단어, 편안하고 생생하며 탄력 있는 표현법으로 '잘 이야기하고 있다'고 할 수 있다. 그가 가장 많이 탐독한 책은 나바르 여왕이 쓴 『엡타메론』(7일 이야기, 미완성 작품, 1559) 이었다. 쓰기에 대한 그의 열정을 자극해 준 이가 마르그리트 드 발루아 (여왕 마고)였다면, '언어를 구사할 줄 안' 것은 아마도 조모인 루이즈 드 다이용의 영향을 받지 않았나 싶다. 조모는 나바르 여왕의 글쓰기에 늘 함께했던 터라 『엡타메론』의 완성되지 못한 부분의 자료와 기원까지 브랑톰에게 모두 전해 주었다. 게다가 그는 뛰어난 언변과 독설로 유명한 그의 삼촌 샤테뉴레의 재능 일부를 이어받았음에 틀림없었고, 자신도 이미 귀족들 사이에서 이야기꾼으로서 명성을 쌓아두고 있었다.

이야기를 잘하는 이야기꾼에게 시대상을 정말 잘 그려내고 있는 건지 확인하려는 사람이 있다면, 이 책의 작가가 발루아 궁정의 열정적이면서도 경박하고, 노골적이면서도 세련되고, 광신적이면서 천박하고,

관능적이면서, 화려하고 잔인한 면들을 아주 적나라하게 증언해 주고 있음을 인정하게 될 것이다. 증인으로서의 브랑톰의 기질을 분석해 보면, 회의주의적이며 자유주의자이고 만사에 개의치 않는 무관심한 성격이지만, 희로애락에 싫증나 권태롭고 매사에 감정이 무디어진 사람이라기보다는 매사를 즐기는 일종의 딜레탕티슴으로 설명할 수 있을 것 같다.

기사로서, 외교사절로서 스코틀랜드, 영국, 이탈리아, 포르투갈, 스페인, 말트를 여행한 그는 당대의 상류 사회를 익명으로, 때론 실명으로 실감나게 전해 준다. 베일에 감싸듯 신중하게 "위대하신 왕자님께서" "고귀하신 어느 부인께서" "어느 왕께서" 등 익명을 사용하면서도, 끊임없이 빈정대는 아이러니컬한 조롱과 교묘한 수법으로 독자들로 하여금 그 익명의 주인공들을 눈치챌 수 있도록 유도하면서 루이즈 드 사부아, 프랑수아 1세, 앙리 2세, 카트린 드 메디시스, 마르그리트 드 발루아 등의 사랑과 광기, 그리고 그들의 스캔들을 보여준다.

한 사회를 그려냄에 있어 철학적 사고와 도덕적 고찰로 사실을 윤색하고 이야기에 깊이를 더하는 모랄리스트들은 피상적으로 드러나는 것만으로 그 사회를 묘사하는 브랑톰을 비난한다. 사실 그는 도덕적인 기준에서 사회를 그리기보다는 타고난 호기심으로 생생하게 그림처럼 펼쳐지는 사랑 얘기들과 만나서, 경쾌하고 생동감 있는 다양한 빛깔로 섬세하고 화려하게 만들어지는 하나의 양탄자처럼 이야기를 엮어가고 있다.

이 책이 보여주는 주요한 양상의 하나는 바로 스캔들과 이 "정숙한 여인들"의 탈선이라고 할 수 있다. 브랑톰은 이러한 면들을 도덕적 타락이라는 각도보다는 즐거운 그림이라는 각도에서 자연적인 현상으로 보고 있다. 그 역시 호색한이며 완전한 공모자인 브랑톰은 정절이 더 이상 덕목이 될 수 없는 정숙한 여인들 편에서 넓은 관용을 베풀고 있다.

모리스 라

이야기를 시작하며

······ *Les Dames galantes* ······

바람을 피우는 것도 여자들이요, 아내를 빼앗긴 남편을 만들어 내는 것 역시 여자들인 만큼 여자들에 관한 이야기를 하면서, 고귀하신 어르신네들의 이야기도 함께 다루게 된 점을 이해해 주기 바란다. 나는 실로 큰 작업에 손을 댔으며, 이 일이 그야말로 밑도 끝도 없는 일임을 잘 알고 있다. 아마 파리 회계원을 동원한다 해도 남과 여에 얽힌 그 많은 사연의 절반을 문서로 옮기는 것은 어려울 것이다. 하지만 나는 쓸 수 있는 데까지 써 내려 갈 것이고, 더 이상 계속할 수 없다고 여겨질 때에는 펜을 악마에게 던져 버리든가 내 뒤를 이을 만한 괜찮은 친구에게 넘겨 줄 작정이다.

내가 다루려는 부류의 남녀들이란 그 수를 헤아리기 어렵고, 또한 복잡 미묘하고 다양해서 일목요연하게 정리하는 것은 전쟁터의 유능한 지휘관이라 할지라도 쉬운 일은 아닐 것이다. 따라서 내 이야기가 두서가 없더라도 양해해 주길 바라며 붓 가는 대로 풀어보겠다.

CHAPTER
1

바람둥이 아내를 둔
뻐꾸기 남편들의 이야기

Les Dames galantes

———

미치광이 같던 남편들에게도 온순한 구석은 남아 있기 때문에
사자가 때로는 나비로 바뀌기도 한다. 하지만 이런 일이 어디 흔하랴.

———

뻐꾸기의 계절

먼저 내 상상력에 힘입어 뻐꾸기[1]와 그의 사냥감, 그리고 뻐꾸기의 계절인 4월의 이야기부터 할까 한다. 어쩌면 이 이야기는 1년 내내 이들을 충분히 보고 겪는 나뭇가지에 비유될 수도 있을 것이다.

바람둥이 아내를 둔 남편은 여러 부류가 있다. 그 중에 여자들이 가장 두려워하고 또한 두려워해야 할 남편이란 때론 참을 수 없는 진실 때문에, 때론 거짓된 일 때문에 다른 사람을 괴롭히고 죽이는 미치광이들이며, 위험스럽고 별나고 못되고 사악하고 잔인하며 다혈질에 음흉한 그런 남편들이다. 그런 자들은 사소한 일에도 세상을 의심하여 분노에 치를 떤다. 그러나 방탕한 여인들과 그 애인들은 그런 남편들만큼이나 사악한 마음을 가졌기 때문에 그들의 행위에 일말의 가책조차 느끼지 못한다. 만일 정부가 조금이라도 주저하는 모습을 보이면 여자들은 온갖 방법으로 용기를 북돋워가며 위험한 일을 즐기고, 상황이 위태로울수록 더욱더 능란하게 이를 즐긴다.

고상한 것에는 손톱만큼도 관심이 없고 저속한 것만을 즐기는 어떤 부인이 있었는데 늘 이렇게 말했다.

"창녀처럼 마음을 열어젖힐지어다."

무엇 하나 남에게 뒤떨어지는 것이라곤 없는 지체 높고 고귀한 숙녀분이 한 남자와 사랑을 나눌 좋은 기회를 맞이하였다. 그런데 남편에게 들키자 갑자기 그 남자를 뻔뻔스러운 치한으로 몰아세우며 자리를 박차고 떠났다. 여자들이란 열정이 솟아나 사랑을 나누다가도 갑작스런 방해

---

1) 브랑톰은 '바람둥이(Cocu)'라는 말을 다른 새의 둥지에 알을 낳는 '뻐꾸기'에 비유했다.

로 즐거움을 누릴 수 없는 상황이 되면 이처럼 미련 없이 돌아서 버린다.

이와는 달리 넓은 바다와 전장에서 위험을 무릅쓰는 뱃사람이나 병사들처럼 많은 위험을 감수하면서도 사랑을 위해선 그 어느 것도 두려워하지 않는 여자들에게 우린 경탄하지 않을 수가 없다. 어느 스페인 여인이 한번은 왕의 숙소에서 한 기사와 사랑을 나누게 되었다. 그러자 은밀한 곳에 숨어들면서 기사가 한마디 했다. "이 좋은 곳에서, 당신만 아니었다면!" 그러자 그 여인은 덧붙여 이렇게 응수했다. "이 좋은 곳에서, 당신만 아니었다면! 그래요, 정말 당신 아닌 다른 사람이었다면……." 막상 서로가 마음속에 그리던 멋진 장소를 차지하게 되자 비겁하게 다른 욕심이 생겨났던 것이다.

한 아름다운 숙녀 분께서 함께 잠자리를 할 수 있는 밀회 장소를 마련했는데, 애인이 그녀의 손끝 하나 건드리지 않아 욕정과 정조를 그대로 간직한 채 밤을 지새우게 될 판이었다. 마침내 더 이상 참지 못할 지경에 이른 그녀는 연인에게 자기가 명령하는 대로 행하도록 하여 사랑을 나누었다. 이후 그는 이전에 체험한 그 어떤 것과도 비교할 수 없는 쾌락을 알게 되었다고 한다.

어떤 이는 매우 소심하거나 비열하고, 어떤 이는 또 그와는 다른 면을 갖고 있게 마련이다. 지금부터는 각자가 지니고 있는 여러 가지 기질과 그들의 언동을 다양하게 보여주고자 한다.

어느 여인이 밤을 함께 보내려고 애인을 침실에 들게 했다. 그는 자기의 의무를 다하려고 속옷 차림으로 찾아왔다. 하지만 한겨울이라 몸이 얼어붙어 정작 잠자리에선 아무것도 할 수 없었고 오로지 몸이 데워지기를 기다려야만 했다. 그러니 여인은 그를 증오하며 다시는 보지 않을 수밖에.

한 신사 분과 사랑을 나누고픈 여자가 있었다. 게다가 이 신사 분은 그녀의 미모가 자기를 자극할 수만 있다면 하룻밤에 적어도 여섯 번은 사랑을 나눌 수 있을 거라고 자랑했다.

"너무 허풍떠는 거 아니에요?" 하면서도 그녀는 오늘 밤 침실을 제공하겠노라고 말했다. 그런데 어찌된 영문인지 침대에 오르자마자 몸이 얼어붙고 신경조차 마비되었는지 단 한 번의 사랑도 나눌 수가 없었다. 여자는 화가 나서 "다른 일을 하러 오셨나요? 그렇다면 당장 내 침실에서 나가요. 휴식을 취하라고 호텔방을 내드린 줄 아세요? 당장 나가요."

이렇게 쫓아내고는 그를 조롱하며 페스트보다도 더 끔찍하게 여겼다. 하지만 이 신사 분은 자기가 훌륭한 수도사인 바로(Baraud)와 프랑수아 국왕의 사제장 기질을 함께 갖추었다고 흡족해 하곤 했다. 그 후에도 그는 궁정의 많은 여인과 잠자리에 들었는데(적어도 한 다스는 되는 것 같다) 아침이면 이렇게 말하곤 했다고 한다.

"미안하게 됐소, 마담. 더 잘할 수 있었는데 어젠 설사약을 먹어서 말이오."

그때부터 사람들은 그를 허풍쟁이 바로 장군이라 불렀다. 나이가 들자 그의 남성다움도 시들어 버리고 비참해져 갔다. 약간 남아 있던 재산은 흥청망청 써버리고, 남은 기운은 한 방울 한 방울 그의 몸에서 빠져나가고 말았다. 그러자 그가 말했다.

"만약 내가 건강한 기력을 한 방울씩 뿜어낼 수 있는 젊은 나이라면 내게 주어진 일을 더 잘할 수 있을 텐데."

리그(Ligue) 전쟁 때 씩씩하고 용맹스러운 군인이 있었다. 훌륭한 지휘관이었던 그는 주둔지로 돌아오는 길에 젊고 아름다운 과부의 집을 지나게 되었다. 피로에 지친 그는 자기 집에 머물다 가라는 간절한 청을 뿌리칠 수 없었다. 정성껏 식사 대접을 한 뒤, 그녀는 전쟁 통에 엉망이라며 자기 침대와 방을 내주었다. 그리고 자신은 작은 침대가 있는 방으로 물러갔다.

남자는 한사코 거절했지만, 간청하는 그녀의 요구를 뿌리치지 못하고 그만 침대에서 잠이 들고 말았다. 피로에 지친 데다 잘 먹은 탓에 곁에 여자가 아름다운 모습으로 나란히 눕는 것도 느끼지 못할 만큼 깊은 잠에 빠져들었다. 다음날 해가 중천에 떠서야 깨어난 남자에게 여자가 이렇게 말했다.

"보다시피 당신은 나와 함께 잔 게 아니에요. 침대가 줄 수 있는 기쁨을 당신이 모두 차지하는 걸 원치 않았기 때문에 당신만큼 나도 그 절반의 기쁨만을 누렸을 뿐이죠. 당신은 다시없는 좋은 기회를 잃어버렸어요."

자기에게 굴러 들어온 좋은 기회를 놓친 것에 분하고 억울한 생각이 들어 이 군인은 여자에게 간청했지만, 이미 자기가 원하는 바를 만족시켜 주지 못한 남자에게 반감을 갖고 있던 터라 들어주지 않았다. 그녀는 한 번의 충격을 기대했기 때문에(흔히 말하길 단 한 번의 충격은 바로 침대에서 일어나는 일뿐이다) 그 자리를 밤새도록 지켰던 것이다.

한편 아름답고 우아하며 높은 신분의 여인이 있었다. 그녀가 어느 날 애인과 잠자리를 함께했는데 세 차례나 유희를 즐겼다. 그러고도 남자는 반복되는 성취감을 느끼고 싶어 했다. 그는 결투에 임하듯 밤새도록 힘이 넘쳤으며 날이 밝아도 누그러들 기미를 보이지 않자 여자가 말했다.

"당신의 힘이 그리도 왕성하다는 걸 알았으니 그것으로 만족해 주었으면 좋겠어요. 시간과 장소를 사용하는 데 유념해야 해요. 당신이 남편에게 발각되는 불행이 있어선 안 되잖아요? 더욱 안전한 순간까지 안녕, 작은 만남이 아니라 대교전을 위해……."

그러나 어떤 여인들은 이런 고려조차 할 줄 모르고, 쾌락에 취해 날 새는 줄도 모른다. 이런 기질을 가진 여자들은 남편에게 발각되어도 무서워하지 않고 남편이 검을 휘두르고 미친 듯 화를 내며 날뛰어도 아랑곳하지 않는다. 또한 사랑을 나누던 애인이 자기와 운명을 함께할 수 없게 되어도 여전히 행복을 누리며 잘 살아간다. 여자들이란 대체 어디까지 믿어야 하는지 알 수가 없다.

그리 오래지 않은 이야기인데 젊고 용맹스러운 한 청년에게 일어났던 일이다. 그는 정부를 만나러 갔다가 남편 손에 무참히 죽고 말았다.[2] 그가 조금이라도 비굴하게 굴었더라면 죽음은 면하고 목숨을 건질 수 있었을 텐데 안타까운 일이다.

이런 예에서 볼 수 있듯 사랑 놀음을 하는 여자들은 믿어서는 안 된다. 그런 여자들은 남편들의 잔인한 손아귀에서 살아남기 위해 이런 놀음을 하는데, 결국 가엾은 애인만 죽어간다.

칼을 품은 뻐꾸기

사랑 놀음에서 아내와 정부를 함께 처단해 버리는 남편들도 있다. 시기와 알맹이 없는 무의미한 사랑으로 질투심에 불타 아내를 독약으로 쓰러지게 만드는 남편이 있으니 어처구니없는 일이다. 내가 아는 어떤

---

2) 몽소로 백작 부인의 애인이었던 뷔시 당부아즈는 백작의 단검에 찔렸으나 살아남았다가 함정에 빠져 간부 눈앞에서 비참하게 죽어갔다.

남자는 아내의 애인을 죽여 버림으로써 아내도 따라 죽게 만들었다.[3] 그는 희생이란 그 무엇보다 아름다운 것이며 수소를 먼저 죽이고 암소를 따라 죽이는 건 아주 즐거운 일이라고 했다. 아내에 관해선 그리도 잔인했던 이 남편도 자기 딸[4]에게는 그럴 수가 없었다. 딸은 아버지만큼은 아니어도 꽤 지체 높은 남자와 결혼했는데, 전쟁으로 남편이 자리를 비우자 다른 남자의 아기를 가졌다. 딸은 예쁜 아이를 낳았지만 무엇을 해야 할지, 어떻게 아버지에게 알려야 할지 걱정이었다. 이 사실을 전해 듣고, 높은 자리에 있던 아버지는 딸을 살려 주라고 사위에게 명하고, 아이와 유모를 함께 데려올 수 있도록 딸에게 큰 배를 보냈다. 남편 손에서 아슬아슬하게 벗어난 그녀는 좋은 집에서 아이를 잘 먹이고 입히며 키울 수 있었다. 그러나 세월이 흘러 장인이 세상을 떠나자 남편은 아내를 죽여 버렸다.

어떤 사람은 아내로 하여금 사랑했던 남자가 괴롭게 죽어가는 모습을 지켜보는 끔찍한 수난을 겪게 하면서 궁정 한가운데 모든 사람이 보는 앞에서 아내를 죽여 버렸다.[5] 왕에게 심한 꾸지람과 훈계를 들을 때까지만 해도 이들의 삶은 아주 비정상적이었다. 그는 아내에게 이 세상의 모든 자유를 누리는 15년이란 세월을 제공해 왔다. 그런데 어떤 훈계와 설득에 넘어갔는지[6] 밤에는 함께 웃고 떠들며 잠자리에 들었는데 아침

---

3) 토스카나의 첫 번째 대공이었던 코슴 드 메디시스, 즉 코슴 1세(1519-1574)는 1562년 아내의 정부를 죽이고 난 뒤 불륜을 저지른 아내 엘레오노르 드 톨레드를 독살하였다.
4) 미모가 출중했던 이자벨(1542-1576)은 브라시아노 공작과 결혼했는데 남편의 호위병 중 하나인 트로일 오르시니의 아이를 낳았다. 트로일은 쫓겨난 뒤 살해되었고, 코슴 드 메디시스, 즉 이자벨의 아버지인 메디시스 1세가 죽자 몇 달 후 브라시아노 공작은 자신의 소유인 세레토 별장에 이자벨을 초청해 목 졸라 죽여 버렸다.
5) 1577년 9월 1일 앙리 3세가 있던 푸아티에 궁 한가운데서 르네 드 빌퀴에는 아내를 죽였다.
6) 앙리 3세 일지에 보면 기둥서방 노릇이나 하는 남편의 중재로 너무 방탕한 세월을 보내는 이 여인을 벌하기 위해 그녀를 죽여 버리라고 명했다고 한다.

이 되자 단검으로 아내를 여러 차례 찔러 죽이고는 하인들에게 데려가 묻으라고 하였다. 궁으로 돌아온 그는 마치 이 세상에서 가장 멋진 일을 한 것처럼 의기양양해 하며 쾌재를 불렀다. 그는 애인들에게도 아내에게 한 것처럼 했는데, 그때부터는 여자들도 무기를 지녔기 때문에 오히려 자기가 어려운 지경에 빠질 수밖에 없었다.

용맹스럽고 기상이 넘치는 한 장군[7]이 있었다. 그는 아내의 행실에 의심을 품고는 좋은 장소에 몰래 숨어 있다가, 아내가 혼자 오는 것을 발견하고는 목도리로 목을 졸라 죽여 버렸다. 그러고 나서는 자기가 할 수 있는 한 최선을 다해 훌륭한 장례식을 치러주었다. 그는 상복을 입고 슬픈 표정을 지으며 장례식을 끝까지 지켜보았다. 그러고는 오래오래 상복을 입어 슬픔을 표현했다.

그렇다고 가엾은 아내가 되살아날까? 그 후에도 그와 사랑의 손을 맞잡은 여인에게 같은 짓을 되풀이하여 그가 죽었을 때 여인의 행렬은 찾아볼 수가 없었다.

이탈리아에도 아내를 죽인 남편[8]이 있었다. 프랑스에서는 자기 자신을 위해 사랑하던 사람을 계략에 빠뜨리는 일은 그리 많지 않은데, 이번 이야기는 그런 면에서 조금 다르다. 그가 아내를 죽이게 된 본질적인 이유를 살펴보면 아내의 죄 때문이 아니라 자기가 원하는 다른 여자와 결혼하기 위해 내색도 하지 않고 아내가 사랑에 빠지게 되길 오랜 시간 인내하며 기다렸다고 하는 게 옳을 것이다.

---

7) 바나나 도르나노의 남편 상피에트로 도르나노(코르시카 출신. 프랑수아 1세와 앙리 2세를 섬겼다)는 아내를 살해한 후 궁에 돌아와 답변 대신 이런 말을 했다. "베드로가 아내를 잘 이해했든 못 했든 프랑스에서 그게 무슨 상관인가!" 그리고 그는 살인죄를 용서받았다.

8) 이자벨 드 메디시스의 남편 브라시아노 공작.

이래서 칼을 품고 있는 남편을 건드리는 건 실로 위험한 일이다. 하지만 완벽하게 무장을 하고도 손 한번 써보지 못하고 당하는 수도 있다. 용감한 데다 건장하기까지 한 젊은이[9]가 있었는데 스스로에게 만족하지 못했는지 늘 허풍을 떨곤 했다. 하지만 그 허풍은 그리 오래 가지 못했다. 그는 입에 오를 만한 그럴듯한 사건 하나 제대로 만들지도 못하고 한 여인의 남편이 숨겨둔 자객에 의해 세상을 하직할 수밖에 없었다.

그러나 인자하고 자비심 많으며 이 세상에서 가장 훌륭하신 남편은 아내에게만은 용서를 베풀었다. 이 사건으로 인해 그녀가 알고 지낸 모든 남자들은 경악을 금치 못하면서 다시는 엉뚱한 짓을 벌이지 않게 되었다. 한 어리석은 인물이 모두의 죄 값을 대신 치른 셈이었다. 남편에게 커다란 은총을 입었다고 여긴 아내 또한 다시는 의심받을 일을 하지 않았다. 그녀는 충분히 현명하고 정숙했으니까.

이 무렵 나폴리에서는 또 다른 일이 벌어지고 있었다. 나폴리의 오랜 명문 출신인 마리 다발로스[10]는 베노사 왕자와 결혼했으나 안드리안 백작과 사랑에 빠졌다. 둘은 사랑을 연주하던 중 남편에게 발각되었는데 남편이 보낸 자객에게 처참하게 살해 당했다. 다음날 사람들은 저택의 문 앞에 처참한 모습으로 전시되어 있는 이들을 발견했다.

죽은 여인의 부모는 가슴 아파하며 이 사실을 믿으려 하지 않았다. 이

---

9) 앙리 3세의 총애를 받던 폴 드 스튀에르 드 코사드, 즉 생 매그랭 백작. 그는 앙리 드 귀즈의 아내 카트린 드 클레브를 유혹하려 루브르 입구에서 귀즈가 보낸 사람들의 손에 죽었다. 이 사건에 대해 나바르의 왕, 앙리 4세는 "나는 귀즈 공작의 판단이 옳았다고 여긴다. 생 매그랭 같은 바람둥이는 그런 고통을 받아 마땅하다. 여자나 유혹하려고 공주들에게 접근하는 다른 모든 바람둥이들도 모두 이런 교정이 필요하다."고 말했다.

10) 나폴리 왕국의 전통 있는 가문에 태어난 마리 다발로스는 베노사 왕자인 카를 계수알도(작곡가로 널리 알려짐. 1566-1613)와 결혼했는데 그녀는 알퐁스 다발로스의 질녀이기도 하다. 밀라노 총독이었으며 세리졸레스(1544)의 패자이기도 했던 알퐁스 다발로스에 대해 브랑톰은 "말의 안장에도 향수를 뿌리고 다니는 여자 같은 남자"라고 표현했다.

렇게 고귀한 생명이 너무도 미천한 계급인 하인과 노예들의 손에 살해되었지만, 가족들은 법적으로든 다른 근거에 의해서든 사위도 수사를 받고 책임을 물어야 한다고 주장했다. 그러나 그의 손으로 저지른 일이 아니기 때문에 털끝 하나 건드리지 못하고 매듭지어져 버렸다.

세상에 이렇듯 어리석고 괴상망측한 의견과 논리가 있을 수 있는가. 훌륭하신 논리학자와 법률학자들께 이 문제를 놓고 묻고 싶다. 자기가 그렇게 사랑했던 아내를 자기 손으로 죽이는 것과 하인들의 손에 죽게 하는 것 중 대체 어떤 행위가 더 놀라운 행위인지.

살아남은 여인들

타관에 나갔다가 아내에게 굶주렸던 남편이 설레는 마음으로 밤늦게 집에 돌아왔다. 그러나 그는 침실에서 마누라와 정부가 함께 있는 소리를 엿듣게 되었다. 남편은 곧장 칼을 뽑아들고 뛰어들었으나 정부는 이미 달아난 후였다.

남편은 아내를 처치하려고 살기등등하게 덤벼들었다. 그러나 예쁜 속옷만 걸치고는 짙은 화장을 한 요염한 아내의 자태에 그만 넋을 잃고 말았다(정부의 마음에 들려고 한껏 신경 쓴 그녀의 모습을 생각해 보라). 이렇듯 요염한 아내의 모습을 이 남편은 처음 보았던 것이다. 더욱이 아내가 잠옷 바람으로 무릎을 꿇고 그 어느 때보다도 부드러운 목소리로 용서를 빌자 마음이 약해져 칼을 버리고 아내를 일으켜 세웠다. 게다가 너무도 오랫동안 여자에 굶주렸던 그는 아내를 끌어안아 침대에 누이고는 문을 꼭꼭 걸어 잠그고 잠자리를 했다. 아내는 부드럽고 섬세한 몸짓으로 그를 아주 만족스럽게 해주었다.

다음날 아침 둘은 그 어느 때보다도 다정한 짝이 되어 있었고, 오래오래 사랑했다고 한다. 이렇게 미치광이 같던 남편들에게도 아직 온순한 구석이 남아 있어 사자가 때론 나비로 바뀌기도 한다. 하지만 이런 일이 어디 그리 흔하랴.

프랑수아 1세가 통치하던 시절, 지금 있는 곳이 어디인지 모를 만큼 큰집과 권세를 지닌 세도가의 남자와 결혼한 미모의 여인[11]이 있었는데, 앞에서 이야기한 여인과는 또 다른 방법으로 살아남은 이야기다.

이 여자는 어느 날 자신의 애정 행각을 남편에게 고백했는데 이를 들은 남편은 시기와 분노에 떨며 당장 검을 빼어들고는 그녀를 죽이겠다고 했다. 그 어떤 사람도 자기를 구해 주긴 틀렸다고 생각한 여자는 앙주 지방의 로레트 성당에 모셔진 자애로우신 성모 마리아에게 자비를 구하는 기도를 올렸다.

마음속으로 막 기도를 시작하려는 순간 남편이 갑자기 땅바닥에 넘어지더니 그만 손에 쥐고 있던 검을 놓치고 말았다. 다시 일어난 남편은 마치 꿈에서 깨어난 사람처럼 이 위기를 벗어나기 위해 대체 어느 신에게 기도를 드렸는지 물었다. 그녀는 로레트 성당의 성모 마리아이며 성스러운 곳을 방문할 수 있게 하겠노라고 약속했다. 남편이 말했다.

"그곳으로 갑시다. 그리고 당신의 소원을 빕시다."

그녀가 한 것이라곤 크고 아름다운 양초를 봉헌하고 그림을 성당에 걸어 준 것뿐이었다. 그때부터 사람들은 오래오래 이 부부를 로레트 성

---

11) 프랑수아즈 드 다이용, 자크 드 로랑의 아내.

당에서 만나볼 수 있었다고 한다. 얼마나 거룩한 기도이며 뜻밖의 멋진 살아남기인가! 양주 일지 연대기를 읽어 볼지어다.[12]

프랑수아 2세(1559-1560, 프랑스 왕)는 어느 날 자기가 총애하는 한 여인의 침소에 들려고 발길을 돌렸다. 그런데 그를 죽이려고 검을 쥐고 달려온 그 여인의 남편과 맞닥뜨리고 말았다. 그러자 왕은 칼을 뽑아 그의 목에 들이대고는 만약 자기에 대해 조금이라도 불경스런 행동을 보였다간 당장 머리를 잘라버릴 것이니 감히 어떤 짓이라도 할 엄두조차 내지 말 것을 명했다. 그날 밤 남편을 내쫓고 자기가 그 자리를 차지해 버렸음은 말할 필요도 없을 것이다.

이 여인은 남편으로부터 자신을 지켜줄 완벽한 보호자를 갖게 되어 더없이 행복해 했다. 왜냐하면 그 남편은 그녀가 말 한마디, 행동 하나 자유롭게 하는 걸 한 번도 용납하지 않았기 때문이다.

이 여인뿐 아니라 왕의 비호를 받으며 살아남은 여인들이 많다. 많은 남정네들이 왕의 영토를 지키러 전쟁터에 나간 사이 그들의 문 앞에는 문패처럼 왕의 가문이 그려져 있어 그 아내들은 절로 왕의 여자가 되어 버렸다. 그러나 남편들은 감히 말 한마디 할 수가 없었다. 칼끝이 그들을 향해 있었으니……

많은 여자들이 왕이나 권세가들의 애첩이 되어 어디든 마음대로 통과할 수 있는 자유를 누렸다. 하지만 그녀들이 움직이려면 남편들은 감히 단검을 사용하지는 못하고 독약을 사용하거나 은밀하고 비밀스런 방법으로 아내를 죽음으로 이끌었다. 그리고 남들에겐 독감이나 졸도 혹은

---

12) 그녀는 기적적으로 살아남았다고(1526) 장 부르디니에가 쓴 양주 연대기는 전한다.

돌연사처럼 믿게 만들었다. 아름다운 아내가 날로 초췌해지며 하루하루 죽음을 향해 가는 것을 지켜보는 남편들 또한 혐오스러울 뿐이다.

질투와 이기심이 만든 죽음

미치광이 같은 광폭한 뻐꾸기 남편들은 흔히 자신의 정력과 열정에 회의를 가지며, 아내들은 아직도 기운이 넘쳐난다고 믿는 늙은이들이다. 젊고 아름다운 여자와 결혼하는 어리석음을 범한 만큼이나 마음은 질투와 의심으로 가득 차 있다. 그들은 지난날의 자신을 생각하면서 아내에게 행세하려 하지만, 이 가엾은 물건은 이 시련의 시간에 자기의 권위와 위엄을 되찾지 못하고, 그 어느 때보다도 부드럽게 군다. 스페인 사람들은 이렇게 말하지 않았던가.

"악마는 아주 잘 안다. 충분히 나이를 먹었기 때문에."

아내를 만족시켜 주지 못한다는 모멸감이 이리도 큰 데 대체 왜 결혼을 한 것일까. 젊고 아름다운 여자들은 늙은 남편이 죽은 후에 누리게 될 부의 그림자를 쫓아 결혼하고, 새로운 시간이 오기만을 기다린다. 그러면서 한편으로는 젊은 애인과의 시간을 만들어 즐긴다.

이번에는 아주 놀랍고 기가 막힌 이야기를 해볼까 한다. 한 늙은 남편이 아내에게 독을 먹여 날이 갈수록 초췌해져 갔다. 이런 모습을 지켜보면서 남편은 흡족해 하며 즐거워했다. 그러면서 하는 말이 자기는 아내에게 할 일을 했을 뿐이라나.

또 다른 이야기가 있는데, 이 남편은 아내를 방에 가두고 빵과 물만 주었고, 때로는 술에 취해서 벗은 몸을 채찍으로 때리곤 했다. 차가운 대리석 조각처럼 열기도 없고 유혹조차 느껴지지 않는 그는 아름다운 것을 보아도 욕망이 일어나지 않았던 것이다. 그는 아름다운 육체를 탐하는 대신 잔인하게 학대함으로써 분노를 삭였던 것이다. 그래서 괴상한 늙은이와 결혼하는 것이 옳지 못하다는 얘기다. 나이 때문에 잃어버린 건 많지만 젊은 아내들이 벌일지도 모르는 엉뚱한 수작을 지켜보고 엿볼 많은 날이 그들에게 남아 있기 때문이다.

내가 아는 한 부인께선 태양 없는 토요일이란 있을 수 없고, 아름다운 여자가 사랑을 하지 않는다는 건 있을 수 없는 일이며, 질투심 없는 늙은이는 없다고 말하는데 모든 건 정력이 사라져가는 데서 연유한다고 지적했다.

또한 어느 왕자 분[13]께선 사자를 닮고 싶다고 하는데, 그 이유는 늙어도 흰머리가 나지 않기 때문이고, 원숭이를 닮고 싶다고 한 것은 성행위를 하면 할수록 더욱더 원하기 때문이며, 개는 늙을수록 더 커지며, 수사슴은 늙어갈수록 기운이 왕성해지기 때문에 이들을 닮고 싶다고 한다.

대체 어떤 이유로, 어떤 권리로 그렇게 아내를 죽여야 하며 죽일 수 있는지 단도직입적으로 묻고 싶다. 하느님께서 그리하라 하신 것도 아니고 법칙에도 성스러운 복음서에도 그러한 말씀은 없다. 하느님께서는 죽음이라든가 피, 살인, 고문, 감옥, 독극물, 잔인함 그 어떤 것에 대해서도 이야기하지 않으셨다. 사람의 목숨을 쉽게 생각하고 저지르는 이런 식의 남용에 대해 예수 그리스도께서 얼마나 잘 깨우쳐 주시고 좋은 가르침을 주셨던가.

---

13) 베로알드 드 베르빌.

간음한 여인을 끌고 와 그녀에게 벌을 내리라 했을 때 주님께선 성스러운 그의 손가락으로 땅바닥에 이렇게 적으며 말씀하셨다.

"너희 중에 죄짓지 않고 가장 깨끗한 자가 있으면 돌을 주워 그녀에게 던져라."

그러자 그 누구도 그리하지 못했다. 이 얼마나 현명하신 말씀이며 부드러운 질책인가. 우리의 창조주께선 그 누구도 함부로 인간의 죽음을 결정하거나 살인할 수 없다고 가르쳐주셨다. 그런데 우리 본성의 나약함에 부딪쳐 어떤 이는 이런 만용을 저지르고야 만다. 그 누구보다도 음탕한 죄를 저지른 자가 자기 아내를 죽이기까지 하는데[14] 이런 자들은 새로운 연인을 갖기 위해 무고한 아내를 죽인다. 성 아우구스티누스는 간음하는 사내는 여자와 마찬가지로 큰 벌을 내려야 한다고 역설하지 않았던가.

세상 누구나 알 만한 고귀하신 어떤 어르신네[15]께선 아내가 바람둥이 기사와 사랑을 나누었다고 의심하여 궁에서 나오는 기사를 죽인 뒤 아내도 독살시켜 버렸다. 이 일의 발단은 궁전에서 열린 기마시합에 있었다. 말을 기막히게 잘 다루는 이 기사를 넋 놓고 바라보며 그 아내는 이렇게 감탄했던 것이다.

"어쩜 저리도 말을 잘 다루는지. 그런데 너무 말을 세게 자극하는 것 같아(Mon Dieu! qu'un tel pique[16] bien! Ouy, mais il pique trop haut)."

---

14) 12살의 어린 나이에 라발의 샤토브리앙 백작과 결혼한 유명한 로트렉 백작과 드 푸아 장군의 여동생인 프랑수아즈 드 푸아에 대한 이야기.
15) 필립 2세인 듯하다. 그는 앙리 2세의 딸이며 자기 아내인 엘리자베스 드 발루아를 독살했는데, 아내가 바로 자기 아들인 돈 카를로와 간통했다고 의심했다.
16) Pique라는 말은 '말에게 박차를 가하다' '자극하다' '찌르는 듯한 느낌을 주다' 등의 의미로 쓰여 듣는 이의 해석에 따라 다른 뜻으로 들릴 수 있다.

말하자면 그녀는 진한 향수 때문에, 아니면 잘못 놀린 입 때문에 독살 당하고 말았다.

나는 또 아내를 죽이기 위해서 프랑스를 이어온 군주들의 이름을 치욕스럽게 만드는 사람들도 보았다. 루이 위탱[17]과 샤를 르 벨 같은 어르신네들이 그런 인물이며, 부르고뉴의 로베르 공작의 딸 만르그 리트와 오드린 백작의 딸 블랑슈가 그 희생양이다. 남편들은 아내의 간통 사실을 알고는 차가운 벽으로 둘러싸인 가야르 성[18] 안에서 참혹하게 죽어가도록 만들었다.

푸아 백작[19]도 같은 방법으로 잔 다르투아를 죽게 했다. 자기 아내들 문제로는 그리도 노하던 어르신네들도 그 일을 여전히 즐기며 쉴 새 없이 새로운 여자들을 맞이하는데 대체 무엇이 그리도 가증할 죄악이며 대죄란 말인가!

영국의 헨리 8세는 제인 시머와 결혼하기 위해 아내인 얼 블레인을 간통 누명을 씌워 참수형으로 처단했다. 새로운 결혼을 위해서 피로써 새로운 여인들을 맞바꾼 것이다.[20]

신의 말을 빌어 이렇게 잔인하게 죽이기보다는 이혼을 해주는 편이 훨씬 낫지 않은가? 이 어르신네들은 다른 누구도 탐하지 않은 신선한

---

17) 루이 4세 르 위탱, 프랑스의 왕(1314-1316) 나바르의 왕(1305-1316).
18) 가야르 성은 1197년 사자왕 리처드에 의해 세워졌는데 센 강을 지키는 주요한 봉건 시대의 성채이다. 루이 4세(루이 위탱)는 1314년 간통을 의심하던 아내 마르그리트 드 부르고뉴를 그곳에 가두고 목 졸라 죽였다. 몇 년 후 샤를 5세(르 벨)는 아내인 블랑슈 드 부르고뉴를 같은 이유로 '비참하게 죽어가게' 했다.
19) 가스통 2세 드 푸아는 1331년 대단한 바람둥이인 그의 어머니 잔 다르투아를 성에 감금시켰다.
20) 헨리 8세는 여섯 명의 아내를 차례로 맞이하였다. 첫 번째가 부드럽고 순종적인 캐서린(죽은 그의 형의 아내), 그리고 앤드 블레인, 다음이 제인 시머였는데 아이를 낳고 죽자 이번엔 앤드 클레브와 결혼했으나 곧바로 이혼, 캐서린 하워드를 새 왕비로 맞았다. 그러나 그녀의 처녀성을 의심, 품행이 단정치 못하다는 죄로 두 번째 왕비 앤 블레인과 마찬가지로 사형에 처했다. 마지막 부인은 캐서린 파였는데 그녀는 남편보다 오래 살았다.

고기로 잘 차려진 식탁이 제게 맞는다고 여긴다. 그러므로 첫 번째 여인을 맛본 후에는 새로운 여인을 맛보아야 하고 충분히 배가 불러도 포만감을 얻고 싶은 마음에는 끝이 없다. 예루살렘의 왕 보두인은 지참금을 많이 지닌 마릴테른 공작의 딸과 결혼하기 위해서, 첫 번째 아내에게 누명을 씌워 몰아냈다. 그는 가엾은 아내를 없애기 위해 신의 법도까지 뜯어고쳤다.

그러나 루이 르 죈 왕(프랑스의 왕, 1137~1180)은 이러한 졸렬한 일을 하지 않음으로써 그 어느 왕보다도 깊은 명성을 얻었다. 그가 시리아를 여행하는 동안 아내가 간통을 의심받을 일을 벌였으나 권세에 힘입어 만들어지고 행해진 다른 왕들의 법도를 따르지 않았다. 물론 그의 영혼 깊숙한 곳에 어떤 회한 같은 것이 서렸겠지만 이 얼마나 숭고한 기독교인의 삶인가!

로마 시대의 바람둥이

로마 시대로 눈을 돌려보자. 대부분의 로마인들도 기독교인들의 경우와 다르지 않았다. 로마 황제 대부분은 왕비들이 지독한 바람둥이인 경우, 역시 기독교인들처럼 이혼을 하거나 학살함으로써 그 여인네들을 몰아냈다.

카이사르도 아내인 폼페이아 때문에 무척 마음이 상했다. 그녀는 젊고 잘생긴 청년 클로디우스에게 빠져 여자들만 있는 신성한 황제의 집에서 기회만 엿보고 있었다. 아직 턱수염도 나지 않은 이 젊은이는 여자처럼 옷을 입고 여자들 틈에 섞여 노래하고 악기를 다루며 자기의 여주인과 좋은 시간을 보냈다. 그러다 발각이 되어 재판정에 서게 된 그는 돈을 잔뜩 바치고 풀려났는데, 카이사르도 어찌할 수가 없었다.[21] 아무리 훌륭한 웅변가라 해도 할 말이 없었을 것이다.

사실 카이사르는 세상 사람들에게 자기는 아내에게 죄가 없다고 믿는 것처럼 보이고 싶어서, 그의 침대가 이런 죄악으로 물드는 일이 없길 바라며 추호의 의심도 하지 않는다고 대답했다. 세상 사람들에게 이런 식으로 감정을 표현하는 것도 괜찮았겠지만 마음속에서는 이렇게 말하고 있었을 것이다. '아내는 이런 식으로 밀회 장소를 마련했고, 결국 들통 났어.'

이에 관해서 말하자면, 여자 쪽에서 밀회를 원하면 남자는 걱정할 필요가 없다. 남자들이라면 100년은 걸려야 찾아낼 방법을 여자들은 한 시간이면 찾아낼 테니까. 어떤 여인은 애인에게 이렇게 속삭인다.

"내게 와서 욕정을 돋워줄 방법만 찾으면 돼요. 여기에 올 방법은 내가 찾을 테니까."

카이사르 역시 도시의 모든 암탉을 거느리는 수탉이라 불릴 정도로 방탕했던 위인이라 이 점을 그 누구보다도 잘 알고 있었다. 이러한 유명한 말이 있지 않은가.

"로마인들이여, 아내를 잘 지킬지어다. 그녀들을 모두 휩쓸어갈 위대한 대머리 호색한 카이사르를 너희에게 모셔왔도다."

카이사르는 아내 문제에 대해 이렇게 현명한 대답을 함으로써 모든 사람들에게 뻐꾸기 남편으로 불릴 수치를 모면했다. 하지만 마음은 얼

---

21) 카이사르는 클로디우스와의 간통을 의심하여 폼페이아와 이혼하는데 기록에 의하면 클로디우스는 여장을 하고 집에 숨어들긴 했지만 다른 사람들과 내내 함께 있었던 것이 인정된다고 의회는 판결을 내렸다.

마나 쓰라렸을까.

옥타비아누스 카이사르 역시 그의 방탕한 애정 행각을 위해 스크리보니아를 쫓아냈는데, 뻐꾸기 남편으로 만들었다는 이유도 있었지만 그가 관계한 무수한 여인들 때문이었다. 그는 남편들이 보는 앞에서 부인들을 연회에 데려오는가 하면 방으로 데려가 실컷 즐긴 뒤 자기와 함께 지냈다는 증거로 빨간 귀고리를 달아주고 머리는 헝클어진 채로 내쫓아 버렸다. 이 때문에 그는 방탕한 호색한으로 명성이 자자했으며, 심지어 안토니우스까지도 비난할 정도였다. 그가 다시는 그러지 않겠다고 사죄했지만 안토니우스는 경멸했다고 수에토니우스가 쓴 『카이사르』는 자세히 전하고 있다.

그런데 옥타비아누스의 딸 율리아는 아버지에게 커다란 수치심을 안겨준 창녀였다(때로는 아내가 남편을 망신시키는 것 이상으로 딸들이 아버지를 망신시키는 경우가 종종 있다). 그녀는 아버지 손에서 구사일생으로 살아났는데 술과 좋은 옷을 모두 없애버려 초라한 옷만 입게 되었으며 가장 심한 벌로 금남의 벌을 받았다. 이런 여자들에겐 아마 이 마지막 벌이 가장 고통스러울 것이다.

폭군으로 널리 알려진 칼리굴라는 아내 리비아 오스틸리아가 자기에게 등을 돌리고 있다는 생각을 품어 옷을 벗겨 구타하고는 강제로 빼앗아 왔던 전남편에게로 돌려보냈다. 여전히 신체적 위엄과 권위를 갖추고 살아남았던 전남편은 때마침 여행 중이어서 칼리굴라의 잔인한 손길을 피할 수 있었다. 하는 수 없이 아내를 쫓아 버리는 것에 그쳐야 했던 칼리굴라는 그로부터 2년 뒤 전남편 피소와 아내를 함께 죽여 버리고 말았다.[22]

그는 메미우스에게서 빼앗은 툴리아 폴리나에게도 똑같은 일을 했다. 그러나 그들의 완강하고 적극적인 방어로 아내나 전남편에게 잔인함은 힘을 발휘하지 못하고 아내를 쫓아내는 데 그쳤다.[23]

드루수스 제르마니쿠스의 아들 클로디우스는 아내인 플란티아 헤르쿨라리나가 창녀 짓을 했을 뿐 아니라 자기의 목숨을 노렸다는 죄목으로 쫓아내 버렸다.[24] 이 두 가지 이유는 그녀를 죽이고 싶을 만큼 그를 분노하게 만들었지만 이혼하는 것으로 만족했다.

이런 그가 또 다른 아내 발레리아 메살리나의 탈선과 창녀 짓을 얼마나 견디어 낼 수 있었을까? 어느 누구와도 만족감을 느끼지 못했던 그녀는 매춘부처럼 치장하고 사창굴로 직접 나서기에 이르렀다고 유베날리스는 전한다. 그녀는 곱게 단장하고 남편과 나란히 잠자리에 든 뒤 남편이 곯아떨어진 걸 확인한 후에 최대한 꾸미고는 그 도시에서 가장 너절한 사창굴로 향했다. 그곳에서 그녀는 그 어느 때보다도 깊이 취하고 황홀경에 지쳐 떨어질 수 있었다.

그런데 더 큰 쾌락을 누리며 그 누구도 따라올 수 없는 창녀가 되어보겠다는 엉뚱한 생각에 아예 돈을 받고 세금을 내는 그 길로 들어서 버렸다. 그녀는 밤마다 싸구려 옷을 걸치고 한동안 이 생활을 계속했는데 어느 날 밤 변장을 하고 손님을 끌기 위해 거리를 배회하던 중 잘 아는 사람을 만나는 해프닝이 일어나고야 말았다. 알 만한 여러 어르신네들이 그곳을 찾더란 얘기다.

---

22) 수에토니우스의 역사서 『칼리굴라』 XXV에서 인용.
23) 수에토니우스의 역사서 『칼리굴라』 XXV에서 인용.
24) 수에토니우스의 역사서 『클로디우스』 XXVI에서 인용.

보카치오는 그의 책 『불행한 초상들』에서 메살리나에 관해 이야기하고 있는데, 그녀는 남다른 기질을 타고났다고 한다. 남편도 이를 잘 알고 있던 터라, 그녀가 로마의 뛰어난 젊은이 중 한 사람인 카이우스 실리우스와 결혼하게 될 때까지 모든 걸 묵인했다고 한다. 단지 방탕함 때문이 아니라 그것 때문에 죽고사는 인생도 있다는 걸 보면서 이런 아내를 바라보는 데 익숙해지고 이해하며 견디어 낼 수 있었다.

혹시 보르도 지방을 지나다가 메살리나로 일컬어지는 조상을 보게 되면 누구라도 그녀가 정말 아름다운 모습을 하고 있었다는 걸 인정할 것이다.[25] 이것은 폐허 속에서 발견된 고대 목걸이로, 그녀를 두고두고 잘 볼 수 있도록 간직할 만한 물건이다. 그녀는 뚜렷한 윤곽에 고대 로마 시대에 유행하던 점잖은 머리를 하고 체구가 아주 크면서도 잘 균형 잡힌, 말하자면 흔히 사람들이 수군댈 만큼 큰 체구를 지녔다.

내가 몇몇 철학자와 의사, 관상가들에게 들은 바에 의하면 이런 체구의 여자들이 그런 면에 능동적인 경향이 있다고 한다. 그것은 그녀들에게 남성적인 면이 있는 만큼 남성과 여성이 하나로 결합되어 한 몸에 두 가지 힘이 있으니 훨씬 강하고 그 힘이 격렬하다는 것이다. 물이 많은 곳에서 거친 항해가 가능하듯이 작은 여자들보다는 큰 여자에게서 훨씬 독특한 사랑의 멋을 느낄 수 있다나.

어떤 남자가 사랑을 나누고 나서 경탄하면서 한마디 했다.

"정말 대단한 여자야, 우리 어머니만큼이나 크니."

이 말에 깜짝 놀라는 나에게, 그는 자기 어머니처럼(comme madame ma

---

25) 1594년 7월 21일 보르도 근처 생마르탱 마을의 들판에서 발견된 고대 조각상을 암시. 사람들은 이것이 메살리나의 조각상이라고 믿었다. 그것은 드러낸 가슴에 웨이브 머리를 하고 있는 큰 체구의 여인 모습이다.

mae) 대단한(grande) 창녀(Putain)라는 말이 아니라, 체구가 자기 어머니처럼 크다(grande)는 이야기였다고 했다. 어쨌든 사람들은 종종 생각 없는 말을 내뱉기도 한다.

몸집이 큰 여인들과의 관계가 최고라고 말하는데 그것은 그녀들이 우아함과 함께 위엄을 잘 갖추고 있을 때에 한한 이야기일 것이다. 이런 것들을 잘 갖추고 있을 때 그 어떤 고된 훈련과 시련도 멋지고 훌륭하게 해낼 수 있을 테니까. 작은 조랑말보다는 크고 잘생긴 준마를 다루는 게 훨씬 기분 좋은 일이며 기사에게도 더 큰 즐거움을 줄 것이다.

기사 역시 힘과 재주를 보여줄 최선의 자세를 지킬 수 있을 만큼 유능해야 한다. 마찬가지로 체구가 큰 여자들을 다룰 때에도 자세가 흐트러지지 않도록 잘 받쳐주는 것이 중요하다. 왜냐하면 그런 체구의 여자들은 남들보다 높은 자세를 취하기를 좋아하는데, 잘 받쳐주지 못하면 말의 등자를 헛딛거나 말에서 떨어지기 때문이다. 어떤 기사가 여자를 말에 태웠다가 그만 땅바닥에 떨어뜨리고 말았는데 그 후로 이 기사는 두고두고 장안의 놀림감이 되었다는 이야기가 있다.

덩치 큰 여자가 자기 애인과 처음으로 잠자리를 하게 되자 노골적으로 이렇게 말했다.

"날 꼭 껴안고 팔과 다리로 할 수 있는 한 잘 결합시켜요. 내가 위로 올라갈 테니까 떨어지지 않도록 단단하게 잘 버텨줘야 해요. 만약 날 봐주려고 해도 난 당신을 조금도 봐주지 않을 테니 가능한 한 거칠게 공격해 봐요. 난 당신의 공격을 충분히 당해낼 자신이 있으니까. 이렇게 좋은 게임을 해야 즐겁게 돌아갈 수 있는 거예요."

이렇듯 열정적이고 강하고 육감적이며 골고루 다 갖춘 여자를 다스릴 수 있는 재주가 기사에게 필요하다. 이들은 때로 열정이 지나쳐서 너무 서두르는 편이다. 몸이 작은 여자들은 그 나름대로 다른 사람을 이끄는 방법과 몸짓과 우아함을 지니고 있다. 작은 말 역시 큰 놈처럼 바쁘게 흔들어 대기는 마찬가지 아니던가.

나에게 일어난 일을 생각하면서 이야기가 벗어난 것 같은데 처음 이 야기로 돌아가 보자.

잔인한 네로 역시 클로디우스와 메살리나의 딸이며 자기 아내인 옥타비아를 간통했다고 내쫓아 버렸다.[26] 도미티앙은 아내 도미티아 론지나가 남편은 아랑곳하지 않고 허구한 날 어떤 곡마단의 곡예사이자 배우인 녀석과 놀아나는 데 격분해서 아내를 내쫓아 버렸다. 그러나 얼마 지나지 않아 뉘우치고 다시 맞아들였다. 이 곡예사가 혹 남편에게 괜찮은 곡예와 조작법을 가르쳐주었을까…….

페르티낙스는 아내 플라비아 술피티아나에게 어떻게 했던가. 그는 아내가 악사와 사랑에 빠졌다는 것을 알게 되었지만 아내를 내쫓지도 다시 맞아들이는 일도 하지 않았다. 또한 그들을 방해하는 어떤 일도 하지 않았고 관여도 하지 않았다. 그러면서 자신은 사촌인 코르니피시아와 새로운 사랑을 엮어 갔다. 세상엔 이런 식의 주고받기를 되풀이하는 사람들도 적지 않다.

시베리우스 황제는 아내의 명예 따위엔 일찌감치 손을 뗄 수밖에 없었다. 방탕한 사생활 때문에 공공연하게 율리아[27]라고 불릴 정도였던

---

26) 브랑톰은 여기서 오류를 범하고 있는데 네로는 아내를 죽여 버렸다고 수에토니우스가 쓴 책은 전한다. 수에토니우스의 『네로』 XXV.
27) 아우구스투스 황제의 딸과 손녀는 모두 율리아라는 이름을 가졌는데 방탕한 사생활로 이름을 널리 알렸다.

그녀의 행동을 교정할 생각은 할 수가 없었던 것이다. 그리고 아내의 체면이나 명예 따윈 아예 근심조차 하지 않았다. 세상엔 뻐꾸기 남편을 만들어 내고 창녀와 같은 행동에 젖은 이런 이름에나 걸맞은 여자들이 한둘이 아니니 그녀를 용서할 수밖에. 어떤 여인들은 기독교인의 성스러운 이름을 가졌으면서도 다른 어떤 이름보다도 더 창녀 놀음에 빠져 헤어날 줄을 모른다.

고대 로마 시대의 황제들이나 귀부인들의 이야기는 실로 끝이 보이지 않는다. 따라서 그들의 위엄과 특권 등 모든 걸 동원해 아주 잔인하게 구는 뻐꾸기 남편들이나 지나치게 방탕할 뿐인 여인들의 이야기를 간단하게 하고 넘어가려 했다면 아예 시작을 말았어야 했다.

오랜 옛날부터 그들의 삶이 보여주듯, 정숙한 여자는 별로 없었던 것 같다. 그러나 고대의 메달이나 조각을 보라. 아름다운 얼굴에 가득히 새겨진 찬란함을 볼 수 있지 않은가. 잔인한 남편들도 때론 아내를 용서하고 죽음을 모면토록 해준다. 하느님을 모르는 이교도들도 아내와 다른 사람들에게 이처럼 너그럽고 온화할 수 있는데 우리의 군주와 왕자님들, 그리고 지체 높으신 어르신네들과 그 밖의 모든 기독교인들은 아내와 그들의 가증할 만한 죄악에 대해선 더없이 잔인한 모습을 보여준다.

처참한 죽음

필립 오귀스트 왕은 덴마크 왕 카누트의 동생인 앙게르베르그와 결혼했는데 28일 만에 쫓아내 버렸다(사람들은 그가 아내의 간통을 의심했다고도 하고 차마 드러낼 수 없는 비밀스런 결함을 지니고 있다고도 했다). 하지만 교회의 비난에 못 이

겨 재결합할 수밖에 없었다.[28]

그러나 이즈음만 해도 우리 어르신네들이 이와 같이 하는 것을 볼 수가 없다. 감옥에 죽을 때까지 가두어 빵과 물만 주며 죽어가길 기다리거나 독살을 하는가 때론 자기 손으로 혹은 합법적인 수단을 써서 죽여 버린다. 만약 다른 여자와 결혼을 원한다면 그런 치졸한 수단으로 아내를 쫓아내려 하지 말고[29] 교황의 힘에 의지하며 신사적으로 해결함이 옳지 않겠는가?

스페인의 필립 왕은 장차 필립 3세의 어머니가 되며 자신의 조카딸인 오스트리아 여인 안과 네 번째 결혼을 했다. 그는 결혼 허가를 받고 이렇게 말했다.

"전능하신 하느님의 지상 대리인인 교황께 우선 모든 걸 밝혀야 한다. 우리 모든 가톨릭교도들은 그를 믿어야 하며, 이 지상에서 가장 절대적이고 무한한 그의 능력에 모든 걸 맡겨야 한다. 그의 결정에 따라 맺어질 수도 깨어질 수도 있지만 우리가 그의 이런 결정을 따르지 않는다면 그건 잘못이다. 이렇게 우리의 하느님만이 그릇된 부부 관계에서 비롯될 수 있는 큰 불행이나 결혼의 해체에 대한 치료를 하실 수 있다."

분명 여자들은 그릇된 신앙을 이용하는 남편들에게 분노를 느낄 것이다. 물론 그들이 살인 같은 죄를 저지르지 않았다는 면에서는 다행스러운 일이지만 그들은 어떤 면에서든 아주 가증스러울 뿐이다. 피를 좋아

---

28) 잉그베르그 혹은 잉겔베르그(1176-1236). 덴마크 카누트 4세의 여동생. 필립 오귀스트는 사자왕 리처드에 대항하기 위해 덴마크와의 동맹을 체결코자 1193년 8월 14일 아미앵 성당에서 그녀와 결혼했다. 결혼 28일 만에 그녀를 내쫓았는데 사람들은 그녀에게서 어떤 결함을 발견했기 때문일 거라고 추측했다. 그 후 필립 오귀스트는 아녜스 메라니와 결혼하려 했으나(1196) 교회가 금혼령을 내려 결국 잉그베르그와 재결합하였다(1201).
29) 샤를 8세는 1491년 영국의 앤과 결혼하기 위해 약혼녀인 오스트리아 막시밀리언 대공의 딸 마르그리트를 쫓아 버렸고, 루이 12세는 샤를 8세의 미망인과 결혼하기 위해 아내인 루이 11세의 딸 잔을 쫓아냈다.

하고 아내까지도 죽이는 살인마치고 그 대가를 치르지 않은 사람은 거의 없다. 죄 없는 여자들은 결국에는 신의 은총을 얻고야 만다.

이 가엾은 여인들은 인간적이기보다는 신성(神性)에 가까운 아름다움을 부여받곤 하는데 아름다움이란 신에 더욱 근접한 것이고 추악함은 악마에게 속하기 때문이다.

나폴리의 알퐁스 왕[30]은 드러나는 아름다움이야말로 선하고 부드러운 속성의 참된 기표라고 했다. 좋은 나무에서 아름다운 꽃이 피고 훌륭한 열매가 열리듯, 사실 내가 살아오는 동안에도 정말 착한 마음씨를 지닌 미모의 여인들을 많이 보아왔다. 그런 여인들이 사랑에 빠진다 해도 그것은 어떤 악을 행하는 것이 아니라, 그녀들의 관심을 어떤 다른 곳에 쏟지 못하고 거기에서 얻어지는 기쁨을 추구하는 것 외에 다른 의미가 있는 것은 아니다.

마음이 매우 고약하고 위험스럽고 세상 누구에게도 해악할 뿐이고 잔인하기 이를 데 없는 사람들은 사랑을 생각하면서도 악을 함께 생각한다. 신 앞에서 수백 번 더 벌을 받아도 시원찮을 만큼 포악하고 변덕스럽기 일쑤인 남자들이 어떻게 감히 아내를 이토록 심하게 벌할 수 있는가? 그들에 대해 쓰는 일 자체가 고통으로 여겨질 만큼 그들은 날 화나게 만든다.

달마티아[31]의 어느 어르신네는 아내의 정부를 죽여서는 아내에게 시체와 평상시처럼 함께 자도록 강요했다. 며칠 후에 이 가엾은 여인은 고

---

30) 나폴리와 시칠리아의 알퐁스 왕은 1416년 아버지 페르디낭의 뒤를 이어 1458년 나폴리에서 죽었는데 너그럽고 영민했던 그는 다수의 훌륭한 문집을 후세에 남겼다.
31) 현재 유고슬라비아의 일부를 이루는 지역.

약한 냄새에 질식해 죽고 말았다.

『백 가지의 새로운 이야기(Cent Nouvelles)』에서 여러분들은 아름다운 나바르 여왕의 가장 슬픈 이야기를 볼 수가 있다. 이 아름다운 독일 여인은 남편의 손에 살해된 정부의 해골에 술을 따라 마시도록 강요받았다. 샤를 8세의 사자로 이곳에 와 있던 베르나주[32]는 이 광경을 보고 그 무자비함에 치를 떨었다.

난생 처음 내가 이탈리아에 갔을 때, 상상조차 할 수 없는 끔찍한 일을 목격하게 되었다. 어떤 기사가 있었는데 아내가 간통한 사실을 알고는 곧바로 정부를 죽여 버렸다. 그는 아내가 자기에게 만족하지 못하고 다른 사내에게 등을 돌린 것이 너무도 분해서(그는 베네치아에서 유일무이한 소문난 바람둥이였다) 어쩔 줄을 몰랐다.

그래서 그는 건강하고 정열적이며 그 방면으로는 명성이 자자한 호색한들을 십여 명이나 물색해서 아내의 방에 함께 들어가게 했다. 아름다운 아내를 이들에게 던져두고는 의무를 다하면 사례를 듬뿍 할 테니 잘 이행하도록 일렀다. 그들은 차례차례 의무를 다해 그녀를 죽음으로 이끌었고 남편은 흡족해 하면서 "부드러운 체액을 그리도 좋아했으니 그것에 취해 죽고 싶었을 것"이라고 비꼬며 말했다. 세상에 이렇게 끔찍하게 죽어갈 수도 있다니.

이 가엾은 여인이 갈리아의 카이사르 기지에서 이름 날렸던 유명한 창녀처럼 강한 체질이었다면 이렇게 비참하게 죽진 않았을 텐데. 이 창녀에 대해 사람들은 "그녀 위로 방금 2개 대대는 지나갔을 텐데 아직 생

---

32) 샤를 8세의 마구간 마부로 1년에 300리브르를 받았다고 한다.

생할 수가 있다니."라고 말했다.

프랑스의 아름다운 시골 처녀가 내란으로 마을이 점령당하자 병사들에게 윤간을 당한다. 겨우 목숨을 부지하고 빠져나온 그녀는 신부님을 찾아가 모든 것을 이야기한 뒤 자신이 큰 죄를 지은 것이 아닌가 물었다. 신부는 불가항력으로 폭력에 의해 유린당한 것이므로 결코 죄가 되지 않는다고 대답했다. 그러자 처녀는 "하느님의 꾸짖음도 받지 않고 죄가 되지도 않으면서 일생에 단 한 번 마음 놓고 즐길 수 있었으니 이야말로 커다란 은총을 받았다고 할 수 있군요."라고 말했다고 전해진다.

생바르텔르미 대학살[33] 때 남편을 잃은 한 과부는 어쩌다 강간을 당했다. 그녀는 학식과 덕망이 높은 어른을 찾아가 자기가 신에게 죄를 지어 큰 벌을 받아야 하는지, 젊은 나이에 죽어간 남편에게 큰 누를 끼친 건 아닌지 물었다. 그가 대답하길, "그 일이 있는 동안 당신이 즐거움을 느꼈다면 그건 분명코 죄를 지은 것이고, 구역질을 느꼈다면 그것으로 끝일뿐이오."라고 했단다. 이 얼마나 감탄스러운가.

그러나 어떤 부인은 이와는 다른 의견을 피력했다.

"그 일이 반강제적으로 일어났다면 즐거움은 그리 크지 못하지만 거세게 거부하고 반항하면 할수록 더 큰 열정을 이끌어 낸다. 그래서 일단 돌파구를 찾았다 하면 아주 사납게, 광란적으로 승리의 쾌감을 즐기며 여자에게 욕정을 불러일으킨다. 이럴 때 여자는 거의 실신한 듯 가장하는데 실은 여자가 느끼는 것은 최고의 만족감이라고 할 수 있다."

이 부인께선 종종 이런 일을 일부러 벌인다고 한다. 남편의 욕정을 최

---

33) 1572년 8월 24일 일어난 신교도 학살.

대한 유발하기 위해 괴상한 행동을 보이고 경멸하면서 화를 돋우어 남편으로 하여금 애가 타도록 만드는데, 이럴 때 둘은 그 어느 때보다 깊은 행복감을 맛볼 수 있었단다. 마찬가지로 전쟁터에서도 쉽게 얻어진 승리보다 힘겹게 얻어진 승리가 더욱 자랑스럽고 신나지 않던가. 부인들이여, 그 일이 무슨 끔찍한 일인 양 내숭은 삼갈지어다. 그러는 당신을 오히려 정숙한 체하는 간사한 창녀쯤으로 여길지도 모르니까.

바람둥이 아내를 만드는 남편들

질투에 불타 살인까지도 마다 않는 남편들을 살펴보면, 아내들이 창녀 짓을 하게 만드는 원인 제공자는 바로 남편임을 알 수 있다. 성 아우구스티누스는 자기 스스로는 방탕의 수렁에서 헤어나질 못하면서 아내가 정조를 지키길 요구하는 남편들에게 그건 한 마디로 광기일 뿐이라 했다.

성서에 남편과 아내가 너무 진하게 사랑을 나눌 필요는 없다고 쓰여 있는데 이는 신에게 드려야 할 사랑은 뒤로 하고 관능적인 쾌락만을 탐하고 추구하는 음탕한 사랑을 지적한 것이다. 사실 많은 여인들이 지나치게 남편을 사랑하고 열정을 불태우느라 신에게 드려야 할 모든 의무를 깡그리 잊어버리는데, 할 일을 하고 이행해야 할 것을 제대로 한 후에 진한 사랑을 나눔이 옳지 않을까. 게다가 남편들은 음란한 그들 고유의 침대 위에서 갖은 새로운 기교를 다 동원하고 아르탱 인형[34]들이 보여주는 형상들을 모두 실행해 보기도 한다.[35] 이렇게 온갖 음탕한 짓을 가르치니, 여자들의 몸속에 불이 지펴지고 그것을 수없이 발산하게 되어 색정의 노예가 되어 버린다.

또한 이런 식으로 잘 훈련된 아내는 이젠 갇혀 지낼 수 없게 되고 남편이 아닌 새로운 기사를 찾아 떠나고야 만다. 절망에 빠진 남편은 아내를 벌하는데 이런 바보 같은 잘못이 또 있을까. 아내들은 아주 잘 훈련받았다고 스스로 느끼면서 단지 자기가 할 줄 아는 걸 남에게 보여주었을 뿐인데 말이다. 물론 마부가 잘 훈련된 말을 데리고 밖으로 나갈 때는 남들이 말을 봐주기만을 바라지 그 위에 올라타길 바라는 건 아니다.

세상 누구라도 모두 알 만큼 지체 높으신 어느 어르신네께서 친구의 아내인 한 아름다운 부인에게 반해 열병을 앓게 되었다. 그러나 이 부인은 남편 사랑에 깊이 빠져 있는지라 어르신네가 이 부인을 차지하는 데는 오랜 시간을 바쳐야만 할 것 같았다.

그래서 그는 이 부부의 침대를 곧바로 엿볼 수 있는 곳에 구멍을 뚫어 놓고 그들이 함께 잠자리에 들 때면 그 구멍을 통해 하나도 놓치지 않고 염탐했다. 부부가 벌이는 온갖 추잡하고 괴이한 자세와 그 어디서도 볼 수 없는 음란하고 관능적인 광경을 보게 되었다. 이 기막힌 광경들을 이야기하며 그는 다음과 같이 희망을 피력하였다.

"그 여잔 이제 곧 내 것이 될 거야. 그 남편이 곧 여행을 떠나게 될 텐데 여자에게 그런 기교와 본성을 일깨우고 자리를 비운다면 그 여잔 가

---

34) 아르탱 인형은 갖가지 형태의 음란한 행위를 암시해 보이는 작은 인형으로 이탈리아의 작가 아르탱의 이름을 땄다. 그는 생생하고 감칠맛 나게 언어를 요리할 줄 알며 함축적인 표현 속에 암시적 의미를 잘 제시하는 타고난 이야기꾼이며 풍자가였다. 또한 그가 남긴 많은 시와 희곡 등에서 사회 전반에 걸친 가차 없는 비판과 풍자를 서슴지 않으며 위선을 고발했다. 그의 거침없는 태도 때문에 따르는 자도 많은 반면 거북해 하고 미워하는 자들도 많아 그의 인생 역시 우여곡절이 끊이지 않았다.

35) 앙리 3세에 의해 남작 칭호를 받았던 프랑스의 장군 알베르 드 곤디는 1565년 클로드 카트린 드 클레르몽과 결혼했는데 음란한 아르탱 인형이 암시하는 걸 실행에 옮겼다고 한다. 그 아내는 '마담 드 몽팡시에의 도서관'이라는 풍자적인 팜플렛을 장식했다.

습속 열기를 그리 오래 감춰둘 수 없을 거야. 내 불굴의 인내가 마침내 그녀를 차지할 날이 올 거란 말일세."

오랜 옛날부터 오늘날에 이르기까지 대부분 남자들은 드러내놓고 말하지는 않더라도, 아름다운 아내를 두고 그들이 진정으로 하고 싶은 말이 무엇인지 놓치지 말아야 한다. 그들은 그냥 함께 세월을 보내려고 결혼한 것이 아니라, 잠자는 비너스를 일깨우고 더욱 자극하기 위해 음란한 이야기를 속삭이고, 육체의 변화와 운동을 잘 알게 하여 온갖 방법으로 은밀한 쾌락을 잘 나누려고 아내를 얻고 결혼한다. 그러나 비너스가 깨어나 자극을 받고 온갖 음란함과 방탕함을 익히게 되어 아내들이 다른 사람을 찾아 나서면 그때는 아내를 용서하지 못하고 벌하고 때리고 괴롭히고 죽음에까지 이르게 한다.

또 다른 이야기로 넘어가 보자. 한 남자가 어머니의 품안에 있는 순진한 어린 처녀를 유혹해서 명예와 정조를 잃게 만들고, 자기가 하고 싶은 대로 욕심을 채운 뒤에는 정숙하게 새로운 삶을 살아가는 걸 방해한다. 벌 받고 고통 받아야 마땅한 이런 남자를 누가 그대로 두는 것인가?

아내보다 훨씬 더 음탕한 남편들은 순결한 사랑을 지키기보다는 음탕한 일에 빠져들도록 아내를 가르치고 유도한다. 아내들은 좋은 조련사처럼 뛰어난 선생의 손에서 변해 가고, 아무것도 모르는 말에 오를 때보다 더욱 큰 즐거움을 알게 된다. 불행은 여기서 시작된다는 걸 한 음녀의 말을 통해 알 수 있다.

"세상에, 비너스의 욕망만큼 끊임없이 계속되어 사람을 미치게 만드는 일은 아마 없을 거예요."

아내들에게 너무 많은 것을 가르쳐서는 안 된다는 걸 경고하는 데, 이는 이렇듯 해악하기 때문이다. 아니면 그녀들에게 길을 열어 준 장본인이니 아내들의 가증스런 거짓 놀음을 알게 되더라도 눈감아 줘야 한다.

쾌락을 위하여

어느 부인께서 아르탱 인형을 장 속에 감춰두고 있었는데 이 사실을 안 남편은 그것을 보고 싶어 안달이었다. 그래서 그는 그 인형을 손에 넣고 말겠다는 일념 하에 열심히 아내에게 봉사함으로써 목적을 달성하였다. 그런데 가장 먼저 그가 인정할 수밖에 없었던 것은, 아내의 끝없는 정진과 수련을 이끌어 준 진정한 스승은 남편도 그 어느 누구도 아니란 걸 알게 되었고, 그녀야말로 다방면에 뛰어난, 타고난 스승이란 거였다. 그런데 아내의 고백에 의하면 사실 다 열심히 공부하고 노력한 덕분이라나.

그때부터 그는 고대 로마 시대부터 내노라하는 유녀와 호색한들의 애독서인 엘레팡티스[36]의 책을 탐독하게 되었다. 많은 귀부인과 궁중 여인네들이 방탕한 생활을 즐기며 이 책을 마치 고전처럼 필독하며 연구했다고 한다.[37] 그리고 그의 아내는 육체적, 관능적 쾌락을 얻기 위한 열두 가지 기이한 방법을 만들어 냈다 하여 '열두 개의 특허품' 이라 불렸다.

교황 식스트 퀸트(1585~1590)는 에스토니아 주교의 비서를 로마에서 교수형에 처하도록 명했다. 카펠라라 불리던 이 사람은 수많은 대죄를 저

---

36) 그리스의 여류 작가. 기원전 1세기 말경 살았는데 갖가지 사랑의 행위에 관한 책을 많이 남겼다.

37) 여인네들뿐 아니라 티베르 황제 역시 "곳곳에 엘레팡티스의 책에서 암시하는 장면이나 형상을 표현하는 조각들과 그림으로 장식하여 방을 꾸몄다."고 로마 역사가 수에토니우스는 적고 있다. 『티베르』 XLIII

질렀는데 그 죄목 중 하나는 로마 최고의 미인을 아름다운 드레스로 장식하지 않고, 타고난 그대로의 모습을 생생하고 적나라한 빛깔로 온 세상에 널리 알리는 책을 꾸민 죄였다.

유명하신 어느 왕자 분[38]은 이들보다 더 독특한 방법을 즐겼다. 그분은 금으로 도금한 아주 아름다운 잔을 마치 대가의 걸작품인 양 장식품으로 두고 즐겼는데 거기에 새겨진 조각은 눈부실 만큼 대단히 정교하였다. 잔의 윗부분에는 남녀의 아르탱 형상이 섬세하고 고귀한 칼끝으로 잘 다듬어져 있고, 아랫부분에는(어떤 것은 윗부분까지) 동물들의 짝짓기 방식이 다양한 모습으로 새겨져 있었다. 이 술잔은 이 댁에서 열리는 향연의 격을 드높여 주었는데 그 이유는 예술(Art, 기술이라는 의미를 내포한다)로 가득 채워진 이 아름다운 술잔의 안과 밖을 감상하는 것만으로도 즐겁기 그지없기 때문이었다.

이 왕자님 댁에서 궁정 여인들을 초대해 향연을 벌일 때면, 음식 나르는 하인들은 이 볼 것 가득한 술잔을 돌리라는 명을 수행하느라 바쁘다. 이런 걸 본 적이 없는 여자들은 마시면서, 혹은 마신 뒤에 이 예술품을 알게 되는데 어떤 여자들은 너무 놀라 할 말을 잊고, 어떤 여인네들은 부끄러워 얼굴이 달아오르며, 또 어떤 여자들은 이렇게 속닥거린다.

"여기 새겨진 게 대체 뭐죠? 너무나도 추잡해요. 도저히 더 이상 마실 수가 없군요. 정말 목이 말랐는데……. 하지만 마셔야겠어요. 안 그러면 점점 더 심한 갈증으로 목이 타오를 테니까요."

주위를 둘러보니 마시는 방법도 각양각색이다. 어떤 이는 눈을 감고

---

38) 다름 아닌 바로 알랑송 공작.

마시고, 좀 더 뻔뻔스러운 또 다른 이는 두 눈을 똑바로 뜨고 들여다본다. 누군가가 이 예술품 얘기를 꺼내니, 아가씨와 부인 할 것 없이 모두가 킥킥대며 웃기 시작하고, 두서없는 말들이 여기저기서 쏟아져 나온다. 누군가가 웃어대는 이 여자들에게 물으니, 그녀가 본 것은 그림뿐이므로 한 번 더 마셔야겠단다. 어떤 이는 말한다.

"눈으로 보는 행위나 그림이 영혼을 취하게 하진 않네요." 또 어떤 이는, "좋은 술은 역시 사교적으로 만드네요."라고도 한다. 누군가가 왜 눈을 똑바로 뜨고 마셨느냐고 물으니 그 안에 든 것이 술이 아니라 약물이나 독극물이면 어쩌나 하고 잘 살피며 마시느라고 그랬다나.

또 다른 여자에게는 보는 것과 마시는 것 중 어느 쪽에서 즐거움을 취하느냐고 물었더니, "둘 다"라고 했다. 그러자 여기저기서 "망측해라." "짓궂기도 해라." "멋진 조각이에요." "훌륭한 거울이군요." "장식품들이 권태로운 시간을 즐겁게 해줘요." 하며 말문이 터져 나오고, 또 어떤 이는 "여기 계신 여러 신사 분들이여, 잔을 더 받으시길." 하며 분위기를 띄웠다.

누군가가 신체 중앙에 자극을 느끼지 않는가 물으니 "이런 어리석은 짓들이 무슨 자극을 줄 수 있겠는가" 하고 대답했다. 또 누군가가 겨울이라 술을 데웠는데 이 뜨거운 술에서 느껴지는 건 없는가 물으니 "다 식어 버린 걸 마셔서 모르겠네요."라고 대답했다. 누군가가 이 술잔의 그림들 중에서 어느 것을 침대에 가져가겠느냐 물으니, 그걸 실행에 옮기겠다고 자리를 뜨지 못하겠다나.

한마디로 한 테이블에서 독설과 객쩍은 소리들을 남녀가 주고받았는데 보고 듣기에 낯 뜨거운 짓궂은 장난이었다. 특히 내가 가장 즐긴 것은 무고한 순진한 아가씨들과 할 짓 다하면서 이 자리에선 아주 도도한 얼굴로 코웃음을 쳐가며 억지로 고상한 척 위선을 떠는 부인네들을 바라보는 일이었다. 이 부인네들이 갈증으로 목이 타도 음식을 나르는 하인들은 감히 다른 잔을 갖다드릴 수가 없었다. 그들은 좋은 얼굴로는 다시는 이런 연회에 오지 않을 거라 맹세하지만 멋지고 자극적인 왕자님 때문에 다시 올 수밖에 없게 된다. 어떤 이들은 초대를 받게 되면 이렇게 말한다.

"가겠어요. 하지만 누구도 그 술잔을 비우게 만들진 못할 거예요." 하지만 정작 와서는 그 어느 때보다도 열심히 술잔을 비운다.

마침내 모두들 주저하지 않고 열심히 잔을 비우며 이런 눈요깃감을 제공하는 이 시간과 장소를 아주 유용하게 받아들이게 된다. 어떤 이들은 자기들이 본 것을 시도해 보고 싶어 타락 유혹을 느끼는데 사람이라면 누구나 무엇이든 해보고 싶은 욕망을 갖고 있게 마련이다.

이런 것들이 한 장식용 술잔의 효력이다. 이 여인네들이 구석에서, 혹은 여럿이 어울려 서로 나눈 또 다른 이야기, 또 다른 그들의 표정, 그들의 상상, 그들의 논리들은 어떤 것들이 있을까?

이 술잔은 아마도 시인 롱사르가 앙리 왕께 비친 최초의 단시[39] 중에서 이렇게 시작했던 것과는 전혀 다를 것이라 생각한다.

잔을 들어 그 진귀함을 노래하나니
황금 속에서 웃는 술이 그들에게 쏟아진다.

---

39) 롱사르의 단시집 2권 중 제2편.

이 술잔에선 술이 사람을 보고 웃는 것이 아니라 사람이 술을 보고 웃는다. 왜냐하면 어떤 이는 웃으며 마시고, 또 어떤 이는 술에 매혹 되어서 마시고 어떤 이는 마시면서 오줌을 찔끔거리고(내가 말하는 게 '쉬'를 한단 얘기가 아니란 건 잘 아시리라 믿는다) 어떤 이는 오줌을 찔끔거려가며 마시니 그렇지 않은가. 요컨대 그 이미지와 그것이 펼쳐 내는 비전과 전망에 빠져들어 하나의 술잔이 어마어마한 효과를 이끌어 낸다.

내 기억 속의 이야기를 하나 끌어내 볼까 한다. 아자세라 불리던 한 이탈리아인이 가지고 있었던 샤토빌랭[40] 갤러리에서 일어났던 일이다. 어느 날 한 무리의 마님들께서 하인들을 거느리고 이 아름다운 집을 구경하러 왔다가 갤러리에 걸려 있는 희귀한 그림을 보게 되었다. 아름다운 여인들이 완전히 벗은 모습으로 욕조에 어우러져 있는 그림이었다. 이를 보고 있으니 차갑기만 하던 은밀한 곳이 갑자기 뜨거워지며 꿈틀거리기 시작하였다. 그림 속에 빠져들어 넋이 나간 한 부인께서 자기 하인을 향해 마치 사랑의 열병으로 반 미친 사람처럼 말했다.

"너무 오래 머물렀군. 서둘러 집으로 돌아가야겠어. 이 뜨거운 열기를 어찌할 줄 모르겠으니 어서 이 불을 꺼야 해. 아! 너무 뜨겁게 타오르고 있어."

이렇게 떠난 그들은 설탕 없는 부드러운 물을 함께 나누고 이 헌신적인 봉사자께선 그의 작고 기다란 물병을 그녀에게 기꺼이 바쳤다고 한다. 이런 그림이나 조각들은 나약한 영혼에 예상 밖의 흔적을 남긴다. 말하자면 자기 아들 큐피드를 바라보며 누워 있는 발가벗은 비너스, 비너스와

---

40) 불어로 아자세라 불린 피렌체 출신의 부자인 루이 디 기아체티는 다트리와 결혼을 하고 샤토빌랭의 많은 땅을 사들였다. 많은 재산과 오만불손한 행동으로 유명했는데, 이 샤토빌랭은 늘 밤을 지새는 야유소리와 그 수를 헤아릴 수 없을 만큼 많은 여자들의 야회복으로 넘쳐났다고 한다. 아자세는 1593년 한 군인의 손에 죽었는데 '얽히고설킨 복잡한 문제'로 남아 있다.

함께 누워 있는 마르스 같은 것들이다.

　그 밖에도 아르탱의 형상들을 더 잘 표현하는 것들이 많이 있지만 거의 모두가 결국은 한 가지일 뿐이다. 우리가 앞서 말한 '술잔'을 놓고 봐도, 아리스토텔레스가 노래한 '술잔' 노래[41]와 역시 서로 통하는 이율배반적인 공감대가 있다는 걸 알 수 있다. 뻐꾸기 남편과 바람둥이 아내를 만들어 내는 술잔과 그렇지 않은 술잔의 차이일 뿐. 그러나 책이나 그림 같은 건 더 이상 필요치 않다. 남편이라는 학교만큼 잘 배울 수 있는 곳은 없으니까.

　베르나르도라는 베네치아인 출판업자는 파리의 생자크 거리에 서점을 갖고 있었는데 1년도 안 되어 음란 서적을 50권도 넘게 팔았다고 한다. 또한 그런 책을 원하는 고객들은 남녀, 기혼과 미혼, 지위 고하를 막론하고 다양해서 정말 놀랄 지경이었다고 한다.

　그는 자기가 책을 팔았던 이들 중 세 명의 이름을 내게 이야기하였는데 누구나 다 알만한 부인네들로서, 그녀들은 입 밖에 어떤 말도 발설치 않는다는 서약을 받고서 책을 잘 엮어달라고 직접 청했다고 한다. 그럼에도 불구하고 그는 내게 그 비밀스런 이름들을 알려주었으며 얼마 지난 후에는 그에게 책을 부탁한 또 다른 많은 이름들을 얘기해 주었다.

　이 세 여인들 중 한 여인의 손에서 본 것과 꼭 같은 것을 다른 여인이 찾아와 원할 때 그것이 없으면 그는, "예, 곧 준비하지요."라고 대답하는데 그러면 그것을 사겠노라고 듬뿍 돈을 내놓는다고 했다. 시비타베키아 근처의 코르네트[42]에 남편을 보내기까지 하는 미칠 듯한 호기심이

---

41) 롤랑은 이렇게 노래하고 있다. "한 젊은이는 아름다운 황금 술잔을 테이블 위에 놓았다……."

아닌가.

모든 이런 변태적인 자세나 행위는 신에게 부끄러운 짓이므로 성 히에로니무스께선 이렇게 말씀하셨다.

"자기 아내에 대해 지나친 사랑을 표현하는 남편의 행동은 간통을 저지르고 죄를 짓는 것이나 마찬가지다."

또한 이 성자(성스러운 치료사)께선, 말씀하신 죄가 되는 행위를 열거하셨다.

"아내로 하여금 남편 위로 올라가게 하거나 앞이나 혹은 뒤로 서게 만들거나 앉게 하는 수가 있는데 이 모두가 지나친 것이다."

그들이 특이한 자세를 동원해 하나로 결합을 이룬다 해서 여자가 다르게 느낄 수 있는 건 아니라는 다른 의견도 있다. 어쨌거나 자연스럽고 평범한 것보다 기이하고 망측하고 자연스럽지 못한 이상한 것 때문에 더 좋은 느낌을 가진다고 말하는 여자는 아무도 없다. 동물적인 자세를 취해야 할 때 여자들은 더 많은 육체적 쾌락을 느끼는 반면 수치심을 느낄 수도 있다.

하지만 또 다른 의사[43]께서는 형식이야 어떻든 사정이 여자의 자궁 안에서 이루어지는 것이라면 죽을죄가 될 이유는 없다고 잘라 말한다. 이 논쟁에 관해선 그가 보고 읽은 모든 죄에 관해 잘 서술한 이 의사의 책 『베누아 대전』[44]에서 아내에게 지나친 걸 요구하는 남편들의 이야기를 많이 읽을 수 있다. 그의 주장을 하나 인용해 보면, "여자가 살이 너

---

42) 아리스토텔레스의 찬트 IX 27에는 이런 말장난이 있다. "모두들 크레데노가 로마에 있다고 믿었는데 그는 코르네토에 있었다." 고대 타르쿠니 근처 로마와 바로 이웃에 이 이름의 도시가 실제로 존재하고 있다.
43) 영혼을 치료해 준다는 의미에서 수도사를 이렇게 표현하고 있다.
44) 브르타뉴의 수사 장 베누아의 작품으로 원 제목은 『죄의 총산과 그의 치료법』(1584)이다. 발간 이후 수차례 재판을 거듭하였다. 성모 마리아께 일생을 바친 수도사이면서 더럽고 구역질나는 이야기들로 책을 가득 채웠다.

무 쪘을 때엔 달리하지 않을 수가 없다…….”

아무리 괴상한 방법을 택했다 해도 “남편이 아내의 자궁에 사정하기 위한 것에는 죽을죄란 없다.”

로마에서 소문난 한 창녀에게 단골로 찾아오는 프랑스인이 있었다. 그들이 관계를 맺기 시작한 후 어느 정도 시간이 흐르자 이 프랑스인은 이 여자에게 홀딱 빠진 은행가 봉비시가 그녀에게 한 것처럼 프랑스에 데려가 좋은 구경을 시켜주겠다고 했다. 이렇게 해서 프랑스에 오게 된 그녀는 곧바로 이 남자의 아내를 찾아와서 이렇게 열변을 토하였다.

“난 아주 좋은 곡조에 맞춰 남편을 잘 길들여 주었고 좋은 공부를 시켜주었는데 그걸 다른 사람에게 보여주지 않는다는 것은 안 될 말이지요. 우리의 일이란 게 아주 땀이 나고 힘이 드는 일이거든요. 그는 아주 열심히 공부했으니 단 한 사람하고 만이 아니라 여러 사람과 함께 배운 바를 실행해 보고 보여준다면 더욱 큰 기쁨을 알게 될 거예요.”

그러면서 이 남편이 처음으로 자기 학교(?)에 찾아왔을 때에는 너무 순진하고 미숙하고 아무것도 아는 것이 없어 그를 훈련시키고 다듬어내는 데 하찮은 보수와 고생으로 얼마나 힘들었는지 모른다면서, 이제 이렇게 훌륭하게 만들어 주었으니 전에 비해 백배는 나아진 걸 아내가 알아주어야 한다나.

이후 이 아내는 앞서 말한 것이 사실인지 알고 싶어 변장을 하고는 창녀의 집을 찾아가게 되었는데, 이 창녀는 워낙에 넘쳐나는 여자인지라 엄청난 것들을 부인이 보게 되었다. ‘남편들이 목구멍을 따기 위해 어떻게 칼을 만드는지’ 즉, 어떻게 오입질을 하는지 보게 된 것이다.

이렇게 성스러운 결혼을 함부로 생각하면 신께서 벌을 내리고 말 것이다. 아내들에게 앙갚음이라도 하려 한다면 그 점에 있어 더 큰 벌을 받고야 말리라. 우리의 영혼을 치료해 주실 성스러운 의사께서 결혼이란 간통이나 거의 다름 아니라고 하신 말씀은 그리 놀라운 이론은 아닌 것 같다. 그건 아마 방금 앞에서 이야기된 것처럼 이런 식으로 결혼을 가볍게 여길 때를 의미한다.

여자들과 잠자리를 하고 여자에 잔뜩 취한 상태에서 성스러운 제단에 오고픈 마음은 일지 않을 것이다. 병이라도 얻을까 봐 사창가의 여자들과 난봉을 피우는 대신 아내와 잠자리를 하면서 남자들은 열중하지도 열기가 달아오르지도 않는다. 적어도 몇몇은 병을 옮겨주지 않는다는 게 확실하지만(그녀들의 남편들처럼 마찬가지로 병을 옮기는 경우도 있다).

위대하신 의사께서 말씀하신 바와 같이 자기 아내를 중히 여기지 않는 남편들은 크게 혼이 나야 마땅하다. 남편들은 침대에서 타락하고 방탕한 즐거움을 위해서가 아니라 단지 출산을 필요로 해서 결혼했을 뿐인 아내와는 그저 해야 할 의무를 수행하듯 처신하면서도 내연의 여자들에게는 아주 방탕한 호색한처럼 군다.

코모두스 베루스 황제(로마 황제, 161~169)는 창녀와 장안의 바람둥이들을 가까이하고, 부부의 침대에서까지 딴 여자와의 그 짓거리를 서슴없이 끌어들이는 데 불만을 늘어놓는 아내에게 이렇게 말했다.

"참으시오, 부인. 나는 다른 여자들과 욕정에 취할 수 있소. 하지만 아내나 배우자라는 이름은 존엄하고 명예로운 이름일 뿐, 음란과 쾌락의 이름은 아니오."

이 말에 왕비가 어떻게 말했는지는 어느 문헌에서고 그 대답을 찾아 읽어보진 못했지만, 야릇하게 도색한 이 말에 만족했을 리 만무하고, 다른 모든 아내들과 마찬가지로 좋은 기분으로 대꾸했을 리 없다.

"명예롭게 살지어다. 기쁨이 있을지어다. 서로가 더 나은 행복을 함께 누릴지니!"

성적인 승리

남편이 다른 여자와 사랑에 빠지자 질투심에 다른 남자에게 자신을 내맡겨 버리게 된, 아름답고 지체 높으신 어느 부인의 탈선 이야기를 해 보고자 한다. 한참 신나게 즐기고 있는데 여자가 남자에게 말했다.

"이 순간 이렇게 만족스러움을 느낀다는 건 내가 당신과 이 사랑의 승리자란 게 아니겠어요."

그러자 남자가 "짓밟히고 정복당한 사람은 결코 승리의 쾌감을 알 수가 없소."라고 대답했다. 이 말에 자존심이 상한 여자는 즉각 대꾸했다.

"당신 말이 옳아요."

그러더니 갑자기 남자를 끌어내려 모양새를 바꾸더니 날쌔게 그 위에 올라타서 남자를 밑으로 가게 했다. 아마 로마의 어느 기사나 기병대도 이 여자처럼 그렇게 재빠른 동작으로 말에 오를 수는 없었을 것이다. 다루는 솜씨 또한 그 누구도 따를 수 없을 만큼 감탄스러웠다는데 게다가 그녀가 하는 말인즉, "이 순간 내가 당신을 내 아래 정복시킨 승리자란 걸 자신 있게 말할 수 있게 되었군요."

사랑과 관능에 깊이 빠진 아주 아름다운 귀부인이 있었는데, 자존심이 강하고 오만한 데다 능동적인 성격을 가진 그녀는 사랑을 나눌 때 자기가 아래쪽에 있게 되면 정복당하고 비굴해지는 것같이 느꼈다. 그래서 남자 밑에 쓰러지고 눌려서 남자가 자기 위에 올라타는 걸 고통으로 여기며 절대 용납하지 못하고, 항상 자기가 윗자리를 차지하고 우위를 지키고 싶어 했다. 그녀에겐 이것이 좋았겠지만, 자기의 권위와 세력을 잃을까 두려운 남자는 그녀에게 돌아라, 방향을 틀어라, 움직여라 하면서 자기 식의 법도를 적용하려 들었다.

결국 평등권을 선택한 여자는 자신이 아래쪽을 맡는 대신 횡이냐 종이냐 열을 정하고 말 타는 자세를 명령하는 등 사랑의 접전에서 지켜야 할 질서와 형식을 결정하고 명령하는 일을 담당키로 했다. 더도 덜도 아닌, 전장에서의 특무상사가 해야 할 역할인 셈이다. 즉, 한계를 벗어난 지나친 행동 때문에 일이 진행되는 동안 어떤 이는 사랑을, 또 어떤 이는 인생 그 자체를 잃어버리는 고통을 겪지 않도록 조정한다. 서건 앉건 눕건 간에 그녀는 자기에게 일말의 수치심이나 열등감 혹은 굴욕감을 행사할 수 없게 하였다. 이렇게 사랑 그 자체와 그에 임하는 자세와 형식에 관해 서로 잘 협약하고 실천하는 것이 이상적이지 않은가.

이 부인께선 자신의 명예와 용기 있는 생각이 다치지 않고 이렇게 자기가 원하는 걸 요구할 수 있었는데, 이런 요구와 실천 속에서도 그들이 나눌 수 있는 사랑의 방법은 충분히 많았다고 한다.

이 얼마나 특출하고 별난 성미이며 용기 있는 의식에서 비롯한 유난스런 까다로움인지. 하지만 그녀의 생각에는 전적으로 일리가 있다. 왜냐하면 무시당하고 짓밟히고 굴복당하는 건 미칠 듯한 고통이니까. 때로 여자들은 말 속에서 혹은 실제로 "그가 날 밑에 깔고 짓밟았어."라고 말하는데 이렇게 말하는 것보다야 훨씬 유능한 사람이 아닌가. 또한 이 부인께선 입으로라도 자길 낮추는 걸 용납하지 않았다.

그녀는 '만지고, 입에서 입으로 느끼는 것은 손이나 다른 어떤 것으로 접촉하는 것보다도 감각적이고 소중한 것.' 이라고 했다. 다른 사람들이 더럽고 추잡한 입을 통해 자기를 느끼고 소외시키는 걸 참을 수가 없었던 것이다.

내가 다루고자 하는 건 또 다른 문제인데, 남자나 여자나 상대에게서 느끼는 가장 큰 승리감은 어떤 것일까 하는 것이다. 오랜 접전일까? 아니면 성적 승리감일까?

남자들은 앞의 것을 지적한다. 상대를 부드럽게 쓰러뜨려 그녀를 지배하고 자기 마음대로 자기 편한 대로 길들일 때 더 큰 승리감을 느낀다고 한다. 그러면서 여자들이란 하위에 놓이고 불평등하게 취급당한다 해서 많은 자태 중 비너스의 자태를 보여주길 명령하고 요구하는 데에 고통을 느끼는 일은 별로 없다고 말한다.

그러면 여자들은 이렇게 대꾸한다.

"그래요. 나를 당신 지배하에 두고 억누를 때 더욱 쾌감을 느낄 거라는 걸 인정해요. 나 역시 당신이 내 마음에 들 때엔 당신이 우위를 지키려는 것에 반대하지 않고 기꺼이 즐거운 마음으로 받아들일 겁니다. 하지만 내 마음에 들지 않을 때엔 당신을 노예나 갤리선의 노 젓는 죄수처럼 다룰 거예요. 좀 더 쉽게 말하면 목걸이를 채우고 진짜로 당신에게서 끌어낼 수 있는 모든 힘을 끌어내 일하게 하고, 땀 흘리게 하고, 헐떡거리면서 마차나 끌게 만들 거예요. 난 편안히 잠을 잔 뒤 당신을 보러 와서는 당신의 이런 변화를 보며 즐거워하겠지요. 때로는 내 마음에 들고 안 들고에 따라서, 혹은 계속되는 욕구 때문에 당신께 불평을 하기도 하지요. 내 욕구가 아주 만족스럽게 채워졌을 때엔, 더 이상 꼼짝할 수 없이 피로에 지치고 쇠약해져 이젠 휴식과 좋은 식사만이 필요해진 나의 기사를 자유롭게 놓아드리겠어요. 이렇게 내겐 아무것도 주는 것 없으면서 나의 부드러운 상대가 되려고만 한다면, 당신은 최후의 순간까지 싸움에 임하지 못하는 명예롭지 못한 결투의 패자요 나는 진정한 승리자로 남게 되는 거지요."

한 아름다운 귀부인의 이야기를 해보자. 한번은 그녀의 남편이 그 일을 하고픈 생각이 일어 깊은 잠에 빠져 있는 아내를 깨웠다. 일을 다 마치고 나자 아내가 말했다.

"당신은 만족했겠지만 난 아니에요."

그러고는 남편 위로 올라가 양팔과 손 그리고 두 다리로 남편을 감싸 안고 이렇게 말했다.

"다시는 날 깨우지 못하도록 당신께 가르쳐드릴 게 있어요."

다음날, 밑에 깔려 아무런 저항도 못하고 땀을 뻘뻘 흘리며 신음만 하던 남편은 이 모든 넘쳐나는 충격과 감동에 진저리를 치면서도 감사를 외쳤다. 그녀는 남편 사정은 봐주지도 않고 또 한번 그 일을 치르게 함으로써 녹초가 되어 호흡조차 제대로 할 수 없게 만들어 버렸다. 그러고는 하는 말이 자기의 기분과 욕구가 내키는 때를 잘 맞춰 남편이 자길 안는다면 그땐 정말 좋은 시간을 갖게 해주겠다나. 이 이야긴 아마도 이렇게 쓰는 것보다 여러분의 상상에 맡기는 것이 훨씬 나을 것 같다.

이런 것이 여자들이 내세우는 논리다. 그러면 남자들은 이에 대해 다음과 같이 응수한다.

"당신들은 배설을 위해 용기를 사용하지만, 우리에겐 몽정을 통해 나오는 배설물이나 오물(결혼이나 간통 등 이성간의 관계를 통해 분출하는 그것을 '오물'이라

청한다면)을 받아낼 만한 그릇(그것이 크건, 작건)이 없소."

"아, 그래요."

여성 쪽에서 맞받아친다.

"가장 정결하고 순수한 체액이라고 주장하는 당신들만의 정액을 냄비에건 대야에건 실컷 내보낼 수 있게 해드리지요. 그래서 그것을 더럽고 냄새나는 다른 오물들과 뒤섞어 버리겠어요. 그러나 아무리 우리 몸을 수백, 수천 번 두드린다 해도 우리가 자궁으로 품을 수 있는 건 단 한 번뿐이므로, 쐐기를 박는 것 또한 한 번뿐이에요. 만약 정액이 우리 안에 들어와 다행히 우리의 자궁이 그것을 품어 준다면 몸 안에 머물 수 있게 되지만, 다른 더러운 오물들은 더 이상 머물 수 없어요. 따라서 정액이라는 '오물'로 우리 여자들을 더럽힐 수 있다고 큰소리치지 말아요. 우린 당신네들을 받아들였다가도 더 이상 즐거움을 느낄 수 없으면 당장이라도 내쫓아 버릴 수 있으니까요. 한마디로 이렇게 말하면서 떠나보낼 거예요. '수프 씨, 당신의 이 멀건 국물은 이제 돌려드리겠어요. 처음 같은 좋은 맛이 가셔버렸는걸요.' 라고 말이에요. 하찮은 매춘부라 해도 고귀한 피를 가진 왕이나 왕족들에게도 같은 말을 할 수 있다는 걸 주목해야 합니다. 가장 비싸고 고귀한 왕족의 피를 가진 만큼 그가 받는 경멸도 더욱 클 테죠."

여성들 쪽에서 주장하는 바를 들어보면 아무리 고귀한 피라 할지라도 추하고 더러운 것에 전염되고 오염될 수 있다는 것이다. 모세의 법도는 이 지상에서 매음은 금지되어야 한다고 이르지만 더럽고 추한 오물들과 뒤섞일 때 배설은 더 잘 이루어진다.

여자들은 또 밤만 꿈꾸는 고귀하신 어르신네의 무분별한 행동으로 하얀 시트 아래서 고귀한 생명이 죽어가고 묻혀버린다고 생각할 수 있다. 그가 조금만 신중했더라면 그에게서 태어날 어린아이였을 수도 있었을 텐데 그렇게 죽어갈 수밖에 없었으니 이 얼마나 안타까운 일인가. 아내의 자궁 안에 뿌려졌다면 태어날 수도 있었을 고귀한 혈통의 아이가 아니겠는가. 그러니 이 얼마나 큰 손실인가.

물론 이것은 그릇된 생각일 수도 있다. 해마다 수많은 남녀가 가정을 이루지만 모두가 다 아이를 갖는 것은 아니다. 일생 동안 단 한 번의 임신으로 끝나거나 단 한 번의 임신조차 안 되는 수도 있다. 거기서부터 하느님을 따르는 자로서는 저지를 수 없는 잘못이 비롯된다. 결혼을 어떤 즐거움을 얻기 위한 것이 아니라 대를 잇기 위한 수단으로 가르치는 것이다. 그것은 잘못된 생각이다. 왜냐하면 여자들이 임신을 시도할 때마다 배가 불러오는 건 아니며, 그건 단지 우리에게서 거두어들이시고자 하는 하느님의 의지에 따르기 때문이다. 하느님의 가장 큰 축복은 사랑하는 사람들을 결혼에 이르게 해주심으로써 그들이 불륜 관계로 얽히는 게 아니라 올바른 선으로 이어지는 관계로 만드는 것이다.

쾌락을 추구하기 위해 남편 이외의 애인을 만드는 여자들도 있지만, 대부분의 여자들은 결혼생활 안에서 어떤 소홀함도 스스로 용납하지 않는다. 그녀들은 '자기를 닮아서' 남편이 어떤 잘못을 저지르는 건 아닌지, 엉뚱한 체액 한 방울이 들어와 자길 뻐꾸기 남편으로 만들어 버리는 건 아닌지, 아이들은 남의 자식이 아닌지 하는 의심을 받고 싶어 하지 않는다. 마치 위장이 허약한 사람이 소화키 어려운 덩어리가 입에 들어오면 씹지도 못하고 뱉어 버려야 하듯이 남편이 누군가 때문에 속 쓰려 하는 것을 막아주어야 한다고 생각한다.

산제의 모험

'코퀴(Cocu)'라는 말은 다른 새의 둥지에 알을 낳으러 가는 4월의 새, '뻐꾸기(coucou)'에서 빌어온 말로, 아내가 다른 둥지를 찾아 떠났을 때, 다른 여자가 자기의 둥지에 찾아들면 그 여자에게 씨를 뿌리고 아이를 낳게 한다는 이율배반적인 의미로 바람피우는 여자의 남편을 일컫는다.

현명하게 처신할 줄 아는 여자는 남편을 사건 속에 끌어넣는 우를 범하지 않으며 자신의 영혼은 기쁨을 누려도 절대로 다른 남자의 씨를 받지 않는다. 어떤 의미에선 의식 있는 행동이라고 할 수 있겠다. 어떤 귀부인께선 자신을 섬기는 충직한 기사에게 이렇게 일렀다.

"내게 쾌락의 즐거움을 주도록 해요. 하지만 내 몸 안에 단 한 방울이라도 흘려서는 안 된다는 걸 명심해야 돼요. 실수했다가는 당신 목숨은 사라지고 말 테니."

그러나 또 한번 현명하지 않으면 아니 되느니, 그가 자길 찾아올 만조의 시간을 잘 살펴야 하는 것이다.

브르타뉴 지방에 클로드 드 산제라는 용맹스러운 젊은이가 있었는데, 그 젊은이야말로 '의식 있는' 여주인의 생각을 늘 염두에 두어야만 했다. 해상 전투에서 포탄에 맞아 팔 하나를 잃음으로써 바다에 관해서는 누구보다도 큰 교훈을 일찍부터 갖고 있었던 그는, 죽음이 그렇게 이른 나이에 찾아오지만 않았다면 바다를 휘어잡을 큰 인물이 되었을 사람이다.

아무튼 그의 불행은 알제리를 향한 항해에서부터 비롯되었다. 그는 포로로 잡혀 알제리 회교 사원 사제의 노예가 되었다. 그 주인에게는 아름다운 아내가 있었는데, 그녀는 이 건장한 청년 산제에게 반해 사랑의 기쁨을 나누러 오라는 명령을 내렸다. 그녀는 다른 어느 노예들보다도 산

제를 좋아하고 잘 대해 주었다. 하지만 이것은 삶이냐 혹독한 감옥이냐
의 문제이기 때문에 단 한 방울의 씨앗이라도 절대로 여주인의 몸 안에
뿌려선 안 된다는 걸 거듭 명심해야 했다. 더욱이 그녀는 대예언자 마호
메트와 그의 법도를 위협할지도 모르는 기독교인의 피로써 자기의 혈통
을 오염시키고 퇴색 시킬 수는 없다는 생각을 갖고 있었다.

산제는 모험을 감행하라는 명령이 내려지면 백 번이라도 앞뒤 가리지
않고 그녀의 뜨거운 쾌락을 위해 무엇이든 시키는 대로 해야만 했다. 가
혹하게 취급당하고 비참하게 사슬에 묶여 하루하루를 연명하다 보면 신
에 대한 의무를 잊기 일쑤다. 좋은 대접을 받고 노예로서는 남부러울 것
없는 자유를 누렸지만 여전히 기독교인인 산제는 하느님의 법도가 그에
게 내리실 충격을 생각하면 앞이 캄캄해지곤 했다.

그래도 그는 여주인에게 그저 복종하며, 시키는 대로 아주 착하게 불
평하지 않고 그녀의 방앗간에서 열심히 방아 찧는 일을 했다. 물론 단
한 방울도 흘리는 실수가 없었다. 봇물이 터질 듯 넘쳐날 듯한 순간이면
재빨리 물러나 자기가 할 수 있는 다른 곳에 물길을 터주었다. 따라서
그녀는 그를 끔찍이 아끼고 사랑했다. 마침내 이 여주인은 그에게 말씀
을 내렸다.

"사슬을 풀어라. 내가 모든 걸 허락하노라."

그러나 눈앞에 있는 동료들을 보면서, 그들이 또 이 회교도 여인에게
당할 일을 생각하니 차마 그럴 수가 없었다. 그들의 육신이 함께 했더라
도 회교도 여인의 영혼과 기독교인의 영혼은 그 어떤 짐도 서로 함께 덜
어줄 수가 없었으며 자기 생애에 있어 이보다 더 큰 고통은 없었노라고
말했다. 또한 그는 그곳에서 겪은 경험을 상세히 들려주었는데 그녀가

자기에게 했던 갖가지 행위를 한껏 흥미롭게 이야기해 주었으나 너무나 흉물스러워 정숙한 귀를 버릴까 두려우니 그만 입 다무는 것이 좋을 듯싶다.

그는 산제 가문의 형제들[45]에 의해 명예를 회복할 수 있었다. 가문의 많은 이들이 프랑스군 총사령관[46] 예하에서 나라를 위해 봉사하며, 신의와 명예를 존중하는 브르타뉴 명문가인 그의 가족들은 맏형을 도와 그를 구출하는 데 적극 나섰다. 후에 스트로치 장군[47]과 나는 그들에게서 많은 경험담을 들을 수가 있었다.

아내에 대한 찬사와 자랑

아내와의 관계에선 만족감을 느끼지 못한다고 생각하는 남편들이 아내 이외의 다른 여자에게서는 욕망을 채울 수 있을까? 남자들은 때로 아내에게 찬사를 보내고, 그녀의 아름다움을 이야기하고, 신체의 각 부분을 연상하고, 아내가 자기에게 입 맞추고 만지고 두드리고 때론 벗은 몸으로 아양을 떨며 함께할 때 느끼는 즐거움을 표현하기도 한다.

그런데 아내에 대한 찬사와 자랑이 때로는 자신을 뻐꾸기 남편으로 만드는 길이 되기도 하니, 대체 어떤 태도가 남편들에게 마땅한 태도라고 할 수 있을지 모르겠다.

어리석기 짝이 없는 리디아(소아시아의 고대 국가)의 왕 칸다우레스는 아내

---

45) 클로드 드 산제는 산제 가문의 4남매 중 셋째다.
46) 프랑스군 총사령관 안 1세, 1567년 생드니 전투에서 중상.
47) 스트로치 장군(1541-1582)은 보병대 대령, 해군 중대장을 지냈다.

의 뛰어나고 보기 드문 미모에 감탄한 나머지 입 다물고 있으면 큰일이라도 나는지, 자기가 가장 좋아하는 친구 기게스에게 목욕 중인 아내의 벗은 몸을 자랑하며 보여주었다. 한눈에 사랑에 빠져 버린 기게스는 칸다우레스를 죽이고 왕국과 그의 아내를 차지해 버렸다.

이런 악의 고리에 걸려들게 된 것을 비관하면서 그 아내가 기게스에게 말했다.

"누가 당신에게 이런 끔찍한 일을 하라고 권하고 부추겼나요? 세상에 당신 손으로 그를 죽이다니. 이제 완전히 벗은 내 몸을 보았으니 당신 역시 다른 사람의 손에 죽고 말 거예요."

물론 그렇게 싱싱하고 보기 좋은 새 고기로 욕심을 채우고 즐거움도 누렸으니 비싼 대가를 치러야 함이 옳지 않겠는가.

파리의 바르베트 가 초입에서 암살당한 오를레앙 공작 루이[48]는 반대로 어느 날 웃지 못할 촌극을 벌여야 했다. 자신의 방에서 한 부인[49]과 잘 잤는데 하필이면 그녀의 남편이 아침 인사를 하러 찾아왔다. 혼비백산한 그는 바로 이 방문객의 아내인 여자의 얼굴을 급하게 시트로 덮었으나 얼굴을 뺀 알몸 전체가 홀랑 드러나고 말았다. 우선 살고 봐야겠다는 생각에 그는 여자 얼굴은 여전히 덮어둔 채, 여자의 나체를 보고 마음 편히 만져 보라며 방문객의 혼을 빼놓았다. 누가 감히 이를 거역하겠는가. 이 눈부신 육체에 어울리는 얼굴은 과연 어떨까를 상상하면서 이

---

48) 샤를 5세의 차남인 루이 1세(1371-1407). 그는 궁 안에서 여인들을 유혹하기로 소문난 난봉꾼이었다. 파리의 비에유 드 탕플 가와 바르베트 가의 모퉁이, 바르베트 가 초입에서 그와 권력 다툼을 벌였던 부르고뉴 공작, 장 상 퍼르가 매복시켜 둔 자들의 손에 암살되었다.

49) 그가 상대했던 여인들 중에는 후에 프랑스 왕비가 된 이자보 드 바비에르(1385-1422)도 있었다. 그녀는 형 샤를 6세의 아내이기도 하다. 여기서 문제의 여인은 오베르 드 카니의 아내인 마리에트 당갱.

방문객은 완전히 넋이 나가버렸다. 공작께선 그것이 자기 아내인 줄 전혀 눈치채지 못한 이 얼빠진 방문객에게 이젠 물러가라 점잖게 일렀다.

남편이 가고 난 뒤 여자는 자기가 얼마나 놀라움에 떨었는지 호들갑을 떨었다. 15분이란 시간 동안 그녀가 겪은 고통과 놀람을 어떻게 말했을지는 여러분 상상에 맡기는 것이 좋을 것 같다. 한 치의 부주의도, 감히 그 남편이 시트를 걷어 올리는 손톱만큼의 불복종도 허용해서는 안 되었다. 그러나 이 오를레앙 공작께선 머지않아 여자들을 탐하는 죄를 더 이상 짓지 않도록 누군가에 의해 세상과 작별하게 된다.

밤이 되어 아내와 잠자리에 든 남편이 그날 아침에 일어났던 일을 이야기했다. 오를레앙 공작의 방에서 이전에 볼 수 없던 기막히게 잘빠진 여인의 벗은 몸을 보았는데 공작님께서 허락하지 않아 그 얼굴은 볼 수가 없었다는 것이었다. 남편의 말을 들으며 그녀는 마음속에서 어떤 말을 했을까. 이 여인과 오를레앙 공작 사이에서 사람들은 씩씩하고 용맹스러운 '오를레앙의 사생아'가 나왔다고들 한다. 프랑스의 기둥과 영국의 도리깨에서 고매하시고 너그러운 자손 뒤누아 백작[50] 가문이 생겨난 것이다.

이제 아내의 나체 자랑에 여념이 없는 우리의 멍청한 남편들께로 돌아가 보자. 내가 잘 아는 한 친구가 어느 날 자기 동료를 보러 갔다. 그러자 그 주인은 몸을 덮은 하얀 시트마저 걷어차 내며 깊은 잠에 빠진 아내의 벗은 몸을 보여주며 자랑했다. 마침 날씨도 더운지라 몸이 점점 뜨거워져만 가는데 갑자기 남편이 커튼을 반쯤 열어 젖혔다. 잠든 그녀

---

50) 롱그빌의 뒤누아 백작. 일명 르 바타르 도를레앙(le Batard d' Orleans, 오를레앙의 사생아라는 뜻)이라 불렸다. 오를레앙 백작인 루이 1세의 친아들.

의 몸 위로 햇빛이 쏟아져 내리는데, 완벽한 절대미 그 자체를 바라본다는 것은 더없는 행복이었다. 그 눈부심은 그들의 눈이 탐하는 걸 넘치도록 채워주고도 남아, 자기들만 욕심을 채워선 안 된다는 생각으로 의기투합한 두 사람은 그 길로 왕께로 달려갔다. 사실 이 눈부신 아내에게 은밀한 육체적 봉사를 해오고 있던 이 관객은 자기 눈으로 본 것과 자기가 아는 신체 곳곳의 특징(아주 은밀한 부분까지도)들을 아주 상세히 묘사하며 말씀을 올렸고, 커튼을 열어 젖혔던 장본인인 그 남편은 친구가 하는 말을 꼼꼼히 확인해 주었다고 한다.

어떤 어르신네께서는 자기 친구이자 사촌이 자기의 아내를 사랑하고 있다는 사실을 알게 되었다. 그는 친구에게 더욱더 욕망을 불러일으키기 위해서, 또 그 친구는 마음대로 만져볼 수도 없는 아름다운 여인을 어떤 능력으로 소유할 수 있는가 보여주어 절망하고 분노케 만들 심산으로 자기 아내를 실컷 보게 해줄 테니 집으로 오라고 했다. 그래서 어느 날 아침 친구는 그들을 보러 갔는데 반라의 남녀가 한 침대에 누워 있는 걸 보고 마음이 그리도 비참할 수가 없었다. 그가 보는 앞에서 둘은 열중해서 그 일을 해보였고, 더군다나 이 남편은 이 모든 걸 보게 해준 것을 무슨 큰 은혜라도 베푸는 듯이 굴었다. 이 관객은 예쁜 남의 아내와 은밀한 짓거리를 할 때 단단해야 할 자기 물건이 말을 잘 안 들었다면, 아내에게 지나칠 만큼 다정하게 굴면서 마음껏 요리하는 남편 앞에서 아내가 어떻게 굴었을지 이쯤에서 나머지 상상은 여러분께 맡길까 한다.

이번엔 조금 다른 이야기가 되겠다. 어떤 어르신네께서 자신의 웃어른이며 장차 왕통을 이어갈 왕자 앞에서 아내와 그 일을 하게 되었다. 그런데 그것은 이런 걸 보며 즐기는 괴벽이 내리신 명령과 요청에 따른 것이었다. 그러면 이런 일은 죄가 되지 않는 것인가?

이 땅 어디서건 무슨 이유에서건 아내의 벗은 몸을 남에게 보여주어서는 안 된다. 내가 아주 훌륭한 장군으로 여기는 사부아 공작의 불덩어리에 관한 에피소드를 들어보기 바란다. 앙리 3세께서 폴란드에서 돌아오실 때였다. 사부아 공작은 앙리 3세께 스페인 왕이 어떤 음모를 갖고 있을지 모르니 절대로 밀라노에는 가지도 들어서지도 말라고 만류했다.

그러나 문제는 그게 아니었다. 사실은 왕이 그곳에 계시면 자신의 아내를 방문하게 될 것이고, 그렇게 되면 그녀의 풍만한 아름다움과 고결함에 눈을 멈추어 앞서 많은 분들이 그러했듯이 그녀를 유혹해서 정복하고픈 욕망을 억제치 못하게 될 것이 두려웠던 것이다.

진짜 이유는 바로 여기에 있었다. 공작이 이런 불덩어리를 지니고 있다는 딱한 사정을 눈치챈 왕께서는 공작이 꾸며댄 말을 모르는 척하며 발길을 다른 곳으로 돌리셨다. 마음 같아선 이 세상 어디라도 가고 싶은 생각이었겠지만 발길을 돌려야 했던 왕께서 리옹에 돌아오셨을 때 내게 하신 말씀은 프랑스인보다도 스페인 사람보다도 뭔가 미심쩍은 사람은 아무래도 사부아 공작인 것 같다나.

다양한 뻐꾸기들

아내가 하고픈 대로 인생이 흘러가도록 내버려 둔 후에 다른 녀석과 사랑을 만들어 가고 있다는 의심 때문에 잔인하게 아내를 다루다가 마침내는 목숨까지 노리는 남편들이 있는데 이들 역시 벌을 받아야 한다.

어떤 이는 아내와 그 정부의 목숨을 노려 음모를 꾸미고 사람을 시켜 실행에 옮기도록 사주했다. 그러자 아내는 애원과 간청으로 그와의 관계를 청산하겠노라고 남편에게 맹세를 했다. 그때부터 아내는 눈물을 삼켜가며 자신에게 닥친 아주 혹독한 시련을 이겨내야만 했다.

생트솔린이라는 한 젊은이는 테르세르 섬 전투에서 그의 상관인 필립 스트로치 장군의 구조 의무를 제대로 이행하지 않은 죄로 피소되어 법정에 섰다. 자기 상관에게 아무런 도움도 구조도 보내지 않고 죽을 지경에 내버려 두었으니 임무를 이행하지 않은 것이라 해서 법정에서 사형 선고가 내려졌다. 목숨을 구하기 위해 아무리 용서를 빌어도 소용이 없었다. 그러자 그의 아내는 높으신 어른을 찾아가 용서를 구하고 남편의 애원과 묵인 하에 그 어른에게 몸을 바쳤다. 돈은 아무런 힘도 발휘할 수가 없었고, 그녀의 미모와 육체만이 효력이 있을 뿐이었다.

마침내 생트솔린은 목숨을 건지고 자유의 몸이 될 수 있었다. 그런데 그 후부터 그는 아내에게 아주 못되게 굴면서 냉혹하게 다루었다. 이런 인간이야말로 불쌍한 인간이 아니고 무엇이랴.

한편 이와는 전혀 다른 태도를 보이는 사람도 있다. 그들은 행복이 어디에서 비롯되는지 알기 때문에, 남은 생애 내내 자기를 죽음에서 구해 준 아내의 이 고마운 '출입구'에 경의를 표하며 아끼고 소중히 여긴다.

우리는 또 자신들의 삶에 만족하지 못하고 화내고 분노하며 삶이냐 죽음이냐의 갈림길에서 죽음의 길을 택하는 어리석은 뻐꾸기 남편들을 볼 수가 있다. 누구에게나 깍듯하고 용모도 빼어나게 아름다운 아내를 둔 한 남자가 있었는데, 늘 책만 들여다보며 지냈다. 그러던 어느 날 갑자기 죽고 싶다며 아내에게 이렇게 말하는 것이었다.

"아, 내 사랑이여, 난 곧 죽을 것이오. 난 당신이 나와 함께 가도록 하느님께 빌겠소. 나와 함께 저 세상으로 갑시다. 죽음은 나를 이 지긋지긋한 삶에서 벗어나게 해줄 것이고, 날 행복하게 해줄 것 같소. 내 뜻을 기쁘게 받아주겠소?"

그러나 한창 아름다움이 피어나는 서른일곱의 아내는 그가 하는 말을 믿지도 따르고 싶지도 않았으며, 그런 어리석은 짓을 하고 싶지도 않았다. 마르스와 테베의 딸이며 카파네의 아내인 에바드네[51]의 이야기에서 에바드네는 카파네를 미친 듯이 사랑해서 그의 시체를 불 속에 던져 넣었다. 그리고 뒤이어 스스로 불 속에 뛰어들어 함께 소멸되었다. 이렇게 죽음으로써 영원히 남편과 함께한 것이다. 그러나 평범한 아내에겐 이런 이야기들이 모두 다 어리석게만 여겨질 뿐이었다.

테살리아의 왕인 아드메테의 아내 알케스티스[52]는 남편이 곧 죽을 것을 알게 되자 그 어떤 친구도 죽음으로부터 그를 되살릴 수는 없을 것이라 생각하고 자신이 죽음에 뛰어들어 남편을 살려내었다. 그러나 남편을 살려내기 위해 죽음의 구덩이로 기꺼이 뛰어들거나, 죽음으로 향하는 남편을 뒤따르는 애덕의 여인은 이제 더 이상 찾아볼 수가 없을 것 같다.

아내가 어떤 잘못을 저질렀다고 해서, 마치 아내를 훌륭한 만찬에라도 초대하듯 죽음으로 초대하는 남자들에게 그것이 왜 그리도 어리석은 짓인가 말해 주고 싶다. 아내가 다른 남자의 품에 안겨 있는 것을 보고 혹은 자기가 죽은 뒤에라도 새 남편의 품에 안기게 될 것이 불쾌하다 해

---

51) 베르길리우스는 『아이네이스』에서 지옥에 던져진 에바드네를 페드라나 프로크리스, 파시파데와 마찬가지로 사랑의 희생물로 그리고 있다. 『아이네이스』는 베르길리우스가 지은 12개의 노래로 엮어진 서사시. 트로이의 몰락 이후 아이네아스가 곳곳을 여행하다 지금의 이탈리아에 로마 제국을 건설하게 된 전설적 이야기로 유럽 문화의 근간을 이루는 이야기 중 하나다.
52) 알케스티스의 전설은 부부애의 상징으로 문학에서 많이 인용된다. 자기의 죽음으로 남편을 살리려 했던 알케스티스는 후에 헤라클레스가 지옥에 던져진 그녀를 구해줌으로써 다시 살아난다.

서 그녀를 지옥에 보내는 것도 유쾌한 일은 결코 아니다. 그건 단지 질투심에서 나오는 행동일 뿐이다. 질투란 남편을 꼭 붙잡고서 아내를 때리거나 나쁘게 군만큼 똑같이 되돌려주는 것이다. 만약 그가 거기서 빠져나온다 해도 여자들이 견뎌낸 만큼 견디지는 못할 것이다. 그러나 그가 살아 있는 한 그런 일은 있을 수 없을 테니 하고 싶은 대로 내버려둘 수밖에.

종교 전쟁에서 뛰어난 활약을 보였던 용맹스러운 탕크레드[53]는 남다른 모습을 보여주었다. 그는 죽어가는 순간 애달피 흐느끼는 아내에게 자기가 죽고 나면 트리폴리 백작과 결혼하라 일렀고. 그가 죽은 후 유언대로 두 사람은 결혼했다.

탕크레드는 살아 있을 때에 이미 여러 차례 아내가 사랑의 이끌림을 겪고 있다는 걸 알았다. 왜냐하면 그녀 역시 그녀의 어머니와 똑같이 좋은 냄새를 풍기고 있었기 때문이다. 그녀의 어머니인 앙주 백작 부인[54]은 브르타뉴의 백작님과 사랑을 실컷 즐긴 후 프랑스 필립 왕을 찾아갔다. 그리고 왕과의 사이에서 세실이라는 딸을 낳아 이 훌륭한 탕크레드에게 주었다. 그의 큰 공적은 뻐꾸기 남편 노릇에는 어울리지 않는다.

첩자로 몰린 한 알바니아인에게 가증할 중죄를 벌하기 위해 산꼭대기에 매달아 두라는 판결이 내려졌다. 그러자 그는 마지막으로 아내를 한 번만 보게 해달라고 간청했다. 소원이 받아들여져 그는 아내에게 마지

---

53) 시칠리아의 왕자. 삼촌과 함께 십자군 전쟁에 참가하여 많은 공을 세우고 1112년 죽었다. 이탈리아 시인 타소는 그의 서사시 〈자유를 찾은 예루살렘(1580)〉에서 탕크레드를 전형적인 기사의 모습으로 그렸다.
54) 인물이 빼어나고 야심도 만만찮았던 베르트라드 드 몽포르. 앙주와 투렌의 백작이신 풀크 레생의 아내. 4년간의 결혼생활 끝에 남편을 버리고 오를레앙으로 달려가 프랑스 왕 필립 1세와 결혼해서 여러 아이를 낳았다. 그 중 세실이 탕크레드와 결혼했다.

막 인사를 하게 되었는데, 입을 맞추는 척하면서 이빨로 코를 물어뜯어 아내의 예쁜 얼굴을 엉망으로 만들어 버렸다. 그는 다시 이끌려 내려와 법정에 서게 되었고 아내에게 왜 이렇듯 극악무도한 짓을 했느냐는 질문을 받았다. 그는 한마디로 질투 때문이라며 이렇게 말했다.

"아내가 아름다운 외모를 가졌으니, 내가 죽은 뒤 다른 남자들이 넘보는 건 뻔한 일일 테고, 그 중 누군가에게 몸을 내던질 것이 아니겠소. 게다가 아내가 얼마나 색정적인 여자인지 누구보다도 잘 알고 있는데, 탐색에 빠져 나 같은 건 머지않아 까맣게 잊어버리고 말 거요. 마누라가 나 죽은 뒤라도 내 추억 속에서 나만을 생각하고 눈물 흘리며 슬퍼해 주었으면 좋겠단 말이오. 죽음으로 나를 뒤따르진 못하더라도, 적어도 일그러진 얼굴을 하고 있다면 그 누구도 내가 그녀와 누렸던 즐거움을 빼앗진 못할 것 아니겠소." 이 무슨 끔찍한 질투인가.

늙고 병들어, 기력도 쇠진해서 죽음이 멀지 않았다고 느껴지면 통한과 질투에 절어 얼마 남지 않은 날까지도 절반은 앞당기게 된다.[55] 더군다나 젊고 예쁜 아내를 두었을 때에는 특히나 더 그렇다.

복수의 문제

아내를 죽게까지 만드는 잔인하고 폭군적인 남편들의 기이한 기질에 관해서 논해 봤으면 한다. 여성들에게 말할 수 있는 기회가 내게 주어진

---

55) 브랑톰이 여기서 말하는 것은 라부아 법관을 말하는 것 같다. 그는 불랑제라는 이름을 가진 대리인(지금의 검사)의 아내와 내연의 관계를 이루었는데 그녀가 관계를 끊으려 하자 그녀의 얼굴을 베어 못쓰게 만들어 버렸다. 이 일로 그 자신이 법정에 서서 재판을 받고 비싼 대가를 치르고야 말았다.

다면 이렇게 이야기하고 싶다. 여자들 편에서 뭔가 알아챘을 때에는, 즉 아내를 살해하려는 음모의 기미를 감지하게 되면 남편보다 한발 앞서 아주 먼 딴 세상에 살 곳을 마련해 쫓아 버리라고.

　내가 여자들에게 그렇게 하라고 한다 해서 그것이 신의 가르침에 따르는 건 아니다. 다만 살인이란 그 어떤 경우라도 용납될 수 없으므로, 세상 이치가 그렇듯이 희생자가 되기보다는 막을 수 있는 일이라면 미리 막아야 한다는 말이다. 우리 모두는 각자의 삶에 대해 늘 의구심을 갖고 있어야 하며, 우리의 생명은 하느님께서 주신 것이므로 죽음으로써 우릴 다시 부르실 때까지 잘 지켜야만 한다. 달리 말하면 자기의 죽음을 알고도 있는 힘을 다해 거기서 도망치려 하지 않고 그리로 향해 가도록 내버려 두는 것은 스스로 자기 목숨을 끊는 것이나 같아 하느님께서도 크게 노여워하실 것이란 얘기다. 이런 음흉한 남편은 어디 멀리 외국 사절로라도 보내 버리는 게 좋을 듯싶다.

　콩피에뉴의 통치자 플라비 장군의 아내인 블랑슈 도베르브뤼크[56]는 남편이 자길 익사시키려 한다는 걸 알고는 선수를 쳤다. 이발사의 도움으로 남편의 입을 틀어막고 목을 졸라 죽였으나 그녀는 샤를 왕의 은혜를 입어 살아남았다.

　프랑수아 1세가 통치하던 시절 보른[57]이라는 여인은 남편을 고발하여

---

56) 아르지 자작 부인 블랑슈 도베르브뤼크는 유산을 좀 더 일찍 상속 받고자 부모를 감옥에 넣어 죽게 만든 바 있는 남편 기욤 드 플라비의 손에 죽게 될 것을 두려워해 그의 이발사를 시켜 남편을 죽였다. 그러고는 왕의 측근이며 자기의 애인인 피에르 드 루뱅과 도망친 후 얼마 뒤 샤를 3세로부터 사면장을 받아냈다. 아내에 대한 플라비의 행동 역시 파렴치하기 이를 데 없었는데, 역사가 마티유 쿠시의 기록에 보면 "그는 아내가 보는 앞에서 어린 창부들을 여럿씩 침대에 끌어들여 광란적인 쾌락을 탐하곤 했는데, 아내가 무슨 말이라도 할라치면 그녀를 벽에 가둬 죽이겠노라고 위협했다."고 한다.

57) 잔 드 몽탈, 보른느 가 샤를 다뷔송의 아내. 그녀의 남편은 방탕에 방탕을 거듭하며 첩과의 사이에서 네 아이를 낳았으며 그 외에 여러 수녀원을 넘나들며 나쁜 짓을 일삼아 1533년 2월 23일 파리 공시대에서 목이 잘려 죽었다.

법정에 서게 해 세상을 놀라게 했다. 이는 나의 조모로부터 전해들은 이야기인데, 이 보른 부인은 남편이 그간 저질러온 죄를 낱낱이 열거하면서 그를 세상에서 완전히 격리시켜 목을 베어 버려야 한다고 주장했다.

나폴리의 잔 여왕은 앞의 경우처럼 그녀의 세 번째 남편인 마조르카 왕자의 목을 노렸다.[58] 그녀는 첫 번째 남편에게서도 그랬듯이 남편이 건재하다는 것을 늘 두려워했다. 그들의 바람기가 의심스러워지기만 하면 같은 방법을 써서 제거하려 했으니, 그녀의 판단이 옳은 것이었을까? 어쨌거나 많은 여자들이 스스로 문제를 해결하며 난관을 헤쳐 나간다.

어떤 부인이 정부와 함께 있다가 그만 남편에게 들켜버렸다. 남편은 너무 놀라 낯빛이 다 변하고 넋이 나간 두 남녀를 내버려 둔 채 말 한마디 않고 노기등등한 얼굴로 나가버렸다. 그러나 그 부인은 이런 말을 할 정도로 대담했다.

"남편은 야단도 치지 않고 손찌검조차 안 해요. 그 캄캄한 속이 어떤 생각을 하는지 두려워요. 하지만 나더러 죽어야 한다고 하면, 그가 먼저 죽음을 느끼게 해주겠다고 충고하겠어요."

행운은 그녀에게만 돌아가는 건지, 단 한 번도 아내가 바라는 따뜻함을 보여주지 못했던 이 남편은 얼마 지나지 않아 스스로 죽어 버리고 말았다. 반미치광이처럼 분노에 떨며 위험스런 일을 벌이는 그런 류의 뻐꾸기 남편들에 대해선 또 다른 문제와 논쟁거리가 있다. 말하자면 그의 아내건, 애인이건 당할 것이냐 복수할 것이냐 하는 문제이다.

---

58) 작가가 말하는 바가 정확한 것인지는 알 수 없다. 나폴리의 여왕 잔 1세는 세 번째 남편인 마조르카의 왕자 자크 다라공의 목을 처리했다. 그러나 그들의 결합이 원만치 못했던 만큼, 1345년 9월 18일 첫 번째 남편 앙드레를 목 졸라 죽이는 걸 이미 본 적이 있는 자크는 스페인으로 도망쳐 그곳에서 1375년까지 살다 죽었다.

CHAPTER
2

사랑에 빠진 여인들과
바람을 피우는 이유

---- Les Dames galantes ----

엉덩이의 의욕이 너무 강하고 힘의 의욕을 따르지 못한다면
그보다 더한 고통과 애석한 일이 또 있으랴.

사랑을 찾아 나선 여인들

이탈리아 속담 중에 "못된 짐승과 분노와 증오는 죽여 없애야 한다."
라는 말이 있다. 그런데 여자를 이 속담과 한데 묶어서 밖에 생각할 줄
모르는 남자들이 있다. 보통 전갈에게 다리를 찔리거나 물리면 그 고통
을 치유하기 위해 그것을 잡아 죽여 버리거나 또는 우리가 받은 상처 위
에 그 전갈을 다시 올려놓는다. 이와 같이 자기에게 해를 주는 동물을
죽여 버리듯 그들은 자기에게 고통을 주는 아내를 죽일 수 있다고 자신
들의 행동을 정당화하려 든다. 여자가 자기에게 고통을 주었으니 죄를
지은 것이고, 죄인은 당연히 벌을 받아 마땅하다는 것이다.

이런 죄를 짓는 쪽은 내 생각엔 작은 여자보다는 앞서 언급했듯이 덩
치 큰 여인들이 아닐까 싶다. 왜냐하면 바로 이 여인들이 남녀 사이의
교전에서 선정적인 몸짓과 말로 먼저 공격을 하며 남자들이란 그저 밑
에서 떠받쳐주는 일만 할 뿐이니까.

더 큰 벌을 받아야 할 사람들은 전쟁을 일으키고 먼저 공격을 시작한
사람들이다. 보통 남자들이란 여러 가지 사랑의 방식을 제시하는 여인
의 요구 없이 그렇게 높고 위험스러운 곳에 자신을 내던지지는 않는다.
또한 그들은 자신들을 손아귀에 넣고 밀고 당기는 무모한 사람으로 인
해 판단이 흐려지기 전에는 그렇게 크고 높은 성벽을 뚫고 쉽게 공격하
려 하지 않는다.

그러나 여자들이란 남자들보다 나약한 존재이므로 그들을 믿고 용서해
주어야 한다. 여자들은 마음속에서 누굴 좋아하고 사랑하게 되면 그 대가
가 어떻든 실행에 옮기려 한다. 그것을 마음속에만 품어 두면 날로 초췌해
지고 하루하루 마르고 나약해져 아름다운 자태마저 잃어버린다. 따라서

여자들은 사람들이 말하듯 흰 족제비[1]처럼 죽어 가지 않기 위해 스스로 치유법을 찾고 삶의 기쁨을 이끌어 내려 애쓴다. 그것이 이유일 뿐이다.

물론 사랑을 찾아 헤매는 이런 기질을 선천적으로 타고나는 여인들도 있다. 그들은 남자를 찾아다닌다기보다는 남자들이 갖고 있는 남성적인 매력을 찾아다닌다고 함이 옳다. 즉, 잘생겼다거나 씩씩하고 용감하다거나 쾌활하다거나 하는 면들을 보는 것이다.

그러나 어떤 여자들은 돈을 얻어 내려고 연극을 하고, 또 어떤 여자들은 마치 장사꾼처럼 진주며 귀금속, 값나가는 드레스 등을 얻어 내려고 갖은 수를 써서 원하는 걸 남자에게서 이끌어 낸다. 어떤 여자들은 자신이 법적으로 불리한 위치에 놓여 있을 때 자기에게 유리한 판결을 이끌어 내기 위해 법을 집행하는 어르신네들을 유혹한다. 그리고 남자들의 신체에서 우러나오는 달콤한 진액을 이끌어 내고자 그들을 유혹한다.

남자에게 반해서 갖은 정성을 다 쏟으며 그 뒤를 쫓아다녀 세상 모든 사람을 낯 뜨겁게 만드는 여인들도 있다. 내가 아는 어느 부인께선 지체 높으신 어르신네와 사랑에 빠졌는데 흔히 하인들이 자기 여주인이 좋아하는 빛깔을 자기 의상에 넣게 마련이지만 그녀는 반대로 남자가 좋아하는 빛깔의 옷을 입었다.

내가 아는 또 다른 부인께서는 남편이 자신의 정부와 맞닥뜨리게 되어, 두 남자가 궁정 한가운데에서 결투를 벌였다. 잠시 후 남편이 승리를 외치며 무도회장에 들어섰다. 그녀는 몹시도 분해하며 남장을 하고 이미 숨이 끊어진 정부에게로 다가갔다. 그리고 그를 그리도 사랑했던

---

1) 암컷 족제비가 만족할 때까지 수컷을 찾고, 사랑을 하다가 죽는다는 의견은 18세기와 19세기 초까지 자연주의자들에게 널리 알려져 있었는데 이 암컷 족제비는 발정기가 되면 정신없이 수컷을 찾아다닌다고 한다.

그녀는 모몽[2]을 던져 자신의 운명을 결정한 후에 죽음에 뛰어들었다.

내가 알고 있는 한 젊은이는 어느 날 외모가 뛰어난 아름다운 여인을 보고 마음속에서 정욕을 느끼게 되었다. 일찍이 사랑을 경험해 보지 못한 이 젊은이는 막상 여인 편에서 오히려 적극적으로 추파를 던지며 다가오자 그만 주춤해 버리고 말았다. 그러나 여자는 갈수록 그에게 점점 빠져들었다. 어떤 우연에서 시작되었건 주사위를 던진 건 그녀였다. 그녀는 자기가 아는 모든 수식어와 미사여구를 동원해 끊임없이 그를 유혹했다.

"당신이 날 사랑하지 않는다 해도 적어도 내가 당신을 사랑하는 것만이라도 허락해 주세요. 내가 그럴만한 자격이 있는가를 따지지 말고 나의 애정과 이 타오르는 마음을 보세요."

이렇듯 적극 공세를 펴는데 이 젊은인들 어찌하랴? 그녀가 그리도 사랑한다니 사랑해 버려? 아니면 봉사를 하고 봉사의 대가를 요구해? 대가를 지불한다면 못할 이유는 없을 테니까.

다른 사람에게 사랑을 받는 대상이 되기보다 사랑을 찾아 나서는 이런 여인들은 헤아릴 수 없이 많다. 우선 여자들은 자기 애인보다 훨씬 더 많은 다른 짝을 갖고 있다. 일단 자기 남자라는 느낌을 받게 되면 그녀들은 절대로 중단하지 않고 마지막까지 일을 펼쳐 나간다. 매혹적인 눈길, 미모, 수백 수천 가지 방법으로 연구해서 빚어낸 우아함, 타고난 미모가 아니라면 비상하고 섬세한 화장 솜씨로 만들어 낸 그럴듯한 얼굴, 아름다운 모자 장식, 잘 조화시킨 품위 있고 고상한 머리 모양, 은근히 드러내는 관능과 욕정을 불러일으키는 언어들, 온순한 듯 아양 떠는

---

2) 가면무도회에서 가면의 신사들이 여인을 상대로 던지는 주사위.

몸짓과 친절… 이 모든 재주와 연기로 남자를 유혹하는 데 전력을 다한다. 자, 남자들이 어떻게 발목을 잡히는지 이제 아실 줄 믿는다. 이렇게 발목이 잡히면 이젠 그들이 이 여인들을 손아귀에 넣게 된다. 그리고 남편들은 아내에게 복수를 해야 하고.

또 다른 의견은 결국 사랑은 남자에게 달린 것이라고 한다. 즉, 한 도시를 에워싸고 있는 남자들이 어떻게 하느냐에 따라 그 도시는 공략을 당할 수도, 그러지 않을 수도 있다. 왜냐하면 먼저 신호를 보내고 경고하고, 상대를 알아보고 적진에 접근하고, 군사를 배치하고, 기사들에게 명령을 내리고, 목을 자르게 하고, 포열을 배치하거나 발사하게 하고, 적과 교섭하는 것이 바로 남자들이기 때문이다.

이런 식으로 해서 한 여자의 사랑을 쟁취한 남자들은 이야기한다. 가장 열정적이고 용기 있고 적극적인 자가 여인의 완강한 수줍음을 공략할 수 있다고. 여자들은 끈질긴 추근거림에 수없이 공략당한 후에는 다른 신호를 하기가 어려워지고 결국 두터운 성벽 안으로 달콤한 적을 받아들일 수밖에 없게 된다고. 그렇다면 흔히 말하듯이 그녀들을 죄인으로 볼 수는 없을 것 같다. 왜냐하면 그녀들은 끈질긴 추근거림에 무너져 내린 것뿐이니까.

실제로 내가 보아온 많은 사람들이 오랜 노력과 기다림 끝에 아름다운 여인을 차지하고 달콤함을 누렸다. 먼저 주사위를 던지고(그들이 사용하는 표현대로), 엉덩이를 낮춘 건 남자들이다. 가끔은 목적을 이루지 못하고, 눈물을 머금고 마는 경우도 있기는 하다.

파리를 지나다 보면 사람들이 종종 거지에게 적선을 하는데 신에 대한 사랑이나 공경심이라기보다는 그들의 추근거림에 못 이겨 몇 푼 던져주게 되는 것과 마찬가지로, 어떤 여인들은 사랑받고 있다는 느낌보다는 지나친 추근거림에 못 이겨 이와 비슷한 심경으로 무너져 내리기도 한다. 더군다나 높은 권좌에 있는 사람일 때, 여자는 두려워서 감히 거절하지 못하고 그를 받아들인다. 그러고 나면 스캔들에 휘말리고 낙인이 찍히고 그녀의 명예는 산산조각이 난다.

따라서 피와 살인을 즐기고 끔찍한 방법으로 아내에게 복수하는 남편들은 성급하게 판단하거나 그렇듯 단호하게 굴 것이 아니라 무엇보다도 먼저 모든 진상을 알아보아야 한다. 이런 모든 사실이 그를 분노케 하고 미쳐서 머릴 쥐어뜯게 만들고 그토록 초라하고 비참하게 만든다 할지라도 우선 아내에게 이 세상의 모든 기회를 줄 수 있어야 한다.

외국의 어느 왕자는 얌전하고 정숙한 여인을 아내로 맞았으나 궁정에서 바람둥이로 명성이 자자한 한 여인 때문에 결혼생활을 제대로 유지하지 못하고 아내를 종종 홀로 남겨 두곤 했다. 또한 그 어르신은 밖에서 여자를 유혹하고 즐기는 데 만족하지 못하고 공공연하게 집 안으로 끌어들이기도 했다. 그가 집 안에 여자를 끌어들여 잠자리를 즐기는 방은 가장 아래층에 있었다. 그런데 이 방은 아내의 방 바로 아래쪽에 위치하여, 말하자면 아내의 침대 바로 아래에 그의 침대가 놓여 있는 셈이었다. 남편은 자기의 정부와 즐길 때면, 양심의 가책을 느끼기는커녕 오히려 큰 소리로 떠들썩하게 마치 장난하듯이 짧은 단장으로 마룻바닥을 두어 번 두드리면서 "내 아내여, 건배." 하고 소리치곤 했다.

이 수모와 멸시는 두고두고 아내를 화나게 했으며 절망과 복수심에 이 아내는 멋진 남자 친구에게 자신을 의지하게 되었다. 마음으로 많은 위로를 받으며 만남을 지속하던 어느 날 그녀는 이렇게 말문을 열었다.

"난 당신이 내게서 육체적 쾌락을 얻길 원해요. 당신이 날 거부한다면 차라리 당신을 파멸시켜 버리겠어요."

그가 이 아름다운 모험을 거부할 리가 있겠는가. 이렇게 남편이 다른 여자를 품에 안고 "건배"를 외치니, 아내 역시 다른 남자 품에서 "건배"로 답했던 것이다. 아내는 때로 "당신께 건배를" 혹은 "기분이 좋으신 것 같군요." 하며 한술 더 떠 남편의 말에 응수하기도 했다. 이 건배와 답변은 그들이 말에 올라타는 절차이며 방식이었다. 이 절차는 이 남편께서 무언가 의심을 품게 될 때까지 오랫동안 계속되었다. 그는 아내를 감시하게 한 결과 마침내 그녀가 점잖게 바람을 피우고 있었다는 걸 알게 되었다. 사실이 밝혀지면서 그들의 코미디는 비극으로 전환되었다. 어느 날 남편의 건배에서 마지막임을 감지한 그녀는 그에 대한 맞바꿈의 답변을 하고는 그 길로 남편에게로 달려가 잘못을 빌었다.

"내가 죽은 목숨이란 거 잘 알아요. 죽여 주세요. 죽음이 두렵지 않아요. 복수심 때문에 당신을 뻐꾸기 남편으로 만들고 말았으니 달게 받겠어요. 내게 기회를 준다면 다시는 이런 일이 없을 거예요. 있는 그대로 고백하지만 이전까지 나는 이 세상 어떤 규범도 어긴 적이 없었어요. 당신은 나처럼 정숙한 여자는 어울리지 않았어요. 아, 지금 당장 나를 죽여 줘요. 하지만 당신 두 손에 아직도 연민이 남아 있다면 이 가여운 남자를 살려 주세요. 내가 그를 불러들였고, 내 복수극에 도움을 청한 것이니까요."

그러나 냉혹한 왕자님께선 일말의 연민도 남아 있지 않아 두 사람을 함께 죽여 버렸다. 대체 이것이 아니라면 남편의 파렴치와 멸시에 짓눌려 이 불쌍한 왕자비가 절망 속에서 할 수 있는 것이 무엇이었을까? 누군가는 용서할 것이고 아마도 누군가는 비난을 퍼부을 것이다.

『백 가지의 새로운 이야기』 속에 나오는 나폴리 여왕 이야기[3]나 나바르 여왕의 이야기는 남편에게 복수한다는 점에서 이와 유사한 이야기라 할 수 있지만 비극적인 결말이 그들과 다르다고 하겠다.

순결하지 않은 처녀들

악마에게나 견줄 만한 이 미치광이 같은 뻐꾸기 남편들에 대한 이야기는 이제 그만두기로 하자. 계속 해봐야 결코 아름답고 기분 좋은 이야기가 될 수 없는 그들 얘기는 입에 올리는 것만도 아주 불쾌할 뿐이다. 부드럽고 타인에게 호감을 주며, 못 본 척 눈감을 줄 아는 감탄할 만한 인내심을 갖고 있고, 마음이 따뜻하고 인정 많은, 그래서 다루기 쉽고, 온순하고 점잖은 뻐꾸기 남편들 얘기나 해볼까 한다. 이런 류의 뻐꾸기들 중에는 미리 모든 걸 예상하고 있는 수가 많다. 결혼 전에 이미 아내의 행실을 알고 있었다는 것인데 다시 말해 아내가 결혼 이전에 자기의 정부였거나 과부였거나 혹은 놀아나던 처녀인 경우이고, 또 하나는 이와는 약간 다른 경우로 부모나 친구, 가족 등을 통해 상대를 완전히 믿고 결혼하는 경우[4]다.

내가 아는 여성들 중에는 왕이나 왕자, 그 밖의 지체 높으신 어른, 왕

---

3) 나폴리의 여왕은 남편 알퐁스 왕이 다른 여자와 관계를 맺는 잘못을 저지르자 복수를 시도한다. 그러나 왕은 죽지 않고 평생 그 여인과 우정을 계속하면서 대신 의심받을 행동은 절대 보이지 않았다.

4) 파리 국립박물관에 보관되어 있는 한 극작품에는 속고 있는 남편을 다음과 같이 분류하고 있다. "바람둥이 아내와 결혼하고도 속고 있는 남편은, 첫째 남편의 뿔이 시원치 않고, 둘째는 그걸 인정하지 않는 자이며, 그것을 비관하고 괴로워하는 자가 셋째이며, 넷째는 자기 집에 엉뚱한 놈을 끌어들여도 아내가 아니라 하면 믿는 멍청이, 다섯째는 딴 놈의 뿔이 이마에 솟는 걸 보고 있는 얼간이."

의 시종이나 기사 같은 사람에게 능욕당한 후, 그들과 결혼하고픈 의사는 없으면서도 능욕한 장본인인 가해자가 자신에게 보여주는 끈질긴 구애 작전에 휘말려, 때론 재산이나 돈, 보석들을 뜯어내기 위해 그들과의 애정 관계를 유지하는 여자들도 있다.

지금 말하려는 여인은 이 나라 최고의 조건과 아름다움을 갖고 있는 여인[5]으로, 남자와 사랑에 빠지면 그녀의 발길은 늘 그에게로 향했다. 사랑의 첫 열매를 거두었을 때는 한 달 내내 그 열매를 자기 방에 감추어 두고 보약과 식욕을 돋우는 수프와, 기운을 북돋우는 감칠맛 나는 고기로 더욱 익어가게 만들었는데 그건 다 그의 진액과 자양분을 더 잘 뽑아내기 위함이었다. 그녀에게 입문을 해서 첫 공부가 시작되면 그가 더 이상 계속할 수 없을 정도로 지칠 때까지 교습은 계속되었고, 그가 지쳐버리면 그 다음은 새로운 교습생을 맞아들이곤 했다. 그리고 45세의 나이에 점잖으신 어르신네와 결혼식을 올렸는데 그 남편은 아무것도 모르고 그녀가 자기에게 보여준 결혼생활에 더없이 만족하고 있다.

보카치오는 자기 시대에 떠돌던 격언을 인용해 이렇게 말한다.

"아래쪽 입술은 자기에게 굴러 들어온 행운을 절대로 놓치지 않는다. 그러나 달빛이 변하듯 날마다 새롭게 할 뿐이다."[6]

이 격언은 아리따운 이집트 군주의 딸[7]의 이야기를 근거로 만들어졌는데, 그녀는 끊임없이 새로운 사랑을 탐했으며 그녀가 거쳐 간 사랑의 대상은 3천 명도 넘었다고 한다. 그리고 마침내는 순결한 처녀인 체하

---

5) 프랑수아 1세의 딸 마르그리트(1523-1574)를 말하는 것 같다. 롱사르와 뒤 벨레의 후견인으로 45세가 아니라 36세 때 사부아 공작 엠마뉴엘 필리베르와 결혼했다.
6) 보카치오가 쓴 『데카메론』에서 이 말을 그대로 읽을 수 있다.
7) 베미네답, 이집트가 아니라 바빌론임.

면서 가르베 왕[8]에게 정착했다. 그녀가 마치 첫 문을 여는 듯이 굴었을 때 그는 아무것도 알아채지 못하고 행복해 했다고 이야기는 아름답게 끝을 맺는다.[9]

샤를 왕께서 나라를 다스리고 있을 때의 일이다. 리옹에서 한 처녀[10]가 아주 귀한 가문의 딸을 낳게 되자 그 도시의 가난한 한 여인에게 많은 돈을 주면서 아이를 맡아 기르고 보살펴달라고 부탁했다. 이 여인의 손에서 자라난 아이는 15년이란 세월이 흘러 아름다운 처녀로 성장했다. 그런데 이 아이는 아리따운 처녀의 모습을 갖추자 이내 방탕의 길로 접어들었다. 단 한 번도 엄마 노릇을 하지 않은 그녀의 생모는 그녀를 낳고 떠난 지 4개월 만에 돈 많은 남자[11]와 결혼해 버렸다. 세상에 이렇듯 아무 생각 없이 되는 대로 살아가는 사람들을 안다는 것이 통탄스러울 뿐이다.

언젠가 내가 스페인에 갔을 때 있었던 일로, 안달루시아의 지체 높은 어르신네께서 자기의 여동생을 친구인 또 다른 가문의 어르신네에게 시집보냈다. 결혼 후 사흘이 지나자 어르신네께서는 이렇게 말했다.

"이보게 친구, 이제 자네가 내 여동생과 결혼을 했으니 자네 혼자만 즐기도록 하게. 그 아이가 처녀 적에 어떻게 즐겼는지 자네도 알아야 하겠지만 지나간 과거에 매달려 걱정하지 말게나. 별것 아니니까. 그러나

---

8) 포르투갈의 알가르브 왕으로 추측된다.
9) 보카치오에 의해 인용됐던 이 이야기는 후에 라 퐁텐의 '가르베 왕의 약혼녀'라고 알려짐.
10) 오베르뉴의 이자보는 1564년 5월 샤를 9세가 있는 리옹을 방문하던 중, 왕비의 화장실에서 콩데 왕자의 아이를 낳았다. 몇몇 작가들 특히 『산시의 고백』에 따르면 딸이 아니라 아들이었던 이 아이는 낳자마자 죽었다고 한다. 그러나 실제로는 아이의 탄생을 알게 된 왕자가 이자보로 하여금 짚단으로 채운 바구니 안에 어린 사냥개처럼 넣어 보내라고 하여 유모 손에서 살아났다.
11) 이탈리아의 부유한 은행가 시피온 사르디니.

앞을 잘 살펴야 하네. 언제고 또다시 일어날 수도 있는 일이니까."

즉, 지나간 건 지나간 것이니까 더 이상 말하지 말고, 대신 명예를 다치게 할 수도 있는 앞날의 일을 걱정하라는 말을 하고픈 것이렷다. 그러나 뻐꾸기 남편이 될 뻔한 것과 뻐꾸기 남편이 되는 것에 대체 무슨 차이가 있는 것인지 모르겠다.

토스카나의 코슴 1세[12]는 세상에서 가장 예쁜 딸을 두었는데 그녀와 어울릴 만한 좋은 가문의 훌륭하고 믿음직스러운 남편감이 나타나 그녀에게 청혼을 하자 흔쾌히 그 결혼을 허락했다. 그러면서도 이 아버지는 딸의 외출을 절대로 허락하지 않았다. 그리곤 정성들여 키운 이 아름다운 애마를 그냥 떠나보내기엔 너무 아쉬운 나머지 탐하게 되었다. 그는 자기가 먼저 딸 위에 올라타 앞으로 겪을 일을 미리 가르쳐주고 말았다. 난 그것이 실제로 있었던 일이라고 믿고 싶지 않지만, 그 일은 그 자신은 물론 많은 사람이 증언해 주고 있으니 사실일 수밖에 없는 일 같다. 하지만 그녀가 맞아들인 남편은 그녀에게서 어떤 쓰라림도 느끼지 못했다. 오히려 달콤함에 빠져 그 어떤 것도 안중에 없는 것인지 모르겠다.

나는 여기서 또 다른 아버지의 이야기를 아니할 수 없다. 자기 딸에 대해서, 이솝 우화에 나오는 수탉 정도의 의식밖에는 갖고 있지 않은 아

---

12) 토스카나 공작 코슴 1세의 딸인 브라시아노 공작 부인은 어린 시절 부성애의 한계를 넘어선 아버지의 애정 때문에 상처를 받아야 했다. 1557년경 어느 날 바사리(이탈리아의 화가, 건축가)가 낡은 궁의 천장에 그림을 그리고 있었다. 높은 사다리에 가려 남의 눈에 잘 띄지 않은 채 작업 중이던 바사리는 코슴 1세의 딸인 이자벨이 방 안으로 들어오는 것을 보았다. 정오인지라 날씨가 무척 더웠다. 방 안에 누군가가 있다는 걸 전혀 눈치채지 못한 소녀는 소파에 길게 누워 낮잠에 빠져 버렸다. 뒤이어 들어온 코슴이 딸이 방 안에 있다는 걸 알아챘다. 그는 타오르는 눈길로 잠자는 딸을 쳐다보더니 모든 방문을 안에서 잠그고 말았다. 이자벨이 소리를 지르자, 바사리는 더 이상 보고 있을 수 없었지만 함부로 나설 수 없는 처지인지라 잠자는 척하고 숨을 죽이고 있었다. 이 방에서 바사리가 그림을 그리고 있다는 걸 알고 있던 코슴은 단검을 손에 쥐고 조용히 사다리를 타고 올라갔으나 자기가 가장 아끼는 이 화가가 아무것도 보지도 듣지도 못했다는 걸 확인하고는 단검을 도로 집어넣었다.

버지도 있으니, 여기서 그 이솝 우화를 한번 이야기해 볼까 한다.

여우와 정면으로 맞닥뜨리게 된 수탉은 죽여 버리겠다는 위협을 받자 자기가 갖고 있는 전 재산을, 그 중에서도 가장 좋고 예쁘게 생긴 암탉을 갖다 바쳤다. 여우가 말하길, "아, 내가 자네한테서 바란 게 바로 이것이었지. 자넨 너무 허약해서(paillard)[13] 다른 암탉들과 마찬가지로 자네 딸들의 위로 올라앉기엔 너무 힘들 테니까 말야." 그러고는 그 수탉마저 잡아먹어 버렸다.

나폴리의 왕 페르디낭 2세는 열서너 살 때 교황의 허락에 따라 카스티유 왕의 딸인 자기의 숙모와 결혼하였다.[14] 그런데 그의 나이가 너무 어리다보니 아내가 일을 주도해야 하는 건지 옆에서 가르쳐주어야 하는 건지 어찌할 바를 몰랐다. 어떤 면에서는 칼리굴라를 연상시키는 상황이었다.

칼리굴라는 자기 누이들을 차례로 범하고 농락했는데[15] 그 누이들 중에서도 자기가 어린 소년 시절 첫 문을 열어 준 막내 누이 드루질리아를 가장 좋아했다.[16] 드루질리아는 집정관인 루치우스 카시우스 론지누스와 결혼했으나 칼리굴라는 남편에게서 그녀를 빼앗아 와서 마치 자기의 합법적인 아내인 것처럼 공식화해 버렸다. 게다가 자기가 병에 걸렸을 때는 그녀를 재산(로마 제국까지도) 상속인으로 만들기까지 했다. 그러나 그녀가 자기보다 앞서 죽어 버리자 몹시 슬퍼하면서 모든 백성을 끌어내

---

13) 불어에서 'paillard'는 '상스러운, 음탕한, 호색의' 등의 의미를 갖고 있으며 한편으로는 '짚 위에서 자는, 초라한' 등의 의미로 쓰인다.
14) 나폴리의 왕 페르디낭 2세는 카스티유의 왕이 아니라 나폴리의 왕인 알퐁스 2세인 누이이며 자신의 숙모인 여인과 결혼하였다.
15) 수에토니우스 역사서 『칼리굴라』는 "칼리굴라는 그의 모든 자매들과 부끄러운 교전을 계속했다."고 쓰고 있다.
16) 수에토니우스 『칼리굴라』 "그는 아직도 변명하고 있지만 사람들은 그가 드루질리아를 더럽혔다고 생각한다."

어 자기와 슬픔을 함께하도록 재판소의 휴정을 요청하고 다른 모든 일손도 중단할 것을 명령했다. 그리고 오랫동안 긴 머리와 수염을 그대로 둔 채 깊은 애도 속에 잠겨 지냈다.

그가 의회에서나 백성들 앞에서 혹은 병사들 앞에서 연설할 때에도 드루질리아의 이름만은 더럽히는 일이 없었다고 한다. 그렇다면 다른 누이들에게는 그가 어떻게 했는가. 술만 취하면 칼리굴라는 마음 내키는 대로 그녀들을 능욕했다. 그러나 그녀들은 이미 그런 그에게 익숙해진 터라 다른 행패만 부리지 않는다면 상관하지 않고 받아들였다. 그건 분명 고통이지만 쾌락을 주는 고통이었다.

그가 누이들에게 행한 파렴치한 짓은 이루 말로 다할 수 없다. 그녀들을 지옥 속에서 살아가게 만들고, 사랑의 약속인 모든 반지를 앗아가고, 티베르가 그녀들에게 남겨준 몫까지 마음대로 써버렸다. 그러나 이 불쌍한 여인들은 그가 죽은 후 이 지옥에서 걸어 나와, 못된 남동생의 육체가 몇 줌의 흙으로 비참하게 묻힌 것을 보고는 그를 파내어 화장을 시키고 그들이 할 수 있는 한 가장 엄숙한 장례식을 치러주었다. 남동생에 대한 누이들의 한없이 자비로운 행동은 어디에서 보답을 받을 수 있을까![17]

첫날밤의 에피소드

이탈리아인들은 가까운 사람의 부정한 사랑을 변호할 때 이렇게 말한다.

"저 호방한 베르나르 씨는 화가 나면 법도 소용없고 어떤 여자도 용

---

17) 브랑톰은 수에토니우스의 책에 쓰여 있는 내용을 거의 있는 그대로 충실하게 인용하고 있다.

서하질 않아요."

옛 프랑스에서도 비슷한 예를 찾을 수가 있다. 이야기를 계속 풀어 나가기 위해서 그 중 하나를 들어볼까 한다. 한 남자가 자기와 사귀고 있던 예쁘고 정숙한 처녀와 결혼을 하게 되었다. 남자는 벗은 몸을 자랑하며 자기는 골종[18]이나 슬군[19] 같은 것도 없으며 건강하고 깨끗하다며 허풍을 떨었다. 그러고는 자기가 자랑한 바가 있는지라 곧바로 그것을 증명해 보였다. 그런데 얼마 지나 실망한 그의 말을 들어보면, "내가 말한 건 다 사실인걸. 그녀가 어린 나이에 그렇게 일찍 말 위에 오르지만 않았어도 복부를 그렇게 짓밟히진 않았을 텐데."

그런데 이런 남편들에게 알아보고 싶은 것이 있다. 만일 이 암말들에게 뭔가 미심쩍은 것이 있고, 어떤 결함이나 오점을 지니고 있다면, 이 말을 아주 싼값에 샀다 하더라도 이 암말들은 큰 가치를 보여 주어야 하는지. 또는 그것이 자기와는 잘 맞지 않고 다른 사람에게 더 어울릴 말이었다면 어떻게 할 것인지. 흔히 장사꾼들이야 갖은 수를 써서라도 결함 있는 말을 처분해 버리려고(잘 알아차리는 사람에게 처분해 버릴 수 없으니까) 잘 모르는 사람에게 적당히 넘겨버린다. 마찬가지로 어떤 부모들은 오점투성이의 딸을 그럴듯하게 포장해 겉만 보고 관심을 보이는 사람들에게 싼값에 서둘러 팔아버린다.

순결을 간직하지 못한 채 결혼이라는 성스러운 의식에 들어야 하는 처녀들이 많다. 그러나 이들은 어머니나 친구 혹은 꾀바른 뚜쟁이들의 조언과 도움으로 이 의식을 무사히 치러낸다. 그녀의 은밀한 조력자들

---

18) 수의학 용어. 말 다리에 일어나는 병.
19) 말의 무릎이나 오금에 생기는 피부병.

은 신부가 절대로 순결을 잃은 적이 없다는 걸 남편에게 보여주어 남편이 흡족해 할 수 있도록 세심하게 고안해 낸 여러 가지 방법으로 새 신부를 돕는다. 우선은 첫 번째 시도에서 아주 수줍은 척 완강하게 거부하라고 일러준다. 남편은 매우 흡족해서 자기가 첫 문을 연 영광을 안게 되었다고 굳게 믿는다. 다음날 아침이면 씩씩하고 과감하게 전투에 뛰어들어 임무를 수행해 낸 병사처럼 떠들어댄다(한밤중에 곡식을 잔뜩 먹은 수탉이 볏을 꼿꼿이 세우는 것처럼). 그는 자기도 모르게 이미 성벽을 뚫고 들어가 그녀와 실컷 취하고 즐겼을 수도 있는 주변의 친구들에게 자신의 승리를 과장한다.

반면 어떤 남편은 이런 반항에서 좋지 못한 징조를 감지하고 저항하는 태도에 마음이 상해서 몹시 불쾌해 한다. 내가 아는 어떤 이는 첫날밤 아내가 지나치게 거부하는 태도를 보이자 왜 이렇듯 까다롭게 굴어 사람을 화나게 만드느냐 물었다. 끝까지 뻔뻔스러운 이 새 신부는 자기의 파렴치한 작전이 잘못되지 않게 하면서 오히려 남편의 사과를 이끌어 낼 수 있도록 남편이 자길 아프게 할까 봐 그랬노라고 대답했다. 그러자 남편은 "당신은 그럼 이미 경험을 했단 말이로군. 어떤 아픔도 그것을 겪어보지 않고서는 알 수가 없는 것이니."

그러나 치밀한 신부는 끝까지 그것을 부인하고 결혼을 맞이한 친구에게 좋은 충고를 아끼지 않았다.

이 여자들이 생각해 내는 좋은 처방이 또 하나 있거니와 순결을 바치는 시련의 흔적으로 하얀 시트 위에 핏자국을 남기는 것이다. 스페인에서는 창문으로 이 시트를 공개하면서 이렇게 높이 외친다.

"우린 순결한 처녀를 맞이했노라."

이탈리아의 비테르보에서도 이런 관습이 있다고 전해진다. 그러므로 첫날밤 이런 흔적을 보여줄 수 없는 여자들은 여러 가지 수단을 꾀하는데, 그녀들의 처녀성을 좀 더 잘 팔아보기 위해서 그 어느 것보다도 깨끗한 비둘기의 피로 시트를 물들인다. 다음날 아침 이를 본 남편은 신부의 처녀막에서 흐른 것이라 굳게 믿고 흡족해 한다. 이상하게도 남자들은 아무리 방탕한 바람둥이라도 잘 속아 넘어가고야 만다.

이번엔 어떤 무력한 남자의 웃지 못할 에피소드를 들어보기 바란다. 결혼 첫날밤 어여쁜 여자를 신부로 맞이한 남자는 영 그것이 구실을 하지 못하여 아무 일도 저지르지 못했다. 그런데 순결하지 못한 새 신부는 신랑이 사실을 알고 분노하면 어쩌나 하고는 친지와 친구들의 꾀를 총동원해 피로 물든 천을 미리 감춰두고 있었다. 이것이 바로 그녀의 불행이었는데 그것이 전혀 아니올시다인 이 신랑은 아무것도 할 수 없었고 더군다나 신부가 가장 소중한 것을 그에게 보여 줄 수 있게 방울조차 울릴 수가 없었다. 따라서 신부는 그의 분노를 염려할 필요도, 망가진 순결을 감추기 위해 마녀의 장난을 저지를 필요도 없었다. 그날 밤은 아무 일도 일어나지 않았다.

이런 날이면 관습적으로 그렇듯이, 밤을 지새우면서 사랑의 전쟁이 끝나길 기다린 짓궂은 친구 하나가 시트를 뒤져 피로 예쁘게 물든 천을 찾아내었다. 그는 큰 소리로 이제 신부는 처녀가 아니며 그녀의 처녀성을 박탈하고 망가뜨린 장본인이 바로 여기 있노라며 모두 앞에서 큰 소리로 공표했다. 평소 바람둥이에 둘째가라면 서러워할 난봉꾼이었지만 정작 첫날밤에는 아무것도 하지 못한 것이 분명한 신랑은 그저 어안이 벙벙할 뿐이었다. 이 피 묻은 천에 대해 무언가 말을 하고 싶은데 그럴 수도 없고, 아니면 자기가 꿈을 꾼 것인지 알 수 없는 노릇이었다. 어떤 간계와 간책이 있음을 의심했지만 아무 말도 않고 있을 수밖에 없었다.

신부와 그녀의 은밀한 측근들은 대체 무엇 때문에 신랑이 불발하게 된 것인지 몰라 충격을 받았지만, 아무튼 일은 그 이상 아무 진전이 없었고 1주일이 지나도록 그 누구도 어떤 기색을 보이지 않았다. 마침내 새 신랑의 그것이 말을 듣기 시작해서 성도 나고 발기도 할 수 있게 되었다. 그러고는 자기 친구들에게 새 신부를 진짜 아내로 만들기 위해 모르는 척하고 있었지만 사실은 지금까지 무력감에 사로잡혀 잠자리에서 아무것도 할 수 없었노라고 고백했다. 이 말에 여러 조언이 쏟아져 나오고 물들인 천으로 아내가 되려고 생각한 신부에게는 비난의 말이 퍼부어졌다. 이렇게 신부는 망신을 당하고, 나약하고 무력하고 연약하기만 한 남편은 자기 체면을 스스로 깎아 내리고 말았다.

한 남자가 첫날밤 아내를 가슴에 안았는데, 황홀경에 취한 아내는 갓 결혼한 신부가 보여주어야 할 행동을 잊어버리고 몸을 틀고 비꼬고 움직이는 동작을 멈출 줄 몰랐다. 가던 행로를 멈추지 않고 남편이 "증거를 잡았군."이라고 말했다.

어떤 남편은 아내가 순결하다고 주장하지만 드러나는 흔적 때문에 믿어야 할지 말아야 할지 알 수가 없었다. 이 남자는 어떤 여자의 두 번째 남편으로 결혼식을 올리고 첫날밤을 맞이했는데, 이 아내는 전남편이 무능해서 자길 건드리지도 않았다며 자기의 순결을 믿어주길 바랐다. 하지만 이 남자는 그녀로 향하는 길이 너무도 넓고 넉넉하다는 걸 발견하고는 이렇게 말했다.

"뭐라고? 당신이 그렇게 비좁고 꼭 죄어 준다는 처녀라고? 하, 당신은 한 뼘은 될 만큼 넓어서 난 그 넓은 길에서 헤맬 정도인데도?"

만약 첫 남편이 전혀 손대지 않았다면, 그리고 그게 사실이라면 아마
도 누군가 그 길을 지난 자가 따로 있었던 것이 아닌가.

신부의 바람기

내가 아는 한 젊은이는 예쁘고 얌전한 처녀[20]와 결혼을 했다. 왕과 주
위 모든 사람들로부터 훌륭한 젊은이로 칭찬받던 이 청년은 주위의 권
유로 이 처녀와 결혼하게 된 것이었다. 그러나 결혼한 지 1주일이 지나
자 신부가 순결하지 못했다는 것이 알려졌다. 그녀가 다른 남자와 은밀
한 관계를 맺고 있다고 의심하고 계시던 왕께서 그녀에게 경고했다.

"잘 기억해 두고 있으렷다. 너희들이 결혼한 날짜와 시간을 기록해
두었으니 네가 아이를 낳는 날짜와 시간을 맞추어 보면 모든 것이 밝혀
지게 될 것이고 너는 망신을 당할 수도 있다."

이 말에 그녀는 아무 말도 못하고 얼굴만 붉힐 뿐이었다. 그 후로 그
녀는 절대로 한눈파는 일 없이 늘 정숙한 부인의 자태를 유지했다.

여자들은 이처럼 남편보다는 부모나 웃어른을 더 어려워하고 무서워
한다. 자기의 뒤를 쫓는 사랑의 추종자에게 한 처녀가, "내가 결혼할 때
까지 조금만 기다려요. 모든 걸 가려줄 수 있는 결혼이라는 커튼 뒤에
숨어서 때론 배가 불러오고 들통이 나기도 하겠지만, 우린 모든 것을 잘

---

20) 잔 드 티그농빌을 암시한다. 이른바 아그리파 도비네. 처녀 시절 그녀를 따라다니는 사랑의 추종자(앙리 4세, 즉
나바르의 왕)를 점잖게 물리쳤다. 1581년 왕의 신하인 판제아스 백작과 결혼하면서 곧바로 왕의 여자가 되었다. 왕
의 누이는 그녀의 남편을 '덩치 큰 얼간이 판제아스'라고 불렀다. 앙리 4세 실록 『산시의 고백』 2권 128페이지에 전
하는 사실이다.

해 나갈 수 있다는 걸 당신도 알게 될 거예요."라고 말했다.

또 어떤 여인은 결혼을 요구하며 열렬히 구애하는 남자에게 이렇게 말했다.

"날 열심히 따라다녀 곧 결혼하기로 약속한 왕자님께 찾아가, 그분이 내게 약속한 결혼 선물을 모두 변상하겠다고 간청해 보세요. 내일 우리가 다시 만나지 못한다면 협상은 끝인 거예요."

내가 아는 한 부인께서는 결혼 나흘 전 남편의 친척 되는 남자의 구애를 받고 결혼한 지 불과 엿새 만에 그 남자와 사랑 놀음의 길을 텄다. 그가 좀 허풍을 떤 듯도 싶지만 믿어도 될 것 같다. 왜냐하면 이 남자는 어려서부터 그 남편과 함께 자랐고 굉장히 친근한 사이여서 행동이나 말투까지 비슷할 정도였다. 그래서 이 둘을 구별하기 위해 이 아내는 남편과 정부의 몸에 표시를 해두어야 할 정도였다나.

아무튼 이 남자는 이 부부를 마음대로 만나고 드나들 만큼 친하게 지냈고 그들의 이런 놀음은 오래오래 지속되었다. 때론 서로 옷을 바꿔 입고 가면놀이를 즐기기도 했는데 이 남자가 아내의 옷을 입고, 아내가 정부의 옷을 입으며 장난을 쳐도 남편은 그저 재미있게 웃어댈 뿐이었다. 어떤 분들은 다시 얘길 해야 알아들으실 것 같고 어떤 분들은 아무래도 납득이 가질 않으시리라 생각한다. 이 남자는 화요일엔 남편의 정원에서 노랠 부르고 목요일엔 뻐꾸기가 되어 바람을 피우고, 그러면서 시간은 계속해서 흘러가는 것이렷다.

돈 많은 어떤 남자가 한 여자에게 반해 오랫동안 청혼을 해왔다. 그는 좀 똑똑치가 못하고 그녀에겐 어울리지 않는 사람이었지만 주위에선 모두들 그녀에게 결혼을 재촉했다. 그녀는 이 남자와 결혼하느니 차라리 죽겠다며 제발 사랑을 단념해 달라고 애원했지만 아무 소용이 없었다. 힘이 있는 건 부모였으므로 결혼은 진행되고 그녀는 그 길로 가야만 했다.

결혼 전날 밤 슬픈 얼굴로 생각에 잠겨 있는 여잘 보며 그가 이유를 묻자 그녀는 화를 내며 대답했다.

"날 따라다니지 말라고 그렇게 말을 했는데 왜 못 알아듣는 거예요? 내가 늘 말했지요, 만약 내가 당신의 아내가 되는 불행을 겪어야 한다면 난 당신을 뻐꾸기 남편으로 만들어 버릴 거라고요. 맹세컨대 난 한다면 하는 사람이니까 당신은 내가 하는 말을 잘 새겨둬야 할 거예요."

그러나 그녀의 작은 입은 아무 일도 저지르지 않았다. 그녀가 타락의 길을 걷지 않았다는 건 누구라도 인정하는 것이고, 그녀는 아주 정숙한 아내임을 남편에게 보여주었다. 왜냐하면 그녀의 작은 입은 어떤 입놀림도 하지 않았으니까. 그녀가 자기를 멈칫하게 만들 어떤 경고를 받았는지, 아니면 남편이 스스로 자신에게 불리한 일을 저지르길 기다리는 건지는 여러분의 판단에 맡기도록 하겠다.

갓 결혼한 여자가 타락의 길을 걷는 것을 빗대어 이탈리아 사람들은 이렇게 표현한다. "오래 묶여 있던 암소가 늘 고삐 풀려 있던 암소보다 잘 뛴다."고. 앞서 언급했던 예루살렘의 왕 보두인의 첫 번째 아내는 남편의 강요에 따라 수도 생활에 들어갔으나, 이를 박차고 뛰어 나가서 콘스탄티노플로 향했다. 그녀는 왕가의 체면을 무시한 채 오가는 군인이며 예루살렘으로 향하는 나그네며 가리지 않고 색정을 불태웠다. 감옥 같은 생활이 큰 원인이었던 것이다. 이런 예를 나는 무수히 들 수 있다.

우리 중 누가 창녀나 소문난 궁중의 바람둥이와 결혼하겠노라고 하겠는가? 누가 '지옥에 빠진 기독교인의 영혼을 자유롭게 하기 위해' 성스러운 손길을 내밀 수 있을 것인가?

물론 이런 의견을 받아들이고 사랑하는 여인을 좋은 길로 인도해 결혼하는 남자가 있다면 그를 뻐꾸기 남편의 대열에 끼워 넣어서는 안 된다. 왜냐하면 하느님의 명예를 걸고 타락한 생활로 다시 들어가지 않도록 한 여인을 구원한 것이기 때문이다. 그러나 결혼과 함께 다시는 더 이상 죄를 짓지 않으며 다른 생각을 하지 않고 살아가는 여인도 있지만, 때론 전혀 과거의 버릇을 떨쳐 버리지 못하고 예전의 그 구렁텅이로 뒷걸음쳐 되돌아가는 여인들도 있다.

내가 처음으로 이탈리아 땅을 밟았을 때[21] 나는 로마에서 몸을 파는 포스틴이라는 여인을 사랑하게 되었다. 그녀와 하룻밤을 자는데 상당한 대가를 지불해야 했기 때문에 가진 돈이 별로 없었던 나는 그저 말을 몇 마디를 나누고 바라보는 것으로 족해야 했다. 얼마 지나 난 돈을 좀 두둑이 넣고 두 번째로 그녀를 보러 갔다가 법을 다루는 괜찮은 남자와 결혼했다는 걸 알게 되었다. 그럼에도 불구하고 그녀는 같은 집에서 나를 맞이하며, 자기의 결혼에 대해 이야기했다. 그러고는 영원히 안녕을 고했던 지난 시간의 열정 속으로 나를 던져 넣으려 했다. 나는 그녀에 대한 사랑을 영원히 묻어 버리며 내가 갖고 있는 돈을 그녀에게 보여주었다. 그러자 그녀는 내가 원하는 대로 해줄 것이라며 날 유혹하려 들었다. 그녀의 말로는 남편과는 자기의 완전한 자유를 인정하기로 타협이 되었기 때문에 감추거나 스캔들을 걱정할 필요가 없으며, 이렇게 큰돈을 만질 수 있어 두 사람의 호사스런 생활을 유지할 수 있다는 것이었다. 그녀는

---

21) 1558년 말부터 1559년 12월까지 브랑톰은 이탈리아에 있었다.

돈을 위해 거기 있었고 남편은 적극적으로 후원을 해주고 있었다.

세상에는 결혼을 하고 나서도 하던 일을 계속하도록 남편이 자유를 보장해 주길 바라는 여자도 있는데 그런 별난 여인을 소개해 볼까 한다. 이 여자는 남편이 원한다면 자기의 이 죽은 나무 그윽한 숲을 사용할 권리를 남겨주면서 자기가 사랑하러 나가고 싶을 때엔 얼마든지 가도 좋도록 남편과 타협했다. 물론 남편도 숲을 사용하는 대가로 매월 천 프랑씩을 특별히 지급해야 했으며 그녀는 이 대가에 부응하는 다양한 쾌락의 메뉴를 제공했다. 그녀는 단지 어떻게 좋은 시간을 만들까만을 염려하면 되었다. 따라서 이런 식으로 사는 여자들은 굳이 열쇠 구멍을 망가뜨릴 필요가 없다. 하지만 황금 종이 울리고 빛날지라도 구속은 있게 마련이다. 아크리시우스 왕의 예쁜 딸[22]도 큰 탑 속에 문이 꼭꼭 잠긴 채 갇혀서, 주피터의 황금 물방울도 사뿐사뿐 걸어야 했으니까.

"악은 아주 잘 지켜질 수가 있지."라고 한 껄렁한 남자가 말한다.

"예쁘고, 야심 많고, 돈 좋아하고, 오만하고, 옷 잘 입고, 갖은 치장을 다하는, 한마디로 딱 그런 여자들은 코를 디미는 게 아니라 엉덩이부터 디민다니까. 그게 그 여자가 갖고 있는 무기거든. 그 남편이 아무리 용감한 무사에 긴 칼을 가졌다 해도 소용없다니까."

무능한 남편

만약에 사위가 너무 허약하거나 발기불능이거나 다른 결점을 갖고 있

---

22) 아르고스 아크리시우스 왕의 딸 다나에 공주. 아버지에 의해 종탑 속에 갇혀 있을 때 황금 비 속에서 주피터가 이곳으로 숨어들었다.

다면 장모들은 무슨 말을 하겠는가? 딸들의 뚜쟁이 노릇을 하는 이 어미들은 재산을 얻기 위해 딸을 다른 사람에게 보내거나, 사위가 죽은 후에 유산을 상속받을 아이를 갖도록 하기 위해 임신을 하게 만들기도 한다. 딸에게 이런 충고를 하면서 너무 절약하며 살 필요가 없다고 이른 어머니가 있었는데, 불행히도 그 딸은 아무것도 가질 수가 없었다.

아내에게 아무것도 할 수 없는 남자가 아들을 갖고 싶어 남몰래 하인더러 아내와 잠자리를 해서 아이를 갖게 하고 자신의 체면을 세우도록 명령을 내렸다. 그러나 이 사실을 아내가 알게 되고 하인은 아무 일도 할 수가 없었다. 이 문제로 오랫동안 법정을 오가더니 마침내 그들의 결혼은 파국을 맞고 말았다.

카스티유의 앙리 왕도 이와 비슷한 일을 했다고 밥티스타 플고시우스는 이야기한다.[23] 이 왕은 자신이 아내에게 아이를 갖게 할 수 없음을 알고 신하들 중 건강하고 잘생긴 젊은이를 불러 아내가 아이를 갖도록 도와주었다.[24] 이 일을 위해서 왕은 이 젊은이에게 많은 재산을 주었을 뿐아니라 높은 지위까지 내려주었다.[25]

남편의 성불능이 원인이 된 이혼 소송이 파리 고등법원에서 진행되었다. 회계원으로 일하고 있는 브레이와 그의 아내 사이에서 일어난 사건으로, 성생활을 할 수 없는 남편과 아내는 법의 판단에 호소했다. 법원이 그들에게 우선 아주 노련한 의사를 방문하도록 명령했으므로 남편은

---

23) 성 불능이었던 앙리 4세는 1454년부터 1474년까지 카스티유(지금의 스페인 지역. 스페인어로는 카스틸리아)를 다스렸다. 브랑톰은 이 일화를 밥티스타 플고시우스의 저서에서 인용하고 있다.
24) 카스티유의 앙리 4세의 아내 잔 드 포르투갈은 남편이 고른 젊은 청년 사이에서 딸 잔 드 카스티유를 낳았으나 그 딸은 왕위를 물려받지 못하였다. 카스티유 왕가는 왕의 누이인 이자벨을 선호하였기 때문이다. 앙리는 치료를 받고 의사 위원회에서 성적 능력을 확인해 주는 증명서를 받았다.
25) 왕은 그에게 알뷔케르크 공작 칭호를 내려주었다.

남편대로 아내는 아내대로 각자의 의사를 선정했다. 누군가가 그들을 노래한 재미있는 소네트[26]를 지어 그 노래가 사람들 사이에서 떠돌았는데 그것을 옮기면 다음과 같다.

파리의 저명한 의사 분들께
과학으로 학설로 시험해 보고 따져보고
남녀 한 쌍의 불완전한 화음을 판단키 위해
브레이와 그 아내는 일곱 명을 골랐다네.

브레이는 제일 값싼 세 분을 모셨으니
작달막 씨, 잠꾸러기 씨, 가련 씨가 그들이고
그 아낸 노련하신 네 분을 모셨으니
꺽다리 씨, 뚱보 씨, 맹렬 씨, 차돌 씨가 그분들이라네.

둘 중 누가 이길까, 판단에 맡겨야지
작달막 씨네 꺽다리가 이길까
잠꾸러기 씨네 맹렬일까, 가련 씨네 차돌일까

이도 저도 아닌 가여운 브레이는
아무래도 모자라는 그녀의 남편인지라
세상 좋은 권리는 모두가 남의 것

---

26) 르네상스 때 이탈리아에서 시작된 정형시로 4행시 2연과 3행시 2연 14행시로 구성되어 있다.

중풍에 걸려 몸이 마음대로 움직이지 않고 쇠약해진 늙은이가 자기 아내(예쁘게 생겼지만 그녀가 원하는 만큼 만족할 수 없는)에게 어느 날, "내가 무능하다보니 당신의 한창나이를 맞춰줄 수 없다는 것 잘 아오. 내가 당신을 불쾌하게만 만들 뿐이니 당신도 날 애정을 갖고 대할 수 없을 것이오. 건강하고 힘센 다른 남편들처럼 정상적인 의무를 해줄 수 없으니 당연하리라 생각하오. 그래서 얘긴데, 당신에게 모든 걸 허락하겠소. 당신이 나보다 나은 다른 사람을 빌어 사랑을 할 수 있도록 모든 자유를 주겠다는 말이오. 하지만 신중하고 겸손한 사람이어야 우리 모두가 추문에 휩싸이는 걸 피할 수 있을 것이오. 당신이 좋은 사람과 짝을 이루고 아이를 낳는다면 난 그 아이들을 내 아이처럼 받아들이고 사랑하겠소. 그 아이들은 진정으로 합법적인 내 아이들로 사람들도 믿게 될 거고 아직은 내게 아이를 만들 수 있을 만큼 기운이 남아 있으려니 여길 거요." 하고 말했다.

그 이후 어떻게 되었을까? 이 젊고 예쁜 아내가 자기에게 주어진 즐거운 자유를 누리며, 가끔씩은 그녀와 함께 잠자리에 드는 늙은 남편의 집에서 두세 명의 아이를 낳고, 모두들 그래도 아직은 아이를 만들 만큼 남편의 기운이 여전하다고 여기고, 그 남편과 아내는 좋은 가정을 이루게 되었을지, 이 모든 걸 여러분의 상상에 맡기고 넘어가겠다.

특이한 경우로 뻐꾸기 남편이 되기도 한다. 어떤 남자가 한 뻐꾸기 남편의 아내와 실컷 재미를 보다가 그 남편이 죽게 되어 이 과부댁과 결혼했다. 이런 과정을 통해 여자가 재혼을 하면, 이 새 남편은 뻐꾸기 남편의 타이틀을 지녀야 한다. 이런 이들 중에 어떤 이들은 첫 남편으로 하여금 오랫동안 망을 보게 만든 장본인이 자기고, 자기가 자기를 뻐꾸기 남편으로 만들 수는 없으며 자기가 뿔을 만들어 달 수는 없으니 자기는 뻐꾸기 남편이라 할 수 없다고 주장하기도 한다. 하지만 어쨌거나 무기공들은 자기들이 만든 칼로써 서로를 죽이게 되지 않는가.

어떤 여인은 14년 전부터 이 위험스러운 일에 빠져 벗어나질 못하고 있다. 결혼한 몸으로 다른 한편 애인과의 관계를 유지하고 있는데 그녀가 아무리 바라고 기다려도 남편은 여전히 살아 두 눈을 시퍼렇게 뜨고 있다. 그의 몸은 병들고 쇠약해져 아무것도 할 수 없는데도 죽음의 순간은 쉽게 다가오질 않았다.

앙리 3세는 앞서 말한 뻐꾸기 남편이 썩 양호한 상태로 여전히 살아 있다는 걸 알고는 가까운 신하에게 이렇게 말하곤 했다.

"이 궁 안에는 빨리 죽어주지 않는 사람이 죽기만을 기다리는 두 사람이 있는데, 하나는 정당한 신분을 갖기 위해서고 하나는 그 애인과 결혼하기 위해서지."

그러나 둘 다 지금까지도 소원을 이루지 못하고 있다. 이렇게 하느님은 나쁜 소원은 들어주지 않는 현명함을 보여주신다. 아무튼 얼마 전부터 이들 사이에 문제가 생겼다는 소문이다. 여자의 배신과 더 이상 모욕을 견딜 수 없게 된 미래 남편의 한계가 장래의 결혼 약속을 불태워 버리고 그들이 몰래한 결혼 계약을 파기하기에 이른 것이다. 이 미래 남편은 많은 사람의 비웃음을 견뎌야 했을 뿐 아니라 죽게 될 수도 있다는 경종어린 충고도 받아야 했는데 어쨌든 목숨만은 건질 수 있었다. 그들이 비밀리에 결혼 계약을 했다는 건 몇몇만 아는 사실이지만, 남편이 멀쩡히 살아 있는데 두 번째 결혼을 한다는 건 분명 천벌을 받을 일임에는 틀림없다.

이번엔 또 약간 다른 이야기를 할까 한다. 어떤 여인은 열렬히 구애하며 따라다니던 남자와 마침내 결혼을 했다. 그러나 그녀가 결코 사랑 때문에 한 결혼은 아니었다. 남자는 정상적인 생활을 할 수 없을 정도로 병약하고 나약해서 의사까지도 1년 이상은 살지 못할 거라고 말했을 정도였다. 그러나 그는 돈이 많은 부자인지라 그녀는 남자가 죽고 나면 자기에게 돌아올 모든 재산과 권력과 아름다운 가구와 패물들을 생각하며 결혼에 응했던 것이다.

그러나 그녀의 생각은 잘못이었다. 남자는 결혼한 이후 건강이 좋아져 이젠 원기당당하게 살아 있는데 그녀는 결혼해서 이 부를 얼마 누리지도 못하고 죽어 버렸다. 하느님께선 욕심 많은 여자의 계획을 모두 뒤바꿔 버리시고 딴짓을 하려는 염소를 묶여 있던 곳으로 돌려보내 거기서 풀이나 뜯어먹도록 하신 모양이다.

건달이냐, 부자 뻐꾸기냐

때로 아주 관대하신(?) 남편들께서 아내의 외도를 눈감아주는 경우가 있다. 아내가 예쁘게 생겨 그 미모가 남의 시선을 끌면, 그것을 함께 즐기면서 어떤 혜택이나 특권 혹은 자기에게 유리한 수단을 이끌어 내기 위해 아내의 행동을 방치한다. 이런 남편들은 왕이나 왕자 같은 이들에게서 많이 찾아볼 수 있다. 신분에 걸맞게 가져야 할 재산을 못 가졌을 때나 소송에서 유리한 고지를 차지하려 할 때, 혹은 전쟁터에 나가는 일을 피하기 위해 자신이 부담해야 할 짐을 덜고 편안한 삶을 누리고자 함이다.

분명 높은 분들에서 베푸는 호의나 친절은 정숙한 마음을 크게 뒤흔들고 쉽게 뻐꾸기 남편을 낳는다. 다른 나라에서 있었던 일로, 어느 장군께서 멀리 원정군으로 떠나게 되자 자신의 형인 왕이 기거하시는 궁 안에 아내를 남겨 두고 떠났다. 미모가 뛰어난 그 아내를 사랑하게 된 왕은 그녀의 마음을 뒤흔들어 쓰러뜨리고 마침내는 아이까지 갖게 만들었다.

열서너 달이 흘러 전장에서 돌아온 남편은 아내가 이런 상태에 있는 걸 보고 화가 나서 어찌할 바를 몰랐다. 아내는 정성스럽게 옷을 차려입고 남편에게 용서를 빌며 이렇게 애원했다.

"잘못 전해진 상황의 전말이 사건의 발단이었지요. 모두들 자기 일을 제쳐두고 당신을 걱정하고 동정했어요. 만약 그분께서 절 사랑하게 되지 않았더라면 당신의 명예는 땅에 떨어지고 말았을 거예요. 당신의 명예를 지키기 위해 전 저의 가장 소중한 명예를 버린 거예요. 당신의 앞날을 위해 제게서 가장 소중한 것을 아끼지 않았던 겁니다. 당신이 말하는 것처럼 제가 그리도 잘못을 저지른 것인지 당신의 판단에 맡기겠어요. 하지만 그렇게 하지 않았다면 당신의 목숨, 당신의 명예, 당신이 누리던 특권들이 모두 위태로웠을 거예요. 당신은 지금 모든 면에서 그 어느 때보다 좋지 않은가요. 비밀의 폭로는 당신의 오점을 겉으로 드러나게 할 뿐이에요. 그러니 절 용서해 주세요."

한편 무슨 말을 해야 할지 난감해 하던 왕은 동생에게 자기편에서 베풀 수 있는 모든 위로의 말을 총동원하고 아주 달콤하고 중요한 제안들을 덧붙였다. 마침내 모든 협상이 이루어졌고 좋은 우정을 유지하면서 전보다 더 좋은 사이가 되었다. 동생의 아내를 범하고 말았던, 매사에 솔직한 그들의 왕께서는 자신이 저지른 일을 더 이상 없던 일로 간주해 버렸다. 대신 그동안 소홀히 대했던 자기의 아내에게 한층 더 부드러워지고 예전에 지녔던 포근한 마음을 되찾았다. 더구나 동생의 아내가 자기에게 즐거움을 주기 위해 괴로워할 필요가 없어졌다는 점이 그를 마음 편하게 해주었다. 모두가 이 여인을 용서했으며, 남편을 구하고 출세시키기 위해 자신을 희생했음을 인정하게 되었다.

이와 같은 예를 더 보여줄 수 있다. 법정에서 사형 선고를 받은 남편의 목숨을 살려낸 훌륭한 여인도 있다. 이 여인은 정부 관리들의 부패와 횡포, 독직을 밝혀내고 남편의 결백을 이끌어 내어, 그 후 남편은 평생 두고두고 이 아내를 아끼고 사랑했다.

이번에도 역시 사형 직전 살아남게 된 어르신네[27] 이야기인데, 이 어른은 참수형을 선고받고 처형대 위에 올랐으나 이 세상에서 가장 아름다운 그의 딸이 얻어 낸 은총으로 살아났다.[28] 처형대에서 내려오면서 그가 할 수 있는 말은 이뿐이었다.

"하느님, 날 구해 준 우리 딸의 착한 뻐꾸기를 구해 주소서."

성 아우구스티누스는 기독교인인 안티오코스가 빚 때문에 감옥살이를 하게 되어, 자유를 얻기 위해 이 빚을 갚아줄 돈 많은 남자와 아내가 잠자리를 함께하도록 허락하는 큰 죄를 지었다고 의심했다.

많은 아내들과 과부의 딸들이 그들의 아버지, 친지, 남편을 되찾기 위

---

27) 장 드 푸아티에. 생발리에의 백작이며 프랑수아 1세의 백인 호위대장. 그는 부르봉 왕가의 배신자인 프랑스군 총사령관의 공모자로 사형 선고를 받았으나 처형되기 직전 극적으로 살아났다. 그의 딸 디안이 자신의 명예를 바치고 아버지의 사면을 얻어 냈다고 위고가 수집한 전설에서는 이야기하지만, 사실은 그의 사위 루이 드 브레제, 몰레브리에 백작이 처형 순간 이를 막아냈다.

28) 관습에 따라 그를 죽이게 되어 미안하게 되었음을 고한 사형 집행인이 막 처형을 집행하려던 순간, 재판정의 서기관 마티유 돌레가 일어나 징역형으로 감면해 주신 왕의 편지를 읽었다.

해 감옥이나 노예 상태에서, 도시의 공격과 점령에서, 그 외 무수한 상황 속에서 그들을 살아남게 하기 위해서, 적군을 잘 무찌르고 아군의 승리를 이끌어 내기 위해, 혹은 포위 공략에 성공하여 진지를 되찾게 하기 위해 적군의 장교와 병사를 매수하고 정절을 팔아넘길 수도 있다는 걸 허용할 수밖에 없다면, 어떤 비난이 뒤따르겠는가? 커다란 은총이 있을 지어다.

그러면 누가 반대 의견을 말하겠는가. 그런 방법을 통해 인생의 안락과 특권과 지위와 부와 위엄까지 차지할 수 있다면 가끔씩 뻐꾸기 남편이 되지 않겠다고 할 수 있겠는가. 난 누구도 비난하지 않는다. 그러나 감히 말하건대 여자들은 이렇게 쓸모가 있지만, 남자 분들의 가치는 분명 여자들만 못하다는 사실이다.

내가 아는 한 부인께선 아주 능란한 사교술과 좋은 수완으로 남편이 오르드르 훈장[29]을 받게 만들었다. 그때까지 그 훈장은 기독교인 이 두 왕자 외에 유일하게 이 남편만이 받을 수 있었다. 그녀는 사람들 앞에서 종종 이렇게 떠들어 대곤 했다.

"옷깃에 달려 있는 이 악마[30]를 당신이 갖게 되기까지 꾀꼬리가 얼마나 뛰어다닌 줄 아세요?"

프랑수아 왕 시대에 오르드르 훈장을 받은 에탕프 공작[31]은 어느 날 나의 아저씨인 드 라 샤테뉘레 공[32]과 결투를 하게 되었는데, 그는 자신

---

29) 1469년 8월 1일 루이 11세에 의해 만들어진 생미셸의 훈장.
30) 가운데에 십자가가 새겨져 있는 타원형 메달로 아래쪽에 짓밟힌 용의 모습이 새겨져 있다. 성서에서 용은 악마를 표상한다.
31) 에탕프 공작 브르타뉴의 통치자이며 아내의 행실을 눈감아 준 관대한 남편.
32) 프랑수아 드 비봉, 샤테뉘레 공. 그 유명한 결투에서 자르낙에게 죽었으며 정곡을 찌르는 재치 있는 언변으로 유명하다.

을 뽐내며 드러내고 싶은 마음에, "아! 당신도 나처럼 옷깃에 오르드르 훈장을 달고 싶다 이거로군." 하고 말했다. 그러나 그때까지 한 번도 총을 만져본 일도 없는 나의 아저씨는 손을 쳐들고 만반의 준비가 다 된 자세에서 이렇게 말씀 하셨다.

"그렇게 치사한 방법으로 훈장을 받느니 차라리 죽는 게 낫겠소."

그러자 그는 아무 말도 하지 않았다. 누구에게 무슨 말을 하는 건지 너무도 잘 아니까.

어느 어르신네는 어느 날 아내로부터 자기 집에서 '일'을 할 수 있게 허락해 달라는 청을 받았다. 아내 덕분에 왕자님께 특혜를 받고 있던 그는 아내가 3개월 전부터 그분과 관계를 맺는 '일'을 하고 있다는 명백한 사실을 알고 있는지라 마음이 내키지 않았다. 그러나 그는 자기 일생에서 가장 큰 관용을 베풀어 그 청을 받아들였다. 더 이상은 말하고 싶지 않다.

때로는 오쟁이 진 남편들, 파티에나 딱 어울릴 밸 없는 남편들이 있으니 내가 아는 어떤 이는 자기 아내에게 이렇게 말했다.

"당신의 이런 애정 놀음, 내가 잘 알고 있소. 그가 우리 집에 자주 오는 건 당신을 보러 오는 거지. 그 사람에게 잘해 주시오. 그는 우릴 즐겁게 해줄 수 있으니까. 그와의 은밀한 교제가 우리에게 유용할 수도 있단 말이오."

어떤 이는 남들에게 이렇게 말한다.

"내 마누라가 당신에게 홀딱 반했소. 당신을 사랑하고 있단 말이오. 그녀를 좀 보러 와요. 아주 좋아할 거요. 함께 얘기도 나누면서 시간을 보내구려."

이렇게 남자를 불러주는 일도 있다.

하드리아누스 황제[33]는 전쟁으로 영국에 나가 있던 어느 날 아내 사비나가 로마에 남아 있는 모든 바람둥이 녀석들과 정을 통하고 있을지도 모른다는 생각을 갖게 되었다. 그러나 사비나는 황제와 함께 영국에 와 있는 젊은이에게 빠져 있었다. 그래서 그가 자길 잊어버려 편지도 없다고 불평하면서 그곳에서 다른 사랑을 한다는 건 있을 수도 없으며 만약 그에게 알랑대는 여자가 있다면 호수에 던져 버릴 거라고 편지를 써 보냈다. 그런데 불행스럽게도 그 편지가 하드리아누스의 손에 들어가고 말았다. 며칠 후 이 젊은이는 자기 집에 문제가 생겨 급히 로마에 다녀와야겠다며 그럴듯한 안색을 하고 휴가를 요청했다. 하드리아누스는 한 술 더 떠 이렇게 말했다.

"어서 부지런히 가보도록 하게나. 왕비인 내 아내가 자넬 기다리고 있을 걸세."

황제가 그들의 비밀을 발견했으니 무서운 일이 벌어질 거라고 생각한 젊은이는 인사 한 마디 없이 밤을 틈타 아일랜드로 도망쳐 버렸다. 그러나 그는 그렇게 두려워할 필요는 없었다. 아내의 지나친 애정 행각을 일찍이 맛본 터라 황제는 스스로 이렇게 생각해 왔던 것이다.

'분명 내가 황제가 아니었다면 내 아내에게 당했을 텐데, 좋지 못한 본을 보여선 안 되지.'

즉, 위대한 사람은 그들이 어디에 머물건 자신의 결점을 드러내는 것이 아니라는 말이다. 그러나 어떤 위대한 사람도 이 말을 실천한 사람은

---

33) 브랑톰은 여기서 스파르티앵이 쓴 『하드리아누스의 생애』를 기억해서 쓰고 있는데, 필요에 따라 덧붙이고 좀 더 꾸며대기도 하였다.

없으니. 어쨌든 이 황제께선 점잖게 뻐꾸기가 되었다는 이야기다.

어질기만 한 마르쿠스 아우렐리우스는 아내 파우스티나가 소리 없이 엉뚱한 짓을 하고 다니니 그 뒤를 추적해 보라는 충고를 받고 이렇게 답변했다.

"우리가 그녀를 떠나면 그녀의 재산인 이 로마 제국을 떠나야 하지 않겠는가?"

남자들이여, 이런 덩어리 때문에 뻐꾸기가 되진 않겠다고 할 수 있겠는가? 조금이라도? 그러나 아주 잔인한 성품을 지닌 그의 아들 안토니우스 아우렐리우스 코모두스[34]는 어머니 파우스티나가 검투사와 사랑의 열병에 걸려 아무도 이 못된 병을 고칠 수 없으니 죽여 버려야 한다는 충고를 사람들에게 받고는 당장 그 검투사를 죽여서 그녀로 하여금 그 피를 마시게 했다.

많은 남편들이 창녀 짓거리나 하고 다니는 아내를 죽이면 그녀에게서 나오는 많은 재산을 잃을까 두려워 이 마르쿠스 아우렐리우스처럼 행동했다. 그들은 싸구려 건달(Coquin)보다는 부자 뻐꾸기(Cocu)를 선호했던 것이다.

세상에! 어떤 뻐꾸기 남편들은 끊임없이 부모, 친척들을 자기 아내를 보러오라고 부르거나 파티를 열어 그들이 기분 좋게 올 수 있도록 한다. 때론 아내와 그들만 남겨 두고 나가면서 "아내를 좀 잘 지켜주기 바랍니다."라고 한다.

누구라도 알 만한 어느 어르신께선 언제라도 뻐꾸기 남편이 되길 작

---

34) 코모두스가 즉위한 것은 파우스티나가 죽은 후였다.

정한 듯 기회가 오기만을 엿보고 기다리다가 이 말을 잊지 않고 상대에게 전했다.

"우리 마누라가 당신을 좋아하는데 마누라가 사랑하는 만큼 당신도 사랑하오?"

그리고 아내가 연인과 함께 있는 걸 보게 되면 그들이 사랑을 나눌 시간을 갖도록 둘만을 남겨 두고 다른 친구들과 산책을 가는 등 자리를 비워준다. 그가 혹 방에 급히 돌아올 일이 생기면 두 사람이 일을 벌이고 있는 걸 발견하지 않으려고 아래층에서부터 큰 소리를 내거나 누굴 부르거나 침을 뱉거나 기침소리를 낸다. 자기가 알고 있고, 의심을 품고 있기도 하지만 두 눈으로 보는 일만은 그 누구에게도 즐거운 일은 아니기 때문이다.

이 어르신네께서 좋은 집을 새로 짓게 되었는데 건축 책임자가 코니스[35]를 넣으면 어떻겠느냐고 물었다. 그가 대답하길 "난 코니스에 대해선 잘 모르오. 아내에게 물어보시오. 아내는 기하학의 예술에 조예가 깊으니 그녀가 하라면 하시오."

더욱 심한 경우는 어느 날 아는 사람에게 5만 에퀴[36]에 땅을 팔면서 4만 5천 에퀴에 해당하는 금과 현금을 받고 나머지는 동물의 뿔로 받았다. 그 사실을 안 사람들이 조롱삼아 하는 말, "아 물론, 그 사람 집엔 뿔이 아직도 모자라니까 그 뿔을 보태야 하구말구."

어떤 부인은 종종 남편에게 뻐꾸기 남편(Cocu)보다는 건달(Coquin)을 만

---

35) 건축 용어. 건축 벽면을 보호하거나 처마를 장식하기 위해 벽면에 수평이 되도록 하여 띠 모양으로 튀어나오게 만든 부분.
36) 프랑스의 옛 화폐 단위.

들어 주겠다고 하는데, 이 두 말은 구별이 모호하므로 그녀에겐 서로가 비슷하게 느껴질 거고, 아마 그 남편은 이 두 가지 기질을 다 갖고 있을 것이다.

재산도 지위도 없는 한 불쌍한 녀석이 인물이 몹시 빼어난 아내를 궁에 한번 데리고 가더니 2년도 안 되어 부자가 되었다.

돈으로 남편을 일으켜 세우고, 혹은 건달 뻐꾸기로 만드는 이 여인들을 어떻게 평가해야 할지 모르겠다. 마르그리트 드 나뮈르 같은 여인에 대해 그녀가 얼마나 어리석은가 사람들이 하는 얘기를 옮겨 보자. 그녀는 왕의 동생이며 권세 있는 루이 오를레앙 공작에게 자기가 할 수 있는 모든 방법을 동원해 줄 수 있는 건 모두 주었다. 그녀가 남편에게서까지 모든 걸 끌어내어 공작에게 갖다 바쳤기 때문에, 알거지가 된 남편은 이 공작에게 땅을 팔아야 할 지경에 이르렀다. 그가 공작에게 치러야 할 돈과 어리석은 아내가 그에게 갖다 바친 것까지 생각해 보라.

애정 표현

어느 왕자 분께선 한 고귀하신 부인을 몹시 사랑하게 되어, 그들만의 감추어진 의미를 이집트 문자와 상형문자로 정성스레 새겨 넣은, 아름답게 빛나는 열두 개의 다이아몬드 단추를 샀다. 그리고 그녀에게 선물로 주었는데, 이를 자세히 들여다본 그녀는 이제부터는 더 이상 자기에게 이런 상형문자를 사용할 필요가 없다고 했다. 왜냐하면 이런 암호는 이미 그들 사이에 서로 통했고 따라서 두 남녀 사이에 존재하고 있기 때문이라고.

많은 여자들이 자신의 육체를 곱게 간직하기보다는 돈지갑을 더 잘 간직한다. 그리고 또한 반지나 애정, 작은 친절, 토시나 목도리 같은 걸 갖고 싶어 하는데 그것은 자신에 대한 사랑을 몸에 지니고 싶고 그것의 가치를 겉으로 드러내 보이고 싶어서다.

내가 아는 한 부인[37]은 이런 면에서 대단히 후하다고 할 수 있는데 그녀가 자기 정부나 애인에게 주었던 목도리처럼 아주 사소한 물건도 5백 에퀴, 1천 에퀴, 3천 에퀴 이상 되는 값비싼 것들이었다. 또한 거기에다가 수를 잔뜩 놓거나, 구슬, 숫자, 상형문자 등 온갖 예쁘고 앙증스런 장식을 더해서 이 세상 어느 것보다도 예쁘고 멋지게 만들어 내곤 했다. 그녀가 옳았던 것이, 그 선물을 보고 나면 다른 여자들의 선물처럼 더 이상 서랍이나 가방 속에 처박아둘 수가 없었으므로, 선물을 받은 남자들은 그것으로 장식을 하고 모든 사람들 앞에 나섰다. 연인은 아름다운 기억 속에서 그것들을 응시하면서 그녀의 사랑을 더욱 가치 있게 느꼈다. 돈으로 가치를 높이는 선물은 한량들에게 그것을 준 여인들을 고상하고 우아한 여인이기보다는 속된 여인으로 보이게 할 뿐이다. 그러나 때론 위의 부인께서도 값나가는 반지나 비싼 보석을 선물했다. 왜냐하면 이런 여러 가지 사랑의 표현이나 목도리는 늘 지니는 것이 아니지만, 손가락에 반지를 끼고 있으면 그것을 준 사람과 늘 함께하는 것처럼 느껴지기 때문이다.

확실히 기사도 정신을 제대로 갖춘 신사라면 이런 후한 마음씨를 보여주어야 하며 자기 여인이 아름다움으로 빛날 수 있도록 그녀를 빛나

---

37) 마르그리트 드 발루아. 일명 마고. 나바르의 여왕이며 앙리 2세와 카트린 드메디시스의 딸. 자기 몸을 치장하는 데 돈을 아끼지 않았으며 자기의 애인들에게도 수놓은 목도리, 잡동사니 장신구, 반지 등 무수한 선물 공세를 펴곤 했다.

게 해주는 금과 은을 베풀어야 한다. 나로 말할 것 같으면 많은 베풂을 받았다고 뽐낼 수 있다. 그러나 만약 내가 여자들이 선물하는 걸 모두 가지려고 했다면 난 지금보다 훨씬 많은 돈과 보석과 가구를 가진 부자였을 것이다. 난 항상 탐욕스럽기보다는 후하게 베풂으로써 내 애정을 표현해 왔다고 자부한다.

사실 남자가 여자에게 자기 주머니에서 나오는 걸 주니까, 여자 역시 마찬가지로 자기 것을 남자에게 줄 수 있다. 그러나 모든 건 공평해야 한다. 남자들이 여자들이 원하는 만큼 자기 주머니를 모두 털어 버리지 않듯이, 남자들은 자기가 원하는 만큼을 여자들 지갑에서 끌어내는 걸 가능한 삼가야 한다. 너무 지나친 걸 요구하고 욕심 부리다가 정부의 사랑마저 잃고 마는 기사 분들이 있다. 갖고 싶은 것이 지나치게 많다 보면 그를 이용했던 여주인께선 점잖게 그를 해고시켜 팽개쳐 버리고 만다. 따라서 정말 고귀한 사랑은 금전적인 탐욕보다는 오히려 육체적 갈망을 일으킬 수 있는 것이어야 한다.

어느 부인께선 왕가의 한 남자에게 깊은 사랑에 빠져 버렸다. 남자는 여자를 갖고 놀면서도 돈 한 푼 주지 않았다. 마찬가지로 남편도 자기 재산을 몰래 감춰두고 보석 가운데 상당량만을 아내에게 주었다. 그래서 궁 안의 사람들은 저렇게 많은 보석을 가졌으니 재산을 상당히 모아두었을 것이라고 추측했다. 후에 그녀에게는 상속이 별로 돌아오지 않고 손에는 몇 푼 안 되는 돈만 주어졌는데 그나마 대부분은 정부가 차지해 버렸다. 사람들은 만약 상속이 조금도 돌아오지 않아 더 이상 갖다 바칠 것이 없었다면 드레스와 속옷까지도 주어 버렸을 것이라고 쑤군댔다.

대체 어떻게 이런 사기꾼 불한당들이 치사한 잔꾀나 쓰고, 사랑에 미

처 정신 못 차리는 넋이 나간 여자의 모든 것을 빼먹으면서까지 수치스
러운 짓을 할 수 있는 건지 모르겠다. 왜냐하면 돈이란 나갔다가도 들어
오는 것이고 어떤 이의 자만심 속에건 그의 존재 속에건 항상 머물러 있
기 때문이다. 앞의 돈처럼 그 속에 갇혀 지내는 자에겐 아무런 예고도
없이 언제고 벌을 줄 수 있다. 보석으로 자기 앞길을 깔아 놓았던 이 남
편은 얼마 되지 않아 죽음을 맞이하였고 그의 수집품은 모두 경매에 넘
어갔으며 그것을 보러온 많은 사람들에게 좋은 눈요기가 되었다.

부인이 재산을 흥청망청 쓰면, 남편은 재산이 줄어드는 걸 보면서 아
내가 벌이는 이 바보 같은 짓을 더 이상 참을 수 없다고 생각하게 된다.
그래서 복수를 결심하는 뻐꾸기 남편들이 있다. 몇몇은 즐겨 바람을 피
우는 왕족이나 귀족 어르신네들을 미워하고 증오하게 되어 어떤 어르신
에게는 면전에서 불쾌한 일을 당하게 만들고, 때로는 그 어르신네들의
아내와 바람을 피워 그들을 바람둥이 뻐꾸기 남편으로 만들어 그야말로
썩어 문드러지게 만들기도 한다.

복수의 쾌락

한 왕[38])께서는 반란을 일으킨 어느 귀족에게 보복을 하려 했으나 멀
리 달아나 잡을 수가 없었다. 그러던 어느 날 그 귀족의 아내가 남편 문
제로 협상을 요청하러 찾아왔다. 왕은 그녀에게 그 문제를 의논하자며

---

38) 앙리 3세는 반란을 일으킨 신교도의 우두머리인 부르봉 가의 앙리 1세, 즉 콩데 왕자의 아내 샤를로트 드 트레무
이유와 즐겼는데, 그녀는 후에 그의 시종 하나와도 정을 통했다. 그의 남편은 1588년 3월 5일 원인불명으로 사망했
는데 그녀가 독살을 시도했다고들 의심했다.

날짜를 지정해 주고 정원으로 향한 방으로 오라고 일렀다. 그러나 그것은 사랑을 얘기코자 함이었으며 그 시간에 그는 아주 '좋은 성분'으로 진하게 잘 배합된 그녀와 아무런 저항 없이 쉽게 진한 사랑을 나눌 수 있었다.

그녀는 왕에서 그치지 않고 다른 사람들과도 정을 통했으며, 그 방의 시종까지도 그녀를 그냥 두질 않았다. 이 일에 대해 왕은 그녀의 남편과 자신 사이에 있던 갈등이 복수심을 일으킨 거라고 생각했다. 프랑스 왕가의 가문이 새겨진 왕관을 쓰고 싶어 했던 이 남편은 왕에게 자기 아내를 넘겨줌으로써 뿔 달린 왕관을 쓴 것이고, 한편 왕에게 뿔 가진 미인을 주어서 왕의 머리에도 뿔 달린 왕관을 씌워준 것이다.

이 왕은 자기 어머니(카트린 드메디시스)의 계략에 의해 순결한 한 공주님[39]의 명예에 상처 주는 일을 저질렀다. 그녀가 늘 적수 관계에 있어 자신을 불안하게 만드는 자기 사촌과 결혼하게 되어 있다는 걸 알고는 그녀의 순결을 빼앗고 신나게 즐겼다. 그리고 두 달 후 그녀의 약혼자에게 돌려주었는데 그 후엔 대단히 달콤한 복수가 그를 기다리고 있었다.

어느 젊은이는 높은 지위의 아름다운 부인께 사랑의 봉사를 해오다가 어느 날 갑자기 자기의 사랑과 봉사의 대가를 여주인께 요구했다. 그러자 그녀는 말하길, 그가 주장하는 것처럼 자기를 사랑하지도 않았으며 그녀의 미모에도 별로 애정이 없는 것을 확신하는 만큼 그가 요구한 돈

---

39) 마리 드 클레브, 프랑수아 1세의 딸(1553-1574). 당대의 시인들에게 '아름다운 마리아'라는 이름으로 사랑받고 칭송받았다. 그녀가 왕궁에 모습을 드러냈을 때 앙주의 공작 앙리 3세는 그녀에게 반해 그녀를 범하고 말았다. 앙리 3세의 사촌 콩데 왕자와 약혼 중이었던 그녀는 이런 불미스러운 일이 있은 지 2개월 후에 결혼식을 올렸다(1572). 위그노(프랑스 신교도, 칼뱅파의 프랑스식 명칭)였던 그녀는 생바르텔르미 대학살 이후 칼비니즘을 공식적으로 비난했다. 그리고 스물의 나이에 딸을 출산하다 죽었다. 앞의 주에서 언급된 샤를로트 드 트레무이유는 그녀의 뒤를 이어 콩데 왕자의 아내가 되었으며, 후에 왕이 된 앙리 3세의 총애를 받았다.

을 줄 수가 없다고 했다. 그녀가 돈을 주지 않으면 남편에게 복수하겠다는 생각을 머릿속에 그리면서 자신의 요구를 뒤로 미루었다. 그러고는 생각이 옳지 못했다며 그녀를 안심시키고 2년 이상을 아주 충실하게 뜨거운 사랑으로 봉사했다.

마침내 사랑의 확신을 갖게 된 그녀는 늘 거부해 왔던 것을 그에게 후하게 베풀었다. 사랑의 시작을 확인하면서, 남자는 이런 식으로 그녀에게 투영되었던 일종의 복수심을 버리게 되었고, 이 여주인은 자기가 거둔 만족감을 똑같이 그에게도 주었다. 결국 근본적인 의미는 그를 사랑하고 길들이는 것이었다. 중요한 걸 차지할 줄 아는 이 부인의 현명함이 돋보이지 않은가.

이 세상에서 가장 완벽한 신사이며 바람둥이인 드 구아[40]가 어느 날 내게 왕궁의 저녁 식사에 가자고 초대했다. 그는 궁 안에서 가장 고매하신 학자 열두 분을 한 자리에 모셨는데 그 중에는 돌 주교님[41] 롱사르, 바이프, 데 포르트, 도비녜[42] 등이 계셨으며 다른 분들은 더 이상 기억할 수 없으나 어쨌든 무인이라 할 사람은 나와 구아뿐이었다. 식사를 하며 이런저런 이야기를 나누던 중 사람에 대해, 안락과 불편함, 좋아한다는 것과 싫어한다는 것, 선과 악 등에 대해 이야기를 하게 되어 차례차례 각자의 의견을 나누었다. 거기에서 내린 결론은 최상의 쾌감은 복수 안에 있다는 것이었다.

---

40) 앙리 3세의 총애를 받는 신하 중 하나인 루이 베렝제르 드 구아스트, 마르그리트 드 발루아의 지시에 따라 비토의 손에 죽었다.
41) 샤를 데피네(1530?-1591?). 1558년 돌의 주교가 되었으며 1559년 출간된 독특한 개성의 시집 『사랑의 소네트 (Sonnets Amoureux)』의 저자. 뿐만 아니라 용맹스러운 전사로서 자신이 주교로 있는 도시를 훌륭하게 지켜내기도 했다.
42) 아그리파 도비녜.

남자들은 아내와 애인이 품는 증오 때문에 뿔 달린 남편이[43] 되고 만다. 게다가 아내가 아주 미인이라면 이를 차지하는 남자는 거기서 두 가지 쾌감을 이끌어 낸다. 바로 미인을 차지한다는 즐거움과 복수에 따르는 만족이다. 많은 사람들이 복수에 따른 또 다른 복수를 하고 그것을 아주 즐기는데 이런 점에서 우리의 결론이 옳다고 할 수 있지 않겠는가.

아내를 경멸함으로써 뻐꾸기 남편이 되기도 한다. 아주 아름답고 기품 있는 아내와 살면서 전혀 존중해 주지 않고 아내를 경멸하고 멸시한다면 매사에 빈틈없고 용기 있고 가문 좋은 여자는 멸시당하는 것을 느끼면서 복수를 결심하게 될 것이다. 그러고는 아름다운 사랑을 만들어낸다. 나폴리의 노래 중 이런 노랫말이 있지 않은가.

"사랑은 경멸 속에서만 극복되는 것이다."

아름답고 나무랄 데 없는 여자가 남편에게 멸시당하면서 남편에게 헌신적인 사랑으로 호소하고, 혹은 종교적인 설교나 계명을 들며 남편을 사랑하려 애쓰지만 그 어느 것에서도 위안을 받을 수가 없다면 결국 자신을 구하기 위해 새로운 남자를 찾아 나설 수밖에 없다.

시누이와 올케 사이인 궁정의 두 여인[44] 이야기를 예로 들어볼까 한다. 이들 중 한 여인은 매사에 빈틈없고 예의바르며 왕이 가장 아끼는 충신과 결혼했는데, 이 남편은 마치 당연한 것처럼 아내를 존중해 주지 않고 어디에서건 그녀를 보면 모든 사람이 보는 앞에서 야만인 취급을 하고 아주 거칠게 대하곤 했다. 그녀는 남편이 왕의 눈 밖에 나게 될 때

---

43) 오쟁이 진 남편의 표시로 머리 위에 손가락을 세워 뿔 달린 남편이라 표현한다. 즉, 아내가 다른 남자와 정을 통해 남편의 머리에 뿔이 솟았다는 것.
44) 하나는 마르그리트 드 로렌, 주아이외즈 가의 장남 안과 결혼했다. 안은 앙리 3세의 총애를 받아, 주아이외즈 자작령을 공작령으로 승격시켜 주었다. 또 하나는 앙리에트 드 주아이외즈, 몽팡시에 공작 부인.

까지 한동안 그 멸시를 참고 견디다가 점잖게 뻐꾸기 남편으로 만들어 주었다.

한편 그녀의 시누이는 아주 어린 나이에 결혼을 했는데 그 남편은 아내를 존중하기는커녕 어린아이 대하듯 하며 사랑해 주지도 않았다. 하지만 세월이 흘러 그녀도 마음속에서 아름다움을 느낄 나이가 되었다. 그러나 남편은 여전할 뿐이었다. 그녀는 남편이 자기에게 던진 경멸의 대가로 예쁜 뿔을 선물했다.

옛날에 어느 어르신[45]께서는 아내 이외의 두 여인을 놓고 동시에 바람을 피웠다. 게다가 한 여인은 피부가 검은 무어 여인이었다. 그녀들과의 환락을 즐기느라 아내를 무시하고 멸시할 뿐이었다. 그래도 아내는 최선을 다해 부부간의 믿음과 우정으로 그를 뒤쫓았다. 그러나 아내가 아무리 노력을 해도 그는 따뜻한 마음이나 좋은 눈길로 아내를 바라보지 않았다. 그 많은 수모를 겪은 후에 이 가엾은 아내가 무엇을 했을까? 다른 빈 침대를 찾아들어 또 다른 반쪽과 짝을 이루고 그녀가 원하는 걸할 수 있었을까?

적어도 이 남편이 다른 사람처럼만 할 수 있다면! 바람을 피우면서도 불평을 하는 아내에게 아예 툭 터놓고 이렇듯 유머스럽게 넘기는 남편이 있으니, "다른 곳에서 당신의 만족을 취하도록 하라니까. 내가 당신에게 휴가를 주리다. 당신이 다른 사람과 하고 싶은 것이 있다면 마음대로 하도록 해. 당신에게 자유를 주겠어. 대신 내 사랑을 고통스럽게 하지 말고 나 하고 싶은 대로 좀 내버려둬. 나도 당신의 안락과 쾌락을 방

---

45) 샤르트르의 주교 대리인 프랑수아 드 병돔으로 추측됨.

해할 생각은 조금도 없으니까 날 방해하지 말아 달라구.”

이렇게 각자 갈 길을 떠나서 두 사람이 바람에 깃털을 휘날리며 하나는 오른쪽으로 또 하나는 왼쪽으로 서로서로 걱정할 것 없는 이런 멋진 인생도 있단다.

어떤 여인들은 남편들이 그녀들을 기분 나쁘게 대하고 거칠게 다루며, 흠을 잡아 비난하고 때로는 때리기까지 하며 지나치게 굴 때 그녀들이 가장 쾌감을 느낄 수 있는 일은 남편 머리에 뿔이 나게 만들어 주는 것이라고 말한다. 게다가 뿔 달린 남편의 모습을 상상하면서 자기의 정부와 함께 비웃고 조롱하다 보면 더할 수 없이 감칠맛 나는 재미를 느낄 수 있으며 말로 표현할 수 없는 쾌락의 유혹에 빠져들게 된다고 한다.

내가 어느 날 외모가 뛰어나게 아름다운 부인에게 남편 몰래 바람을 피운 적이 없는지 물었더니 이렇게 대답했다. “왜 내가 그러겠어요? 그분은 날 때리지도 위협하지도 않는데요.”

말하자면 남편이 두 가지 중 하나만이라도 한다면 그녀는 당장이라도 복수를 하겠다는 말이다.

남편을 놀림감으로 만드는 광경을 한번 구경해 보자. 대단히 기품 있고 매력적인 부인이 변질된 쾌락에 빠져서 정부와 편안히 환락의 목욕을 즐기고 있었다. 그 정부는 검은 유리로 된 뿔 모양의 귀고리를 그녀에게 걸어주었는데 그것을 흔들고 장난치다가 그만 깨뜨리고 말았다. 그녀가 갑자기 소리쳤다.

“어쩜 이리도 선견지명이 있으실까. 내가 뿔을 하나 깨뜨렸으니 뿔난 우리 가엾은 남편을 위해서 열두 개는 더 만들어야겠어요. 그가 원하기만 한다면 파티에 갈 때 장식해 주게요.”

또 한 여인은 잠들어 버린 남편을 두고 정부를 보러 왔다. 그는 남편이 어디 있는지 물었다. 그녀의 대답인즉, "아, 침대를 지키고 있어요. 뻐꾸기 둥지를 말이에요. 다른 놈이 알을 낳으러 올까 봐 그러지요. 하지만 당신이 원하는 건 그의 침대, 그의 시트, 그의 둥지가 아니고 바로 나, 당신은 바로 날 보러 오는 거지요. 보초를 서게 내버려 두었는데, 보초병은 그만 잠들어 버렸어요."

보초라는 말이 나왔으니 그에 관한 이야기를 한번 해보자. 내가 잘 아는 지체 높으신 어르신께서 어느 부인에게 가서는 빈정대는 투로 혹시 생마뒤랭[46]에 가본 적이 있느냐고 물었다. 그러자 그녀는 "네"라고 대답하며 이렇게 말했다.

"하지만 교회 안에는 들어갈 수가 없었어요. 그곳은 너무도 평온한데다가 오쟁이 진 남자들이 지키고 서서 날 들어가지도 못하게 했어요. 아, 당신이 그곳에서 중요한 임무를 맡고 계시지 않으셨나요? 보초를 서다가 다른 사람에게 알릴 일이 생기면 종을 치는 일 말이에요."

이런 농담들은 무수히 많지만 아직까지는 내가 한 적이 없는데 이 책 어느 구석에선가 그 얘기들을 할 수 있길 바란다.

몰래 하는 사랑과 드러낸 사랑

용맹스럽고 지혜로우신 왕자님께서 자기의 충직한 부하인 젊은이를 불러 웃음 띤 얼굴로 말문을 열었다. "자네가 내 아내에게 어떻게 했는

---

46) 생마뒤랭은 광기를 치료하는 곳으로 유명했는데, 사람들은 이를 가리켜 '생마뒤랭의 공포'라고 불렀다.

지 난 잘 모르네. 하지만 내 아내가 그저 밤이나 낮이나 자네 이야기만 하고 끊임없이 칭찬하니 자넬 좋아하고 있다는 건 알지. 그래서 난 자네가 얼마나 유능하고 훌륭한 사람인지 잘 안다고 대답하곤 한다네." 젊은이는 너무나 놀랐다. 왜냐하면 그는 여왕이 참석하는 저녁 식사에 그녀를 모셔다 드렸을 뿐이었다. 그는 마음을 가다듬으며 대답했다.

"저는 부인의 미천한 봉사자일 뿐입니다. 그분께서 제게 보여주시는 호의를 어찌 갚겠습니까. 또한 지나치신 칭찬에 몸둘 바를 모르겠습니다. 저는 그분께 애정을 갖고 행동한 것이 아니라, 어르신께서 지난번 내리신 분부대로 그분 마음에 들도록 노력했을 뿐입니다. 그분께선 제게 저의 애인에게도 그리하라 하셨고 덕분에 저는 결혼할 수 있게 되었습니다. 이렇게 그분이 계속 제게 도움을 주실 수 있길 간청합니다."

이 왕자 분은 더 이상 아는 체할 수가 없어, 그저 웃음 띤 얼굴로 앞으로 자기 아내와 서툰 행동을 하지 말라고 조용히 타이르는 수밖에 없었다. 그런데 그 젊은이는 아름다운 귀족 부인이나 공주를 섬긴다는 핑계로 갖은 걸 다 누리고, 자기와 결혼할 사람은 잊어버린 채 걱정조차 하지 않았으면서 가면 쓴 얼굴로 모든 걸 꾸며낸 것이었다.

어느 날 왕자가 여왕의 방에 들어섰는데, 새로운 물건이라고 궁에 가져온 스페인제 연분홍 리본을 팔에 달고 있는 여왕 옆에서 이 젊은이가 여왕을 더듬고 만지며 함께 지껄이고 있는 걸 보게 되었다. 얼마 후 여왕의 침실 가까이에 있는 아내를 찾으러 갔더니 마찬가지로 이 녀석이 아내를 더듬고 있었다. 이 방이나 저 방이나 마찬가지니 이런 걸 보고 질투심이 일지 않겠는가?

그렇기 때문에 이런 '몰래 사랑'은 불꽃을 잘 덮어 재가 드러나지 않도록 신중해야 한다. 파렴치한 행동이 드러나면 모든 걸 감추어둔 것보다 아내에 대한 적개심이 훨씬 더 심하게 일어나기 때문이다. 격언도 있지 않던가. '정숙하지 않으면 적어도 신중하게'라고.

근자에도 부인네들과 그들을 섬기는 자들의 경솔함과 부주의로 드러나게 되는 불쾌한 일과 추문들을 많이 보고 들을 수 있다. 남편들이 아주 사소한 것부터 의심한다 해도 잘 덮어만 둔다면 보여지는 것은 없는 것이다.

잘 아는 어떤 부인은 어느 날 불쑥 사랑하는 사람들과 좋아하는 사람들을 모두 모이게 해서는 마치 자기는 남편의 것도, 그 어떤 권위에도 속해 있지 않은 사람처럼 자기가 갖고 있는 걸 모두 분배해 주었다. 그건 불합리한 행동이라고 타이르는 친구나 친지들의 충고도 듣지 않았다.

그녀는 다른 여자들과는 전혀 달랐다. 다른 여자들은 사랑을 조심스럽게 다루어 세상 사람들이 잘 모르게 하면서 사랑의 시간을 만들어 가곤 한다. 그러지 않으면 아주 가벼운 의혹도 진실을 왜곡하고 과장할 수 있기 때문이다. 그 여자들은 사람들 앞에서 아주 교묘하게 애인들과의 은밀한 교제를 만들어 가고 철저하게 그 은밀한 관계를 유지해 간다. 남편도 염탐꾼도 입술만 잘근잘근 씹을 뿐 알 수가 없다. 그러다가 정부가 먼 여행을 가거나 죽게 되면 그 여자들은 아무도 모르게 고통을 덮고 감추어 버리는 것이다.

왕의 애첩 노릇을 하던 어떤 여인은 왕이 죽자 예전과 다름없이 즐거운 모습으로 웃으며 여왕의 방에 나타났다. 어떤 사람은 그녀가 죽은 왕을 좋아하지 않았던 새 왕의 마음을 상하게 하거나 자극하게 될까 두려워서 그러는 신중함이라고 평했고, 어떤 사람은 사랑의 결핍에서 나오는 태도라고 단정하며 비난했다. 사람들이 그녀에겐 좋은 덕목이라곤 갖춘 것이 없다고 말해 왔듯이 그녀는 문란한 생활만으로 뒤섞여 있을 뿐이다.

내가 아는 아름답고 고결하신 두 여인[47]은 전쟁 중에 연인을 잃고는 몹시 가슴 아파하고 애통해 하며, 밤색 상복을 입고 모든 사람 앞에 모습을 드러내 장례식을 치렀다. 어느 장례식에서보다도 많은 성수와 조각을 새겨 넣은 황금 관수기가 사용되었으며 죽은 이들의 머리는 그들이 생전에 쟁취한 갖가지 전리품과 두 여인이 평소에 지니고 있던 팔찌와 패물로 장식되었다. 이 고결한 두 여인은 그들의 사랑을 모든 사람 앞에서 보여주었다. 모두들 그녀들의 '신중함'이 아닌 '한결같은 사랑'에 찬사를 보내주어야 한다. 모든 이들 앞에서 자기들의 사랑을 이렇게 보여주는 건 그들에게도 고통스러운 일이므로.

만약 이들과 같은 행동을 수치스럽게 여긴다면, 여자들이 하는 만큼 감정을 억누를 줄 아는 남자들도 많다. 왜냐하면 그들도 마치 새끼를 낳고 지쳐 누워 있는 염소처럼 움츠러들고 기운 없는 체 가장할 수도 있기 때문이다. 그들은 자기 여인들에게 시선을 보내기도 하고 시선을 멀리 다른 곳으로 보내기도 한다. 사람들 앞에서 열정적인 태도를 보이기도 하고 한숨짓기도 한다. 또는 자기 여인들이 입은 옷과 같은 색의 옷을 입어 눈길을 끌기도 한다. 한마디로 장님도 눈치챌 정도로 전혀 조심하

---

47) 마르그리트 드 발루아(여왕 마고)와 나바르 공작 부인. 그들의 연인은 라 몰과 코코나스로 16세기 프랑스 제4차 종교전쟁 시대 불평당(그들의 은밀한 목표는 샤를 9세 사후에 왕관을 알랑송 공작에게로 돌리려는 것이었다)의 우두머리들. 그들은 체포되었다가 1574년 4월 30일 그레브 광장(센 강가에 있던 처형장)에서 처형되었다. 브랑톰이 암시하듯이 전쟁통에 죽은 것이 아니다. 반 넋이 나간 두 여인은 그들을 매장시키는 대신 잘린 머리를 마차에 싣고 몽마르트르까지 옮겨와 향유를 바르고 오래오래 보존했다. 이 비극적인 이야기는 알렉상드르 뒤마 1세가 쓴 소설 『여왕 마고』에서 잘 그려지고 있다.

지 않고 마음 내키는 대로 행동해 버린다. 또 어떤 자들은 자기가 어디 어디의 돈 많은 누구와 사랑하는 사이라고 온 궁 안이 다 알도록 있는 진실을, 때론 거짓말을 떠벌리고 다니기도 한다. 아! 하지만 자비심이 사라지면 단 한 푼의 동냥도 그들에겐 주어지지 않을 수 있다는 걸, 모든 건 하느님만이 아실지어다.

신사 한 분이 자기가 어떤 부인을 사랑하고 있다는 걸 온 세상에 알리고 싶어 어느 날 하인들 중 두 명을 노새를 이끌고 따라 오게 하여 그녀의 문 앞에 세워두었다. 그는 이 여인과 아직 시작도 못한 관계를 기정 사실화하려 한 것이다. 우연히 그 앞을 지나던 스트로치 장군과 내가 이 수수께끼 같은 노새와 하인들을 보게 되었다. 장군께서 지금 너희 주인은 어디 계시느냐 물었다. 그러자 하인들은 자기 주인께선 지금 부인의 집 안에 계신다고 대답했다. 스트로치 장군은 껄껄 웃으며 거기엔 아무도 없다며 내기를 하자고 했다. 그리고 자기 하인에게 그 가짜 애인(신사)이 나오는지 지켜보고 있으라 하고는 여왕의 방으로 갔다. 그곳에서 문제의 신사 분을 만나게 된 우리는 웃음이 터져 나오려는 걸 겨우 참으며 그 자리를 떠났다.

밤이 되어 우린 괜히 그에게 다가가 시비를 거는 척하면서 이 늦은 시간에 어디 있었느냐고, 여인의 문 앞에 세워둔 노새와 그의 하인들을 보았으니 다른 소리 하려 말고 사실을 말하라고 위협했다. 그는 우리가 이 것을 본 것에 화가 난 듯한 얼굴을 하면서 사실 그곳에 있었노라고 고백했다. 그러면서 만약 들통 나면 자기는 어려운 지경에 빠지게 될 것이고 여인 역시 쓸데없이 남편에게 큰 수난을 겪을 것이니 제발 한 마디도 발설하지 말아 달라고 간절히 부탁했다. 우린 그런다고 약속했고(어느 정도의

지위와 체면을 갖추고 있는 그의 그런 꼴이 우스워 그를 놀리며 우린 숨이 목까지 차도록 웃어댔다)
그에 대해 한 마디도 하지 않았을 뿐 아니라 입도 뻥끗하지 않았다.

만약 그가 이 가짜 놀음을 계속하여 1주일이 지난 후에 우리가 이 간계를 발견하고 그에게 정말 싸움이라도 걸었다면, 그는 부끄러움에 모든 걸 단념했을 것이다. 왜냐하면 노새와 하인을 숨겨 두었다는 걸 그 부인께서 알게 되어 그들을 쫓아버렸을 테니까. 더군다나 만약 우리가 사실을 이 부인의 남편에게 재미있게 얘길 한다 해도 착하기만 한 남편은 그저 웃어넘기면서, 자신의 부인은 절대로 자길 뻐꾸기 남편으로 만들 사람이 아니라고 말할 것이다. 또한 만약 그 남편이 앞서 말한 신사의 시종과 노새가 문 밖에서 불편하게 서 있는 걸 보았다면 더위나 추위 혹은 비를 피하도록 안으로 들어오게 했을 것이다. 하지만 다른 남자들은 그 남편을 뻐꾸기로 만들려 든다. 그러나 이 어진 어르신네는 아내 때문에 추문을 일으키기보다는 늘 품위를 유지하는 편이 낫다고 생각하실 것이다.

어떤 이들은 또 다른 방법으로 여인들과의 스캔들을 만들어 내기도 한다. 내가 아는 어떤 이는 여자에게 사랑에 빠지면, 남편만을 위해 은밀하게 간직하고 있는 것을 빼앗으려고 끊임없이 여자를 공략한다. 그래도 모두 거절당하면 절망해서 이렇게 말한다.

"좋소, 모두 다 싫으시다? 두고 보시오, 내 당신의 명예를 더럽히고 말리라."

그러고는 일에 착수한다. 그는 숨어서 끊임없이 그녀 집을 오간다. 그러나 정말 비밀스럽게 다니는 것이 아니라 몇몇 호기심 많은 사람들의 눈에 띄도록 밤이건 낮이건 여자 집을 드나들며 자기가 그 집에 있다는 걸 일부러 남들이 알아보게 만든다. 그리고 남들에게는 마치 이 여인을 차지한 듯 떠벌리고 과장한다.

어느 늦은 밤 사내는 망토로 몸을 감싸고 그 집안사람들 몰래 들어가 거짓 놀음을 하느라 집 안을 왔다 갔다 하다가 감시하고 있던 그 집 시종의 의심을 사기에 이르렀다. 온 집안이 발칵 뒤집히고 그를 찾느라 야단이었지만 이미 달아난 후였다. 아내의 방에서 아무것도 찾지 못했음에도 남편은 아내를 때리고 모욕을 주었다. 그러고도 모자라 남편은 사실을 알려준 시종에게 그녀를 죽여 버리라고 재촉했다. 다행히 왕의 간섭으로 그녀는 목숨만은 건질 수 있었다. 너무도 아름다운 그녀에게 이 얼마나 큰 불행인가. 그 후 문제의 남자는 전쟁터에 나가게 되었고, 정숙한 여인의 명예와 행복한 삶을 부당하게 짓밟은 죄를 벌하도록 허락하신 하느님의 뜻에 따라 죽음을 맞이하였다.

위의 예나 다른 무수한 예에서 어떤 진실을 하나 끌어내 보자면, 여자들 스스로가 큰 잘못을 저지르고 있다. 즉, 추문과 불명예의 진짜 원인은 여인들 자신이다. 왜냐하면 그녀들 스스로가 작은 접전을 시도하고 끼 있는 남자들을 유혹하기 때문이다. 세상에서 가장 부드러운 손길로 남자를 대하고, 희망을 주는 부드러운 말과 자태로 다정하고 친근하게 굴며 추파를 던진다. 그러나 막상 남자 편에서 뭔가 하려 들면 여자는 까다롭게 굴기 시작한다. 따라서 남자들이 육체적 쾌락을 위해 강한 행동을 보였다가는 여자들에게서 거칠게 밀려나고, 절망하고 분노한 그들은 여잘 비난하고, 있지도 않았던 이야기까지 온 세상에 떠들어 대며 여자의 명예를 더럽힌다.

이런 이유로 정숙한 부인이라면 절대로 끼 있는 남자들의 눈길을 끌게 그들과 섞이는 일을 말아야 하며 아무리 그들의 친절과 예의 바른 태도가 마음에 든다 해도 그들의 친절을 받아들이지 말아야 한다. 여인네들께서 자신의 명예를 지키려 한다면 설혹 어떤 남자에게 볼일이 있다 할지라도 항상 절도 있게 행동해야 한다. 다시 말하면 남자가 그녀에게 느닷없이 접근해 오고 그것이 자기에게 구애의 표현을 하기 위한 것이라 느껴지면 아예 처음부터 가차 없이 문전에서 거절해야 한다. 왜냐하면 직설적으로 말해 자기에게 친절을 베풀고 사랑하도록 내버려 두는 모든 여자들에게 책임이 있기 때문이다. 그대로 내버려 둔다면 언젠가는 부딪쳐야 할 큰일이 생기고야 만다.

그러나 때론 아무런 목적 없이, 아니면 눈요기를 위해 누군가가 자신에게 친절을 베푼다는 것만으로 즐거움을 느끼는 여자들도 있다. 그들은 친절을 받기를 원하고 그것 자체가 큰 행복이라고 여긴다. 실행에 옮기지는 않으면서 자기 안에서 정욕을 불러일으키는 즐거움을 얻는다고 말한다. 난 내게 이렇게 말하는 여인을 보았다. 어쨌든 절대로 다가오는 남자의 친절을 받아들이지 말아야 한다고. 왜냐하면 여자들은 일단 한 번 정욕을 품게 되면 더욱 간절히 자기의 남자를 꿈꾸게 되고 그러다가 일은 이루어지게 된다는 것이다. 만일 남자들이 그것을 안다면 자기에게 추파를 던진 여인을 끈질기게 뒤쫓고 마침내는 모든 걸 손아귀에 넣을 수 있으리라.

실행에는 옮기지 않고 단지 마음속으로만 정욕을 품고 싶다는 여인들의 생각이 뻐꾸기 남편을 만들어 낼 수 있다. 그러나 그런 결과를 예측하지 못하고, 여인들은 마음속에 촛불을 밝히고 그녀들 스스로 괴로워하게 될 불길을 태우고 싶어 한다. 가엾은 순진한 양치기 소녀가 양을 지키며 어떤 일이 잘못될 것을 꿈에도 생각 못하고 작은 불을 지피는 것과 마찬가지다. 이 양치기 소녀는 아주 작은 불을 지폈을 뿐이지만 종종 그것은 넓은 광야와 덤불 숲 전체를 태워버릴 수도 있다.

따라서 이런 순진한 생각을 갖고 있는 여인들은 좀 더 현명해지기 위해서 데스칼다소르 백작 부인의 예를 잘 참고해 둘 필요가 있다. 푸아 장군이라 불리던 레스퀴 경[48]이 파비에서 지낼 때에(그는 교회에 몸담고 있었으므로 사도좌 서기관 드 푸아라고 불렸다. 그러나 군에 들어가면서 그는 긴 치마를 벗었다) 롬바르디아의 미인들 중에서도 최고의 미인으로 뽑힐 만큼 아름다운 데스칼다소르 백작 부인에게 반해서 그녀를 보러 다니고 싶은 마음에, 휴가가 없는 생활에 불만이 많았다. 그는 전 이탈리아를 뒤흔든다[49]는 위대한 가스통 드 푸아, 드 느무르[50]의 가까운 인척이었기 때문에 그에겐 군에서 할일이 더욱 많이 주어졌던 것이다.

어느 날 파비에서 대단히 큰 축제가 있었다. 그 도시와 주변의 모든 아름다운 귀부인과 처녀들이 자리했고 물론 모든 신사 분들이 함께했다. 모든 미인들 가운데 이 백작 부인이 나타났다. 하늘색 새틴으로 만든 드레스를 입었는데 유난히도 화려한 드레스였다. 타오르는 불꽃과 그 위를 나는 나비와 불꽃에 타고 있는 나비들로 무늬를 넣어 옷 전체를 뒤덮고 모두 금사와 은사로 수를 놓았는지라 밀라노의 모든 수공예사가

---

48) 토마 드 푸아, 레스퀴 경. 프랑수아 1세의 첩인 샤토브리앙의 남동생으로 1515년 프랑스군의 부사령관을 지냈다. 자기의 형 로트렉을 밀어내고 그 자리에 들어서 밀라노의 통치자가 되었다. 비코크 전투에서 패전한 이후 크레몬(1522)에 포위당한 채, 40일 이전에 원조를 받지 못하면 롬바르디아에서 퇴각한다는 협약에 서명을 한 장본인이다. 이렇게 해서 이탈리아는 프랑스에게 완전히 패하게 된다. 그는 마침내 파비에서 하복부에 총을 맞아 중상을 입고 브랑톰이 말하는 이 여인의 집에서 그로부터 닷새가 지난 후 결국 죽고 만다(1525).

49) 사람들은 그를 '이탈리아의 천둥'이라 불렀다.

50) 가스통 드 푸아(1489-1522). 용맹과 지략이 뛰어난 군인으로 나바르의 여왕 엘레오노르 다라공의 손자. 후에 나바르의 왕이 된다. 일찍부터 군인의 자질을 인정받아 23살의 나이에 이탈리아군을 총지휘한다.

온 시간을 바쳤어야 했을 만큼 그 화려함이란 이루 표현할 수 없었다. 어쨌거나 모인 사람들 중에서 가장 눈에 띄는 모습이었다.

한편 드 푸아는 그녀를 춤추는 곳으로 이끌다가 이 드레스에는 뭔가 자기에겐 마음에 들지 않는 숨은 의미가 있을 거라는 의심이 들어 이 드레스가 말하고자 하는 의미가 무엇인지 물었다. 그녀가 대답하길, "내 드레스를 군인들이나 기사들이 말에 하는 방식으로 만들도록 주문했어요. 그들은 뒷발질하며 딴짓을 하려는 말 엉덩이에다가 커다란 은방울을 달아두지요. 그 방울을 신호로 뒤따라오는 사람에게 뒷발질하는 못된 말에 얻어맞지 않도록 조심하라는 경고를 하지요. 마찬가지로 이 불꽃 주위를 날아다니다 타 버리는 나비들은, 나의 외모에 경탄하고 나를 좋아해 주는 남자 분들께 내게 너무 가까이 접근하지 말 것이며 보는 것 이외의 또 다른 것을 너무 기대하지 말라는 경고의 뜻을 담고 있답니다. 나비 외엔 아무것도 얻어 낼 수가 없어요. 정욕을 품으면 타 버리니까 아무것도 얻어 낼 수 없는 거예요."

이 이야기는 파올로 조보[51]의 『좌우명들』에 쓰여 있는 이야기다. 백작 부인은 이런 식으로 자기를 탐하는 남자들에게 일찌감치 경고를 했다. 만일 그가 좀 더 가까이 접근했더라면 어떻게 되었을지는 모르겠다. 그는 후일 어쨌든 그녀에게 가까이 갈 수 있었던 게 사실이다. 파비 전투에서 중상을 입고 사로 잡혔을 때 이 백작 부인에게 데려다 주길 간청한 그는 그녀 집에서 지극한 간호를 받았다. 그리고 사흘 후 그녀의 깊은 애도 속에서 숨을 거두었다.

---

51) 수많은 뛰어난 역사물을 써낸 이탈리아의 작가(1483-1552).

내가 언젠가 라 로셀의 참호 속에서 몽뤼크 장군[52]과 밤을 지새게 되었을 때 이 부인에 관한 이야기를 하게 되었다. 그런데 그는 실제로 이들을 알고 있었고 백작 부인이 드 푸아 장군을 몹시 좋아했으며 지극한 정성을 쏟았다는 걸 내게 확인시켜 주었다. 그러나 그 외에 이 두 사람이 그 이전에 어떤 선을 넘었는지는 몽뤼크 장군도 모르는 일이었다. 이 예는 내 주장의 논거로서 많은 여자들에게 충분히 가치가 있다고 생각한다.

바람둥이 아내에 대한 처방

때로 너그러운 뻐꾸기 남편들은 아내의 회개와 교정을 위해 교회나 집안의 어르신네들께 아내를 꾸짖고 훈계하도록 한다. 이 아내들은 거짓 눈물과 꾸며낸 말로써 용서를 구하고 실행도 못하면서 뉘우칠 것을 약속하지만 결코 돌아오지 않는다. 또한 그녀들이 하는 뉘우침의 맹세는 거의 지켜지지 않는다. 왜냐하면 이런 여자들의 눈물이나 결의는 사랑의 맹세나 부인만큼의 가치밖에는 없기 때문이다.

내가 아는 어느 부인은 궁 안에서 행실이 좋지 못한 것으로 소문이 파다했다. 왕께서는 뿌리를 뽑아버려야겠다며 임무를 수행하느라 멀리 떠나 있는 남편을 찾으러 사람을 보냈다. 남편이 돌아오자 왕은 아내의 그릇된 행실 때문에 궁 안에 나쁜 소문이 파다하게 퍼져 있다며 그녀의 애정 행각에 대해 경고했다. 그리고 휴가 기간 동안에 이 죄의식 없는 영혼을 바로잡으라고 명령을 내렸다. 남편은 이런 은총과 배려에 어찌할

---

52) 유명한 『논평(commentaires)』의 저자. 블레즈 드 몽뤼크. 1573년 브랑톰과 함께 라 로셀 공략에 참가했고, 이듬해 프랑스군 부사령관이 되었다.

바를 몰라 그저 바로잡도록 노력하겠노라며 물러났다.

그러나 그는 집에 돌아와서 아내에게 아무런 벌도 내리지 않았다. 왜 냐하면 그가 얻어 낼 수 있는 게 무엇이겠느냐는 생각에서였다. 암말이 한번 밖으로 달려 나가기 시작하면 제정신이 아니어서 이젠 더 이상 우 리에게 익숙한 우편 말이 될 수가 없다. 너무 빨리 달려서 아무도 그 방 향을 돌릴 수가 없는 것이다.

이런 일로 꾸짖음을 당하고 힘으로 때론 부드러운 말씨로 설득당하고 훈계를 듣는다고 돌아올 여자들이 얼마나 되겠는가. 그녀들은 약속하고 맹세하고 정숙해지겠노라고 다짐하고 나서는 '위기를 넘기면 신을 조 롱한다.'는 격언을 실천한다. 그리고 사랑의 전쟁터로 다시 달려간다. 게다가 그녀들 중 몇몇은 영혼 속에서 자길 괴롭히는 벌레 같은 것이 스 멀거리는 걸 느끼면서 아주 엄숙하고 성스럽게 회개하지만 그 뉘우침을 지속시키지 못하고 '뉘우친 것을 뉘우치게 된다.'고 뒤 벨레[53]는 뉘우친 화냥녀들에 대해 이야기한다. 그리고 이런 여인들은 자신들이 이런 세 계에서의 시간이 너무 짧았기 때문에 이런 달콤한 것을 영원히 잃고 만 다는 것이 너무도 괴롭다고 주장한다.

회개한 후 남의 눈을 피해 살아가는 여자들의 이야기를 여기서 구태 여 끌어내 볼까 한다. 문란한 생활을 하는 여인들에게 그들이 갖고 있는 신앙이나 의식에 대해 질문을 던지면 자기들도 거기에서 빠져나오기 위 해 종종 그 높은 벽을 부숴 버리고 싶다고 대답한다.

따라서 남편들은 잘못을 저지른 아내를 너무 급하게 변화시키려고만

---

53) 조아심 뒤 벨레 『반(反)회개(La contre-repentie)』『회개한 화냥녀과 늙은 화냥녀(La courtisanne repentie et la Vieille courtisanne)』 등을 썼다.

하지 말고, 아내가 그들의 명예에 처음으로 오점을 남길 일을 했을 때에 속박하려 들 것이 아니라 추문이 가라앉을 때까지 은인자중해 줄 것을 타이름이 옳을 것 같다. 왜냐하면 오비디우스도 가르쳐주지 못한 그 어떤 사랑의 치유법[54]도, 프랑수아 라블레 선생께서 존경스런 파뉘르주[55]에게 가르쳐준 독창적인 방법도 모두 다 소용없는 일이기 때문이다. 아니면 프랑수아 1세 때 불린 오래된 노래 가사 대로 해야 옳을까.

> 마음대로 나다니는 마누라를
> 꼭꼭 지키고 싶은 사람은
> 포도주 통에 집어넣어
> 통마개로 꼭꼭 가둬 둬야 하겠지.

앙리 2세 때 있었던 일로 어떤 대장장이가 생제르맹의 장터[56]에 열두어 개의 기구를 만들어 팔러 나왔다. 그 기구는 여성의 음부를 가두기 위해 만든 것인데, 쇠로 만들어졌으며 벨트처럼 허리를 두르고 아랫부분을 감싸주어 열쇠로 잠그게 되어 있었다. 또한 아주 정교하게 만들어져서 일단 한 번 그 안에 갇히게 되면 작은 구멍을 통해 소변을 보는 일 외엔 다시는 달콤한 쾌락을 즐길 수가 없게 만들어져 있었다.[57]

전하는 말로는 아내를 이런 무지막지한 방법으로 가두려고 이 물건을

---

54) 로마의 시인 오비디우스의 교훈적인 시 〈사랑의 치료〉.
55) 라블레의 작품 『판타그뤼엘(Pantagruel)』에 나오는 인물.
56) 생제르맹 데프레 장터는 파리의 유명한 옛 장터 중 하나로 앙리 2세 때 사순절 동안 부활절 직전의 일요일까지 계속되곤 했다.
57) 프랑스의 국립 인쇄소에는 레오나르 고티에의 『열쇠를 든 뻐꾸기 남편과 자물쇠 채워진 아내』라는 제목의 풍자적인 원판이 보관되어 있다.

사간 남편이 대여섯은 되었다고 한다. 그러나 아주 솜씨 좋은 열쇠 기술자를 찾아가 여는 방법을 찾아보려는 여자가 있다면, 이 기구를 기술자에게 보여주기만 하면 문제는 해결된다. 기술자는 또 다른 열쇠를 만들어 줄 것이고 아내는 그것을 원하는 시간에 언제든 잠글 수 있는 것이다. 남편은 아무것도 모를 것이고 아내는 언제고 즐거운 쾌락에 취할 수가 있다.

그런데 새 열쇠를 만들어 준 이 못된 기술자가 갖은 호사를 다 누린다. 왜냐하면 처음으로 그녀와 엉뚱한 짓을 하는 자가 바로 열쇠를 만들어 준 자니까. 이렇듯 위험은 언제나 도사리고 있게 마련이다. 왜냐하면 이 세상에서 가장 아름다운 여인, 만인의 창녀 비너스도 추하고 더럽고 절름발이인 대장장이 불칸을 남편으로 모시지 않았던가.

이야기를 진전시켜 보면, 대장장이에게 혹시라도 엉뚱한 짓을 하면 당장이라도 그를 죽여 버릴 것이라고 위협하는 남편들이 있었다. 대장장이는 당장 집으로 돌아가 나머지 물건을 모두 없애 버리고 다시는 그 물건[58] 얘기는 꺼내지도 않았다. 그는 현명했다. 왜냐하면 이제 더 이상 이 세상의 절반을 잃어선 안 되겠다고 생각한 것이다. 더 이상 아이도 늘어나지 않을 테고 의심 많고 폭군과도 같은 인간의 적만 증가할 테니까.

때로는 거세된 남자들로 하여금 아내를 지키고 감시하게 하는 남편들도 있다. 알렉산드르 세베루스 황제는 절대로 로마의 여인들을 탐하지 말라는 엄중한 명령과 함께 거세시킨 소년들로 하여금 규방에서 자기 아내를 지키게 했다. 하지만 그들은 남편의 기대를 배반하였다. 그들은 아

---

58) 이런 물건이 실제 존재했던 것으로 추측된다. 그의 발명은 아마 중세기의 프랑수아 카라라라는 인물에게로 거슬러 올라간다. 자주 집을 비워야 하는 그는 자기의 명예를 확실하게 지켜낼 수 있는 방도를 찾다가 쇠로 만든 기구를 고안했다. 아내의 허리부터 아랫부분까지 감싸고 열쇠로 잠근 후에야 그 남편은 안심했다고 한다. 베네치아의 산 마르코 궁 안의 작은 무기 창고에 그것이 그려져 있다고 한다.

이를 낳게 하고 여자들에게 임신을 시킬 수는 없다. 그러나 감정은 느낄 수 있으며 거의 완벽에 가까운 쾌감을 피상적으로나마 느낄 수가 있다.

어떤 사람은 그들이 아직 성적으로 미숙하기 때문에 아내들과 간통할 염려가 없다고 장담한다. 다만 그들은 자기들이 낳지 않은 어린아이들을 먹이고 키우고 데리고 있다는 사실에 화가 날 뿐이며, 그 문제만 아니라면 걱정할 것이 없다고 한다. 따라서 그런 사내아이들을 잘 먹이고 키울 수 있도록 아내에게 듬뿍듬뿍 돈을 주며 잘 보살피도록 주문한다.

프랑수아 1세의 아이인 빌코넹[59]을 데리고 있었던 한 부인의 이야기를 들려줄까 한다. 그녀는 왕에게 그가 죽기 전 그 아이에게 재산을 일부 떼어달라고 간청했다. 왕은 그 앞으로 이십만 에퀴를 은행에 넣어 주고 마음껏 쓸 수 있게 해주었다. 자라면서 이 아인 모두가 놀랄 만큼 돈을 마구 쓰는 큰손이 되어 버렸다. 사람들은 그가 감히 생각할 수도 없는 부인들과 놀아난다고 쑤군댔다. 그렇지만 절대로 여자들과 함께 다니는 일이 없었으므로 그가 이렇게 돈을 쓸 수 있는 건 그를 키워준 그 여인을 상대해 준 대가로 그녀의 돈을 쓰는 것이라고도 추측했다. 하지만 그건 사실이 아니었다. 왜냐하면 몇몇 사람만이 아는 사실이지만 그녀는 바로 그의 어머니였기 때문이다. 그가 콘스탄티노플에서 죽기 전 자신의 전 재산을 렛츠 공작[60]에게 주기 전까지는 아무도 그의 출생 비밀을 알 수가 없었다.

이 렛츠 공작께서 오랫동안 감추어졌던 빌코넹의 서출 신분을 마침

---

59) 니콜라 데스통트빌, 빌코겡 경. 왕궁의 시종이었다가 1567년 2월 콘스탄티노플에서 죽었다.

60) 알베르드 곤디, 뻴이즐 후작. 프랑스군의 부사령관, 오스트리아와 영국의 대사. 1565년 클로드 카트린 드 클레르몽, 렛츠 남작 부인과 결혼하여 렛츠 공작이 되어 앙리 3세의 맞수가 됨. 1603년 사망. 유명한 렛츠 추기경의 삼촌.

내 밝혀내고 빌코넹의 후계자로 지정되었던 텔리니의 몫까지 가져가 버렸다.

한편 어떤 사람들은 이 문제의 여인이 왕이 아닌 다른 사람의 아이를 낳은 것이라고도 했다. 그러나 렛츠 공작께서 모든 은행을 샅샅이 뒤져 프랑수아 왕의 채권과 돈을 찾아내었다. 그럼에도 불구하고 사람들은 왕은 아니고 다른 왕자나 아니면 아주 하찮은 신분의 사람이 아이 아버지일 거라고 말했다. 어쩌면 모든 걸 덮고 감추어 아이를 키운 것이 위대하신 왕을 놓고 여러 가지를 추측하게 만드는 것보다는 나쁘지 않은 것 같다.

많은 여자들이 이런 정도의 대가를 받고 아이를 낳는 것이라면 왕이건 어르신네건 얼마든지 몸을 허락하겠다는 생각을 할 수도 있을 것이다. 그렇지만 대부분은 배 위에 올라갔다고 해서 진수성찬을 차려주진 않는다.

위와 같은 사생아 문제에 대해서는 충분히 논할 필요가 있다. 모계 계승권을 따를 것이냐 부계 계승권을 따를 것이냐를 결정해야 할 때 어머니가 계승권을 준다면 그것은 큰 죄라고 할 수 있다. 어떤 의사는 그래서 여자는 남자에게 모든 걸 털어놓고 진실을 말해야 한다고 주장하는데 그 유명한 닥터 숩틸[61]도 이를 따르고 있다. 그러나 이 의견이 옳지 못하다고 또 다른 이들은 말한다. 왜냐하면 진실을 드러냄으로써 여자들은 사실 자신에게 돌아오는 것은 아무것도 없으면서 자기의 명예만

---

61) 영국인 신학자 둔스 스코투스의 별명. 성 토마스 아퀴나스와 상반되는 이론을 편 '현실주의'의 옹호자(1276-1308). 이성에 바탕을 둔 신앙의 의지가 선험적으로 주어져야 한다는 주장을 펴 성 아우구스티누스 계열에 철학적 바탕을 두고 있다고 할 수 있다. 여기서는 치밀한 의사 선생님이라는 의미이다.

더럽히게 되기 때문이다. 명예가 일시적인 재산보다 큰 것이라고 솔로몬의 지혜가 가르치지 않았던가.

명예를 잃는 것보다는 자식이 재산을 관리하도록 하는 것이 차라리 낫다. 우리의 옛 격언에서도 명예가 황금 벨트보다 가치 있는 것이라고 말하지 않던가. 그런 사고를 바탕으로 신학자들께선 두 가지 계명과 계율이 우리를 구속할 때 최선의 것 하나를 이끌어 낸다.

가치 없는 것이 중요한 것에게 모든 걸 양보한다는 것이다. 따라서 명예를 지키라는 계명이 더욱 소중하다고 생각하는 사람은 다른 이의 재산은 모두 돌려주어야 한다. 나는 개인적으로 이 계명을 선택해야 한다고 주장하는 사람이다.

더욱이 만일 아내가 남편에게 모든 진실을 털어놓는다면 남편의 손에 죽을 위험에 처하게 될 것이다. 죽음이 뒤따르는 일은 절대로 막아야 한다. 여자들은 강간당할 두려움 때문에 혹은 강간을 당한 후에 죽을죄를 지었다고 생각하여 자살을 시도할 수 있는데 이런 것도 절대 허용해서는 안 된다. 차라리 강간당하도록 허락하는 것이(도망치거나 소리 지르면서 그곳에서 헤어날 수 없다면) 자살을 하는 것 보다는 낫다. 왜냐하면 육체적 강간은 마음속에서 허락하지만 않는다면 죄라고 할 수 없기 때문이다. 성녀 루시아[62]의 대답은 이럴 때 의미 있게 와 닿는다. 그녀는 그녀를 사창가로

---

62) 시라쿠사의 루시아라고도 불리며 304년 기독교 박해 때 죽었다. 전설에 의하면, 그녀는 신에게 헌신하기 위해 약혼을 파기했는데, 이것 때문에 고발당해 사창가에서 일생을 보내라는 선고를 받았다. 이를 뽑고 가슴을 베고 불에 던져도 그녀가 기적의 불멸성으로 대항하자 당해낼 수가 없어 목을 베었다고 한다. 또 다른 전설에서는, 그녀 스스로 눈을 뽑아 약혼자에게 보내고 죽자 성모 마리아께서 가장 아름다운 모습으로 다시 살아나게 해주었다고 한다. 시칠리아, 이탈리아, 프랑스, 독일 등에서는 눈병의 치료를 기도할 때 보통 그녀의 이름으로 간청한다. 12월 13일이 성녀 루시아 축일이며 빛의 축제라고 부른다. 이탈리아 파두의 산 조르조 성당에 자코보 아반지(14세기)의 프레스코 벽화 '시라쿠스 앞에 선 성녀 루스' '성녀의 수난과 그 육체의 노출' 등이 있다.

보내도록 위협하는 폭군에게 이렇게 대답했다.

"만약 당신이 내게 그것을 강요한다면 나의 순결은 두 배의 월계관을 쓰게 될 것이다."

이런 면에서, 류크레스[63]는 누구에게도 비난받지 않았다. 성녀 사비나[64] 성녀 소프로니[65] 그외 많은 기독교 여인들이 야만인들의 손아귀에 더럽혀지지 않기 위해 스스로 목숨을 끊었으며 하느님께서 이를 용서하신 것이 사실이다. 그녀들의 행동은 모두 성령의 움직임에 의한 것이었다고 교회 박사님들께선 말씀하신다.

성령이 사이프러스에 이른 후 새로이 기독교인이 된 사이프러스의 한 처녀는 자기와 같은 신세의 많은 여인들이 노예들과 함께 터키인에게 잡혀가는 걸 보고 노예선의 화약고에 몰래 불을 붙여 모든 사람을 자신과 함께 한순간에 불태워 버렸다. 그녀가 마지막으로 남긴 말은, "하느님께서는 더러운 터키인과 사라센인들에게 우리의 몸이 더럽혀지길 원하지 않으실지니"였다. 어쩌면 하느님께선 그녀가 이미 더럽혀진 걸 아시고는 그것을 이렇게 벌하신 것인지도 모른다.

이제 다시 고귀한 혈통을 지켜내야 하는 가엾은 여인들에게로 돌아가 보자. 앞서 말했듯이 규방에서 여인들을 지키는 역할을 하는 거세된 남자들은 여인들과 간통을 저지르지 않으면서, 즉 그들의 피가 섞인 아이

---

63) 타르킨에게 강간당한 후 절망에 빠져 자살한 것으로 유명한 로마의 여인.
64) 브랑톰은 성녀 사비나와 성녀 세라피아를 혼돈하고 있다. 과부 사비나의 집에서 살았던 세라피아는 총독 베릴루스에 의해 오만방자한 두 이집트 사내에게 인도되었으나 그 두 사내가 갑자기 죽음므로써 기적적으로 위기를 모면했다. 실망하는 총독을 비웃으며 그녀는 두 젊은이를 다시 살아나게 했으나 베릴루스는 그녀를 고문하고 이어서 참수형에 처했다. 사비나는 자기 자신을 위해 준비했던 무덤에 세라피아를 묻어 주고 이어서 그녀도 참수형을 당했다.
65) 브랑톰은 여기서 성녀 소프로니아를 이야기하려는 것 같다. 로마 총독의 아내이자 기독교인인 그녀는 남편의 동의로 황제 막센스의 애욕에 응답해야 했다. 소프로니아는 자기 방에서 성유를 발라 곱게 단장한 후 긴 칼로 스스로 목숨을 끊었다. 그녀는 가톨릭의 성인 품에 오르지는 않았다.

를 만들어 내는 일 따윈 하지 않으면서도 이 여인들의 남편을 뻐꾸기로 만들어 버린다.

내 주위에서도 임신하지 않으면서도 쾌락을 즐길 수가 있고 추문에 휩쓸리지 않을 수 있다 해서 거세된 남자를 좋아하는 여인을 둘이나 보았다. 때로 어떤 남편들은 자기의 터키인 노예나 바르바르인 노예들이 아내와 불륜을 즐긴다는 것을 알고는 그들에 대한 복수로 그 즉시 이 노예들을 거세하고 남성을 완전히 잘라 버리는 경우도 있다. 어떤 댁에선 12명의 노예들에게 이 잔인한 일을 자행했는데 그 중 둘은 목숨을 건져 그 집안의 명예와 아내의 정절을 보호하는 충직한 파수꾼 임무를 맡고 있기도 하다.

그러나 대다수 우리 기독교인들은 이처럼 추하고 끔찍한 일을 즐겨하지 않는다. 대신 스페인에서처럼 성적 능력이 없는 늙은 파수꾼을 세워 둔다. 스페인에서는 심지어 여왕들이 자기의 딸이나 시녀들을 감시하기 위해 이런 늙은이들을 세워두는 걸 볼 수가 있다. 그러나 그 누가 알겠는가! 이런 늙은이들이 젊은이들보다도 훨씬 더 위험할 수 있다는 걸. 때로 이 늙은이들은 아름다운 여인들을 차지하고 타락시키기 위해 더욱더 교묘하고 희한한 기교를 동원하며 상상 이상의 정열을 보여주기도 한다.

젊은이보다도 믿을 수 없는 것이 이 머리끝부터 턱수염까지 백발이 된 늙은 파수꾼들이며, 여자 감독관 역시 믿을 수 없기는 마찬가지다. 스페인의 늙은 여자 감독관이 어느 날 시녀들을 이끌고 큰 방을 지나는데 알아볼 수 없게 잔뜩 화장을 한 남자들을 보게 되었다.

"잠깐, 이 남자들이 화장을 잘못한 것 같구나. 도대체 잘 알아볼 수가 없으니."라고 여자 감독관이 말했다. 시녀들 중 하나가 여자 감독관에게 대체 이것이 무슨 새인지 물었다. 왜냐하면 그 중에는 날개로 분장을 한 사람도 있었기 때문이다. 그러자 이 감독관은 그것은 화장했을 때보다 있는 그대로의 모습이 훨씬 아름다운 새라고 답했다. 익히 알고 있지 않고서야 어찌 알 수 있으랴.

많은 남편들이 바로 이 파수꾼들에게 속고 있다. 이들의 손아귀에 두기만 하면 아내는 아주 잘 감시되고 있다고 생각하는 것이다. 아름다운 젊은 여인을 유혹하고 정복하긴 쉬운 일은 아니다. 왜냐하면 젊은 여인들은 대개가 인색하고 욕심이 많은 만큼 이 파수꾼들이 포로들의 양심을 팔게 하기 위해선 많은 노력이 필요하기 때문이다.

또한 어떤 파수꾼도 꾀 많은 여인들을 항상 밤새워 지킬 수는 없다. 이 여인들은 연애중이더라도 대부분 집 안 어딘가에서 잠을 자므로, 파수꾼들은 이 꾀바른 아내가 집 안에 있다는 것만으로 더 이상 주의하지도 않고 아무것도 모른 채 마음을 놓는다.

어떤 시녀 하나가 여왕이 계신 중에 사랑 놀음을 벌였는데도 감독관은 아무것도 눈치챌 수가 없었다. 어떤 여인은 남편 앞에서 감히 이런 사랑 놀음을 했는데, 말하자면 누군가가 집 안의 파수꾼조차도 눈치채지 못하게 뚝딱 해치우고는 가 버리는 것이다.

게다가 어떤 늙은이들은 시원찮은 다리 때문에 부인네들의 빠른 걸음을 뒤쫓을 수가 없다. 따라서 부인네들이 길모퉁이를 돌아서거나, 숲에 들어서거나, 혹은 어느 방으로 들어가 옷을 벗는다 할지라도 시원찮은 다리와 침침한 시력으로는 아무것도 알아낼 수가 없다.

또 어떤 경우에는 이 늙은 파수꾼이나 여자 감독관께서 피 끓는 젊은 여인들을 동정하여 그녀들에게 길을 열어주고 대신 그 뒤를 쫓아 그들을 지켜볼 권리를 행사한다. 아르탱 역시 여자가 가장 쾌감을 느끼고 만족을 느낄 수 있는 것은 남의 시선을 받을 때라고 하지 않았던가.

여자들이 자기의 사랑을 더욱 만족스럽게 만들기 위해서 젊은 여인보다는 늙은 뚜쟁이에게 도움을 청하는 이유가 바로 여기에 있다. 이런 감시가 전혀 즐겁지 않은 남자가 절대로 이 늙은이들을 데려오지 말 것을 분명하게 선언해도 갖가지 이유를 들어 여인들은 자기가 하고 싶은 대로 하고 만다.

마누라가 나다니는 걸 붙들어 매고 방해하고 속박하기 위해 가엾은 뻐꾸기 남편들이 행하는 처방은 끝도 없다. 그러나 지금까지 얘기한 이 낡은 방법으로는 아무 소용없다. 새로운 걸 궁리하지 않으면 검을 어디에 휘둘러야 할지도 모르게 된다. 여자들이란 이 벌레 같은 놈팡이 녀석이 머릿속에 들어오기만 하면 그녀의 생각은 내내 몽상가 기요네 집에 가 있게 마련이다.[66]

따라서 내 이야기의 첫 번째 주제가 중간 정도에 이르는 지금 여인네들의 간사한 꾀와 계략에 관한 이야기가 나왔으니 이제부터는 군사적 지략과 병법에 비교하며 이야기를 풀어나가 볼까 한다. 남편이 아내에게 내릴 수 있는 가장 부드러우면서도 확실한 처방은 그녀가 하고 싶은 대로 맘껏 내버려 두는 것이다. 난 늘 남자들에게 여자들은 근본적으로 어떤 일을 못하게 막으면 막을수록 더 하고 싶어 안달을 하는데 특히 사랑에선 더욱 그렇다는 걸 말해 주고 싶다. 욕망은 장애가 생기면 더욱 끓어오르게 마련이다.

---

66) 몽상가 기요는 『l' Amadis de Gaule』에 나오는 돈 길라넬 키다도르. 이 '몽상가 기요네 집에 가 있다' 는 표현은 16세기에 유행하던 표현으로, 특히 라블레의 작품에서 많이 볼 수 있다.

누가 더 창녀일까

명예와 용기를 드높였던 남자들이, 그들이 적군을 물리쳐 쟁취한 아름답고 놀랄 만한 승리와 그들의 가치를 드높여 주던 수많은 전투를 홀륭히 수행해 낸 남자들이 이런 지경에 이르는 걸 본다는 것은 정말 안타까운 일이다. 아름다운 꽃과 월계수 잎으로 승리의 모자를 장식하던 그 멋진 사나이들이 뒤섞인 뿔 속에서 모든 걸 더럽히고 있다니 이 얼마나 수치스러운 일인가! 그들은 아내를 감시하고 숨은 곳을 밝히느라 수많은 전투와 명예를 드높여 준 그들의 의무, 용기, 공적을 더 이상 즐길 수가 없다. 더 이상 코르네유의 승리와 도시들을 생각할 수 없는 실로 아쉬운 지경에 이르렀으니 정말 안 된 일이다.

용맹과 지략에 있어서는 그 누구보다도 인정할 만한 어르신네[67]가 어느 날 여럿이 모인 자리에서 자기의 무용담과 승리담을 늘어놓고 있었는데, 그 모임 중 한 사람이 이런 소릴 내뱉었다.

"저 양반은 여기선 저렇게 많은 승리담을 늘어놓고 있는데, 놀라운 건 자기 마누라는 한 번도 휘어잡질 못하고 앞으로도 그럴 거란 말이야."

그 밖에도 많은 훌륭한 장군과 전사들이 뻐꾸기 남편이라는 범주 안에 들게 되어 그들이 보여줄 수 있는 위엄과 당당한 외모와 무사로서의 고결한 이미지를 지워버린다. 왜냐하면 일단 이 범주 안에 들게 되면 그 오명을 씻을 수도 감출 수도 안 그런 척할 수도 없게 되기 때문이다. 좋은 표정과 태도를 취하려 해도 명백하게 드러나는 괴로움과 불쾌감을

---

67) 앙리 드 귀즈 공작을 빗대어 하는 말. 그의 아내 카트린드 클레브는 수많은 잠자리 친구를 갖고 있었다.

감출 수가 없다. 난 여태껏 정말로 아무렇지 않은 사람은 못 보았다. 단지 한 사람, 자기 아내를 너무도 모르는 것이 분명한 그 한 사람만은 여전히 기품 있고 위엄 있는 태도를 유지할 수 있었지만.

난 그래서 이렇듯 완벽한 남편을 가진 여자들에게 제발 이런 안타까운 일을 벌이지 말아주길 부탁하고 싶다. 그러면 그녀들은 이렇게 말할 것이다.

"내 남편이 어디가 그렇게 완벽하다는 거죠? 내게 그걸 증명해 보일 수 있나요?"

부인네들이여, 물론 당신네 말씀도 옳소. 왜냐하면 우린 이젠 눈 씻고 찾아도 더 이상 찾아볼 수 없는 카이사르나 스키피오가 아니니까요. 그렇기 때문에 난 당신네들이 아직도 환상을 뒤쫓고 있는 거라 말하고 싶소. 그렇게 덕망 높고 완벽하며 호탕하다는 카이사르의 이야기는 우리가 이미 했으니 그만 넘어가기로 하고, 트라야누스 황제 이야기로 넘어가 봅시다.

그 유명한 트라야누스 공덕비를 읽어보면 알 수 있는 그의 완벽함도 그의 조카 하드리아누스에게서 쾌락을 얻어 내기 위해 모든 걸 내맡긴 아내 플로틴을 지켜낼 수는 없었다.[68] 하드리아누스는 그녀에게서 모든 안락과 특권과 위엄까지도 끌어내고 그녀는 이 모든 걸 그가 앞당겨 차지할 수 있게 만들었다. 그러나 이 위대한 황제의 자리를 이어받은 후에는 그가 얼마나 냉정하고 배은망덕하게 굴었던가.

그는 늘 플로틴이 죽기만을 기다리다가 그녀가 죽은 뒤에는 또 온갖

---

[68] 트라야누스의 아내인 황녀 플로틴의 조카 하드리아누스에게 향한 애정을 디온카시우스는 자세히 이야기하고 있지만, 그녀의 편애를 죄로 규정하고 있지는 않다.

법석을 다 떨었다. 그는 먹지도 마시지도 않으며 슬픔에 잠겨 위엄을 갖춘 큰 장례식을 치러 주었다. 나르보네즈에서 슬픔에 잠겨 서너 달을 보내며 의회에 편지를 써서 그녀의 장례식을 아주 호화로운 의식 속에 치러줄 것과 그녀를 여신의 명부에 올려줄 것을 요구했다. 그러면서 한편으로는 느뮤즈 즉, 지금의 님므 근처에 자기의 영예를 드높이고 공덕을 기리기 위해서 호화로운 대리석과 번쩍거리는 반암으로 화려한 사원[69]을 짓기에 여념이 없었다.

어떻게 사랑이라든가 만족감이라는 것 때문에 이렇게 앞뒤 분간을 못할 수가 있는가. 이 세상에서 가장 잘생기고 품위 있으며 누가 보아도 훌륭한 남편을 가진 여인들이 상상할 수조차 없을 만큼 더럽고 추한 다른 남자들을 사랑하는 걸 보면 그들의 신 큐피드 역시 눈이 멀었다고 할 수밖에 없을 것 같다.

이 시점에서 나는 중대한 질문을 던질 수밖에 없다. 대체 어떤 여인을 더 나무랄 수 있을 것인가(더 심한 창녀라고 하겠는가)? 잘생기고 품위 있고 어디에서건 나무랄 데 없는 남편을 가졌으면서도 남편과는 비교도 할 수 없이 외모도 추잡하고 성격도 무뚝뚝한 남자와 바람을 피우는 여자일까? 아니면 인물도 형편없고 화만 잘 내는 못된 성격의 남편을 가졌지만 여전히 남편을 외면하지 않고 그와 살을 맞대면서, 한편으로는 자상하고 상냥해서 그것이 바로 '남성미'임을 보여주는 것 같은 그런 남자와 연애하는 여자일까?

분명히 공통의 목소리는 멀쩡히 괜찮은 남편을 두고 추잡한 남자를

---

69) 두 개의 사원이었는데 하나는 폐허만 남았고 나머지 하나가 메종 카레인 것으로 추측되고 있다.

좋아하는 여자를 더 음탕한 여자라고 할 것이다. 이는 마치 어떤 음식이든 호기심을 갖고 즐기는 미식가가 질긴 고기를 먹어 보기 위해 연하고 부드러운 고기를 한쪽으로 밀어두는 것과 마찬가지일 뿐이다. '추악함'을 사랑하기 위해 '아름다움'을 버린 이런 여인에게는 명백하게 오로지 음란한 것만을 위해서라는 이유가 외적으로 드러난다. 게으르고 더럽고 악취 풍기는 염소 냄새를 맡아가면서까지 이런 추잡한 남자와 바람을 피울 때엔 그것 외엔 다른 이유를 찾을 수 없기 때문이다. 한편 준수하고 기품을 갖춘 사람들은 다소 소심하고 섬세하며, 크고 떡 벌어진 가슴에 수염 난 용병들의 억제되지 않은 과도한 호방함을 싫증나게 해줄 만한 포만감을 선물하는 데는 익숙하지 못하다.

또 다른 사람들은 멋진 남자 친구와 바람을 피우면서도 자기의 일상과 터전을 잃지 않으려고 여전히 추한 남편과 살을 맞대며 사는 여자 역시 앞의 여자만큼 음란스럽기는 매한가지라고 말한다. 이 여자들은 잠자리에서 말의 길이가 어떻든지 간에(그녀의 남편은 아래에 쑤셔 넣는 데는 아주 유능한 사람이었다), 또 방법이 어떻든지 간에 두 배의 쾌락을 이끌어 내려고 한다. 낮에는 수려한 외모를 빛나게 해주는 한낮의 빛줄기 덕분에 남자 친구와의 관계에서 더 큰 쾌락과 만족을 느끼며, 밤은 못난 남편을 위해 남겨둔다. 왜냐하면 사람들이 말하듯이 모든 고양이는 밤에는 모두 회색빛이기 때문이다. 자기의 구미에 맞게만 해준다면 그 남편이 잘났건 못났건 상관하지 않는다.

엑스터시 상태에 있을 때, 남자는 바로 그 시각에 교전중인 상대 말고는 다른 어떤 것도 생각나지 않는다. 그러나 여자들은 남편과 함께 있을 때에는 남편에게는 자기가 남편에게만 열중하고 있는 것처럼 믿게 하면서 사실은 좀 더 즐거운 쾌락을 느끼기 위해 남자 친구의 꿈을 꾼다. 마찬가지로 남편들도 아내와 함께 있으면서 다른 여자를 생각한다면, 그것은 피차간에 서로를 배신하는 것이 아니고 무엇이랴.

자연주의 철학자들은 내게 그들을 지배하는 유일한 문제는 '부재자가 부재하지 않는 것'이라며 그에 대한 그럴듯한 이유를 들어 논증하지만, 그것을 추론하기엔 난 그리 유식한 학자도 철학자도 아닌 만큼 내가 보기엔 더러운 계집만 있을 뿐이다. 추잡한 사랑의 선택에 대해 말하고자 꽤 신중하게 관찰해 왔거니와, 그때마다 난 그저 놀랄 뿐이다.

외국의 한 지방을 여행하고 돌아와서[70](사람들이 알아차릴까 두려워 이름은 모두 생략하고 이야길 계속코자 한다), 누구라도 알 만한 지체 높으신 부인[71]과 이야기를 나누던 중, 그곳에서 만난 공주[72]가 어떻게 사랑을 나누고 있는지 내게 물었다. 나는 부인께 그곳의 공주님이 가장 좋아하는 인물이 잘생기지도 기품이 있지도 않은 아주 저질의 인물[73]이라는 걸 말씀드렸다. 나와 함께 이야길 나누던 부인께선, "사실 그녀는 크게 잘못하고 있는 거야. 어울리지 않는 사랑을 하고 있어. 누가 보아도 정말 아름답고 기품 있는 여인인데." 하고 말씀하셨다.

이 부인이 내게 말씀을 하시는 건 옳은 얘기다. 이 부인께선 순리를 거역하거나, 그렇다고 해서 그녀가 맺고 있는 품위 있는 남자 친구와의 관계를 감추려 하지도 않았다. 모든 것이 이야기된 후에는 여자도 비난

---

70) 1561년 7월 25일 생제르맹을 떠나 여왕 마리 스튜어트를 수행했던 스코틀랜드 여행을 암시하고 있다.

71) 아마도 카트린 드 메디시스.

72) 마리 스튜어트.

73) 다비드 리치오, 모레 백작이 프랑스의 사절로 1564년 스코틀랜드에 데려갔던 투랭 출신의 기타 연주가. 추하고 못생겼음에도 여왕의 총애를 받게 되어 대프랑스 담당의 중책을 맡았다. 그러나 단레의 명령에 따라 루드웬에 의해 여왕의 눈앞에서 죽음을 당했다(1566).

받을 수만은 없는 것 같다. 훌륭한 인물을 찾아 자기의 상대로 삼는 것이 훌륭한 가문을 만들기 위한 이유라고 할 때에는 남편조차도 아내의 선택을 나무랄 수만은 없다.

남편이 너무 못생기고 어리석고 미련하고 좀 모자란 데다가 소심하고 겁쟁이에 쓸 만한 구석이라곤 없는 사람이라면 거기에서 난 아이 역시 그를 닮을 것이니 그런 아이를 낳고 싶은 생각은 조금도 들지 않을 테니까 말이다. 우리 주위에서도 이런 아버지에서 나온 아이들이 하나같이 아버지를 닮는 것을 종종 볼 수 있는데, 훌륭한 애인을 빌어 아이를 낳는다면 그 아버지를 초월해서 다른 어느 형제보다도 매사에 뛰어난 아이가 될 것임에 틀림없다.

이런 문제를 다루는 철학자들 중 어떤 이들은 이렇게 남의 씨를 빌거나 훔쳐서 낳은, 또는 숨어서 뜻하지 않게 낳은 이런 아이들이 더욱 바람기가 있으며 좋지 않은 품행을 보인다고 말한다. 침실에서 진중하게 만들어진 것이 아니라 옷을 입은 채 서둘러 만들어져 태어난 아이들은 우발적인 방식의 쾌락만을 꿈꾼다는 것이다.

나는 또 왕이나 귀족 가문의 혈통을 다루는 사람들에게 하고 싶은 말이 있는데 그들도 어머니에 의해 비밀스러운 아주 훌륭한 말이 태어나는 걸 보지 않느냐는 것이다. 믿지 않으신다면 혈통에 관심이 있으신 어르신네들은 종마를 잘 관찰해 보기 바란다. 인간도 마찬가지니까.

많은 여인들이 잘생기고 씩씩한 아이들을 낳는데, 만일 그것이 숨은 아버지들에 의해 태어난 아이라면, 그들은 진정 송아지나 짐승들과 무엇이 다른가. 좋은 종자를 위해 잘생기고 품질 좋은 종마를 고르는 이유가 바로 이것이다. 그러나 때론 멀쩡한 남편을 두고 추하고 흉물스런 종자와 놀아난 덕분에 흉측스럽고 못된 자식을 볼 수도 있다. 외도의 유용함과 폐해 중의 하나가 바로 이런 점이란 걸 명심할지어다.

모두가 알 만한 어느 귀부인께선 못나고 매사에 무능한 남편과 살며 네 딸과 두 아들을 두었는데 애인에게서 낳은 둘만이 쓸 만할 뿐 나머지는 몹시 안쓰러울 정도였다. 그러나 이런 일에는 아주 신중해야 한다. 왜냐하면 보통 아이들은 아버지를 닮기 때문에, 아이들이 아버지를 닮지 않을 때에는 그들의 명예가 다칠 수 있기 때문이다. 경험으로 볼 때 많은 여자들이 남의 아이들의 출생에 호기심이 많아 아버지를 닮았느니 어머니를 닮았느니 혹은 아버지를 전혀 닮지 않았다는 이야기를 즐긴다. 남의 이야기를 캐는 것이 그들에겐 큰 즐거움이자 오락이기 때문이다.

언젠가 나는 궁 안의 많은 동료들이 여왕의 두 딸[74]의 초상화를 두고 의견을 나누는 자리에 함께하게 되었다. 각자 두 딸이 누굴 닮았는지 의견을 말하기 시작했는데 한결같은 의견이 어머니만을 닮았다는 거였다. 그러나 그 어머니의 미천한 시종이었던 나는 아버지를 닮았노라고 한사코 주장했다. 누구도 나만큼 그 아버지를 보지 못했던지라 모두들 내 말을 따르게 되었다.

그 후 그 어머니의 누이[75]가 내게 크게 감사하며 호의를 베푸셨다. 뭔가 냄새가 난다며 그 어머니의 외도를 의심해서 의도적으로 이야기를 끌어가려는 사람이 있었지만 아버지를 닮았다는 나의 주장이 모든 걸 잠재워 주었던 것이다. 이런 점에서 보면 어떤 부인을 아끼고 존중한다

---

74) 두 스페인 공주, 이자벨 클레르 유제니(오스트리아의 알베르와 결혼)와 카트린(사부아의 샤를 엠마누엘과 1585년 결혼)은 둘 다 필립 2세와 엘리자베스 사이에서 태어났다.
75) 엘리자베스의 누이. 여왕 마르그리트 드 나바르.

면 그 아이들에 대해서 이야기할 때에는 아버지와 닮은 점을 주장해 줌이 옳을 것이다.

어머니를 닮았다는 말이 때로는 어머니에 대한 반감을 없애주기도 한다. 궁 안의 내 동료 하나가 어느 날 왕의 총애를 받고 있는 두 형제[76]들과 이야기를 나누게 되었는데 그 중 한 분이 자신들이 부모들 중 누굴 닮았는지 물었다. 그는 좀 냉정하신 분은 부친[77]을 닮으셨고, 정열적이며 따뜻한 성격을 지니신 분은 모친을 닮으셨노라고 말했다. 뉘앙스를 약간 바꾼 이 말이 너무 뜨거운 체질을 지닌 어머니에 대해 긍정적으로 받아들이게 해주었다. 냉정함과 정열적인 기질을 나누어 가진 두 형제는 만족해 하셨다고 한다.

박애주의의 실천

뻐꾸기 남편을 만들 수밖에 없는 이유로 여성들이 내놓는 아주 재미있는 이유를 하나 들어보자. 그녀들이 말하는 바로는 거기엔 박애주의를 실천하는 것 외에 더 높은 의미도, 더 내세울 만한 것도 없다는 것이다. 도움을 청하는 가난한 자들에게 가진 자들이 손을 뻗어 자기가 가진 것을 나누어 주듯이, 열렬한 사랑의 불꽃을 사르느라 번민하는 가여운 연민의 불을 끌 수 있도록 도와주는 것뿐 다른 의미는 없다는 것이다.

---

76) 주아이외즈 가의 형제들로, 말트의 기사이며 툴루즈의 수도원장이었던 안-스키피옹(1565-1592)과 앙리(1567-1608). 앙리는 아내가 죽은 뒤 카푸친 수도원에서 기도 생활을 하다가 12년이 지난 후 수도원을 나와서 랑그도크를 휩쓸었던 가톨릭 도당을 이끌었다. 부사령관의 지휘봉을 맡는 조건으로 앙리 4세의 휘하에 들어갔다가 다시 수사의 길로 되돌아갔다.
77) 기욤 2세, 주아이외즈 자작(1519-1592). 프랑스군의 부사령관으로 임명된 그 능력을 인정해서 장남 안을 더욱 신임하고 총애하였다.

그들은 또 이렇게 주장한다.

"사랑에 목말라하는 이의 갈증을 풀어주고, 죽어가는 사람에게 생명을 주는 것보다 더한 자비로움이 어디 있나요?"

이탈리아 시인 아리오스토의 시[78]에서 아리따운 처녀 주네브르를 지지하는 협객 몽토방이 말하는 것처럼 죽어 마땅한 사람은 사랑하는 사람에게서 삶의 의미를 앗아 가버린 사람이지, 사랑하는 사람에게 삶을 되찾아준 사람이 아니라는 말이다.

처녀들 이야기가 나왔으니 말인데, 이런 박애 정신은 처녀들보다는 부인들께 권할 만하다. 어린 처녀들은 아직 끈을 풀어 열어 보일 지갑을 갖고 있지 않지만, 부인들께서야 그녀들의 자비심을 더욱 폭넓게 할 자기만의 넉넉한 지갑을 갖고 있으니 말이다.

내가 기억하고 있는 왕실의 한 부인 이야기를 들어보기 바란다. 성촉절을 위해서 이 부인께선 순백의 다마스 드레스를 입고, 시녀들까지도 흰 옷으로 입혀서 그날은 온통 순백의 아름다움으로 눈부셨다. 이 부인을 호위하던 기사는 그날, 약간 나이가 들고 말이 좀 많기는 하지만 아주 뛰어난 외모를 지닌 한 부인의 마음을 사로잡았다. 기사 옆에 있고 싶었던 말 많은 부인이 이들의 행렬에 끼어들어 세 사람이 아름다운 그림을 감상하게 되었다. 흰 베일을 쓰고 완전히 순백으로 단장한 자비로운 성모의 모습을 담은 그림을 보고, 끼어든 부인이 입을 열었다.

"어머, 당신도 오늘 이 성모님과 꼭 같은 모습이시군요. 그림 속의 성

---

78) 아리오스토의 『성난 올란도』의 한 구절을 인용하면, "전 당신께서 이 나라의 법을 모른다고 생각지 않습니다. 이 나라 법은 남편 아닌 다른 사람에게 자기를 내맡긴 모든 여자들을 사형에 처하고 있습니다. 만약 한 달 이내에 그녀를 지지하며 그녀가 무죄임을 변호해 줄 용감한 변호인을 찾지 못한다면 그녀는 죽고 말 것입니다."

모님께서 그 자비로움을 나타내주고 계시네요. 헌데 연민과 동정만을 불러일으키는 당신의 기사님도 표현해 주었으면 좋았을 걸 그랬어요. 어떤 면에선 보면 자길 따르는 가장 가까운 사람부터 구원하는 것이 선의를 베푸는 첫걸음일 테니까요. 만약 당신이 결혼한 몸이고 남편이 있는 몸이라 해서 남의 눈을 두려워하신다면 그건 우리가 버려야 할 괜한 편견이라고 생각해요. 왜냐하면 우리가 본성적으로 갖고 있는 자비심이나 동정심은 우리에게 주어진 일종의 재산이거든요. 그건 인색한 수전노의 재물처럼 쓰지 않고 아껴두라고 주어진 것이 아니라 고통 받고 그것을 필요로 하는 가엾은 이들에게 베풀라고 주어진 것이니까요. 물론 우리의 정숙함을 이 재물에 비교한다면, 이 소중한 것을 하찮은 데에 사용할 수는 없지요. 그러나 더욱 고귀한 것을 위해선 아끼지 말고 폭넓게 사용할 수 있어야 합니다. 따라서 우리가 간직하고 있는 정숙함의 일부는 그것을 필요로 하고 감사히 여기며 고통에 빠진 사람들을 위해 우선 문을 열어야 하며, 그것을 값싸게 여기고 가치를 모르며 별로 필요로 하지 않는 사람에겐 차례를 뒤로 미루어야 합니다. 우리의 봉헌물을 자기들에게만 바쳐야 하고, 우리의 아름다운 이미지를 다른 사람과 나눌 줄 모르는 우리네 남편들이야말로 정말 어리석은 우상일 뿐이죠. 하느님만이 우리가 봉헌해야 할 유일한 대상이지 그 누구도 아니니까요."

이 이야기는 부인의 마음을 별로 불쾌하게 만든 것 같지 않았고, 그리 신앙심이 두텁지 못한 기사에게는 아주 유익하게 와 닿는 말이었다. 자비심에 관한 이런 식의 설교는 그러나 남편들에겐 아주 위험스러운 것이다.

내가 지금 하려는 이야기는(난 그것이 사실인지 모르며 또한 그렇지 않길 바란다) 비뚤어진 설교의 예라고 할 수 있다. 위그노가 그들 종교를 전파하려던 초기에, 그들은 발각되면 박해를 받을까 두려워 은밀한 곳에 숨어서 밤을 이용해 의식을 치르고 설교를 듣곤 했다. 그러던 중 앙리 2세가 집권할 당시의 어느 날, 파리 생자크의 어느 장소에서 그들의 모임이 있어 내가 아는 한 부인께서 그들이 전하는 박애 정신을 전해 받기 위해 그곳에 갔다. 거기서 그녀는 너무나도 놀라운 일을 겪게 되었다고 한다. 목사가 설교를 마치면서 마지막에 자비를 베풀라고 명하자 촛불이 꺼지고 형제 자매끼리 사랑의 행위를 하는 것이었다. 각자의 의지와 능력에 따라 서로를 나누었다. 전하는 사람은 그게 사실이라고 내게 말했지만 난 감히 그것을 확인할 수가 없다. 그건 아마도 순전히 거짓말이며 꾸며낸 이야기일 것이다.

어쨌든 푸아티에 고트렐이라는 변호사의 아내가 있었는데, 내가 본 바로는 그 당시 그 도시에서 가장 탐낼 만한 미모와 자태를 지닌 아름다운 여인이라서 모두들 그녀에게 눈길을 보내고 애정을 품었다. 그녀는 설교가 끝나면 열두 명의 학생을 차례차례 받아들였다. 집회 장소 대신 장터의 처마 밑에서 아무런 소리도 저항도 없이 단지 하느님의 교훈 한 마디씩만 물어볼 뿐 아주 예의바르게 마치 주님의 참 형제들을 맞이하듯이 한 사람 한 사람 맞이했다.

그녀는 이 자선을 오랫동안 계속했는데 이중인격자로 오해받고 싶지 않았던 그녀는 가톨릭교도들은 받아들이지 않았다. 그럼에도 가톨릭교도들이 그녀를 찾아오면 위그노 형제들의 모임에서 나오는 그들만의 은어로 놀리곤 했다. 어떤 이들은 이 아름다운 여인을 즐기고 이해하기 위해서 개종을 하기까지 했다. 난 그 시절 학생이었는데, 그녀와 같은 종교를 가진 동료들이 내게 그런 걸 이야기해 주었다. 이 얼마나 유쾌한 박애주의인가. 나름대로 의식을 가진 이 여인은 이렇게 종교적으로 자기의 편을 선택했다.

이런 식으로 베풀어지는 자비심 중에 종종 시행되는 것으로, 감옥에 갇혀 여인과의 쾌락이 박탈당한 수형인들에게 베풀어지는 것이 있다. 감옥의 여간수들이나 일을 보는 여자들, 혹은 전쟁 포로를 데리고 있는 성주의 부인들이 이들을 불쌍히 여겨 동정심에서 나오는 사랑을 베푼다.

이 여인들은 포로들에게, 그들이 이전에 가져보지 못한 이 황홀한 시간에 마음껏 여인들의 살을 탐하고 느끼도록 자신들을 내맡긴다. 옛말에도 "욕망이란 빈곤에서부터 나온다."고 했듯이 비록 짚더미나 차가운 바닥에서일지라도 이 세상에서 가장 부드럽고 따뜻한 침대에서처럼 우리의 프리아포스님[79]께선 고개를 높이 들어 올린다.

이렇듯 비렁뱅이나 죄수들도 그들의 자혜원이나 감옥 안에서, 왕이나 왕자님들이 궁 안의 으리으리한 침대에서 누리는 것 못지않은 쾌락을 누릴 수 있다. 내가 이야기한 것들이 사실임을 증명해 보이기 위해서 갤리선의 경험을 내게 이야기해 주곤 하던 보리유 함장[80]의 경험을 소개하겠다. 어느 날 그는 그를 총애하고 있는 로렌 수도원장[81]과 함께 전쟁터에 나가게 되었다. 말트에서 시칠리아 갤리선에 붙잡힌 그는 포로가 되어 카스텔-이-마레 드 팔레름으로 끌려가 비좁고 어둡고 더러운 감옥에 갇혀 석 달을 끔찍하게 보내야 했다.

스페인 사람인 성주에겐 두 딸이 있었는데 잡혀온 포로들에게 호기심

---

79) 그리스 신화에 나오는 인물로 풍요, 성욕의 상징.
80) 보리유 샤테니에. 브랑톰은 이 책에서 그의 이야기를 여러 번 인용하고 있다.
81) 프랑수아 드 로렌. 귀즈 공작의 아들, 많은 갤리선을 지휘했다.

이 발동한 이 딸들이 포로들을 볼 수 있게 해달라고 아버지에게 부탁했다. 맙소사, 이 아버진 아주 흔쾌히 이를 허락했다. 큰소리 잘 치는 보리 유인지라 좀 과대 포장된 얘기긴 하겠지만, 아무튼 그는 이 딸들의 첫 번째 방문에 행운을 안게 되었다. 이 아가씨들은 아버지에게 부탁해서 그를 이 험악한 감옥에서 나오게 하여 꽤 그럴듯한 방에서 편히 지낼 수 있게 해주었다. 거기에 그치지 않고 매일 자유롭게 그를 보러 가고 이야기를 나눌 수 있도록 아버지의 허락을 받아내었다.

모든 것이 미친 듯이 돌아갔다. 두 딸은 동시에 그를 사랑하게 되었고, 별로 잘생기지도 않은 그는 대단한 두 미인 덕분에 누구 눈치 볼 일도, 엄격한 감옥 생활도, 죽음을 염려할 필요도 없이 여자들 비위나 맞추면서 편안히 이 두 미녀를 즐기기 시작했다. 이 쾌락은 계속되었지만 행복했던 이 여덟 달 동안 추문을 일으킬 만한 일은 없었다. 배가 불러 온다거나 누구에게 들킬 일을 벌인다거나 하는 일 따위는 일어나지 않았다. 두 자매는 서로서로 뜻이 잘 맞았고 번갈아가며 차례를 넘겨줄 줄도 알았으며, 돌아갈 시간도 잘 알았다. 그러나 그는(내게 맹세컨대) 절대로 다른 짓은 하지 않았다고 한다.

아주 자유로운 상태에서 이전에 누리지 못한 좋은 시간을 가지면서, 그에겐 이전엔 만나보지도 못한 과분할 정도의 미인들이었건만 감옥에서보다 오히려 욕정과 열정을 별로 못 느꼈다고 한다. 이 꿈같은 여덟 달이 지나 황제와 앙리 2세간에 휴전 협정이 이루어져 모든 포로들은 풀려나게 되었다. 감옥을 나오게 되어 서운할 것은 전혀 없었지만, 이 아리따운 아가씨들과 깊은 정이 들어 가슴속에 아쉬움을 안고 헤어져야만 했다.

나는 그에게 그런 상황 속에서 뭔가 난처한 일은 없었는가 물었다. 그는 물론 있었지만 그것을 두려워하진 않았다고 했다. 왜냐하면 부득이한 경우에는 그를 죽여 없애버릴 수도 있다는 걸 알고 있었고, 그는 다시 감옥으로 돌아가느니 차라리 죽는 것이 낫다고 생각하여 그 상황을 최대한 즐기겠다고 마음먹었다는 것이다.

가장 두려운 것은 이 아가씨들의 마음을 흡족하게 해주지 못하면 어쩌나 하는 것이었다. 왜냐하면 그녀들이 그를 선택했고 그가 이런 비참한 대우를 받는 걸 안타깝게 여겨 끔찍한 감옥에서 꺼내주었기 때문에 그녀들의 기대를 채워주지 못하면 어찌될지 모르는 판이었다. 따라서 그는 두 눈 딱 감고 굴러 들어온 행운에 몸을 내맡겼다. 물론, 이 동정심 많은 착한 스페인 아가씨들이 충분한 축복을 누렸는지는 아무도 모를 일이다.

프랑스에서 아주 오래된 이야기인데, 뱅센에 갇혀 지내던 아스코 공작이 세니종 백작 부인의 도움으로 탈출을 했다. 그런데 그는 왕의 편에 있던 사람이어서, 그의 탈출은 그를 잡아 가두었던 왕의 반대편 사람들에게 큰 타격을 주었다. 그녀의 동정은 어느 한 편에게서는 몹시 비난받을 일이었지만, 공작이 속한 어느 특수한 계층에게는 너무도 선하고 찬탄할 행동이었다. 단지 아름다운 육체가 위험스러운 사태에 이르렀을 뿐이었다.

이와 유사한 많은 예를 들 수 있지만 우리 마음을 불쾌하고 때론 아프게 하는 이야기들이므로 한편으로 미루어두기로 하고 우릴 유쾌하게 해줄 옛날이야기를 해나가는 것이 좋을 것 같다.

티투스 리비우스[82]의 책에서 로마인들의 이야기를 생생하게 전해들

---

82) 로마의 역사가. 총 142권으로 이루어진 『로마의 역사』를 집필. 그는 영웅적이고 이상적이며 끈기 있고 정의를 사랑하는 로마인의 초상을 그려내어 승화된 로마인의 이미지를 널리 심는 데 공헌했다.

을 수 있는데, 로마인들이 카푸를 완전히 함락시킨 후 그곳 주민 몇 명이 그들의 비참한 진상을 의회에 알리고 동정을 얻어 내고자 로마로 왔다. 토론이 시작되고 여러 가지 발언이 나왔는데 그 중에서 아틸리우스 레굴루스라는 사람은 그들에게 어떤 은혜도 베풀어선 안 된다고 주장했다. 왜냐하면 그 도시가 반란을 일으킨 후부터 두 여인을 제외하곤 어떤 시민도 로마인들에게 우정과 애정을 보여주지 않는다는 것이었다. 아틀란에 사는 베스타 오피아와 카푸에 남아 있는 파우쿨라 클루비아가 그가 말하는 두 여인이었다. 이 여인들은 과거에 직업적으로 몸을 팔아 쾌락을 나눠주는 삶을 살아가던 여인들이었다. 이 베스타 오피아는 로마제국의 승리를 기원하기 위해 단 하루도 기도와 희생을 거르지 않았으며, 파우쿨라 클루비아는 굶주림과 고통 속에서 죽어가는 병사와 포로들을 살려내기 위해 은밀히 사랑을 베풀고 있었다.

그 여인들의 행동은 분명 자비와 연민에 가득 찬 행동이 틀림없었다. 어느 날 나는 용감한 기사인 내 친구 하나와 어느 부인과 함께 이 부분을 읽어 내려가던 중이었는데 우리의 결론은 이 두 여인이 자기들이 갖고 있는 재산을 다른 이들과 나누는 자비로움을 베풀 줄 아는 앞서가는 여인이라고 입을 모았다. 고상한 역사책에는 직설적인 표현을 피하고 있어 자세한 이야기는 나와 있지는 않았지만 우리는 그녀들이 과거에 몸을 팔던 여인들이기 때문에(공식적으로 여전히 그 일을 계속할 수도 있고, 혹은 뒷전으로 물러났을 수도 있지만) 몸으로 자비심을 실천할 수 있었을 것이고, 이렇게 몸으로 사랑을 실천하는 일을 고통스러워하지 않고 쉽게 할 수 있었을 거라고 추측했다. 그녀들이 사랑을 실천하는 데 옛날에 자기들과 사랑을 나누었던 사람들뿐 아니라 전혀 안면이 없는 로마 병사들에게도 역시 몸으로 나눌 수 있는 이 아름다운 선물을 아끼지 않았기에 로마 제국으로서는 그녀들이 똑같은 애정을 보여주는 것이라고 인식할 수 있었다. 진실을 말하자면 티투스 리비우스의 신중하고 절제된 표현 속에서 이런 자세한 이야기가 나와 있지는 않았지만 역사의 이야기를 펜 끝에서 끝내지 않고 행간에 숨어 있는 이야기를 상상하며 지내는 일은 매우 즐거운 일이었다.

프랑스 왕 장은 영국에서 포로로 잡혀 있을 때 살리스베리 백작 부인[83]에게서 여러 차례 은총을 입었다. 왕은 그녀가 베풀어 준 사랑을 잊지 못해서, 프랑스로 돌아오게 되었을 때에는 꼭 다시 돌아오마고 맹세하고 약속하였다. 그리고 그는 약속대로 영국으로 되돌아가고 말았다.

나름대로의 의식과 주관을 갖고 박애주의를 실천하는 유쾌한 여인들이 있는데, 한 예로 정부와 잠자리를 함께할 때에 절대로 키스를 허락하지 않는 여인이 있었다. 왜냐하면 남편에게 정절을 지키겠다고 맹세한 그 입을 더럽힐 수는 없다는 것이었다. 그러나 아래쪽에 있는 입으로는 아무것도 약속한 것이 없으므로 마음껏 즐기는 걸 허락했다. 위에 달린 입이 아래쪽의 입을 구속할 권한이 없으며, 아래쪽 입 역시 위쪽의 입에 책무를 부과할 권한이 없으므로 그것을 빌려 줌에 있어 괘념할 필요가 없다는 것이었다. 하기야 관습법에서도 전체의 동의 없이 개체를 구속할 수 없으며, 개체가 전체에 대해 책임을 질 필요는 없다고 규정하고 있으니까.

---

83) 살리스베리 백작 부인은 푸아티에 전투(1356-1360) 이후 영국에서 포로 생활을 하던 프랑스 왕 장 르 봉 2세의 애인이었는데 그녀의 사랑은 왕으로 하여금 영국으로 되돌아오는 결정을 내리게 만들었다고 한다. 그러나 사실은 왕이 풀려나는 대가로 대신 볼모로 잡혀가게 된 앙주 공작 루이가 도망쳐 버려 다시금 영국으로 돌아갈 수밖에 없었으며 그는 그곳에서 생을 마쳤다.

육체적 쾌락을 나눔에 있어 철저한 주관을 갖고 있는 여인이 또 있었거니와(앞서 언급된 적이 있음), 그녀는 항상 상위를 지켜 남자를 자기에게 굴복시키고 싶어 했으며, 이 규칙을 한 번도 어긴 적이 없었다. 그녀는 늘 예의 주시하면서 남편이건 정부건 위치를 바꾸려 들면 아주 강하게 반발하고 항변했기 때문에 절대로 그녀의 고집을 꺾을 수가 없었다. 이 맹세는 아주 철저하게 지켜져서 남자들이 달리 요구를 하면 철저한 신조로 이를 억눌러 버렸다. 그녀는 "그들은 절대로 다른 규칙을 요구하지 않아요."라고 했고, 남자들은 "그녀가 위로 올라가지 않는다면 내가 어디서 멸시를 당하는 꿈을 꿀 수나 있겠소."라고 하였다.

늘 남녀 간의 문제에 있어 여자들은 대단한 거짓말쟁이고, 진실을 말하지 않는다. 여자들은 남편이나 정부들에게 달콤한 거짓말을 하는 데 익숙하고, 절대로 마음이 변하지 않고 당신만을 사랑할 거란 맹세를 척척하고, 예기치 않은 결과를 초래하는 엉뚱한 일을 벌이고도 믿을 수 없는 거짓말을 한다.

어떤 여인들은 자기가 임신한 상태가 아니면, 다른 남자의 씨를 받지 않기 위해서 절대로 그들과 동침하지 않는다. 이런 여자들은 남편의 아이가 아닌 아이를 낳아 남편의 아이인 양 키울 것에 크게 신경을 쓴다. 그러나 일단 남편과의 사이에서 임신이 되고 나면 바람을 피우면서도 남편을 뻐꾸기로 만든다거나 모욕하는 것이라고는 생각하지 않는다. 그리고 당대의 주목할 만한 바람둥이어서 남편보다도 아버지의 분노를 더욱 크게 샀던 율리아[84]와 같은 방법을 택한다.

---

84) 아우구스투스의 딸이며 아그리파의 아내.

아우구스투스는 어느 날 딸에게 다른 남자의 아이를 갖게 될까 두렵지도 않은지, 남편이 알게 되어 미쳐 날뛰지 않을까 두렵지도 않은지 물었다. 그러자 그녀는 이렇게 대꾸했다.

"걱정 마세요. 전 규칙을 갖고 있죠. 제 배는 짐을 너무 많이 갖고 가거나 포화 상태인 사람은 받아주지 않아요."

추녀의 정절보다는 미녀의 바람기가 낫다

뻐꾸기 남편이 되는 또 다른 부류로서 이번에 말하는 남편들은 그야 말로 진정한 순교자라고 할 수밖에 없다. 지옥의 악마를 연상할 만큼 추하고 못난 아내를 가진 남편들이 그들이다. 옛말에 '잘난 남자는 교수대로, 예쁜 여자는 창녀굴로' 라는 말처럼 예쁜 여자들에게만 주어지는 것 같은 특권인 부드러운 쾌락의 감촉 속에 뒤섞여보고 싶은 마음은 아무리 못난 여자라 할지라도 똑같다. 어쨌든 못나고 추한 숯검정 같은 여자도 다른 여자들과 똑같이 미친 짓을 하는데 용서해 줘야지 어쩌겠는가. 단지 예쁘지 않다는 것뿐 그들도 다른 여자들과 똑같은 마음을 가진 걸.

실제로 이 못난 여자들도 적어도 한창 꽃다운 나이인 젊은 시절에는 다른 예쁜 여자들만큼 맛볼 건 다 맛본다. 값은 어떻게 부르고 어떻게 파느냐에 따라 그 가치가 정해지게 마련이다. 시장에서 장사꾼이 어떻게 하느냐에 따라 어떤 이는 많이 팔고 어떤 이는 좀 적게 팔고, 다 못판 물건도 늦은 시간까지 남아 다른 사람이 다 팔고 돌아간 뒤, 싼값을 부르면 그 가격을 보고 사려는 사람이 생긴다. 흔히들 사람들은 항상 값싼 물건을 보면 달려가고 천의 질이 좋지 않다 해도 장사꾼이 어떻게 하느냐에 따라 거래는 이루어지게 되어 있다.

이 못난 여자들에게서 볼 수 있는 최악의 경우는, 가장 예쁜 것을 원하는 구매인들에게 그들에겐 별로 소용도 없는 것을 염가로 사달라고 간청하는 것이다. 어떤 때엔 그 이상의 것을 하기도 한다. 그들의 단골손님들에게 다가가 자신들을 윤기 있게 만들어 달라며 돈을 건네주기도 한다. 하지만 이런 윤기 내는 작업은 적은 돈으로는 어림도 없다. 그녀를 윤나게 닦기 위해서 필요한 세제만 해도 한 사람의 가치보다도 더 많은 값을 치러야 할 테니까.

한편 이 못난 여자의 남편은 예쁜 여자보다도 더 소화시키기 힘든 이 못난 덩어리를 끌어안고 건달이며 뻐꾸기인 채로 지내야 한다. 게다가 더욱 비참하게도 천사와 자는 대신 지옥의 악마 곁에서 지내야 한다.

그 때문에 어떤 신사 분들께선 추녀와 정절보다는 차라리 미녀와 약간의 바람기를 더 원한다. 추함 속에는 비참함과 불쾌감만이 있을 뿐 어떤 행복도 존재할 수 없지만, 아름다움 속에는 기쁨과 행복이 넘쳐나며 경우에 따라선 전혀 비참해지지 않을 수도 있기 때문이다. 나 역시 이쪽 길을 택하련다.

어떤 남편들은 너무 정숙하기만 한 아내를 필요로 하지 않는다. 아주 드문 경우이긴 하지만 어떤 여인들은 육체적 욕망은 전혀 없이 명예로운 삶만을 추구하기 때문에 남편뿐 아니라 하늘과 우주 전체를 지배하고 싶어 하고 오만하게 정숙함을 지키면서 남편까지도 하느님인 양 여긴다. 나는 여기서 그녀들이 옳지 못하다는 것을 말하고 싶다. 하느님 역시, 그분의 용서도 판결도 원치 않을 만큼 이미 낙원에 이르렀다고 생각하는 오만함이나 자신감보다는 뉘우치고 부끄러워하며 자기 죄를 씻으려는 가엾은 이들을 더욱 사랑하실 것임이 분명하기 때문이다.

어떤 부인께선 자신의 정숙함에 대해 항상 자신감을 갖고 있어 남편을 경멸하기까지 한다. 남들이 남편과 동침하지 않느냐고 물으면 그녀의 대답인즉, "아니오, 하지만 남편은 저와 잠자리를 하지요."

그 오만함이란! 난 여러분들께서 이렇듯 어리석고 오만하고 정숙하신 부인네들께서 그들의 가여운 남편들을 얼마나 숨 막히게 하는지 상상할 수 있으리라 믿는다. 더군다나 그녀들은 자신이 정숙하고 멋있다고 생각하기 때문에 누구도 감히 충고나 비난을 할 수가 없으며, 남편에 대해선 아주 거만하게 굴고 멸시하고 건방진 태도로 대한다. 이런 여인들은 늘 철저하게 정숙함을 지키기 때문에 자신이 무슨 여제라도 되는 양 행동하고 남편이 아주 작은 잘못이라도 저지르면 그를 잡아먹을 듯이 세차게 몰아친다. 남편이 놀이를 즐기거나, 돈을 많이 쓰거나, 주의를 엉뚱한 데 쏟으면 아내는 소리를 지르고 고함을 치며 고상한 집안을 지옥을 방불케 할 정도의 태풍이 일게 만든다. 만약에 여행이라도 가려 한다거나 사소하지만 그가 열정을 쏟는 일이 생겨 돈을 쓸 일이 생겨도 절대로 아내가 알게 해서는 안 된다. 아내는 자신의 정절을 근거로 만사에 주도권을 움켜잡기 때문에, 유베날리스가 그의 풍자[85]에서 노래했듯이 모든 것이 그녀의 결정을 따라야만 한다.

만약 아내의 영혼이 당신에게만 매달려 있다면

당신은 그녀 때문에 아무것도 주지 않을 것이고

---

85) 라틴 풍자 시인, 16개 『풍자』의 작가.

그녀가 반대하니까 아무것도 팔지 못할 것이고

그녀가 원하지 않으니까 아무것도 사지 못할 것이외다.

고대 로마 시대의 이러한 유머가 우리 시대의 어떤 이들에게도 이런 점에선 아주 잘 들어맞는다. 반면에, 약간 바람기가 있는 아내는 남편을 훨씬 편안하게 해주고 좀 더 온순하고 순종적이며 겁도 좀 있고, 부드러우면서도 상냥하고 남편이 원하는 건 언제라도 행할 만큼 비굴할 줄 알고, 매사 남편의 의사를 따른다. 내가 본 바로는 이런 여자들은 남편이 자기의 잘못을 들추어내지나 않을까, 간통 사실을 끄집어내지나 않을까, 그래서 자기들의 안정된 삶이 무너져 버리지나 않을까 두려워 감히 투덜거리고 소리 지르며 까다롭게 잔소리할 엄두를 내지 못한다. 만일 한량 남편께서 재산을 일부 처분해야겠다고 하면, 남편의 말이 채 끝나기도 전에 계약서에 서명을 하는 것이 이런 아내들이다. 요컨대 그들은 남편이 원하는 대로 해준다.

미인 아내를 둔 뻐꾸기 남편들이야말로 얼마나 분에 넘치는 호사를 누리는지! 그 미인들에게서 갖은 좋은 것과 편리함을 다 끌어낼 뿐 아니라, 아름다운 여인과 음란한 짓거리를 해도 추하고 더러운 진흙탕이 아니라 투명하고 맑게 흐르는 물속에서 헤엄을 치듯 더없이 기분 좋고 감미로운 쾌락을 즐길 수 있으니까 말이다. 내가 아는 어느 장군께서 말씀하셨듯이, 인간이 죽어야 한다면 파리 시내 모든 연마사들이 갖고 있는 사포를 다 가져와야 할 만큼 녹슬고 날도 무딘 오래된 검에 죽는 것보다 새로이 만들어 날카롭고 번쩍이며 잘 베어지는 훌륭하고 멋진 검에 죽는 것이 낫지 않겠는가?

못난 젊은 여자 얘기를 했는데, 이번엔 연마당하고 싶어 하며, 이 세상에서 가장 예쁜 여자처럼 깨끗하고 정결함을 유지하고 싶어 하는 늙은 여자들 얘기를 해보겠다. 이런 경우 어떻게 죄악이 이루어지는가 하면 그녀의 남편이 없을 때, 그녀가 젊은 사람들보다도 오히려 더 뜨겁다는 걸 잘 아는 뚜쟁이가 대리 근무를 부탁한다. 처음에는 잘 안 되지만 중반쯤 되면 흥분하기 시작하고 끝에 가면 아주 뜨거워지는 것이 이 나이 든 여인들이다.

일반적으로 이 일에 있어서는 가장 마지막이 다른 시점들보다 더 뜨겁게 마련이다. 처음과 중간은 최고조에 달하기를 열망하는 시간이다. 그런데 사내의 힘과 기술이 부족하면 그녀들에게 아주 극심한 고통을 안겨주게 된다. 옛말에도 그러지 않았던가. "엉덩이의 의욕이 너무 강하고 힘이 의욕을 따르지 못한다면 그보다 더한 고통과 애석한 일이 또 있으랴."라고.

새끼노새를 이끌고 가는 늙은 고행자들은 항상 '두 지갑'의 벌어진 폭을 나누어 신경 써야 한다. 돈지갑은 넉넉하게 만들어야 하지만 몸에 달린 지갑은 비좁게 해야 한다. 사람들은 매사에 인심이 후한 것을 인색하고 구두쇠처럼 구는 것보다 좋게 평가한다. 그러나 여자들에게 있어서는 그런 면에서 후할수록 인색하고 헤프지 않은 것보다 좋지 않게 평가를 받는다.

전에 어떤 어르신께서 자기의 두 자매를 놓고 평가를 내리시길, 하나는 자기의 명예에 대해선 짜게 구는 대신 돈은 아주 헤프게 쓰고 인심도 후한데, 또 다른 하나는 든든한 전대를 차고 있어 돈을 아주 잘 쓰는 데다가 몸에 달린 지갑도 아주 헤프게 쓴다나.

뻐꾸기 남편의 변태적 행위

그런데 아름다운 아도니스에게 미쳐 그와 즐기기 위해 아내를 내팽개치는 또 다른 종류의 뻐꾸기가 있거니와 바로 인간과 신 앞에서 너무도 추하고 가증스러운 사내들이다.

내가 처음으로 이탈리아에 갔을 때 페라르에서 이런 예를 보았다. 어떤 사내가 잘생긴 한 젊은이에게 반해서, 자기 아내더러 그 젊은이가 당신에게 홀딱 빠졌으니 그와 기쁨을 나눌 특혜를 주겠노라고 했다. 그러고는 아내더러 날짜를 정하고 제발 자기가 시키는 대로 해달라고 설득했다. 새로운 고기 맛을 보고 싶은 아내는 흔쾌히 이를 받아들였고 약속한 날짜, 그 시간이 되었다. 젊은이와 아내가 달콤한 일에 빠져들어 한참 열중하고 있는데, 아내와 짜고 미리 숨어 있던 남편이 뛰어들었다. 그는 젊은이의 목에 단검을 들이대고는 이런 가증할 일을 저질렀으니 법의 심판에(이탈리아의 법은 이런 면에서 프랑스보다 다소 엄격한 편이다) 따라 죽어 마땅하다고 위협했다.

젊은이는 남편이 시키는 대로 무엇이든 하겠으니 살려달라고 애원했다. 그래서 협상이 이루어졌는 데 젊은이는 남편에게 몸을 맡기고, 남편은 젊은이에게 아내를 내던지고, 이렇게 해서 셋이 하나가 되었다는 이야기다. 이렇듯 추잡한 방법으로 뻐꾸기가 되는 사내도 있다.

모든 걸 밝히기가 꺼려지는 훌륭한 인물로 알려진 사내[86]가 있는데, 그는 추잡하게도 아내와 사랑하는 사이인 젊은이[87]에게 홀딱 반했다. 아내를 매수한 건지 아니면 뜻하지 않게 발견하게 된 건지 아무튼

---

86) 보카치오의 『데카메론』에서 인용하고 있는 부분이다. 피에르 드 빈치올로.
87) 보카치오의 책에선 헤르콜란이란 이름으로 나온다.

두 사람이 한 이불 속에서 한 몸이 되어 있는 걸 보고는 젊은이에게 자길 만족시켜 주지 못하면 가만두지 않겠다고 위협을 해서 모두가 하나가 되었는 데, 아내와 붙어 있는 젊은이에게 달려들어 즐겼다는 것이다. 즉, 한 번에 세 사람이 즐기고 만족함으로써 문제를 해결했다.

한 부인께서 친구로서 사이좋게 지내던 한 신사 분과 점점 깊은 사랑에 빠지게 되었다. 남자가 혹 남편이 알면 좋지 못한 골치 아픈 일이 일어날 텐데 어떡하면 좋을지 걱정하기 시작했다. 그러자 부인께선 남자 친구를 위로하며 이렇게 말했다.

"두려워 마세요. 남편은 아무 짓도 할 수 없을 테니까. 남편은 나의 뒤쪽 비너스를 사용하려 했기 때문에 내가 한 마디라도 벙긋해서 법정에 서게 될까 두려워하고 있으니까요. 하지만 난 내 실수나 만약을 위해 그 사실을 덮어두고 있지요. 남편인들 감히 무슨 말을 할 수 있겠어요."

물론 이런 비난이 남편에겐 목숨을 내놓는 것보다야 나을 수도 있다. 왜냐하면 수간은 법적으로 얼마든지 큰 벌을 받을 수 있기 때문이다. 아내가 앞뒤 생각 없이 이 비밀을 털어놓을 리 없지만, 남편 역시 그 이상한 욕망을 버리기 전에는 다시 아내를 안을 수도 없을 것이다.

오랫동안 궁 안에서도 아주 미남 중의 하나로 손꼽히던 프랑스의 한 젊은이가 다른 친구들이 많이들 그러듯이 즐거운 체험을 해보고자 로마에 갔다. 로마에서 그는 모든 사람의 시선을 집중시켰고 여자는 물론 남자들까지 그의 수려한 외모에 경탄을 보냈다. 그가 미사에 가건, 공공장소나 집회에 가건 모두들 그를 보기 위해 모여들었다.

어떤 사내들은 자기 아내에게 자기 집을 그 젊은이와의 밀회 장소로 이용해도 좋다고 허락했다. 그런데 그것은 아내와의 관계를 허락하는 조건으로 자신이 그 젊은이와 관계하려는 것이었다. 아내와 사랑을 나누도록 유도한 뒤 몰래 숨어 있다가 그를 잡으려는 음모를 눈치챈 이 젊은이는 아주 현명하게 처신했다. 그는 명예를 소중히 생각할 줄 알았으며 모든 혐오스러운 쾌락을 물리칠 줄 아는 바른 의식을 갖고 있었고 그에 따라 행동했으므로 더 많은 찬사를 받았다. 그럼에도 불구하고 그는 결국 누군가에 의해 죽음을 맞이하고 말았다.

그 죽음에 대해선 의견이 분분하다. 좋은 가문에서 태어났고, 외모만큼이나 품위 있는 자태를 늘 유지하며 점잖게 행동하는 훌륭한 신사였던 그가 어찌해서 그런 지경에 이르게 되고야 말았는지 모두들 애석해 하고 안타까워했다. 따라서 우리 시대의 많은 한량들에게 말하고 싶은 것은 누구도 율리우스 카이사르를 능가할 만큼 용맹무쌍한 자는 없으며 이렇게 가증할 인간들은 반드시 버림을 받고 만다는 것이다. 못된 악습을 버리지 못하고 끊임없이 신을 모독하는 자들은, 하느님께서 그들을 기다리고 계시노니 마지막에 그들에게 돌아오는 것이 무엇인지 보게 되리라.

이런 혐오스러운 일들을 어떤 사내들은 아무 거리낌 없이 하기에 이르러, 아내의 앞쪽 비너스는 아이를 갖기 위해서만 사용할 뿐 뒤쪽 비너스를 즐겨 사용하였다. 앞쪽의 아름다운 숲속에 열정을 간직하고 있는 가여운 아내를 이렇게 다루는 것이다. 이런 더러운 남편을 뻐꾸기로 만든다 해서 아내를 비난할 수 있을 것인가?

세상에 어떤 여자가 산파나 의사나 외과의사를 찾아가 앞쪽이 아니라 뒤쪽의 동정을 잃었다고 말할 수 있겠으며, 그런 일로 남편을 고소할 수 있겠는가. 이런 일을 당하면서도 그녀들은 그것을 숨기고 자기나 남편이 추문에 휩쓸릴까 두려워 감히 들추어낼 생각을 하지 못한다. 어찌 보면 그녀들은 그런 행위를 통해 우리가 생각할 수 없는 쾌감을 느끼고 있는 건지도 모른다. 혹은 앞의 예에서 보았듯이 남편을 구속하는 수단으로 이 사실을 간직한 채 지낼 수도 있을 것이다. 만일 아내가 다른 사랑을 찾아 나선다 해도 남편은 용서할 수밖에 없을 테니까. 물론 어떤 남편들에겐 이 모든 것이 아무런 무기가 못될 수도 있다.

성 베누아의 『총산(La somme)』에서는 다음과 같이 말한다. 만일 남편이 자연적인 질서에 위배되는 행위를 인정받고 싶어 한다면, 그건 죽음을 각오하는 일이다. 만일 그가 자기의 쾌락만을 위해 아내의 자세를 마음대로 할 수 있다고 생각한다면 어떤 유태인과 저속한 랍비처럼 추악하고 혐오스러운 이단적 행위에 빠져들게 된다. 두 유태 여인이 교회당(유태교 회당)에 찾아와 남편들의 요구로 수간을 당했노라고 하소연했다. 랍비가 이에 대답하였다.

"남편은 아내의 주인인지라 그의 취향에 따라 그것을 사용할 수 있으니 물고기 한 마리를 사온 것이나 다름없으며 사실 앞으로 먹든 뒤로 먹든 그가 하고 싶은 대로 할 수 있다."

내가 라틴어로 된 이 이야기를 불어로 옮겨 적는 과정에서 이야기를 있는 그대로 전하다 보면 정숙하고 점잖은 귀를 버리게 만들 것 같아 너무 지나친 부분들을 완곡한 표현으로 바꾸었음을 양해해 주시길 바란다.

만약 사내가 이런 식으로 여자를 취하려 들 때 그의 생각을 바로 잡을 방법이 없다면 그에게서 몸을 떼는 것이 상책이다. 그래도 계속 자기 욕구대로 요구할 테지만, 신을 두려워하는 여자라면 절대로 수락해서는 안 되며, 차라리 있는 힘껏 소리를 질러야 한다. 추문에 휩쓸리게 될 수도 있겠지만 명예가 더럽혀진 사람에게 죽음이 두려우랴. 하느님의 법도는 악에 동의하느니 차라리 죽는 것이 낫다고 가르친다.

위의 책에서 나는 또 아주 이상한 것을 발견했는데 남편이 아내를 인식하는 방식이 어떻든 간에 아내가 남편을 받아들일 수 있다면 죽을죄는 아니라는 것이다. 대체 얼마나 용서받을 수 있는 것인가.

아르탱 인형들이 보여주는 여러 자세 중에서도 볼 수 있듯이 아주 추잡하고 구역질나는 방식들이 있는데, 너무 뚱뚱한 여자라든지, 입에서 악취와 썩은 내가 나는 여자인 경우에는 특이한 자세를 취할 수밖에 없으므로 남편의 정숙함이 문제가 되지 않는다.

내가 아는 어떤 여인은 자기 입에서 냄새가 난다며 청동요강 냄새 같다는 끔찍한 비유를 들었는데 그녀와 가까이 지내던 은밀한 남자 친구가 내게 그것을 확인해 주었다. 그게 사실이라면 그녀도 약간은 사내의 요구에 순응을 해주어야 하지 않을까.

위와 같은 경우에 남편이나 애인이 괴상망측한 어떤 자세를 취하지 않을 수 없고 특히나 앞쪽 비너스로는 갈 수가 없잖은가.

이런 이야기는 할 것이 많지만 정말이지 더 이상 말하고 싶지가 않다. 그런 이야길 계속한다 해서 내게 성을 내는 사람도 있으나, 이 세상의 악습을 바로잡기 위해선 때로 그것을 들추어 낼 수밖에 없다.

왕실의 악습과 편견

우리 왕실에 여전히 남아 있는 몇 가지 악습에 관해 이야길 해보겠다. 이곳의 많은 처녀와 부인들께서는 종종 실수를 저지른다. 그러나 그 실수에 대해선 종종 남자들의 잘못이 큰 경우가 많다. 왜냐하면 아직도 아주 순결하고 정숙하며 미덕을 갖춘 여인들이 남아 있기 때문이다. 좋은 덕목을 다른 곳들처럼, 아니 어쩌면 더 잘 간직하고 있을 수도 있다. 그것을 확인해 보기 위해선 먼저 잘 살펴보아야만 한다.

로렌 가의 플로렁스 공작 부인[88] 예를 하나만 들어보자. 그녀가 플로렁스에 도착해서 공작님과 결혼식을 올린 바로 그날 밤이었다. 신부의 처녀성을 빼앗기 위해 공작께선 새 신부와 얼른 잠자리에 들고 싶었다. 그러나 그는 우선 신부에게 맑고 투명한 크리스털 소변기에 소변을 받게 한 후 이 소변을 가지고 아내의 처녀성 유무를 가리기 위해 노련하고 정통한 의사 선생님께로 달려갔다. 꼼꼼하게 의학적으로 검사를 마친 의사 선생님께선 신부가 어머니 뱃속에서 나온 그대로를 간직하고 있다는 걸 확인해 주었다. 그녀는 길이 전혀 열려 있지 않았으며, 어떤 관계를 맺은 적도, 심지어는 강제로 당한 적도 없었다. 이런 진실을 찾아낸 남편은 다음날 경탄해 마지않으며 이렇게 말했다.

"이 커다란 기적을 보라. 프랑스 궁정에 이런 순결한 처녀가 태어났다니!"

이 무슨 호기심이며 선입견인가! 믿고 싶지 않은 이야기지만 우리의 궁 안에는 이런 편견들이 지배하고 있다. 하지만 한편으로 보면 오래전부터 오늘날에 이르기까지 우리 발루아 왕실이나 파리의 여인들은 자신들의 육체를 가지고 현명하게 처신하지 못하고 있다. 많은 남자들이 많든 적든 이미 모든 걸 경험하고 대가를 치른 여인은 결혼하고 싶지 않다

---

88) 크리스틴 드 로렌. 샤를 공작의 딸로서 플로렁스 공작, 메디시스 가의 페르디낭 1세와 결혼했다.

고 생각한다. 내가 젊은 시절 기니에 있을 때 몇몇 신사 분들께 들은 바로는 자기들은 프랑스로 가는 데 포르-드-필[89]을 거쳐 갔을 여자들과 절대로 결혼하지 않을 거라는 얘기를 들었다.

아무것도 가진 것 없으면서 자존심만 살아 있는 자들은 그들의 집, 그들의 가정, 그들의 방과 침실 안에서는 불륜 같은 것이 존재하지 않는다고 믿는다. 하지만 그곳에서도 화려한 왕궁이나 큰 도시와 마찬가지로, 혹은 그때그때 편리함에 따라 그런 일이 더 잘 일어날 수도 있다. 사람들이 그들의 아내를 유혹하고 쓰러뜨리고 꾀어내도 그들은 이를 전혀 알아차리지 못하며, 사냥을 가거나 궁에 가거나 법원에 갈 때에도, 가사일이나 정원일 외에는 어떤 사랑의 제안이 그들을 흔들리게 만들 수 있다고 생각하지 않는다.

그러나 이렇게 가볍게 생각하는 데서 불륜은 더 쉽게 이루어진다. 어디서나 예쁘고 옷을 잘 차려 입은 여인과 역시 품위를 갖춘 신사들은 쉽게 사랑을 만들 수 있고, 쉽게 친해질 수 있다. 어리석고 미련한 사람들 같으니! 그들은 아름다운 비너스는 사이프러스나 파포스나 아마톤테 같은 곳에서만 존재한다고 믿지만, 비너스는 어느 곳에나 있다. 목동의 오두막이나 양치는 소녀의 늘어진 치맛자락이나 그보다 더 단순한 곳에도 비너스는 있다는 얘기다.

얼마 전부터는 이런 어리석은 생각들이 바뀌어가고 있음을 볼 수 있다. 천박한 불륜에는 위험이 따르게 마련이란 걸 알게 되면서 남자들은 자기 마음에 들고, 자기 능력에 맞는 여자를 어디에서건 취하게 되었다.

---

89) 투렌과 푸아투 경계의 빈에 위치한 작은 마을.

좀 더 발전하면, 자기 여자의 가치를 좀 더 높이고 그녀의 아름다움을 드러내 보임으로써, 다른 사람들이 탐내게 만들고 뿔을 달아주기 위해 궁에 보내거나 데리고 온다.

또 다른 이들은 재판에서 자기를 응원하고 변호하도록 자기 여자를 보내기도 한다. 그래서 아무것도 가진 것 없으면서 뭔가 있는 것처럼 남들이 믿게 만든다. 또는 사랑을 좀 더 연장하기 위해 그들이 할 수 있는 한 재판의 시간을 길게 끈다. 때로 어떤 남편들은 아내가 자기보다 더 일을 잘 해내고 승소 판결을 이끌어 낼 것이라는 생각으로 법원 입구나 홀에 아내를 내버려 두고 집으로 와버린다. 헌데 실제로 어떤 이들은 그들의 올바른 권리에 따라서가 아니라 미모와 능란한 그것 덕분에 재판에서 이기기도 한다. 어쩌다가 임신이 되어 버리면 스캔들을 막기 위해 (약을 먹었지만 여전히 아이가 뱃속에 있는 경우), 남편에게 달려가서는 요양이 필요하다며 방을 마련하게 하든가, 아니면 조사할 것이 있다며 떠나자고 하고, 그때가 마침 초가을이면 생마르탱 축제일이 오기 전에 휴가를 즐기러 떠나자고 설득한다. 그래서 기어코 함께 떠나고는 떳떳하게 임신을 한다. 여러 명의 검사나 재판장들께서 실제로 많은 귀부인들을 안고 더듬었다는 얘길 난 들었다.

오래지 않은 이야기인데 아주 예쁘고 정숙하신 귀부인께서 법에 호소키 위해 파리에 가는 걸 보고 어떤 이가 이렇게 말했다.

"대체 그 마님께서 뭘 하시겠다고 가시나? 별로 가진 게 없어 이길 수가 없을 텐데."

카이사르는 검 끝에 권한을 싣고 있지만, 그 마나님께선 그곳의 재주가 별로라 아무 권리도 못 찾을 거란 얘기다.

어떤 부인께선 몹시 빼어난 미모를 지니고 있었으나 나이가 들자 아름다움도 사라져 버렸다. 파리에서 재판을 받게 된 그녀는 자신의 외모가 더 이상 자신의 이익을 이끌어 내는 데 아무 역할을 할 수 없다는 걸 깨닫고는 예쁘고 젊은 이웃 여인을 데리고 갔다. 젊은 여인에게 돈을 잔뜩 주고는 자기가 할 수 없는 일을 이 여인을 통해 이루려는 것이었다. 이렇게 부인께선 일을 잘 해결했고 이 젊은 여인은 두 가지 방법—미모와 그것의 능란함—을 통해 모든 걸 잘 해내었다.

나는 또 자기의 소송 문제로 결혼까지 한 예쁜 딸을 변호에 유리하다 해서 법정에 데리고 가는 어머니를 본 적도 있다.

불륜의 대가

이제 불륜에 관한 긴 이야기를 그만둘 때가 온 것 같다. 계속하다가는 이 깊은 물과 거센 물결 속에서 끊임없이 맴도는 말들이 결국은 그 속에 빠져 도로 휩쓸려 허우적거리고 말 것 같기 때문이다. 어쩌면 현명한 행동으로 이끌어 내기엔 너무도 길고 엄청난 실타래를 그 거대한 미로에서 끄집어내는 일을 아예 시작하지 말았어야 했다.

결론을 이끌어 내 보자면, 만약 우리가 이 가엾은 뻐꾸기 남편들을 아프게 하고 고통과 고뇌를 안겨주고 괴롭게 한다면, 우리도 엄청난 대가를 치르게 될 거란 사실이다. 사람들 말대로 세 배의 이자를 지불하게 될 것이다. 그들을 괴롭히고, 불륜을 맺고 모양이나 내며 알랑거리는 제비족들의 대부분은 그 남편들만큼 고통을 겪게 된다. 제비족들은 남편들이나 또 다른 라이벌들에게까지 갖게 되는 그 누구보다도 더한 질투의 화신이다. 따라서 그들 스스로가 걱정을 짊어지고 변덕스런 마음을 추스려야 하며, 우연히 죽을 수도 불구가 될 수도 있는 위험을 짊어져야 하고, 대결, 공격, 말다툼, 두려움, 고통, 죽음의 가능성을 항상 염두에 두어야 한다. 즉, 추위와 비바람과 뜨거운 열기를 모두 견뎌내야만 한다. 내가 말하는 것은 단지 그들이 얻게 될 성병이나 종양이나 크고 작은 여러 가지 병을 말하는 게 아니다. 그들은 자신들에게 주어지는 것을 너무 비싼 값에 사게 된다는 것이다. 촛불은 한낱 사소한 장난 정도의 가치를 가지고 있는 것이 아니다.

남의 왕국을 통째로 집어삼키려다 비참하게 죽어가는 이들을 볼 수가 있다. 우리 시대에 유일했던 인물 뷔시[90] 같은 이도 그렇게 가지 않았던가.

그 밖에도 무수히 많은 이들을 예로 들 수 있겠지만 이쯤에서 그만 두도록 하고, 불장난하는 이들을 꾸짖기 위해 이탈리아에서 많이 쓰고 있는 격언을 인용하여 이야길 매듭지으려 한다.

"얼간이가 얻은 것이 무엇이며, 화냥년이 잃은 이는 누구던가."

아메 드 사부아 백작은 종종 이런 말을 했다.

"전쟁과 사랑 놀음에선 한 번의 희열을 위해서 백 가지 고통이 뒤따른다."

그는 또한 분노와 사랑은 본질적으로 아주 달라서, 분노가 어떤 사람 안에 침입하게 되면 아주 쉽게 그 사람을 망가뜨리지만 사랑은 누굴 쉽

---

90) 뷔시 당부아즈(1549-1579). 알랑송 공작의 총애를 받아 그에 의해 앙주지역의 통치자가 된다(1576). 몽소로 백작의 부인을 유혹했다가 살해 당하고 만다. 알렉상드르 뒤마는 그의 소설 『몽소로의 여인』에서 뷔시를 주인공으로 그렸다.

게 망가뜨릴 수 없노라고 말한다.

　따라서 이 사랑을 잘 간직해야 한다. 사랑은 우리에게 가치 있는 만큼 비싼 대가를 치르게 하기 때문에 종종 불행한 일이 끼어든다. 그런데 참을성 많은 뻐꾸기 남편들의 대부분은 사실 자기의 염탐꾼들보다는 아내와 사이가 좋아 서로 이야기가 잘 통할 때 훨씬 더 행복해 한다. 내가 본 중에 어떤 사내들은 자기 아내와 사랑을 나누는 다른 사람들을 갖은 익살과 유머를 동원해 놀리고 웃는다. 꾀바른 여자들은 한쪽으로 바람을 피우면서도 남편과는 사이좋게 지내며 자기의 정부를 팔아먹는다.

　내가 잘 아는 한 신사 분께선 오랫동안 한 부인을 사랑해 왔고 꽤 오래전부터 그녀와 쾌락을 나누던 사이였는데 어느 날 그녀와 남편이 자신의 외모를 두고 놀리는 소릴 들었다. 그는 너무도 분해 결별을 선언하고는 자기가 가졌던 헛된 상상을 지워 버리기 위해 먼 여행을 떠났다. 그 후로 그는 다시는 그녀와 관계를 갖지 않았다고 한다. 이렇게 꾀바르고 기민하고 재빠르게 바뀔 수 있는 여자는 야생동물처럼 잘 지켜봐야만 한다. 이런 여인네들은 남편의 마음을 편안하고 흡족하게 해주기 위해 옛 정부를 버리고, 그러고 나선 새로운 정부를 가진다. 그녀들은 이렇게 이 사람에서 저 사람으로 옮겨갈 수 있기 때문이다.

　끊임없이 불행을 품을 수밖에 없는 한 부인[91]이 계셨는데, 내가 알기로도 다섯 내지 여섯 명의 정부가 차례로 죽어갔기 때문에 그녀는 깊은 애석함을 품지 않을 수 없었다. 그래서 모두들 그녀를 '세잔의 말'[92]이라고 했다. 그녀 위에 올랐던 이는 모두가 죽고 거의 살아남지 못하였

---

91) 아마도 모두가 추측하듯이 부쇼, 루이즈 드 비트리. 그녀는 암의 샤를 뒤미에르, 두를링의 빌라르 제독, 귀즈 공작, 랑당 백작 등을 차례로 잃었다. 라란과 마리에졸, 마르그리트 드 발루아처럼 세기 힘들 정도로 애인이 많았다.

다. 그렇지만 그녀가 굳게 간직하고 있는 미덕 하나는 상대가 누구든 간에, 이 상대가 살아 있는 동안에는 절대로 다른 상대를 맞기 위해 그를 버리거나 상대를 바꾸지 않는다는 점이다. 그러나 상대가 죽게 되면 걸어가지 않으려고 언제나 다시 새 말에 오르고 싶어 했다.

또한 그녀는 자기와 관계를 하던 남자가 죽거나 해서 물러나게 되면, 그 남자의 땅이나 재산들의 값어치가 상승한다고 한다. 이러한 일들이 그녀에게 계속되고 있지만 그녀는 여전히 건재하고 있고, 누군가가 끊임없이 그녀 때문에 흔들리고 있다는 얘기다.

따뜻한 심장을 지닌 사내라면 한 동굴 속에서만 늙어가서는 안 된다. 전쟁터에서나 다른 모든 일에서와 마찬가지로 사랑에 있어서도 이곳저곳 모험을 해보아야 한다. 항해에서도 단 한 번 정박한 것으로 안심하고 있다가는 다시 닻을 올릴 경우, 쉽게 길을 잃어버릴 수 있지만, 바다 한가운데에서 폭풍우를 견딘 사람은 고요한 바다나 항구가 아닌, 성난 파도와 격동의 바다에서도 잘 적응할 수 있다.

그러면 단 한 여인에게 사랑을 바치지 않는다면 대체 더 멋지고 모험적인 항해를 할 수 있는 높고 험한 바다는 어디란 말이며 그것을 어찌

---

92) 세이우스의 말. 아울루-겔의 『아테네의 밤』에서 인용하였다. 세이우스라는 사람이 그리스 땅 아르고스에서 태어난 말을 한 마리 갖고 있었다. 원래는 트라케의 디오메데스에게 속해 있던 준마로서 그 종자를 보존해 오던 것이었는데 헤라클레스가 디오메데스를 죽인 후에 아르고스로 데려왔다고 한다. 그 말은 아주 당당하게 쳐든 머리에 다갈색으로, 다른 말들과는 비교할 수 없는 커다란 몸집을 지니고 있었으며 풍성한 갈기는 황금빛이어서 멀리서도 누구나 알아볼 만큼 훌륭한 말이었다고 한다. 그러나 어떤 이상한 숙명이 이 말에 얽혀 있는지, 누구나 이 말의 주인이 되면 잔인한 죽음을 맞이하였다. 첫 번째 주인 세이우스는 제2차 삼두 정치를 실현하려던 마르쿠스 안토니우스에 의해 처형되었다. 같은 시대 집정관 코르넬리우스 돌라벨라는 시리아로 떠나려다 이 말의 명성을 듣고는 아르고스로 돌아왔다. 그는 이 말을 보자 소유하고픈 마음을 버릴 수 없어 많은 돈을 주고 샀는데 역시 시리아의 내란 중 포위된 도시 안에서 살해 당하고 만다. 그 말은 즉시 돌라벨라를 포위했던 카시우스의 소유가 되지만 카시우스는 자신의 당이 패배했다는 걸 알고 스스로 비참하게 죽음을 택한다. 카시우스가 사라진 후에는 승리를 외치게 된 안토니우스의 소유가 된다. 그러나 이번에는 안토니우스가 패배의 쓴잔을 마시고 비참한 죽음을 맞는다. 그로부터 어떤 불행을 몰고 오는 사람을 가리켜 "그는 세이우스의 말을 가졌다."는 표현이 생겼다

알 수 있겠는가? 어떤 여자든지 처음부터 능란할 수는 없으며 우리가
그녀를 이끌어 수많은 경험을 쌓게 함으로써 세련되게 만드는 것이다.
한 여자를 다듬고 전쟁에 익숙하게 만들어 마침내 훌륭히 전쟁을 치르
게 만드는 일은 대단히 고통스러운 일이다. 그래서 어떤 껄렁한 사내들
은 차라리 어떤 뿔에 치받힌 경험이 있는 여자를 원하거나, 여자가 다른
남자와 또 다른 모험을 하는 걸 감수하더라도 이 고통스러운 작업을 나
누어 갖는 것이 낫다고까지 한다.

　그러나 드 구아는 이와는 반대 의견을 보였다. 어느 날, 내게 결혼을
요구하는 여자가 있어 그에게 이 문제를 의논했더니 나를 가장 절친한
친구의 하나로 생각하는 그의 대답인즉 결혼을 하고 뻐꾸기가 되는, 자
기가 가장 혐오하는 일을 생각하게 만들어 내게 대한 신뢰가 없어졌다
는 것이었다. 그는 결혼이란 고상한 법률의 승인 하에 누릴 수 있는 가
장 자유로우면서도 비밀스런 성생활이라면서 여러 번 결혼했다. 그러나
결혼이란 것이 우릴 가장 곤혹스럽게 만드는 것은, 다른 이들을 뻐꾸기
로 만들며 즐기던 한량들도 결국은 결혼이라는 덫에 걸려들고야 만다는
사실, 즉 뻐꾸기 둥지를 만들고야 만다는 사실이다. 그들이라고 별다른
수가 없다는 걸 눈으로 보아온 터다. 격언에 있잖은가. "다른 이에게 행
한 만큼, 그도 네게 행하리."

CHAPTER
3

사랑 놀음을 위한 다양한 지식과
정숙한 여인들에 대한 찬사

····· Les Dames galantes ·····

우리 몸을 무겁게 하는 의복이며 털옷들은 겉은 따뜻하게 해줄 수 있는데
어째서 몸속은 데워줄 수 없는 건지 참 이상하지요?

사랑의 대가(大家)에 대한 논란

유럽에서 대체 어느 나라, 어느 지방에 바람둥이가 가장 많은가? 흔히들 이탈리아 여인들이 몹시 뜨거우며 바람기가 많다고들 한다. 그곳은 태양이 강렬하고 오래 비추기 때문에 여자들을 더욱 뜨겁게 달구어 준다나. 테오도르 드 베즈는 이탈리아 여인들을 이렇게 노래하고 있다.

"어느 곳도 이탈리아의 아름다운 처녀들만큼 만족을 주는 기름진 땅은 없도다. 빛의 신 포이부스가 이 아름다운 사랑의 불꽃을 본다면 그의 빛도 두 배로 빛나리니."

스페인도 마찬가지다. 서방을 비추는 태양은 동방에서보다 여인들을 더욱 뜨겁게 달군다. 하지만 플랑드르[1] 여인, 스위스 여인, 독일 여인, 앙골라 여인, 스코틀랜드 여인, 그리고 지중해 북쪽의 추운 지방이나, 어떤 지역, 어떤 나라의 여인에게도 태양은 그의 열기를 더하고 덜하는 것 없이 똑같이 나누어 준다.

이탈리아에서는 사람들이 원하는 바가 '잠자리에는 그리스 여인'이듯, 그리스 여인들은 그곳이 유난히 강해서, 존재 의미를 그런 것에 둔다. 그리스 여인들에게는 그들에게 끌리게 만드는 그들만의 미덕이 있어 오랜 세월 동안 이 세상의 기쁨의 원천이 되었을 뿐 아니라 오랜 옛날부터 현재에 이르기까지 이탈리아와 스페인 여인들에게 많은 걸 가르쳐주고 있다. 그러나 아무리 이탈리아와 스페인의 여인들이 과거와 지금의 그리스 스승을 능가하려 들어도, 역시 창녀의 여왕과 황녀는 비너스이며 그리스 여인이 아니던가.

---

1) 벨기에 서부, 프랑스 북부, 네덜란드 남서부를 포함하는 지역.

우리 프랑스 여인들로 말하자면, 지난 세월 동안 그것을 하는 데 있어 아주 보잘것없는 방법에 만족하는 세련되지 못함을 보여주었다. 그런데 약 50여 년 전부터는 다른 나라 여인들에게서 상냥함, 기품 있는 태도와 말씨, 고상한 자태와 짐짓 새침 떠는 방법까지 빌려와 배우고, 자기들 스스로 새로운 방법들을 만들고 연구해서 이젠 어느 면에서든 다른 모든 나라의 여인들을 능가하게 되었다. 따라서 이젠 나도 감히 다른 나라 사람들에게 우리 프랑스 여인들이 다른 어느 나라 여인들보다 뛰어나며 입에서 속삭이는 프랑스어의 음란한 언어들은 그 어떤 말보다도 감동적이며 자극적이라고 말할 수 있게 되었다.

게다가 어떤 것에든 가치를 부여해 주는 프랑스의 자유는 우리의 여인들을 더욱 사랑스럽고, 다가가고 싶고, 차지하고 싶은 여인들로 만들어 준다. 간통 사건을 다룸에 있어서도 오늘날 프랑스에서는 지나치게 엄격한 벌의 남용은 오히려 죄를 부추긴다는 의회와 입법부 나리들의 판단에 따라 자유에 대한 속박을 가볍게 하였다. 남성 자신들에게는 희롱할 수 있는 모든 자유를 주고, 여자들에게는 그 자유를 앗아 버리던 지난날 남성 위주의 엄격한 법률도 꽤 수정이 되었다.

이 세상 어느 황제의 법률이나 교회법에도 죄 없는 아내가 간통한 남편을 고소하는 걸 허락하지 않았다. 그러나 교활한 남자들은 다음과 같은 이탈리아의 시구가 말하는 이유 때문에 이 법률을 고수하려 한다.

"어째서 당신은 자연이 우리에게 준 명예롭고 굳건한 법칙을 금하려 드는가? 자연은 우리에게 다른 모든 동물에서와 마찬가지로 사랑의 법칙을 폭넓고 자유롭게 누리도록 허락하고 있다. 그러나 기만과 불신에 가득 찬 인간은 우리 허리춤의 원기와 정기를 체험하면서, 성욕이 저지를 수밖에 없는 나약함을 은폐하기 위해 오류에 가득 찬 이 법을 만들었다."

끝으로 프랑스는 사랑하기에 좋은 곳이다. 우리의 궁정을 오가는 모든 신사 숙녀 분들과 사랑의 박사님들이 내가 알고 있는 것보다 훨씬 더 세련된 방식을 펼쳐 보이실 수 있다는 걸 인정하는 바다. 사실 사랑을 좇는 여인은 사방에 널려 있으며 따라서 뻐꾸기 남편은 어디에나 있어, 이름이 있는 곳이라면 이 세상 어디라도 완벽하게 정절이 지켜지는 곳은 없다.

여성의 동성연애

내가 여기서 던지는 새로운 질문은 아마 어느 누구에 의해서도 제대로 연구되지 못했을 것이며, 상상조차 하기 힘든 문제일 것이다.

요컨대, 두 여인이 서로 사랑하는 사이라면 그녀들끼리(동성연애자인 사포를 흉내 내며) 잠자리를 하고, 그들 사이에 간통이 성립되고, 그들 사이에서 뻐꾸기 남편을 만드는 일이 일어날 수도 있는가 하는 것이다.

분명, 마르시알이 그의 책에서 보여주는 걸 믿는다면, 그녀들은 간통을 저지른다. 마르시알은 그의 책 1권 91번째 풍자시에서 동성애를 즐기는 바사라는 여인을 등장시킨다. 그녀의 집에는 남자가 들어가는 걸 그 누구도 볼 수가 없다. 두 번째로 루크레스라는 여인이 나오는데 그녀가 언제나 예쁘게 생긴 부인네나 처녀들에게 다가가는 데서 정체가 드러나게 된다. 그녀는 이 평범한 여인들에게 다가가 남자들이 담당해야 할 역할을 하면서 불륜의 관계를 유도하고 그녀들과 짝을 이룬다.

그런 다음 작가는 다음과 같은 라틴어 시구로 우리에게 수수께끼를 던져준다.

"자, 이런 경우를 생각해 보라. 남자는 없다. 그런데 간통이 일어나고 있다."

로마 황실에 늙고, 교활하기 짝이 없는 한 여인이 있었는데 이름하여 이자벨 드 뢴이라는 여인이었다. 스페인 출생인 이 여인은 그 당시 로마에서 가장 미인으로 손꼽히던 판도라와 우정을 맺었다. 판도라는 다르마냐 추기경[2]의 운송관으로 로마에 와 있는 남자와 결혼한 몸이었으며, 그 남편은 사내로서의 첫 번째 임무를 절대로 소홀히 하지 않는 사람이었다. 그러나 이자벨은 그녀와 친분 관계를 계속하며 잠자리를 함께하곤 했다.

이자벨이 주도하는 짓거리가 얼마나 음란하고 외설스러웠는지 판도라는 그 누구보다도 방탕한 화냥짓을 하게 되었으며 그녀가 지금껏 알아온 그 어느 난봉꾼과도 만들 수 없는 희한한 뿔을 남편에게 만들어 주었다고 한다. 그녀가 이 수수께끼 같은 일을 어떻게 한 건지 정말 모르겠다.

사람들은 레스보스 섬의 사포가 이 분야에선 최고의 스승이라고 말한다. 그녀가 이런 행위를 고안해 냈으며 그 이후로 모든 레즈비언들이 그녀를 모방하고 지금까지 이어져오는 것이라고 한다. 뤼시앙[3]에 의하면 이 여인들은 남자들을 괴롭히고 싶어 하지 않으면서 마치 남자들처럼 다른 여자들에게 접근하는 레스보스 섬의 여인들이라고 한다. 이런 행위를 좋아하는 이 여인들은 남자들처럼 다른 여자들에게 탐닉한다. '트

---

2) 조르주 다르마냐. 1500년경 태어났다. 로데즈의 주교, 베네치아 대사(1536), 로마 대사(1539), 추기경(1544), 툴루즈 대주교(1562). 1576년 부르봉 왕가에 의해 아비뇽 추기경으로 임명되었다가 1588년 그곳에서 대주교로 죽었다. 몽테뉴의 『여행 수첩』과 몽뤼크의 『논평』에 언급되는 인물이다.

3) 그리스어로는 루키아노스. 그리스의 풍자적 작가, 『바람둥이 여인들의 대화』라는 책에 이렇게 나와 있다. "이 여인은 끔찍할 정도로 남성스럽다. 그것이 동성연애가 아니라면 난 네가 말하고자 하는 걸 잘 이해하지 못하겠다. 사람들이 전하건대 레스보스에는 남자를 거부하고 남성적인 방식으로 여자에게 다가가는 남성적인 여자들이 있다고 한다."

리바드(tribades; 동성애하는 여자)'라는 말은 그리스어에서 유래된 말로, 그 의미를 풀어보면 '사귀다, 친교를 맺다' 혹은 '서로 비비다'라는 뜻을 갖고 있다. 따라서 여자들 간의 동성애라는 말은 불어에서는 마찰이라는 의미를 내포하고 있다.

유베날리스 역시, 출렁이는 메듀린을 사랑하는 동성애 여인들 얘기를 하고 있다.[4] 뤼시앙은 자기 책 『사랑(Les Amours)』에서 한 장을 이 주제에 할애하고 있다. 여자들은 마치 남자와 짝을 이루듯이 자기들끼리 짝을 이루고 비밀스럽고 음란하고 기괴한 수단을 동원하는데 그 방법은 실로 많다. 그에 의하면 여자처럼 나약해져 용기도 품위도 사라져 버린 사내보다 오히려 사내 구실을 하는 여자의 색정적인 열정에 몸을 내던졌을 때 여자들은 극도의 쾌감을 느낀다고 한다. 따라서 이렇게 남자 구실을 잘 해내는 여자는 여자들 사이에서 그의 용기와 유능함으로 인해 정신적으로만이 아니라 육체적으로도 명성을 얻게 된다.

『여인들의 대화』중에서 뤼시앙은 이런 사랑 놀음을 즐기는 두 여인을 등장시킨다. 한 여인이 다른 여인에게 이런 남성적인 여자와 사랑을 나누었을 때 잠자리를 했는지, 또 상대가 그녀에게 어떻게 했는지 묻는다. 그러자 이 여인은 아주 거리낌 없이 이렇게 답한다.

"우선, 보통 남자들이 하듯이 내게 키스를 하죠. 입술을 맞대는 것뿐 아니라 입을 열어 키스를 해요(이는 혀로 사랑을 표현하는 비둘기들과 일치한다). 그녀는 다른 여자들과 마찬가지로 건장한 체격은 아니지만 마음에 불이 붙기만 하면 그녀가 보여주는 열정은 남자들의 건장함을 능가한답니다.

---

4) 그의 책 『풍자』에 나오는 이야기다.

그러면 저는 남자에게 하듯이 그녀를 포옹하고 그녀는 온갖 정성을 다해 애무를 하죠. 그녀는 내게 말할 수 없는 쾌감을 체험하게 해준답니다. 우린 남자들과의 사이에서보다 더욱 짜릿한 쾌감을 이끌어 낼 어떤 방법을 갖고 있거든요."

그러니까 내가 말할 수 있는 건 프랑스, 이탈리아, 스페인, 터키, 그리스, 그 외 모든 나라에 이런 동성애 여인들이 많이 존재한다는 사실이다. 특히 여자들만이 모여 지내는 곳에선 대부분 그들이 완전한 자유를 누릴 수 없기 때문에 이런 방법들이 성행한다. 몸 안에서 타오르는 불씨를, 이런 여자들의 말에 의하면 다소 식힐 수 있도록 치유책을 스스로 찾아내는 것이다. 아니면 그녀들은 완전히 타 버리고 말 테니까.

터키 여인들은 더 나은 쾌락을 위해 목욕탕에 가는 걸 즐긴다. 언제라도 봉사할 수 있는 남자를 손아귀에 넣고 있으면서도 다른 한편으로 동성 간의 행위를 이용하는 탕녀들은 서로서로 찾아다니며 함께 사랑을 나눈다. 이런 여자들은 이탈리아, 스페인뿐 아니라 프랑스에도 꽤 많이 존재하고 있다. 이름을 밝힐 수 없는 어느 귀족 부인께서 이탈리아에서 이런 방법을 들여와 프랑스 여인들을 이런 흐름에 뒤섞이게 한 것은 그리 오래된 일이 아니다.

라 로셸에서 죽은 젊은 불덩어리 클레르몽-탈라르[5] 이야기를 좀 할까 한다. 그는 어린 시절 현 왕이신 앙리 3세, 앙주 공작이신 알랑송 공작과 함께 공부를 하며 소년 시절을 보냈다. 어느 날 툴루즈에서 스승이신 구르네와 수업 중이었는데 구석에 앉아 공부하던 그는 작은 틈사이로(그곳

---

5) 앙리 드 클레르몽, 탈라르 자작. 1573년 4월 라 로셸 요새에서 사망.

의 방들은 툴루즈의 다르마냑 대주교께서 왕실과 귀족들을 맞이할 수 있도록 서둘러 만든 목조 건물이었다) 다른 방을 엿보게 되었다. 치마를 걷어 올린 두 여인이 속바지를 벗어 내리고 하나가 다른 하나 위로 덮쳐 엉킨 채 비둘기들이 하는 것처럼 키스를 하고 쓰다듬으며, 한마디로 남자들이 하듯 음란한 짓거리를 하며 심하게 요동치고 있었다. 그들의 행위는 거의 한 시간은 계속되었다. 엿보고 있던 소년은 추위에 떨고 있는 형편이었건만, 두 여인은 지쳐 떨어진 상태에서도 땀투성의 달아오른 육체가 식을 줄을 몰랐다.

소년 클레르몽은 후에도 그 방에서 수업이 있는 날이면 같은 방법으로 이 여인들을 훔쳐볼 수 있었다. 언제 어디서고 남의 정사 장면을 이렇게 편하게 볼 수는 없었을 것이다. 그 장소는 이 소년뿐 아니라 호기심 많은 다른 모든 소년들이 가장 좋아하는 장소가 되었다고 한다.

그가 내게 들려준 더 많은 이야길 나로선 감히 글로 옮길 수 없다. 또한 그 여인들의 이름도 어찌 입에 올릴 수가 있으랴. 믿을 수 있는 이야기일까 싶지만 그가 수백 번의 맹세를 해가며 하는 이야기고 보면 사실로 받아들여야 할 것 같다. 사실 이 두 여인에게 이런 형태의 사랑을 지속하며 시간을 보낸다는 소문이 늘 그치지 않고 따라다니는 걸 보면 근거 없는 이야기 같지는 않다.

이런 형태의 사랑을 만들고 지속해 가는 여인들이 우리 주위에도 꽤 있다. 그 중의 한 여인을 예로 들어보면, 이 여인은 그 부류들 사이에선 가장 멋쟁이로 알려진 여인이었다. 그녀는 만일 어떤 여자와 사랑에 빠졌다 하면 상대 여인을 아주 존중해 주고, 어느 남자보다도 자상할 뿐 아니라, 남자들이 자기의 정부에게 하는 것처럼 사랑의 행위도 만족스럽게 해주었다. 또 그녀와 함께할 때면 그녀는 자기의 여인들을 세심하고 자상하게 보살펴주고 그들이 원하는 바를 모두 채워주었다.

게다가 그녀의 남편은 아내에 대해 전혀 불평하지 않고 오히려 마음 편히 생각하였다. 내가 보아온 바로는 그 남편뿐 아니라 동성애에 빠져 있는 여자의 남편들 대부분이 자기 아내를 미쳤거나 음탕한 바람둥이로 생각하지 않고 마음 놓고 있다.

그러나 난 그들이 잘못 생각하고 있다고 여긴다. 왜냐하면 사소해 보이는 이런 체험과 습득 과정을 통해 남자와 크게 바람을 피우는 데 이르기 때문이다. 이 여자들이 일단 한번 달구어지고, 발정을 시작하면 그 열기는 좀처럼 식을 줄을 몰라 체온을 정상으로 되돌리기 위해선 고요한 물보다는 세차게 흐르는 물에 몸을 씻어야만 한다. 마찬가지로 좋은 외과의사들은 상처를 치료하기 위해 그저 약이나 쓰고 상처 주위를 씻어주는 방법보다는 상처 깊은 곳까지 살펴 검진하고 그 깊은 상처에 존데[6]를 삽입하며 근원적인 치료를 하는 걸 우리도 볼 수 있다.

서로 애무하며 동성애를 즐기는 여자들의 욕망이 남자들에게 이르지 않는다고 누가 장담할 수 있겠는가? 레즈비언의 대모라 일컫는 사포까지도 그녀의 절친한 친구 파옹을 사랑하고 그 때문에 죽지 않았던가?[7] 결국 여러 여인들의 얘기를 종합해 보면, 그들이 최후에 원하는 것은 바로 남자들뿐이다. 다른 여자들에게서 취할 수 있는 건 모두 남자들 때문에 타는 몸을 잠재우기 위한 대리 만족일 뿐이다. 따라서 동성애는 그녀들에게 남자들의 빈자리를 메우는 것일 뿐이다.

---

6) 요도, 식도, 누공 등에 깊숙이 넣어 기관 내부의 상태를 조사하는 막대 모양의 기구. 또는 환자의 위나 십이지장에 넣어 영양물을 들어가게 하는 관.
7) 특히 오비디우스의 『헤로이드』에 의해 전설처럼 전해 내려오는 이야기로는 50세가 넘은 사포가 파옹이라는 이름을 가진 미틸레네의 젊은 선원을 사랑하게 되었으나, 그에게 버림받아 해안 낭떠러지에서 바다로 뛰어들었다고 한다.

사촌간인 귀족 가문의 아름다운 두 처녀가 있었는데, 그들은 3년간이나 한 침대를 사용하면서 자연스레 동성애에 익숙해지게 되었다. 그러나 남자들과의 관계에서 얻을 수 있는 쾌감에 비하면 둘 사이에서 얻어지는 쾌감이 아주 미약하고 불완전할 거라는 상상을 하면서 남자들을 찾게 되었고 마침내는 알아주는 탕녀로 명성을 날렸다. 그들은 남자와의 관계를 경험한 후로는 사촌간의 관계가 욕망을 메우는 한낱 장난에 불과한 것이었다며 오히려 동성애를 혐오하게 되었다는 고백을 했다. 그 후로 자매가 만나면 그들은 남자들과의 성찬을 위해 동성애의 조촐한 에피타이저를 들 뿐이었다.

　이 둘 중 한 처녀와 연인 관계를 맺은 남자가 연인에게 어느 날 사촌간에 한 침대에서 자면서 동성애 행위를 하지 않느냐고 물었다. 그녀는 웃으며, "전혀요. 난 남잘 너무 좋아하거든요."라고 답했다. 그러나 그들은 사실 둘 다를 즐기곤 했다.

　한 청년이 둘 중 한 처녀에게 반해 결혼할 생각에 사촌을 만나 자기 생각을 털어놓으며 도움을 청했다. 그러자 이 아가씨는 쓸데없이 시간 낭비하지 말라며 그녀는 절대로 결혼하지 않을 거라고 했다. 그 말을 들으며 청년은 그것이 올가미라는 걸 느낄 수 있었다. 그녀는 사촌을 자기 입맛에 아주 잘 맞게 길들여서 자기 울타리 안에 가두어 두고 있었기 때문이었다. 청년은 그저 웃으며 그녀와 싸울 것 없이 고맙다며 물러났고, 그녀는 이렇게 내버려 두는 것이 자기와 사촌을 위하는 것이라고 말했다. 왜냐하면 그녀는 치마 밑에서 종종 자그마한 쾌감을 이끌어 내곤 했기 때문이다. 아니라고 부인하긴 하지만.

　이런 모습은 내게 자기 소유의 창녀들을 데리고 있던 사람들을 떠올리게 한다. 그들은 이 세상의 좋은 일을 모두 혼자만 차지할 수는 없는 만큼 질투심 많은 친구만 아니라면 왕자나 지체 높으신 어른들 또는 동료들에게 자기 여자들을 데려다 주기까지 했다. 그러나 이 여인은 다른 사람과 나누지 않고 자기만을 위해 독차지하고 싶어 했다. 이 여인의 이러한 바람에도 불구하고 그 처녀는 다른 여인들과 방탕한 놀음을 즐김으로써 이 여인을 뻐꾸기 여인으로 만들어 버리고 말았다.

옛날부터 족제비들이 동성애와 관계가 깊다는 얘기가 전해진다. 족제비들은 암놈끼리 짝을 짓고 함께 사는 걸 좋아한다고 하여 옛날에는 동성애를 즐기는 여인들을 족제비라는 은어로 표현했다고 한다. 심지어 어떤 여인들은 족제비를 키우며 그들이 암놈끼리 짝짓기를 하도록 도와주기도 하고 함께 사는 걸 보길 즐겼다고 한다.

이어서 좀 다른 문제로 넘어가 보자. 즉, 동성애를 즐기는 여인들이 어떤 방법을 사용하는가 하는 것인데 로마의 시인 마르시알의 말을 빌자면 한 가지는 두 비밀스러운 부분을 서로 비비는 것으로, 이 방법은 또 다른 방법인 '그것'의 모양대로 만든 도구 즉, 인조 남근을 사용하는 것처럼 어떤 해를 끼치지는 않는다고 한다.

한 왕자님께서 궁정 안의 어느 두 여인이 동성애 관계임을 의심해서 엿보다가 그만 이 여인들을 놀라게 하고 말았다. 한 여인이 큼직하게 만든 물건을 양다리 사이에 꼭 물린 채로 있었다. 그것은 남자의 물건과 비슷하게 생겼는데 너무도 놀란 여인은 미처 그것을 치워버릴 겨를조차 없었다. 엿보던 왕자님께서도 이런 장면을 보게 된 것이 난감해서 어쩔 줄을 몰랐다.

이렇게 자연적인 애정 관계를 맺지 않고 인공적인 방법을 행하다가 질이나 자궁 안에 병을 얻어 죽는 여인들도 있다고 한다. 때론 아주 훌륭한 남성과 멋진 짝을 이루기에 충분한 조건들을 갖춘 여인들이 이런 일로 죽어가니 이 얼마나 기막힌 일인가. 이런 병의 치료에 대해 의사 선생들께 여쭤보니 처방으로 사용하는 좌약보다도 남성들의 물건으로 여인의 몸속을 씻어주는 것이 최상의 방법이란다. 아무튼 여인네들이 자연의 섭리를 그르치는 이런 도구를 사용한다면 언제고 시련을 감수해야 할 것이다.

내가 궁정 생활을 하고 있었을 때의 일을 하나 소개하겠다. 어느 날 대비[8]께서 고통스런 내란을 겪는 동안 사용되었던 비밀스런 무기와 총들을 보여주기 위해 모든 부인들과 처녀들에게 빠짐없이 루브르를 방문하여 모든 방과 그곳에 보관되어 있는 보석함이며 무기 상자들을 관람하라 이르셨다. 한 처녀가 어느 관인의 사물함 속에서 기이한 물건을 발견하였다. 그것은 총이 아니라 정교하게 만든 네 개의 남근이라 웃음바다를 이루었다. 이런 도구는 무기만큼이나 위험하다는 걸 경고하고 있는 듯하다.

기회만 있으면 가리지 않고 궁 안 여기저기에서 깊이 동성애를 즐겨 모두를 아연케 만드는 두 여인의 이야기를 소개해 볼까 한다.

이 두 여인은 만나기만 하면 그 욕정을 억누르지 못해서 장소를 가리지 않고 입을 맞추고 애무를 하는 등 애정 표현을 서슴지 않아 궁 안이 그들에 대한 추문으로 떠들썩하였다. 그들 중 하나는 과부이며 다른 하나는 남편이 있었다. 어느 날 남편이 있는 이 여자가 은빛 망사로 된 아름다운 드레스에 갖은 장식으로 멋을 부리고 상대 여인과 저녁 식사를 하러 갔

---

8) 카트린 드 메디시스.

다. 둘은 또 욕정을 억누르지 못하고 화장실에 들어가서는 좌변기에 걸터 앉아 애무를 시작했는데 그들의 동작이 어찌나 격렬했던지 그만 변기가 부서지고 말았다. 그러자 아래쪽에 있던 남편 있는 여자가 아름다운 은빛 망사 드레스와 함께 오물통에 그대로 처박히고 말았다. 그녀는 오물을 뒤집어썼으니 우선 닦아내는 수밖에 달리 방법이 없었다. 서둘러 옷을 갈아입으러 방으로 달려가는데, 악취가 어찌나 심한지 아무리 닦아도 그 냄새 때문에 남들이 알아차리지 않을 수가 없었다. 내막을 알게 된 이들은 웃음을 참을 수가 없었다. 따라서 사랑의 열기는 잘 다스릴 수 있어야 하며 스캔들을 일으키지 않으려면 때와 장소를 가릴 줄도 알아야 한다.

마음속에 끓어오르는 육체적 욕망을 풀기 위해 남자를 찾아가고 임신을 해서 명예를 더럽히고, 많은 여자들이 그렇게 하듯이 사랑의 열매를 지우려 조처를 취하는 것보다는 천박하지만 알맹이 없는(아무런 결과도 초래하지 않는) 동성애에 탐닉하는 것이 오히려 하느님의 뜻을 거스르지 않으며, 남자들과 화냥질을 하는 것도 아니어서 어떤 이들은 이런 처녀나 과부댁들을 용서하기도 한다.

물론 물속에 뛰어드는 것과 물가에서 약간 적시기만 하는 것에는 차이가 있다. 그러나 내가 이런 의견에 동의한다 할지라도 그 여인들의 행동을 평가할 수 있는 자격이 있는 것도 아니요, 그들의 남편도 아닌 이상 그 남편이 이런 행동을 좋지 못하게 생각하여 자기 아내가 다른 여인을 찾아 이런 행위를 계속하는 걸 못마땅하게 여기고, 이것보다 더 음란한 것은 없다고 판단해도 나에게는 아무런 권한이 없다.

사실 이런 식의 양다리 걸치기는 남자들과 새로운 관계를 맺을 때와는 다르다. 마르시알이 무어라 했든 남편들이 이 때문에 뻐꾸기가 되지는 않는다. 그건 어느 미친 시인의 말처럼 자연스런 진리도 아니다.

뤼시앙이 말했듯이, 한 여인이 건강하고 그야말로 여장부이거나 아주 육감적일 때엔 사르다나팔로스나 헬리오가발로스처럼 여성화된 남자보다는 훨씬 보기에 아름답다. 왜냐하면 여자가 남성적인 면을 갖고 있을 때 그녀는 아주 용기 있는 사람이 되기 때문이다.

어느 날 드 구아와 난 피렌체의 안젤로 피오렌졸[9]이 대화체로 쓴 『아름다움에 관하여』라는 소책자를 읽게 되었는데, 우리의 시선을 멈추게 한 문구가 있어 소개해 볼까 한다. 그에 의하면 여인들 중에는 주피터에 의해 만들어진 여인들이 있으니 그 여인들은 최초에 주피터를 근본으로 창조되었기 때문에 여자를 좋아하며, 그에 의해 만들어지지 않은 다른 여인들은 자기들과는 다른 이 여인을 좋아하게 된다.

그런데 이들 중에는 아름다운 라오도미 포르트게르를 사랑한 유명한 마르그리트 도트리슈[10]처럼 정결하고 순수한 사랑을 하는 여인이 있는가 하면, 레즈비언인 사포나 베네치아의 세실처럼 음란하고 난잡한 경우가 있다는 것이다. 이들은 본성적으로 결혼을 증오하고 그들이 할 수 있는 건 남자들과의 대화뿐이다.

그러나 드 구아는 위에서 말한 마르그리트가 순수하고 고결한 사랑을 했다는 건 사실이 아니라며 작가를 반박하고 나섰다. 그녀가 자기처럼 아름다운 많은 여인들 중에 유독 하나를 선택한 것은 다른 여자들과 마찬가지로 자신의 비밀스런 환락을 위해 라오도미를 이용한 거란 얘기였

---

9) 아그놀로 피렌주올라. 피렌체의 시인이며 번역가. 아르탱과 동문수학한 친구 사이로 그로테스크하고 자유분방한 작품 『여인의 아름다움에 관한 대화』(1578년 불어로 번역 출간됨)의 저자.
10) '유명하신' 아름다운 마르그리트 도트리슈는 브랑톰이 후에 주장하듯 사부아 공작 부인이 아니라 첫 번째로는 알렉산드르 드 메디시스와 결혼하고 두 번째로는 옥타브 파르네즈와 결혼했던 오스트리아 황제의 서녀이다.

다. 즉, 자신의 음탕한 면을 숨기기 위해 그녀를 순수하게 사랑하고 있다고 말하고 소문을 내는 것인데, 마찬가지로 이런 그럴듯한 말로 자기들의 비밀을 덮어 버리는 교활한 여인들을 종종 볼 수 있다. 따라서 드러나는 사실 속에 숨겨진 진실을 발견하기 위해선 좀 더 철저해야 한다는 것이 무슈 드 구아의 말씀이다.

이 마르그리트는 당대의 가장 아름다운 공주였다. 이런 아름다움이 또 다른 아름다움과 만나 그것이 어떤 형태이건 서로 사랑했는데, 그 사랑은 그 어느 것보다도 음란했다. 그녀는 세 번 결혼하였는데 첫 번째는 샤를 8세, 두 번째는 다라공 왕의 아들 장, 세 번째는 미남(Le Beau)으로 불리던 사부아 공작과의 결혼이었다. 당대의 모든 사람들이 이들을 가리켜 이 세상에서 가장 보기 좋은 멋진 한 쌍이라고 했다. 그러나 공작께서 너무 일찍 세상을 뜨는 바람에 아름다운 한 쌍으로서의 기간은 몹시 짧았다. 공주는 공작의 죽음을 깊이 슬퍼하고 다시는 결혼을 하지 않았다.

그녀는 부르그 엉 브레스 근처에 기독교 건물 중 가장 훌륭하고 아름다운 것 중의 하나인 브루 성당[11]을 짓게 하였다. 그녀는 황제 샤를[12]의 숙모로서 조카의 통치에도 관여했다. 또한 모두가 평화로워지길 원했던 그녀는 프랑스 왕국의 대비와 캉브레[13]에서 조약을 맺었는데, 과거에 이름을 떨쳤던 두 공주들을 보기 위해 수많은 사람들이 그곳에 몰려들었다고 한다.

---

11) 부르그 엉 브레스 근처의 브루 성당. 1517년부터 1536년, 19년간 만들어 완성하였다. 사부아 공작이며 브레스 백작인 필리베르 르 보의 미망인 마르그리트 도트리슈에 의해 세워졌다. 브랑톰은 여기서 그녀와 마르그리트 드 메디시스를 혼돈하고 있다. 이 성당을 세운 마르그리트는 자신의 작품이 완성되기 전인 1530년에 세상을 떠났다.
12) 샤를 퀸트.
13) 캉브레 협약, 혹은 여인들의 협약이라고 한다. 1523년 8월 5일 프랑스 왕국의 통치자인 프랑수아 1세의 어머니 루이즈 드 사부아와 샤를 퀸트의 숙모인 오스트리아의 메리트레고와의 사이에 이루어진 협정.

코르네유 아그리파[14]는 여인의 미덕에 관해 논하면서 모든 찬사를 이 마르그리트에게 바쳤다. 뛰어난 인품을 지닌 훌륭한 작가가 너무 아름답기만 한 주제로 가득 채운 이 책은 보는 이의 마음을 사로잡는다.

조금 색다른 경우를 소개하려 하거니와 어느 공주께선 자신이 거느리는 시녀 중 유독 한 시녀를 예뻐하고 귀여워하며 좋아하였다. 모든 면에서 그 시녀보다 나은 다른 시녀들이 많은데도 유독(남들 보기에는 납득이 잘 안되는데도) 그 시녀가 총애를 받는 걸 보고 대부분의 사람들이 의아하게 생각하고 있었다. 마침내 사실이 밝혀졌는데, 그 시녀는 공주를 아무런 추문에 말려들지도 않게 하고 남의 눈치를 봐야 할 필요도 없게 하면서 좋은 시간을 보내게 해줄 수 있는 헤르마프로디토스[15]였다. 이것은 동성애와는 또 다른 것으로 쾌감이 더 잘 파고들 수 있다고 하였다.

지금까지 많은 이야기를 해왔건만 내가 이 장에서 다루려는 주제는 그 재료가 한도 끝도 없이 무궁무진해서 지금까지 해온 것보다도 몇 천 배 늘려나갈 수도 있을 것 같다. 만일 모든 뻐꾸기 남편들과 그의 아내들이 손에 손을 잡고 일렬로 늘어서면 아마 지구 둘레의 절반은 감쌀 수 있을 것이다.

프랑수아 1세 때 불리던 오래된 노래가 하나 있다.

그러나 때가 오면

모든 뻐꾸기들이 모여들지니

---

14) 앙리 코르네유 아그리파, 신비주의 철학자이며 연금술사(1486-1535). 유럽 여러 도시를 돌며 제자들을 가르쳤고, 루이즈 드 사부아의 담당 의사인 막시밀리언의 비서이며 샤를 퀸트의 조언자로서 신비술에 관한 여러 작품을 쓴 장본인이다. 그의 책들은 유럽 여러 나라에 번역되어 읽혔다.
15) 그리스 신화에 나오는 남녀 양성을 가진 신. 즉, 성적으로 양성인 사람.

깃발을 높이 쳐든 내 뻐꾸기가 앞장을 서고

다른 뻐꾸기들이 뒤를 따르니,

네 뻐꾸기는 맨 뒤에 설 테지.

행렬은 아마도 어마어마하리라.

한 깃발 아래 모인 긴 무리를 볼지어다.[16]

마음속의 화냥질도 유죄인가

남편과 약속한 신성한 믿음을 꾸준히, 소중하게 간직해 나가는 정숙하고 현명한 많은 여인들까지 비난하고 싶지는 않다. 오히려 내 책의 한 부분을 그들에 대한 찬가로 채우고, 현자(賢者) 장 드 뫙 선생께서, 『장미의 이야기』에서 "모든 여인들은 결과적으로든 당신네들이 원해서든 화냥년이거나, 화냥년이었다."라고 말하는데 이것이 거짓임을 보여주는데 내 책의 한 부분을 할애하고 싶다.

그런데 이 현자께서 궁중 여인들의 불륜과 방탕을 이렇게 비난하자 여인들은 그에게 복수하기로 마음먹었다. 그리하여 어느 날 이 분을 홀랑 벗겨 여인들이 보는 앞에서 채찍으로 벌을 주려고 하였다. 그러자 현자께서는 여인들을 향해, 이 여인들 중 가장 먼저 시작한 선구자적 화냥년이 우선 채찍을 잡으라고 말했다. 그러자 모두들 부끄러워 누구도 감히 채찍을 잡을 수가 없었다. 현자께선 그리하여 채찍질을 모면할 수 있었다. 루브르에 가면 이 내용이 담긴 오래된 태피스트리를 구경할 수 있다.

---

16) 라블레는 이 노래 가사를 잊지 않고 파뉘르주의 입을 빌어 자기 책 속에 인용하였다. "모든 뻐꾸기가 모이는 날이 오면, 네가 바로 그 깃발을 들게 되리라." 제3의 책 25장, 르 프랑판 191쪽.

나는 가까운 동료로서 좋아하는 목사가 있었는데 그가 어느 날 설교 중에 아내들의 못된 버르장머리와 바람둥이 아내 때문에 뻐꾸기 신세를 견디어 내는 남편들 이야기를 하다가 갑자기 흥분해서 이렇게 소리쳤다.

"그래요, 난 그게 누군지 알아요. 내가 봤으니까. 우리 마을에서 제일 큰 뻐꾸기 머리에 돌멩이 두 갤 던지는 걸 내가 보았단 말입니다."

그는 돌멩이를 던지는 것처럼 동작까지 해보였다. 그러나 그는 곧 과격한 행동을 자제하려 애를 썼으니, 머리를 숙일 수 없는 설교자일 뿐이었다. 그는 모든 걸 억누르며 말을 이었다.

"내가 당신들께 얘기하지 않았습니까? 내 설교에는 두세 명의 뻐꾸기 밖에는 없지만 내가 말한 뻐꾸기가 어느 뻐꾸긴지 모르는 사람은 아무도 없을 것입니다."

미치광이가 무슨 말을 하건 현명하고 정숙한 여인들은 있다. 만일 누군가가 그녀를 그녀와는 전혀 다른 불순한 여인들과 비교하려 든다면 그녀는 쉽게 상대를 물리칠 수 있는 덕으로써 모든 걸 이겨낼 것이다.

현자 장 드 뭉 선생께서 마음속에 화냥질에 대한 욕망을 품는 여인을 비난하신다면, 난 오히려 그들을 찬양하고 격려해 주어야 한다고 말하고 싶다. 만일 어떤 여인이 몸과 마음이 욕정으로 타오르건만 명예를 더럽히기보다는 차라리 죽음을 택하는 정신을 근본으로 갖고 있다면, 그녀는 아무 일도 저지르지 않을 것이다(마음속의 노력에도 불구하고 자기도 모르게 일을 저지르는 여인도 있을 수 있지만). 검은 무늬가 선명히 드러나는 흰 담비처럼 자기 명예에 검은 오점을 남기기보다는 희귀한 불사조처럼 자신의 불꽃 속에서 스스로를 불태우고 사위어가는 쪽을 택하여 고결하고 한결같은 마음과 정절을 드러내 보인다면, 이는 스스로 다스리고 치유할 수 있는 힘을 가졌음이니 자신을 다스리고 극복해 내는 승리보다 더 아름다운 미덕이 어디 있겠는가.

나바르 여왕님의 『백 가지의 새로운 이야기』 속에서 우린 아주 고결한 여인의 사랑 이야기를 볼 수 있다.[17] 훌륭하고 멋진 왕자님 다빈[18]을 뜨겁게 사랑하게 되어 마음속에서 그분과 육체적 관계를 맺고 싶은 끓어오르는 갈망을 갖게 된 팡프뤤의 한 정숙한 여인은 다른 치유책을 갖느니 타오르는 열정 속에서 죽어가길 원했다. 그리하여 그녀는 죽음으로써 자신의 마음을 왕자님께 전하였다.

이 정숙하고 아름다운 여인은 너무도 부당하고 불공평한 죽음을 택했다. 그녀는 죽음에서 자신을 구할 수도 있었으므로 그녀의 행동은 하느님의 법도를 어기지 않은 것이라고 할 수 없다. 죽음을 추구하고 이렇게 운명을 앞서가는 것을 바로 자기가 자기를 죽이는 자살이라 일컫는다. 자신의 영혼과 육체의 순결을 지키기 위해서 쾌락에 대한 극도의 절제와 금욕을 위한 극단의 방법으로 죽음을 택하는 이런 이들이 종종 있다.

한 훌륭한 의사 분께서 몇몇 정숙한 부인네들에게 다음과 같은 가르침을 주었다. 인간의 몸은 크고 작은 여러 부분으로 이루어져 있는데 지혜로운 자연이 건강을 위해 이 각 부분에게 명하는 대로 작동하고 자기 임무를 제대로 해내지 않는다면, 또한 음악회의 연주처럼 서로 조화를 이루지 못하여 어떤 부분은 열심히 맡은 일을 하고 있는데 어떤 부분은 다른 부분이 하는 일까지 망쳐 버리는 지경이라면 우리 인간의 몸은 결

---

17) 『엡타메론』의 26번째 이야기.
18) 가브리엘 달베르. 오벤과 레파르 영주권 통치자, 르 그렁으로 불리는 알랭 달베르의 넷째 아들. 나바르의 왕 장 달브레와 형제 사이이며 1504년 독신으로 사망.

코 제대로 유지될 수가 없다는 것이었다. 마찬가지로 한 국가에 있어서도 모든 군인, 예술가, 기술자 등 그 외 모든 사람들이 꾀부리거나 자기 일을 남에게 미루지 않고 열심히 맡은 일을 해야 한다. 모든 백성이 진정으로 국가가 잘 되길 바란다면, 그 국가는 튼튼하고 온전하게 존재한다. 인간의 몸 역시 마찬가지다.

마음속에 정염이 일지언정 몸만은 정숙하게 간직하는 이런 아름다운 여인들에겐 영원한 칭송이 뒤따라야 한다. 그렇다고 해서 바위보다도 흔들림이 없고 기운도 생기도 없고 대리석처럼 차가우며 아무런 감정도 느끼지 않아 도대체 육욕이란 전혀 없고 예쁘지도 않고 매력도 없는 그런 여인을 말하는 건 아니다.

"정절은 한번도 간구된 적이 없었노라."고 어떤 시인도 말했지 않은가. 이 문제에 대해선 어느 지체 높으신 부인께서 아름다운 외모를 타고난 가까운 친구들에게 하는 얘기를 새겨들을 만하다.

"하느님께선 내게 당신들처럼 아름답지 못하게 태어남으로써 큰 은총을 주신 겁니다. 그렇지 않았다면 나도 당신네들처럼 남자들과 사랑을 나누고, 화냥질을 할 수도 있었을 테니까 말입니다."

무엇을 가지고 이렇게 정숙한 미인들을 찬양할 수 있겠는가. 그녀들 역시 같은 본성을 지녔는데.

종종 우리는 이런 여인들에 대해 잘못 생각할 수도 있다. 사람들은 여인들이 보여주는 검소한 옷차림과 말씨를 보고 그 여인들을 경건하고 신중하며 빈틈없으면서도 겸손하다고 평가한다. 그래서 속으로는 육욕으로 가득 찼으면서도 겉으로 드러내는 그럴듯한 분위기 연출로 자신들을 아주 정숙하고 순결하며 정숙한 여인으로 보이게 만든다.

한편 또 다른 여인들은 타고난 상냥함과 장난스런 말투, 경쾌한 몸짓, 유행을 따르는 화려한 옷차림 때문에 흔히 언제라도 자신을 내던질 수 있는 바람둥이로 오해받기 쉽다. 그렇지만 세상 사람들 앞에서 역시 여자인 그들의 육체는 잘 숨겨져 있는 만큼, 감춰진 진실은 누구도 알 수 없는 것이다.

많은 예 중에서 티투스 리비우스[19]와 보카치오[20]가 예로 들었던 클라우디아 퀸타라는 여인에 대해 이야기하고 싶다. 그녀는 사람들이 꺼려하는 새로운 유행과 밝은 색상을 좋아해서 화려하고 점잖지 않은 옷차림으로 로마에서는 그녀의 명예에 상처를 주는 아주 나쁜 소문이 늘 뒤따랐다. 그런데 여신 키벨레[21]를 맞아들이는 날 그녀는 모든 소문을 잠재울 수 있었다. 많은 여인들 중 그녀가 여신 키벨레를 배 위에서 맞이하고, 여신의 손을 잡아 로마로 이끄는 명예와 영광을 안았다. 모든 선남선녀들 중 가장 선하고 순결한 이가 이 임무를 맡는 영광을 안게 될 것이라고 말해 왔던 것이다. 우리가 갖고 있는 편견들이 이렇듯 여인들을 그릇되게 판단하게 만든다는 걸 잘 보여주는 예이다. 다른 일에서와 마찬가지로 사람을 평가하기 전에 진실을 아는 것이 그 무엇보다 중요하다.

애정 놀음의 덕목과 예절

바람을 피우더라도 반드시 지켜야 할 덕목과 예절이 있다. 그것을 말

---

19) 키벨레를 맞아들이는 도시에서 가장 앞장선 여인들 중 클라우디아 퀸타라는 여인이 유명하다. 그러나 그녀의 명성에는 의혹이 제기되는데, 이전에는 많은 사람의 눈길을 끌었던 여인이 후에는 아주 경건함과 정숙함으로 가득한 여인으로 알려지게 되었다. 티투스 리비우스, XXIX, 14

20) 『데카메론』에서.

21) 그리스-로마에서 존재하는 성녀. 흔히 위대하신 어머니, 위대한 여신, 여신들의 어머니 등의 이미지로 재현되고 의인화된다. 로마에서 공식적으로 그녀를 '마그나 마테르(Magna Mater)' 라는 칭호로 불렸다.

하기 위해서 내가 존경하는 부인[22]의 글을 빌리고 한다. 어느 날 부인의 방에 들어섰을 때 부인께선 직접 써내려 간 짤막한 이야기를 내게 보여 주셨는데 영감이 뛰어나고 이야기를 즐기며 사랑에도 아주 익숙하신 그분의 이야기는 이렇게 시작된다.

"바람을 피우는 일이 가져다 줄 수 있는 아름다운 특성들이 많다. 그 중에서도 두드러지는 것 중 하나는 바람을 피우는 일을 통해서 우리의 본능에 쾌감과 만족감을 주기 위해 정신이 얼마나 세심하게 작용하는가 하는 점이다. 사랑의 기교 속에서 행해지는 갖가지 묘책과 간계로 뿔을 만들어 내는 이가 누구인지조차 알 수 없도록 모든 걸 감출 수 있듯이 인간의 본성은 사랑의 행위 속에서 욕망과 관능적 욕구만을 채워주는 데 그치지 않는다. 그것이 가능할 수 있도록 필요한 책략을 만들어 내고 꾸며내야 하고 밤을 지새워야 하는데 그것을 가능케 하는 것이 바로 우리의 정신이다. 화 잘 내고 의심 많고 질투심 많은 남편에게 좋지 못한 일이 들키게 될 듯싶으면 재빨리 눈을 가려 속이고 진실을 캐려는 호기심을 다른 곳으로 쏠리도록 만든다. 그러고는 그에게 실망할 일은 어디에도 없으며 아내의 정절만은 지켜지고 있다고 믿게 만들어야 한다. 단순히 감추거나 두려워할 것이 없다고 솔직하게 털어놓을수록 남편으로 하여금 혹시 더한 방종으로 치닫는 건 아닐까 하고 걱정하게 만들 뿐이다. 요컨대 이런 어려움 때문에 더욱 확실하게 설득력을 갖기 위해선 단순한 배려에서 나온 행동이어서는 안 된다. 단지 몸속에 쾌락을 심고 쐐기를 박는 것에 그치지 않고 많은 뿔을 만들어 세우고 더 큰 기쁨을 채우기 위

---

22) 마르그리트 드 나바르.

해선 기지와 재치로써 우리의 정신이 더욱더 활발하게 움직여야 한다."

난 이 부인의 말씀을 수정하지 않고 그대로 인용했다. 이 글은 그녀의 경험을 토대로 시작되었으나 그녀는 자신을 드러내 보이고 싶어 하지 않았다.

그녀의 글은 그녀처럼 완벽함을 찾아 헤매는 선남선녀들의 사랑 이야기를 좇으면서 사랑의 외양은 결국 만족도의 표출이라는 논리로 전개된다. 완전한 향유와 소유에 이르기까지 어떤 형태가 있는 것은 아니다. 종종 사람들은 자기의 계산과는 멀리 떨어져 다른 극단에 와 있다고 느끼고 잃어버린 시간에 대해 극도의 회한을 품게 된다(이 마지막 말을 주목하고 신중하게 숙고해 보아야 한다. 왜냐하면 그 말들은 뭔가 꼼꼼히 따져봐야 할 부분이 있기 때문이다). 하지만 지나간 시간을 후회하지 않게 할 만큼 남자에게나 여자에게나 사랑에는 즐거움만이 있을 뿐이다. 이를 위해서 이 글을 쓰신 부인의 에피소드를 살펴보자.

그녀는 어느 날 자기의 기사와 숲에서 만나기로 약속했다. 그곳은 아름다운 오솔길을 따라 그들이 함께 산책을 즐기던 곳이었다. 그녀는 입구에서 시녀들을 따돌리고 아름답고 커다란 떡갈나무 그늘에서 기다리고 있는 기사를 발견했다. 때는 여름이었던지라 그곳에서 그녀는 자신이 쓴 글을 말로써 그대로 전했다.

"아주 작은 것을 위해 살고 있는 것이 아닌가 하고 삶을 의심하진 말아요. 델로스 섬에만 있긴 하지만 온통 뿔로만 만들어진 크레아통 사원을 가엾은 남편을 위해 건설해 보자구요."

이 기사가 건설의 기초를 어떻게 다졌을지 생각해 볼지어다. 이 부인께서 어떻게 남편을 조롱하는지 잘 보셨으리라 믿는다. 더없는 쾌감과 효과를 노리는 글이 아닌가. 그녀가 사용하는 단어 하나하나는 아주 능란한 그녀의 글과 그것의 청각화를 통해 효과가 극대화된다.

그녀의 글은 대단히 흥미로워서 내 글 속에 넣을까 했지만 그대로 인용하기엔 내용이 너무 길었다. 이야기가 여기에 오기까지 자기를 지나치게 칭송하는 기사에게 그녀가 자신이 아무리 기품 있고 아름답다 하지만 그녀의 장점들을 새로운 열정과 좀 더 자연스러운 방법으로 말할 수 있었을 것이라고 질책하는 사랑의 말다툼이 아름답고 길게 이어진다.

그녀는 자신의 의견에 설복시키기 위해서 그녀가 자기 글 속에서 특별히 명시하고 있는 사랑의 증거들을 실행해 보이라고 기사에게 요구한다. 합의가 이루어지고부터는 남편과 세상 사람들에 대해 대단히 뛰어나고 날카로운 온갖 사랑의 속임수와 간계와 술책을 보게 된다.

난 부인에게 이 이야기를 복사할 수 있도록 간청했다. 그녀는 흔쾌히 내 청을 받아들였으나 세상을 놀라게 할까 두려워 단 하나의 복사만을 허락했다.

바람을 피우는 데 있어 이런 덕목과 예절을 갖추어야 한다는 그녀의 생각은 옳다. 왜냐하면 애정 놀음을 하기 전에 그녀는 별로 세련되지 못했다. 그러나 이런 애정 놀음을 하면서 프랑스에서 이런 문제에서뿐 아니라 다른 모든 면에서 가장 재치 있고 세련된 여인들 중 하나가 되었다.

이렇게 변하는 여인이 그녀 하나가 아니다. 처음엔 아주 우둔하고 촌스럽기만 하던 수많은 여인들이 큐피드와 비너스 아카데미에 들어가기만 하면 채 1년도 안 되어 모든 면에서 아주 세련되고 기품 있는 여인이 되어 나온다. 내가 본 바로도 세련되지 못하고 보기 좋게 성공하지 못한 여자는 거의 없는 것 같다.

사랑의 계절 봄

또 새로운 질문을 던져본다면 1년 중 어느 계절에 가장 많은 뻐꾸기가 생겨나며, 어느 계절이 사랑하기에 가장 좋으며, 어느 계절에 아내며 과부며 처녀들의 마음이 가장 흔들리느냐 하는 것이다. 분명 공통의 목소리는 거칠고 우울한 겨울 동안 잠자고 있던 몸과 마음을 깨어나게 하는 봄이라고 할 것이다.

왜냐하면 모든 새와 짐승들이 봄기운을 느끼면서 사랑에 몰입하게 되고, 그들과는 또 다른 성적 본능과 감정을 갖고 있는 인간은 더욱 심하게 봄을 느낀다. 특히 몇몇 철학자와 의사들의 의견에 따르면 여성들은 다른 어느 때보다 이 계절에 더 큰 열정과 사랑에 빠진다고 한다. 많은 아름다운 부인들이 절대로 외도 같은 건 하지 않는 존경스러운 부인들까지도 다른 계절보다 이 따스한 봄에 더욱 감정이 풍부해지고 예민해져서 새싹이 돋는 것을 느끼며 암말과 수말처럼 아니스 향을 풍긴다. 누군가의 맨살을 만질 수 없다면 꼬챙이처럼 마르다가 사랑에 이르게 되면 맹세컨대 그때부터는 누구보다도 관능적이 된다.

일생동안 서너 차례 애인을 가졌던 여인이 있는데 그녀는 특별한 유도 없이 왠지 모르게 연애를 하게 된 것이 항상 봄날이었다고 회고한다. 특히 1년 열두 달 중 4월과 5월은 비너스에게 가장 많이 바쳐지는 달이다. 그때부터 여인들은 그 어느 때보다 치장하고 자기 몸에 신경을 쓰고 꼼꼼하게 장식하며, 야하게 화장을 하고 경쾌한 빛깔의 옷을 입는다. 옷매무새와 태도의 이 모든 새로운 변화는 모두 음탕한 일을 시도하고, 서서 걷는 지상의 모든 뻐꾸기와 4, 5월이면 공중을 날아다니는 모든 것들을 늘리려는 수작일 뿐이다.

게다가 아름다운 여인과 처녀들과 과부댁들이 숲속이나 사냥터, 공원, 초원, 정원, 집 안의 작은 뜰, 그 외의 기분 전환이 되는 곳을 산책하면서 새들과 갖가지 동물들이 서로 사랑을 나누며 서로를 탐하는 걸 볼 때 어찌 살 속 깊은 곳에서 이상한 자극을 느끼지 않으며 갑자기 그에 대한 치유책을 찾고 싶어 하지 않겠는가.

게으르게 길들여진 참새나 비둘기처럼 집 뜰에서 들판에서 새들과 동물들이 짝짓기나 하고 씨를 뿌리고 새끼를 낳고 나무에건 풀 위에건 번식해 놓은 걸 보면서 선남선녀들이 뜨거운 열기도 불꽃도 사랑도 채 느끼지 못하면서 서로 마주보며 몸을 섞는 것도 설득력 있는 본보기 중의 하나다. 따라서 어느 스페인 여인이 너무 이성적이고 공손하기만 한 기사에게 이렇게 말했다.

"보세요, 점잖으신 기사님. 모든 사랑은 원초적인 것에서 이루어지고 승리를 이끌어 내는 거라구요. 당신은 옆으로 누워 그렇게 쓰러져 있으면 되는 거예요."

봄이 가면 그 자리엔 뜨거운 열기를 담은 여름이 온다. 하나의 열기는 또 다른 열기를 이끌어 내기 때문에 결과적으로 열기는 두 배가 된다. 그러나 어떠한 신선한 자극도 정액의 탁하고 뜨거운 목욕보다 더 잘 더위를 식혀줄 수 없다. 서로 상반되는 것으로써 치료하기보다는 서로 비슷한 것으로 열기를 식히는 것이다.

날마다 여인들은 맑고 시원한 샘물에 몸을 담그고 목욕을 하지만 그것은 아무 소용도 없다. 좀 더 시원하기 위해서 가볍게 입고 때론 자기 하고 싶은 대로 옷을 걷어 올리고 속바지만 입고 그 위에 베르튀가댕[23]만 걸치고는 물속으로 뛰어든다. 그러나 눈길을 잡아끈다. 여인들은 한

꺼풀 벗은 인형처럼 하얗고 아름다운 자신을 보며 순간 몸속에서 정욕이 일며 유혹이 이는 걸 느낀다. 이 때문에 남자를 찾게 되고 뜨겁게 불사르고 싶어진다. 그러나 그렇게 쉽게 실행에 옮길 만큼 어리석은 여자는 그리 많지 않다.

아름다운 침대에 누워 잠자리에 들 때면 시트나 얇은 홑이불조차 견디어 낼 수 없어 아무것도 덮지 않은 채 슈미즈는 반쯤 말려 올라가 거의 반라의 몸으로 잠이 든다. 아침이 되어 떠오르는 태양이 여인의 몸 위로 비치면 자신의 몸을 골고루 아주 잘 보게 되면서, 애인을 원하며 그들을 기다린다. 그런데 정말 그 순간에 그녀를 안아줄 남자가 방에 들어선다면 끔찍이도 반가이 맞아들일 것이다. 여인들의 말을 빌면 하루의 어느 때보다도 바로 이 시간이 포옹하고 쾌락을 느끼기엔 최상의 시간이라고 한다.

"한밤의 부드러운 열기와 더위에 절어 잘 익은 그것은 아주 맛이 뛰어나고 좋답니다."

"6, 7월엔 입술이 마르고 비너스가 건조해진다."는 옛말이 있다. 한편 8월은 계절이 그들의 몸을 덥히고, 삼복의 무더위가 지배하여 무엇을 해야 할지 모르는 위험스러운 남자들의 계절이다. 설사 그들이 마음속에 타오르는 촛불을 여인들에게서 불태우려 한다 해도 여인들은 굴러온 행운을 특별하게 생각하지 않는다. 모든 달, 모든 계절 언제나 어떤 신호라도 그녀들에겐 좋으니까.

그래서 정숙하면서도 정열적인 여인들의 더위를 식혀줄 수 있는 여름의 좋은 과일들이 뜻밖에 많이 나와, 각자의 기호와 형편에 따라 어떤

---

23) 스커트를 퍼지게 하기 위해 스커트 안에 받쳐 입는 고래 뼈의 테.

이는 조금만, 어떤 이는 많이 먹는다. 그것을 먹지 않으려고 식욕을 억누르자면 가슴속의 열기는 더욱 뜨겁게 타오를 뿐이다. 게다가 몸을 시원하게 식혀주는 과일이 있는 반면 몸을 더 덥게 만드는 과일이 있는데 여인들은 나중 것을 더 좋아하며 달려가는 경향이 있다. 그것은 이 열기를 식혀줄 처방전에 따라 삿갓버섯과 느타리버섯 등 각종 버섯과 파와 새로운 고기 등으로 먹기 좋고 간편하게 즐길 수 있게 요리한 수프나 샐러드 같은 것들이다. 쾌락과 방탕에 익숙하여 어떤 별난 요리도 해낼 수 있는 요리사인지라 의사 선생께서도 안심하고 처방을 내릴 수 있다. 만약 어떤 닳고 닳은 바람둥이 기사라면 이 장황한 수다를 잘 이해할 것이며 나보다 훨씬 더 잘 행동으로 옮길 수 있을 것이다.

이렇게 맛있게 먹은 뒤부터는 남편이나 애인들은 정신을 똑바로 차려야 한다. 만일 당신이 완벽한 요리를 준비하지 못했다면 위신은 형편없게 되고 말 테니, 마님들께선 새로운 요리를 맛보기 위해 당신을 떠나고야 말 것이다.

또한 거기에서 그쳐서는 안 된다. 좀 더 새로운 과일이어야 할 뿐 아니라, 정원이나 들판에서 나오는 흔한 과일에는 얼마 전부터 새로 만들어 낸 피스타치오와 잣가루를 넣어 만든 향신료를 첨가한다든지, 약제사들이 조제한 향신료를 넣어야 한다. 특히 다른 계절에 비해 여름철에 많이 나오는 수탉들의 볏과 거시기를 집어넣어야만 여인들은 만족한다. 겨울엔 갓 나와서 아직도 따뜻하며 기운이 샘솟는 어린 것만큼 건강하고 깨끗하지 못한 늙은 자들이 많이 죽어가지만, 역시 여름엔 어린 닭과 중간 닭들의 대학살이 이루어진다. 이것이 사랑을 위해서 여름이 줄 수 있는 최고의 쾌락과 즐거움이다.

세심한 요구에 따라 잘 배합한 양념에 어린 닭, 말랑말랑한 속 부분을 넣은 아티초크와 다른 여러 가지를 넣어 따끈하게 만든 식욕 돋우는 요리를 먹을 때에 포크 끝에 아티초크나 피스타치오 또는 다른 야채덩이가 잡혀 입안에 들어오면 슬프고 실망한 얼굴로 "블랑슈"라고 중얼거리고 연한 수탉이 입안에 들어오면 환희에 찬 목소리로 횡재라도 한 듯 "베네피스"를 외친다.[24]

계절이 바뀌어 가을에 접어들어도 가을의 앞쪽 절반은 우리에게 또 다른 풍성한 과일과 새로운 어린 가금들을 가져다 줄 수 있듯이 여자들은 남자 분들께 여름과 초가을에 나오는 어린 닭이나 혈기 넘치는 중닭이 되어 주길 요구한다.

쌀쌀한 늦가을에 이어 본격적인 겨울에 접어들면서 열기에 넘치는 계절처럼 활기 있게 새로운 것들을 거두어들일 수 없게 되면, 겨울은 따뜻한 열기와 음욕을 생겨나게 해주는 좋은 소모기[25]처럼 남자들로 하여금 능력껏 새로운 걸 만들어 내길 강요한다.

당나귀들에게 엉겅퀴는 여름엔 괴로움을 줄 뿐이지만 겨울엔 부드러움과 따뜻함을 주어 그 위에서 더 활기 있고 즐거운 때를 보낼 수 있다. 따라서 남자들은 추운 겨울에 알맞게 만든 새로운 샐러드를 제공할 수 있어야 한다. 게다가 이렇게 만든 샐러드에 향수 가게나 약제사 혹은 떠돌이 약장수에게서 구할 수 있는 신비한 약을 소스에 잘 섞어야 하며,

---

24) 블랑슈 게임은 15, 6세기에 대단히 유행하던 게임이다. 그 이름이 가리키듯, 흰색이 게임을 좌우하며, 부정적 결과를 가져다준다. "블랑슈(흰 카드)"라고 말하는 건 흰 카드를 가짐으로써 자신의 실패를 확인하고 이를 모두에게 알리는 말이다. "베네피스(은총, 이익)"이라고 말하는 건 기사(V=J), 담므(D=Q), 혹은 왕(R=K)(그 중에서 하트의 왕이 가장 높다)을 갖고 있어 이길 수 있음을 확인했을 때 외치는 말이다.
25) 보풀을 세워주는 기계.

뜨거운 수프에도 역시 이 묘약을 넣는 걸 잊지 말아야 한다.

그러나 이런 노력에도 불구하고 추운 겨울을 이겨낼 만큼 열기가 충분치 않다고 느끼면 여인들은 이런 말을 할 수도 있다.

"우리 몸을 무겁게 하는 의복이며 털옷들은 겉은 따뜻하게 해줄 수 있는데 어째서 몸속은 데워줄 수 없는 건지 참 이상하지요?"

그러면 남자들은 이렇게 말한다.

"그녀가 갖고 있는 뜨거운 열기를 대체 무엇으로 더해 줄 수 있겠소. 이건 실용주의에 위배되는 거라구요. 그녀는 어느 때 누가 공격해도 아무것도 더하지 않고도 있는 그대로 대처할 수 있는 열기를 충분히 갖고 있는데 당신이라면 무엇을 할 수 있단 말이오? 어쩌면 그 여자들은 자기의 뜨겁게 끓는 피가 혈관 속에서 위축되고 줄어들어 몸이 얼어붙지나 않을까 두려워할는지 모르겠소."

그러면 그녀들을 그냥 내버려 두어 보라. 그것이 그녀의 착한 남편에게도 좋은 일일 테니까. 여자들이란 아주 쉽게 뜨거워지기 때문에 누군가가 그들에게 아주 작은 사랑이라도 주면 금세 사랑에 사로잡혀 풍자에서처럼 가엾은 뻐꾸기 남편과 뿔 달린 남편을 만들어 버리고 만다.

정숙하신 마나님들께선 한술 더 뜨시는데, 그녀들은 자기의 정부가 행위에 들어갔을 때, 너무 부드러워지지 않을까 안타까이 여긴다. 그래서 그들의 용기를 북돋워주고, 더 나은 쾌락과 그 행위에서 이끌어 낼 수 있는 최상의 성과를 위해 스스로가 좋은 양념을 만들고 탕을 끓이고 수프를 준비하기도 한다. 그러면서 한편으로 상대는 상대대로 좋은 요리를 만들도록 요리법을 일러준다. 그런데 어떤 이들은 자존심 때문에 일을 그르치고 만다. 여주인께서 준비한 탕을 받아보고는 그것이 너무 지나치다고 생각해서 자기가 준비해 둔 탕을 먹고 자기가 만든 양념을 이용하길 주장하면서 모든 일을 주도하려 든다. 이럴 때 여인은 이렇게 답한다.

"당신은 이해할 수 없을 정도로 내게 반발하는군요." 이런 식으로 손이 안 맞는 작업을 하다 보면 만족스러운 식도락을 즐길 수 없다. 여주인께서 이야기한 것을 요리사가 제대로 만들지 못했거나 첨가해야 할 재료나 묘약을 너무 아꼈거나, 훌륭하신 여의사님을 위해 모든 채비를 미처 못 하였거나 그의 몸이 여주인에게서 취할 것과 여주인께 돌려드려야 할 것을 제대로 해내지 못했다면 임무에 임했던 기사는 영영 놀림감밖에는 안 되고 만다.

이러한 모든 약초와 약들, 고기와 여의사는 누구에게나 똑같이 적용되는 것은 아니다. 그것이 어느 누군가에게 적용되면, 다른 이에게선 블랑슈, 즉 실패하고 만다. 여인들은 남편이나 정부, 혹은 몇몇 밤의 쓰레기와 새로운 밤을 지내면서 상대가 주도하는 특이하고 상상을 초월하는 방식에 따라 독특한 사랑의 전쟁을 치른 뒤, 여전히 그저 따뜻하기만 한 고기를 먹으면 아무런 욕구도 일지 않는다며 투덜거리고 귀에 거슬리는 투정을 해댄다. 어찌 이리도 간사한지 하느님이나 아실 노릇이다.

겨울의 만찬을 주도하는 마님들께선 뜨거워지기 위해 더운 음식을 먹어야 한다고 말만 하는 것이 아니라, 다른 계절과 마찬가지로 좋은 겨울을 보내기 위해서 준비해야 할 음식 조리법을 충분히 알고 있다. 충분한 경험을 갖고 있는 이 마님들은 사랑을 위해서도 역시 독특해야 한다고 말한다. 겨울은 어둡고, 침울하고, 우울하며, 조용하기 때문에 사랑을 나누기 위해서는 숨겨진 장소나 어둡고 외진 곳이거나 구석방, 혹은 사랑을 잘 낳게 해주는 따뜻한 불길이 있는 벽난로 가까운 곳이어야 한다. 오래오래 밀착

되어 있으면서 음탕한 열기는 여름날의 태양처럼 뜨거워질 것이다.

따라서 다른 사람의 눈에 띄지 않으며 어렵게 숨어들어야 하는 어두운 침대와 벽 사이의 공간이 아주 안성맞춤이다. 한편 돔을 데워주는 불가까이 있으면서 한 쪽으로 치워져 있는 침대나 옷 궤짝 위에 앉아 사랑을 나누는 또 다른 이들은 아주 가까이 밀착되어 있는 이들을 보면서 추위를 덜 느끼고 서로 몸을 따뜻하게 하려는 것이라 생각하거나 혹은 사랑을 나누는 데 불꽃이 몸에 튈까 뒤로 물러난 것이려니 생각하며 그들만의 사랑에 탐닉한다.

그러면 침대 안에 있을 때 누가 가장 좋은가? 사랑의 즐거움을 느끼기엔 오히려 불편스러우리만치 땀을 흘려야 하는 여름철의 극심한 열기를 겨울에는 조금도 느끼지 않는다. 그건 끌어안고 서로 몸을 죄며 키스를 나누고, 부드럽게 서로의 체온을 높여가는 모든 사랑하는 남녀의 커다란 기쁨이다. 이 방면의 전문가인 의사 분들의 의견에 따라 너무 밀착해서 세차게 끌어안는 대신 충분히 거리를 두는 것이 좋다고 여인들은 말하지만, 남자들 편에서는 여름보다 겨울에 더 쾌감을 느끼며 열정적이고 익숙하다.

오래전 한 공주께서는 이 문제에 대해 깊은 통찰력으로 이야기하며 글로 남긴 적이 있다. 그녀는 겨울을 가장 좋아하며 겨울만의 독특함 때문에 사랑하기에 아주 좋음을 노래했다. 그 내용이 마음에 들어 오랫동안 책상 속에 간직해 두었는데 이제 내 이야기 속에 넣어 볼까 한다. 아마도 여러분들께선 겨울이 사랑을 위해 갖는 특이하고 야릇한 성격을 보게 될 것이다.

내가 아는 어느 지체 높으신 귀부인께서는 뛰어난 미모를 가졌으나 남편을 잃은 지 그리 오래 되지 않았기 때문에 화려한 옷을 입고 무도회에 가는 일을 삼갈 수밖에 없었다. 따라서 저녁 식사 후 무도회가 있었지만 많은 사람들과 어울리는 일을 삼가고 어린 아들과 규방에 조용히 은거한 채 지냈다.

그런데 그녀가 사랑하고 길들였던 옛 애인이 찾아왔다. 그는 그녀를 지켜주는 시동생과 인사를 나누고는 그녀와 식사를 하며 시간을 보냈다. 그러나 그때부터 둘은 옛사랑을 되새기며 새로운 사랑을 시작하게 되어 이듬해 두 번째 결혼을 하기에 이르렀다. 이 사랑의 사건 이후 모든 정황을 고려해 보면서 나는 연애사업을 벌이는 여인들에게 겨울만큼 사랑에 적합한 계절은 없다고 여기게 되었다.

결론적으로 말하면 모든 계절은 나름대로 사랑에 알맞은 특성을 갖고 있다. 순간순간을 잘 포착하는 선남선녀들의 마음의 변화에 따라 각 계절은 각자의 목적에 유용해진다. 마르스의 전쟁은 모든 계절, 어느 때고 일어나며, 그는 언제고 자기가 원하는 때에 자기의 병사들을 동원하여 무장시키고, 독려해 전장에 보내고, 승리를 쟁취한다. 비너스도 마찬가지다. 그녀가 전투에 임한 선남선녀들을 어떻게 배치하여 좋은 군사로 만드느냐가 중요할 뿐, 계절은 거의 상관없을 뿐더러 어떤 특별한 배려나 선택은 중요하지 않다.

또한 열기를 더해 주기 위해서 혹은 좀 더 시원하게 욕구를 풀기 위해 사용하는 약초, 과일, 환각제, 또는 돌팔이 의사들의 조언이나 어떤 인공적인 방법도 사실은 사랑의 승리를 좌우하지는 못한다. 그 방면에서 크게 이름을 떨치던 한 여인의 예를 보면 이를 이해할 수 있을 것이다.

어린 나이에 이미 그녀의 피가 뜨겁게 끓는 체질임을 간파한 어머니는 창녀의 길로 인도해 버렸다. 그녀는 30년간 매식사마다 매자나무 즙을 사용해 왔다. 이 매자나무 즙은 프랑스에서는 참소리쟁이(Oseille)라고 하는데, 고기요리에도 넣고 수프나 탕을 끓이는 데도 넣고, 또는 아무것도 섞지 않고 그 즙을 한 사발씩 마시기도 한다. 즉, 그녀가 모든 음식에 사용하는 소스는 바로 이 매자나무 즙뿐이었다. 그런데도 그녀는 언제나 신비로운 젊음을 유지하여 마침내는 지극히 이름 높은 고급 창녀로서 명성을 고수하였다. 열기를 더하기 위해 그녀에겐 다른 어떤 혼합액도 필요치 않았다. 그렇지만 사랑에 좋다는 다른 많은 것들을 그녀가 굳이 피했다는 말은 아니다.

지금까지 나는 많은 이유와 예를 들어가며 두서없는 이야기를 장황하게 늘어놓았는데 이젠 이쯤에서 끝을 낼까 한다. 같은 뼈다귀만 갉으며 놀 수는 없지 않겠는가. 또 다른 여인들과 또 다른 계절의 이야기를 들려줄 나보다도 훨씬 더 유능한 떠벌이에게 펜을 넘기련다. 그리고 겨울이 되고 싶다던 한 스페인 여인의 욕망과 바람에 나도 동참해 보련다.

그녀가 바라던 계절인 겨울이 된다면, 타오르는 불처럼 그녀의 연인은 겨울인 그녀가 가져온 매서운 추위를 자기에게서 녹이게 해 줄 것이며, 그녀를 열기 속에 몰아넣는 기쁨을 가지게 된다. 그 열기를 취하며 마침내 그녀가 뜨겁게 달아오르면 자기의 연인을 더 큰 흥분 속에 몰아넣어 또 다른 불을 당기고 방탕한 열기를 오래오래 지속시키기 위해 이불이나, 옷 속에 감추어진 자신의 은밀한 부분을 편안히 볼 수 있게 양다리를 한껏 벌리고 치마를 걷어 올리면서 있는 그대로의 자신을 보여주어 기쁘게 해주고 싶어 한다.

그리고 봄이 오면, 그녀는 그의 연인인 아름다운 꽃의 정원으로 머리와 목과 가슴을 장식하고 시트 안에서 완전히 벗은 그녀의 몸은 꽃 속에서 뒹군다.

그 다음엔 여름이 되어, 아름다움과 신선한 물속에서 그녀를 받아들이고자 하는 맑은 샘물이며 반짝이는 시냇물인 그녀의 연인은, 그녀가 그곳에 달려가 목욕을 하고 즐길 때면 아름답고 색정적인 몸 구석구석을 어루만지며 마음껏 그녀를 바라볼 수 있다.

끝으로 서늘한 가을이 되면 지난 시간의 만족한 순간들을 돌아보고 정관할 수 있는 감성과 이성과 의식을 갖춘 처음의 모습인 여자와, 그녀의 연인인 한 남자로 다시 돌아간다. 그러고는 그들에게 가장 감미롭고 적합한 계절이 어느 계절인가를 알아내기 위해 이야기를 나누며 아름다운 과거를 상상하고 꼼꼼히 떠올리며 살아가길 원한다.

정숙하신 부인께서 우리의 사계절을 어떻게 나누고 비교하는지 이렇게 보여주었다. 이 네 가지 형태 중에서 어느 것이 더욱 감미롭고 우리 마음을 즐겁게 하는지 보여주는 이 뛰어난 화술의 판단에 나도 따르도록 하겠다.

정숙한 여인에게 보내는 글

이젠 뻐꾸기에 대한 이야기를 단념할 시간이 되었다. 누가 이 다양한 종류의 뻐꾸기를 더 많이 잘 알고 싶어 할 것인가.

뻐꾸기 한 마리가 다른 뻐꾸기를 이끌어
그들은 언제나 고통 속에 살아가고
다른 뻐꾸기 한 마리가 날아든다.

15, 6년 전 궁 안에 퍼져 있던 오래된 노래의 한 구절을 떠올리면서 나는 이장의 어떠한 이야기라도 읽게 될 모든 정숙하신 여인들에게 바

란다. 만일 읽게 된 어떤 부분이 다소 기름기가 많고 소스가 좀 맵다 하더라도, 재료를 분간하기 어렵게 좀 더 잘 요리하지 못하는 나의 미숙한 솜씨 때문에 거기에 첨가할 수밖에 없던 꼭 필요한 소스가 들켜버린 것이므로 용서하길 바란다.

또한 내가 괴상망측한 이야기만을 예로 들었다고 생각한다면, 고결하고 정숙한 이야기로 그것들을 잘 덮어주지 못한 것뿐임을 말하고 싶다. 다만 내 책을 읽어주시는 영광을 베푸신 정숙하신 분들께 고통을 안겨 드리게 되지나 않을까 심히 염려스러울 뿐이다. 또한 여러분들께서 지금까지의 이야기들은 돈 있고 지체 높으신 큰 도시 사람들의 이야기일 뿐 천하고 상스러운 하층민들의 이야기는 아니라고 말씀하신다면, 위대하시고 지체 높으신 분들만 침대에 누우시는 것이 아님을 보여주고자 좀 더 상스럽게 말해 보련다. 물론 이름은 거론되지 않을 터이니 어느 누구도 스캔들을 염려하실 필요는 없으시리라.

당신네 남편을 한낱 새로 바꾸어 버리는 여인들이여
그대들은 조금도 지치지 않고 여전히 아름답구려.
그들의 최초의 살갗을 그대로만 내버려둬 준다면
그들은 당신네들을 보배로 간직할 것이로다.
남자란 새가 되기보다는 힘을 쓰고 싶어 하노니
당신을 욕되게 하진 않을 것이외다.

착한 남편 머리에 조용히 뿔을 달아주는
사랑스런 여인을 욕하는 자여

그건 욕이 될 수 없는 쓸데없는 수다일 뿐이오.

왜냐하면 그녀들은 자선을 베풀고 박애주의를 실천하는 것뿐이니까.

자선은 베푸는 것이라는 법칙을 지키면서

울고 있는 나팔을 기만할 수는 없잖은가.

-옛 문서들 속에서 찾아낸[26] 〈사랑놀이에 관한 오래된 시〉

젊음이 뛰노는 사랑 놀음은

장기판에 비교할 수 있으니

장기판 위에서 담므(여인)를 쓰러뜨리고 나면

트릭트락을 준비하기에 알맞다.

그러고는 자기 몸만 지키면 된다.

어떤 것은 얌전히 있고

힘겨운 게임을 하는 이는 즐거운 마음으로 시간을 보낼 수 있으니

품위 있는 게임이 아니겠는가?

그러나 일직선을 찾아내지 못하면

고통스런 큰 게임이 뒤따른다.

이 분명한 선, 일직선(Raye Nette)이라는 말은 두 가지 의미로 해석된다. 하나는 트릭트락 게임에서 일직선을 만드는 걸 의미하고, 또 하나는 사람들이 즐기는 여인과 분명한 관계를 만들지 못하면, 고통과 힘겨운 병만을 얻게 된다는 말이다.

---

26) 루이 페르소는 브랑톰의 『내 젊은 사랑의 시집』을 엮어 내면서 이 10행을 빠뜨렸다.

CHAPTER
4

사랑에 있어 가장 만족을 주는 것은
접촉하는 것인가, 보는 것인가, 아니면 말인가

Les Dames galantes

———

자신에 대한 상대의 애정을 확인하겠다고 철학적인 돌머리를 굴리고 있는 남자를
이렇게 골리면서 혼자 비밀스런 쾌감을 느끼는 것이다.

———

사랑의 쾌감을 위한 제안

사랑에 관해 나보다 더 뛰어난 화술자에 의해 깊이 다루어질 수 있는 중요한 문제는 바로 이것이다. 사랑의 쾌감을 가장 잘 느낄 수 있는 것은 접촉하는 촉감에서인가, 말인가, 아니면 보는 것인가.

모든 아름다운 일들이나 인문과학에서와 마찬가지로 자기의 직업인 법률학에서도 물론 최고의 권위를 지닌 파스퀴에[1] 선생께서 그의 편지[2] 속에서 위의 문제에 관해 우리에게 남긴 글이 있다. 그러나 그 글은 너무도 짤막하게 끝나고 있어 아쉬움을 남긴다. 그렇게도 위대하신 인물이라면 아름다운 언어들을 그처럼 아끼지 말았어야 했다. 또한 좀 더 자연스럽고 진실되게 말하고 이야기의 폭을 넓혔더라면 그가 남긴 글은 훨씬 더 재미있고 유쾌할 수 있었을 것이다. 그의 이야기는 샹파뉴의 티보 백작의 옛 시구에 기초하고 있는데, 사실 나는 파스퀴에 선생께서 쓴 이 짤막한 글밖에는 티보 백작의 것을 본 적이 없다.[3]

용감한 옛 기사 분께서 아주 의미 있는 문제를 제기했는데 언어 면에서는 오늘날의 연애시보다 많이 뒤떨어지지만 아주 뛰어난 의미와 감각을 보여준다. 그가 성 루이의 어머니이신 카스티유의 여왕 블랑슈를 깊이 사랑하고 애인[4]으로 삼았지만 정염을 불태우지는 않았다는 것을 보

---

1) 유명한 판사이며 법률학자인 에티엔 파스퀴에(1529-1615). 『프랑스를 찾아서(Recherches de la France)』와 22권으로 된 『편지(Lettres)』의 저자.
2) 이 내용은 롱사르에게 보낸 편지의 내용으로 폴리오 판 에티엔 파스퀴에 전집 2권 38페이지에 나와 있다.
3) 파스퀴에는 이렇게 적고 있다. "자기 여인에게 아무 말하지 않고 사랑하는 님을 느끼고 만지는 것과, 만지거나 접촉하지 않고 바라보고 이야기하는 것 중 어느 것이 더 만족감을 가져다 줄 수 있을까?" 이것은 샹파뉴의 티보 백작과 수아송 백작의 대화 중 티보 백작의 말을 인용한 것이다. 브랑톰은 티보의 글을 읽은 적이 없다고 고백하고 있는데, 사실 티보의 책은 1742년에야 라발리에르 주교가 그의 글들을 정리하여 『나바르 왕의 시』라는 제목으로 출간했다.
4) 플라토닉하고 기사도적인 의미로 쓰인 단어이다. 근거 없는 비방을 근거로 누가 무슨 말을 하건 블랑슈 드 카스티유에 대한 티보의 열정은 순수한 사랑의 경계를 넘지 못한 것으로 보이기 때문이다.

면 왜 이런 문제를 제기했는지 납득할 수 있다.

그런데 이 여왕에 대해 무슨 비난과 험담이 그리도 많은지 알 수가 없다. 그녀는 자기를 사랑하는 이들을 모두 감싸 안고 자기의 아름다움과 정절을 불살라 버릴 수도 있었지만, 현명하게 미덕을 지켰다. 그것이 사랑의 완벽함과 덕목 아니겠는가? 매사를 사랑하는 사람의 의지에 따라 흘러가게 내버려둘 수는 없다.

그녀가 권좌에서 나라를 다스릴 때에 프랑스가 분열과 소요와 전쟁에 휩싸였다는 걸 감안한다면 많은 사람들로부터 사랑을 받은 이 여왕을 비난하는 사람이 있다는 건 그리 이상한 일이 아니다. 국가의 분열은 나라의 여러 분당들에 대해서 만큼이나 사랑에 대해서도 분별력이 없어지고 흔들리게 만들었기 때문이다. 우리의 아버지들 시대 때부터 전해 오던 말이 있다.

"모두가 너나 할 것 없이 정열적인 여왕의 연인이 되고 싶어 한다."

어느 여왕5) 때문에 이 말이 생겨났는지는 정확히 알 수 없다. 어쩌면 티보 백작처럼 감히 자기가 원했던 여왕에게서 좋은 대접을 받지 못했거나, 모욕을 당했거나 혹은 자기보다도 더 그녀를 사랑하는 자가 있어 이 전쟁과 혼란 속에서 그를 절망 속에 빠뜨리고 패배로 몰았다는 원통한 생각을 마음에 품은 자들에게서 이런 말이 나왔을 수도 있다. 사실 종종 아름답고 위대하신 여왕이나 마님, 혹은 공주께서 한 국가를 통치하게 되면 각자 마음속으로 그녀를 위해 헌신하고 모시면서 존경해 받든다. 그러고는 그녀에게 크게 환영받는 인물이 되어 함께 나라를 지배하고 다스리는 양 허풍을 떨며 위엄을 부리고 특혜를 이끌어 내려는 생각을 품

---

5) 이자보 드 바비에르?

는다. 이런 일들에 대해 많은 예를 들고 싶지만 그냥 넘어가기로 하자.[6]

티보 백작께서 방금 이야기한 주제를 썼고, 파스퀴에 선생께서 우리에게 보여주었던 질문을 그가 했다고 한다면 호기심 많은 우리 독자들은 파스퀴에 선생께서 티보 백작의 시구를 있는 그대로 도용한 것인지 궁금하게 생각할 것이다. 왜냐하면 그것은 사치스러운 질문일 수도 있기 때문이다. 이젠 애정 문제에 관해 내 의견보다도 더 뛰어난 것 중에서 논할 만한 가치가 있다고 여겨지는 문제들을 짚고 넘어가는 데에 만족하는 것이 좋겠다.

우선 접촉에 관해 생각해 보자. 사랑의 성취는 즐거움을 누리는 것이고, 즐거움은 접촉 없이는 이루어질 수 없으므로 이 접촉이라는 것이 아주 기분 좋은 것임을 솔직히 고백해야 한다. 먹고 마시지 않고는 허기와 갈증의 고통을 덜고 가라앉힐 수 없는 것과 마찬가지로 사랑의 허기와 갈증도 대화와 바라보는 것만으로 해결되는 것이 아니라 살갗으로 느끼고 키스를 하고 비너스를 사용함으로써 채워진다. 어리석은 익살꾼 디오게네스 시니쿠스는 우스우면서도 한편 추잡스럽게 이 문제에 부딪혔다. 그는 배가 고플 때면 배를 문지르며 허기를 쫓았고 마찬가지로 사랑의 분노가 치밀어 오르면 음경을 문지르며 분을 삭였다.

잠자리 대가로 너무 많은 화대를 요구하던 라미아[7]에게 빠진 한 남자

---

6) 여왕 카트린 드 메디시스와 그녀가 총애하던 인물들을 총칭하는 듯함.

7) 라미아가 아니라 토니스이다. 데메트리우스의 플루타르크 27장 참조. "이집트에 토니스라는 바람둥이 여인을 사랑하게 된 남자가 있었다. 여자는 자는 조건으로 큰돈을 요구했으나, 남자에게는 그 엄청난 돈을 지불할 능력이 없었다. 깊은 사랑과 욕정에 사로잡힌 이 젊은이는 어느 날 밤 그녀 옆에서 잠을 자는 꿈을 꾸었다. 꿈속에서 그는 마침내 큰 즐거움을 느낄 수 있었고 쾌락을 실컷 맛보았다. 이 사실을 알게 된 여인은 이 젊은이를 재판에 회부하여 그가 상상을 통해 얻은 관능적 쾌락의 대가를 지불하게 해달라고 요청했다. 사건의 내용을 들은 판관 보코리스는 젊은이에게 그 여인이 함께 자는 대가로 요구했던 만큼의 돈을 항아리 안에 넣어 가져오라 일렀다. 그러고는 그것을 여인 앞으로 가져가 이리저리 손으로 만져보라 했다. 결국 그녀는 그것을 보고 그 그림자만을 갖는 데 그치고 말았다. 보코리스는 이렇게 말했다. "마찬가지로 상상이나 느낌은 단지 진실의 그림자에 지나지 않는 것이다." 이 일화는 다양하게 변형되어 많은 책에서 소개되고 있는데, 라블레의 제3의 책 37장, 라 퐁텐의 우화 제4부 4장 등에서 볼 수 있다.

는 그녀가 원하는 대로 해줄 수는 없어서 끙끙대며 그녀를 생각만 하고 지냈다. 그러다가 그녀에 대한 꿈을 꾸면서 혼자 사정하고 상상 속에서 자신의 욕망을 해결할 수 있었다. 이 사실을 알게 된 라미아는 그 젊은 이를 판사 앞에 데려가 자기가 그를 만족시켜 주었으니 대가를 지불토록 판결해 달라고 하였다. 그러자 판사는 젊은이로 하여금 그녀에게 지불해야 할 만큼의 돈을 가져와 돈 소리만 들려주라 명했다. 그리하여 젊은이가 꿈과 상상 속에서 자신의 욕망을 해결한 것처럼 그녀의 욕망도 같은 방식으로 해결시켜 주었다.

가면 속의 사랑

옛 철학자들이 짐짓 회피하려 드는 비너스의 능력을 사람들은 증명해 보일 수도 있을 것이다. 따라서 나는 이에 대한 이야기를 더 하고 싶어 하는 좀 더 섬세한 이들의 뒤를 따라가 보고자 한다.

인간에게 사랑의 열매는 결국 성적 쾌락 이외 다른 것이 아니므로 만지고 포옹하고 키스하는 것을 생각하지 않을 수 없다. 그런데 성적 쾌락이 보는 것과 말 없이는 아주 미약할 뿐이라고 의견을 가진 분들이 계시다면 나바르 여왕의 『백 가지의 새로운 이야기』 속에서 좋은 예를 보여줄 수 있다.

한 신사 분께서 밤의 어둡고 침침한 갤러리 안에서 한 여인과 여러 차례 사랑을 즐겼다. 하지만 그녀가 코와 눈을 가린 가면[8]을 쓰고 있었으므로 기분 좋게 욕망을 자극하고 짜릿함을 느끼게 하는 촉감의 쾌락에만 그

---

8) 가면(masque)의 사용은 샤를 9세 때에야 도입되었다.

처야 했다. 이 정도의 쾌락에 만족할 수 없었던 그는 대체 자기가 누구에게 이 짓을 하고 있는지 알고 싶어졌다. 그래서 어느 날 이 여인과 포옹을 하면서 검은 빌로드[9] 드레스의 어깨 뒤편에 살짝 표시를 해두었다. 식사가 끝나고 밤이 되어 여인들이 무도회장에 들어서기 시작하자 그는 문 뒤에 숨어서 그들을 주의 깊게 살폈다. 마침내 어깨 위에 표시가 있는 한 여인이 들어오는 걸 보았는데 그가 전혀 생각지도 못했던 여인이었다.

이 순간 기절초풍할 듯 놀란 이는 누구이겠는가? 그것은 물론 숨어서 지켜보던 신사 분이었는데, 이 여인은 궁 안의 어떤 이들보다도 못한 것이 없다고 믿고 있던 여자로 그는 앉아서 행운을 잡은 셈이었다. 그런데 그는 거기에서 멈추지 않고 더 많은 걸 알고 싶어 했다. 그는 그녀가 왜 이렇게 자신을 숨기면서 남모르게 서비스를 받는지 알고 싶어 그녀에게로 다가갔다. 그러나 교활한 여인은 자기 영혼을 저주하면서까지 모든 사실을 부인하고 또 부인했다. 남들에게 알리고 싶지 않은 사실로 공격을 당하게 되더라도, 분명한 태도를 보인다면 그녀의 말이 사실이라고 믿게 되는 것이 여인들의 습성이라 생각했기 때문이었다.

그녀는 매우 불쾌해 했고, 이렇게 되니 이 신사 분은 굴러들어 온 행운을 놓쳐 버리고 말았다. 그녀는 분명 아주 좋은 상대였다. 그녀는 우선 키가 크고 육감적인 데다가 달콤하고 정결했으며 조심성이 있고 남의 눈을 속일 줄 알았다. 따라서 일을 이렇게 만들어 버리지만 않았더라면 그는 그녀와의 관계에서 부드럽고 섬세하며 기분 좋은 성적 쾌락과 함께 또 다른 쾌감을 얻어 냈을 것이다. 그 쾌감이란 모든 사람들 앞에

---

9) 빌로드는 "이 당시에는 지체 높은 권세가의 여인들이 아니면 늘 입을 수 없었다." 『엡타메론』에 있다.

서는 냉정함과 겸손함이 차분히 뒤섞여 있는 얼굴과 정숙하고 절도 있고 종종 못 마땅해 하는 듯한 말투의 여인을 바라보면서 그들이 함께 있을 때 그녀가 보여주는 음란한 몸짓과 광란적인 행위, 방탕스런 말투 등 자기만이 아는 그녀의 비밀을 생각하며 느끼는 쾌감이다. 그렇기 때문에 이 신사 분은 크게 잘못한 것이다.

방 안에 불꽃이 환하게 비쳐 줄 때와 똑같이 촛불 없이도 고기를 먹고 애정 행위는 계속되었어야 했다. 옛날이야기에서처럼 어떤 악마와 사랑을 나누고 있는지도 모르니 그녀가 누구인지 호기심을 갖는 건 칭찬해 줄 일이다. 흔히 악마들은 인간과 살기 위해 여자의 모습으로 변하고 여자의 모습을 갖추어 남자들을 속인다. 어떤 교묘한 마술사도 말을 흉내 내기보다는 여자의 얼굴이나 모습을 흉내 내는 데 더 익숙하다. 이런 면에서 보면 이 신사 분께서 보고 싶어 하고 알고 싶어 한 것은 당연하다. 말을 참고 억제하는 것은 보는 것보다도 더욱 그를 걱정스럽게 만들었고 그를 악마의 몽상 속에 빠뜨리게 했다. 그 때문에 그는 자신이 하느님을 두려워하고 있다는 걸 보여주었다.

그러나 모든 걸 알아내고 난 후에는 아무 말도 하지 말았어야 했다. 하지만 대체 무엇을 말하고 무엇을 말하지 말았어야 하는 건지! 우정과 사랑은 마음과 입으로 그것을 표현하지 않는다면 완전할 수 없다고 말할 수도 있다. 그 때문에 이 사랑의 기사는 마음속에 품은 것을 그녀에게 들려주고 싶어 했다.

그러나 그는 모든 걸 잃었을 뿐 아무것도 얻지 못했다. 하지만 이런 게임을 하기엔 냉철하지도 신중하지도 못하고, 철저하게 가장할 줄도 모르는 이 남자의 성격을 아는 사람은 그를 용서할 수 있을 것이다. 이 이야기는 나의 어머니를 통해서 들었으며 또한 나바르 여왕의 책에서도 이 연애 사건의 몇 가지 비밀을 보여주고 있는데 남자 주인공은 즉흥적이고 급하고 바람기 있는 불꽃같은 남자, 바로 나의 삼촌 라 샤테뉴레이다.

내 책에서나 나바르 여왕의 책에서나 될 수 있는 한 주인공들의 신분이 드러나지 않도록 이야기를 꾸몄다. 왜냐하면 위에서 언급한 나의 삼촌은 왕의 누이이며 공주이신 이 부인께 사랑의 봉사를 한 적은 한 번도 없었다. 이 일만 아니라면 그는 왕과 공주에게 신임이 두터운 사람이었다. 그 부인의 이름은 거명치 않겠다. 다만 그녀는 명예로운 우리 왕실의 공주이시며 미망인이었고, 궁 안의 어느 누구보다도 신중한 얼굴 표정을 보여주는 그런 분이었다.

내가 아는 어떤 마님께서는 기백 있고 멋진 어느 기사에게 반해서 앞서 이야기한 여인의 사랑의 방식을 흉내 내고자 했다. 그녀는 밀회 장소에서 나오면 곧장 자기 방으로 가거나 많은 여인들이 모여 있는 곳에 섞여 버려서 아무도 그녀의 비밀을 알 수 없었다. 이런 방법으로 그녀는 멸시당하고 바람둥이로 인식되는 걸 피할 수 있었다. 아홉 번째까지도 무사했으나 표시 때문에 결국 들키고 말았다. 그녀는 추문에 휩싸이고 불명예의 치욕을 안게 될까 두려워 곧바로 비밀스런 관계를 깨 버리고 다시는 밀회 장소에 가지 않았다.

어떤 이들은 그 기사가 자기 여인을 알아보기 위해 표시하는 걸 그녀가 모른 채 내버려 두었다면 더 큰 재미를 볼 수 있었을 거라고 말한다. 즉, 표시를 하게 내버려 둔 뒤에 그것을 살짝 없애버림으로써 이중의 쾌감을 느낄 수 있다는 것이다. 하나는 사랑의 만족감, 즉 자신에 대한 상대의 애정을 확인하는 것이요, 또 하나는 절대로 목표에 이르지 못할 것임에도 자기 여인을 밝혀내고 알아보겠다고 철학적인 돌머리를 굴리고 있는 남자를 이렇게 골리면서 혼자 비밀스런 쾌감을 느끼는 것이다.

프랑수아 1세의 마부였던 그뤼피[10]를 지체 높으신 한 마님이 보고는 홀딱 반하여 사랑에 빠지게 되었다. 그는 보통 때에도 모두가 미남 그뤼피라고 부를 정도로 아주 빼어났다(베르사유 박물관에서 그의 초상화를 볼 수 있다).

그녀는 믿고 신임하는 시종 한 사람을 다른 사람이 눈치채지 못하게 매수했다. 그러고는 어느 날 한 지체 높으신 마님께서 그에게 모든 걸 내맡기셨으니 점잖은 신사처럼 잘 차려 입고 있으라는 말을 그뤼피에게 전하게 하였다. 또한 그 마님께서는 궁 안의 어느 남자보다도 더욱 친밀한 관계를 원할 정도로 그를 몹시 사랑하고 있노라는 말도 전하게 했다. 그러나 그녀가 모든 사람들 앞에서 알리고 싶어 하지 않기 때문에 그뤼피는 이 부인이 누군지 알 수가 없었다.

잠자리에 들 시간이 되어 궁 안의 모든 사람들이 각자 물러나자 시종은 미리 약속된 장소에 와서 그뤼피를 만나 부인에게로 인도하였다. 그러나 협약에 따라 시종이 그를 이끄는 방이 어느 방인지 그곳이 어디인지 볼 수 없도록 흰 손수건으로 두 눈을 가리고 손으로 그를 잡아 인도할 뿐이었다.

이렇게 이 여인이 모든 조건을 제시하고 명령했기 때문에 시종이 말씀을 전하고 약속을 제시하기 전까지 그뤼피는 아무것도 알 수가 없었다. 그래서 다음날 답변을 듣게 되기까지 어떤 조건의 명령이 내려질까 궁금하여 온갖 상념에 빠져야 했다. 그에게 기다릴 장소를 일러주고, 데리러 올 시간을 알려주고, 인도해 주는 사람은 유일하게 그 시종이었고,

---

10) 사부아의 귀족 가문 출신으로 1518년 프랑수아 1세의 휘하에 들어갔다.

절대로 후회하지 않을 좋은 곳으로 그를 인도할 것이었으므로 오로지 시종의 입에서 무슨 명령이 전해질까를 기다릴 뿐이었다.

이렇게 약속은 이상스러운 조건으로 짜여졌다. 그렇지만 나라면 다음 약속을 통지할 때에 스페인 여인들처럼 3개의 S,[11] 즉 현명할 것(Sage), 혼자일 것(Seul), 비밀을 지킬 것(Secret)을 반드시 주지시키고 싶다. 한편 그 약속에 응하는 남자라면 자기의 여인이 3개의 F를 잘 갖춰주길 바라지 않겠는가. 즉, 못나고(Fea), 지저분하고(Flaca), 냉정함(Fria)을 피할 줄 아는 여인을 말한다.

메신저를 기다리며 그뤼피는 모든 걸 체념하게 되었다. 고통과 상상 속에 잠길 이는 누구이겠는가? 왕을 모시는 중책을 맡고 있는 그로서는 왕의 적들이 농간을 부려 왕에게 어떤 일들을 꾸미기 위해 자기에게 사람을 보내는 건 아닌지 하는 걱정도 들었다. 대체 어떤 여인이 메신저를 보내는 것일까? 키가 큰지 중간인지 아주 작은지, 얼굴은 아름답게 생겼는지 또는 그를 화나게 할 만큼 못 생긴 건 아닌지, 혹은 모든 고양이가 밤엔 다 회색이듯 별다를 것 없이 그게 그거일 뿐일까 등 여인의 명을 기다리는 그뤼피는 갖은 상념 속에 사로잡힐 수밖에 없었다.

복잡한 마음을 가장 가까운 친구에게 털어놓은 그뤼피는 위대한 사랑을 위해서는 두려워하거나 어렵게 생각하지 않아야 한다고 마음먹고 마침내는 위험을 무릅쓰기로 결정했다. 그리하여 다음날 왕과 왕비 그리고 궁 안의 모든 사람이 자러간 뒤 지정해 준 장소에 나가서 혹시 그 메신저가 누군가에게 꼬리를 밟히진 않는지 숨어서 지켜보다가 1초도 틀리지 않는 정

---

11) 세르반테스의 『돈키호테』 36장은 스페인에서 이런 식의 약자를 사용하는 예를 잘 보여준다.

확한 순간에 만났다. 상대는 그를 보자마자 "갑시다, 마담께서 기다리고 계십니다."라고 말하며 순간적으로 그의 눈을 가리고는 어둡고 좁고 알 수 없는 곳을 지나 여인이 기다리고 있는 방으로 들여보냈다. 그곳은 너무 어둡고 침침해서 아궁이 속에 들어앉은 것처럼 아무것도 볼 수가 없었다.

하지만 그곳은 그에게 뭔가 좋은 일이 일어날 듯한 희망을 주는 향기로운 냄새로 가득하고 편안한 마음이 되도록 해주는 아늑한 곳이었다. 그는 서둘러 여인의 옷을 벗기고 자기도 스스로 옷을 벗고는 그의 손을 잡아 이끄는 여인의 침대로 들어가 입을 맞추고는 애무하기 시작했다. 그녀의 아름다운 피부며 촉감, 뛰어난 이부자리 등 그의 손이 스치는 것은 모두가 감미로움 그 자체였다. 한마디로 모든 면에서 그는 만족스러웠다. 이 밤 동안 그는 모든 것이 갖추어진 융숭한 대접을 받았다는 걸 알게 되었고, 어떤 말도 입 밖에 내어선 안 된다는 것 말고는 그 어느 것도 그를 불쾌하게 하지 않았다.

행위를 하는 동안 그녀는 침묵을 지키지 않았다. 다른 사람과 마찬가지로 그녀와 이미 많은 이야기를 나누었던 경험이 있던 터라 그는 이내 그녀가 누구인지 알 수 있었다. 그녀는 장난스럽고 애교스런 말과 부드러운 애무와 손길, 그리고 온갖 애정의 표현과 음란한 몸짓을 조금도 아끼지 않았다. 그는 넘치는 호사를 누릴 수 있었다.

다음날, 동트기 무섭게 메신저가 그를 깨우러 와서 옷을 입히고 눈을 가린 뒤 처음 만났던 곳으로 데려다 주고는 이른 새벽이라 돌아가는 데까지 하느님의 가호가 있길 빌어주기까지 했다. 그러나 혹시 그가 쓸데없는 말을 하지는 않았는지, 그 밤이 그의 기대에 어긋나지는 않았는지, 좋은 밤을 보냈는지 메신저는 일체 묻지 않았다. 미남 그뤼피는 깊이 감사를 표하고, 협상 조건만 괜찮다면 언제고 다시 요구에 응하겠노라며 작별 인사를 했다.

이 축제는 약 한 달 가까이 계속되었다. 그러나 그뤼피가 나폴리로 여행을 떠나야 했기 때문에 그의 여인으로부터 휴가를 취할 수밖에 없었다. 그는 단 한 마디의 말도 하지 않았지만 한숨과 두 눈에 쏟아질 듯 가득한 눈물로 깊은 아쉬움의 작별 인사를 대신했다.

그 이후부터 이 여인은 앞에서와 마찬가지로 아주 좋은 순간을 제공하면서 다른 두세 명과 이런 식의 애정 놀음을 즐겼다고 한다. 이런 간계에 익숙해지면서 그녀는 대단한 구두쇠인 만큼 자기 것을 철저하게 아꼈고, 자신의 명예를 위해서 사랑의 봉사자들에게 선물하는 일이 없었다고 한다. 돈 많고 지체 높으신 마님들께선 많건 적건, 돈이건 반지건 보석이건, 혹은 값비싼 기호품 같은 것들을 베풀 수 있어야 한다. 그런데 이 꾀바른 바람둥이 마님께선 성적인 쾌락을 위해선 자기의 모든 걸 내던지면서도, 신분을 드러내지 않고 주머니 돈을 아꼈다. 절대로 자신을 알 수 없게 하면서 두 지갑을 다른 사람에게 나누어 주지 않았던 것이다.

어떤 이들은 그녀의 방식이 옳다고 여길 것이고, 또 다른 이들은 그녀를 비난할 테고, 또 다른 이들은 곰곰이 따져보고 애정 놀음을 이끄는 아주 좋은 운영 방침이라 할 것이다. 여기서 난 내 의견을 접어두고 가장 뛰어난 화술을 보여주는 이의 의견을 좇아가겠다.

파리의 네슬 호텔[12]에 머물고 있는 이 여왕[13]을 함부로 비난할 수는

---

12) 아모리 드 네슬이 지은 네슬 저택은 네베르 가, 앙주-도핀 가, 게네고 가, 현재의 화폐국, 그리고 오늘날 아카데미 드 프랑스 건물이 들어선 자리에 있던 필립-아물랭의 탑문에까지 이어졌다.
13) 이 여왕이 누구일까? 필립 르 벨의 아내인 잔 드 나바르? 마르그리트 드 부르고뉴? 이자보 드 바비에르? 정확하게 누구를 가리키는지는 모르지만 하여간 이 네슬 탑의 전설은 15, 6세기에 파리에 널리 퍼져 있던 이야기다.

없었다. 그녀는 감시인들을 잠복시켜 두고, 그녀를 비난하는 사람과 칭찬하는 사람을 알아내게 하였다. 혹 자길 비난하는 사람이 있으면 데려오게 하여 원하는 걸 이끌어 낸 뒤, 탑 꼭대기로 올려 보내고는 물속에 몸을 던져 익사케 하였다. 이것이 사실인지는 알 수 없으나 대부분의 파리 사람들은 이를 사실이라 주장하고 있다.

이건 차라리 사랑의 미숙아라 함이 옳을 것이다. 오늘날 대부분의 여인들은 좀 더 이성적이고 현명해서 바위나 대리석 덩어리보다는 서로의 생각과 말을 주고받는 연인을 원한다. 그래서 상대를 고르는 데는 신중하지만 일단 상대를 고른 후에는 서로를 알리는 데 주저함이 없고 세심하게 서로를 배려하면서 사랑을 나눈다.

그들은 정절과 합법적으로 확고부동한 관계를 지키면서 열정적으로 음탕한 사랑을 나누고 사랑의 쾌감을 함께 느낀다. 어두운 밤과 암흑, 침묵과 무언과 가면 속에서만 가능한 사랑이 아니라, 찬란하고 아름다운 태양빛 속에서 서로를 바라보고, 만지고, 포옹하고, 입 맞추며 도발적인 단어와 음탕한 말들, 아름답고 도색적인 화법으로 서로를 유혹하고 붙들어 둔다.

하지만 때로는 가면의 도움을 받기도 한다. 어떤 여인들은 햇볕에 너무 그을린 검은 얼굴이 나쁜 인상을 주어 좋은 기분을 망치는 것은 아닐까 걱정을 하고 또 어떤 여인들은 흥분을 하면 너무 뜨겁게 달아올라 주체할 수 없을 만큼 얼굴이 붉어지고 혼미한 지경에 이르게 되기 때문에 자신의 변화하는 모습과 혼돈스러운 태도가 상대를 경악케 하는 건 아닐까 하는 불안감을 가진다. 이런 염려와 불안감을 떨쳐 버리기 위해 가면을 쓰면 훨씬 자유로운 상태에서 좋은 쾌감을 끌어낼 수 있다. 가면은 모든 걸 감추고 또 이렇게 사람의 마음을 가라앉혀 준다.

언어적 기교의 효과

나는 지금까지 서로의 얼굴은 보지도 않고 말도 나누지 않으면서 정사를 이끄는 몇몇 여인과 기사들에 대한 이야기를 했다. 어떤 면에서 보면 그들은 열정과 열기를 주고받는 우정이나 애정 따위를 근심조차 할 필요 없이 원초적이고 관능적인 갈망에 의해 행동하는 야만적인 짐승을 닮고 싶어 하는지도 모른다.

'위대하신' 여인들과 잠자리를 함께했던 몇몇 호색한들의 이야기를 들어보면 모든 여인들에게서 공통적으로 느껴지는 것이기도 하지만 특히 이 여인들의 말 속에선 그 누구보다도 더 도발적이고 색정적인 매력을 발견할 수 있었다고 한다. 그녀들은 남자들로서는 도저히 불가능한 언어적 기교를 아주 섬세하게 펼쳐내어, 지칠 줄 모르게 원기 왕성한 남성들을 고난 속으로 끌어들이고 끊임없이 임무에 열중케 만든다. 그는 기력을 잃어 휴식을 취하다가도 여인의 사랑스럽고 애교스러운 목소리와 음란한 화제에 사로잡혀 또다시 새로운 정욕이 살아난다.

비너스가 가장 깊이 잠든 시간에 그녀는 깨어난다. 게다가 어떤 마나님들께선 사람들 앞에 애인을 데리고 다니면서 여왕이나 공주의 방까지 가리지 않고 아무 데나 들어가 그를 덮치고야 만다. 이 여인들이 워낙 달콤하고 은근한 말로 그들을 녹이니 침대 위에서처럼 주저 없이 그녀들과 함께 타락하고 만다.

마르쿠스 안토니우스가 훨씬 아름답고 사랑스러운 아내 옥타비아보다 클레오파트라를 더 좋아한 이유가 바로 여기에 있다. 클레오파트라는 선정적 기교와 관능적 매력을 갖춘 데다가 사람의 마음을 감동시키는 화술과 적절한 단어를 사용했기 때문에 안토니우스는 아내에 대한 사랑을 새카맣게 잊어버리고 말았다. 플루타르크[14]가 그것을 잘 입증해 주고 있는데, 그녀가 점잖게 거명하는 별명이나 풍자적인 장난 얘기를 들으며 안토니우스는 그녀의 좋은 말솜씨를 빌어 군인이나 병사들에 대한 한담을 흉내 내었다.

　플리니우스[15]가 클레오파트라에 대해 쓴 글이 있는데 정말 멋진 대목이라 생각되어 소개할까 한다. 어느 날 그녀는 색정이 발동하여 그 기분을 잘 살리면서도 은근히 욕정을 불러일으키는 야릇한 옷차림을 하였다. 특히 머리에는 그 분위기에 어울릴 듯한 온갖 꽃으로 만든 화환을 썼다. 테이블에 마주앉은 그들은 재미있는 이야기를 하며 시간을 즐겼다. 그녀는 쉴 새 없이 이야기를 하면서 독 가루를 뿌려둔 화환의 꽃을 하나씩 뽑아내어 안토니우스가 들고 있는 술잔 안에 조금씩 던져 넣었다. 그녀가 말을 끝내자 안토니우스는 술을 마시려고 술잔에 입술을 갖다 대었다. 순간 클레오파트라는 손으로 이를 제지하고 자기의 노예인 죄수 한 사람을 불러들여 이 술을 마시라고 명령했다. 술을 한 모금 마시자마자 노예는 그 자리에서 죽고 말았다. 안토니우스에게 몸을 돌리며 그녀는 이렇게 말했다.

　"내가 당신을 사랑하지 않았다면 이렇게 했을 거예요. 이제 전 당신

---

14) 플루타르크의 『안토니우스의 생애』. 브랑톰은 폴리오 판 아미요의 번역서를 참고로 하고 있다. 그 내용을 그대로 인용해 보면, 클레오파트라는 "안토니우스에 대한 공통된 비난의 소리가 아주 미약한 듯 보이지만 사실은 그들의 입이 아주 거칠다는 걸 보면서 그녀는 조목조목 따지며 그들을 비난했다."
15) 플리니우스 2세(61?-114). 앙투안 뒤 피네의 번역서 폴리오 판 2권 『세계의 역사』

에게 졌어요. 내 인생이 당신 없이는 계속될 수 없다는 걸 확인하지 않았다면 기꺼이 당신을 죽이고 말았을 거예요."

이 계책과 말은 안토니우스로 하여금 그들의 우정이 육체 쪽으로 더욱 빠져들게 만들었다. 클레오파트라가 타고난 웅변술을 어떻게 쓰고 있는지 역사는 우리에게 잘 말해 준다. 안토니우스 또한 그녀에게 더욱 큰 영광을 바치며 다른 구차한 수식어 없이 단지 여왕이라고 부르고 있지 않은가. 그래서 그들이 서로 적임을 선언하기 전에 안토니우스는 카이사르[16]에게 이렇게 쓰지 않았던가.

"누가 자넬 변하게 만들었는가, 내가 여왕을 안았기 때문인가? 그녀는 내 아내일세. 나는 그녀와 처음으로 사랑을 시작했네. 자넨 욕정이 일기만 하면 누구라도 관계했잖나? 자넨 드루실, 토르탈르, 레론틸, 뤼필, 또는 살뤼르 리티젬므 등등 누구라도 안지 않았는가 말일세."

여기서 안토니우스는 카이사르의 끊임없이 변덕스러운 애정 행각을 비난하면서 자신은 오로지 여왕만을 사랑하고 있다고 한결같은 사랑을 자찬하며 생색내고 있다. 그런데 나는 안토니우스의 죽음 후 카이사르가 클레오파트라를 사랑하지 않았다는 것이 놀랍다. 그는 그녀를 홀로 자기 방에 불러들여 즐길 수 있었을 테고 그녀는 또 장황하게 떠들어 댔을 것이다. 어쩌면 그가 생각했던 바와 달라 어떤 다른 이유로든 그녀를 경멸하면서도 로마에서 승리를 자랑하기 위해 그녀로 하여금 퍼레이드를 장식하고 싶어 했을지도 모른다. 그러나 그녀는 죽음으로 그것을 막았다.

우리가 처음 하던 이야기로 돌아가서, 한 여인이 사랑을 원하고 일단

---

16) 카이사르에 의해 입양된 조카. 후에 옥타비우스 카이사르라는 이름을 얻었다. 안토니우스를 죽인 뒤 그의 후계자로 지명된 옥타비아누스와 싸우게 된다.

한 번 그 일에 빠지면 이 세상 누구도 그녀의 달변을 앞지를 수 없다. 티투스 리비우스[17]와 아피안[18] 그리고 다른 많은 이들이 우리에게 묘사해 보여주었던 소포니즈바[19]처럼 그녀가 마시니사에게 사랑을 표현하며 마음을 털어놓고 마침내 사랑의 승리를 얻어 낼 때, 또한 마시니사가 그녀에게 독약을 삼키도록 했을 때 얼마나 뛰어난 달변을 보여주는가 말이다.

요컨대, 모든 여인은 사랑받기 위해선 말을 잘해야 한다. 한겨울에 꽁꽁 언 얼음을 녹이고, 하늘과 땅을 감동시킬 수 있는 어휘로 말을 잘하지 않는 사람은 거의 보지 못했다. 특히 사랑에 착수하려는 여자가 말을 잘하지 못한다면 그녀가 내놓은 덩어리가 무엇이든 아무런 맛도 풍미도 느낄 수 없어 오히려 거부감만을 주게 된다. 뒤 벨레가 그의 책 속에서 창녀와 그들의 습성에 관해 이야기하면서. 그녀들은 "보통 말할 때에는 현숙하게, 잠자리에서는 장난기와 애교가 넘치게" 이야기했다고 전한다. 앞의 것은 사람들 앞에서 인격과 인격끼리 서로 이성적인 대화를 하는 것을 의미한다. 그러나 그의 애인하고만 단둘이 있을 때, 바람기 많은 여인은 비너스를 깊이 감동시키도록 그를 쾌락에 던져 넣을 수 있는 말을 아주 자유롭게 하고 싶어 한다.

아름답고 지체 높으신 마나님들과 재미를 즐기는 사람들에게 침대 속에서는 어떻게 말하는지 궁금해 하는 이들을 위해 이야길 들려주게 했

17) 티투스 리비우스의 책 XXX 제15장.
18) 아피안 『카르타고의 수수께끼』 XXVII.
19) 아프리카 북부의 옛 왕국인 누미디아의 여왕. 그녀는 동부 누미디아의 왕인 마시니사의 약혼자였으나, 카르타고인들과의 동맹 속에서 우선 서부 누미디아 시팍스의 왕과 결혼했다. 하지만 시팍스가 전쟁에서 패하는 바람에 스키피오 아프리카누스가 자기의 승리를 장식하려고 그녀를 데려가려 했다. 그러자 소포니즈바는 마시니사가 보내준 독약을 먹고 죽음으로써 수치를 면할 수 있었다. 이 이야기는 후에 많은 비극의 모태가 되었다. 특히 프랑스에서는 메레(1634), 코르네유(1663), 볼테르(1770), 알피에리(1784) 등의 작품 속에서 재현되었다.

더니, 그녀들 역시 알아주는 창녀들처럼 상궤를 벗어나 제정신이 아닌 듯 외설스럽기는 마찬가지라는 것이다. 놀라운 건 외설스럽고 음란한 표현이나 음담패설, 심지어는 그녀들이 갖고 있는 타고난 본성을 아무런 가식 없이 마음껏 드러내 보이면서까지 남편이나 정부와의 관계를 지속하는 데 아주 능숙하다고 한다. 그러나 그녀들이 잠자리에서 벗어나 일상적인 대화를 할 때엔 조금도 야릇하거나 도리를 벗어나는 법이 없으며, 그녀들의 입에선 절대로 추잡한 표현이 나오지 않는다. 그녀들은 자신을 잘 제어하고 속일 줄 알아서 이런 일을 즐기는 아가씨들이나 마나님들은 아무 데서나 쓸데없는 말을 하고 싶어 안달하지 않는다.

어느 날 아주 지체 높으신 부인께서 내란 중 국정 문제를 논의하느라 어느 어르신네와 이야기를 나누다가 이렇게 말하고 말았다.

"왕께선 이 나라에 걸쳐 있는 모든 관계를 끊어 버리셨어요."

그런데 그녀는 '관계'가 아닌 '다리'를 말하려 한 것이었다. 상황을 상상해 볼지어다. 남편과의 잠자리에서 나오면서 혹은 정부를 생각하면서 자기도 모르게 입에서 튀어나온, 아직 그 분위기가 그대로 남아 있는 생생한 표현을. 또한 이 표현 때문에 그녀에 대한 욕정이 남몰래 일어 뜨겁게 달아올라 안절부절 못할 이 어르신네를. 또 어떤 여인은 자기보다 지체가 높으신 부인과 대화하던 중 그분의 미모를 감탄하며 추켜세운다는 것이 그만 이렇게 말했다.

"아휴, 아녜요. 마담, 제가 말씀드리는 건 당신께 간통하려는 게 아니라구요."

아첨하려는 게 아니라는 말을 한다는 것이 그만 이렇게 헛말을 하게 된 것이다. 그녀가 '간통(l'adulterer)'과 '아첨하다(adulater)'를 생각하고 있었던 걸 상상해 보시라.

　사랑의 행위에 있어 말은 거기에서 얻어지는 성적 쾌감이 완전하지 못할 때에 아주 유효한 수단이 된다. 만일 아름다운 육체가 아름다운 영혼을 갖고 있지 못하다면 그건 인간의 육체라기보다는 오히려 대상으로서의 우상일 뿐이다. 진정 아름다운 사랑을 원한다면 아름다운 영혼이 뒤따라야 한다. 그러나 선천적으로 이를 갖고 있지 못하다면 인위적으로라도 만들어 내야만 한다.

　로마의 방탕한 여인들은 점잖으신 마나님들을 이런 말로 놀린다.

　"그녀는 암캐처럼 그 짓을 하면서, 돌덩어리처럼 말을 않는답니다."

　내가 알기로는 아주 뛰어난 미모를 갖춘 몇몇 여인들과의 친교를 거부하는 남자 분들이 있는데 그 이유는 바로 이런 데 있다. 내가 아주 뛰어난 미모라고 이야기했는데, 그녀들은 영혼도 없고, 재치도 기지도, 말도 없이 어리석기만 할 뿐이어서 남자들을 금방 떠나보내고 만다. 아테네에서 한 여인을 사랑하고 육체적인 관계까지 맺었던 어떤 이처럼 아름다운 미모의 여인을 떠나 버리는 남자들은 그들이 아주 아름답고 훌륭한 흰 대리석 동상과 사랑을 했을 뿐이라고 말한다. 그래서 자기 말이 통하지 않는 다른 나라에 가게 된 이방인들은 외국 여인들과 애정을 나누는 일이 많지 않다. 그들은 말로서든 접촉에 의해서든 마음 깊이 서로를 이해하기 어렵기 때문에 감히 사랑의 투정 따위는 할 수가 없다.

　상대의 언어를 전혀 이해하지 못하는 남자들은 이렇게 말한다. 만일 그들이 말도 못 알아듣는 여자와 나란히 한다면 그것은 단지 짐승처럼 원초적으로 타오르는 불을 끄기 위한 방편일 뿐이며 불을 끄고 나면 어느 이탈리아인처럼 조용히 작은 배로 떠날 거라나. 어느 날 이 이탈리아인은 마르세유 항을 떠나 스페인으로 향하던 중 무엇인가를 묻는 한 무리의 여인들을 만났다. 결혼 파티가 열리는 장소를 묻는 것이었는데 한 여인이 그에게 다가와 알 수 없는 말을 하자 그의 대답인즉, "용서하시오, 마담. 난 말을 하고 싶지 않소. 행동으로 보인 뒤 이 작은 배를 떠나고 싶어요."

프랑스인은 독일인이나 스위스인, 플랑드르인, 망골라인, 스코틀랜드인들, 그 외 언어가 통하지 않는 외국인들과는 큰 만족감을 느낄 수 없다. 그가 외국 여자들의 말을 알아들을 수 없다면 상대 여자는 다리를 더 잘 벌린다. 그렇지만 그는 이탈리아나 스페인 여인들과의 관계에서는 큰 만족감을 느낄 수 있다. 오늘날 대부분의 프랑스인은 이들의 언어를 조금씩 할 줄 알고 들을 줄 알기 때문이다. 누군가가 프랑스 여인이나 이탈리아 여인, 스페인 여인 혹은 그리스 여인과 할 일이 있다면 이 여인들은 끊임없이 말을 할 테고, 누군가가 열심히 이야기를 하면 결국은 자신들을 이해시키는 데 성공하고야 만다.

오랜 옛날 프랑스 말은 오늘날처럼 아름답지도 어휘가 풍부하지도 않았다. 그러나 오래전 이탈리아인, 스페인인, 그리스인들이 들어오면서 그들의 말이 함께 들어왔다. 잘할 줄 모르면서 사랑을 하는데 그 말을 사용하는 여인은 없다. 나라면 이 모든 언어를 다 할 줄 아는 사람에게 이끌릴 것이다. 아름다운 여인이 아름다운 언어를 할 줄 안다면 기쁨은 두 배가 되지 않겠는가.

사랑의 쾌감은 보는 것

이번에는 보는 것에 대해 이야기해 보도록 하자. 사랑의 전쟁에서 가장 먼저 공격을 시작하는 것은 바로 눈이므로 드물게 아름다운 것을 보았을 때 아주 큰 만족감을 느낄 수 있다는 걸 인정해야 한다.

한 여인에게서 아름다움을 느끼는 것은 옷을 입었을 때일까, 장식을 잘했을 때일까, 아니면 이불 속에 알몸으로 있을 때일까? 옷을 입고 있을 때에는 당신은 드러난 얼굴밖에는 볼 수 없다. 그러나 아름다운 육체 역시 여왕처럼 당당한 자세와 기품과 외양으로 적당한 풍만함과 키를 꾸며준다면 더할 나위 없는 아름다움을 우리에게 보여주며 우리의 마음을 가득히 채워줄 수 있다. 그리하여 당신에게 이렇게 멋지게 몸을 가리고 장식한 여인과 쾌락을 누릴 기회가 주어진다면 정탐과 쾌감은 배가될 것이다. 또한 우리 몸의 전체에서 얼굴만을 볼 수 있을 때도 마찬가지다. 만약 위대한 여인일 때에는 안락하고 은밀하며 쾌적한 침대가 아니라면 어차피 그녀의 얼굴이 너무도 잘 드러나기 때문에 당신은 당신이 원하는 대로 마음대로 그녀를 요리할 수가 없게 되고 만다.

그래서 한 지체 높으신 마님은 사랑의 봉사자를 만나면 자기가 할 수 있는 한 가장 빨리 쾌감을 느낄 수 있도록 민첩하고 재빠르게 행동을 취하셨다는데, 어느 날 과거의 어리석음을 탓하며 이렇게 말씀하셨다.

"지난 시간을 돌아보면 얼마나 어리석었는지 몰라요. 방문은 잘 잠겼나, 남에게 들키지는 않을까, 사랑과 즐거움을 위해 너무 꼼꼼하게 준비하려 들고 또 오래오래 지속하려 하고, 그러다가 남에게 발견되고 비밀이 폭로되면 어쩔까 조바심해야 했으니 말예요. 지금은 시간이 남아돌잖아요. 할 수 있는 한 짧게, 곧바로 공격을 하고 곧바로 사정을 하면 일은 끝이에요. 이렇게 우린 누구에게도 들키거나 추문에 휩싸일 염려가 없죠."

이 여인의 말이 옳다고 여겨진다. 왜냐하면 이런 상태로 몸을 섞는 사람들은 아주 복잡하게 옷을 차려 입기 때문이다. 어차피 스커트 아래에서 일이 치러지게 마련이다. 황금빛 스커트와 은빛 망사를 시트처럼 바닥에 깔고 부드러운 실크의 감촉을 느끼며 진주와 보석의 번쩍거림 속에서 덮치고, 뭉개고, 짓누르고, 탐하며 무너뜨리는 건 열기와 만족감을 한층 더 증가시켜 줄 테니까 말이다. 물론 타고난 아름다움이야 어떻든 양치는 소녀나 그와 비슷한 처지의 여인보다야 훨씬 유쾌한 일이 아니겠는가.

따라서 그 옛날 비너스가 그렇게 아름답게 여겨지고 사랑받았던 이유가 여기에 있다. 그녀가 항상 옷을 잘 차려 입고 향수를 즐겨 사용하지 않았다면 어떻게 항상 그렇게 멀리까지 좋게만 느껴질 수 있었겠는가? 향수 또한 사랑을 부추기는 강한 힘을 지니고 있다.[20]

고대 로마 황제의 부인이나 귀족 부인들처럼 우리 프랑스 여인들이 향수를 즐겨 사용한 이유가 바로 이것이다. 특히 스페인과 이탈리아 여인들은 아름답고 장식이 많은 옷차림에 우리가 알고 있는 것보다 훨씬 더 유혹적이고 자극적인 향수를 사용한다. 또한 스페인이나 이탈리아에는 고대 로마로부터 전해 내려오는 메달이나 옛 조각품, 장식품들이 아직도 많이 남아 있는데 그 옛 물건들을 잘 살펴보면 고대 여인들이 추구했던 완벽한 머리모양과 옷차림을 발견하고는 좋아하고 사랑하게 되어 이를 모방한다. 그러나 우리 프랑스 여인들은 모방에서 그치지 않고 오늘날 이를 훨씬 능가하고 있다. 이런 면에서 우리의 여왕[21]께 감사를 돌려야 한다.

---

20) 그가 남긴 유물들을 보면 브랑톰이 향수를 무척 좋아했다는 걸 알 수 있다. "1614년 그는 방 안에 향수에 젖은 3개의 장갑과 4개의 향주머니와 향내 나는 목걸이를 갖고 있었다."고 전한다. 오몽 "브랑톰, 피에르 드 부르데유의 유물" 『프랑스 역사의 사회 연감』 중에서 P. 221.
21) 카트린 드 메디시스에게 브랑톰은 이렇게 말한 적이 있다. "당신이 가는 곳이 어디든지 이 왕궁은 당신을 보고 배우게 될 것입니다."

호화롭고 장중하게, 해야 할 곳에 알맞게 멋을 내어 장식을 잘하는 아름다운 여인들을 높이 평가해야 한다. 이런 여인들에 관해서는 두 가지로 의견이 나뉜다. 한쪽은 우스꽝스러운 옷을 모두 벗어 던지고 화려하게 수놓아 장식한 침대의 깨끗한 시트에 누워 있는 여인을 좋아하며, 또 다른 한쪽, 예를 들어 앙주 공작 같은 이는 아무런 꾸밈이 없는 자연 그대로의 상태가 좋다고 한다. 다시 말해 하얗게 빛나는 육체의 섬세함을 그대로 잘 드러내 주고 그것을 있는 그대로 마음껏 느끼기 위해선 검은 타프타 천을 펼쳐놓은 그대로의 시트가 훨씬 더 좋다고 한다.

완벽한 아름다움을 갖춘 여인을 이 세상에서 본다는 것이 참으로 기쁜 일이라는 건 누구도 부정할 수 없다. 그러나 불행히도 그런 여인은 쉽게 찾아볼 수가 없다. 전해 오는 얘기에 의하면 뛰어난 화가 제욱시스도 아름다운 헬렌의 초상화를 그리기 위해 자기가 알고 있는 여러 명의 미인들을 그림 속에 끌어들였다고 한다.[22] 즉, 그는 각 미인들이 갖고 있는 서로 다른 아름다움을 하나도 버리지 않고, 그녀들을 차례차례로 관찰한 후에 각자가 지니고 있는 아름다움 중에서 가장 아름다운 점을 취하여 그 누구도 흠잡을 수 없이 경탄해 마지않는 아름다운 여인 헬렌을 재현시켰다고 한다. 헬렌이 아름답다는 건 누구도 반박할 수 없는 일이지만, 사실은 제욱시스가 표현해 준 그 아름다움들을 간직한 여인들에게 모두가 감사해야 한다. 헬렌이 최고로 아름답다 해도, 헬렌에게서 완벽한 아름다움을 찾는 건 불가능하다.

---

22) "로마에 있는 필리푸스의 화랑에는 아직도 제욱시스의 가공품 헬렌이 있다."고 플리니우스는 제욱시스의 헬렌을 이야기하고 있고, 보카치오는 헬렌의 초상화에 대해 이렇게 묘사하고 있다. "그는 시선을 집중시킬 만한 뛰어난 미모와 생기를 갖춘 아름다운 다섯 명의 여인을 선택하여 그가 할 수 있는 한 아름다움을 뽑아내고 재조합하여 헬렌이라는 형태와 이미지 속에 녹아들게 하고 그것을 재창조하였다.

스페인 사람들은 한 여인이 아름다움에 있어 완벽하고 절대적이기 위해선 서른 가지의 조건[23]을 갖추어야 한다고 말한다. 내가 톨레도에 갔을 때 스페인 여인에게서 듣고 배운 서른 가지 조건은 다음과 같다.

세 가지 흰 것 : 피부, 이, 손

세 가지 검은 것 ; 눈, 눈썹, 속눈썹

세 가지 붉은 것 ; 입술, 뺨, 손톱

세 가지 긴 것 ; 키, 머리, 손

세 가지 짧은 것 ; 이, 귀, 발

세 가지 넓은 것 ; 가슴 혹은 젖가슴, 이마, 눈썹과 눈썹 사이

세 가지 풍만한 것 ; 팔, 엉덩이, 허벅지

세 가지 가냘픈 것 ; 손가락, 머리카락, 입술

세 가지 작은 것 : 젖꼭지, 코, 머리

---

23) 이 조건은 프랑수아 코르니제가 라틴어로 쓴 『여인과 아름다움에 관하여』라는 책에 나오며, 빈센티오 칼메타가 이탈리아어로 쓴 시구에도 나온다.

누구보다도 아름답고 싶은 여인은
서른 가지 조건을 갖추어야 하느니
긴 것 세 가지, 짧은 것 세 가지, 흰 것 세 가지, 붉은 것 세 가지,
검은 것 세 가지, 작고 큰 것 세 가지씩, 넓고 좁은 것 그리고 가는 것 세 가지가 그것이다.
긴 키에, 긴 머리 그리고 긴 손.
짧은 귀와 발, 가지런한 두 줄의 짧은 이빨.
금발머리에 연한 얼굴 및 상아 같은 이빨.
붉은 손톱과 입술과 뺨, 그리고 사람들이 숨기는 그 이름.
검은 속눈썹, 눈동자.
반듯한 머리에 작은 젖꼭지.
그리고 너른 간격의 눈썹, 가슴, 엉덩이.
비좁은 입과 허리.
알맞게 부푼 허벅지와 엉덩이, 그리고 사람들이 말하지 않는 그곳.
가는 입술, 손가락 그리고 머리, 이것이 헬렌이었노라.

한 여인 안에 이 모든 조건이 갖추어지기는 힘들다. 그러나 그 완벽함의 틀 속에 자신을 잘 넣어야 한다. 누구나 결점이나 흠이 있게 마련이지만 사람들은 그 모든 것이 모여서 이루어진 전체를 보기 때문이다. 아름다운 여인을 보거나, 또는 그들을 좀 더 깊이 바라보려 할 때, 그녀들이 앞서 말한 것들을 모두 다 갖추지 못하고 그 절반만 갖추었다 해도 그녀들은 충분히 아름다울 수 있다. 이른 봄의 숲을 바라볼 때, 아직은 사람들이 원하는 만큼 어린 관목들이 충분히 자라지 못했지만 크고 아름답게 서 있는 나무숲은 다른 작은 관목들의 어수선하고 불완전한 모습을 충분히 수습해 주기 때문이다.

나의 무례한 평가에 롱사르 선생께서도 날 용서해 주리라 믿는다. 사실 어떤 여인도 그가 시구 속에서 묘사했던 만큼 숭고한 아름다움에 이르지는 못했다. 사실 그가 한 번도 이름을 입에 올린 적도 없고, 아리오스토[24]와 그 외의 많은 시인과 화가들에 의해 아주 아름다운 모습으로 묘사된 마리[25]라는 여인과, 거짓 이름으로만 위장을 했던 아름다운 여인 카산드라[26]가 충분히 아름답다는 것은 나도 인정한다.

어찌 되었든 좋다. 언변 좋은 이의 생생하고 섬세한 묘사나 훌륭한 화가의 붓이 재현해 주는 완벽한 여인을 자연은 절대로 만들어 낼 수 없다. 하지만 어떠랴. 스페인에 "나는 갈색 피부를 가졌지만 누구도 비웃지 않는다."는 말이 있듯이, 흰 피부 대신 갈색 피부를 가졌다 해도 인간의 눈

---

24) 아리오스토, 『성난 올란도』 시가 VII, 11-15절.
25) 롱사르는 사실 한 번도 그가 마리라는 이름으로 노래한 여인의 이름을 말한 적이 없다. 그러나 『롱사르의 생애』에서 클로드 비네는 이렇게 쓰고 있다. "그녀는 바로 '팽 드 부르게유'라는 이름으로 불리던 앙주의 딸이다."
26) 카산드라 살비아티. 롱사르는 이 이름을 '거짓으로는' 아니지만 어린 시절 이름으로 위장했다. 그녀는 방돔에서 멀지 않은 프레 성에 살고 있던 장 드 페뉴의 아내가 되었다.

은 여전히 미모의 여인을 보며 만족하지 않는가. 아름다운 마르피스 역시 연한 갈색 피부였다. 그러나 갈색은 흰색을 잘 지워 버리지는 못한다. 한 아름다운 얼굴을 빚어내기 위해선 수많은 아름다운 여인이 필요하다.

방금 전 이야기한 것같이 사람들이 그려내는 미의 조건들을 좀 더 자세히 따져보기 위해서는 이야기를 좀 더 빠르게 진행시키면서 우리가 생각하는 공통적인 미의 기준이 무엇인가 볼 수 있을 것이다. 왜냐하면 열광적인 시인이든 변덕스러운 화가든 장황한 서정 시인이든 아름다움을 표현하는 그들의 가치 기준은 큰 차이가 없다고 여겨지기 때문이다.

그러나 안타까운 것은 우리는 이런 아름다운 모습, 아름다운 얼굴을 보면 그들의 아름다운 육체에 대한 욕망을 품게 된다는 것이다. 있는 그대로의 모든 것이 다 보이고 드러나면 우리는 입맛을 잃어버린다. 추하고 결점 투성이며 수수께끼 같은 남자들은 얼굴에만 집착하기 때문에 우리는 종종 배신을 당할 수 있다.

부와 오래된 명성을 갖춘 귀족 가문 출신의 한 젊은이를 예로 들어보려 한다. 마조르카 섬의 레몽 륄[27]은 한창 나이에 이 섬을 통치하게 되었다. 중책을 수행하면서 그는 종종 그 지방의 이곳저곳을 둘러보았는데 마침내 그곳에서 가장 옷을 잘 입는다는 한 소녀에게 빠져 버렸다. 그는 그녀에게 육체적인 쾌락을 요구하면서 오랫동안 구애를 하고 사랑을 바쳤다. 그녀는 자기가 할 수 있는 데까지 거절을 하다가 마침내 허락을 했다. 그는 이제 어느 것도 부러울 것 없는 시간을 맞았으며 어느 때보다도 아름답고 행복할 거라고 느꼈다. 이렇게 낙원에 들어가는 것이라고 생각했다.

---

27) 유명한 스페인의 철학자이며 화학자. 마조르카에서 태어나(1235) 아프리카에서 죽었다(1315).

그런데 그녀는 십여 개의 반창고로 덮인 자기의 젖가슴을 드러내 보였다. 하나씩 하나씩 그것을 떼어내고 바닥에 내던지며 끔찍한 종양을 보여주었다. 눈물로써 그녀는 왜 자기가 그렇게도 완강하게 그의 열정을 거부해야 했는지 이야기하며 자신의 비참한 상태를 보여주었다. 그녀의 가엾은 이야기를 들으며 그는 아름다운 이 여인에 대한 연민으로 몸둘 바를 몰랐다.

그리하여 그는 공직에서 물러나 그녀의 건강을 기도하면서 은자의 생활을 시작했다. 자신이 믿는 하느님을 위해 몸을 바친 종교 전쟁에서 돌아와서는 철학자 아날두스 드 빌라노바[28] 문하에서 학업을 계속했다. 그러고는 영국으로 건너가 연금술을 공부하여 지금까지 알고 있던 방법을 훨씬 능가하는 금은괴를 만드는 법, 철근 주조법, 구리막대 만드는 법 등을 배웠다. 레몽 륄에 관해서는 법학자 올드라드가[29]가 쓴 『위조화폐 코드』와 카를로스 보빌루스 피카르[30]가 그의 생애에 관해 라틴어로 쓴 책에 잘 나타나 있다.

그가 이 아름다운 여인에 대한 사랑의 환상을 어떻게 겪어내었는지 보았다. 다른 사람이라면 그녀를 사랑할 수 없어 눈을 감아버렸을지도 모른다. 그러나 그는 아픈 부분을 조금도 건드리지 않고 자기가 갖고 있던 환상을 가슴에 묻은 채 더 이상 어떤 일도 무리하게 행하거나 강요하지 않았다.

그러나 내가 아는 어느 귀족과 과부 여인은 너무도 주의를 하지 않았

---

28) 13세기의 유명한 화학자로서 1313년 난파로 사망.
29) 13세기 로디 출신의 이탈리아 법학자. 그러나 이 『위조화폐 코드』는 잘 알려지지 않았다.
30) 레몽 륄에 관해 여러 소논문들을 썼는데, 그 중 『은자 레몽의 생애』는 1521년 파리 아성시우스 사에서 출간되었다.

다. 그 부인은 유방에 아주 크고 흉측한 종양이 생겼는데도 그 귀족과 결혼을 하고, 자기 어머니의 반대에도 불구하고 그와 잠자리에 들었다. 그녀가 지니고 있던 이 저주받은 병세는 밤을 지새는 흥분과 격동 속에서 더욱더 깊이 썩어들어 가 그들이 누운 침대까지도 썩어가게 만들었다.

마른 여자와 뚱뚱한 여자

나와 절친한 한 친구가 어느 날 로마에 갔다가, 이전에 볼 수 없던 아주 아름다운 스페인 여인을 사랑하게 되었다. 그런데 나란히 누웠건만 그녀는 자기의 몸을 보여주려 하지 않았을 뿐더러 허벅지를 만져보지도 못하게 했다. 심지어는 속옷을 입은 채여서 그가 그 위로 만지려고만 해도 "간지러워요." 하며 건드리지도 못하게 하였다.

어느 날 아침, 그녀 집 앞을 지나다가 문이 열려 있는 것을 보고 그는 재빨리 집 안으로 들어갔다. 집 안에 시종이나 하녀가 없는 걸 알게 된 그는 그녀 방으로 들어갔다. 아주 더운 날씨였는지라 그녀는 편안한 자세로 완전히 벗은 채 깊이 잠들어 있었다. 그녀의 희고 윤기 있게 잘 다듬어진 육체는 어느 누구보다도 아름답고 눈부시게 빛났다. 그러나 그녀의 몸매는 어린아이의 팔뚝 정도밖에는 안 될 만큼 마르고 가늘어 너무 황폐해 보였다. 이 친구는 너무 놀라서 불쾌한 기분까지 들었고 다시는 그녀를 보러 가지 않았다. 이런 여인들은 감기조차도 이겨낼 수 없을 것 같았다. 또한 너무 약하고, 마르고, 무미건조하고, 궁핍해 보여서 막대기가 하나 서 있는 것처럼 보일 뿐이다.

시토의 주교[31]께서는 궁정의 다른 남자들보다도 더 적나라한 표현으로 이야길 했는데, 그는 미모로 소문난 한 부인에 대해 이런 여인과 자느니 놋쇠줄로 만든 쥐덫을 옆에 두고 자는 편이 낫다며 비꼬듯 말했다. 또한 궁정의 어떤 기사는 어느 귀부인과 자고 난 뒤 이렇게 말했다.

"당신들이 몰라서 그러오. 나는 여인의 살을 좋아하는데 그녀는 뼈밖에는 없단 말이오."

언급된 이 두 여인은 아주 예쁜 얼굴을 지니고 있음에도 육감적인 면에서는 이런 평가를 받고 있다.

지체 높으신 어느 왕자 분께서 한꺼번에 두 여인에게 사랑을 느끼게 되었다. 이런 일은 다양함을 즐기려는 높으신 어르신들께 종종 있는 일이다. 한 여인은 아주 흰 피부를 지녔고 한 여인은 갈색 피부를 지녔는데 둘 다 미모가 빼어나고 아름다웠다.

어느 날 이 왕자 분께서 갈색 여인을 보러 다니자 흰 피부의 여인이 질투를 하며 이렇게 말했다.

"당신은 까마귀에게 날아가셨군요."

이 말에 감정이 상한 왕자께서 물었다.

"내가 당신과 있을 때엔 그러면 누구에게로 날아가는 거요?"

여인이 "불사조"라고 대답했다. 이에 왕자는 한술 더 떠 이렇게 응수했다.

"차라리 육신은 없고 털만 있는 극락조라 하시오."

이는 아무것도 없이 깡마른 그녀를 빗대어 하는 말이었는데 그녀는 풍만함을 갖추기에는 아직 어려서 이제 막 여인의 나이에 접어든 그녀

---

31) 에므릭 드 로슈쿠아르(1545-1580). 그의 삼촌인 알뱅 드 로슈쿠아르의 뒤를 이어 시토의 주교 자리를 이어받았는데, 레투알지는 그를 "짐승 중에서도 가장 더럽고 추한 동물이라 할 수 있는 대표적인 쾌락주의자"라고 하였으며, 테오도르드 베즈는 "그 지위의 인물 중 가장 어리석고 궁정에서도 가장 비열한 잡종"이라며 격렬하게 비난하였다.

의 몸은 살집이 제대로 자리를 잡지 못한 데다 신체의 여러 부분은 이제야 막 보강되고 있는 터였다.

궁정의 한 기사가 어느 어르신네를 속여 넘긴 적이 있다. 이 두 남자는 모두 예쁜 아내를 두고 있었는데 기사의 아내가 아주 예쁘고 맘에 든다고 생각한 어르신네가 어느 날 기사에게 말했다.

"이렇게 말해 뭐하지만, 난 자네 아내와 자야겠네."

그러자 기사는 아주 말을 잘 하는 사람이었기 때문에 망설임 없이 이렇게 대답했다.

"저도 그렇게 해드리고 싶습니다. 그런데 전 당신 아내와 자고 싶은데요?"

당황한 어르신네께선 이렇게 대꾸했다.

"그녀와 자면서 대체 뭘 하겠다는 건가? 내 마누란 너무 말라서 아무 맛도 없을 텐데 말이야."

이에 기사가 말했다.

"아, 그런 걱정은 마세요. 제 입맛에 잘 맞도록 기름을 듬뿍 넣으면 되지요."

토실토실하고 부드러운 인형 같은 얼굴이 그들의 육체를 갈망하게 만드는 것을 볼 수 있다. 그러나 마침내 그 갈망이 이루어져 쾌락과 욕망이 휩쓸고 간 뒤에 그녀들이 아주 야위었다는 걸 발견하게 되기도 한다. 어떤 이들은 그 위에 얹을 노새 안장보다도 붙어 있는 것이 없어, 밀어붙이고 짓이기고 괴롭히기에는 너무도 앙상하고 메말라서 뼈 막대라고나 부를 수밖에 없는 여인들도 있다.

이 앙상한 몸을 무엇으로 보충하는가. 이렇게 마른 여인들은 상대가

가하는 충격에서 자기 몸을 보호하고 잘 버틸 수 있도록 부드럽고 푹신 푹신한 작은 쿠션들의 도움을 받는다. 게다가 어떤 여인들은 부드러운 솜으로 잘 누빈 새틴으로 만든 속바지를 입고 있어 아무것도 눈치채지 못하는 둔한 사람은 그녀와 육체적인 접촉을 하면서 좋은 기분만을 느끼며 그녀의 타고난 풍만함이라고 착각한다. 새틴 바지 위로 희고 날아갈 듯한 망사 속바지를 덧입고, 스커트를 입은 위에다 남자는 할 일을 하게 되므로, 아주 아름다운 의상을 차려 입은 자기의 여인에게 그저 흡족하고 만족스러워할 뿐이다.

반대로 어떤 여인들은 욕정이라곤 전혀 느낄 수 없을 만큼 살집덩어리에 삼겹으로 기름이 끼어 너무 뚱뚱하고, 풍요로움이 지나쳐 양의 어깨[32]에서 나는 냄새가 나고 겨드랑이에서는 코끝을 박을 수 없도록 고약한 냄새를 피우기까지 한다. 하지만 포동포동 윤기 있게 살찐 몸매 역시 욕망을 불러일으키며 나름대로 균형을 갖추고 있다면 더욱 귀엽게 보이기까지 한다.

내가 드 퐁텐-샬랑드레[33] 부인(아름다운 토르시라고 불린다)에게서 들은 이야기를 해볼까 한다. 그녀가 받들어 모시던 여왕 엘레오노르[34]는 옷을 입

---

32) 투아노 아르보의 『무도 기본법』(1696)에 이런 구절이 있다. "춤이란 사랑하는 사람들이 가쁜 숨을 내쉬고 양의 어깨라 부를 고약한 냄새를 풍길 때 서로가 그 냄새를 맡고 느낄 수 있도록 신체 각 부분이 건강하고 원기에 넘쳐 사랑하는 연인을 마음껏 포옹할 수 있는지 알 수 있도록 행해지는 동작이다."

33) 클로드 블로세, 토르시 출신. 그녀는 1553년 퐁텐과 샬랑드레의 남작이며 왕의 방을 지키는 기사인 루이 드 몽베롱과 결혼하였다. 아름다운 토르시는 포르투갈의 마누엘 왕의 미망인이었다가 데탕프 공작 부인의 적인 마담 드 카나플르에 의해 프랑수아 1세와 결혼(1530년 7월 4일)함으로써 프랑스의 여왕이 된 오스트리아 출신 엘레오노르의 시중을 들었다.

34) 당대의 시인들은 외모보다는 오히려 여왕 엘레오노르의 선행과 자비로움을 찬양했다. 테오도르 드 베즈는 남편(프랑수아 1세)과 오빠(샤를 퀸트)와의 평화를 유지하려 애쓰는 그녀의 노력을 찬양하면서 라틴어로 작은 작품을 썼는데 일부를 인용해 보면, "헬렌에 관해 사람들은 그 자태를 찬양합니다. 오귀스트 엘레오노르, 당신의 아름다움은 그녀보다 못하지 않으며 오히려 그녀보다 값진 아름다움을 갖고 계십니다. 그녀는 전쟁을 일으키지만 당신은 평화를 주고 계시죠."

었을 때에는 궁정의 많은 미인들처럼 아름답고 풍만한 체격의 아주 아름다운 여인처럼 보인다. 하지만 옷을 벗으면 키가 크고 체격이 좋아 거인의 몸처럼 보인다. 그렇지만 하체로 내려가면 나머지에 비해 다리가 너무 짧아 마치 난쟁이 같다고 한다.

반대로 또 어떤 여인은 키가 작고 몸매가 가늘어 언뜻 보기에는 난쟁이가 아닌가 할 정도이다. 그러나 하체만 보면 엉덩이가 크고 다리가 길어서 거인이나 거상처럼 보인다. 그러면서도 알맞게 살이 쪄 육감적인 매력을 풍긴다.

바람직하지 못한 여인들

어떤 여인들은 아무 소득도 없이 냄새를 씻어 없애느라 온갖 노력을 다한다. 내가 아는 어떤 여인은 붉은 머리칼에, 몸에서는 양의 어깨 냄새가 나는데 다른 냄새가 나게 하려고 사향, 용연향, 또는 최음제가 들어 있는 향수를 사용하기도 하고 심지어는 향로를 가랑이 사이에 넣어 향기를 뿜어내려고까지 한다.

또한 저주받은 피부를 타고난 여인들도 있다. 대리석이나 모자이크 작품처럼 피부에 얼룩무늬가 있거나, 옴에 걸려 긁은 것처럼 보이기도 한다. 또는 사슴의 무늬처럼 반점이 있는 연인도 있다. 그것을 감추느라 희게 분칠하여 범벅을 만드는데 이 진한 화장이 보는 이로 하여금 오히려 불쾌하고 구역질나게 만들 뿐이다.

가슴, 배, 어깨 그리고 등뼈 위를 따라 하체에 이르기까지 마치 한 마리의 야수처럼 온통 털로 뒤덮인 여인을 난 알고 있는데, 그 모습이 어떨지는 여러분의 상상에 맡기겠다. 만약 사람들이 입으로 전하는 얘기가 맞는다면, 이렇게 털이 많은 사람은 정욕이 많고 음탕해서 하나를 취하면 또 다른 하나를 원한다고 한다. 다만 내가 여러분께 확실하게 말할 수 있는 것은 그녀가 육감적으로 보이며 타인의 욕망을 부추기는 힘을 갖고 있다는 것이다.

거위 새끼처럼 누렇고 희끗희끗한 털에, 몸은 삐쩍 마른 데다가 희극적인 표정에 악마처럼 시커먼 피부를 가진 사람도 있다. 또 어떤 여인은 송아지에게 물리는 통통 붙은 암소의 젖보다도 더 크고 늘어진 젖가슴을 갖고 있다. 그건 결코 아름다운 헬렌의 유방은 아니다.

디아나의 사원[35]에 축성의 잔을 바치기 위해, 아름다운 헬렌의 젖가슴을 표본으로 금으로 정교하게 세공하여 고귀한 술잔을 만들었다. 백금으로 만든 이 술잔은 그것을 만든 예술적 솜씨가 어찌나 뛰어난지 보는 이의 원초적인 욕망을 자극할 만큼 예쁘고 아담하며, 술잔인지 유방인지 분간하기 어려울 정도로 보는 이의 감탄을 자아내게 했다. 플리니우스는 이 잔의 뛰어남은 백금을 사용한 데에 있다고 한다.

만약 앞서 말했던 큰 유방을 술잔으로 만들려는 사람이 있다면 세공사에게 엄청난 양의 금을 가져다주어야 할 것이고, 아마 가격을 매길 수조차도 없을 것이다. 그리고 그것을 보는 사람이면 누구나 이것이 어떤 여인의 젖가슴을 모델로 삼았는지 알 수 있을 것이다. 이 술잔은 술잔이라기보다는 돼지에게 먹이를 주는 여물통이라고 하는 게 나을 것이다.

젖꼭지가 꼭 썩은 체리를 닮은 여인들도 있다. 좀 더 아래쪽으로 내려

---

35) 브랑톰은 이 사원을 혼동하고 있다. 플리니우스의 역사서에는 이렇게 적혀 있다. "린도스에 있는 미네르바 사원에는 공주 헬렌이 헌납한 백금 술잔이 있는데 역사가들에 의하면 이 술잔은 공주의 유방을 본떠서 만들었다고 한다."

가 보면, 아이를 낳은 후에 산파들이 고래 기름으로 잘 다듬어주지 않아서, 복부에 윤기가 없고 병사의 낡고 주름진 자루마냥 쭈글쭈글하게 주름이 진 여인들도 있다. 하지만 어떤 여인들은 아직도 처녀처럼 아름답고 윤기 흐르는 아랫배와 탄력 있는 젖가슴을 간직하고 있다.

허벅지 살이 비정상적이거나 숨겨진 조개가 이상하게 생겨서 남에게 보여주어도 욕망을 불러일으키게 하지 못하는 여인들이 있다. 다리도 마찬가지인데 어떤 여인은 다리가 너무도 살찌고 기름덩어리라 만삭이 된 토끼의 배 같다. 또 어떤 여인은 다리가 왜가리처럼 가늘고 살이라고는 하나도 없어 허벅지라든가 다리라기보다는 가는 피리라고 하는 편이 나은 경우도 있다.

이런 여인들은 모든 것이 지나침 없이 알맞게 조화를 이루어서 애인과 잠자리를 가진 후 지난 밤 어땠느냐고 물었을 때 딱 중간이었다는 소리 들을 수 있는 예쁘고 아담한 여인들과는 거리가 멀다. 꼭 중간이었다는 말은 알맞게 찐 살이 남자에게 만족스럽게 느껴졌다는 말이다.

그 밖에도 유쾌하지 못한 비밀을 숨기고 있는 여인들이 있다. 앞쪽으로 대변을 보는 것으로 공공연하게 알려진 귀부인이 한 분 계셨다. 의사의 이야기에 따르면 그녀가 너무 어린 나이에 지나치게 건장한 남자에게 강간을 당했기 때문이라고 한다. 그녀는 몹시 아름다운 미망인이셨지만 불행히도 그녀와 결혼하려던 남자가 이 비밀을 알고는 즉시 그녀를 버리고는 다른 여자와 결혼했다.

바람둥이로 소문난 어떤 이는 궁정의 많은 여인들 중 가장 미인으로 소문난 여인과 사귀면서도 절대로 잠자리는 함께하지 않았다. 그는 아주 신중한 사람이어서 그녀가 누구도 견디기 힘들 만큼 고약한 냄새를 풍겨

같이 살고 있는 남편도 곤란을 겪고 있다는 걸 알고 있었기 때문이었다.

어느 공주님[36]의 시녀 하나는 앞쪽으로 방귀를 뀌었는데 의사들 말로는 장내에 찬 가스가 그리로 나올 수 있기 때문이라고 한다. 그 시녀는 공주가 샤를 9세 때 물랭에서 학업을 할 때에 함께 와 있었는데, 그녀 얘기로 많이 웃었던 기억이 있다.

또 다른 경우로 소변을 참지 못하고 늘 찔끔거려 가랑이 사이에 작은 스펀지를 차고 다닌 여인들도 있다. 샤를 9세 때 어느 모녀가 이 때문에 늘 고역을 치렀는데 어느 날 무도회에서 그 딸이 갑작스레 뛰쳐나가야 하는 상황이 벌어져 크게 망신을 당한 적이 있다. 게다가 어떤 여인은 행위를 하는 도중이나 직후에 마치 암말이 그러듯 오줌을 찔끔거린다. 그래서 말에게 하듯이 물통을 던져줘야만 한다.

어떤 경우는 남편이나 애인의 못된 습관 때문에 얻어진 병에 전염되어 다리에 늑대에게 물린 것 같은 반점이 생기고 군데군데 충혈이 되고 얼룩이 나타나 온몸이 흉측스러워지기도 한다. 때로는 이렇게 병을 얻은 여인이 아이를 낳으면 아이에게도 그대로 옮겨져 이런 흉측한 모습을 갖기도 한다. 마치 시의 행정관들처럼 몸의 반쪽은 멀쩡한데 반쪽은 온통 붉은 몸을 하고 태어난 아이도 있다.

일반적으로 대부분의 여자들은 매월 정기적인 생리 주기를 겪어야 하는데 양의 목을 땄을 때처럼 선혈이 흐르기 때문에 비너스와의 행위를 계속하고 싶어 하는 남편이나 애인들은 이에 불만을 품는다. 일반적으로 여인들은 한 달의 7할 정도만 깨끗하고 정결하므로 그 나머지 기간

---

36) 잔 달베르, 나바르의 여왕. 1566년 초 물랭에 머물렀다.

은 그냥 헛되이 보내게 된다. 그렇다고 이를 견디지 못하고 단지 그들의 욕정을 달래기 위해 남편이나 애인이 생리 주기에 있는 여인을 취한다면 그건 애정 행위를 소중하게 생각하지 못하고 스스로를 추하게 더럽히는 것일 뿐이다.

한편, 감기에 걸릴까 두려워 침대 안에서도 모자를 쓰고 인형처럼 옷을 차려 입고는 있는 대로 몸을 감싸고 있는 여인이 있는가 하면 낮이면 진하게 화장을 하여 그림처럼 있다가 밤이 되어 화장을 지우면 못난 얼굴이 드러나 보기 민망한 여인도 있다.

이런 여인들은 사랑하고 결혼하고 쾌락을 나누기 전에 옥타비아누스 카이사르와 그의 친구들이 했던 것처럼[37] 꼼꼼히 살펴보아야 한다. 옥타비아누스와 그의 친구들은 토란이라는 상인이 노예를 팔고 살 때처럼 로마의 귀부인들이나 기혼 여인 또는 나이 든 처녀들을 홀랑 벗겨서 머리끝에서 발끝까지 꼼꼼히 살핀 후에, 자기 기호에 맞고 즐기기에 부족함이 없는 여인을 선택했다. 터키에서와 마찬가지로 콘스탄티노플이나 다른 대도시의 큰 상점가에서도 노예들을 살 때 이처럼 한다.

아름답지 못한 자연

좀 더 아래로 내려오면 흉측스럽고 그리 아름답지 못한 '자연'을 간직하고 있는 여인들이 있다. 어떤 여인들은 곱슬기는 전혀 없고 사라센인의 수염만큼이나 길기만 한 거웃을 갖고 있으면서 그것을 어떻게 처

---

37) 수에토니우스 『아우구스투스의 생애』 "그들은 마치 사슴 도매상인들이 사슴을 팔 때처럼 나이 든 처녀들을 홀랑 벗겨놓고 머리끝에서 발끝까지 꼼꼼히 살핀다."

리할 생각은 않고 그대로 두고 혼자 만족하는데 이에 대해 사람들은 이렇게 빈정댄다.

"가지 많고 털이 많은 길은 걸터앉기엔 아주 좋지."

어느 귀부인[38]께선 긴 거웃을 지녔는데 이를 땋은 뒤 진홍빛이나 여러 빛깔의 가는 끈과 실크 리본으로 앵무새 머리털처럼 장식해서 양 허벅지에 묶고는 남편이나 정부에게 보여준다. 또 땋았던 끈이나 리본을 풀어 그것이 웨이브가 잘 졌을 때엔 다른 방법으로 장식을 한다.

그 안에는 온갖 호기심과 음탕함이 숨어 있다. 이런 장식은 그녀 스스로가 할 수는 없는 노릇이므로 누군가가 대신 해주어야 한다. 그렇다면 우리가 상상할 수 있는 음란스러움 없이 그것이 어떻게 이루어질 수 있겠는가. 이 여인과는 반대로, 사제의 수염처럼 있는 그대로 간직하길 좋아하는 여인들도 있다.

그것이 아주 적거나 전혀 없는 여인들도 있다. 보기에 좋지 않은 것은 좋지 않은 인상을 준다. 턱에 수염이 적은 남자들이 다혈질이 아닌 것으로 평가받듯이 남녀의 음모도 마찬가지 평가를 받는다.

아주 크고 넓은 입구를 가진 여인들이 있는데 이를 가리켜 "무녀 소굴에 들어가는 것 같다."고 표현하기도 한다. 내가 알고 있는 쌍둥이 여인들은 입구가 이처럼 넓어서 문을 좁히는 방법을 인공적으로 도입하고 있지만 두세 번만 누가 드나들고 나면 원래 상태로 돌아가고 만다. 이 여인들 중 한 여인의 남편이 어느 날 친구들과 모인 자리에서 자기가 여태까지

---

38) 앙투안 드 퀘브르의 아내인 프랑수아즈 바부 드 라 부르데지에르. 1583년 12월 31일 그의 정부인 이브 달레그르와 함께 한 하층민의 손에 죽었는데, 시체 위에는 "메종 데트레의 신의 있고 명예로운 사나이의 보고에 의하면"이라고 쓰여 있어, 특이한 죽음으로 기록되어 있다. 『앙리 3세 일지』를 참조하라.

획득한 승리를 자찬하며 허풍을 떨자 한 친구가 이렇게 비아냥거렸다.

"자네 말이 옳다는 건 하느님께서도 아시지. 자네 마누라 경우는 자네가 지금까지 이룩한 승리 중 가장 큰 것일 걸세."

역대 왕들 중에서도 알아주는 호색한 중 한 분이신 어느 왕은 그것이 유난히도 굵고 컸다. 이 왕의 여인이던 한 부인께서는 낮이면 자기의 그곳을 좁힐 방법을 연구하건만 밤에 두 시간만 지나면 왕이 그것을 다시 넓혀놓고, 또 낮에 열심히 애를 써서 좁혀두면 또다시 넓혀서 이 작업은 마치 페넬로프의 천처럼 끝이 없었다. 마침내 그녀는 이 인공적인 일을 집어치우고 큰 물건을 받아들일 큰 조개를 찾아주는 데 주력했다.[39]

이러한 처방도 아주 좋다고 할 수 있다. 반면 궁정의 어느 아가리는 그 입구가 아주 좁고 작아서 그녀를 함락시키려는 사람들에게 번번이 실망만 주었다. 그러자 그녀는 주위의 충고를 받아들여 조심스레 작은 시도를 시작했다. 그녀는 마치 라블레가 난공불락의 파리 성벽을 뚫기 위해 노력한 것처럼[40] 처음에는 작은 조개에 불과하던 것이 익숙해지면 조금 더 큰 물건을 받아들이고 또 조개틀이 그만큼 커지면 더 큰 물건을 받아들이는 노력을 계속하였다. 이제는 어느 누구에게도 익숙하게 되었으며 아주 큰 물건을 가진 사내들이 오히려 그녀를 겁내게 되었단다.

내가 아는 외국의 한 공주[41]께서는 그것이 아주 작고 비좁아서 의사들도 그곳을 약간 째라고 충고했지만 그 충고를 듣기보다는 그 짓을 않는 쪽을 택했다. 얼마나 보기 드문 훌륭한 이야기인가!

---

39) 앙리 3세와 지냈던 몽팡시에 공작 부인의 이야기와 흡사하다. 앙리 3세는 시트 안에 숨겨진 변형된 그녀의 그것을 보고 실망해서 자리를 박차고 떠나면서 "그녀의 몸에 침을 뱉기까지 했다."고 한다.
40) 『팡타그뤼엘』 15장.
41) 영국의 엘리자베스.

어떤 여인들은 성난 인도의 닭 볏보다도 긴 음순을 갖고 있다. 어느 날 궁정에서 내가 랑당 백작[42]에게 이 이야기를 꺼내자 함께 있던 느무르 공작[43], 샤르트르 주교 대리[44], 로쉬푸코 백작[45], 몽페자[46], 지브리[47], 겐리스[48] 등이 여자들이 볼일을 볼 때 아래쪽에 숨어 있다가 이를 살펴보자고 합의를 보았다. 한 여인이 그곳에 자리를 잡았다. 처음엔 손가락 길이만 하던 것이 두 탁자 위에 올라앉자 입술이 크게 벌어졌다. 란던 백작이 시종에게서 얻은 막대기로 그 부분을 교묘하게 찌르자 그 여인은 화들짝 놀라며 양다리를 더욱 활짝 벌리고 말았다. 두 개로 나뉘어 있던 부분이 네 개가 되어 가재 수염모양으로 나뉘어져 있는 걸 볼 수 있었다.

　　한편 수난을 당한 처녀는 몹시 아파했고, 여주인은 크게 화를 내고 야단이었다. 랑당 백작과 동료들은 앙리 왕[49]께 이 이야기를 하며 진탕 웃었는데 여왕[50]에 의해서야 모두가 진정할 수가 있었다. 이렇게 음순이 커지는 이유를 뛰어난 의사 분께 물으니, 여자들이 성욕을 느낄 때 그것을 만지고 주무르고 주위를 둥글게 문지르거나 잡아당기면서 쾌감을 느끼기 때문이라고 한다.

　　이런 여인들은 페르시아에서는 좋지만 터키에서는 그렇지 못하다. 페

---

42) 샤를 라 로쉬푸코 랑당 백작. 보병 연대장으로 1562년 11월 4일 루앙 요새에서 입은 상처 때문에 죽었다.

43) 느무르 공작인 자크 드 사부아(1531-1585). 귀즈 공작의 미망인인 안 데스트와 결혼.

44) 프랑수아 드 방돔, 샤르트르의 주교 대리(사법, 군사의 직무에 있어 주교를 대신하는 직).

45) 라 로쉬푸코 백작인 프랑수아 3세. 실비 피크 드 라 미란돌, 샤를로트 드 로아이에와 차례로 결혼했다. 내란에 참가했다가 생바르텔르미 수난 때 죽음을 당했다.

46) 멜쉬오르 데 프레, 몽페자 공(1502-1572). 푸아투 대법관을 지냈다.

47) 르네 당글뤼르, 지브리 공. 1562년 드루 전투에서 사망.

48) 프랑수아 당게스트 겐리스 공. 1569년 스트라스부르그에서 광견병으로 죽음.

49) 앙리 2세.

50) 카트린 드 메디시스.

르시아에서는 여인들이 할례를 받는데 그들의 주장에 따르면 그곳 여인들의 타고난 신체 구조가 남성과 닮았기 때문이라고 한다. 반면 터키에서는 절대로 여인들이 할례를 받지 않는다. 이 때문에 페르시아 사람들은 터키 사람들을 이교도라고 부른다. 이것은 해 뜨는 동방을 여행한 사람이 전해 준 이야기다.[51]

궁정의 많은 여인들 가운데서 뛰어난 미모를 지닌 여인이 있었는데 그녀는 남편에게서 전해 받은 병 때문에 그것이 짧아져 길지 않았다. 게다가 종양이 입술까지 퍼져 한쪽 입술밖에 없었다. 신체의 한 부분이 없는 불구인 셈이었다. 그럼에도 불구하고 그녀는 끊임없이 사랑을 갈구했고 침대의 절반을 남자와 나누어야만 했다.

아름다운 여인과 사랑을 나누게 되었을 때, 그녀가 자기의 은밀한 곳을 보거나 만지는 걸 허락하지 않는다면, 보는 것은 아무런 해도 끼치지 않는다는 걸 당신네들은 열심히 이야기해서 설득시켜야 한다. 그곳에 아무런 이상이 없다면 그건 분명 아름다운 광경일 것이고 보기에 즐거운 것임에 틀림없다. 그녀 역시 호기심을 갖고 있다면 그것을 보여주고 자기가 갖고 있는 다른 아름다움들과는 또 다른 접촉을 제공함으로써 만족할 것이 분명하다. 또한 그곳에 어떤 결점이나 추잡함이 감추어져 있지 않을까 하는 의혹에서 벗어나 자신의 명예를 당당히 누리며 특히 상대로 하여금 뜨거운 욕망과 열정을 증대시켜 줄 수 있다.

어떤 여인들은 그곳에 아주 창백한 입술을 갖고 있는데, 사람들은 이

---

51) 피에르 블롱의 『그리스와 아시아 곳곳에서 발견된 기억될 만한 것과 특별한 것들에 대한 고찰』(1553)에서 한 부분을 인용해 보면, "마호메트교인 소피는 터키 여인들이 자기 나라 여인들처럼 할례를 받지 않기 때문에 이교도라고 부른다. 회교 사원을 찾는 여인들 중에서도 터키 여인들은 할례를 받지 않는다."

여인들이 열이 많기 때문이라고 한다. 이는 술 취한 사람들과 흡사하다고 할 수 있다. 술을 너무 많이 마시면 죽은 사람처럼 창백해져 이들을 표현할 때는 새빨간 사람이라고 하지 않고 술의 배반자라고 부른다. 마찬가지로 창백한 입술을 가진 여자는 단지 창백한 창녀라든가 음탕한 붉은 빛이라고 표현하지 않고 비너스의 배반자라고 말할 수 있다. 이 부분이 이렇게 창백하고 싸늘한 빛을 띠고 있는 여인은 보는 즐거움을 주지는 못한다.

또한 이것은 그곳이 예쁘다고 하는 여인들이 갖고 있는 빛깔과는 전혀 닮지 않았다. 흔히 그곳이 예쁘다는 여인들은 보통 흰 빛과 검은 빛이 어우러지면서 세 가지 아름다운 빛깔을 지닌다. 그 입술은 산호처럼 진홍빛으로 채색되어 있으며 부드럽게 곱슬거리는 주위의 음모는 흑단처럼 검다. 그리고 이것이 아름다움의 하나로 꼽히기 위해서는 검은 털로 덮인 흰 대리석처럼 하얀 피부여야 한다. 우리의 눈은 이러한 것을 아름답게 느끼지, 앞서 말한 그런 빛깔을 아름답게 느끼는 것이 아니다.

기독교인 남자들 대부분은 아무런 모양새도 없어(그들이 그렇게 말하고 있다) 여자들의 그것을 보는 즐거움을 취할 수 없는 터키 남자들과는 완전히 구별되기를 원한다. 터키의 경우와는 반대로 우리 기독교인들은 모양새를 잘 갖추고 있어서(남자들이 그렇게 말하고 있다) 그것을 자세히 보며 즐긴다. 또한 보는 즐거움뿐만 아니라 그것에 키스할 수 있는 즐거움까지 누릴 수 있어 큰 만족감과 쾌감을 얻는다.

많은 여인들이 이런 쾌감을 알기 때문에 남자에게 이를 요구한다. 스페인의 어느 연인들이 만나, 남자가 "당신의 손과 발에 키스를 보냅니다, 나의 여인이여."라고 말하자 여자가 손과 발은 물론 한가운데까지

키스해 주길 바라면서 이렇게 말했다.

"보세요, 나의 기사님. 최고의 기지는 바로 한가운데 있는 곳이랍니다."

이처럼 어떤 여인들은 자기의 남편이나 정부에게, 이곳에서 더욱 섬세하게 상대를 느끼며 뜨거운 쾌감을 얻을 수 있음을 말해 준다.

어느 날 위대한 왕의 아들인 왕자 한 분이 정부와 함께 있었는데 그는 그때까지 그곳을 보거나 만지거나 키스를 해본 적이 없었다. 그는 여인에게 치근거리며 사랑을 요구하고 있었다. 그러던 중 여자가 혹시 여자의 그 예쁜 곳을 본 적이 있느냐 물었다. 아니라고 대답하자 여인은 "당신은 지금껏 제대로 해본 것이 없군요. 좋아하는 것이 무엇인지도 모르고 있어요. 당신의 쾌감은 불완전한 거예요. 그곳을 봐야 안다니까요."라고 속삭였다. 그러자 왕자는 그녀를 침대에 쓰러뜨린 뒤 그곳을 들여다보고는 열정에 들떠 키스를 하며 마음껏 쾌락에 취하였다. 그 후로 그는 늘 이 보는 즐거움을 잊지 않고 계속했다.

친하게 지내던 한 기사에게서 들은 재미있는 얘기를 하나 더 해볼까 한다. 어느 날 그는 신분이 높은 아리따운 부인과 함께 자게 되었다. 임무를 수행하면서 그는 그곳에서 뭔가 따갑게 찌르는 아픔을 느껴 어렵게 일을 해나가야 했다. 마침내 겨우 일을 마친 그는 손으로 그곳을 더듬어 보았다. 그러자 양 둔덕 주위에서 날카롭고 길고 거칠고 따가운 철사 줄 같은 것을 발견할 수 있었다. 정성을 다해 어렵게 만든 이 장식은 마치 둘레에 다이아몬드나 루비를 박아 만든 메달이나, 모자에 장식을 하기 위해 둥그렇게 박은 보석 모양이었다.

그리 오래 되지 않은 일로 기니에서 훌륭한 가문의 한 여인이 자기 아이들을 공부시키기 위해 예언자를 모셨다. 그런데 사랑의 분노인지 광기인지 이 예언자가 갑자기 발광하여 집 주인의 긴 칼을 빼어들고는 침대 위에 있던 여주인의 허벅지를 찌르고 그 사이에 있는 입술을 이쪽저쪽 찔러, 의사에게 가기도 전에 숨을 거두고 말았다. 이렇게 난자당하고 잘려진 날개는 보기에 끔찍했을 것이다.

내가 날개라고 했는데 그리스어에서는 이를 입술이라고 부르고 라틴어에서는 날개라고 부르며, 프랑스어에서는 입술 또는 다른 여러 단어로 표현한다. 나는 라틴어 쪽을 선호하여 날개라고 부를까 한다. 어린 소녀들처럼 아직 아무것도 몰라서 날갯짓조차 할 줄 모르는 어린 매이건, 철새이건 야생의 매이건, 또는 잘 훈련된 새나 동물이 우리 몸속에 존재하는 건 아니지만 과부댁이나 결혼한 여인들은 날개가 없이도 재빠른 동작으로 움직일 수 있는 능력이 있다.

나는 또 라블레[52]와 마찬가지로 그것을 동물이라 부르는데, 왜냐하면 욕망이 일어날 때 그것을 만지거나 보거나 하면 그것이 자기 스스로 움직이고 꿈틀거리는 걸 느끼고 볼 수 있기 때문이다.

사랑의 묘책

지금까지 우리는 우리가 아주 아름답다고 믿고 생각하며 보는 것이 사실 얼마나 우리의 눈을 속이고 있는 것인가를 보았다. 우리 앞에 예쁘고 신선하고 몸매도 잘 갖추었으며 모든 사랑스러운 것으로만 응결되어 하나의 완성된 모습을 보여주는 여인이 있다고 하자. 그런데 사실 우리

---

52) 제3의 책, 32장. "나는 아리스토텔레스학파의 학구적인 의견을 좇아 그것에다가 동물의 이름을 붙이겠다. 왜냐하면 아리스토텔레스가 썼듯이 흥분했을 때 그것의 고유하고 독특한 운동 때문이다. 스스로 움직이는 것은 모두 동물이라 분류하므로."

에게 남겨진 것은 그녀에게서 실망할 것밖에 없다면, 또 그녀가 모든 사람 앞에서 보여주는 것이 모두가 헛된 빈껍데기일 뿐이라면 그녀를 바라보며 매혹되었던 남자들은 모든 꿈을 잃어버리고 말 것이다. 흔히 이런 여인들은 자기가 갖고 있는 결점을 전혀 눈치채지 못하게 하면서 우리로 하여금 아주 쉽게 유혹과 색욕에 빠져 들도록 잘 보이는 데는 일가견이 있다.

내가 라 로셀 요새에 있던 어느 날[53] 귀즈 공작[54]이 장화 주머니 속에서 왕의 동생이신 장군[55]에게 줄 작은 수첩 하나를 보여주며 이렇게 말했다.

"장군께선 한 여인에 대한 사랑의 전쟁을 선포함으로써 내 마음을 상하게 했소. 하지만 난 가만 있지 않을 거요. 자, 내가 이 안에 써놓은 걸 읽어보시오."

그러면서 내게 수첩을 건네주었다. 나는 그가 방금 써내려 간 4행시를 읽을 수 있었다.

만약 당신이 날 못 알아본다면
그가 내 것을 갖고 있지 않은 것일 테요.
왜냐하면 당신은 나의 벗은 몸을 보았으니
당신에게 보여지는 것이 무엇인지 알 테니까요.

---

53) 1573년.
54) 앙리 드 귀즈.
55) 알랑송 공작.

그는 그 처녀의 이름을 내게 말해 주었는데 나도 짐작이 가던 아가씨였다. 그들 사이가 아주 가깝다는 것은 이미 모두가 알고 있는 터여서 난 그가 그녀를 건드리지도, 깊이 알지도 못하는 데에 몹시 놀랐다. 그는 맹세코 둘 사이에는 아무 일도 없었으며 모두가 자기의 잘못이라고 했다. 나는 그를 위로하며 이렇게 말했다.

"사실 그분께서 그녀와 깊은 사이가 되었을지도 모릅니다. 하지만 또 어쩌면 아무것도 할 수 없을 만큼 피곤에 지쳤을 수도 있고, 그분 역시 그녀의 벗은 몸을 보고 넋이 나가 행동에 옮길 생각조차 못했을 수도 있습니다. 어쩌면 시도했다가 실패할 수도 있는 것 아닙니까. 하여간 그 어르신네와 싸움을 하시겠다면 그분이 이 수첩을 읽도록 옷 주머니에 넣어 두겠습니다. 그분이 이것을 읽으신다면 일단 복수를 하시는 것 아닙니까?"

그 일이 있은 후 둘은 의식적으로 웃음을 보이지 않았다. 우스꽝스러운 싸움으로 그들의 진한 우정과 긴밀한 관계는 그때부터 이상스럽게 변하였다.

아주 지체 높으신 공주님[56]의 총애를 받으며 그녀에게 길들여져 그녀가 원하는 대로 뭐든 알아서 하는 부인(차라리 시녀라고 함이 맞는다)이, 어느 날 이 여주인과 함께 목을 축이고 있었다. 늘 그러듯이 여주인은 침대에 비스듬히 누워 더위를 달래고 있었다. 그때 이 공주와 사랑을 불태우던 한 기사[57]가 공주를 보러 왔는데 뜻밖의 경험을 하게 되었다. 공주와 가장 가까운 이 부인이 아무 일도 없는 듯 태연하게 공주에게로 다가가더니

---

56) 마르그리트 드 발루아, 여왕 마고.
57) 뷔시 당부아즈.

갑자기 그녀가 덮고 있던 시트를 확 잡아당겼다.

　방 안에서 일어나는 일은 어느 것에도 시선을 게을리하지 않던 기사는 즉시 그곳에 시선을 집중했다. 그 기사는 이전에 본적이 없고 이후에도 결코 다시는 볼 수 없는 희고 탄력 있고 육감적이며 어느 것 하나 나무랄 데 없는 아름다운 나체를 보았다. 그에겐 낙원의 아름다움을 보고 있다는 생각이 들 정도였다.

　부인은 뒤로 물러나고 공주께서는 즉시 시트를 잡아당겨 자기 몸을 가리려 애를 썼다. 그러나 다행스럽게도 공주가 시트 자락을 잡아당기려고 움직일수록 몸은 더 잘 드러났고 기사는 보는 즐거움에 빠져 이불을 덮어주는 일조차 잊은 채 바보처럼 멍청히 서 있었다. 그녀는 애를 써서 그럭저럭 몸을 가리고, 당돌한 부인에게 반드시 죄 값을 치르게 될 거라며 부드럽게 꾸짖었다. 비켜섰던 부인은, "당신도 제게 이런 적이 있으시잖아요. 제가 받은 걸 그대로 돌려드렸다면 용서해 주시겠어요?"라며 문을 열고 사라졌다.

　한편 기사는 이런 광경 속에서 황홀한 기쁨과 만족을 느꼈다. 그는 꿈속에서라도 다시는 이런 아름다운 광경을 볼 수 없을 거라고 했다. 그의 말은 분명 옳다. 누구와도 비교할 수 없는 그녀의 아름다운 얼굴, 세상을 사로잡는 아름다운 목소리는 아래쪽에 더욱 감미로운 것을 감출 수 있음을 보여준다. 또한 그녀는 그가 본 중에서도 가장 자신을 열렬히 내던지는 여인이라고 했다. 역시 그녀는 그럴 수 있다. 왜냐하면 그녀는 갖추어야 할 곳은 풍만하게 갖춘 아름다운 몸매를 갖고 있어 국경의 단단한 성벽이라 할 수 있기 때문이다.

　이 기사에게서 얘기를 다 들은 후에 내가 할 수 있는 말은 이것뿐이었다.

"살아야 해요, 친구여. 이런 성스러운 경험은 당신을 죽을 수 없게 만든 거요. 아, 나도 죽기 전에 단 한 번만이라도 그런 모습을 볼 수 있다면!"

이 기사는 영원히 이 은혜를 간직하고 그때부터 늘 공주를 찬양하고 마음속 깊이 사랑했다. 그리고 그녀를 극진히 모셨다. 그러나 그녀와 결혼은 하지 못했는데, 그보다 더 부자인 또 다른 남자가 돈으로 할 수 있는 것은 뭐든지 해주며 그녀를 치장하여 아내로 삼았기 때문이다.

이러한 풍경은 아름답고 유쾌하다. 그렇지만 이렇게 아름다운 여인들은 가엾은 악테옹[58] 앞에서 나체를 들킨 아름다운 디아나나 내가 이야기하려는 여인처럼 다른 사람의 마음을 상하지 않도록 주의해야 한다.

한 왕께서는 그가 살아 통치할 때에 아름다운 미망인에게 매료되어 그 여인을 몹시 사랑하게 되었다.[59] 그녀는 자기 정원에서도 가장 아름다운 꽃들만을 가져다 바쳤기 때문에 왕은 다른 사람을 거들떠보지도 않았고 심지어 아내마저도 가끔씩만 찾을 정도였다.

아름답고 경탄할 만한 미모를 지닌 여왕[60]은 몹시 기분이 나빴다. 그녀는 자기와 가장 가까이 지내는 부인에게 불편한 감정을 토로하며 그녀와 함께 일을 꾸몄다. 왕과 그 여인이 무슨 일을 어떻게 하는지 들여다볼 구멍들을 그 여인의 방 곳곳에 만들어 놓고 두 사람의 미친 듯한 생활과 모든 것을 엿보려고 했다.

그렇지만 두 여인은 아주 아름다운 광경만을 볼 수 있었을 뿐이었다.

---

58) 개울에서 목욕하던 디아나를 본 악테옹은 놀란 디아나에 의해 사슴으로 변하여 자기의 개에게 잡아먹혔다. 오비디우스 『변신』 III, 143-252.
59) 디안 드 푸아티에, 발렁티누아 공작 부인에 대한 앙리 2세의 애정. "사람들은 왕이신 아버지께서 마담 드 발렁티누아에게 홀렸다고까지 말했다."고 『풍자적 이혼』의 작가 앙리 3세는 나바르의 여왕에 대해 쓰고 있다.
60) 카트린드 메디시스.

침대의 열기를 피하고 좀 더 시원해지기 위해 침대 아래로 내려와 슈미즈만 걸친 반라의 모습으로 애인에게 부드러운 포옹을 하고 어린아이처럼 귀엽게 아양을 떨고 있는 희고 아름답고 섬세하며 아주 신선한 여인을 볼 수 있었기 때문이다. 게다가 자기의 남편 역시 이 여인에게 온갖 사랑을 다 쏟고 있는 걸 보게 되었다.

모든 걸 알게 된 여왕은 한 번도 자기에게 이런 미친 듯한 열정을 왕이 보여준 적이 없다며 눈물을 흘리고 괴로워하였다. 함께 있던 부인은 왜 슬퍼하느냐며 위로하기 시작했다. 그리고 호기심으로 이런 광경을 보고자 했다면 다른 건 더 이상 바라지 말아야 한다고 위로했다. 여왕은 이 말만을 할 뿐이었다.

"난 보고 싶지 않은 걸 보았어. 괜히 마음만 아프게 할 뿐인데……."

어쨌거나 위로하고 위안 받으며 그들은 걱정을 잊었고, 아마도 그녀는 이 광경을 계속 보며 시간을 보내고, 묘책을 짜내는 데 마음을 쏟으며 슬픔을 가라앉혔을 것이다.

특이한 취미

타고난 색정을 채우지 못한 위대하신[61] 한 부인께서는(그녀는 대단한 미모에 타고난 창녀이며 남편과 사별한 미망인이었다) 더한 자극과 흥분을 느끼기 위해서 자기가 거느리는 여인들 중 미모가 뛰어난 두 여인을 발가벗기고는 자세히 살폈다. 그런 다음 손으로 엉덩이를 아주 거칠게 때리고, 갈라진

---

61) 아마도 이 '위대하신' 분은 앙리 3세의 일지(1577년 5월 15일)에 따르면 슈농소의 만찬에서 드 레츠와 드 소브 두 여인에게 '마치 아내들처럼 머리카락을 흩뜨리고' 알몸으로 봉사를 하게 했던 카트린 드 메디시스로 추측된다.

채찍으로 치면서 그녀들이 맞을 때마다 몸을 비꼬고 엉덩이를 움직이는 걸 보며 이상스럽고 묘한 만족을 찾으려 했다.

한번은 속바지를 입지 않은 이 여인들에게 스커트만 올리게 하고는 채찍으로 때리거나 만지면서 자신이 가하는 자극에 따라 웃고 우는 걸 지켜보았다. 이런 광경을 연출하고 바라보며 자극적인 쾌감을 느낀 그녀는 그 후로 아주 단단하고 건장한 남자들을 동반하여 이런 일을 종종 벌이곤 했다.

이 얼마나 기괴한 취미인가! 소문에 의하면 한번은 그녀가 건장하고 특이한 신체 구조를 가진 한 구두 수선공이 성벽을 향해 소변을 보는 걸 길가로 난 창으로 보고는 끓어오르는 욕정을 감당할 수 없는 지경이 되었다고 한다. 이 욕망의 결실을 맺기 위해 그녀는 그에게 편지를 보내어 자기 정원의 은밀한 오솔길로 나오게 하여 관계를 맺었다.

그녀의 몇몇 시녀들에게 들은 바에 의하면 2, 3일에 한 번 혹은 거의 매일 그녀를 보러 오는 외국 여인들이 있는데 그녀는 손님들을 곧바로 이 놀음에 길들여서 즐기곤 했다고 한다. 우선은 시녀들에게 시범을 보이게 한 뒤 차례로 이 놀음에 참여토록 하는데 어떤 여인들은 몹시 놀라며 거부하지만 어떤 여인들은 기꺼이 응한다고 한다. 이 무슨 웃기는 단련 행위인지.

이렇게 옷을 벗기거나 입힌 채로 자기 아내에게 채찍질을 하여 그 신체 반응을 보며 즐기는 남자들도 있다고 한다.

내가 아는 어떤 부인은 어린 시절 하루에 두 차례씩 어머니에게 채찍으로 매를 맞았는데, 체벌이 아니라 어머니의 욕망 때문이었다고 한다. 그녀의 어머니가 채찍에 맞으며 고통으로 몸을 움츠리는 자길 보며 즐거워했다는 것이다. 그녀는 열네 살이 될 때까지 이런 방법을 끊임없이 견디며 참아 내야 했다고 한다.

약 80년 전 어느 어르신네께서는 아내와 잠자리에 들기 전에 채찍을 들곤 했는데, 이 바보 같은 치료법에 의존하지 않고서는 아래쪽 물건이 꿈틀거리지도 일어서지도 않았기 때문이라고 한다. 이런 이유를 누가 알아듣기 쉽게 설명해 줄 수 있으면 좋겠다.

위대한 철학자 피쿠스 미란돌라[62]의 이야기에 따르면, 그와 동시대의 어떤 호색한은 다른 사람으로 하여금 자기를 채찍으로 피가 나도록 후려치게 했다. 그는 이렇게 채찍에 맞지 않고서는 여자에게 용감하게 굴수 없었으므로 호되게 맞아야만 분노를 느끼고 성이 났다고 한다. 타고나는 기질도 참 여러 가지다. 그래도 다른 사람을 바라보는 쪽이 이보다는 훨씬 나은 것 같다.

내가 밀라노에 있을 때,[63] 시칠리아의 부왕인 페케이르 후작[64]에 관한 이야기를 들을 수 있었다. 그는 한 미모의 여인과 사랑에 빠졌다. 어느 날 아침 그녀의 남편이 밖에 나갔으리라 생각한 그는 아직 침대에 있는 이 여인을 만나러 갔다. 이불 속에서 그녀를 보며 겨우 손으로만 어루만 졌을 뿐인데 남편이 돌아왔다. 남편은 침실에서 후작을 만나자 너무 놀라 아무 말도 않고 나가버렸다. 놀란 후작은 이불 속에 떨어진 장갑을 미처 찾을 새도 없이 부랴부랴 달아나 버렸다. 다시 돌아온 남편은 아내 모르게 그 장갑을 찾아내곤 아내를 아주 차갑고 냉정하게 대하였다. 그

---

62) 지오바니 피코 델 라 미란돌라. 이탈리아 철학자(1463-1494). 『점성술에 관한 논문』 중 1권 22장.
63) 1558년 또는 1565년.
64) 프랑수아 페르디낭 다발로 페케이르 후작, 1571년 사망.

리고 다시는 아내를 건드리지도, 함께 잠자리에 들지도 않았다.

쓸쓸히 지내던 아내가 어느 날 무심코 펜을 들어 이런 글을 썼다.

나는 아름다운 포도나무였으며 지금도 그러하네.
옛날의 나는 아주 잘 가꾸어졌건만
지금의 나는 왜 주인께서 가꾸어 주지 않는지
도무지 알 수가 없네.

책상 위에 놓인 이 글을 남편이 읽고 이러한 답변을 적어놓았다.

그렇소. 당신은 아름다운 포도나무였으며 지금도 여전하오.
옛날엔 열심히 경작했지만 이제는 그럴 수가 없소.
사자의 손톱에 긁힌 사랑의 상처 때문에
당신의 남편은 더 이상 당신을 경작할 수가 없다오.

그러자 이 둘을 모두 읽게 된 후작이 이렇게 답변했다.

당신들의 그 아름다운 포도나무 아래
내가 잠시 쉬었던 건 분명 사실이오.
포도나무 줄기에 올라가 아름다운 줄기와 열매를 바라보았소.
하지만 하느님께선 내게 그걸 만져볼 기회조차 주지 않으셨소.

심한 절망감에 빠져 있던 남편은 이 글을 보고는 의심을 깨끗이 씻고 아내를 용서하였다. 물론 어떤 여인들은 스스로 옷을 벗고 자신의 벗은 몸을 바라보며 나르시스처럼 그 아름다움에 매혹되어 스스로 만족하는 여인들도 있다. 대체 바라보기만 하면 무슨 일이 일어날 수 있단 말인가!

헤로이드의 어여쁜 아내 마리안은 어느 날 남편이 그녀가 지닌 아름다움을 실컷 보려고 한낮에 잠자리를 요구하자 이를 거절했다. 그는 아름다운 자기 아내에 대한 남편의 권위를 제대로 사용하지 못하고 대낮에 아내를 덮치고 옷을 벗기니 아내는 완강히 거절할 수밖에. 욕심을 차린 뒤 그는 하녀들을 불러 수치심 때문에 비탄에 빠져 있는 그녀에게 옷을 입히도록 했다.

한편 어떤 여인들은 실수인 척하며 일부러 자신의 아름다움이 홀랑 드러나는 벗은 몸이 발각되게 하기도 한다. 그녀들은 남편이나 연인들이 자신에게 반하고 열중하게 만들어 자기들에게 꼭 묶어두기 위해 이런 방법으로 유혹을 하면서도 한동안은 건드리지도 못하게 비싸게 군다. 그들의 아름다운 행로를 너무 일찍 끝내지 않고 좀 더 멀리까지 가고자 함인데 이렇게 함으로써 연인과의 아름다운 관계를 좀 더 오래 지속시킨다.

스키피오의 승리

유혹 속에서 자신을 잃지 않고 인내로 참아낸 사람은 행복을 누릴 수 있다. 아름다운 여인을 보면서 조금도 눈을 타락시키지 않은 덕목을 갖춘 사람은 참으로 찬양받아 마땅하다. 알렉산더가 그의 친구들에게 한 이야기를 보면, 페르시아의 처녀들은 그들을 바라보는 사람들에게 큰 고통을 안겨주었다고 한다. 이 때문에 그는 다리우스 왕의 딸들을 가두

어 두면서도 뛰어난 아름다움에 놀랄까 두려워 눈을 내리깔고 절대로 인사조차도 나누지 않았다.[65]

그건 그 시대의 이야기에 국한되지 않는다. 오늘날 동방의 여인들 중에서도 페르시아 여인들은 그들의 도시 사이라스[66]는 물론 다른 모든 도시에서도 그 아름다움이 이루 말할 수 없을 정도다. 옷과 신발로 가려진 그녀들의 자연적이고 온화한 미모와 균형 잡힌 몸매에서 실현되는 뛰어난 아름다움은 그 가치를 매길 수가 없다. 그녀들은 무어인들보다 아름답고 희며, 유쾌한 문화적 재산과 뛰어난 우아함[67]으로 고대로부터 격언 등을 통해 많은 이들의 칭송을 받아왔다.

위대하신 한 예언자는 이 아름다운 여인들을 한번 보게 되면 죽은 후에 그의 영혼이 낙원에 들어갈 수 없을까 두려워 사이라스에는 가고 싶지 않다고 말했다. 그곳에 갔었으며 그곳에 관해 쓴 적이 있는 사람[68]이 이런 말을 하는 것을 보면서 우리는 약속을 지키지 않는 예언자의 끊임없는 위선에 주목하게 된다. 아랍어로 쓰인 한 책[69]에서 블롱이 말한 것을 보면, 동시에 여러 여인을 두고 차례차례 범하며 자신의 육체적 능력을 과시하는 이 사람을 찬양하고 있지 않은가 말이다. 아, 악마에 사로잡힌 불한당 같으니. 모든 걸 다 이야기하고 난 뒤에나 그 이야기를 다시 할 수 있을지, 여기선 더 이상 말하지 않기로 하자.

---

65) 플루타르크 『알렉산더의 생애』 참조. 브랑톰은 여기서 니콜라이의 『동방 여행』 중 다리우스의 딸들과 알렉산더의 이야기를 거의 그대로 인용하고 있다.

66) 쉬라즈. 하피즈와 사디의 조국. 포도주와 미녀들이 많은 것으로 유명하다.

67) 브랑톰은 여기서도 역시 니콜라이의 이야기를 인용하고 있는데 '비너스의 우아함' 이라는 말을 뛰어난 우아함으로 바꾸어 놓았을 뿐이다.

68) 그 소문의 근원을 숨기기 위해 브랑톰은 초고에서 자기가 참고로 했던 것을 지워버렸다.

69) 피에르 블롱 『그리스와 아시아 곳곳에서 발견된 기억될 만한 것과 특별한 것들에 대한 고찰』(1553) 3권 10장. p.178-179.

난 방금 전 이야기했던 알렉산더와 스키피오 아프리카누스의 이러한 면에 대해 다음과 같은 질문을 던지고 싶다. 이 대륙에서 둘 중 누가 더 큰 찬양을 받을 수 있을 것인가?

알렉산더는 지조를 지킬 수 있는 능력에 스스로 회의를 품고 이 아름다운 페르시아 여인들을 바라보려 하지 않았다. 그러나 스키피오는 카르타고 노바를 점령한 후 군사들이 전리품으로 바치고자 그에게 데려온 어여쁜 스페인 여인의 얼굴을 보았다. 그녀는 한창 꽃다운 나이에 타고난 미모를 발산하여, 가는 곳마다 모든 눈길을 자극하고 감탄하게 만들었다. 스키피오도 마찬가지였다. 그는 탐욕스러운 눈길로 그녀를 맞이하면서 그녀와 그녀의 부모들이 스페인의 어느 도시 출신인지 꼬치꼬치 캐물었다. 그리하여 그녀가 켈트 이베리아의 왕자인 알루시우스와 약혼한 사이라는 걸 알아내곤 손끝하나 건드리지 않은 채 부모와 약혼자에게로 돌려보냈다.[70] 그로부터 그녀와 그녀의 부모, 약혼자는 로마와 공화국에 깊은 애정을 갖게 되었다.

그러나 이 아름다운 여인이 감히 젊고 잘생기고 용감무雙한 승리자인 스키피오를 원하지 않는다는 사실을 그가 알아채고 마음에 상처를 입은 것인지 누가 알겠는가? 어쩌면 그는 그녀의 조국에서 많은 것을 앗아가 버린 자신을 원하지 않을지도 모른다고 신앙과 의식에 물어보았을지도 모른다. 그녀가 어떤 대답을 했을지는 각자의 상상에 맡기겠다.

혹 어떤 이는 그녀가 스키피오를 원하는 표정을 지었을 거라고 말할 수도 있을 것이다. 만일 스페인의 그때 분위기와 석양빛이 그것을 잘 표

---

70) 귀테리에 의해 불어로 번역된 안토니오 드 게바라의 『황금 같은 서간문과 유익한 말씀들』에서 인용. 습관처럼 브랑톰은 이름을 변형하여 쓰고 있다. 셀티베리안 왕자를 게바라는 리세이우스라고 부르고 있다.

현할 줄 몰랐다면, 오늘날 그녀처럼 어여쁜 그 나라의 많은 여인들은 사
랑을 표현하는 데 있어 뜨겁고 정열적이라는 걸 나도 많이 보았던 터다.
하지만 이 아름답고 숭고한 처녀가 젊고 잘생긴 청년 스키피오에게 매
혹되었다 할지라도 세속적인 신의 제단에 어떤 말도 입에 올리지 않았
다는 건 의심해서는 안 된다.

　이로써 스키피오는 이 대륙에서 가장 뛰어난 인품을 지닌 것으로 칭
송을 받았지만 어떤 이들은 그를 비난하기도 했다. 대체 무엇 때문에 무
서울 것 하나 없는 이 용감한 무사가(내가 보기에는 덕을 갖추기보다는 감정에 빠지기
쉬워 오히려 어리석다고 할 만한), 다른 기사나 여인들에게는 이런 냉철함과 겸
손함과 신중함을 보여주지 않으면서, 그녀를 사랑하고 아름다움에 매료
되었으면서도 드러내지 않고 관용을 베풀었느냐는 것이다.

　어느 날 이 이야기를 읽은 한 부인께서는 스키피오를 어리석은 사람
이라 하였다. 그녀는 그가 이렇게 어리석게 처신할 것이 아니라 좀 더
신중하게 처신해야 했으며, 그녀는 단지 전리품에 불과하므로 다른 것
들과 마찬가지로 그것으로써 승리를 노래해야 한다고 했다.

　로마의 위대한 창시자는 스키피오와는 달랐다. 아름다운 사비나의 여
인들에게 매혹되었을 때 그는 마음에 드는 여인에 대하여 어떤 존경심
도 보이지 않고 쾌락의 도구로 삼았다. 그녀 역시 이에 만족하였고 자기
동족들에 대해서 염려하지 않았으며 그들의 부모들이 큰 전쟁을 꿈틀거
리게 했던 것처럼 화를 내지도 않았다. 또한 그녀의 남편과 겁탈자들 사
이의 협약도 쉽게 이루어졌다.

　사실 모든 사람이 다 이런 식의 친교를 원하는 건 아니다. 모든 여인
이 완벽한 미를 자랑하던 아시아의 골루아 왕 중 하나인 오르트라공 왕

의 아내와 같지는 않다. 로마 백부장에게 패해 사로잡힌 그녀는 저속하고 비열한 그에게 몸을 허락하는 걸 끝내 거부하였다. 그러나 백부장은 전쟁의 모험과 전리품으로 그에게 주어진 이 노예를 힘과 무력으로 강제로 짓밟았다.

그는 이를 곧 뉘우치지만 복수를 당하고 만다. 그녀는 그에게 자기를 자유롭게 해주는 대신 큰 대가를 약속한다. 그리하여 그를 큰돈을 약속한 장소까지 그를 데려가서는 속여서 죽이고는 머리를 남편에게 가져갔다. 그러고는 그 자가 그녀의 정절을 짓밟았기에 이렇게 복수했노라고 낱낱이 고백했다. 남편은 그녀의 행동을 칭찬하고 명예를 드높여 주었다. 그때부터 그녀가 죽는 날까지 성스럽고 위엄 있게 그녀의 명예를 보존했다고 역사는 말한다.[71] 이렇게 그녀는 큰 영광을 안게 되었고 그녀를 겁탈한 자는 하찮은 자로 남게 되었다.

루크레스의 경우는 이와는 또 다르다. 용맹스러운 왕은 전쟁에서 사로잡은 루크레스에게 매혹되었으나 그녀가 시중을 들려고 하지 않자(그녀는 두 배의 어리석음을 범했을 뿐이다) 죽여 버렸다.

스키피오에게로 다시 돌아가 보면, 그는 약탈과 노획을 위한 전쟁의 행렬을 전혀 모르고 있다고 내가 아는 위대한 장군께서는 말한다. 전쟁에서 사로잡힌 여인은 모든 군인들에게 큰 횡재일 뿐이다. 그와 같은 사람은 도시를 공격하고 점령하며, 여인들의 명예를 위해 눈에 뜨이지 않는 장소에서의 만남까지 마련해 주는 다른 동료들에게 놀림을 받는다.

---

71) 이 이야기는 티투스 리비우스의 역사서, 보카치오의 『명예로운 여인들』, 앙투안 뒤 베르디에의 『다양한 교훈들』(1580)에서 읽을 수 있다. 뒤 베르디에의 책을 인용하면 "왕의 이름은 오르티아공이라 하였다. 그의 아내 아름다운 키오마라는 로마 백부장에게 겁탈당했다는 것을 비난하고 명예를 강조하는 남편에게 차가운 대접을 받았다."고 한다.

왜냐하면 여인들은 다른 누구보다도 더욱 욕망에 들끓는 격렬한 전사들을 사랑하기 때문이다.

남편과 그녀들의 명예는 조금도 다치지 않는다. 그들은 넘치는 쾌락을 누리면서 더군다나 그 남편들의 재산과 삶을 지켜주기까지 한다. 카이사르는 모리타니의 왕 보구드의 아름다운 아내 우노에와 그녀의 남편에게 많은 재산을 건네주었다.[72] 비티니의 왕 주바처럼 그녀는 아름다운 여인이었기 때문에 카이사르는 친밀한 관계를 맺고 달콤한 쾌락을 즐겼다.

그 밖에도 이러한 사랑의 유용함은 많지만 넘어가기로 하자. 내가 아는 장군께서 말씀하시기를 그와 위대한 동료들은 포로가 된 여인들에 대해 속마음을 은밀히 알아낸 후 결정을 내림으로써 이 여인들의 명예를 지켜주고 싶어 한다고 한다. 어쩌면 그들도 우리의 스키피오와 같은 바탕을 지녔을지도 모른다.

스키피오는 오르토랑의 개 같은 마음을 억누르지 못하여 자기 정원의 배추는 먹지 않으면서 다른 사람이 먹는 것은 방해하였다. 가엾은 마시니사의 아내를 빼앗지 않았던가. 자기 자신과 로마 백성을 위해 수없이 자신의 목숨을 걸었고 승리와 영광을 획득하기 위해 고통을 감수하고 땀 흘리며 일해 왔던 스키피오는 가장 값진 전리품으로 아름다운 여왕 소포니즈바를 선택했다. 그러나 마시니사는 그에 대항하며 그녀를 없애버렸다. 마시니사가 아무런 처방을 내리지 않았더라면 스키피오는 그녀가 나머지 생을 비참한 노예로서 지내도록 로마로 납치했을 것이다.

만약 그녀가 마시니사의 아내였을 때처럼 멋지고 훌륭한 여왕의 모습

---

72) 수에토니우스 『카이사르의 생애』. 율리우스 카이사르는 여러 여인들 중 보구드의 아내 우노에 코르를 좋아하여 그 부부에게 크고 훌륭한 선물들을 보내주었다고 나손은 쓰고 있다.

으로 사람들 앞에 나타나 사람들이 "스키피오의 승리 중 가장 찬란하게 빛나는 것이로다."라고 감탄할 수 있었다면 그의 영광은 더욱 크고 아름다웠을 것이다. 영광이란 낮고 비천한 것보다는 위대하고 높은 것의 외양에 더욱 잘 깃들어 있다.

끝으로 이 모든 이야기 속에서 스키피오는 큰 과오를 저질렀다. 그는 여성에 대해 완전히 적개심을 갖고 있었던 사람일 수도 있다. 혹은 그가 늙은 나이에 아내의 시녀에 대한 사랑에 빠졌고[73] 그녀가 많은 인내심을 갖고 있었다고 해도 여성을 만족시켜 주지 못하는 무능한 사람이었을 수도 있다.

바라보며 얻는 기쁨

지금껏 궤도를 벗어났던 탈선에서 우리가 못 다한 이야기를 끝내기 위해 한마디 하자면 화려하게 차려 입었거나, 살짝 벗고 잠든 아름다운 여인을 보고 응시하는 것만큼 좋은 일은 없다. 하지만 무엇보다도 지저분한 병에 걸리지 않고 한 점 티 없이 건강하고 깨끗해야 한다.

프랑수아 1세는 신사는 고귀한 사람으로 대접받을 수 있을 만큼 잘생겨야 하며 그의 집이나 성에서 위엄을 갖추어야 하며 무엇보다도 우선 좋은 말솜씨와 입술을 가진 아름다운 아내가 항상 눈앞에 있게 해야 한다고 했다. 이곳저곳 어디를 둘러봐도 이렇듯 보기에 아름다운 것들을 갖추어 감탄하고 육체를 단련한다면 집에서 화낼 일은 절대로 없을 테니까.

---

73) 브랑톰은 여기서 스키피오에 대해 카토에 관한 일화와 혼동하고 있다. 홀아비가 된 카토는 한 젊은 노예 여인을 탐닉했는데 이 때문에 그의 아들도 아버지에게 큰 창피를 주었다. 플루타르크 『카토』 참조.

카스티유의 여왕 이자벨은 바라보며 큰 기쁨을 느낄 수 있는 것 네 가지를 말씀하셨다.

"전쟁터에서 무기를 든 남자, 주교복을 입은 주교, 침대 위의 아름다운 여인, 그리고 십자가에 못 박힌 회개한 도둑."

로렌 르 그랑 주교[74]께서 황제와 이루어졌던 휴전[75]을 깨기 위해 교황 바오로 4세를 만나러 로마에 가던 중 베네치아에 들렀는데 위대하신 왕께서 가장 총애하는 그인지라 대단한 환영을 받았다.[76] 의회의 모든 어르신네들이 앞에 나섰고, 큰 운하를 지날 때에는 면해 있는 모든 창문마다 그 도시의 모든 아름다운 여인들이 그를 환영하기 위해 있었다.

중책을 맡고 있는 이가 주교에게 큰 소리로 무슨 말을 했다. 그러나 그는 아름다운 여인들에게만 시선을 쏟을 뿐이었다. 그러자 상대는 사투리를 써가며 이렇게 말했다.

"주교님, 당신은 내 말을 안 들으시는군요. 하긴 당신이 옳습니다. 나 같은 늙은이와 화를 내며 이야기하는 것보다는 창가의 아름다운 여인들을 보는 것이 더욱 즐거울 테니까요."

프랑수아 왕, 앙리 2세, 그리고 그의 자식들이 왕위를 이어간 발루아 궁정을 본 사람은 그가 누구이든지 간에 궁정 안의 여인들, 즉 우리의 여왕, 그들의 어머니, 자매, 시녀들처럼 아름다운 사람은 결코 본 적이 없다고 할 것이다. 위대하신 고냉 선생[77]이 살아 있어 그 옛날 프랑수아 1세의 요청에 따라 해보였다는 환상과 마술과 요술로써 그를 둘러싼 여

---

74) 샤를 드 귀즈, 로렌의 제2대 주교(1524-1574). 프랑수아 2세 때 막강한 절대 권력을 지녔다. 제1대 귀즈 주교인 동생 루이(1527-1578)와 제2대 귀즈 주교인 조카 루이와 구별하기 위해 루 그랑이라는 별칭으로 부른다.
75) 황제와 앙리 2세 사이의 복셀 휴전.
76) 로렌 주교는 1556년 1월 16일부터 24일까지 베네치아에 머물렀다.

인들의 옷을 입혔다가 벗기는 일을 다시 해보인다면 이 궁정은 더욱더 아름다워질 것이다. 그는 그의 예술에 있어 아주 뛰어나고 섬세한 사람이었으나 그의 손자는 그에게 크게 미치지 못하는 것 같다.

나는 이 광경이 알렉산드리아에서 이집트 여인들이 그들의 신 아피스를 맞이할 때보다 즐거운 광경이 되리라 생각한다. 이집트 여인들은 그들의 신 앞에서 아주 큰 의식을 행했는데 치마와 속옷을 가능한 한 위로 걷어 올린 뒤 양다리를 힘껏 벌려 그곳을 완전하게 드러내 보였다. 그러고는 다시는 신을 볼 수가 없었다. 그녀들이 그것 때문에 치렀다고 생각하는 걸 상상해 보라. 이 이야기를 자세히 보고 싶은 사람은 알렉산드로 알렉산드리의 『환희의 날』[78] 6권을 읽어보라. 이 광경은 참으로 볼 만하리라 생각한다. 왜냐하면 예나 지금이나 알렉산드리아 여인들은 아름답기 때문이다.

스위스에서는 남자와 여자가 함께 목욕을 하고[79] 수치스러운 행동은 전혀 하지 않으면서 한증을 하고 수건으로 앞만 가린 채 나간다. 만일 수건이 풀어진다면 잘생겼느냐 아니냐에 따라 유쾌하거나 불쾌한 것을 볼 수 있을 것이다.

---

77) 고냉이라는 이름은 브랑톰에게는 요술쟁이와 동의어로 쓰인다. 역사 속에서 우리는 이 이름을 가진 세 명의 인물을 기억해 낼 수 있다. 첫 번째는 그가 바로 문제의 인물로 프랑수아 1세 때 궁장에 소속되어 있던 마법사이며, 두 번째는 그의 손자로서 샤를 9세와 동시대 인물이다. 세 번째는 루이 3세 때 퐁네프다리 위의 요술쟁이였다.

78) 나폴리의 법률가인 알렉산드로 알렉산드리의 『환희의 날』에는 아피스에 관한 짧막한 예찬론이 있다(리옹. 루빌 6권 p.827-1006(1536)). 그런데 브랑톰은 아이시스의 숭배에 관한 헤로도토스의 글을 어렴풋이 기억하면서 알렉산드로의 책에서 주어진 내용을 적당히 윤색하고 있다. "캐스터네츠를 든 여인들은 그것들을 부딪치며 소리를 내고… 또 어떤 여인들은 노래하며 손뼉을 치고… 또 어떤 여인들은 야유하듯 큰 소리로 서로 이야기를 주고받는다(헤로도토스의 글에서는 이 장면이 알렉산드리아가 아니라 부바스티스에서 일어난다). 또 어떤 여인은 춤을 춘다. 그리고 또 어떤 여인은 서서 옷자락을 걷어올리기도 한다."

79) 스위스의 목욕 문화에 관한 정보는 앞에서 언급한 블롱의 『그리스와 아시아 곳곳에서 발견된 기억될 만한 것과 특별한 것들에 대한 고찰』 1권 III 35장 p.198에서 인용하였다. 브랑톰과 블롱은 몽테뉴가 로마의 목록에 대해 『스위스와 독일을 거친 이탈리아 여행 수첩』에서 "그곳에서는 원하는 여인들을 동반하며, 소년들이 당신과 여인들의 때를 밀어 준다."고 적고 있는 내용과 비슷하게 호기심을 자극한다.

플로라 축제

이야기를 끝내기 전에 한 마디를 더 한다면, 어떤 유혹과 시선의 위안거리가 젊은 귀족과 기사, 평민, 그리고 수많은 로마인들을 가장 문란하고 방탕한 최초의 탕녀를 선발하는 플로라 축제의 날, 로마로 모여들게 만든 것일까 하는 점이다. 거기서 가장 뛰어난 여인으로 뽑힌 여인은 좋은 가문의 훌륭한 핏줄을 타고났는데, 이렇게 좋은 바탕을 타고난 여인은 남을 더욱 즐겁게 해주며, 그녀와의 만남은 그 어느 것보다 행복하게 느껴진다.

또한 플로라는 매춘부처럼 아무에게나 몸을 내던지는 레이스보다는 여러 면에서 낫다. 플로라는 지체 높으신 어르신들께만 몸을 허락한다. 그래서 그녀는 대문에 이런 팻말을 써 붙여 놓았다.

"왕과 왕자, 집정관, 감독관, 주교, 감찰관, 대사 그리고 그 외 높은 지위를 갖고 계신 분은 들어오세요. 그러나 그렇지 못한 분은 사절합니다."[80]

레이스는 손도 잡기 전에 돈부터 받았으나 플로라는 절대로 그러지 않았다. 그녀는 높은 신분의 사람들과 함께하면서 그들이 위대하고 고명하신 어르신네로서 행동할 수 있게 해주고, 역시 아름다움과 좋은 혈통을 타고난 여인으로서 자신의 가치를 늘 간직하기 위해서 먼저 대가를 요구하는 법이 없었다.

사랑을 제외하면 이 세상 모든 것이 값을 지니고 있는 만큼, 숙녀라면 자기를 사랑하는 이에게 탕욕이 아닌 사랑을 위해서 기쁨을 줄 수 있어

---

80) 플로라에 관한 모든 이야기는 게바라가 쓴 『황금 같은 서간문과 유익한 말씀』 1권 P.306-317에서 인용되었는데, 브랑톰은 스페인어로 게바라가 쓴 이 팻말의 내용을 약간 수정했다. 원래 내용은 "왕, 왕자, 집정관, 감독관, 주교 그리고 감찰관은 서둘러 안으로 들어오실 수 있습니다." 이다.

야 한다면서 사람들이 그에게 선물하는 것 말고는 절대로 욕심을 부리진 않았다.

살아 있는 동안 그녀는 아주 점잖게 사랑을 했으며, 한껏 사랑을 받았다. 그녀가 어쩌다 산책을 나서면 뛰어난 미모와 아름답고 호화로운 치장, 세련된 자태, 우아한 표정, 그리고 그녀의 시종들과 그와 함께 있는 어르신네의 시종들로 이어지는 긴 행렬 등에 대해 한 달은 이야기할 거리가 생겨났다. 외국의 대사들이 그들의 나라로 돌아가면 로마 공화국의 위대함보다는 아름다운 플로라의 미모와 특별함, 특히 그녀와 같은 귀족 여인들이 공통적으로 갖고 있는 보수성을 뛰어넘는 자유분방함 등에 대해 이야기하길 더 즐겼다.

마침내 그녀는 많은 돈, 가구와 패물을 지니고 부유하고 호사스럽게 죽었다. 그녀는 로마 시민을 자신의 주상속자로 삼아 로마에 플로리안[81]이라 이름 붙인 호화로운 사원을 만들게 했다.

황제 갈바가 축하해 주었던 첫 번째 축제는 사랑스러운 플로라의 축제가 아니었다. 그날은 그곳이 가장 타락하고 외설스러우며 문란한 짓을 할 수 있는, 건강하고 색정적인 곳으로 평가받도록 로마의 모든 남녀에게 그들의 욕망에 따라 모든 방탕함과 외설스러움, 욕정의 폭발 등 할 수 있는 모든 것을 허용하였다.

시비와 무어인 노예들이 일요일마다 말트의 모든 사람 앞에서 추던 배

---

81) 실제 이름이 아카 타룬티아인 이 창녀에 대한 숭배는 역시 같은 이름을 가진 플로라에 대한 숭배와 혼동되고 있다. 고대 로마의 문법학자와 시인들은 그녀의 재산에 대해 다음과 같이 이야기한다. "신출내기인 아카는 신과 밤을 보내기 위해 문지기의 안내를 받아 헤라클레스의 신전 안으로 들어갔다. 다음날 아침 만족한 헤라클레스는 그녀가 신전을 나가면서 만나게 될 첫 번째 남자와 포옹하도록 허락했다. 그는 바로 늙고 부자인 타룬티우스로 그녀와 결혼하여 모든 재산을 그녀에게 상속했다. 그는 또한 아카와 결혼하면서 그녀에게 카루티우스라는 이름을 주었다."

꼽춤도 없고 사라반드도 없다는 걸 상상해 보라. 여인들은 움직임도 방탕한 꿈틀거림도 음란한 몸짓도 이상한 뒤틀림도 그곳에 없다는 걸 잊지 않는다. 더욱 방탕스럽고 음탕한 것을 궁리하는 사람은 바로 이 여인들이다. 이런 의견이 로마인들 사이에 퍼져 있는 만큼 색정적이고 음란한 옷차림과 몸짓으로 여신의 신전에 가는 사람은 플로라와 맞먹는 우아함과 화려함을 지닌다. 이 얼마나 아름다운 생각이며 축제의 의식인가!

여기에서 그 여인들이 그곳에서 어떤 음란한 행위도 잊어버리지 않았을까, 혹은 오래전부터 이 여인들은 우리네 여인들이 발레를 습득하듯 많은 연구를 한 것은 아닐까, 그곳에서 사랑에 빠진 건 아닐까 의심해서는 안 된다. 젊은이건 늙은이건 방탕하게 꾸민 동작들을 보는 데 열중했다. 만일 이것이 우리들 사이에서 보여졌다면 세상은 모든 면에서 은혜를 입는 것이렷다. 이러한 광경을 보기 위해 사람들은 짓눌려 죽을 수도 있을 것이다.

그것에 대해 구구한 공론이 있을 것이다. 멋지고, 사랑스럽고, 유명한 여인들을 만들어 낸 수에토니우스, 그리스의 파우사니아스, 그리고 라틴어로 쓴 마닐리우스의 책[82]을 읽어본다면 당신들은 모든 걸 볼 수 있을 것이다.

이 이야기는 계속 이어진다. 스파르타인들이 한번은 멧세니아를 공격하러 갔다. 이에 멧세니아인들은 스파르타인들이 자기들의 도시를 포위하고 즐거워하는 동안 하나씩 하나씩 도시를 빠져나가 스파르타로 달려

---

82) 게바라는 황제 갈바에 의해 열린 꽃놀이의 재건에 대해 수에토니우스의 글귀를 인용하며 덧붙인다. "이 모든 것을 말한 작가들은 사랑에 빠진 유명한 여인들에 관해 책을 쓴 파우사니아스, 마닐리우스 등이다." 그러나 파우사니아스도 마닐리우스도, 수에토니우스도 여인에 관해서 특별히 쓴 책은 없다. 작가는 그들의 책 속에 흩어져 있는 사랑의 일화들을 가리키고 있는 듯하다.

갔다. 그러나 스파르타를 놀라게 하고 약탈하려 한 그들은 남아 있던 스파르타의 여인들에게 쫓겨나고 말았다. 그 사실을 안 스파르타인들은 길을 되돌려 자기 도시로 돌아가다가 멀리서 그들의 접근에 무장을 하고 달려 나온 아내들을 발견했다. 곧 그들을 알아본 아내들은 그 간의 승리를 이야기하며 기쁨에 넘쳐 부끄러움도 잊은 채 여자건 남자건 무기를 치워버릴 겨를조차 없이 입을 맞추고 껴안고 어루만지면서 서로가 만난 그 자리에서 용감하게 사랑의 열전을 치렀다. 그곳에서 사람들은 온갖 것을 다 볼 수 있었으며 무기 부딪히는 소리와 즐겁고 유쾌한 다른 소리들을 들을 수 있었다.

그때의 기억을 되살려 그들은 여신 비너스의 신전을 만들고 그녀의 환영을 그렸다. 또한 벗은 비너스를 그리는 사람들과는 달리 그들은 이를 비너스 군단이라고 불렀다. 아름다운 비너스를 그려서 비너스 군단이라고 이름 붙이다니 이 얼마나 재미있는 발상인가.[83]

종종 전사들 가운데는 도시를 점령했을 때 어찌나 정욕으로 가득 찼든지 무장을 풀 만한 인내심과 여유조차 없어서 완전 무장을 한 채로 여인을 쓰러뜨리고야 마는 이들을 볼 수 있다. 하지만 무장한 병사가 무장한 아내와 함께 사는 것은 거의 볼 수가 없다.

이곳에서 이어지는 즐거움을 꿈꿀 수 있어야 한다. 더욱 큰 것이 이 신비 속에 숨어 있을 수 있다. 행동 속에 혹은 보는 것 속에 혹은 무기의 부딪치는 소리 가운데, 그것은 사람들이 할 수 있는 상상 속에 있다.

이젠 충분한 것 같다. 끝을 내도록 하자. 난 좀 더 많은 예를 들어 폭

---

83) 사실 스파르타의 가장 오래된 여신의 성역에는 아프로디테 군단이 자리하고 있으며, 기원전 3세기의 라코니아 화폐는 꼭 끼는 옷에 머리에는 투구를 쓰고 오른손에는 창을, 왼손에는 방패를 든 여신의 모습을 보여준다.

넓게 이야기를 하고 싶지만 너무 외설스럽다는 평판을 듣게 되지 않을까 두렵다. 우리가 여인의 아름다움에 관해 그렇게 많이 찬양을 하였다면, 이 이미지를 마구 흩뜨려 한 여인의 마음을 아프게 한 스페인 남자의 이야기를 들어보라.

"그 여잘 한번 보시겠소. 그 여잔 성당의 오래된 등잔처럼 기름기 투성이에, 왕성하게 크기만 한 잘못 만든 옷장 같고, 얼굴빛은 잘못 칠한 가면처럼 덕지덕지한 데다가 허리는 사원의 종이나 방앗간의 절구통 같아요. 게다가 얼굴은 옛날 우상같이 생겼으며 눈길과 걸음걸이는 꼭 고대 유령을 본 듯하지요. 그러니 한밤중에 그 여잘 만나면 만드라고라[84]를 본 것처럼 무서울 것이니 예수님, 하느님, 저를 이런 만남에서 구해 주소서. 그 여잔 자기의 암흑 같은 삶을 끝낼 수 있도록 또 하나의 괴로운 영혼이 청혼의 손길을 내밀어 주기만 기다리고 있어요. 그러고는 자기 집에 교장 주교님이 보통 손님으로 방문하는 것도 불만, 주교 대리님의 한없이 늘어지는 대화도, 자꾸만 드나드는 문지기도, 승원장님의 오랜 우정도 모두 불만스러울 뿐이지요."

자, 한 여인의 서른 가지 미의 조건을 그렇게 그려내고 기대했던 스페인 남자의 절망이 너무도 잘 드러나지 않는가.

---

84) 약용 식물로써 고대와 중세의 마법용으로 사용되었다.

CHAPTER
5

멋진 다리가 불러일으키는 욕망

Les Dames galantes

어떤 다리가 가장 유혹적이며 사람의 눈길을 끄는가 하는 질문을 던져보고자 한다.
맨 다리일까, 감추어진 다리일까, 아니면 구두를 신은 다리일까?

아름다운 다리의 유혹

우리 궁정의 한량들께서 여인들이 갖고 있는 많은 아름다움 중에서 사랑을 자극하는 가장 매력적인 것으로 꼽는 것은 바로 아름다운 여인의 멋진 다리다. 그래서인지 자신의 다리를 자랑스럽게 생각하면서 그것을 아름답게 유지하고 가꾸는 데 정성을 쏟는 여인들을 많이 볼 수 있다.

아주 고귀하신 한 공주[1]께선 자기의 시녀들 중 유독 한 여인을 좋아하여 늘 남다른 배려를 해주곤 하였다. 그것은 그녀가 다른 그 누구보다도 공주가 즐겨 신는 스타킹을 팽팽하게 잘 당기고 그 위에 각반[2]을 대어 편안함을 느낄 수 있도록 끈 조절을 잘 해준다는 이유에서였다. 이 공주께서 이렇듯 다리에 신경을 쓰고 가꾸는 것에 호기심을 가져보건대, 그건 그 아름다운 다리를 긴 치마와 속옷 속에 감추기 위해서가 아니다. 그녀가 좋아하는 금빛, 은빛 레이스나 예쁜 천으로 독특하고 앙증맞게 만든 속 팬츠[3]와 함께 그 멋진 다리를 과시하기 위함이 아닌가 싶다. 누구나 다른 이들에게 드러내 보이고 싶지 않은 것은 자기 마음에도 들지 않는 것이 아닌가.

그녀 역시 대부분의 여인들이 그렇듯이 이미 나이가 들었음에도 불구하고 여전히 맵시 있고 좋은 몸매를 유지하며 가꾸고 있다. 그러나 이것

---

1) 여왕 카트린 드 메디시스. 브랑톰에 의하면 그녀는 "멋진 다리와 정강이를 갖고 있었으며 스타킹을 신는 것을 즐거워했고, 팽팽하게 잘 당겨진 스타킹을 보며 흡족해 했다."고 한다.

2) 종아리를 가늘게 보이기 위해서 발목에서 무릎 아래까지 띠를 감거나 둘러 싸주었다.

3) "모든 여인들은 다리를 자주 드러낼 수는 없지만 기회가 되면 누구라도 쉽게 볼 수 있도록 스타킹을 신거나 무릎 아래쪽이 꼭 끼는 각반 등을 신었다. 또 정갈하게 입은 반바지는 대님에 의해서 무릎 아래쪽에 꼭 끼도록 입은 부분에서부터 이어져 있었다. 승마 연습 중에는 종종 뜻하지 않게 다리가 드러나곤 했는데, 속바지 아래 꼭 끼는 종아리 부분은 수가 잔뜩 놓여 있거나 진짜 보석으로 장식이 되어 있기도 했다." 드 라 보르드 『루브르의 화려한 색채들』 제2권 p.348.

이 모두 남편의 마음에 들기 위한 것이라고 변명할 수는 없다. 그녀는 이미 남편과 사별한 지 오래기 때문이다. 하긴 그녀는 남편이 살아 있을 때에도 그러하였고 그를 잃은 후에도 자신의 몸매 관리를 그만두지 않았다.

멋진 다리를 정결하고 아름답게, 그리고 아주 소중하게 유지하는데 정성을 쏟는 미인들이 많이 있는데 이는 그들이 옳은 생각을 갖고 있다고 말할 수 있다. 왜냐하면 거기엔 사람들이 생각지 못하는 관능적인 매력이 숨어 있기 때문이다.

프랑수아 1세 때 지체 높으신 한 부인께선 한쪽 다리가 부러져 치료를 받았으나 교정이 잘못되어 약간 뒤틀렸다. 그녀는 자기 다리가 예전처럼 제자리를 찾도록 하려고 교정사에게 자기 다리를 다시 부러뜨리도록 하였다. 그렇게 해서 예전처럼 예쁘고 곧은 모양을 회복하였다. 이 이야기를 들으며 놀라워하는 우릴 보고 미모가 뛰어난 한 부인께선 이를 아주 잘 이해할 수 있다며 이렇게 말했다.

"내가 보건대 당신들은 멋진 다리에 어떤 사랑의 효능이 숨겨져 있는지 모르는 것 같군요."

예전에 어떤 처녀는 한 어르신네를 사랑하게 되어 그의 마음을 사로잡고자 여러 방법을 동원해 보았지만 목적을 이룰 수가 없었다. 그러던 어느 날 그녀는 오솔길을 산책하다가 멀리서 그가 오는 것을 발견하였다. 그러자 그녀는 대님을 떨어뜨린 체하며 치마를 다리 위로 살짝 걷어 올리고는 스타킹을 올리고 대님을 다시 묶으며 은근히 그를 유혹하였다. 이를 본 어르신네는 그녀의 다리가 아주 예쁘다는 걸 알게 되었다. 멋지고 훌륭한 두 개의 기둥이 아름다운 건물을 떠받치고 있다는 생각을 하면서 그는 황홀한 표정을 그대로 드러낼 만큼 제정신을 차릴 수가 없었다. 그 후 그는 그녀가 원하는 것이라면 무엇이든 할 정도로 그녀의 손아귀를 벗어날 수 없는 사랑의 포로가 되었다. 이 술수와 교묘한 사랑의 기교에 주목해 볼지어다.

항상 유머와 기지가 넘치고, 유쾌하며, 미모 역시 뛰어난 한 부인께서 어느 날 자기의 시종에게 스타킹을 당기면서 혹 어떤 유혹이나 음탕한 정욕이 일지 않는가 물었다. 이에 그 시종은 전혀 그렇지 않노라고 정중하게 아뢰었다. 그러자 그녀는 갑자기 손을 들어 뺨을 후려치며 이렇게 소리쳤다.

"어리석은 것 같으니, 당장 물러가! 다신 내 시중을 들지 말거라. 당장 해고한다는 말이다."

여주인의 스타킹을 올려주고, 옷을 입혀주며 신을 신겨주는 일을 능숙하게 해내지 못하는 시종이나 하녀들도 많지만, 많은 신사 분들께선 이런 성적 매력을 접하면서 위와 같은 어리석은 태도를 취하지는 않는다.

멋진 다리와 예쁜 발에 대해 그 아름다움을 논하고 평하는 것은 비단 오늘날의 이야기만은 아니다. 아름다움을 보는 눈길은 언제고 마찬가지기 때문이다. 황제 비텔리우스의 아버지인 루키우스 비텔리우스는 마살리나를 사랑하게 되어, 어느 날 그녀를 알현하여 신발을 벗길 수 있는 은총을 내려주십사 간청했다.[4]

"무엇이라고?"

---

[4] 수에토니우스의 『비텔리우스의 생애』. 조르주 드 라 부티에르의 불역서 P.358. "루키우스 비텔리우스는 마살리나에게 그녀의 신발을 벗길 수 있는 은총을 허락해 달라고 청했다. 그리하여 그는 때때로 몸을 낮추어 그녀와 아주 가까운 거리에서 그녀가 늘 신고 있는 굽 달린 작은 신발을 벗겨주곤 했다." 브랑톰은 짤막한 수에토니우스의 언급에 윤색하여 번역한 부티에르의 것을 따르고 있다.

"괜찮으시다면 당신의 덧신을 벗겨드리는 영광을 베풀어 주십사는 말씀입니다."

이런 면에서는 아주 상냥한 그녀도 굳이 거절하지 않았다. 속옷과 피부 사이에 늘 착용하던 그녀의 신발을 가능한 한 자주 벗겨주면서 이렇듯 예쁜 발과 멋진 다리를 타고나지 못한 사내들은 늘 경탄해 마지않았다.

나바르 여왕께서 지으신 『백 가지의 새로운 이야기』에 보면 여자들처럼 화려한 장식의 장갑을 착용한 어느 영국 귀족의 이야기가 나온다.[5] 또한 비단 양말을 처음 신어본 어느 어르신께서는 자기 아내나 정부에게 그것을 착용하도록 권했다.

내가 아는 한 어르신네께선 한 귀부인과 세상 여행을 하게 되었다.[6] 그녀가 멀미를 심하게 하며 앓아눕자, 재워주고 깨워주는 행복을 누리게 되었다고 한다. 그는 그녀를 재우고 깨울 때 신을 벗기고 신기면서 아직은 늘 자기에게 의지해야만 하는 그녀를 절망스럽게 탐하면서 깊은 사랑에 빠지게 되었다. 어떤 것에 마음속 깊이 감동을 느끼지 않으면서 마음의 고초를 겪는 법은 없다.

네로의 아내인 포페아 사비나[7]에 관한 기록에 의하면, 그녀는 외형적인 사치를 대단히 좋아해서 귀금속을 주렁주렁 달고 화려하고 사치스러

---

5) 엡타메론의 57번째 새로운 이야기로 몽모렁시의 영주가 루이 11세의 대사로 영국에 갔을 때 연회석상에서 바로 옆에 앉은 한 영국 귀족을 다음과 같이 묘사하고 있다. "여자처럼 작은 장갑을 끼고 있던 그 귀족은 손가락 마디마디 위에 다이아몬드, 루비, 에메랄드, 진주, 그리고 금장식 등을 붙여 장갑은 마치 커다란 은덩어리 같았다."
6) 이 세상에서 '가장 예쁘고 아름다운 여인' 마리 스튜어트의 스코틀랜드 여행에 동반했던, 존경받는 사제이며 갤리선의 선장인 프랑수아 드 로렌을 가리키는 듯하다.
7) 그녀는 처음으로 매혹되었던 오톤과 결혼하였으나 네로가 그 첫 남편에게서 그녀를 빼앗자 기사 크리스피누스 루피우스에게 몸을 내던졌다.

운 장식의 옷을 입었으며 순금으로 만든 덧신과 슬리퍼를 신었다고 한다. 이런 야릇한 취미는 그녀의 발이나 다리를 네로에게 보이지 않으려고 감춘 것이 아니며, 그렇다고 해서 유일하게 네로만이 그것을 보는 즐거움을 누린 것은 아니다. 더군다나 그녀는 자기의 마차를 끄는 말에게 은으로 편자를 박아주기까지 했다.[8]

다리의 아름다움에 지나친 정성을 쏟는 여인들을 나무라며 성 제로니무스는 이렇게 말씀하셨다.

"여인들은 팽팽히 조여 신은 갈색 반장화로 젊은이들에게 미끼를 던지고 고리쇠의 소리로 그들을 유혹한다."

여기서 말하고 있는 건 정숙한 여인들에게는 잘 어울리지도 않고 부자연스러웠을, 그 시대에 유행했던 구두임을 상상할 수 있다. 짧은 장화처럼 생긴 이 구두는 터키 여인들 사이에선 오늘날 아주 널리 이용되고 있다.

매력 있는 각선미 연출법

이쯤에서 나는 어떤 다리가 가장 유혹적이며 사람의 눈길을 끄는가 하는 질문을 던져보고자 한다. 맨 다리일까, 감추어진 다리일까, 아니면 구두를 신은 다리일까?

어떤 이들은 그것이 완벽하게 타고난 다리라면, 즉 앞에서 스페인 사람들이 내세우는 미의 기준에 따라 희고 예쁘며 윤기가 흐르고, 멋진 침

---

8) 플리니우스의 책에서 보면, "우리는 황제 네로의 아내인 황후 포페아가 자기가 가장 좋아하는 마차를 끄는 말들에게 금으로 편자를 박아주도록 하는 것을 볼 수 있었다."고 전한다.

대에 어울리게 생겼다면, 누가 뭐라 해도 역시 아무것도 걸치지 않은 있는 그대로의 모습이 가장 최고라고 할 것이다.

잔뜩 치장한 옷을 멋지게 차려 입고 발에는 투박한 단화를 신은 모습을 보여준다면 그녀는 결코 아름다워 보이지 않을 것이다. 그것은 마치 플로렌스에서 여름을 보내려고 흰색 끈이나 빛깔 있는 비단으로 만든 구두를 신는 것만큼이나 어울리지 않는 모습이 되고 말 것이다. 그렇게 멋지게 옷을 차려 입었다면 그녀는 비단 양말(스타킹)을 신었어야 하며 그것을 굴뚝 덮개처럼 팽팽하게 당겨서 기호나 기분에 따라 예쁜 핀이나 대님으로 고정시켜 주어야 한다. 그러고 나서는 흰 덧신을 신은 발에 검은색이나 또는 다른 여러 빛깔의 굽 있는 벨벳 슬리퍼를 신거나 아주 앙증맞게 만든 굽 높은 구두를 신었어야 옳을 것이다.

그렇다면 발의 아름다움을 무엇에서 찾아야 할 것인가. 사람들은 발이 너무 크면 예쁘지 않다 하고, 또 너무 작은 여인에 대해선 별로 좋지 않은 의미심장한 추측들을 한다. 보통 발이 작은 여자는 바람기가 많다는 다소 불쾌한 편견들을 가진다. 하지만 보통은 되어야 하는 것이 사실이다.

남자들은 자기의 여인이 속옷 밖으로 다리를 반쯤 드러내고 앞이 뾰족한 흰 덧신에 코르크 굽이 달린 구두로 감싸여 있는 발끝을 살랑살랑 흔들거나 빙글빙글 돌리며 관능적인 몸짓을 해보일 때 커다란 유혹을 느낀다. 그러나 작은 굽이 달린 구두나 덧신은 키가 크고 다리가 긴 여자들을 위한 것이지, 마치 두 발에 말발굽처럼 생긴 높은 코르크 굽이 달려 있어 거인의 몽둥이나 어릿광대의 지팡이가 움직이는 것처럼 보이는 작달막하고 난쟁이 같은 여자들을 위한 것이 될 수는 없다.

여인이 지켜야 할 것을 또 하나 꼽는다면 신분 위장을 위해서든 다른 이유 때문이든 자기의 성별을 속이거나 소년처럼 옷을 입는 일은 삼가야 한다는 것이다. 그녀가 아무리 세상에서 가장 아름다운 다리를 갖고 있다 해도, 타고난 아름다움을 모두 망쳐 버리게 된다. 이 세상 모든 것은 제각기 그 고유성과 자기에게 어울리는 것이 있게 마련이므로 성별을 뒤바꿔 버림으로써 그들의 타고난 아름다움과 고귀함을 일그러뜨리지는 말아야 한다.

따라서 여인들이 더 예쁘게 보이기 위해서 깃 달린 겔프 당원 스타일이나 딱 달라붙는 기벨린 당원 스타일의 모자를 쓴다거나 또는 얼마 전부터 여인들 사이에서 유행하듯 이도저도 아닌 예쁜 베레모를 써서 모양을 내는 것이 아니라면, 남자처럼 치장하는 것은 적당한 선택이 될 수 없다고 말하고 싶다. 하지만 어쨌거나 이 모든 것이 여인들에게 그리 어울리지는 않는다.

멋을 내려 한다면 그때그때 어울리게 잘 연출해 내는 나바르 여왕이 보여주듯 인형 같은 얼굴이 되기도 했다가 때론 과장할 줄도 알아야 한다. 그녀의 경우 화장한 얼굴만 보고는 대체 어린 미소년인지 원래 그녀가 그렇듯 타고난 미모의 여인인지 성별을 판별해 내기조차 어렵다.

서른의 나이에 나바르 여왕을 흉내 내려다 널리 악명을 떨친 여인이 있다. 키가 크고 덩치가 좋아 남성적인 체격을 갖춘 이 여인은 자신의 외모로 남들을 사로잡을 수 있을 거라 굳게 믿으면서 어느 날 무도회에 나타났다. 그러나 그녀는 모든 이의 시선과 비아냥을 집중시키고야 말았으며, 심지어 자신의 왕국을 위해선 항상 최선을 다하시는 왕께서 이런 말씀을 하지 않을 수가 없었다. 왕께선 그녀에게 마치 어릿광대를 닮았다고 하며, 좀 더 정확히 말하자면 호텔이나 술집 앞에서 피리를 불고서 있는 어릿광대나 플랑드르의 칠장이 같다고까지 하였다. 그리고 이런 옷차림을 하고 계속 나타난다면 귀족 어르신네들의 기분 전환과 주악을 위해 피리를 불게 하겠노라고 했다.

그녀의 모양새가 어찌나 흉물스럽고 어울리지 않았던지 왕께선 이런 식의 경고뿐만 아니라 그녀의 남편에게까지도 증오심을 품게 되었다.

그렇기 때문에 이런 변장이 모든 여인에게 다 어울리는 것은 아니다. 세상에서 가장 아름다운 나바르의 여왕께서도 그녀가 모자로써 뭔가 다른 모습을 연출하고자 할 때 절대로 미인이라고 생각되는 여인과 자신을 비교하며 흉내 내려 들지 않는다. 오히려 자기 안에서 가장 아름답고 어울리는 모습을 드러내려 애쓴다. 왜냐하면 '가장' 아름다운 모습은 누구에게 빌려와서 만들어 낼 수 있는 것이 아니기 때문이다.

또한 여왕께서 자기의 다리를 보여주려 할 때에는 그대로 보여주기보다는 그 위에 예쁜 그림을 그려 넣거나 혹은 전에 볼 수 없던 아주 예쁘고 독특한 양말을 신고 아름다운 의상 속에 감추어 두었던 다리를 살짝 드러내 보인다. 아름다운 여인은 자신의 아름다움을 이런 식으로 나타내고 보여주어야 한다.

멋진 다리가 주는 기쁨

스페인 국왕 필립 2세가 그의 부친 샤를 퀸트 시대에 네덜란드를 여행하던 중 보고 들은 이야기와 경험을 적은 『왕자의 여행』이라는 스페인 책이 있다. 그 책을 읽어보면 그가 방문하였던 부유하고 호화로운 많은 도시들 가운데 가장 인상적인 곳은 바로 "뱅의 축제보다 더 아름다운 것이 있으랴."는 말이 생겨난 헝가리 여왕[9]의 아름다운 도시 뱅이었다.

그 도시에는 많은 웅장한 장소들이 있었지만 그 중에서도 마치 전쟁 터처럼 주위가 둘러싸여 어찌 보면 공략당한 성의 요새처럼 생긴 장소에서 여왕께서는 어느 날 그녀가 아는 모든 이들을 불러 만찬을 열었다. 오빠인 샤를 퀸트 황제, 누이인 여왕 엘레오노르, 조카인 필립 2세, 그리고 모든 귀족과 기사, 귀부인들이 한자리에 모였다.

연회가 끝나갈 무렵 한 아름다운 여인이 여섯 명의 산의 요정들을 동반하고 들어섰다. 여자 사냥꾼의 모습으로 분장을 한 요정들은 은빛과 초록빛의 하늘거리는 리넨으로 옷을 만들어 입고 이마에는 달빛을 표현하는 다이아몬드가 박힌 초승달을 달고 있었다. 또한 손에는 활과 화살을 각각 들고 한 옆에 튼튼한 화살통을 지니고 역시 은빛 리넨으로 만든 반장화를 당겨 올려 신고 있었다. 그들은 이런 차림에 개들을 이끌고 연회석상에 들어서서 황제(샤를 퀸트)에게 다가가 그들이 사냥에서 노획한 고깃덩어리들을 모두 식탁 위에 올려놓았다.

그러자 목동의 여신 팔레스가 온통 하얀 천에 은빛 레이스를 몸에 두르고 머리는 진주로 장식한 여섯 명의 '울창한 계곡의 요정'들과 함께 들어섰다. 그녀들은 흰 덧신에 마직으로 만든 긴 장화를 신고 있었으며, 우유 제품을 가져와 황제 앞에 바쳤다.

세 번째로는 여신 포모나가 과일을 돌보는 임무를 수행한 시냇물의 여섯 요정과 함께 들어왔다. 이 여신은 여왕 엘레오노르의 궁녀인 앙트르몽 백작 부인, 베아트릭스 파체코의 딸[10]로서 당시 아홉 살이었다. 그

---

9) 마리 도트리슈. 샤를 퀸트의 누이이며 헝가리의 왕 루이 2세의 미망인.

녀가 바로 오늘날 샤스티옹 제독 부인이다. 여신인 그녀는 마침 때가 여름인 만큼 요정들과 함께 향기 가득하고 감미로운 온갖 종류의 과일을 가져와서는 너무도 예쁜 발음과 우아한 말투, 그리고 감동적인 시구와 함께 황제께 선물하였다. 그녀는 황제와 그 자리에 참석한 모든 사람들의 감탄과 사랑을 이끌어 냈으며 모두들 그 나이의 그녀 모습에서 아름답고 현숙하고 덕망 있고 빈틈없으며 재치 있는 오늘날의 그녀를 예견할 수 있었다.

그녀는 다른 요정들과 마찬가지로 은빛과 흰색 리넨 옷을 입고 같은 천으로 신을 신었으며 머리는 보석으로 장식하였는데, 그 장식은 그녀와 함께 들어온 요정들이 가져온 과일 색의 일부를 표현하려는 듯 온통 에메랄드로 되어 있었다. 게다가 그녀는 황제께는 과일을, 그리고 스페인 왕께는 아주 풍요로워 보일 뿐 아니라 그 값어치도 엄청난 커다란 진주와 보석이 주렁주렁 달린 초록색 에나멜을 입힌 나뭇가지를, 여왕 엘레오노르에게는 부채와 값비싼 보석으로 장식된 거울을 선물하였다.

이 헝가리 여왕께선 자신이 모든 면에서 뛰어나며 전쟁뿐 아니라 사교술 또한 잘 알고 있음을 이런 식으로 보여주었다. 그녀의 오빠인 황제께서도 자기에게 걸맞은 이런 뛰어난 누이를 가졌다는 데 깊은 안도와 만족감을 느낄 수 있었다.

배역을 맡은 소녀와 처녀들은 모두 프랑스 여왕[11]과 헝가리 여왕, 그

---

10) 베아트릭스 파체코는 1544년 이전까지 여왕 엘레오노르의 궁녀였다가 앙트르몽과 몽벨의 백작인 세바스티앵과 결혼하면서 앙트르몽 백작 부인이 되었다. 그녀의 딸 자클린 앙트르몽은 콜리니 제독과 재혼(1571. 3. 25)하는데 1585년 사부아 공작의 명령으로, 은신 중 체포되어 '정신 나간 악마를 사랑하고 그에게 기도한 죄'로 재판에 회부되고, 앙리 4세의 노력에도 불구하고 감옥에서 죽게 된다(1599). 『프랑스 기독교(신교) 역사에 대한 사회적 고찰』 중 "콜리니 제독의 미망인" 1875년 p.357.

리고 로렌 부인의 궁녀와 시녀들 중 가장 예쁜 사람들만을 뽑아 가려내었으며 프랑스, 스페인, 이탈리아, 플랑드르, 독일과 로렌 출신의 이 소녀들 중 예쁘지 않은 사람은 없었다. 하느님께선 가장 예쁘고 우아한 사람을 뽑을 수 있는 영광을 헝가리 여왕께 내려주신 것이다. 여전히 생존해 있는 퐁텐 샬랑드리 부인은 엘레오노르 여왕의 궁녀였을 때엔 아름다운 토르시로 불렸다고 한다.

귀족 어르신네들과 궁정의 기사들은 모두 이 여인들의 아름다운 다리와 정강이와 발을 실컷 보고 즐겼다. 특히나 그날은 요정처럼 짧은 옷차림이었기 때문에, 매일 아름다운 얼굴을 보면서도 평소에는 볼 수 없었던 그들의 멋진 다리를 아름답게 꾸민 모습으로 실컷 볼 수 있었다. 어떤 이들은 그들의 예쁜 얼굴보다 늘씬한 다리 때문에 사랑에 빠지게 된 이도 있다고 한다. 일반적으로 훌륭한 기둥 위에는 아름다운 물결무늬가 있는 띠 모양의 장식을 한 코니스, 잘 다듬어진 화려한 기둥머리가 얹히는 게 당연하지 않는가.

이런 여담을 계속한다면 우리는 멋지게 연출된 공연 속에 빠져들면서 우리의 환상을 좇을 수 있을 것이다. 거의 비슷한 시기에 이런 아름다운 축제는 네덜란드에서, 특히 스페인 왕을 맞을 때 뱅에서 있었고, 앙리 2세가 자기 군대의 주둔지들을 돌아볼 때 뱅에서 있었던 화려한 입장식 또한 아주 아름답고 성공적이었음을 그곳에 참석했던 이들의 입을 통해 들을 수 있다.

---

11) 프랑스 여왕의 궁녀는 모두 열두 명이었는데, 잔 드 로피탈을 우두머리로 하여 토메트 다르파종, 클로드 블로세(일명 아름다운 토르시), 세실 드 브카르, 마르그리트 드 브루일, 클로드 드 그라니, 레오노르 드 라 샤펠, 시도니 드 메르빌, 바르브 드 퐁, 카트린드 상탕, 베아트릭스 드 사부아, 마리 드 통브가 그들이다.

디아나와 사냥의 공연이 헝가리 여왕의 궁정 만찬에서 아주 아름답게 연출되어 각광을 받았다면, 좀 더 잘 꾸민 훌륭한 또 다른 공연이 리옹에서 있었다.

왕께서 고대의 위대한 오벨리스크를 향해 걸어오면 오른편으로 작은 숲을 만나게 된다. 6피트 또는 그보다 약간 높은 듯한 벽으로 둘러싸여 있는 그곳엔 빽빽하게 들어선 잡목들 사이로 제법 키 큰 나무들이 둘러서 있고, 여러 가지 작은 관목들이 유실수들과 어우러져 가득 들어서 있다. 이 작은 숲에는 어린 수사슴과 암사슴, 노루들이 뛰놀고 있으며 왕께서 그곳에 다다르자 왕의 행렬이 숲에 가까워졌음을 알리는 나팔이 울렸다.

동료 여신들, 숲속의 여자 사냥꾼들과 함께 사냥을 하고 있던 디아나는 한 켠에 연장통을 메고 손에는 터키 화살을 쥔 채 고대 유물에서 볼 수 있는 요정의 옷차림을 하고 있었다. 위에는 아래 절반이 여섯 개의 둥근 조각으로 이루어진 검은 망사 천 위에 은빛 별 무늬가 뿌려진 화려한 옷을 입었다. 그리고 진주로 수를 놓아 뒤덮은 진홍빛 새틴 장화에 늘씬한 다리와 조각 같은 정강이가 드러나도록 한쪽을 말아 올린 치마를 입고 있었다. 머리는 값비싼 보석과 진주로 엮은 줄을 넣어 함께 땋았으며 이마에는 작은 다이아몬드가 촘촘히 박힌 은으로 된 초승달(금은 밝은 은색의 초승달을 자연스레 나타내지도 못할 뿐더러 그리 예쁘지도 않기 때문에)이 빛나고 있었다.

그녀의 동료들은 다양한 스타일의 의상을 입고 있었다. 황금빛 줄무늬가 들어간 타프타나 밝고 야릇한 여러 빛깔이 뒤섞인 고대의 무의에 새틴으로 만든 스타킹과 구두를 신고 진주와 보석으로 머리를 화려하게 장식하였다.

어떤 여인은 디안[12]에 대한 사랑을 표현하는 왕의 빛깔인 흑백 실크로 엮어진 끈으로 작은 토끼와 스페니얼[13] 그리고 여러 종류의 사냥개들을 이끌고 나왔으며, 어떤 여인은 달리는 개들과 함께 요란한 소리를 내며 달려 나왔다. 또 다른 이들은 흑백의 작고 예쁜 술 장식이 달린 브라질 투망을 손에 들고, 황금 고리가 달린 나팔을 검은 실크와 은줄로 엮어 만든 긴 줄에 매달아 스카프처럼 목에 걸고 나타났다.

뒤이어 숲에서 걸어 나오던 큰 사자는 이들이 자기를 알아보며 기쁘게 맞이하자, 한 여신의 발아래 무릎을 꿇었다. 그러자 여신은 검은 실크와 은줄을 엮어 만든 끈으로 잘 길들여진 사자를 이끌고 왕에게로 다가갔다. 길가에 면해 있는 벽을 등지고 앉은 왕과 한 걸음 간격으로 가까워지자 그녀는 노래와 함께 사자를 왕께 바쳤다. 이 노래는 온화하면서도 위엄을 갖춘 사자의 이름으로, 왕의 법과 명령에 따르는 복종적인 사자의 도시 리옹[14]을 왕에게 바친다는 것으로,[15] 우아하고 아름다운 목

---

12) 디안 드 푸아티에.

13) 스페인 원산의 애완용 개.

14) 도시의 이름 리옹(Lyon)이 사자(Lion)에서 온 것임을 알 수 있다. 현대 불어에서는 리옹을 Lyon이라 쓰지만 옛 불어에서는 Lion이라고 썼다.

15) 베르트랑 게강이 모리스 세브(리옹 출신의 시인)를 이 노래의 작자로 인정한 10행시는 다음과 같다.

산과 골짜기와 들판에서
아직도 행해지는 사냥의 큰 기쁨
내 동료들과 함께 나는 큰 흥분에 휩싸입니다.
당신의 숲속에서까지 당신은 나를 이렇듯 흥분케 하시며
그곳에서, 평범하지 않은 사랑의 사자는
인간의 몸짓을 하여
문득 친근함으로 다가오고
당신께 모든 걸 바치려 하노니
당신의 손 안에 그를 인도하고
그를 맡기려 하나이다.

소리에 실려 깊은 감동을 주었다.

여기에서는 큰 은총을 발하고 있었으며, 또한 그 은총으로 더욱 아름답게 만들어졌다. 디아나와 동료 여신들은 그들의 사냥이 아주 유쾌하고 즐거웠음에 감사함을 표하며, 따스한 눈길로 그들을 바라보며 인사를 나누는 왕께 공손하게 경배의 태도를 보였다. 왕께서는 그들에게서 일어나 들어왔던 길을 따라 다시 떠나가셨다. 디아나와 그녀의 어여쁜 동료들은 모두 눈에 띄는 아름다움을 갖춘 리옹 시의 여인들로서, 그들이 연출해 낸 신비로움은 그 자리에 있던 많은 왕자와 귀족과 기사들의 넋을 빼놓기에 충분했다. 그들이 제정신이었을지는 여러분의 짐작에 맡기도록 하겠다.

디안 드 푸아티에라 불리는 마담 드 발렁티누아는 자기의 이름을 걸고 이 사냥을 주도했는데 모두가 만족스러워 하였다. 그 후 그녀는 전생 동안 이 리옹을 사랑하였으며, 발렁티누아 공작령이 아주 가까워 늘 이웃으로 남아 있었다.[16)]

우리가 멋진 다리를 보는 기쁨을 누렸음이 분명하므로, 왕뿐만 아니라 궁정의 모든 한량들 역시 이 사랑스러운 창조물을 찬양하고 경탄해 마지않을 수 없었을 것이다. 또한 애교스럽게 분장하고 그 이상의 단계를 보여줄 것처럼 유혹하며 스커트 한쪽을 걷어 올린 아름다운 요정들을 넋 놓고 바라보며 크나큰 쾌감을 누렸다고 믿어도 될 것이다.

---

16) 발렁티누아 공작령은 앙리 2세가 리옹 축제 3주 후 종종 그곳에서 즐거운 시간을 보내고자 디안 드 푸아티에에게 준 것으로 리옹에서 아주 가까운 곳에 있었다.

늘씬한 다리에 대한 과시

이제 우리의 여담은 뒤로 하고 하던 이야기로 되돌아가기 위해서 궁정에서 우리의 여왕, 특히 왕의 어머니에 의해 열린 아름다운 발레 이야기를 해보겠다.[17] 발레를 구경할 때면 흔히들 여인들의 발과 다리에 눈길을 보내게 되는데, 귀여운 동작으로 다리를 움직이고, 부자연스레 잔뜩 멋 부린 두 발을 이리저리 움직이며 팔짝팔짝 뛰는 것을 보며 큰 즐거움을 느낀다. 또한 요정들의 옷만큼 예쁘지도 않고 관객들이 원하는 만큼 높이 올라가지는 않지만 평상복보다는 훨씬 짧은 치마를 입고 볼타[18]를 출 때면 항상 즐거운 뭔가를 보여주곤 하여 그에 완전히 매혹되거나 정신을 잃어버리는 것을 쉽게 볼 수 있다.

1552년 시엔에서 반란이 일어났을 때 그 도시의 아름다운 여인들은 키가 크고 미모가 뛰어난 여인들로 3개의 군단을 만들었다. 한 무리가 천 명에 육박해서 이들은 모두 3천여 명에 이르렀다. 그 중 한 무리는 보라색 타프타 천으로 옷을 입고, 또 한 무리는 흰색으로, 그리고 한 무리는 살색으로 모두가 요정 같은 짤막한 옷을 입었으며, 멋진 다리와 예쁜 정강이를 한껏 드러내 보였다.

그녀들은 이런 옷차림으로 도시의 모든 이들, 르 테름[19] 앙리 2세의

---

17) 카트린 드 메디시스는 춤을 아주 좋아했다. 브랑톰은 이외에도 1573년 8월 19일 폴란드 대사를 위해 그녀가 열었던 유명한 발레 공연을 묘사한 적이 있다.

18) 그 시대에 유행하던 왈츠의 일종. 투아노 아르보의 『무도 기보법』에 보면 "여성은 남성의 옷깃이나 등 위에 오른손을 얹고, 왼손은 바람을 일으키며 차를 젓듯이 돌 때에 속옷이나 맨 허벅지가 드러나지 않도록 제법 길거나 혹은 짧은 치마를 잘 붙잡기 위해서 자신의 왼쪽 허벅지 위에 둔다. 그리고 기분 좋은 박자에 맞추어 한참을 돌고 난 후에는 정신이 혼미해지고 현기증이 일어 어지러움을 느끼게 된 여성을(남성 역시 그녀와 크게 다르지 않은 상태일 것이다) 제자리에 바로 세운다. 이 춤에서 여인들이 큰 걸음을 하듯 다리를 넓게 벌리며 보여주는 광경을 연상해 볼 수 있을 거라 믿는다. 하지만 이 춤으로 인해 체면이나 건강한 정신이 다치거나 위협받는 일은 물론 없다."

19) 폴 드 라바르트, 테름의 영주. 1558년 프랑스군 부사령관을 지냈으며 1562년 사망.

군사들, 그리고 페라르 주교[20] 앞에까지도 당당히 나섰다. 그들은 프랑스와 공화군을 위해 죽기를 각오하고 어깨 위에 공사용 섶 다발을 얹는 데 주저하지 않았으며 도시를 굳건히 하는 데 힘을 모았다.[21]

난 이 이야기를 의협심 강하고 용감한 여인들의 이야기로 좀 더 발전시켜 볼까 한다. 왜냐하면 그들은 단순히 끼 있는 여인들에게선 볼 수 없는 아주 아름다운 면모를 보여주기 때문이다.

난 인상적이었던 이때의 광경을 다른 이들에게 들려주길 좋아해서 프랑스뿐 아니라 이국의 많은 병사와 기사들에게 이렇게 아름다운 일은 본 적이 없음을 즐겨 이야기하곤 했다. 하나같이 체격이 좋았던 시엔의 여인은 공통적으로 무엇 하나 뒤지지 않는 미모로 서로를 과시하며 도시를 가득 메우고 있었다. 하지만 우리가 그들의 아름다운 얼굴을 볼 수 있었다면, 좀 더 가볍게 걸을 수 있도록 요정처럼 짧은 치마를 입고 팽팽하게 당겨서 꼭 맞게 신은 신발 위로 곧게 뻗은 다리와 정강이 역시 보아야 할 것이다.

냉담하고 금욕적인 사람을 유혹하고 뜨겁게 달아오르게 하고 또한 바라보는 즐거움을 느끼게 해주는 것은 아름다운 얼굴이 아니라 바로 멋지게 뻗은 다리와 정강이다. 그러므로 요정의 옷차림을 흉내 내는 것은 분명한 이유가 있다. 음탕함을 자극하는 로마의 아름다운 유물들처럼 짧고 한 쪽인 트인 요정의 차림새는 추파를 던지며 더욱더 우리의 눈길

---

20) 페라르 주교. 1552년 10월 시엔 연대장.
21) 브랑톰은 여기서 몽뤼크의 『회상』을 인용하고 있다. "시엔의 모든 여인들은 3개의 군단으로 나뉘었다. 첫 번째는 포르트게라가 이끄는 보라색 군단으로 반장화에 요정처럼 짧은 옷을 입고 모두들 그녀 뒤를 따랐으며, 두 번째는 피콜로미니가 이끄는 군단으로 진홍색 새턴의 같은 옷차림을 하였다. 리비아 파우스타가 이끄는 세 번째 군단은 흰색 옷을 입었는데 그들의 무기는 삽과 곡괭이, 등에 지는 채롱, 섶 다발 등이었다."

을 잡아끈다.

그러면 오늘날 시오 섬의 아름다운 여인들은 무엇으로 그렇게 사랑받는 것일까? 그것은 그들의 타고난 미모와 상냥함뿐 아니라, 옷을 입는 세련된 방법과 특별히 예쁜 신을 신은 통통 튀는 그들의 발과 잘 다듬어진 정강이와 멋진 다리를 온통 드러내 보이는 짧은 치마 때문이라고 할 수 있겠다.

내가 궁에 있을 때 기억에 남는 일 중 하나는, 미모와 큰 키를 자랑하는 한 부인이 키 작은 친구들에게 하던 이야기다. 어느 날 그녀는 예쁜 발과 늘씬한 다리가 드러난 디아나와 처녀 사냥꾼들의 멋있고 아름다운 사냥 풍경을 순수하게 잘 표현한 태피스트리를 감상하게 되었다. 그러고는 자기와 함께 그림을 감상하던 주위의 키 작은 여인들을 둘러보며 이렇게 말했다.

"꼬맹이 친구들, 우리 모두가 만약 이런 식으로 옷을 입어야 한다면 당신네들은 큰 낭패를 겪게 될 거예요. 당신네들은 굽 높은 신발 때문에 우아한 걸음걸이를 보여줄 수도 없고, 키 큰 사람들처럼 맘껏 다리를 드러내 보일 수도 없을 테니까요. 오히려 더 눈에 띄게 될 텐데 무엇으로 당신들을 숨기고 감출 수 있을까요. 그러니까 발 하나 길이만큼이나 높은 굽의 구두를 신어서 다리라기보다는 몽둥이 같은 다리를 감출 수 있어 당신네들이 즐겨 입는 이 긴 치마와 계절에 감사하라구요. 대체 무엇에 쓰는 몽둥이인지 모르는 사람이 높은 굽이 달린 구두를 신은 이 발굽을 몽둥이로 잘못 알고 다리를 잘라 버리겠다고 덤빌지도 모르는데 그걸 이겨내려 싸워야 할 테니까요."

아무리 예쁜 다리라 해도 이렇게 높은 굽 위로 밀어 올리다 보면 모양을 망쳐 버려 원래의 아름다움마저 모두 잃게 된다. 또한 아무리 예쁜 다리라 해도 예쁜 발과 예쁜 구두와 어울리지 않는다면 그 가치를 발휘할 수 없다.

많은 여인들은 크고 무거워 보이는 높은 굽의 신발이 자기 키를 크게 보이게 해주어 더 아름답고 멋지고 매력적으로 느껴질 거라 생각한다. 그러나 한편으로 이것은 예쁜 정강이를 더 빈약하게 보이게 해 줄 수도 있다. 꾸며서 큰 키로 보이게 만드는 것보다는 있는 그대로 자연적인 모습이 더 가치가 있다는 걸 알아야 한다.

예쁜 발은 그 속에 음탕함을 숨겨두고 있어 정숙하고 신중한, 아니 적어도 그런 듯이 보이고자 노력하는 로마의 여인들이나, 또한 이 옛 선조들을 흉내 내려는 오늘날의 이탈리아 여인들은 얼굴을 드러내듯 남 앞에 발을 내보이는 것을 몹시 조심스러워하며 꺼린다. 그래서 남들이 볼 수 없도록 긴 치마 밑에 감추고는 발걸음을 옮길 때마다 어색하리만큼 차분하고 조심스럽게 걸어서 절대로 두 발이 치마 끝을 앞서지 않도록 한다.

이러한 태도는 절대로 유혹을 일으키고 싶어 하지 않는 정숙함과 체면에 젖어 남들에게까지 이런 체면을 강요하는 사람들에게는 좋을지 모른다. 그러나 자유로운 여인이라면, 발이건 다리건 그 외 어떤 것이라도 보여줄 수 있으며, 또는 자기는 방탕하거나 음탕한 여인이 아니라는 듯 위선과 조심스러운 태도로 자기가 보여주고픈 부분을 남편에게 보이고 싶어 할 것이다.

어느 신사 한 분은 랭스에서 있었던 앙리 3세의 축성식에서 축성식을 보러 온 여인들이 계단식 관람석[22] 아래로 본의 아니게 드러낸 다리를 엿보게 되었다. 그러다가 그는 키 크고 늘씬한 어느 과부의 흰 비단 양말을 신은 예쁜 다리를 보고는 그 다리에 반하여 절망스러운 사랑에 빠지고야 말았다. 아름다운 얼굴은 볼 수가 없건만 멋지게 빠진 다리와 정강이가 한 사내를 완전히 사로잡았던 것이다. 물론 이 문제의 여인이 한 남자를 죽을 지경에 빠뜨리기에 충분할 만큼 모든 면에서 뒤지지 않는 미모를 타고난 건 사실이다.

결론적으로 말하자면, 내 주위의 끼 있는 한량들을 통해서 보건대, 멋진 다리와 예쁜 발을 드러내 보이는 것은 관능적인 사랑을 자극하고 우리의 눈을 흘리게 하는 아주 위험스러운 일이다. 그런데 놀라운 점은 우리 시대의 많은 작가와 시인들이 신체의 여러 다른 부분에 대해선 찬사를 보내고 노래하면서 어째서 다리에 대한 찬사는 없는가 하는 것이다.[23]

한편 지금까지 길게 펼쳐낸 나의 찬사가 너무 한 가지에 치중되어 다른 주제는 모두 놓쳐 버리지 않을까 생각하시는 분들이 계실까 염려스럽다. 하지만 그 무엇도 한 가지 주제에만 날 머물게 하지는 못할 것이므로 다른 이야기로 넘어가야 할 때가 왔다고 생각한다.

이쯤에서 다음의 짤막한 말로써 이 장을 끝낼까 한다.

"여인들이여, 당신들을 좀 더 크게 보여 남들에게 드러내 보이려 애쓰지 말지어다. 또한 당신네들의 늘씬한 다리를 너무 과시하려들지 말

---

22) 이 계단식 관람석은 프랑스와 폴란드의 독실한 가톨릭 왕인 앙리 3세의 축성과 대관식(랭스, 1575)을 위해 일부러 만든 것이었다. 중심 제단의 오른편으로 파란 새틴 위에 황금빛이 은은히 드러나는 백합꽃으로 장식한 두 기둥 사이에 이 계단식 관람석을 세웠는데 그 위로 귀족 가문의 여인들과 처녀들이 앉았으며 제일 아래에 여왕께서 앉았다.
23) 그러나 16세기에 유행하던 블라종(사람 또는 사물에 대한 찬양 또는 풍자를 노래하던 시의 일종)의 하나인 〈여성 신체에 관한 해부학적 찬시〉에는 랑슬로와 사공에 의한 발에 대한 두 편의 찬양시가 포함되어 있다.

지어다. 반짝거리는 높은 구두굽이나 당신네들이 올라앉는 높은 말이 때론 당신들을 타락시킬 수도 있을 테니까. 물론 잘 처신하시겠지만 때론 당신도 모르게 세인들에게 혐오감을 주는 일을 하게 될지도 모르지 않겠소이까."

이 말은 여인들이 갖고 있는 또 다른 아름다움을 노래하고자 하는 이들에겐 아주 환영받을 만한 이야기가 될 테지만, 멋진 다리와 잘 빚어진 종아리, 그리고 예쁜 발은 사랑의 왕국에서 가장 큰 인기와 효능을 발휘할 것이다.

CHAPTER
6

젊은이들처럼
사랑을 불태우고 싶어 하는 여자

····· *Les Dames galantes* ·····

꽤 많은 여인들이 늙은 나이에도 여전히 젊은 나이일 때처럼
자신의 가치를 고수하며 지난 세월 동안 습득하고 다듬어온 자기만의
비밀스러운 무기로 쾌락의 즐거움을 베푼다.

사랑에 대한 변함없는 갈망

늙은 나이에 사랑을 즐기는 여인들에 관해서 앞에서 이미 언급한 적이 있거니와(1권 2장), 이제 그 이야기를 본격적으로 시작할까 한다. 무슨 이야기에서부터 시작을 해야 할지 고민하다가, 언젠가 내가 스페인 왕실에 갔을 때 한 여인이 내게 던졌던 이야기가 떠올라 그것으로 이 이야기를 시작하겠다.

깨끗한 인상의 미모의 이 여인은 꽤 나이가 든 여인이었는데 이런 말을 했다.

"예쁜 구석이라곤 없는 여인이건 또는 조금은 봐줄 만한 여인이건 누구나 똑같이 허리춤의 아랫부분은 늙어가게 마련이죠."

난 그녀에게 이 말이 어떤 의미를 담고 있는지 즉, 육체의 아름다움이 나이가 듦에 따라 사라진다는 건지 혹은 육체적 쾌락에 대한 욕구와 갈망이 차갑게 식어 버린다는 건지 정확히 알 수 없다고 했다. 그러자 그녀는 둘 다를 의미하는 것이라며 다음과 같이 대답했다.

"육체적인 쾌감에 관해 이야기하자면, 죽음만이 그것에서 벗어나게 해줄 수 있다고 생각해서는 안 됩니다. 나이가 들수록 그것에 대해 어떤 혐오감을 갖는 것처럼 보일 수도 있지만 모든 아름다운 여인들은 극도로 사랑을 즐기고 싶어 해요. 그런데 이런 사랑은 자신을 향한 것이 아니라 타인을 향한 사랑이지요. 사랑을 받고, 자기 스스로 사랑을 주는 다른 사람과의 사랑을 거부하고 자존심만 내세우는 나르시스적 사랑이 결코 아니라는 겁니다."

아름다운 여인은 이런 나르시스적 사랑에 머물러 있을 수만은 없다. 자존심이 강하고 지극히 자기만족에 빠져 있는 몹시 아름다운 한 여인이 있었다. 그녀는 종종 홀로 알몸으로 침대에 누워 자기의 아름다움을 알아주지도 않고, 아름다운 육체에 어울리지도 않는 남편에게만 오로지 바쳐야 한다는 사실을 저주하면서 여러 가지 자세를 취하며 음탕한 눈길로 자기 몸을 감상하며 감탄곤 했다. 이렇게 망상에 사로잡혀 자신을 바라보고 욕망을 불태우던 이 여인은 마침내 자신의 정숙함과 어리석은 혼인 서약에 종지부를 찍고 새로운 연인을 찾아 사랑을 했다.

이렇듯 아름다움은 한 여인의 열정과 연정을 자극하고 남편에게든 정부에게든 그녀가 원하는 사람에게로 옮겨가게 한다. 사랑 역시 목마른 자가 우물에서 물을 퍼 올리듯 그 아름다움을 원하고 그 아름다움이 유용하게 효능을 발휘할 수 있는 사람에게로 옮겨 가게 마련이다. 게다가 아름답고 또 그 아름다움 때문에 누군가로 하여금 사랑을 갈구하게 만들면서도 여자들은 오만하게 대답을 회피하여 일을 꼬이게 만든다. 그래서 레이는 말하길 여자들이 연인에게 어떤 달콤한 대답을 들려주려고 입을 열 때면 마음도 함께 열린다고 했다.

아무리 정숙한 여인이라고 해도 대부분의 여인들은 자기에게 주어지는 찬사를 거부하지 않는다. 어떤 한 여인에게 그녀의 미모나 우아하고 기품 있는 자태, 또는 그녀의 상냥한 태도에 찬사를 보낼 때 그녀가 찬사를 기쁘게 받아들인다면 설혹 사랑의 첫 돌격이 좀 늦어질지라도 사랑을 얻어 내고 점유하는 건 그리 어려운 일이 아니다. 그래서 아름다운 여인이 사랑 놀음을 즐기고자 일단 마음을 먹으면 자신에게 관심을 보이고 찬사를 보내주던 남자를 결코 잊지 않을 뿐 아니라 언제나 아주 상냥하고 부드럽게 대한다.

나이가 들수록 여인들은 남들에게 더욱 좋아보이게 된다고 의사 선생들께선 이야기한다. 여자가 나이를 먹으면 육체에 대해서도 점차 깊은 맛을 알게 되고 까다로움을 부릴 줄도 안다. 위에 달린 입이 까다로운 미식가의 입이 되어가는 만큼 아래쪽의 입도 마찬가지다. 까다로운 입맛은 절대로 자기가 맛보았던 좋은 맛을 잊거나 해가 거듭된다 해서 싫증내지 않는다. 병이나 어떤 사고로 한동안 그것에 대해 혐오감을 느끼게 될지라도 곧 예전으로 돌아가고야 만다.

나이가 들면 폭신한 침대에서 아주 편안하게 아무 힘도 들이지 않고 부드럽게 행하면 되는 비너스 운동을 제외하고는 애정 행위를 더욱 빛나게 해줄 힘이 감소하고 약해지기 때문에 모든 사랑의 운동은 자연히 줄어들 수밖에 없다고 사람들은 말한다. 난 여기서 남자 편이 아니라 여자 편에서 이야기하고 싶다. 함께 나누어야 할 고된 노역이 실패를 겪고, 이 고된 작업에서 얻어지는 기쁨을 빼앗기게 된 여자는 나이에 상관없이 마치 큰 화덕처럼 불덩어리나 물건을 누군가가 그곳에 던져 넣으려고 한다면 모두 받아들일 수 있는 자신의 능력과는 상관없이 황홀한 시간을 빼앗겨 버린 채 인내의 세월을 견뎌야만 한다. 또한 그녀에게 남은 건 기운 빠진 늙은 말뿐이고, 욕망은 점점 더 짜릿한 자극을 원하는데 기수도 시원찮고 젊은 시절처럼 알맞은 방법도 찾을 수 없으며, 솔직히 어떤 조치를 취할지 모를 때 돈이 많다면 그것으로라도 방법을 찾으려 든다.

비싼 고기를 샀을 때 그것이 좋다는 걸 발견했다는 헬리오가발로스[1]와는 반대로 값나가는 물건들은 지갑을 화나게 하고 약 오르게 한다. 그러나 돈으로 살 수 있는 행위의 가치를 드높여 주는 커다란 욕망 덕분에 비너스

---

1) 랑프리드 『헬리오가발로스의 생애』 참조.

의 상품은 비싸면 비쌀수록 마음에 들게 된다. 게다가 특별한 재주만 갖고 있다면 그것은 얼마든지 그 가치를 키워나갈 수 있는 가능성이 있다.

혈기 넘치는 두 기사가 바람둥이 스페인 여인의 집을 나서면서 그녀를 두고 논쟁을 벌이다가 검으로 싸우기에 이르렀다. 이 사실을 알게 된 여인이 창밖으로 고개를 내밀고는 이렇게 소리쳤다.

"맙소사. 내 사랑은 칼이 아니라 금이나 은으로만 얻을 수 있어요."

이렇게 가치를 인정받고 좋은 대가가 지불될 때 사랑은 즐거움을 준다. 이 점에 대해선 이런 거래를 주고받는 신사숙녀 분들께서 누구보다도 더 잘 알고 있다. 지금의 나로서는 한낱 헛된 것으로밖에 여겨지지 않지만 말이다.

늙어서도 젊은 시절처럼 사랑을 나누고 싶어 하며 새 남편이나 새 정부를 맞아들이는 여인들이나 신사 분들을 볼 수가 있다. 내가 굳이 그 예를 들어가며 이야기하는 것은 우리의 이야기가 그것을 필요로 하고, 그 이유를 설명해 줄 수 있기 때문이다.

자기가 살던 시대를 대표할 만큼 지체 높으신 한 부인께서 어느 날 젊은 기사를 만났는데 그의 손이 유난히 흰 것을 보고 어떻게 하면 이런 손을 가질 수 있는지 물었다. 그는 웃으며 농담으로 정액으로 열심히 손을 씻어주었노라고 대답했다. 그러자 그녀는 말했다.

"하지만 난 60년 이상 내 손으로 그곳을 씻었는데도 여전히 검으니 매일, 꾸준히 씻어 준다면 좀 나아질까요?"

꽤 오래전 한 부인께서 재혼을 하려는 생각에 의사를 찾아가 상담을 했다. 그녀는 남편을 잃은 후부터는 늘 그곳이 축축해서 기분이 좋질 않은데 어찌 된 영문인지 모르겠다고 했다. 남편이 있을 때엔 늘 함께하던 운동 덕분에 분비물이 잘 말라 없어지곤 했다는 것이었다. 좋은 친구인 이 의사 선생께서는 마음에 쏙 드는 충고를 해주었는데 습한 것보다는 건조한 것이 좋으니 예전과 같은 방법으로 이 분비액을 없애도록 재혼하는 것이 좋겠다고 말했다. 그 부인께선 이를 기쁘게 받아들여 늙은 나이임에도 젊고 새로운 연인, 새 남편과 함께 이를 체험하고 재확인할 수 있었다. 나이 든 여인들은 연인에게 정욕을 불러일으키는 기술과 방법을 알고 있기 때문에 젊은 연인들은 그들에게서 쾌락을 체험할 수 있으며 최상의 상태를 늘 유지할 수 있다.

쓰면 쓸수록 욕망은 커진다

로마와 이탈리아의 유녀들은 나이가 들면 "늙은 암탉은 그 어느 것보다 맛깔스런 탕을 제공한다."는 격언을 되새기곤 한다.

호라티우스는 한 늙은 여인을 언급하면서 그녀가 사랑을 나눌 때면 불안스러울 정도로 거칠게 몸을 흔들어 대는지 침대는 물론 집까지도 흔들리게 만드니 참으로 사랑해 줘야 할 여인이 아닌가 하고 말했다. 라틴어로는 이렇게 움직여대는 여자를 '암퇘지(Subare)' 라고 한다.[2]

칼리굴라 황제 이야기를 읽어보면[3] 황제는 자기가 거느리는 수많은 여인들 중에서 세조니아를 유독 좋아했다고 한다. 황제의 총애는 꽃처럼 피어나는 나이도 아니었으니 미모 때문이라 할 수는 없고, 오로지 그

---

2) 호라티우스의 풍자시 12편 중 11-12행. "그녀가 광적으로 흥분하면 침대를 매다는 가죽 끈과 침대 휘장이 마구 흔들리며 진동을 했다.' 'Subare' 는 발정을 해서 거의 광란 상태에 빠진 모든 암컷을 일컫는데 호라티우스는 "시커먼 코끼리에게나 꼭 들어맞을" 늙은 여인으로 비유하고, 브랑톰은 "돼지처럼 행동하는 여자"로 해석하고 있다.
3) 수에토니우스 『칼리굴라의 생애』 25장.

녀가 갖고 있는 음란하고 방탕한 기질, 그리고 애정 행위를 이끌어 가는 탁월한 기교 때문이었다고 한다. 황제는 젊고 아름다운 여인들을 뒷전으로 하고 그녀와의 애정 행위를 즐겨하곤 했다. 때론 그녀에게 소년 무사처럼 옷을 입히고 무장을 시킨 채 올라타기도 하고, 전라의 모습으로 친구들 앞에서 방탕한 숨결로 만들어 내는 곡예를 보여주기도 했다.

황제가 그녀를 그렇게도 탐하고 좋아한 걸 보면 탁월하게 방탕한 기질을 갖춘 이 여인에게 나이는 아무런 장애가 되지 않았는가 보다. 하지만 그렇게 큰 사랑을 황제에게 바쳤음에도 불구하고 잔인하기 이를 데 없었던 황제는 "이 아름다운 목을 볼지어다. 이것을 자르게 하는 것도 내 권한이다."라며 그녀를 안을 때마다 목을 쓰다듬곤 했다. 마침내 이 가여운 여인은 황제의 몸을 관통했던 백부장의 긴 검에 아름다운 목이 잘렸을 뿐 아니라 예쁜 딸 역시 아버지의 잔악함 때문에 몸이 으깨어져 죽어야만 하는 운명이었다.

카라칼라[4]의 계모 율리아에 관해 읽어보면 상식을 뛰어넘는 사실을 알 수 있다. 어느 날 율리아가 거의 반라의 흐트러진 모습으로 누워 있는 것을 황제가 보고 이렇게 중얼거렸다.

"아, 할 수만 있다면, 당신을 정말 갖고 싶소."

그러자 그녀는 기다렸다는 듯이 선뜻 대답했다.

"당신이 원한다면, 당신이 황제라는 걸 모르시나요? 당신이 명령을 내린다면 누가 감히 그것을 거역하겠습니까?"

---

4) 수에토니우스 『카라칼라의 생애』 10장. 카라칼라(마르구스 아우렐리우스 안토니우스 바시아누스)는 로마의 황제(211-217)로 그의 형 게타와 함께 제국을 이어받은 뒤 게타를 죽여 버렸다. 전투적인 황제로서 이름을 날렸고, 자신의 이름을 따서 로마에 많은 거대한 공적비를 세우게 하였다.

이 용감한 한 마디와 의지에 힘입어 황제는 그녀와 결혼을 하고 하나가 되었다.

내가 감히 그 이름을 입에 올릴 수는 없지만 이와 거의 유사한 일이 우리 왕가의 세 왕 중 한 분에게서 있었다.[5] 그는 기품 있고 눈부시게 아름다운 한 여인에게 반하여 연정을 주체할 수 없게 되었다. 그리하여 어느 날 길고 긴 편지에 자신의 의지와 열정을 담아 품위 있고 멋쟁이로 손꼽히는 궁정의 한 기사에게 연애편지를 전하며 그녀가 자기에게 오도록 최선을 다해 설득하라고 명령을 내렸다.

어리석지 않았던 그녀는 아주 소중한 것, 좀 더 자세히 말하면 자신의 명예에 아주 사소한 흠집이라도 내서는 안 된다는 걸 잊지 않으면서, 자기가 들 수 있는 모든 이유와 핑계를 대며 정중히 거절했다. 온갖 말로써 설득하고 논쟁을 하던 기사는 마지막으로 왕에게 어떻게 전해야 할지 그녀가 하고 싶은 말이 무엇인가 물었다. 잠시 생각에 잠기더니 그녀는 절망스러운 말투로 불쑥 이렇게 물었다.

"당신은 그분께 뭐라고 하시겠어요? 어떤 말을 해야 옳을까요? 왕께, 또는 최고의 어르신들께 거절을 한다는 건 결코 이로울 수가 없지요. 그분들께선 얻고자 하고 원하는 것을 명령하고 취할 줄 아시니까요."

기사는 이 답변에 만족하며 티끌만큼의 기회라도 붙잡으려는 왕에게로 달려가 그대로 전했다. 그러자 왕은 곧바로 그녀의 방으로 달려갔고, 별 저항 없이 그녀는 몸을 허락하고 말았다. 그녀의 답변이 왕으로 하여금 행동으로 옮길 수 있는 생각과 욕망을 갖도록 해준 것이다. 모두가

---

5) 앙리 3세는 콩데 왕자의 첫 번째 아내인 마리 드 클레브와 방탕한 관계를 맺었다.

말하길 만약 그녀가 끝까지 냉정하고 현명하게 처신했다면 절대로 왕과 이러한 행동을 벌이는 일은 없었을 것이라고들 했다.

다시 황제[6]의 계모 율리아의 이야기로 돌아가겠다. 바로 얼마 전 자기가 낳은 아들[7]을 죽였으며, 자기 젖으로 키운 이 의붓아들을 남편으로 맞을 수 있으려면 여간한 창녀가 아니고선 있을 수가 없는 일이다. 그녀는 그 누구와도 견줄 수 없을 만큼 비천한 속성의 창녀라고 할 수밖에 없다.

하지만 그녀가 황녀가 된다는 사실은 모든 걸 내던질 만큼 대단한 일이었다. 율리아는 많은 나이에도 아름다움을 조금도 잃지 않아 남편의 사랑을 독차지했다. 또한 그녀는 대단히 예쁘고 애교가 넘쳤으며 위대하신 분을 추켜세우는 베갯머리송사에 능했다.

밀라노의 세 번째 공작인 필립-마리아[8]는 바람둥이 파신 칸의 늙은 미망인 베아트리신과 재혼하였다. 그녀는 나이가 많다는 자신의 약점을 보완하기 위해서 고가의 반지나 보석, 가구뿐 아니라 현금으로 40만 에퀴를 가져왔다. 그럼에도 그녀는 또 다른 방탕한 행동을 의심받아 결국 새 남편에게 죽임을 당한다.[9] 이렇듯 늙음이 사랑의 욕구를 없애주지 못한다는 걸 여러분은 볼 수 있다. 쓰면 쓸수록 욕망은 더욱더 커진다는 것을 생각해 보라.

시칠리아의 여왕 콘스탄스는 젊어서부터 지켜오던 순결을 오십이 되어 거두어 버리며 스스로를 해방시키려고 나섰다. 인물이 뛰어난 것도

---

6) 카라칼라.

7) 게타.

8) 밀라노 공작 필립-마리 비스콘티는 백만장자인 파시노 칸의 미망인 베아트릭스 드탕드와 결혼하였다. 참조, 리타 『비스콘티 디 밀라노』v3권.

9) 미셸 오롱벨리와의 간통을 의심받아서 그녀는 정부와 함께 밀라노 공작에 의해 죽음을 당하고, 그녀의 많은 재산은 밀라노 공작이 주무르게 된다.

아닌데 뒤늦게 육체의 부드러움을 느끼며 사랑하고 싶어서 쉰둘에 아이를 갖게 되었다.[10] 세상 사람들이 사랑의 열매에 대해 추호의 의심을 갖지 않도록 하기 위해 공개적으로 아이를 낳으려고 팔레름 초원에 특별히 집을 짓고 텐트를 세우게 하였다. 어쨌거나 이는 성녀 엘리사벳[11]이래로 사람들이 보아온 위대한 기적 중의 하나라 할 수 있겠다. 하지만 『나폴리의 역사』에서는 이를 꾸며낸 이야기로 간주하고 있다. 만일 태어난 이가 위대한 인물이었다면 용맹스러운 인물을 그리고 있는 그 책이 언젠가는 그 위대한 인물을 이야기했을 게 아닌가.

나는 타라스콩의 한 수녀원장[12]을 알고 있는데 탈라르 가의 마담 뒤제스의 동생인 그녀는 오십이 넘은 나이에 지켜왔던 종교를 버리고 환속하여 궁정의 바람둥이로 일컬어지는 '대단하신' 샤네이와 결혼했다.

그 밖에도 종교에 몸담고 있던 많은 여인들이 먹을 대로 먹은 나이에 육체적 쾌락을 위해 결혼이나 또는 다른 형태를 빌어 이런 식의 환속을 감행했다. 종교에 젖은 여인들이 이렇게 행동하는데 하물며 젊어서부터 이런 것에 익숙한 우리 여인네들은 어떻게 하겠는가? 그네들이 그렇게 오랫동안 즐겨오던 좋은 것들을 접할 수도 먹을 수도 없도록 늙음이 그네들을 가로막아야 하는 것일까?

무엇이 이 늙고 차가워진 여인들의 주린 배를 위로하고 데워줄 훌륭한 수프가 되고, 잘 배합된 따뜻한 국이 되고, 박애의 향기, 위로의 환각

---

10) 1194년. 콜레누치오 『나폴리의 역사』 4권 참조.
11) 성녀 엘리사벳은 남편 자샤리의 나이와 아이를 가질 수 없는 상태에도 불구하고 세례자 요한의 어머니가 되었다. 누가복음.
12) 뒤제스 공작 부인인 루이즈 드 크루솔의 동생 마르그리트 드 클레르몽은 타라스콩과 아를의 생-세제르의 수녀원장을 지냈다.

제가 되어줄 수 있겠는가? 그네들의 뱃속에 집어넣는 이러한 배합물들은 몸속에서 그들을 데워주고, 성적인 열망을 되살려 낸다. 굳이 의사를 불러서 처방을 받을 필요도 없이 평범하고 숭고한 처방인 동거나 성교를 통해 그네들이 복부에서 느끼는 허기와 통증을 쫓아 버릴 수 있다는 건 의심할 수 없는 일이다.

더군다나 그네들을 행복하게 하는 점은 나이가 들고 오십에 접어들면서 더 이상 젊었을 때처럼 배가 불러올 염려를 하지 않아도 된다는 것이다. 지난 세월 동안 마음껏 누리지 못한 밀린 쾌락까지 이자를 붙여 거두어 누릴 수 있도록 광활한 평원처럼 펼쳐진 자유를 얻게 되었을 때 어떤 여인도 배신의 복부가 부풀어 오를 것이라는 두려움을 갖지 않아도 된다. 따라서 어떤 여인들은 오십 이전보다 오십이 지나 더욱 황홀한 사랑의 시간을 즐긴다.

죽음 뒤의 사랑

어째서 여인들은 나이에 얽매이는 것일까? 죽은 후에는 우리 육체가 어떤 감정도 느낌도 가질 수 없다는 걸 당신도 인정할 수밖에 없을 것이다.

오래전 내게는 부르데유 장군[13]이라 불렸던, 그 당시 가장 용맹스럽고 씩씩한 장군 중의 하나인 동생이 있었다. 난 여기서 내가 그에게 가졌던 찬사들을 헛되게 하지 않으면서 동생이었던 그에 대해 이야기해야 할 것 같다. 프랑스의 기사로서 가장 훌륭한 무기를 손에 들고 종교적인

---

13) 여기서 말하는 이는 브랑톰의 아우인 율리던 장 드 부르데유로서 벤자맹 장 드 부르데유 다르드레이와 혼돈해선 안 된다.

믿음과 국가에 대한 사명감으로 전투에 임했던 그의 공적은 모두가 인정해야 한다. 피에몽에서는 그를 로도몽[14] 같은 사람이라고 불렀다. 그는 헤스딘[15]의 마지막 탈환 작전 중 전사했다.

그가 열여덟 살 때 어머님과 아버님께서는 이탈리아에서 학업을 잇도록 페라르로 보내고자 하셨다. 마침 페라르 공작 부인이신 마담 르네 드 프랑스[16]께선 어머니를 무척 좋아하셨기 때문에 부모님께서 편지를 보내자 학업 준비를 도와주셨다. 그런데 자기가 태어난 곳도 아니고 가족이 함께 있는 것도 아닌 탓에 마음을 붙이지 못한 동생은 방탕한 생활과 사랑에 탐닉하게 되었다. 동생은 페라르 부인을 모시고 있던 마드모아젤 드 라 로슈라 불리던 젊은 청상과부와 사랑에 빠지고 말았다. 둘은 깊이 사랑하게 되었는데 이런 내용의 편지를 받은 아버지는 동생을 불러들였다.

내 동생을 사랑했고 종교적으로는 열렬한 루터파[17]였던 그녀는 동생이 돌아오지 않을지도 모른다며 두려워하였다. 그래서 그녀는 결혼해서 이탈리아로 오게 되었을 때 마담 르네에게 자신을 보내주었던 나바르의 여왕 마르그리트가 계신 프랑스 궁정으로 데려다 달라고 매달렸다. 젊고 아직 사고도 미숙한 동생은 이런 아름다운 여인과 긴 여행에 동반하는 것만으로도 기뻐서 파리까지 데리고 왔고, 미모의 과부인 데다가 무엇이든 훌륭히 수행해 내는 그녀를 다시 보게 된 여왕께선 크게 기뻐하며 맞았다.

---

14) 아리오스토의 『성난 올란도』 중의 한 인물. 무례하고 허세가 심한 성격의 기사.
15) 플랑드르의 헤스딘. 스페인과 프랑스의 권력 다툼 와중에서 심한 쟁탈 대상이 되었던 곳이다. 1537년 프랑수아 1세가 이곳을 점령하였다가 1551년 앙리 2세가 빼앗겼고, 1553년 프랑스가 되찾았으나 같은 해에 다시 잃어버렸으며 샤를 퀸트에 의해 프랑스의 꿈은 완전히 와해되어 버렸다.
16) 루이 12세의 딸. 페라르 공작인 에르퀼 2세와 결혼, 1575년 사망.
17) 페라르 공작 부인은 신교도(특히 칼뱅파)들을 보호해 주었다.

동생은 궁에 머물고 계시던 내 어머님과 할머님을 만나 며칠을 머문 뒤 아버지를 뵈러 돌아왔다. 그러나 집에서 강요하는 문학에 염증을 느낀 동생은 곧바로 많은 수훈을 세운 피에몽과 파름 전투를 향해 떠났다. 집에는 한 번도 들르지 않은 채 5, 6개월을 그곳에서 보냈다.

마침내 그가 돌아왔을 때, 나바르 여왕을 모시던 어머니께선 그의 손을 이끌고 저녁 기도에서 돌아오는 여왕을 알현케 했다. 그녀는 기쁘게 환대하며 두 손을 손수 잡아주시며, 한두 시간 가량 떨어진 성당으로 그를 이끄셨다.

그곳까지 가는 동안 그녀는 피에몽과 이탈리아 전투 이야기와 그동안 겪은 여러 가지 일들에 대해 깊은 관심을 갖고 물으셨다. 스물네 살, 훌륭한 외모를 갖춘 기사인 아우의 이야기를 들으며 외모만큼이나 멋진 기지에 반한(어떤 일을 실제보다 멋지게 이야기하는 능력이 있었기 때문이다) 여왕은 크게 만족해 하셨다.

아우와 함께 산책을 하며 이 이야기에서 저 이야기로 옮겨가며 나누는 동안, 고귀하고 훌륭한 성품을 타고난 공주는 이 훌륭한 젊은 신사와의 아름다운 대화를 가볍게 만들어 버릴 수 없다고 생각하며 3개월 전에 죽은 마드모아젤 드 라 로슈의 무덤 앞에서 발길을 멈추었다. 그리고 아우의 손을 부드럽게 잡으며 말을 이었다.

"내 사촌이여(알베르의 딸이 우리 가문과 결혼했기 때문에 우리를 이렇게 부르곤 했다. 그러나 난 이런 관계를 내 야망을 위해 이용하려는 생각은 추호도 없었다), 당신의 발밑에서 아무런 마음의 동요도 느낌도 갖지 않는가?"

"아니오, 마담."

"잘 느껴보도록 해봐요, 사촌."

그녀가 반박했다.

아우는 대답했다.

"마담, 아무리 생각해도 단단한 돌 위를 걷고 있는 저로서는 아무것도 느낄 수가 없습니다."

"그렇다면."

짧은 침묵 끝에 그녀가 다시 말을 이었다.

"당신이 가여운 마드모아젤 드 라 로슈의 무덤 위에 서 있다는 걸 내 입으로 말하지 않을 수 없군요. 이곳은 바로 당신이 그리도 사랑했던 여인이 묻혀 있는 곳이지요. 우리의 영혼은 죽은 후에도 감정을 느낄 수 있을 테니까 한창 나이에 죽은 이 고귀한 피조물이 당신이 그 위에 서면 이내 감정을 느끼게 될 거란 걸 의심해선 안 됩니다. 만일 당신이 이 무덤의 두께 때문에 아무것도 느낄 수 없다면 안에서도 더 이상 당신을 느낄 수 없다는 걸 이젠 의심할 필요가 없죠. 이곳은 모두가 사랑했던, 그러나 이젠 고인이 된 사람의 추억을 간직하고 있는 경건한 성소이므로 난 당신이 주기도문과 성모 마리아께 바치는 기도와 '깊은 연못에서'로 시작되는 애도의 기도문을 바치고 성수를 뿌리며 하느님을 따르는 자로서 또한 변함없는 연인의 이름을 간직할 수 있길 빌겠어요. 자, 그것을 위해 당신에게 자리를 비켜드리지요."

이렇게 말하고 그녀는 자리를 떴다.

열정적이면서 기지가 번쩍이는 아우가 그녀의 말을 놓칠 리가 없었다. 그리하여 그는 곧 그녀를 찾아갔고, 늘 품위를 잃지 않고 모든 면에서 좋은 이야기만 하려는 공주와 다소 언쟁을 해야만 했다.

이것이 착한 공주의 의견이다. 공주는 신앙으로써가 아니라 한담 형식을 빌려 그녀를 떠올리게 해준 것이다. 이 고귀한 이야기는 로마의 노트르담 드 포풀로에 있는 한 여인의 묘비명에 새겨진 구절을 떠올리게 한다.

"나를 짓누르고 짓밟고 지나가는 많은 이들이여, 이젠 더 이상 나를 짓누르지도 짓밟지도 말아주길 간절히 바라노니."

라틴어를 옮기려니 그 의미가 제대로 전달되지 못해 안타까운 마음 그지없거니와, 더군다나 이 문구는 그 어느 것보다도 더욱더 의미를 훼손하는 것 같아 안타까울 뿐이다.

결론적으로 말하자면 만약 이 스페인 여인이 서로 사랑하고, 사랑받고 사랑을 주던 과거의 수많은 여인들을 대표하는 존재가 되어 모든 이들의 추앙을 받고 아름다운 기억으로 남는다 해서 그리 놀랄 일은 아니다. 늙지 않는 모습으로 영원히 남아(특히 허리에서부터 그 아래까지 조금도 늙지 않아) 그녀에게 당신이 줄 수 있는 모든 마음을 줄 수 있다면 그 또한 큰 기쁨이 아니겠는가.

늙어도 사라지지 않는 아름다움

내가 알고 있는 아름답고 기품 있는 한 여인이 어느 날 시종에게 이렇게 말했다.

"늙는다는 것이 내게 얼마나 더 많은 불편함을 가져다주게 될지 모르겠어(그녀는 쉰다섯이었다). 하지만 감사하게도 지금 난 그 어느 때보다도 큰 행복감을 누릴 수 있거든. 지금처럼 큰 쾌감을 전엔 몰랐던 것 같아. 아, 이것이 이대로 계속되어 거동할 수 없을 만큼 늙을 때까지 계속된다면 아무 걱정도, 지난날에 대한 불만도 아쉬움도 없을 텐데."

사랑과 정욕에 관해 다루면서 많은 예를 들어가며 이야기할 수 있지만 여기서는 우선 또 다른 문제, 즉 늙음에 의해서도 없어지지 않는 여인들의 아름다움(허리에서 아래까지)에 관해서 이야기해 보도록 하자.

물론 이에 대해서 앞서 말한 스페인 여인은 여인의 아름다움을 폐허 속에서도 여전히 아름다움을 잃지 않는 고대의 뛰어난 유적들에 비교하면서 여러 가지 타당한 이유와 비유를 들어가며 자기의 논리를 폈다. 로마에 남아 있는 오만 당당한 유적들에서 볼 수 있듯이 아름다운 궁전의 잔해와 거대한 조각 기둥과 콜로세움은 모든 이들에게 경탄과 함께 공포감을 주며, 남아 있는 폐허와 잔해는 여전히 훌륭하고 우릴 제압하는 힘을 갖고 있다. 따라서 폐허 속에서 사람들은 다른 어떤 새로운 것보다 더욱 훌륭한 기초를 보여주는 여전히 아름다운 잔해를 찾아내서 그 위에 또다시 새로운 건축을 세운다. 또한 오늘날의 뛰어난 건축가나 석공들이 이 옛 건축 기술과 석공 일을 배우고 익히는 것을 종종 볼 수 있다. 옛 건축물의 폐허와 그 기초 잔해를 찾아내면 그들은 새로운 기초를 세우기보다는 옛 기초 위에 건축물을 올려세운다.

나는 또 종종 오랫동안 항구에 쓸모없이 버려져 있던 낡은 선체와 바닥만 남은 배 위에 새롭고 아름다운 갤리선이나 선박을 만들어 올리거나 숲에서 베어온 나무로 수리하여 완전히 새로 만든 것 못지않게 항해할 수 있는 것을 보았다.

스페인 마님은 바람이나 심한 폭풍우, 태풍 때문에 높은 탑의 꼭대기가 뒤흔들리고 부러지고 망가져도 아랫부분은 여전히 튼튼하고 굳건하게 남아 있지 않느냐고 했다. 왜냐하면 언제나 높은 곳에는 폭풍우가 몰아치게 마련이기 때문이다. 강한 바닷바람이라 할지라도 낮은 곳보다는 볼록한 곳이나 높은 곳의 돌멩이들을 침식시키고 삼켜버리듯 아름답던 여인들도 여러 가지 사고나 추위와 더위, 혹은 햇빛이나 달빛, 더욱 끔찍하게는 좀 더 아름답게 보일 수 있을 거라는 생각에 하는 지나친 화장 때문에 눈부심을 잃어버리게 된다. 반면에 신체의 아랫부분은 추위도 비바람도 햇빛도 달빛도 미치지 못하기 때문에 창조물의 정액 이외에는 그 어느 것도 그곳을 건드릴 수 없다.

만약 열기가 그곳을 괴롭고 짜증스럽게 한다 해도 그것으로부터 보호하고 생기를 되찾을 수 있으며 마찬가지로 냉기에 대해서도 여러 가지 방법으로 치료할 수 있다. 윗부분의 아름다움을 유지하고 간직하기 위해서 많은 고통과 불편함이 따르는 반면 아랫부분은 아름다움을 유지하는데 훨씬 덜 고통스럽다. 따라서 아름답던 여인이 얼굴에서 드러나던 아름다움이 사라졌다 해서 아래쪽의 아름다움마저 사라졌다고 생각해서는 안 된다. 그곳엔 여전히 어떤 것이라도 바로 세울 수 있는 소중한 것이 남아 있음을 잊지 말아야 한다.

그 누구도 부러워하지 않을 수 없는 미모로 사랑에 탐닉했던 한 여인의 이야기를 해볼까 한다. 그녀의 옛 연인 중 하나는 직무상 긴 여행을 해야했고, 이 때문에 4년이라는 세월 동안 그녀를 만날 수가 없었다. 여행에서 돌아온 그는 예전에 보았던 아름다운 모습과는 다른 여인을 보고는 크게 실망하여 만나지도 않고, 예전에 함께 나누던 쾌락도 나누려 하지 않았다. 이 마음을 알아챈 그녀는 어떤 수단을 동원해서라도 그가 자기에게 오도록 만들려고 애썼다. 그리하여 어느 날 몸이 아프다는 이유로 한 번만 와 달라고 그에게 청했다. 찾아온 그에게 그녀는 이렇게 말했다.

"내 사랑이여, 당신이 나이 탓에 변한 내 얼굴 때문에 나를 경멸하고 피한다는 걸 알아요. 하지만 자, 보세요(그녀는 벗은 하반신을 그에게 내보였다). 변한 것이 조금이라도 있는지……. 얼굴이 당신을 배반했을지라도 그것이 당신을 배반하진 않을 겁니다."

그 연인은 여전히 깔끔하고 예쁜 모습을 간직하고 있다는 걸 알게 되자 이내 욕구가 일어나 못쓰게 되었다고 생각했던 육체를 맘껏 포식하였다.

"자 어때요, 내 사랑. 당신 생각이 틀렸다는 걸 아시겠죠? 예전에 당신은 얼굴이 보여주는 거짓말에 그 어떤 다른 믿음도 가질 수 없다고 생각하셨을 거예요. 하지만 우리 육신의 모든 부분들이 그렇지 않다는 걸 당신께 제가 가르쳐드린 겁니다."

아름답던 얼굴이 이처럼 변해 버린 여인은 더 이상 자기를 원치 않는 남자에게 배신감과 커다란 분노를 느끼며 더욱더 요란한 치장으로 자신을 감추려 한다. 또한 예전에 아름다운 얼굴과 외모로 누릴 수 있었던 사랑을 아랫부분을 무기 삼아 다시 남자들의 애정을 끌어보고 우쭐대보려는 보상 심리가 생겨난다.

내가 아는 한 여인은 남자 친구와 잠자리를 할 때마다 희고 섬세한 아름다운 레이스로 만든 손수건으로 얼굴을 덮곤 하는데, 그 이유는 얼굴을 봄으로써 하복부의 배터리가 방전되어 일을 망치게 될까 두려워서란다. 아름다운 과거는 그 아래에만 남아 있기 때문이다.

이에 관한 이야길 하기 위해 내가 알고 있는 아주 정숙하신 부인의 예를 들어보겠다. 어느 날 그녀의 남편은 매우 즐거운 기분이 되어 어째서 우리 몸의 치모는 머리칼처럼 백발이 되지 않는지 아느냐고 그녀에게 물었다. 그녀가 말하길, "아, 그건 아무것도 느낄 줄도 마실 줄도 모르는, 광기만을 안고 있는 못된 반역자이기 때문이지요. 우리의 머리와 신체의 다른 부분에게만 느끼고 마시게 할 뿐 그건 언제나 변하지도 않고 같은 상태 같은 모양 같은 배열로, 특히나 늘 같은 열정과 욕구와 건강을 간직하며 굳건히 지켜지고 있어요. 아픔과 고통을 느끼는 우리 몸의 다른 부분과 머리는 변하고 늙고 백발이 되어갈 뿐이지요."

그녀의 말은 백 번 지당하다. 왜냐하면 이 부분은 스스로는 어떤 것도 느끼지 않으면서 고통과 아픔을 낳고 우리의 몸과 마음을 얼룩지게 한다. 그곳이 뜨거울수록 우리는 백발이 되어간다. 이렇듯 우리의 아름다운 여인들은 양쪽으로 두 가지 방식으로 늙어가지는 않는다.

창녀들을 찾아다니며 방탕한 쾌락을 즐기는 남자들이 확신하며 증명해 주는 바에 의하면 아름다움은 늙는다는 것 때문에 사라지는 건 아니라고 한다. 하반신, 음부, 허벅지와 다리는 우리가 늙는다 해도 여전히 예전과 같은 모습과 의지를 간직하고 있기 때문이다. 마찬가지로 늙은 아내와 살아가는 남편들 역시 아내의 그곳은 여전히 욕망과 외설스러움과 의지를 잃지 않은 아름다움을 간직하고 있으며, 얼굴처럼 변하지 않기 때문에 젊은 시절처럼 여전히 사랑을 나누는 일은 즐겁다고 말한다.

요컨대, 얼마나 많은 남자들이 젊은 여자보다는 차라리 늙은 여자 위에 오르기를 좋아하는가. 마찬가지로 대부분의 사람들이 중요한 일을 보러 가기 위해서건, 머리를 식히는 단순한 기쁨을 위해서건 처음부터 가르치고 훈련시켜야 하는 젊은 말보다는 오히려 아무 말 하지 않아도 모든 걸 알아챌 뿐 아니라 여전히 꼿꼿함을 간직하고 있는 늙은 말을 더 좋아하는 것도 사실이다.

우리 왕가의 마구간에는 앙리 왕 시절에 길들여진 '르 카드라강'이라 불리는 말이 있다. 스물두 살이 넘었지만 늘 최상의 상태를 간직하고 있을 뿐 아니라 왕의 말로서 받은 훈련을 하나도 잊지 않아, 왕과 그를 다루는 모든 이들에게 여전히 큰 기쁨을 안겨주고 있다. 이 '카드라강' 과 비슷한 나이의 '곤자그' 라는 준마를 망투의 마구간에서 본적이 있는데 그 역시 '카드라강' 과 같았다.

나는 종마로 쓰이는 빛나는 검은 말을 본 적이 있다. 어느 날 뭉[18]을 지날 때 왕의 마구간 일을 관장하고 있던 무슈 안토니오가 그 말을 보여 주었는데 두 걸음을 내딛은 후에 인사를 하더니 원을 그리며 잘 훈련된 모습을 보여주었다. 무슈 드 카르나발레[19]가 여러 가지 시범을 요구하였을 때에도 훌륭하게 보여주었다(그 말은 그의 소유였다). 무슈 드 롱그빌[20]은 3천 리브르의 현금을 주려 했지만 샤를 왕[21]은 그보다 더 많은 돈을 주며 그 말을 자기 것으로 삼았다. 이 밖에도 많은 이야기를 예로 들 수 있지만 말에 대한 것은 마부에게 맡기는 것이 옳을 듯하여 언급을 그만두련다.

열정적인 앙리 왕[22]은 아미앵의 기지에서 평화 협상을 위한 전투[23]에 임하기 전에 아주 튼튼하고 강한, 늙은 말을 골랐는데 아미앵 기지에서 가장 훌륭하다는 기마 단장조차도 이상하게 여기는 알 수 없는 병으로 죽고 말았다.

무슈 드 귀즈[24]는 그가 맹활약을 보였던 드루 전투에서 종마로 쓰기

18) 뭉-쉬르-루아르.
19) 일명 카르나발레라 불리던 프랑수아 드 케르네베노그. 그의 미망인은 1572년 카르나발레라는 이름 붙인 호텔을 자기 손에 넣었다.
20) 롱그빌 공작(1540-1573)인 오노르 도를래앙. 그가 이룩한 많은 동맹과 수훈을 인정하여 샤를 9세는 그에게 '피의 왕자' 라는 타이틀을 주었다.
21) 샤를 9세.
22) 앙리 2세.
23) 1557년.

위해 에클레롱[25]의 마구간에서 '상송'을 데려 오게 했다. 불같은 왕자[26]
는 제1차 종교 전쟁[27] 때 전투에 사용할 종마 스물두 마리를 뭉[28]에서
가져가 수하의 귀족들에게 나누어 주었다. 또한 용맹스러운 아바레[29]는
프랑스군 총사령관이 앙리 왕께 바쳤던 '르 콩페르'[30]라 불리는 준마를
차지했다. 늙은 이 말들은 최상의 상태를 보여주었으며 주인들은 전투
를 뒷받침해 주는 그 말들에게 매우 흡족해 했다.

부르데 장군은 무슈 드 사부아[31]가 왕께 바친 '르 튀르크'를 일시적으
로 맡은 적이 있다. 튀르크는 왕을 태운 채 부상을 입고 결국은 죽었으
나,[32] 왕에게 바쳐졌을 때부터 불길한 조짐을 보였기 때문에 '불행'이
라는 별명이 붙여졌다. 그 말은 젊었을 때엔 오히려 프랑스의 용맹스러
운 기사며 왕이신 주인들에 걸맞은 임무를 훌륭하게 수행하지 못했던
것 같다. 요컨대 프랑스군에 속해 있는 모든 말들에게 나이는 주인, 왕
자의 목적에 필요한 임무를 수행하는 데 장애가 되지 않았다. 이렇게 늙
은 말들은 절대로 복종하지는 않지만 결코 심술궂지도 않다고 한다.

마찬가지로 꽤 많은 여인들이 늙은 나이에도 여전히 젊었을 때처럼
자신의 가치를 고수하며 지난 세월 동안 습득하고 다듬어온 자기만의

---

24) 귀즈 공작, 프랑수아 드 로렌.
25) 오트-마른의 바시 구.
26) 루이 1세인 콩데 왕자. 콩데 가의 우두머리(1530-1569). 바시의 대학살 이후 위그노(신교도)의 우두머리가 되어
오를레앙 점령을 놓고 내전을 시작하고는 엘리자베스 여왕의 도움을 얻어 내기 위해서 르 아브르를 영국에 넘긴다
(1562).
27) 1562-1563년.
28) 오를레앙 근처의 묑-쉬르-루아르.
29) 아바레 대장. 1562년 오를레앙에서 사망.
30) 앙리 2세는 몽모렁시의 총사령관을 '콩페르(compere; 친근한 친구)'라고 부르곤 했다.
31) 에마뉘 엘-필리베르, 사부아 공작. 마르그리트 드 프랑스의 남편.
32) 몽모렁시의 전투에서.

비밀스런 무기로 쾌락의 즐거움을 베푼다. 이런 배움은 쉽게 잊어버리기 힘든 것이고, 젊은 말보다는 자기에게 익숙한 늙은 암말에 즐겨 오르기 위해 정성을 쏟고 돈을 투자하는 기사나 왕실의 주마관들에게 이 여인들은 한껏 열려진 자유분방함을 마음껏 펼쳐 보여준다. 이 주마관들은 젊은 여인을 길들이듯이 언제나 그 많은 말들을 훈련시키고 길들이는 데 지쳐 있기 때문에 길들여진 여인들을 더 좋아하는지도 모른다.

명예와 영광을 안겨주는 관계

요컨대 내가 나이 든 여인들에 관해 던지고 싶은 문제는 나이 든 여인이나 젊은 여인들이 쾌락을 즐기는 방탕한 생활에서 얻어지는 가장 큰 영화는 어떤 것일까 하는 것이다. 우선 나이 든 여인들에 대해 생각해보는 것이 좋을 것 같다. 젊은 시절에 지닐 수 있는 광기나 열기는 충분히 방탕한 것으로 연결될 수도 있는 반면 쉽게 잃어버릴 수도 있다. 그러나 잘못 나이만 든 사람에게서 현명함과 냉정함은 쉽게 그 자신들을 썩어가게 만들 수도 있다. 그네들을 썩어가게 만들수록 그 명성은 더욱 자자해질 수밖에 없다.

그렇기 때문에 창녀로 이름을 날린 레이스는 자신을 더욱더 과장하고 스스로를 드높이기 위해서 그녀에게 매달리는 열에 들뜬 수많은 젊은이들보다는 이름 있는 철학자들에게 자기를 만나고 자기에게서 인생을 배우도록 사다리를 내려주었던 것이다.[33] 마찬가지로 플로라 역시 정신

---

33) "나는 코린트의 이 유명한 창녀와 기쁜 마음으로 대화를 나누는 존엄하신 철학자들이 하시는 말씀을 이해할 수가 없다. 그들은 젊은이들보다도 더 뻔질나게 내 문을 두드리곤 한다."

못 차리는 젊은 기사들보다도 지체 높으신 로마의 원로원 나리들만을 모심으로써 명성을 드높이지 않았던가. 쾌락과 즐거움을 위해서 나이 든 사람들에게서 존재할 수 있는 분별력까지도 정복해 버리니 그야말로 큰 영광이 아닌가 싶다.

잘 길들여진 말에 오르는 것이 야생마나 훈련받지 못한 말에 오르는 것보다 더 즐거운 일이라는 노련한 경험자들의 이야기에 나도 찬동한다. 우선 무도회나 여왕의 방에서, 성당 안이나 또는 말은 군중들 틈에서 여왕이나 공주, 또는 그들의 핏줄을 이어받은 왕의 딸들을 가르치고 지도하는 왕실의 가정교사, 또는 궁정의 시녀로 있는 수많은 예의 바른 여인들을 만날 수 있다. 그들의 직분에 걸맞게 모든 행동과 자태에서 현숙함을 풍기며 뛰어난 외모와 고귀하신 풍모를 갖춘 나이 지긋한 여인을 보는 것만으로도 우리는 즐거움을 느끼지 않는가?

어떤 여인의 신중하고 정숙하며 덕성스러운 얼굴을 보며 모두들 그녀의 나이가 이런 자태를 만들어 내었다고 여긴다. 그러나 그녀의 충직하고 내밀한 동반자에게 이런 환상을 피력해 보면 이렇게 말하리라.

"아, 그녀의 엄숙하고 현숙하고 오만한 데다 냉정한 그 태도와 표정을 보고 말씀하시나 본데, 그녀에게선 물 한 방울도 솟지 않을 거라는 거죠? 맙소사! 침대에서 그녀를 안으면 허리와 엉덩이가 어찌나 민첩하고 빠르게 움직이며 요동하는지 세상에서 그런 바람개비는 없을 것이외다."

내가 보건대, 그녀와 함께하고 그런 말을 할 수 있는 자는 매우 만족스러워하고 있는 것 같다. 아, 아주 방탕하고 음욕이 강한 여인들이 남들 앞에서는 현숙하고 신중하며 절도 있는 여인들을 흉내 내며, 경쟁을 두려워하는 별로 꾀바르지 못한 젊은 여인들을 오히려 종종 물리쳐 버리는 것을 볼 수 있다. 어린 것들에게 먹이를 가져다줄 수 있으려면 늙은 여우 사냥부터 해야 한다고 하지 않던가!

　옛 로마 황제들은 쾌락과 만족을 위해서 명망 있고 지체 있는 여인들과 교분을 맺고 음색을 즐기는 걸 좋아한 것으로 책에 나타나 있다. 상류층 여인이나 명망 있는 여인들과 관계를 맺음으로써 자신들에게 돌아오는 명예와 영광이 하류층의 여인에게서 얻는 것보다 훨씬 크다는 것을 의미한다. 살아오면서 가까이에 계신 지체 높으신 어르신네나 왕자 또는 훌륭한 기사들이 황제들처럼 함으로써 그들의 영혼 속에서 더 큰 만족감과 명예로움을 느끼는 것을 보았다.

　율리우스 카이사르와 그의 계승자인 아우구스투스[34] 역시 앞에서 언급되었던 바와 마찬가지로 이런 성취감에 몹시 열중했었다. 후에 칼리굴라[35]의 경우는 만찬을 열면 로마의 이름 있는 모든 여인들을 남편과 함께 초대한 후 손가락으로 지시해 일어서게 하면서까지 얼굴과 자태를 이리저리 따져보았다. 만약 그들 중 누군가가 수치심을 느껴 고개를 숙인다거나 제정신이 아닌 황제와 짧은 순간이라도 함께해야 한다는 것에 반발하는 기색을 보이기라도 하면, 황제는 안색을 일그러뜨리며 당장 그 자리에서 사라지게 했다. 그러지 않으면 모임은 좋게 끝날 수가 없었다. 여러 여인들이 그에게 이런 수모를 겪어야만 했다.

　하지만 여인들 중 누군가가 마음에 들면 남편이 곁에 있어도 황제는 모두가 보는 앞에서 그 여인을 침실로 데리고 가 즐겼다. 그런 다음에는 제자리에 데리고 와서는 모든 사람들에게 그녀의 특성과 비밀스러운 개

---

34) 수에토니우스 『아우구스투스의 생애』 119편.
35) 수에토니우스 『칼리굴라의 생애』 36편.

성과 아름다움을 찬양하였다. 더불어 어떤 결점이나 미운 구석이 있는 여인에 대해서도 그것을 감추어 주기는커녕 자세히 묘사하여 모두에게 떠들어 대기 일쑤였다.

네로[36] 역시 호기심이 많기로 유명했는데 경악스러웠던 것은 죽은 자기 어머니를 찬찬히 몸 구석구석을 만져보면서 어떤 면에는 찬사를 보내고 어떤 면에는 비난과 욕설을 퍼붓기까지 했다는 것이다. 하느님을 믿는 어르신네들 중에도 죽은 어머니에 대해 네로와 같은 호기심을 갖고 있는 이들이 여럿 있었다는 걸 말하고 싶지만 다시 칼리굴라의 이야기로 돌아가 보자.

칼리굴라의 이야기는 이것이 전부가 아니다. 그는 자기와 침대에 들었던 여인들, 특히 현숙하고 겸손한 모습으로 앉아 있을 때와는 전혀 다른 모습을 보여주던 침대에서의 움직임, 음색을 표현하는 방법, 몸놀림 그리고 그녀들이 자아내는 분위기를 잘 관찰하여 공개했다. 만약 침실에서 그녀들이 평소와 같은 태도를 보이려 했다면 이 잔인한 황제는 자기를 충분히 만족시킬 수 있도록 모든 걸 다하지 않는다면 죽음으로써 대가를 치르게 될 것이라고 위협했을 것이다. 죽음을 두려워한 가여운 여인들은 정숙함과 지혜로움을 갖추고 살아왔다고 자부해 왔건, 위선으로써 자신의 음탕함을 감추고 살아왔건, 또는 '착한 여인'과는 거리가 멀게 소문 없이 내숭을 떨며 남몰래 방탕한 삶을 살아왔건 황제의 음욕을 채워줌으로써 추문의 주인공이 되어야 했다. 그네들이 사람들의 눈에 띄지 않는 평범한 삶을 살아온 여인들이라면 황제의 제물이 되지도 않았을 것이다.

---

36) 수에토니우스 『네로의 생애』 34편.

가장 인기가 있는 여인들은 집정관, 독재자, 제사장, 원로원 의원, 감찰관, 검열관, 기사 등 그 외에도 높은 지위와 위엄을 갖춘 어르신네의 아내들이다. 마찬가지로 오늘날 하느님을 믿는 우리에게 있어서는 아마도 여왕이 모든 걸 명령할 수 있는 집정관의 아내와 비견될 수 있을 것이요, 여러 계층의 공주들, 크고 작은 공작령의 공작 부인들, 백작 부인과 후작 부인들, 남작 부인과 기사들의 아내, 그 외의 호의호식하는 높으신 어르신네들의 아내들이 호기심과 허영심 많은 남자들이 탐하는 대상일 것이다. 우리의 황제나 왕들도 이런 고귀하신 여인들에게 칼리굴라와 같이 할 수도 있었을 테지만 그렇게 하지 않았다. 그것은 그들이 하느님의 눈길과 성스러운 계명을 받드는 그리스도인인 만큼 의식과 공명심으로는 남자들과 남편들을 모욕하는 일을 할 수 없었던 탓이다. 왜냐하면 이러한 폭정은 아무리 자비로우신 마음이라도 용서하실 수 없을 테니까. 우리의 그리스도인 왕들께서 힘이나 준엄한 권력을 이용하기보다는 우정과 부드러움으로써 아름다운 여인의 사랑을 얻어 내는 점은 찬양하고 높이 평가해 줄 만하다.

내가 깊이 알고 있는 두 왕자[37]는 여인들과 쾌락을 나누는 가운데 몸짓과 반응과 움직임 속에서 그 여인들이 갖고 있는 아름다움과 매력과 개성보다는 결점과 오점과 흠집을 발견해 내고는 그것을 가까운 친구들과 나누기를 좋아한다. 이 가여운 여인들의 육체가 이렇게 함부로 쓰여지고 있는 것이다. 연인들의 마음에 들기 위해 쾌락을 나누고 정성을 쏟는다는 것이 이렇듯 헐뜯어지고 비웃음을 당하게 되고 만다.

---

37) 앙리 3세와 그의 동생 알랑송 공작.

나이를 무색케 하는 아름다운 여인들

여기서 우리의 비교 분석을 다시 재개해 보겠다. 가장 좋은 재질의 돌과 최상의 기초 위에 세워진 아름다운 건물은 그 화려함과 영광을 좀 더 오래 간직하듯이 아름다움으로 조립되고 구성되고 새겨진 여인의 육체는 다른 것에서 보는 것처럼 시간이 무언가를 가감하지 않는다.

아르타섹세르세스[38]에 관해 읽어보면 그가 품었던 모든 여인들 중에서 가장 사랑했던 여인은 많은 나이에도 여전히 눈부시게 아름다운, 그의 열정적인 아우 데르의 정부였던 아스타지아였다. 그의 아들까지도 나이와 무관하게 눈부신 미모를 간직하고 있던 그녀를 몹시 사랑하게 되어 아버지에게 왕국의 일부와 그녀를 공유하자고 요구했다. 이렇게 좋은 육적인 대상을 아들과 함께 나눈다는 것에 질투심을 갖게 된 아버지는 그녀를 페르시아에서는 '정숙'을 위해 모든 걸 헌신해야 하는 태양을 섬기는 여제관으로 만들어 버렸다.

『나폴리의 역사』[39]를 읽어보면 나폴리의 왕 라디스라우스 옹그르는 타랑트에서 라몬델로 드 발조의 아내인 공작 부인 마리를 차지하기 위해 그 지방을 포위하여 여러 번의 공격과 전투를 벌인 끝에 승리하였다. 그런 다음 나이와 상관없이[40] 여전히 아름다운 그녀와 결혼을 하고는 나폴리로 데려와 온갖 정성과 사랑으로 아끼며 여왕 마리라 불리도록 했다.

나는 발렁티누아 공작 부인[41]이 칠십[42]의 나이에도 서른 살 때처럼 여

---

38) 플루타르크 영웅전 『아르타섹세르세스-메논의 생애』 26편.
39) 롤레누치오 『나폴리의 역사』 1613년 베니스판 5권 P. 208. 1405년.
40) 그녀는 서른아홉 살이었다.
41) 디안 드 푸아티에.
42) 브랑톰은 아름다운 디안이 죽은 나이인 70세를 말하고 싶었던 것 같다(1499-1566).

전히 아름다운 얼굴을 간직하고 있으며, 신선하고 사랑스러움을 풍기는 것을 보았다. 따라서 세상에서 가장 위대하시고 용감하신 왕 중 한 분에게서 큰 사랑을 받으며 그를 섬기었다. 나는 이 여인의 아름다움에 조금도 흐트러진 구석이 없다는 걸 주저함 없이 말할 수 있다. 왜냐하면 위대하신 왕의 총애를 받는 여인이란 자신을 사랑하게 만드는 뛰어나고 넘쳐나는 완벽함을 지니고 있다는 표시일 뿐 아니라 신께서 내리신 아름다움이 반은 신이라 할 수 있는 위대하신 분에게서도 감소될 수는 없는 것이라 생각하기 때문이다.

나는 이 여인을 죽기 6개월 전에 보았는데 오를레앙의 거리에서 말을 타고 가다가 사고로 다리 한쪽을 잃고서도 여전히 동요하지 않는 바위처럼 단단한 마음을 지키며 아름다움을 간직하고 있었다. 바로 얼마 전 그녀는 승마 도중에 넘어지면서 미끄러지는 사고가 있었는데 아픔과 고통에도 얼굴은 조금도 변하지 않았다. 그녀의 아름다움, 우아함, 위엄, 뛰어난 미모는 여전히 예전 그대로였다. 특히 그녀는 화장기가 전혀 없이도 눈부시게 흰 피부를 간직하고 있었다. 측근들이 전하는 바에 의하면 매일 아침 금의 염화물 용액과 여러 가지 약제를 넣어 끓인 물을 사용한다고 하는데 어떤 훌륭한 의사나 약제사의 솜씨인지는 알 수가 없다. 만일 이 여인이 아직도 살아서 백 살이 되었다 해도, 완벽한 짜임새를 갖춘 얼굴과 단단한 몸과 아름다운 자태 속에 감추어진 육체는 결코 늙지 않았을 것이다. 이 아름다운 육신이 흙으로 덮였다니 실로 유감일 뿐이로다!

나는 콩데 왕자의 미망인인 콩데 공주[43]와 열정적인 무슈 드 롱그빌[44]

---

43) 프랑수아즈 도를레앙. 부르봉 가의 루이 1세, 콩데 왕자의 미망인. 1569년 사망.
44) 레오노르 도를레앙, 롱그빌 공작.

의 어머니 로틀랭 후작 부인[45]을 본 적이 있는데, 세월도 나이도 그녀를 조금도 무너뜨리지 못했음을 확인할 수 있었다. 연분홍빛 발그레한 얼굴은 처음 피어났을 때의 아름다운 꽃 그대로였으며 딸에게 물려준, 이 세상 누구와도 비교할 수 없는 아름다운 두 눈은 조금도 변하지 않고 작은 것에도 상처받을 듯한 순결함을 간직하고 있었다.

오몽 장군과의 두 번째 결혼식에서 마담 드 라 부르드지에르[46]는 어여쁜 그녀의 다섯 딸에 비교할 만큼 젊은 시절 보여주었던 아름다움이 조금도 사그라지지 않은 옛 모습 그대로를 간직하고 있었다. 만약 선택하라고 한다면 어머니를 취하기 위해 딸들을 물리칠 정도였다. 그녀는 밤이슬과 달빛이 자기의 가장 큰 적이라고 생각하여 가능한 한 그것을 피하며 자신을 보호하려 늘 최선을 다해 왔는데 많은 여인들이 사용하는 화장술이 그녀에겐 알려지지 않은 것인지 알 수 없다.

황태자비[47]의 조모이며 메지에르 후작 부인[48]의 어머니인 마담 드 마뢰유[49]는 세상을 뜰 때 백 살이었는데도 여전히 아름답고, 꼿꼿하고, 신선함을 풍기며 오십으로 여겨질 정도로 건강하고 균형을 유지하여 젊은 시절의 아름다움을 짐작케 해주는 여인이었다.

그녀의 딸인, 앞서 말한 후작 부인은 어머니보다는 20년을 덜 살았고 키가 약간 줄어들기는 했지만 세상을 뜰 때까지 어머니 못지않은 자태를 간직했다. 그녀는 이런 장점을 갖춘 내 맏형의 아내인 마담 드 부르

---

45) 로틀랭 후작인 프랑수아 도를레앙과 결혼한 자클린 드 로앙-지에.
46) 프랑수아즈 로베르테. 장 바부와 결혼했다가 그가 죽은 후 오몽 장군과 재혼하였다.
47) 프랑수아 공작의 아내인 몽팡시에 공작 부인을 모두들 이렇게 불렀다.
48) 가브리엘 드 마뢰유. 메지에르 후작인 니콜라 당주와 결혼.
49) 카트린 드 클레르몽. 기 드 마뢰유와 결혼.

데유[50]의 숙모였다. 나의 맏형수는 쉰세 살을 넘기며 열네 명의 자녀를 두고 있는데 그녀를 만나본 사람이라면 나보다도 더 좋은 평가를 내릴 수 있을 것이며, 자매들과 그녀가 낳은 한창 나이의 네 딸들을 비교해 본다면 나의 말이 그릇되지 않음을 확인할 수 있을 것이다. 때로 우린 추운 겨울에도 여전히 남아 있는 과일을 볼 수 있는데 그것들이 여름 과일에 비해서 맛과 향이 조금도 뒤떨어지지 않은 채 싱싱함을 간직하고 있어 더 큰 욕구를 느끼게 해주는 걸 경험할 수 있다.

브리옹 제독의 부인[51]과 그의 딸 마담 드 바르베지유[52] 역시 나이를 무색케 하는 미모를 간직하고 있다. 전해 들은 바로는 예전에 많은 사람들에게 회자되었던 아름다운 폴 드 툴루즈[53]는 팔십이라는 나이가 무색할 만큼 키도 얼굴도 조금도 변한 것 없이 여전히 아름다움을 간직하고 있다고 한다.

부르도의 콩트 법관 부인[54] 역시 위와 같은 나이에도 사랑스러운 매력을 간직한 채 여전히 그 완벽한 미를 무너뜨리지 않고 있다. 이처럼 나이와 상관없이 아름다움을 유지하고 있는 여인들을 계속 거론하자면 끝이 없을 것 같다.

스페인의 한 젊은 기사가 나이를 먹었지만 여전히 아름다운 한 여인에게 사랑을 고백했다. 이에 여인은 다음과 같은 식으로 대꾸했다.

"내 마지막 기도를 어떻게 할 것인지를 당신은 이런 식으로 말하는

---

50) 자클린, 일명 자케트 드 몽베롱. 브랑톰의 맏형 앙드레 드 부르데유의 아내.
51) 프랑수아즈 드 롱웨이, 브리옹 제독 부인.
52) 마드모아젤 드 브리옹. 바르베지유 영주인 샤를 드 라 로쉬푸코와 결혼했다.
53) 미누트는 『아름다움에 관하여』(1587)의 끝부분에 끼워 넣은 '라 폴르그라피' 라 이름 붙인 소고에서 당대의 날리던 그녀의 아름다움을 묘사하고 찬양하고 있다.
54) 이 콩트 법관 부인은 브랑톰의 친구로서, 브랑톰은 수차례 그녀를 찬양했다.

건가요?"

말하자면 찬란한 하루가 기울어가고 밤이 다가오는 시간의 기도를 이야기함으로써 자기의 나이를 상기시키려는 의도였다. 그 기사가 되받기를, "당신의 저녁 기도는 가장 값진 기도가 될 것이요, 또한 다른 어떤 여인의 이른 기도보다도 아름답고 고귀한 것이 될 것입니다."

이 얼마나 품격 있는 비유인가.

또 다른 스페인 청년은 무성히 피어나는 아름다움을 드러내는 원숙한 한 여인에게 사랑을 고백했지만 잘 받아들여지지 않자 이렇게 말했다.

"저녁 기도여야 환희를 느낄 수 있는 겁니다."

그 옛날 4월의 아름다움을 온 세상에 떨쳤던 마담 드 느무르[55]를 오늘날 보면 흘러가는 세월을 막을 수 없음에도 불구하고 그녀 주위의 모든 것을 퇴색해 보이게 만들고 만다. 나와 함께 그녀를 본 사람들도 같은 이야기를 했는데 가톨릭교도로서 풋풋한 젊음을 간직했던 그녀는 참으로 아름다운 소녀였다. 그녀의 이야기를 계속해 보자. 어느 날 스코틀랜드의 여왕[56]과 그녀가 단둘이 춤을 추고 있는 걸 보게 되었다. 사람의 마음이란 간사해서 아름다움을 잃어버린 다른 이들은 누구도 감히 그녀들과 춤추고 싶어 하지 않았다. 다만 플리니우스의 이야기 속에서 그 옛날 세상을 깜짝 놀라게 하기 위해 나타났던 두 태양이었노라고 누군가가 중얼거릴 뿐이었다. 마담 드 느무르는 마담 드 귀즈였을 때 좀 더 풍만한 모습이었고, 여느 여왕들 못지않은 위엄과 장중함을 갖추고 있었

---

55) 안 데스트(1532-1607). 에르퀼 데스트와 루이 12세의 딸인 르네 드 프랑스의 딸로서 1549년 12월 4일 귀즈 가의 두 번째 공작인 프락수아 드 로렌과 결혼하여 여덟 명의 자녀를 두었으며, 남편이 죽은 후에 느무르 공작 자크 드 사부아와 결혼하였다.
56) 마리 스튜어트. 그녀는 당시(1559-1560) 프랑스의 여왕이었다.

다. 그녀의 이런 모습은 백성들의 아버지였던 위대하신 왕의 손녀[57]로서 그가 어떤 왕이었는가를 잘 드러내고 있을 뿐만 아니라 전에 나바르 여왕의 방에서 보았던 초상화의 모습과 몹시 닮았다.

그녀를 만인의 아버지이신 왕의 손녀라고 부른 것은 처음이라고 생각한다. 그때가 왕[58]께서 폴란드에서 돌아와 바로 리옹에 계셨을 때였는데, 내가 이런 호칭을 종종 사용하면 그녀는 왕에 대한 이런 표현에 긍지를 느끼며 내게 영광을 돌리곤 했다. 그녀가 프랑스에 큰 빚을 진 남편 귀즈 공작의 사람이 되어 남편이 향하는 길을 따라야 했던 시절이 있었다고 해도, 누구에게도 해를 끼치거나 마음을 상하게 하는 일은 조금도 할 줄 모르는 아주 선한 마음[59]을 지닌 여인이었다. 특히나 그녀를 다른 사람과 비교하게 하는 이 선하고 아름다운 마음이 위대하신 왕의 진정한 손녀딸이라 할 수 있는 그들의 공통된 미덕이다. 어짊과 그것에서 풍겨나는 아름다움은 이 훌륭한 여인에게 완벽함을 갖추게 하는 가장 큰 장점이며 이 두 가지는 지금까지도 잃어버리지 않은 그녀의 미덕이다. 바로 이런 점들이 서로 닮지는 않았지만 모두가 뛰어난 두 남자를 남편으로 맞이하게 해준 점들이라고 할 수 있다. 만약 그녀가 이렇게 뛰어나고 이에 걸맞은 세 번째 남편을 선택하려 한다면 아직도 충분히 그럴 만한 아름다움이 남아 있다고 생각한다.

이탈리아에서는 다음과 같은 격언이 유래된 페라르의 여인들을 가장 맛있고 식욕을 돋우는 고깃덩어리로 여긴다. "섹스하면 '망투 여인의 음부'

---

57) 주 55 참조.
58) 루이 12세. 주 55 참조.
59) '대단히 마음이 착한' 반면 그녀는 몹시도 바람둥이였다. '사람 좋은' 것의 한 표현 방법인지는 몰라도 당시 그녀의 남자관계는 대단했다.

라 하듯 엉덩이 하면 '페라르 여인의 엉덩이'"라는 말이 있는데 실제로 페라르와 망투의 여인들은 대단히 정열적으로 사랑을 나눈다고 전해진다.

이에 관해서는 많은 이야기가 있는데, 이 지방의 한 영주가 한번은 프랑스의 아름답고 지체 높으신 공주를 악착스레 따라다니며 구애를 하고, 궁에서 사람들을 만나면 그녀의 완벽한 아름다움과 덕망과 가치를 드높이 찬양하며 자신의 마음을 토로하곤 했다. 그러던 중 그가 만난 이들 가운데 가장 신랄하게 그를 비꼬았던 스코틀랜드 호위대장인 정열적인 무슈 다우는 이렇게 그를 일깨워주었다고 한다.

"당신 잊어버리셨소? 최고라면 단연 망투 여인들의 섹스 아니오?"

또 다른 예를 들어보건대, 곱사등인지라 고뱅(Gobin; 꼽추)[60]이라고 불렸던 망투 공작[61]의 이야기다. 그는 막시밀리언 황제의 누이와 결혼하고 싶은데 이렇듯 심한 꼽추라고 말하자 그녀는 이렇게 답변했다고 전한다.

"잘 울리기만 한다면, 종에 약간의 흠이 있다고 해서 무슨 상관이 있으랴."

그녀 역시 망투 사나이의 섹스를 알고 싶었던 것이다. 그러나 다른 사람들의 얘기로는 착하고 잘 배운 그녀가[62] 이런 말을 한 것은 아니며 주위 사람들이 이런 말을 대신한 것이라고 한다.

페라르 출신의 공주[63]에 관한 이야기로 돌아가 보자. 내가 그녀를 본 것은 무슈 드 주아이외즈[64]의 결혼식에서였다. 그녀는 이탈리아식 망토를 걸치고 시에나식으로 팔 위로 망토를 반쯤 말아 올린 채 등장하였는

---

60) 이탈리아어에서 'gobbino'는 '곱사등이(bossu)'를 의미하는 'gobbo'의 지소적 용어이며 라틴 속어로는 'gibbus'가 변한 'gabbus'.
61) 기용-곤자그, 망투 공작. 독일의 페르낭 1세의 딸이며 막시밀리언의 누이인 엘레오노르 공주와 결혼했다.
62) 만약 리타의 이야기 『망투의 곤자그(GONZAGA DI MANTOVA)』(1권 4장)를 믿어본다면 그녀는 믿음이 강한 경건한 여인이었다.
63) 안 데스트, 귀즈 공작 부인. 후에는 느무르 공작 부인. 주 55참조.

데, 그녀의 등장을 무색하게 할 수 있는 여인은 아무도 없었다.

"공주는 여전히 아름답군요. 보세요, 얼마나 아름다운지! 완벽한 얼굴은 우리가 볼 수 없는 그녀의 구석구석에 담겨 있는 또 다른 아름다움들을 감추고 있다는 걸 쉽게 판단할 수 있게 하지요. 우리 눈앞에 보이는 저 훌륭한 건조물 안에는 아름다운 방들과 그에 딸린 부속실, 옷장, 비밀스러운 멋진 구석방과 귀중한 보석으로 가득한 작은 방들이 숨겨져 있다는 걸 쉽게 판단할 수 있지요."

그 밖에도 그녀에게는 바로 얼마 전 사부아 공작의 결혼식[65]에도 드러나지 않았던 또 다른 아름다움을 드러나게 해주는 비밀스런 것들이 안에 숨겨져 있는 듯했다. 그녀의 미모와 미덕에 대한 경탄은 영원히 지워지지 않을 것이다. 만약 내 펜의 날개가 더 크고 강해서 저 하늘 위까지 그녀를 옮겨 놓을 수 있다면 그렇게 하겠건만 내 펜의 날개는 너무 나약하기만 할 뿐이다. 그녀는 많은 아이들과 그녀가 겪은 고난 속에서도 그녀의 봄날에, 여름과 가을에, 또한 마지막 계절인 겨울에도 여전히 뛰어나게 아름다운 여인이다.

이탈리아 사람들에게서 좋지 못한 점은 아이를 여럿 낳은 여인을 '암퇘지(scrofa)'라고 부른다는 점이다. 하지만 이 공주처럼 아름답고 용기와 관용을 갖춘 아이들을 낳은 여인[66]은 찬양받아야 마땅할 것이며, 신의 은총을 받은 사람으로 칭송됨이 옳을 것이다.

---

64) 안 주아이외즈 공작. 앙리 3세의 총애를 받아 프랑스 해군 제독을 지냄(1561-1587). 1582년 여왕의 누이인 마르그리트 드 로렌과 결혼했다.

65) 스페인 왕 필립 2세의 딸인 카트린 도트리슈와 결혼한 사부아 공작, 즉 샤를-에마뉘엘 1세 르 그랑(1562-1630)의 결혼식을 말한다.

66) 그녀는 귀즈 공작에게서 여덟, 느무르 공작에게서 세 명의 아이를 낳았다.

마리 다라공에 대한 추억

세속적인 삶이란 얼마나 변화무쌍한가. 아름다운 여인이야말로 세월 앞에서 견디어 내기에는 가장 불안정하고 가벼운 존재가 아니냐고 누군가 말했다. 그러나 만약 내가 남편이라면 모든 여인이 변해도 변하지 않는 여인을 가장 값지게 여길 것이다. 나는 여인들의 아름다움을 이야기하기 위해서 가을과 겨울에 아름다움을 드러내는 여인들을 예로 들어 이야기하려는데 프랑스 여인만이 아니라 다른 나라의 예도 들어 볼까 한다. 우리의 이야기를 위해서 우선 두 여인을 이야기해 보고자 한다.

먼저 그 어느 때 못지않게 여전히 아름답다고 전해지는 오늘날 영국을 통치하고 있는 엘리자베스 여왕이다. 전하는 바대로라면 그녀는 대단히 아름다운 여왕임이 분명하다. 왜냐하면 나는 그녀를 그녀의 여름과 가을에 보았기 때문이다. 내가 그녀를 본 지 꽤 오래되어 그녀의 마지막 계절인 겨울이 가까워졌을 것이라 생각된다.

내가 그녀를 처음 본 것은 그녀의 모습에서 나이가 그대로 드러나던 시절이었다. 내 생각엔 그녀가 아름다움을 그렇게 오래 유지하고 간직할 수 있었던 것은 결혼하지 않은 채 지낸 덕분이 아닌가 한다. 이 여왕은 보기 드물게 용기 있고 아름다운 스코틀랜드 여왕[67]의 고귀한 미덕을 짓밟아버린 일 외에는 모든 면에서 칭송을 받을 만한 여인이다.

또 다른 외국의 공주는 구아스트 후작 부인인 마리 다라공[68]으로 그녀의 마지막 계절임에도 대단한 아름다움을 간직하고 있었다. 난 내가 할 수 있고 늘어놓을 수 있는 한 그녀 이야기를 하고 싶다.

---

67) 마리 스튜어트.
68) 마리 다라공 델 구아스트, 혹은 바스토 후작인 알퐁스 다발로스의 아내.

앙리 왕[69]이 죽고 교황 요한 4세인 카라프가 한 달 후에 돌아가셨기 때문에 투표를 하기 위해 모든 주교들이 한자리에 모였다. 귀즈 주교[70]는 프랑스를 떠나 프랑스 대수도원장[71]이며 갤리선 지휘관인 그의 형이 성심으로 호위하는 왕의 갤리선을 타고 로마로 향했다. 바닷바람은 순탄해서 순조로운 항해를 하여 이틀 낮, 이틀 밤 후에 시비타베키아에 도착했다. 그곳에서 로마로 달려가니 투표 준비가 되지 않았음을 알고는 (사실 투표가 완료되기까지는 3개월이나 걸렸다) 형에게 돌아와 여가를 보내기 위해 나폴리로 향했다.

그들이 나폴리에 도착했을 때 부왕인 알칼라 공작[72]은 마치 왕을 영접하듯 맞아 주었다. 그들이 그 도시에 발을 내딛기 전에 멋진 축포가 오랫동안 발사되고 도시와 성을 방문할 때에도 마찬가지였다. 아무것도 모르는 사람들은 축포가 울리는 동안 하늘이 이상스레 울린다고 동요하기도 했다.

전투 가능성에 대비하며 항구에서 꽤 떨어진 곳에 배를 멈추고는 세련되고 품위를 갖추었을 뿐 아니라 언변도 뛰어난 랑그독 출신의 무슈 드 레트랑주[73]를 부왕에게 보냈다. 그래서 자신들이 지금 휴전중이고 전쟁을 재개하러 온 것이 아니라 도시를 구경하고 그곳에 묻힌 선조들

---

69) 앙리 2세.
70) 샤를 드 로렌. 1557년 귀즈 주교. 두 번째 귀즈 공작의 막내 동생.
71) 프랑수아 드 로렌(1534-1562). 대수도원장이며 갤리선의 지휘관.
72) 돈 페라관. 1559년부터 나폴리의 부왕이었던 알칼라 공작. 부왕(vice-roi)은 왕이나 황제에게서 어느 한 왕국이나 공국, 또는 지방을 다스리도록 권한을 부여받은 사람. 그러나 지금처럼 유럽이 몇몇 큰 국가들로 통일되기 이전인 이 시대에 있어 부왕의 위치를 식민지 총독과 같은 의미로 해석해서는 안 된다. 각 공국이나 왕국은 제가기 세력을 키우며 싸움이 끊이지 않았으므로 때론 자기보다 힘센 나라와 동맹을 맺고 군신의 관계를 맺다가도 세력 확장을 위해 동맹 국가를 버리고 자기가 필요로 하는 나라와 손을 잡기도 하는 관계였기 때문이다. 즉, 이 부왕 역시 독립된 한 공국이나 왕국 또는 지방의 우두머리인 셈이다.
73) 랑그독 출신의 기사, 클로드 드 레트랑주.

의 무덤을 찾아 기도를 드리고 성수를 뿌리려 할 뿐이니 항구에 들어가 배를 정박하게 해달라고 청했다.

부왕은 이를 흔쾌히 승낙했다. 대수도원장은 배를 항구로 전진시켰고 축포가 다시 울렸다. 열여섯 척의 갤리선 갑판 위에서도 대포와 화승총으로 답을 하느라 일순간 불꽃 천지가 되었다. 잠시 후 펄럭이는 군기와 창끝에서 휘날리는 진홍빛 타프타의 번쩍이는 깃발로 장식된 갤리선은 당당한 위용을 뽐내며 부두 안으로 들어섰다. 갤리선을 젓는 죄수들은 모두 진홍색 벨벳 옷을 입었고, 군사들 역시 같은 옷 위에 은색 장식 끈으로 덮인 짧은 상의를 걸쳤다. 그들을 이끄는 함장은 용맹스럽고 씩씩한 프로방스 출신의 제오프루아 대장이었는데 모두들 민첩하고 질서정연하게 움직이는 프랑스 갤리선의 아름다움에 경탄을 보내었다. 특히 그중에서도 모든 면에서 뛰어나고 자유분방한 왕자의 배인 '라 레알'에 대해선 더 이상 논란의 여지가 없을 정도였다.

이렇듯 멋진 행렬을 지으며 그는 마침내 땅을 밟았고 우리들은 뒤이어서 땅에 발을 내딛었다. 부왕은 우리를 도시 안으로 인도하기 위해 말과 마차들을 준비해 두었고 우린 금사, 은사로 수놓은 벨벳 덮개로 장식을 하고 서로서로 자신의 위용을 자랑하고 있는 백 마리의 스페인산 준마를 포함해 각종 말들이 대기하고 있는 걸 볼 수 있었다. 말에 오르고 싶은 사람은 말에 오르고, 그밖에 우리가 볼 수 있는 것들 중 가장 아름다운 말들이 이끄는 20여 대의 멋진 마차에 오르고 싶은 이는 마차에 올랐다. 그곳에는 부왕의 편에 서서 아주 정중하게 우리의 대수도원장을 맞이하기 위해 스페인을 다스리는 많은 왕자와 영주들과 어르신네들이 나와 있었다.

대수도원장은 내가 본 중 가장 아름다운 스페인 말(부왕은 그날 이후 그 말을 선물로 바쳤다) 위에 올라타더니 어찌나 잘 다루는지 모든 사람이 놀랄 정도였다. 말이 앞발을 구부리며 공손하고 순종적인 자세를 취하게 만들었다. 바다에서와 마찬가지로 말에도 능통한 그는 말 위에서 당당하고 멋진 모습을 자랑했다. 그는 훌륭한 어르신네들 사이에서 보기 드물게 난관을 잘 헤쳐 나가는 능력을 갖추고 있을 뿐 아니라 크고 균형 잡힌 체격에 책임감 강하고 긍정적인 사고방식을 지닌 가장 뛰어난 왕자들 중의 한 분으로서 의연한 기품을 드러내며 앞으로 나아갔다. 이렇게 그는 그를 기다리던 부왕의 신하와 기사들의 인도를 받아 부왕의 궁에 머물면서 일행을 위해 열린 화려한 연회를 즐겼다. 200여 명의 우리 기사와 갤리선의 대장들과 그 외 모든 일행은 대부분 그 도시의 영주들과 부왕의 신하들 집에 머물면서 융숭한 대접을 받았다.

아침부터 우리는 가고 싶거나 산책하고 싶은 곳으로 안내하기 위해 특별히 구성된 호위대들을 만났다. 말이든, 마차든 우리 의사대로 즉시 준비되었다. 왕께서도 흡족해 하실 만큼 화려하고 훌륭한 탈것에 오르면 하루 일과가 시작되어 각자에게 만족스럽게 진행되었다. 이렇게 이 도시에서 이루어진 우리의 일과는 즐거움과 기쁨을 누리는 데 부족함이 없었다.

갖가지 다양함으로 가득한 도시를 일찍이 본 적이 없는 만큼 이곳에 별것이 없노라고 말하는 건 있을 수 없는 일이었다. 단지 명예와 명성을 갖춘 훌륭한 여인들과의 친숙하고 자유로우며 격의 없는 대화가 이루어지지 못한다는 것만이 아쉬울 뿐이었다. 하지만 이 점도 델 구아스트 후작 부인의 배려로 훌륭히 치유될 수 있었다. 그녀는 말 위에서 위풍당당한 풍모를 과시하며 완벽함을 드러낸 대수도원장을 본 많은 여인들이 그녀의 집에 모여 그를 칭찬하는 걸 들었다. 모든 면에서 도량이 넓은 그녀는 어느 날 그녀의 의사를 잘 전달할 수 있는 괜찮은 기사를 한 명 뽑아 왕자에게 보냈다. 만약 왕자께서 그 지방의 여인들과 관습을 받아들인다면 왕국의 높으신 어르신네들이 하듯 자기의 모든 힘을 동원하겠으며, 자기의 집과 성과 모든 권력을 기꺼이 제공하겠노라 전하게 했다.

예절에 바른 대수도원장은 크게 감사를 표하며 저녁 식사 후에 곧 그녀의 손에 입 맞추러 가겠노라 일렀다. 그와 함께 있던 우리는 기회를 놓치지 않고 뒤를 따랐다. 우리는 홀에서 후작과 그의 두 딸에게 인사를 했는데 한 명은 안토닌,[74] 또 한 명은 정확하게 기억이 나진 않지만 이에로, 또는 조안[75]이라고 했던 것 같다. 두 딸은 다른 곳에서 쉽게 찾아볼 수 없는 미모와 기품을 지니고 있었다.

후작 부인은 프랑스식으로 절을 하며 대단히 영광스러운 태도로 대수도원장을 맞이했고, 그는 아주 공손한 태도로 답했다. 그들의 한담은 매사 아주 잘 통하는 공통점을 찾은 것 같았다. 우리들 중 이탈리아 말이나 스페인 말을 할 줄 아는 사람들은 어여쁘고 상냥한 여인들 곁에서 즐거운 얘기꽃을 피울 수 있었다. 약 보름 간 그곳에 머물 예정임을 안 후작 부인은 대수도원장께 다음과 같은 말을 건넸다.

"당신께서 이곳에 머무시는 동안 조금이라도 남는 시간이 있어 언제고 저희 집을 찾아주신다면 큰 영광으로 알겠습니다. 더도 덜도 아니고 당신의 어머님 댁에 머무시는 것처럼 모든 조처와 배려로 가장 편안한 안식처가 되도록 하겠습니다. 당신의 젊음과 용기가 아름다운 여인들과

---

74) 안토닌이 아니라 포텐자 백작과 결혼한 베아트릭스다.
75) 사실은 후에 폴몬 왕자와 결혼한 조안.

의 대화를 좋아하시는 만큼 이 도시와 이 왕국의 아름답고 고귀한 여인들의 방문을 받는 것은 제게도 큰 행복이랍니다. 당신과 함께할 이 고귀한 여인들에게 제 집의 문을 활짝 열어 당신의 좋은 친구가 되도록 만들어 드리지요. 자, 우선 제 두 딸을 추천할 수 있습니다. 아직은 어리고 부족한 점이 많다고 하시겠지만 당신께서 프랑스 궁정에서 하시듯 크게 흡족하지는 않으시더라도 마음 편히 웃고 춤추고 자유로이 이야기를 나누실 수 있으실 겁니다. 제가 당신의 상대가 되어 드리고 싶지만 당신처럼 젊고 잘생기고 기품 있는 왕자께서 저처럼 거북스럽고 귀여움도 사라진 늙은 여인과 함께하는 건 곤란한 일이겠죠. 젊음과 늙음이 함께한다는 건 당연히 어울리지 않는 일이지요."

왕자께서는 나이가 들었다는 사실이 그녀에게 더해 준 것은 아무것도 없으며 이런 말을 듣는 건 너무 거북하다며 말을 즉시 가로막아 그녀의 기분을 살려 주었다. 또한 그녀의 가을은 이 집안을 메우고 있는 모든 봄과 여름을 능가하고 있다고 덧붙였다. 사실 그녀는 그곳의 어느 젊은 여인들보다, 더군다나 두 딸보다도 뛰어난 아름다움과 사랑스러움을 간직하고 있었다. 그녀는 변하지 않는 60년의 세월을 고이 간직하고 있었던 것이다. 왕자의 두 마디에 후작 부인의 웃는 얼굴과 말과 몸짓 속에는 감추지 못하는 감격의 눈물이 드러나고 말았다.

우리는 이렇게 완벽한 균형을 갖춘 아름다운 여인을 떠나야 했는데 왕자께서는 이내 그녀에게 빠지고 말았음을 우리에게 털어놓았다. 그 후 이 품위 있는 미모의 후작 부인과 아름다운 그녀의 동료들이 매일 이 왕자님을 자기 집으로 초대한 건 굳이 더 이야기할 필요도 없을 것이다. 저녁 식사 직후가 아니면 늦은 밤이라도 그들의 만남은 계속되었다. 왕자는 그녀의 맏딸을 연인으로 삼은 것처럼 보였지만 어머니에게 쏠리는 마음을 '은폐하려는' 행동이었던 것 같다.

왕자는 발레와 춤에서 발군의 실력을 발휘하며 즐겼고, 보름밖에는 머물지 못한다는 생각에 이 아름다운 연인과 많은 시간을 보냈다. 우리 동료들 역시 어르신네처럼 제각기 연인들을 사귀며 거리낌 없이 주어진 시간을 보냈다. 스코틀랜드에서 전쟁이 일어났으니 갤리선과 일행은 서쪽 나라로 향하라는 왕의 편지만 아니었더라면 우리는 8개월 후에야 다시 들를 수 있었던 그곳에 예정보다도 오래 머물렀을 것이다.

이 달콤한 쾌락과 아름다운 새 연인이 있는 즐거운 도시 나폴리를 떠나게 된 것은 장군님뿐 아니라 우리 모두에게 큰 슬픔이나 회한을 심어 주는 것은 아니라 해도 충분히 언짢은 일이었다.

그로부터 6년 혹은 그보다 더 지난 후인가, 우리는 말트[76]를 도우러 떠났다. 나폴리에 들르게 된 나는[77] 후작 부인이 살아 있는지 알고 싶었다. 그녀가 여전히 그 도시에 살고 있다는 대답을 들은 순간 그녀를 보러 달려가고 말았다. 그녀가 머물고 있던 호텔의 늙은 주인은 나를 알아보고는 그녀에게 내가 찾아와 두 손에 입 맞추고 싶어 하노라고 전했다. 브루데유라는 내 이름을 기억해 낸 그녀는 방으로 나를 불렀다. 그녀는 뺨을 달아오르게 하는 약간의 열 때문에 침대 신세를 지고 있었지만 아주 푸근하게 나를 맞아 주었다. 나는 그녀가 아주 조금만 변했으며 고의든 아니든 죽어 마땅한 죄를 저지르게 할 만큼 아름다운 미모를 간직하

---

76) 1566년 브랑톰과 그의 아우인 아르드레이는 말트의 영주인 파리소 드 라 발레트의 부름에 답하며, 동맹국인 터키에 대항하여 말트를 방어하기 위해 300명(스트로치와 브리삭도 함께)의 기사들과 함께 그곳으로 떠났다.
77) 브랑톰은 밀라노에 머물렀다가 로마를 거쳐 나폴리로 갔다. 그러고는 바다를 통해 말트의 갤리선이 십자군 전쟁을 하게 되는 메지아, 시라쿠스, 카탄을 향해 떠났다.

고 있음을 보았다.

그녀는 깊은 애정을 갖고 정열적이던 대수도원장의 소식을 자세히 물었다. 음모 속에서 독살되었다고 알고 있었기 때문에 사실이 아니라는 걸 이야기해줌으로써 그녀가 갖고 있는 엉뚱한 상상을 없애주었다. 그는 마치 카이사르처럼 밤낮없이 싸워 이긴 드루 전투의 승리에 취해 자신을 제대로 돌보지 못해 죽음에 이르고야 말았던 것이다. 그는 마지막 임무를 수행하느라 전투에서 심하게 상기되어 땀을 몹시 흘렸다가 밤이면 돌도 균열될 정도로 추운 날씨 속에서 몸이 얼어붙곤 하면서 병이 진전되었다. 그는 그 전투 이후 한 달인가 6주 후에 세상을 뜨고 말았다.[78]

그녀는 자신이 표현할 수 있는 모든 말과 몸짓으로 깊은 유감을 표현했다. 여기서 나는 여러분들이 약 2, 3년 전 그가 갤리선 부관들 중 한 사람인 무슈 보리유를 그녀에게 보냈다는 사실에 주목해 주기 바란다. 그는 지중해 동쪽 바다에 관해서는 알지도 보지도 못한 스코틀랜드 여왕의 군대를 책임지고 있었다. 이에 대해선 모두가 어리둥절할 뿐이었다. 터키와의 동맹을 위해서 프랑스군을 담당하는 일은 거론조차 되지 않았던 것이다. 대수도원장은 보리유 부관에게 나폴리 지역을 담당하라는 의무를 주고 자기를 대신하여 이 후작 부인과 그의 딸을 방문하라 이르고는 이 세 여인을 위해서 프랑스 파리의 왕궁과 그 외 다른 궁[79]에서 구할 수 있는 아주 작고 독특하며 아기자기한 선물들을 구해서 보내주었다. 수도원장은 이렇듯 자유분방함과 낭만적인 면모를 지니고 있었다. 보리유 부관은 수도원장의 이런 면이 그대로 전해지도록 선물을 빠

---

78) 1562년.
79) 파리의 대법원 갤러리 한 켠을 장식하는 작은 선물 가게들.

짐없이 전했고 아주 훌륭한 대접을 받았다.

후작 부인은 그녀가 아직껏 간직하고 있는 그에 대한 기억과 선물에 깊은 감회를 느끼고 있었을 뿐만 아니라 아직도 그를 사랑하고 좋아하고 있다고 여러 차례 되풀이하여 말했다. 원장에 대한 그녀의 사랑은 우리 일행이 그곳을 떠났을 때 뒤에 남아 있던 갤리선의 한 젊은이에 대한 호의 어린 애정으로 이어졌다는 것을 알게 되었다. 그는 병으로 죽을 때까지 그곳에서 살면서 큰 행운을 잡았다. 그가 자기의 시련을 후작 부인에게 이야기하며 도움을 청하자 도망치도록 여러모로 도와주고 자기 집에 머물게 하면서 돌봐주었으며, 자기 성의 수렵관을 관할하는 총책을 맡게 해주었을 뿐 아니라 돈 많은 여인과의 결혼하도록 해주었다.

우리들은 그가 죽었다고만 생각했을 뿐 멋진 신사가 되었으리라고 생각지 못하고 있었다. 그런데 우리가 말트로 향할 때 일행 중 한 젊은이가(그는 바로 그곳에 남아 있던 자의 막내 동생이었다) 우연히 나와 이야기를 나누던 중 자기의 주요 여행 목적은 사실은 6년 전 대수도원장이 나폴리에 갔을 때 갤리선을 저으며 함께 그곳에 갔다가 소식이 끊긴 형을 찾기 위함이라고 말했다. 이내 난 기억을 되살려 냈고 후작 부인과 주위 사람들에게 그의 소식을 알아내려고 애썼지만 모두가 나의 노력을 방해하였다. 그러나 내가 그의 막내 동생과 함께 왔고 진심으로 그를 도우려 한다는 걸 알고서야 이야기를 전해 주며 그가 살던 곳으로 안내해 주었다.

이렇듯 그녀는 의리 있고 우정을 지킬 줄 아는 여인이었다. 그녀는 내게도 여전히 최고의 친절을 베풀어 주며 과거의 아름답던 추억을 나와 나누었다. 그녀와 함께 시간을 보내면서 아름답고 재치 있으며 이야기가 끊이지 않는 정말 아름답고 사랑스러운 그녀에게서 끊임없이 새로운 매력을 느낄 수 있었다.

그녀는 자기 집이 아닌 다른 곳에서 머물거나 식사하는 일이 없길 바란다고 수없이 내게 간청했지만 성가신 무뢰한이 될 수는 없었기에 그러고 싶지 않았다. 대신 우리가 머무는 7, 8일 동안 매일 그녀를 보러 갔고 방은 내게 언제나 활짝 열려 있었다. 내가 작별 인사를 하러 갔을 때에 그녀는 당시 스페인군에 장교로 있던 아들 페케이르 후작[80]에게 전하는 편지를 주며 돌아오는 길에 꼭 자기에게 들르고 그때는 자기 집 아닌 곳에 머물지 말라고 당부했다.

불행히도 갤리선은 우리를 테라신에 내려놓았고 그곳에서 바로 로마로 향하는 바람에 나폴리로 돌아갈 수가 없었다. 그때 나는 헝가리 전쟁에 가고 싶었으나 베네치아에서 우리는 터키 황제 솔리만[81]의 죽음을 듣게 되었다. 그곳에서 나는 황금 같은 시간을 보낼 수 있는 나폴리로 돌아갈 수 없음을 얼마나 저주했던가. 나를 좋아하고 내게 그렇게 잘해 주던 후작 부인의 도움으로 그곳에서 결혼이나 또는 다른 식으로 큰 행운을 안을 수도 있었을 것이다.

그러나 나의 불행한 운명의 행로가 그것을 원치 않았고, 영원히 불행할 뿐인, 절대로 행운이 내게 깃들지 않는 프랑스로 다시 데려오고자 했다는 생각이 든다. 겉으로는 명예로운 용맹과 신의를 갖춘 훌륭한 사람으로 평가되는 것 같으면서도 나의 직위나 대우는 내 동료들만 못하다. 그뿐 아니라 오히려 나보다 못한 자들이 행운을 잡고 궁정 안에서, 왕과 여왕의 방에서, 무도회장에서 마치 호박덩이처럼 부푼 모습으로 어깨를 으쓱이

---

80) 프랑수아-페르디낭 다발로. 시칠리아의 부왕(vice-roi)이었던 페케이르 후작. 1571년 사망.
81) 솔리만 2세.

는 걸 보면 그 어떤 일도 함께할 수 없을 것 같고, 나보다 낫다는 생각도 들지 않을 뿐더러 손톱만큼이라도 그들에게 경의를 표하고 싶지가 않다.

따라서 나는 예수 그리스도께서 그분의 입을 통해 하신 "그의 나라에선 그 어떤 예언도 없을지어다."라는 말씀이 잘 들어맞는 것 같다. 만약 내가 우리 왕가의 왕자님들을 받들었듯이 외국의 왕자님들을 받들고, 몸을 던져 뛰어들었던 그 모험을 다른 곳에서 행하고 추구했다면 이런 고통의 나날을 보내기보다는 지금쯤이면 위엄도 갖추고 더 큰 중책을 맡는 보람 있는 나날을 보낼 수도 있을 것이다.

그러나 인내할지어다! 다만 파르카(parque)[82]들이 내 인생을 이렇게 품어 냈다면 그들을 저주하리라. 자, 이것이 이 존경스러운 여인에 대한 나의 이야기다. 그녀는 아주 아름답고 현숙하며 그녀의 뒤로 내가 다른 곳에서도 언급했던[83] 장남 후작, 돈 주앙, 돈 카를로스, 돈 세자르 다발로스, 또한 남자 형제 못지않은 딸들처럼 아름답고 용기 있는 자손들을 낳고 훌륭히 키워낸 여인으로서 드높은 명성을 얻은 가운데 이 세상을 떠났다.

---

82) 운명의 세 여신으로 탄생을 맡아보는 클로토, 수명과 운명을 결정하는 아케시스 죽음의 신 아트로포스.
83) 브랑톰의 다른 저서 『훌륭한 장군들』에서.

CHAPTER
7

아름답고 현숙한 여인들은 용사를 사랑하고
협객들은 용기 있는 여인을 사랑한다

----- *Les Dames galantes* -----

―――

모든 연인은 전사이며 큐피드도 마르스처럼
그의 기지와 무기를 갖고 있다.

―――

용사를 사랑하는 여인들의 기질

아름답고 현숙한 여인들은 용기 있고 용맹스러운 사람을 절대로 싫어하지 않는다. 이런 여인들의 기질을 살펴보면 겁이 많고 수줍음을 잘 탄다. 그러니 용기는 그 용기를 사랑하는 여인들에 상응하는 장점이다. 자기의 기질을 불만스러워 하여 자기와는 반대되는 것을 사랑하게 되는 것이리라.

아름다움과 상냥함과 품위의 여신인 비너스도 하늘나라에서 이와 마찬가지였던 것이 사실 아니던가. 주피터의 궁에서 그녀는 순진한 남편 불칸을 뻐꾸기 남편으로 만들어 버리려고 친절하고 잘생긴 새 애인을 고르면서, 불칸처럼 곱슬머리를 한 계집애 같은 사람과는 거리가 먼 전쟁과 용맹의 신인 마르스에게 반하고 만다. 마르스는 대단히 거칠고 전쟁터에서 방금 돌아온 것처럼 땀투성이에 먼지로 뒤덮여 지저분하기 이를 데 없는 데다가 지적인 착실함보다는 전사로서 제격이었다. 더욱이 그는 전쟁에서 돌아와서도 씻거나 향수를 뿌리지도 않은 채 그녀와 자곤 했다.

그리스에 대항하여 싸우던 트로이 사람들 앞에서 보여준 용감무쌍한 헥토르[1])의 경이로운 공적과 그의 용맹과 드높은 가치를 알게 된 용기 있고 아름다운 여왕 판테지레이아[2)]는 단지 들려오는 소문만으로 헥토르를 열렬히 사랑하게 되었다.

그녀는 이 용감한 기사의 아이, 즉 자신의 왕국을 이어갈 소녀를 갖고

---

1) 트로이 전쟁의 가장 용감한 영웅. 일리아드에 의하면 아레스의 보호를 받는 그는 그리스에 대항하여 승리의 전투를 이끌지만 아킬레스에 의해 죽고 만다.
2) 트로이 전쟁에서 트로이 편에 섰던 아마존의 여왕. 아킬레스는 그녀에게 깊은 상처를 입히지만 그녀의 미모를 알아보고 사랑에 빠진다.

싶은 욕망으로 그를 찾으러 트로이[3]로 떠난다. 그리고 그녀는 미모로써가 아니라 결코 뒤지지 않는 무사로서 은총을 입기 위해서 자기가 할 수 있는 최선을 다해 싸운다. 헥토르는 자기 앞에서 뜨거운 혈기로 싸우는, 자기를 놀라게 할 만큼 용감무쌍한 그녀와 절대로 적군 앞에서 몸을 섞지 않았다. 그러나 종종 이 뜨거운 전투 속에서 그녀에게 매혹되어 짧은 순간순간 전투를 멈추고 한 켠에 물러서서 이렇듯 멋진 매력을 발산하는 용감한 여왕을 바라보곤 했다.

그곳에서 만약 그들의 사랑이 행동으로 나타났다면, 그들이 사랑하고 있다는 것이 세상에 알려졌을 것이고 그들의 사랑은 이내 인정받을 수 있었을 것이다. 그러나 그들의 은밀한 기쁨은 그리 오래 지속되지 못하였다. 왜냐하면 그녀는 아주 평범한 방법으로 사랑하는 이의 마음에 들기 위해서 가장 격렬하고 잔인한 전투에서 죽어가길 열렬히 원했기 때문이다.

한편 어떤 이들은 그녀가 도착하기 전에 헥토르가 죽었기 때문에 볼 수 없었다고도 한다. 그녀는 전장에 도착해서야 그가 죽었다는 사실을 알게 되었다. 그렇게도 그를 갈망하여 그 먼 나라에서부터 찾아온 사랑하는 이를 잃은 슬픔과 깊은 절망에 빠져서 그녀가 선택하고 사랑한 가장 고귀한 대상을 보지도 못하고 살아가느니 차라리 치열한 전투 속에서 죽어가기 위해 몸을 내던졌다는 것이다.

아마존의 또 다른 여왕 탈레스트리드[4]는 위대한 알렉산더 대왕이 은

---

3) 가장 널리 알려진 전설에 의하면 아마존의 여왕인 판테지레이아는 헥토르가 죽은 후에야 트로이에 도착했다고 한다. 후에 브랑톰은 그 점을 인용한다. "모두들 그녀는 헥토르를 보지 못했다고 한다."
4) 탈레스트리스.

총을 베풀어 주길 바랐다. 그녀는 가장 위대한 피로써 뒤를 이을 여자아이를 갖고자(좋은 시간을 제공함으로써 그와 똑같은 아이를 얻으려 한 것이다) 얼마나 크고 머나먼 나라를 지났는지 모른다.[5] 알렉산더는 쾌히 이에 동의했다.[6] 그러나 이 여왕이 용감무쌍한 것 못지않게 아름다운 걸 알고 달리 행동했더라면 몹쓸 일을 당하고 말았을 것이다. 퀸투스-쿠르티우스[7] 오로시우스[8] 유스티누스[9]가 사실을 확인해 주고 있다. 그녀는 반듯한 용모와 우아한 품격과 정신무장이 잘된 300명의 신하들을 이끌고 알렉산더를 찾았다. 환대하는 알렉산더에게 공손한 예의를 갖추고 난 뒤 그와 열사흘 낮과 밤을 보내며 욕망과 의지와 쾌락을 나누는 데 일체감을 느끼며 서로에게 익숙해져 갔다. 그녀는 딸을 낳게 된다면 아주 소중한 보물처럼 지키겠지만 아들을 낳는다면 지배하려 드는 남성에 대한 혐오감 때문에 그에게 보내 버리겠노라고 말했다. 오래전부터 그들 사이에 세워진 법칙에 따라 그들 나라에선 남편들을 죽여 버렸다.

그녀가 데려온 다른 여인들이 그녀처럼 쾌락을 나누지도 않았고 알렉산더의 군인과 신하들을 가슴에 안지 않았다고 생각한다면 잘못된 것이다. 그네들 역시 여왕처럼 해야만 했으니까.

카밀라는 숲과 산림 속에서 사냥을 하며, 사랑스러운 수렵의 여신 디아나를 충실히 섬기는 씩씩하고 아름다운 처녀였다. 그녀는 고통만을 안겨준 아이네아스처럼 용맹스러운 사나이로서만 이 세상에 할 일이

---

5) 히르카니 깊숙한 곳까지 33일을 행진했다고 유스티누스는 말한다.
6) "이 여인의 열정은 왕보다 훨씬 컸다."고 퀸투스쿠르티우스(『알렉산더 이야기』 5권)는 말했다. 따라서 왕은 며칠 쉬기로 했다. 열사흘이 지나고 여인들의 욕망이 채워지자 여왕은 자기의 왕국으로, 왕은 파르티엔으로 돌아갔다.
7) 퀸투스쿠르티우스 『알렉산더 이야기』 전 10권 중 5권.
8) 파울루스 오로시우스 『반이교도 역사』 1권.
9) 유스티누스 『필립 왕 공격 이야기』.

있는 것처럼 보이는 투르누스에게서 용맹스러운 숨결을 느꼈다. 그리하여 그녀는 함께 사랑을 나눌 정도로(동성애 관계를 의미) 내밀하게 절친해서 언제 어디서고 서로를 희생할 수 있는 아름답고 용맹스러운 세 명의 처녀들과 함께(베르길리우스에 의하면[10] 하나는 용감한 처녀 아르미,[11] 툴,[12] 다양한 방법으로 창과 투창을 쓸 줄 아는 타르페,[13] 모두 '이탈리아의 세 처녀'[14]이다) 투르누스를 구하러 갔다.

카밀라는 이렇게 자기의 아름답고 작은(사람들은 아름다운, 착한 등의 수식어를 사용하기도 한다) 무리를 이끌고 투르누스를 찾아와서 아주 멋진 군대를 결성한다. 그녀들은 용감한 트로이군들 틈에 섞여 싸우다가 죽어 갔으며, 자기를 돕기 위해 아름다운 목숨을 내던진 이들에게 투르누스는 깊은 회한과 큰 경의를 표했다. 이처럼 아름답고 씩씩한 여인들은 용맹스러운 용사들을 찾아 그들을 도우려고 전장으로 떠난다.

만약 우리가 베르길리우스를 신뢰하여 아이네아스에게서 느낀 용맹이 아니었다면 가엾은 디도의 가슴에 그런 열정적인 사랑의 불을 지필 자가 과연 누구였겠는가? 그녀는 아이네아스를 만나 전쟁 이야기를 하면서 트로이 멸망에 대한 슬픔을 함께하고 고통을 극복해 나갈 이야기를 나눈다. 디도는 그의 언행에서 결코 사그라지지 않는 용감무쌍함을 보고는 그에 대한 열정을 키운다. 그녀가 여동생 안에게 자신의 사랑을 선언할 때 가장 의미 깊고 호소력 있는 말로 그 사랑을 표현한다.

---

10) 베르길리우스의 서사시 『아이네이스』 11편.
11) 아르미가 아니라 라라나 비르고(『아이네이스』 11편 655).
12) 『아이네이스』 11편 656.
13) "타르페이아는 청동 도끼를 휘둘렀다."고 베르길리우스는 적고 있다. 『아이네이스』 11편 656.
14) "Italides" 베르길리우스에서 유래된 말이다. 『아이네이스』 11편 657.

"아! 내 동생이여, 이렇듯 멋진 손님을 맞게 되다니! 어쩜 저렇게 모든 걸 갖출 수가 있을까. 그의 풍모를 봐. 전장에서든 아니든 용기와 담력과 열정을 갖춘 위엄을 드러내고 있지 않아? 신들이 갖고 있는 품성 중에서도 정수만을 뽑아내서 이루어졌을 거야. 치사한 자들은 모두 겁쟁이잖아?"

그녀는 그를 사랑하게 되었다고 믿었다. 그녀 역시 용감무쌍한 여인이어서 본능이 자기와 비슷한 자를 사랑하도록 부추겼고, 필요하다면 언제고 그를 위해 나서서 도와주게 만들었던 것이다. 그러나 불행하게도 그는 그녀를 배반했고 그렇게 하지 말았어야 함에도 그녀를 비참하게 버렸다. 이 고결한 여인은 단지 한 무도한 이방인에게 자기의 마음과 온갖 사랑을 바쳤을 뿐이다.

보카치오는 『불행한 초상들』[15]에서 로밀드라는 이름의 퓔리 공작 부인의 이야기를 해준다. 그녀는 아바르의 왕 코칸에게 땅과 재산과 남편을 잃고 퓔리 성의 작은 구석방으로 아이들과 피신한다. 그런데 어느 날 그 사실을 안 왕이 그 방 가까이로 다가간다. 탑 꼭대기에 있던 로밀드는 오랫동안 그를 응시했다. 어느 군사 못지않게 몸을 아끼지 않고 수많은 전공을 세웠으며, 멋진 말 위에서 훌륭하게 장식한 무기로 무장하고 피어나는 꽃다운 나이의 매력적인 왕을 보면서 공작 부인은 자제력을 잃어버리고 열정적으로 사랑하게 되었다.

그녀는 남편의 장례식과 자기의 임무와 성과 직위까지 모두 미룬 채 왕에게 사자를 보내어 결혼을 원한다면 결혼식 날 모든 권리를 양도하

---

15) 4권, 3장.

겠노라 했다. 코칸 왕은 그녀의 말을 받아들였고 약속된 날이 되었다. 아주 건강한 체격인 그녀는 아름답게 보이기 위해 화려하고 웅장한 공작 부인의 복장으로 차려 입었다.

한편 결혼을 이행하기 위해 진지로 돌아온 왕은 사람들이 자길 비난하거나 불신하지 않도록 하느라 밤새 뜨거운 공작 부인을 구워삶기 시작했다. 그리고 다음날 아침 일어나자마자 그는 가장 건강하고 거친 열두 명의 아바르 병사들을 불러 그들의 욕구를 차례로 채우도록 공작 부인을 넘겨주었다. 그때부터 그녀는 또 하룻밤을 지새우도록 그들에게 몸을 내맡겨야 했다. 날이 밝자 코칸은 그녀를 불러 음탕함을 심하게 비난하고 모욕하며 그녀의 몸에 못질을 하였다. 그녀는 그렇게 죽고 말았다.

이렇듯 아름답고 고귀하며 자기를 사랑해 준 여인을 이렇게 다룬 것은 분명 잔인하고 야만적인 행위다. 이런 점에서 여인들은 용맹스런 남자들을 잘 살펴보아야 한다. 때로 거칠게 검을 다루고 죽이는 데 익숙한 용맹스러운 자들에게는 여인들에게도 같은 일을 할 수 있는 성품이 갖추어져 있기 때문이다. 그러나 모두가 다 이런 기질을 지니는 건 아니다. 어떤 이들은 아름다운 여인들이 그들의 가치를 알아주고 사랑해 주면 광기와 분노는 전장과 기지에 남겨 두고, 궁이나 침실에 돌아왔을 때엔 부드러움과 정중한 품위와 고상한 예절에 익숙해지기 때문이다.

멋진 남성에 대한 여성의 호기심

방델은 그의 『비극적인 이야기』[16]에서 사부아 공작 부인에 대해 내가 이전에 읽을 수 없었던 가장 아름다운 이야기를 적고 있다. 어느 날 그녀는 튀랭을 벗어나다가 로레트로 기도를 드리러 가는 한 스페인 여인을 만났다. 그 여인은 공작 부인을 보고는 아름다움에 감탄하며 찬양하였다. 그러고는 만약 이렇듯 완벽하게 아름다운 여인이 멋지고 용감하며 용맹스러운 자기의 남동생 멘도체 영주와 결혼한다면 이 세상에서 가장 아름다운 커플이 되었을 거라며 흥분해서 말하는 것이었다.

스페인 말을 잘 아는 공작 부인은 그녀의 영혼 깊숙이 이 말을 주목하고 새겨 넣으며 이내 보지도 못한 대상에게로 향하는 사랑을 시작했다. 이처럼 지나가는 한 마디 말 때문에 그녀는 멘도체 영주에 대한 열정을 멈출 수 없게 되었고, 그를 만나기 위해 생-자크[17]로 순례를 가장한 여행을 떠나기에 이르렀다.

그녀는 스페인 일정을 마치고 나서 멘도체 영주의 집으로 향하여 자신이 선택한 대상을 보고 만족할 수 있는 여유와 시간을 가졌다. 공작 부인과 동행한 멘도체 영주의 누이는 남동생에게 아름답고 고귀한 미인이 찾아왔음을 알리며 실망시키지 않도록 주의를 주었고, 영주는 위엄을 갖추고 멋진 스페인 말을 타고 흐트러짐 없는 모습으로 공작 부인 앞에 나타났다. 공작 부인은 이 사나이에게 쏟아졌던 평판에 동의할 수밖에 없는 만족스러운 기회를 갖게 되었다. 그녀는 그에게서 풍겨 나오는 용기백배하고 위풍당당한 태도와 거기에서 우러나오는 아름다움에 깊이 반하였고, 언젠가는 사건에 휘말리게 될지도 모른다는 불안한 예감을 가지면서도 그의 덕망과 수훈과 완벽함을 드높이 평가하게 되었다.

---

16) 『비극적인 이야기』, 베네치아에서 출간(1568).
17) 콩포스텔의 생-자크.

부인의 예감대로 후에 그는 그의 순결함을 비난하는 팡칼리에 백작의 그릇된 고발로 심한 수난을 겪는다. 어쨌든 그녀는 그가 사랑에 있어서는 비겁했다 해도 전사로서는 용맹스럽고 훌륭한 인물로 여전히 마음에 새기고 있다. 사실 그는 그녀 앞에서 아주 냉정하고 경이로운 태도를 보였고 애정 어린 언행을 지극히 자제하였다. 이 때문에 공작 부인이 그를 더 좋아했는지도 모르고, 그 때문에 이내 그곳을 떠날 수 있었는지도 모른다. 이렇듯 지극히 이성적인 존경심 혹은 사랑 앞에서 차라리 겁쟁이라고 할 수 있는 그의 태도에 그녀는 불만을 느끼고 바로 다음날 작별을 고했다.

이렇듯 여인들은 내가 아는 많은 사람들처럼 뻔뻔스럽고 무모하고 파렴치하고 어리석은 사람을 원하지 않으면서도 전장에서처럼 사랑에서도 열정적인 남자를 사랑한다. 그러니 남자들은 적당히 절충할 수도 있어야 한다. 난 이런 융통성 없는 자존심 때문에 좋은 행운을 놓쳐 버리는 사람들을 여럿 보았는데, 내 이야기가 방향을 잃어버리는 것이 아니라면 좋은 이야기를 들려주고 싶다. 그러나 이야기를 하게 된다면 한 켠에 덧붙일 수 있게 되길 바란다.

난 예전에 이 세상에서 가장 아름다운 한 여인의 이야기를 한 적이 있다. 그녀는 이미 젊은 나이에 전쟁에서 완벽한 수훈을 세웠고 특히 큰 두 전투에서 괄목할 만한 승리를 이끌어 낸 용감무쌍한 왕자[18]의 명성을 들으며 그를 보고 싶은 욕망에 사로잡혔다. 여기서 밝힐 수는 없지만 그럴듯한 핑계를 대고 당시 왕자가 체류하고 있는 지방으로 여행을 계

---

18) 앙리 3세. 그가 아직 앙주 공작이었을 때 자르낙과 몽롱투르 전투를 승리로 이끌었다.

획했다.

　마침내 그녀는 길을 떠났다. 그러나 용감한 전사에게 사랑은 불가능한 것이었을까? 그녀는 왕자께서 먼 길을 달려 나와 경이로움과 존경심 가득한 태도로 맞이해 주었기 때문에 마음껏 그를 바라보고 응시할 수 있었다. 왕자로서는 사부아 공작 부인이 멘도체 영주에게 한 것처럼 뜻밖에 닥친 일이었으므로, 아름답고 고결한 높으신 여인의 방문에 이같이 행동할 수밖에 없었을 것이다. 그러나 이런 형식에 얽매인 태도는 역시 실망과 불만을 낳았고, 이렇게 달려온 데 비해 만족감을 느끼지 못한 채 그녀는 떠났다. 어쩌면 그는 기회를 만들려다 시간을 허비했고 그녀는 그의 의지에 따르지 못한 것일 수도 있다. 어쨌거나 그의 지나치게 정중한 태도는 그리 나쁘지는 않았는지 사람들은 그를 더욱 높이 평가하게 되었다.

　만약 그가 전투에서처럼 사랑에서도 모든 면에서 일관된 자신을 보여주지 못한다면 열정적이며 드높은 용기는 과연 어디에 쓰일 수 있겠는가. 전투와 사랑은 부수적인 관계에 있고 시인이 노래했듯이[19] 함께 걸어가고 서로 공감한다.

　"모든 연인은 전사이며 큐피드도 마르스처럼 그의 기지와 무기를 갖고 있다."

　또 롱사르는 그의 첫 번째 시 『사랑』[20]에서 이를 아름다운 소네트로 만들었다.

　그러면 씩씩하고 용기 있는 자들을 사랑하고 보고 싶어 하는 여인들

---

19) 오비디우스 『사랑의 기교』의 첫머리.

의 호기심이라는 주제로 돌아가기 위해서 오늘날 영국을 다스리고 있는 엘리자베스 여왕 이야기를 해볼까 한다. 어느 날 그녀는 식탁에서 로렌가 출신의 프랑스 대수도원장[21] 무슈 담빌, 즉 오늘날 프랑스군 총사령관인 무슈 드 몽모렁시[22]와 식사를 하면서 이야기를 나누었다. 그날의 주요 화제는 열정적인 왕 앙리 2세를 찬양하는 데로 쏠렸다. 그들은 '대단히 호전적'이라는 말을 사용하면서 모든 면에서 그가 보여주었던 용기 있고 용맹스러우며 호방한 면을 크게 찬양했다. 그러자 여왕은 그가 그렇게 일찍 세상을 뜨지 않았다면 그를 보러 달려갔을 것이며, 갤리선을 프랑스로 보내어 믿음과 평화를 그의 두 손에 안겨주었을 것이라고 했다.

"사실 그분을 만나 뵙는 것이 내 가장 큰 소망 중의 하나였지요. 아마도 그분께서 절 받아들이지 않으셨을 거예요. 나는 용기 있는 사람을 좋아한답니다. 한 번도 본 적은 없지만 그렇게 용감하고 매력적인 왕의 죽음은 정말 가슴 아픈 일입니다."

---

20) 이것이 소네트 『카산드라에게 보내는 사랑』이다.
　사랑과 마르스는 한 가지다.
　하나는 한낮의, 다른 하나는 밤의 전투
　하나는 적에게, 다른 하나는 밤의 전사에게
　하나는 성문을 부수고, 다른 하나 역시 비밀의 문을 공략한다.
　하나가 교묘하게 굳건한 도시를 배신하고, 다른 하나가 한 집을 유혹한다.
　하나는 전리품을, 다른 하나는 승리를 뒤쫓는다.
　하나는 불명예를, 다른 하나는 안타까움을 가져온다.
　하나는 땅바닥에 눕고, 다른 하나는 종종 차가운 바람 부는 대문 앞에 눕는다.
　하나는 수없이 물을 마시고, 다른 하나는 수없이 눈물을 삼킨다.
　마르스는 홀로 가고, 사랑은 단둘이 가며
　이든 저든, 연인이든 전사든
　그 누가 애타게 번민하고 싶지 않겠는가.
21) 프랑수아 드 로렌, 귀즈 공작의 아들.
22) 앙리 1세, 몽모렁시 공작. 프랑스군 총사령관(1534-1614). 총사령관이었던 안 드 몽모렁시의 차남으로 그의 맏형 프랑수아가 죽을 때(1579)까지 담빌이라는 이름으로 알려졌다.

여왕께서는 그로부터 얼마 후 나무랄 데 없는 완벽함과 만사에 유능하기로 유명한 무슈 드 느무르[23]에게 큰 호감을 갖고 무슈 드 랑당[24]에게서 그의 소식을 알고 싶어 했다. 랑당 백작은 당시 우리가 공략했던 르 프티-리트[25]에서 평화협정을 맺기 위해 프랑수아 2세가 스코틀랜드로 보냈다.

이런 계기로 그는 여왕과 함께, 인간이 보여줄 수 있는 모든 용기와 아름다운 미덕과 위대한 행위 등에 대해 오랫동안 이야기를 나누게 되었다. 전투만큼 사랑도 잘 이해한 랑당 백작은 그녀의 얼굴에서 사랑과 애정의 번쩍임을 보았고, 그녀의 말 속에서 느무르 공작을 보고 싶어 하는 강한 욕망을 읽을 수 있었다. 이 아름다운 사랑의 행로를 멈추게 하고 싶지 않았던 그는 여왕께 혹시 공작께서 보러 온다면 환영을 받을 수 있을지 여쭈었고, 그녀는 결혼에도 이를 수 있다는 암시를 주며 환영할 것을 확신시켜 주었다.

외교 임무를 마치고 궁에 돌아온 그는 왕과 느무르 공작에게 모든 이야기를 전했다. 왕은 느무르 공작에게 아름답고 기품 있고 훌륭한 여왕에게 이끌려 아름다운 왕국에 이를 수 있다면 아주 큰 기쁨이 될 것이니 그녀의 생각을 받아들일 것을 부추기며 설득했다.

마침내 정식으로 일이 진행되었다. 왕의 특별한 배려로 그는 훌륭한 무기와 기구들, 수많은 의상과 말들, 진기하고 그윽한 사랑을 위해 일조할 수 있는 모든 것들을 준비하기 시작했다. 난 이 과정을 하나도 빠뜨

---

23) 자크 드 사부아, 느무르 공작. 1585년 사망.
24) 샤를 드 라 로쉬푸코, 랑당 백작.
25) 르 프티 리트는 에든버러의 요새화된 항구. 에든버러 북쪽 3km에 르 프티 리트라는 이름의 강과 바다가 만나는 곳에 위치하고 있으며, 16세기에 수차례 공략 대상이 되었다.

리지 않고 볼 수 있었다. 아름다운 여왕 앞에 나서기 위해 모든 준비가 이루어졌고, 특히 궁정의 한창 나이의 젊은이들을 데려가는 것도 잊지 않았다. 늘 뒤틀려 있는 그르피에는 아첨하는 궁의 젊은이들을 비꼬며 잠두콩 꽃이라 불렀다.

한편 느무르 공작의 총신인 스마트하고 반듯한 용모의 기사, 무슈 드 리그네롤[26]은 여왕에게서 여행 시기를 앞당기는 데 동의하는 그럴듯한 멋진 답변을 갖고 돌아와 떠날 준비를 더욱 서둘렀다. 내 기억으로는 궁정에서는 결혼이 거의 이루어진 것처럼 여기고 있었던 것 같다. 그러나 어찌 된 일인지 여행 계획은 좌절되고 막대한 경비를 써가며 준비한 일은 헛일이 되어 버렸다.

나는 같은 프랑스 남자로서 반드시 또 다른 사랑[27]이 존재하는 건 아니라 해도 무엇 때문에 일이 결렬되었을까 짐작할 수 있을 것 같다. 물론 그는 모든 면에서 뛰어나고 전투에도 능했으며 모든 여인들이 기꺼이 그를 향해 온갖 노력을 다해 달려갈 만한 장점들을 고루 갖추고 있었다. 그러니 아마도 그의 마음을 더 굳게 잡아 두면서 사랑의 포로로 만들어 버린 또 하나의 존재가 있었을지도 모른다. 난 그의 주변에서 그를 위해 순결한 젊음을 내던지는 훨씬 더 발랄하고 순결한 처녀들을 많이 볼 수 있었다.

---

26) 필리베르 부아에. 리그네롤과 벨피유의 영주. 16세기 프랑스 왕정의 외교 업무를 수행. 샤를 9세의 신뢰를 배반했다는 이유로 1577년 부르게유에서 암살당했다.
27) 귀즈 공작 부인인 안 데스트를 향한 느무르 공작의 사랑을 암시. 느무르 공작은 귀즈가 죽은 후 그녀와 결혼했다.

사랑의 확인을 위한 기교

『백 가지의 새로운 이야기』에는 정열적인 사나이 무슈 드 본이베[28]에게 밀회 장소를 제공한 밀라노의 한 여인에 대한 아주 아름다운 이야기가 있다.[29]

프랑스 해군 제독이었던 드 본이베가 어느 날 밤 막 잠을 자려는데 계단에서 소란스러운 소리가 나 검을 빼들고 나가보니 하녀들이 법석을 떨고 있었다. 하녀들의 말인즉 뭔가 눈치를 챈 시동생들이 들이닥쳐 주인마님을 위협하고 겁에 질리게 만들어 정신을 잃었고, 겁을 주던 시동생들은 침대 밑이나 벽걸이 뒤에 숨은 것 같다며 호들갑을 떨었다. 그러자 무슈 드 본이베는 조금도 두려워하지 않고 한 손에는 검을 든 채 말했다.

"내게 겁을 주려 한 용맹스런 형제들이여, 어디 있느냐? 나를 보게 되면 감히 내 칼끝도 제대로 바라보지 못할 위인들 아닌가."

그러고는 문을 열고 나가 계단에서 벌어진 소란을 수습하려 했다. 그는 겁에 질려 소리를 지르고 앞서 벌어진 일을 고해바치며 소란스럽던 하녀들을 다시 만났다. 무슈 드 본이베는 이제 아무 일도 없을 거라며 그들을 안심시키고는 방으로 돌아와 문을 닫았다.

순간 그의 연인인 여주인이 나타나 이 모든 것이 자기가 꾸민 일이라며 웃음 띤 얼굴로 그를 포옹하였다. 만일 그가 겁쟁이라면 이런 일에 그의 평판처럼 용감한 행동을 보이지 못했을 것이고, 그녀의 상대가 결

---

28) 본이베의 영주인 기욤 구피에. 그를 해군 제독으로 임명한 프랑수아 1세의 총신이며 신의 있는 전사였다. 그는 용감무쌍하며 박학했으나 심한 바람둥이였다.
29) 16번째 이야기.

코 될 수 없었을 거라 말했다. 이렇듯 그가 용감하고 확신에 찬 행동을 보여주었기 때문에 그녀는 옆에 눕는 걸 허락했다. 밀라노의 손꼽히는 미인들 중 한 명인 그녀를 얻기 위해서 그는 이렇게 많은 관문을 통과해야 했던 것이다.

내가 아는 한 용감한 기사는 어느 날 로마에서 사랑스러운 한 로마 여인과 남편의 부재를 틈 타 그녀의 집에서 잠자리를 하게 되었는데 그녀 또한 앞의 경우와 비슷한 방법으로 그의 용기를 일깨웠다. 그녀는 한 하녀에게 남편이 돌아오고 있다고 숨이 턱에 차도록 달려와 경고하라 시켰다. 그러고는 크게 놀라는 척하면서 기사에게 얼른 옷장 안에 숨으라고 했다. 그러자, "아니오. 그럴 순 없소. 모두들 내가 그렇게 하지 않을 거란 걸 알지요. 만일 그가 돌아오면 난 그를 죽여 버리고 말겠소."

그는 검을 길게 빼어들었다. 그러자 그 부인은 미소를 지으며 만일 남편이 못되게 굴면 그가 어떻게 대처하고 방어할지 시험해 본 것이라며 모든 걸 고백하고 만족한 웃음을 지었다.

내가 아는 한 여인[30]은 그다지 용기 있는 모습을 보여주지 못한 봉사자를 갑자기 차버리고 자기 검으로 모두에게 두려움과 외경심을 주는 당대 최고의 사나이로 애인을 바꿔 버렸다.

나는 여기서 젊은 시절 당시 가장 용맹스럽기로 이름난 보병 대장, 불덩어리 무슈 드 로주[31]의 정부였던 한 여인의 이야기를 통해 옛날 우리 궁정에서 일어났던 이야기를 하려 한다. 그의 용맹에 대해 많은 이야기

---

30) 마르그리트 드 발루아. 결투에 능하기로 탁월한 평판을 받고 있는 뷔시 당부아즈를 '봉사자' 로 삼았다.
31) 자크 드 로주. 몽고메리의 영주. 프랑수아 1세 때 스코틀랜드 방위 대장. 그의 아들은 앙리 2세와의 마상 시합에서 죽었다.

를 들어왔던 그녀는 어느 날 프랑수아 1세께서 사자 결투 시합을 열 것이라는 소리를 들었다. 그녀는 사람들의 입을 통해 들어왔던 소문을 눈으로 확인하기 위해 가장 광란적인 상태에 빠진 사자 우리 속으로 자기 연인을 던져 넣고 싶어 했다.

시합이 열리자 그녀는 무슈 드 로주에게 그가 늘 말해 왔던 것처럼 진짜로 사랑한다면 사자를 정복하러 가라며, 끼고 있던 장갑을 벗어 사자 속에 던져 넣었다. 그는 조금도 놀라거나 두려워하지 않고 한 손에는 망토를 또 한 손에는 검을 들고 사람들로 둘러 싸여 있는 사자 우리 속으로 당당하게 걸어 들어갔다. 행운의 여신이 그를 도왔는지, 조금도 흐트러지지 않는 그의 얼굴과 검 끝에서 뿜어 나오는 확신에 찬 기운이 사자들에게 전해졌는지 사자들은 감히 덤비지 못하였다. 그는 연인의 장갑을 돌려주었는데 그곳에 있던 모든 이들이 그를 높이 평가하게 되었다.

그러나 사람들은 말하길 그는 몹시 분한 생각이 들어 이미 마음으로는 그녀를 떠났고, 이런 식으로 시간을 보내면서 자기 가치를 보여주려 했던 것이라고 한다. 게다가 그는 그녀에게 그리 명예롭지도 못한 짐승들과의 싸움이 아니라 자기가 지금껏 익혀온 모든 걸 제대로 발휘할 수 있는 보병대의 생생한 전투에 뛰어들어 자기의 가치를 드높이게 추천해 달라고 수차례 요청해 왔던 것이다. 그러나 사실 이런 시도는 그리 떳떳하지도 명예롭지도 못할 뿐 아니라 그런 식으로 도움을 주고받는 사람들은 심히 비난받아 마땅하다.

나는 한 여인이 사랑을 바치는 연인에게 벌이는 사랑의 기교를 좋아한다. 한 봉사자가 자기의 사랑을 표현하고 그 사랑이 변하는 일은 없을 거라 맹세하자 아주 대담하고 모험을 즐기는 여인은 그 말을 믿을 수 있길 바란다며 이렇게 말했다.

"만약 당신이 날 그렇게 사랑하고, 당신이 말하듯 그렇게 용기 있는 사람이라면 나에 대한 사랑의 증거로써 당신의 단검으로 당신의 팔을 찌를 수 있나요?"

그녀에 대한 사랑으로 목숨을 걸 수도 있는 이 순결한 봉사자는 그것을 증명해 보이려고 갑자기 단검을 빼어들었다. 나는 그의 팔을 잡고 이런 식으로 그의 사랑과 그 사랑의 효력을 증명해 보이려는 건 미친 짓이라고 설득하며 그의 팔에서 단검을 치워버렸다. 그 여인의 이름은 여기서 거명하지 않겠지만 그 사랑의 기사는 뭉콩투르 전투에서 죽어간 프랑스의 가장 용기 있고 용맹스러운 사람 중의 하나인 탈라르 가의 장남 글레르몽—탈라르[32]다. 그는 그의 죽음에서 드높은 용맹과 고결한 희생정신을 보여주었다(그는 한 중대를 지휘하다가 전사했다).

이 같은 일은 제3차 분쟁에서 여성 위그노[33] 집단을 이끌다가 독일에서 죽은 열정적인 무슈 드 젠리스[34]에게도 있었다. 어느 날 그는 애인과 함께 루브르[35] 앞의 센 강변을 산책하고 있었다. 갑자기 그의 애인이 예쁘고 값진 손수건을 물속에 떨어뜨리고는 그것을 건져 달라고 했다. 수영을 할 줄 몰랐던 그는 미안하다며 사과하려 했지만, 열정도 없는 비겁한 사람이라고 힐난하는 그녀 때문에 아무 말도 못하고 바보처럼 물속으로 몸을 내던졌다. 아마 지나가던 배가 구조하지 않았더라면 익사했

---

32) 클로드 드 클레르몽, 탈라르 자작. 디안 드 푸아티에의 조카. 뭉콩투르 전투에서 사망(1569).
33) 신교도의 프랑스식 명칭.
34) 프랑수아 당게스트. 젠리스의 영주.
35) 젠리스는 루브르에서 중대장을 지냈다.

을 것이다.

내가 생각하기엔 여인들의 이런 시도는 자신들의 연인을 교묘한 방법으로 굴복시키려는 것이라고 여겨지는데 때로는 이것이 그들을 지쳐 진력나게 만들어 버릴 수도 있을 것 같다. 그러므로 방금 전 내가 얘기했던 것처럼 그런 어리석은 일을 할 것이 아니라, 오히려 그들에게 은덕을 베풀고, 사랑을 위해 기도하고, 명예로운 인간이 될 수 있게 전장에 나가도록 길을 열어주어 숨겨진 가치를 증명하도록 격려해 주는 것이 좋지 않겠는가.

용기를 일깨우는 여성들의 사랑

첫 번째 종교 분쟁[36]에서 우리가 루앙을 공략하러 갔을 때 궁 안의 고귀한 처녀들 중의 하나인 마드모아젤 드 피엔[37]은 열정적인 그의 사랑 무슈 드 게르게이가 혼자서 사람을 죽일 수 있을 만큼 충분한 용기가 없을 거라는 생각에 불안하였다. 그래서 용감한 기사였던 그의 동료에게 그의 가치를 증명해 보일 수 있도록 배려해 달라고 부탁했다. 그 기사는 머리에 머플러를 두르게 하여 생트-카트린의 강인함을 모두가 인식하며 싸울 수 있게 하였다. 그것은 기마군들에게 아주 용감하고 열정적으로 싸울 수 있게 하는 특별한 격려가 되었으며, 게르게이는 도시 외곽에서 열심히 싸우다가 머리에 총을 맞고 그 자리에서 숨지고 말았다. 그의

---

36) 1562년 9월 28일부터 10월 26일까지.
37) 후에 마르실리-시피에르와 결혼한 피엔 가의 맏딸일 수도 있고, 몽모렁시 총사령관의 아들과의 결혼에 실패한 막내딸일 수도 있다.

장렬한 죽음에 드 피엔은 드높은 가치를 기리며 만족스러워했다. 그가 만약 죽지 않았다면 결혼할 수 있었을 텐데, 어쩌면 그의 용감성에 의혹을 가짐으로써 이런 불행을 초래했는지도 모른다. 분명 타고난 용기를 지닌 사내들이 많지만 여인들은 늘 더 많은 걸 요구하고, 연인이 겁쟁이거나 냉담하게 굴면 그들의 마음을 움직이며 뜨겁게 만든다.

우리는 아름다운 아네스[38]에게서 아주 좋은 예를 볼 수 있다. 그녀는 샤를 7세가 자신에게 빠져 즐기기에 여념이 없는데다가 게으르고 느슨해져 정사에는 관심조차 없는 걸 보고는 어느 날 왕에게 다음과 같은 이야기를 들려주었다. 그녀가 어린 소녀였을 때 한 점성가가 하느님을 따르는 가장 용기 있고 용맹스러운 한 왕에게 총애를 받게 될 것이라는 점괘를 준 적이 있다는 거였다. 그래서 왕께서 그녀에게 사랑을 주는 영광을 안았을 때 점성가가 예언한 뛰어난 왕이라 생각했는데 모든 일에 이렇듯 소홀하고 무책임한 것을 보니 자기 생각이 틀린 것 같으며, 그 용감한 왕은 아마도 훌륭한 군대와 수많은 아름다운 도시들을 거느리는 영국왕인 것 같다고 아뢰었다.

"그러니 난 그를 찾아가겠어요. 점성가가 예언한 건 바로 그분일 테니까요."

그녀는 단호히 덧붙였다. 이 말은 왕의 가슴을 강하게 찔렀고 눈물을 흘리기까지 했다. 그때부터 왕은 전진하여 용기를 추스르고, 사냥을 떠나고, 정원을 산책하고, 또한 자기 왕국에서 영국인을 쫓아내는 일도 시작했다.

---

38) 아네스 소렐.

베르트랑 뒤 게슬랭은 마담 티파니[39]와 결혼하면서, 그렇게도 열심히 참가하고 많은 명예와 칭송을 획득했던 전쟁 따위는 뒷전으로 미루고 모든 일을 아내에게 맡기기 시작했다. 그녀는 때로 남편에게 질책과 충고를 했지만 별로 나아지는 게 없었다. 그들이 결혼하기 전에는 사람들이 그와 훌륭한 공적들에 대해서만 이야기했는데, 남편이 훌륭한 인생행로를 중단한 것을 두고 그녀는 자신이 비난받을 거라고 생각했다. 또한 이러다가는 자기와 남편은 집에만 틀어박혀 지내는 한심한 사람들이 될 것만 같았다. 따라서 그녀는 남편이 처음에 가졌던 용기를 되살려 다시 전투에 임하게 될 때까지 그를 격려하고 부추기기를 멈추지 않았다. 그리하여 남편은 이전보다 더 훌륭한 군인이 되었다.

이렇게 진정 고결한 마음을 가진 여인들은 남편의 명예를 소중히 여기며, 결코 밤의 쾌락만을 좋아하지는 않는다. 우리가 여인들 곁에 머물러 있다 해도 용감한 모습을 보여주지 못한다면 결코 우릴 사랑할 수 없을 뿐만 아니라 곁에 머무는 우릴 기분 좋게 대하지도 않을 것이다. 그러나 우리가 군대로 돌아가 훌륭한 공적을 세울 때 우릴 사랑하고, 따스한 마음으로 우릴 끌어안고 최고라고 여기게 될 것이다.

프로방스 백작의 넷째 딸[40]로 생-루이의 아우인 앙주 백작 샤를[41]의 아내는 도량이 넓고 야심만만한 여인이었다. 그녀는 둘은 여왕이며 또 다른 하나는 황녀인 세 자매들과 달리 유일하게 자기만이 앙주와 프로방스의 백작 부인이라는 것에 분하고 화가 났다. 그래서 어떤 왕국이라

---

39) 그의 첫 번째 아내 티파니 라그넬, 롱그빌 백작 부인.
40) 앙주와 프로방스의 백작인 레이몽 베랑제 4세의 딸 베아트릭스.
41) 앙주와 프로방스의 백작. 1265년 교황 위르뱅 4세에 의해 나폴리와 시칠리아 공국의 권한을 위임받고 로마에서 웅장한 의식을 통해 대관식을 올렸던, 생-루이(1221-1286)의 아우.

도 공략해서 쟁취하라고 끊임없이 남편을 재촉했다. 마침내 두 사람은 교황 위르뱅에 의해 두 시칠리아 공국의 왕과 여왕으로 추대되어 예루살렘과 나폴리의 왕과 여왕이 되는 성스러운 대관식을 치르기 위해 30척의 갤리선을 이끌고 로마로 향했다. 그는 보석과 반지를 팔면서 군자금을 충당해 준 아내 덕분에 훌륭한 무기로 군대를 가다듬어 이 왕국들을 완전히 정복하고[42] 그들이 쟁취한 이 왕국을 꽤 오랫동안[43] 평화롭게 다스렸다.

오랜 뒤에 이 두 사람의 손녀딸 중 하나인 이자보 드 로렌[44]은 남편 없이도 그와 같은 모습을 보여주었다. 그녀는 남편이 부르고뉴 공작 샤를의 포로로 잡혀 있는 동안에[45] 계승에 실패한 나폴리와 시칠리아의 용감하고 담대하며 지혜로운 공주로서 3만여 명의 군대를 모아 스스로 군대를 이끌고 싸워 나폴리를 손에 넣고야 말았다.[46]

이런 식으로 남편을 내조하고, 높은 곳을 지향하는 야심으로 부와 위대함과 영화를 쟁취하도록 부추기고 격려하는 여인들을 수없이 들 수 있을 것 같다. 검 끝으로 쟁취하는 것은 역시 아름답고 영광스럽다. 우리 프랑스 왕실에도 자신의 의지보다는 아내에게 떠밀려 훌륭한 일들을 시도하고 이루어 낸 사람들이 많다.

한편 눈앞에 보이는 쾌락만을 꿈꾸며 비너스 놀이를 만족시켜 주는

---

42) 샤를은 나폴리로 행진을 하고, 베네방 전투에서 만프레드를 분쇄한 후 나폴리로 입성한다. 그리고 뒤이어 새로운 경쟁자인 콘라댕 드 수아브를 무찌르고 그를 처형장으로 보내버린다. 그의 형인 생루이가 죽은 후에 그는 이탈리아의 절대적 지배자가 된다.
43) 베아트릭스가 1567년에 죽었으므로 결코 오랫동안은 아니다. 그녀의 남편은 약 20년을 더 살았다.
44) 로렌 공작인 샤를 르 아르디의 딸. 열 살 때에 열한 살인 시칠리아의 왕 르네 당주와 결혼했다. 에티엔 파스퀴에는 그녀가 "여인의 코르셋 속에 남자의 마음을 지녔다."고 했다.
45) 1434년.
46) 1435년.

일이 아니면 어떤 것도 즐기려 하지 않고 쾌락을 이끌어 내는 일에만 몰두하도록 자기 옆에 붙들어 두어 남자의 갈 길을 가로막고 방해하는 여인들도 숱하다. 이런 이야기도 끝이 없지만 분명 아름다운 내 이야기의 주제를 엉뚱한 쪽으로 이끌고 갈 것만 같다. 우리 이야기가 '덕성'을 건드리는 이야기라면, 이 이야기는 '악덕'을 건드리기 때문이다.

난 단지 결혼한 여인들만을 말하는 것이 아니고, 많은 여인들이 아주 작은 배려를 함으로써 연인들에게 그들이 하지 않았던 많은 것을 하게 만든다는 걸 말하는 것이다. 왜냐하면 그것이 어떤 만족감이냐 하는 것이 중요하기 때문이다. 그렇다면 어떤 야망과 어떤 열정이 더 위대할 수 있겠는가? 전쟁터에 있을 때 남자들은 연인들에게서 더 큰 사랑을 받기를 꿈꾼다. 사랑을 위해서 훌륭한 일을 수행해 낸다면 그녀를 만나게 될 때 자신감 넘치는 태도와 아름다운 시선과 포옹과 기쁨과 애정으로 서로를 맞이할 수 있을 것이라고 생각한다.

스키피오는 마시니사에게 수많은 질책을 하는 가운데, 잔인하게도 소포니즈바와 결혼을 했다. 그러고는 전쟁터에 있으면서 사랑이나 여자에 대해 꿈꾸는 건 결코 적합하지 않은 일이라고 말한다. 하지만 내 말에 수긍이 간다면 그도 날 용서할 수 있으려니와, 나로서는 임무를 잘 수행해 내기 위해서 여자들보다 더 야망과 용기를 일깨워주는 존재는 없을 뿐 아니라 그렇게 큰 충족감을 주는 존재도 없을 것이라고 생각한다. 내가 이런 말을 할 수 있는 건, 많은 전투에 참가하여 경험을 충분히 했기 때문이다. 내가 보기엔 전투에 참여하는 모든 이들이 마찬가지다. 난 그들도 나와 같은 생각을 할 것이라고 믿는다. 그들은 전쟁터에 있을 때 늘 적군 때문에 뜨거운 압박감을 받다가도 여인들에 대한 애정과 부드러운 애무, 환대, 또한 만약 죽게 된다면 최후의 사랑에 눈물 흘릴 그녀들의 회한 등을 생각하면 의욕이 솟아오르고 용기가 충천해진다. 즉, 여인들에 대한 사랑과 그녀들에 대한 생각으로 모든 공격은 용이해지며, 모든 전투는 그들에게 승부요, 모든 죽음은 그들에겐 승리가 된다.

드뢰 전투[47]에서 전에는 외 백작이라 불렸던 무슈 드 네베르[48]의 부관이었던 용감하고 충성스러운 기사, 불덩어리 무슈 데 보르드[49]가 기억난다. 그때 그는 열정적인 무슈 드 귀즈 르 그랑[50]이 지휘하는 전위 부대를 지원하기 위해 보병대를 이끌고 앞으로 행진해 나가야 했다. 출발 신호가 떨어졌고 그는 연인이 준 각종 애정의 선물로 장식한 회색 터키종 말 위에 올랐다(그녀의 이름을 밝힐 수는 없지만 궁 안의 가장 아름답고 뛰어난 처녀 중 하나이다). 떠나면서 그는 말했다.

"아, 내 여인의 사랑을 위해서 난 용감하게 싸울 것이로다. 아니면 명예롭게 죽으리라."

그는 이 말을 저버리지 않았다. 전위대로서 그는 앞의 여섯 열을 지나며 칼에 찔려 일곱 번째 열에서 죽었다. 당신들 생각엔 이 여인이 아름다운 애정을 잘못 사용했다고 여기는가? 아니면 그녀가 그에게 했던 말들을 모두 취소했어야 한다고 여기는가?

무슈 드 뷔시[51]는 젊은 남자들의 가치만큼이나 여인들의 애정에도 꼭같은 가치를 부여했던 젊은이였다. 사실 내가 아는 여인들 중 몇몇은 그

---

47) 1562년.
48) 프랑수아 드 클레브. 외 백작이었다가 후에 네베르 공작이 된다.
49) 르네 드 라 플라티에르, 보르드 영주. 부르디용 부사령관 부대의 기수. 드뢰 전투에서 사망.
50) 프랑수아 드 귀즈. 드뢰 전투에서 위그노를 격파한다.
51) 하지만 브랑톰은 그가 뷔시 당부아즈에게 했던 찬사들 가운데서 전투와 결투에서 보여준 그의 광기에 대해선 훈계하고 싶어 한다.

옛날 협객과 기사들의 아름다운 천사 안젤리크나 기독교인이나 사라센인들도 결코 해내지 못한, 칼싸움이나 전쟁에서의 활약과 전투를 통해서 보다 더 가치 있는 행동을 보여주기까지 한다. 난 종종 드 뷔시의 행동에 찬사를 보내곤 하는데, 피 흘리는 전투나 일반적인 결투에서나 그는 그 누구도 따를 수 없는 용맹스런 모습을 보여주며 절대로 굴복하지 않는다. 이는 왕에 대한 충성심이나 자신의 야망만을 위해서가 아니라 오히려 자기 여인의 마음에 들려는 유일한 공명심 때문이다.

그의 생각은 분명 옳다고 할 수 있다. 왜냐하면 이 세상 모든 야망은 아름다운 여인의 애정과 사랑만큼의 가치밖에는 없기 때문이다.

그들이 사랑을 바치고, 또 바치고 싶어 하는 여인에 대한 사랑을 위해서가 아니라면 어째서 원탁의 방황하는 용감한 기사들과 그 옛날의 용감한 협객들이 그 많은 전쟁에 뛰어들고 먼 길을 떠나 원정을 갔겠는가? 난 우리 프랑스의 많은 협객들, 롤랑, 르노, 오지에, 올리비에, 이봉, 리샤르, 그 밖에 무수한 이들을 들 수 있다. 그들은 단지 좋은 세월에 운이 좋았던 사람들이다. 왜냐하면 만약 그들이 사랑을 위해서 멋진 일을 해낸다면 여인들은 절대로 냉담하지 않기 때문이다. 그들이 다시 만나 숲속이나 분수 옆 또는 아름다운 초원 어딘가에서 약속을 하게 될 때, 여인들은 보상할 줄 알았다. 바로 여인들을 열망하는 용감한 행위에 대한 보수인 것이다.

사랑의 이유

왜 여자들은 이렇게 용감한 남자를 사랑하는가? 내가 처음에 언급했듯이 용감함은 이런 덕목을 지니고 또한 자기와 상반되는 기질을 사랑하게 만든다. 가장 큰 이유라 한다면, 그건 비겁한 겁쟁이보다야 분명 백배 더 기분 좋은 용맹스런 기질을 사랑하도록 여인들을 부추기는 어떤 자연스러운 이끌림이다. 또한 모든 '덕성'은 '악덕'보다 더 사랑하게 만든다.

용기를 증명해 보이는 사람을 사랑하는 여인들이 있다. 그런데 이 용기란 서로가 비슷한 것인 만큼 그들이 용맹스럽고 무기와 마르스의 직분에 능란하듯 비너스의 직분에서도 마찬가지다.

이런 통칙은 어떤 이들에게는 적용해선 안 된다. 사실 그 옛날 카이사르처럼 세상을 주무를 만큼 용맹스러운 이나 내가 알고 있는 대부분의 용감한 이들에게 이 통칙은 적용된다. 이런 이들은 들판에서 일하는 사람들이나 그 외 다른 직업을 가진 사람들과는 전혀 다른 힘과 위엄을 갖추고 있다. 이 사람들의 일격은 다른 이들의 네 배는 될 정도다. 내가 이야기하는 건 얼마라도 가능할 만큼 성적으로 한없이 강한 여자들에 견주어 말하는 게 아니고 평범하고 보통의 성적 욕망을 지닌 여자들에 견주어 하는 말이다. 이런 통칙이 때로 어떤 이들에겐 정확하게 들어맞는다. 그러나 여인들의 기질에 따라 이 통칙은 다르게 적용된다. 더 이상 버틸 수 없을 만큼 전쟁의 고된 일과와 군인의 직분을 수행하는 데 지치면 과거엔 그리도 용감했던 무사도 이 감미로운 놀음에 맞닥뜨렸을 때 더 이상 여인을 만족시킬 수 없기 때문이다. 따라서 어떤 여인들은 지친 마르스의 무사 넷보다는 원기왕성하고 힘차게 솟아나는 비너스에 능란한 장인을 더 사랑한다.

나는 여성의 성적인 능력과 이런 기질에 대해서 잘 알고 있다. 그런 여인들은 하나의 인간으로서 대상을 받아들이지 않고 쾌락의 시간을 보내고 그 정수를 이끌어 내는 데 열중할 뿐이다. 전투에 능한 사람이 아무리 전투에서 장점을 잘 드러내더라도 침대에서는 아무것도 할 줄 모른다면, 그는 그런 여인들의 말을 빌면, 그저 착하고 건강한 시종일 뿐이고 머무르기에 좋을 뿐이고, 지쳐 버린 온순하고 용맹스러운 무사에 지나지 않을 뿐이다.

매일매일 새로운 시도를 하고 끊임없이 쾌락을 추구하는 여인들을 덧붙여 이야기하면, 아무리 용맹스럽고 방탕한 기질을 지녔다 해도 기사들의 허리는 그들이 수행해 내는 군직 때문에 지치고 망가져서 피로도 고통도 모르는 여인들처럼 그네들이 건네주는 보상에 맞게 모든 걸 충족시켜 줄 수 없다.

또 다른 여인들은 만약에 쓸데없는 험담으로 그들을 더럽히려는 중상모략 자들이 있을 때 그들의 순결함과 명예를 좀 더 잘 지켜내고 이런 비방을 단호히 물리칠 수 있는, 호협한 기개를 갖춘 사람을 사랑한다. 우리 왕실에서도 이런 여인들을 여럿 본 적이 있다. 이름을 밝힐 수 없지만 예전에 아주 아름답고 지체 있는 한 부인[52]은 중상모략에 크게 휘말리게 되었는데, 두 손 놓은 채 용감히 맞서지도 않고 시비를 가려 주지도 못하는 남자를 보면서 그렇게도 사랑을 쏟았던 그를 버렸다. 그러고는 자기의 날카로운 검으로 여인의 명예를 지켜줄 줄 아는 기개 있고 용기 있고 의협심이 강해서 누구도 함부로 건드릴 수 없는 다른 기사를 선택했다.

---

52) 마르그리트 드 발루아.

언제나 그네들을 경호하고 방어해 줄 협객을 원하는 이런 기질의 여인들을 많이 알고 있다. 이런 협객은 여인들에게 아주 쓸모 있고 유용하지만 일단 그들의 지배하에 놓이면 여인들은 그들 앞에서 비틀거리거나 마음이 변하지 않도록 자제해야 한다. 그들은 여인들의 변화나 무분별한 행동의 조짐이 보이면 여인들을 더욱더 자기의 지배하에 가두려 들고, 여자의 마음이 변했을 땐 그녀와 새로운 상대를 더욱 무섭게 응징하려 들기 때문이다.

이런 예는 내 생애 동안에 여러 번 볼 수 있었다. 그러므로 이렇듯 기개가 넘치고 의협심에 불타는 사람을 자기 소유에 넣으려는 여인은 그 앞에서 자신도 한결같은 의리를 지키든가, 일을 복잡하게 만들고 싶은 것이 아니라면 숨겨진 일을 캐낼 수 없도록 자기 일에 완벽하게 비밀을 지켜야 한다.

어떤 여인들은 이탈리아나 로마의 유녀들처럼 언제고 다른 경쟁자는 있을 수 있다는 조건을 내세움으로써 이 협객들의 입을 막아 버린다. 이런 일은 로마의 유녀들이나 그들의 용사들에겐 맞는 일이겠지만 프랑스나 다른 곳의 호방한 기사들에겐 아니다. 그러나 정숙한 여인이 한결같고 굳건한 사랑을 지속시키고 싶어 한다면 그녀의 사랑의 기사는 그녀를 지탱하고 방어하기 위해 자기 목숨을 아끼지 말아야 한다.

또한 어떤 여인이 이 세상에서 붙잡을 수 있는 작은 행운을 위해 목숨이나 명예나 어떤 비난도 아랑곳 하지 않고 달려갈 때, 모든 중상과 비방을 일순에 잠재워 버리는 것을 볼 수 있다. 그들이 기사의 도리와 법도로써 그 여인들을 깎아내린다면 우린 그들을 불행한 투사로 여기게 된다. 스코틀랜드의 아름다운 주녜브르의 용감한 기사 르노,[53] 아름다운 공작 부인에 대한 멘도체 영주, 샤를 6세 때 자기 아내에게 대한 카루주 영주 등의 경우를 들 수 있다. 그 옛날부터 오늘날에 이르기까지 알려진 많은 인물과 또 내가 궁정에서 직접 만났던 많은 사람들이 있지만 일일이 다 예로 들 순 없을 것이다.

또 다른 여인들은 삶의 표현 수단으로써 검과 망토밖에 갖고 있지 않으며, 아직은 어떤 경지에 이를 만큼 완전하지도 않고 어쩌면 그릇된 판단일 수도 있지만, 도량이 넓고 협기충천해서 위대함과 높은 지위에 이를 수 있는 가능성을 지닌 기사와 결혼하기 위해 부를 갖춘 비겁한 남자를 떠나 버리기도 한다. 때론 비겁한 겁쟁이들이 오히려 높은 지위에 이르고 인정받는 위치에 도달하기도 하지만 그런 자들이 어떻게 되건, 그녀가 협객의 편에 있을 때 이런 거래는 아무 가치도 없어 보인다.

따라서 어째서 여인들이 고결한 용기로 가득 채워진 남자를 사랑하는지 그 다양한 이유와 동기를 말하려 했다면 이런 이야기는 절대로 하지 말았어야 했다. 만약 내가 수많은 이유와 예를 들어 이야기를 부풀려 나가려 든다면 그것만으로도 책 한 권은 족히 쓸 수가 있다는 걸 알고 있다. 그러나 오직 한 가지 주제만으로 즐기기보다는 여러 이야기를 다양하게 즐기기 위해서 지금까지 한 것으로 만족하려 한다. 예를 들어 말할 수 없는 것일수록 더욱 숭고하고 은밀할 거라는 건 나도 잘 알고 있다. 그러나 난 모두 다 세상에 알리고 이름을 밝히고 싶지는 않다.

그것이 내가 침묵하는 이유다. 어쨌든 좀 쉬어가기 전에 나는 이 말을 하고 싶다. 이렇게 전투에서 열정적이고 용감무쌍한 사람을 사랑하는

---

53) 아리오스토 『성난 올란도』의 시가 5편에 나오는 인물. 르노라는 이름은 사랑과 관능의 힘에 굴복하지 않을 때에 아무것도 지탱할 수 없는 무적의 기사와 동의어로 쓰인다.

여인들은 사랑에서도 역시 같은 사람을 사랑하며, 비겁하고 지나치게 허식에 치우치는 사람은 결코 행운을 차지할 수 없다. 여인들은 지나치게 오만하고 열정이 넘치고 과신하는 사람을 원하는 게 아니라, 그들에게서 열정적인 겸손 혹은 겸손한 열정을 기대한다. 카사노바가 아니라면, 그들을 필요로 한다거나 또는 되는대로 내버려 두지 않고, 욕망과 식욕이 일도록 뭔가를 던져준다. 또한 좋은 행운을 영원히 내던져 버릴 수도 있을 만큼 어리석고 감정도 없는 사람이라고 불안해 하거나 겁내지 않으며, 의식도 없고 위대함이나 고귀한 것에 대한 외경심조차도 없어 적절한 때를 찾거나 사랑의 포로가 되지도 않는 사람에게는 아주 교묘한 수법으로 접전을 시도하고 의욕을 불러일으킨다.

적극적인 사랑의 효과

친근한 동료 사이인 두 훌륭한 기사[54]에게 저급한 속성이라고는 없는 두 여인이 있었다. 어느 날 파리로 기사들이 떠나게 되어, 두 여인은 자기의 연인들과 정원을 산책하면서 아름다운 포도나무 덩굴로 뒤덮인 오솔길을 걷고 있었다. 날은 저물어 잘 보이지 않을 정도였고 신선한 공기가 마음을 들뜨게 하였다. 두 젊은이 중 열정적인 한 친구는 이곳이 산책을 하고 맑은 공기를 마시기 위해서 만들어진 공간이 아니란 걸 알아차렸다. 그는 여인의 태도에서 마음속에 불길이 타오르기 시작하고 포도 덩굴에 매달린 무르익은 포도송이를 먹는 것 외에 또 다른 욕구가 불

---

54) 아마도 브랑톰 자신과 그의 친구일 것임.

붙듯 일어나는 걸 느꼈다. 그리고 속삭이듯 아양 떠는 말소리를 들으며 이 멋진 기회를 놓쳐서는 안 된다고 여기게 되었다. 그는 풀과 흙 둔덕으로 이루어진 작은 침대 위에 사정없이 그녀를 쓰러뜨리고 아주 달콤하게 그 순간을 즐겼다. 여자는 단지 이런 말만 할 뿐이었다.

"맙소사, 당신 뭘 하려는 거예요? 당신 미쳤거나 이상한 사람 아니에요? 누가 오기라도 하면 뭐라 하겠어요? 하느님 맙소사. 어서 비켜요."

그러나 젊은 기사는 조금도 놀라지 않고 만족스러울 때까지 계속했고 여자 역시 만족스러워했다. 둘은 오솔길을 몇 바퀴 더 돈 후에 두 번째 단계를 시도했다. 그곳에서 나와 큰길에 이르자 반대편에서 또 다른 기사와 여인이 산책하며 오는 걸 보았다. 이에 '만족스러운' 여인이 만족스러운 기사에게 말했다.

"저건 바보 같은 짓이에요. 저인 아마도 장황한 이야기와 산책하는 일 말고는 아무것도 못해 주었을 거예요."

넷이 모이자 두 여인은 그동안의 즐거웠던 이야기를 나누며 어떻게 시간을 보냈는가를 얘기했다. '만족한' 여인은 기분이 최고라며 그보다 더 짜릿한 건 없을 거라고 은근히 자랑했다. '만족하지 못한' 여인은 자기가 이제껏 보지 못한 가장 어리석은 겁쟁이와 시간을 보냈다며 뽀로통해 했다. 두 기사는 두 여인을 보며 웃고는 산책을 계속하며 소리쳤다.

"오 바보, 겁쟁이, 존경스런 분!"

'만족스러운' 기사는 동료에게 말했다.

"자네에 대해 얘기하는 걸 들어보게나. 자네에게 호된 채찍질을 하고 있군. 자넨 너무 깍듯하고 어리석기만 했던 걸세."

그도 인정했지만 그녀를 사로잡을 기회는 더 이상 가질 수가 없었다.

어쨌든 자기 잘못을 알고는 얼마 후 다른 방법으로 그녀에게 보상을 해주었으리라.

　내가 잘 아는 두 어르신네는 형제[55]로서 모든 면에서 완벽하고 뛰어났는데 그들에겐 사랑하는 두 여인이 있었다. 두 여인 중 한 여인은 다른 여인보다 모든 면에서 위대한 여인[56]이었다. 어느 날 침대를 지키고 있던 이 위대한 여인의 방에 들어서면서 그들은 자기의 여인에게 행동을 취했다. 하나는 자기가 보여줄 수 있는 가장 존경스런 태도와 겸손한 태도로 절대로 무리하게 강요하지는 않으려는 듯이 고상하고 품위 있는 말로써 그 위대한 여인을 대했다. 그러나 그의 형제는 체면치레 같은 격식이나 말은 생략하고 구석으로 여인을 데리고 가서는 다짜고짜 속옷을 벗겨 버렸다.

　아주 건장한 그는 스페인식으로 사랑하지 않는다는 걸 눈으로 느끼게 하면서, 얼굴 표정이나 말로써가 아니라 사랑하는 사람이라면 보여주어야 할 진정하고 솔직한 태도로 그 사랑의 효력을 보여주었다. 사랑의 대가를 완성시키고 나자 방을 나가며 형제와 그의 여인이 알아들을 수 있도록 높은 소리로 이렇게 말했다.

　"내 형제여, 그대가 나처럼 하지 않는다면 아무것도 하는 것이 아니오. 그대는 그 누구보다도 용기 있고 열정적인 자가 될 수 있다고 뽐냈고 또 그러길 바란다고 말하지 않았소. 하지만 이런 장소에서 그대의 열정을 보여주지 못한다면 명예에 먹칠을 하는 것이오. 그대는 지금 경건한 장소에 있는 게 아니라 그댈 기다리는 여인과 함께 있단 말이오."

---

55) 아마도 귀즈 공작(앙리)과 메옌 공작.
56) 아마도 마르그리트 드 발루아.

이렇게 그는 형제를 두고 떠났다. 그러나 시간은 남은 형제로 하여금 마지막 행동을 자제하게 만들었고 다음 기회로 미루게 했다. 그렇다고 해서 그 여인이 그 점을 더욱 높이 평가하는 것도 아니었고, 더욱이 그녀가 그에게 사랑의 냉정함을 전가한 것도, 용기가 없었던 것도, 육체적으로 무능한 것도 아니었는데 그가 전투처럼 사랑에도 충분히 자기의 면모를 보여줄 수도 있었으련만.

열정적인 여왕 모후[57])께선 파리의 대주교관에서 마르디 그라[58])를 위해 갤리선 선장인 코르넬리오 피아스코가 만든 이탈리아 코미디를 공연케 하였다. 왕실의 모든 이들이 남녀 가릴 것 없이 먼 도시에서 그곳에 모였다. 여러 가지 이야기 중에 그는 아름다운 여인의 방에 숨어 그녀를 건드리지도 않고 밤을 보내는 한 젊은이를 보여준다. 이 젊은이가 엄청난 행운을 친구에게 떠벌리자 친구가 묻는다.

"그래서 자넨 뭘 했는데?"

"아무것도."

"아, 겁쟁이 같으니라고. 감정도 없는 인간!"

친구가 그에게 말한다.

"자넨 아무것도 안 했다고! 이런 저주받을 비겁함이라니."

늦은 밤에 우리는 여왕의 방에 모여 이 코미디에 대해 이야기를 나누었다. 난 아주 품위 있고 아름다운 부인에게 이 코미디 중 가장 눈에 띄는 장면 즉, 가장 마음에 드는 장면이 어느 것이었는가 물었다. 그러자 그녀는 아주 솔직하게 대답했다.

---

57) 카트린 드 메디시스.
58) 참회 화요일. 사육제의 최종일

"내가 본 가장 좋은 장면은 다른 친구가 루치오라는 그 젊은이에게 이렇게 말하는 장면이었어요. '그는 아무것도 안 했다는군요. 아, 겁쟁이 같으니. 자넨 아무것도 안 했다고! 저주받을 비겁함이라니……'"

이 부인도 결국 루치오의 비겁함을 비난하는 친구의 말에 동의한다는 것이다. 그녀는 그렇게 소심하고 겁 많은 자를 절대로 높이 평가하지 않았다. 그녀와 우리 모두는 이렇게 훌륭한 항해사가 엮어낸 이야기들에 대해서 여러 가지 토론을 하며 즐거운 시간을 보냈다. 이 짤막한 이야기들을 또 하게 된다면 나는 진지하고 심각한 주제들 속에서 유쾌하고 우스꽝스럽기 짝이 없는 그 이야기들을 섞어 넣게 될 것이다.

여기서 난 내 친구인 한 점잖은 기사가 들려준 이야기를 해볼까 한다. 고향의 한 부인이 지금까지 늘 긴장만 하며 최선을 다해온 자기 방의 시종에게 아주 친밀하고 허물없이 굴었다. 조금도 어리석고 미련하지 않은 그 시종은 어느 여름날 아침 여주인이 실오라기 하나 걸치지 않은 채 벽을 등지고 돌아누워 반쯤 잠이 들어 있는 걸 발견하게 되었다. 그녀는 눈부신 미모를 과시하려는 듯 흉내 낼 수 없을 만큼 독특한 자세로 그러나 아주 익숙한 듯 편안하게 자신을 내맡기고 있었다. 그는 침대 가장자리로 부드럽게 다가가 그렇게 갈망하던 시종임을 알고 돌아눕는 여주인을 끌어안았다. 그녀는 움직이지도 저항하지 않으며, 그렇다고 자기 몸 깊숙이 들어온 그를 풀어주지도 않으면서 그 어느 것도 잃지 않으려는 듯 두 눈을 꼭 감고 머리를 돌리며 이렇게 말할 뿐이었다.

"어리석은 사람, 누가 그렇게 뜨겁게 그걸 거기에 집어넣으라 했나요?"

시종은 아주 공손한 어조로 대답했다.

"마담, 그럼 치울까요?"

"내가 말하는 건 그게 아니야. 이 어리석은 사람아, 누가 그렇게 뜨겁게 그걸 거기에 집어넣으라 했지?"

시종은 똑같은 말로 되돌아왔다.

"마담, 그럼 그걸 치워 버릴까요? 당신이 원하신다면 그걸 치워 버리지요."

그녀는 또 같은 말을 되풀이했다.

"내가 말하는 건 그게 아니라니까, 이 어리석은 사람아."

두 사람은 만족스러워질 때까지 정사를 조금도 포기하지 않으면서 같은 대꾸와 반박을 서너 차례나 반복했다. 만약 그녀가 그걸 치워 버리라고 명령하고 시종이 그녀에게 되묻는 대화를 했다면 부인께선 한층 더 나은 기분이 되었을까? 이렇게 묻고 되묻는 남자에게 변치 않고 처음 질문을 고수하면서 그녀는 훌륭한 서비스를 받았고, 또 이런 식으로 그들의 전례는 오래오래 계속되었다고 한다. 사람들이 그걸 말할 때 역시 제일 처음에 지핀 화덕 또는 최초의 달콤한 체액만이 있을 뿐이라고 하지 않던가.

이 얼마나 뜨겁고 훌륭한 시종인가. 이렇게 뜨거운 사람을 보고 이탈리아 사람들은 말한다.

"용감한 물건에게 애정 결핍이란 없다."

자, 이렇게 지금까지 당신네들은 전투뿐 아니라 사랑에 있어서도 용감하고 열정적이며 협기 있는 사람들, 전투에선 그렇지만 사랑에선 그렇지 못한 사람, 또 가엾은 뻐꾸기 남편 메넬라오스에게서 헬렌을 유혹해 그녀와 잠자리를 하는 열정과 대담성은 있으면서도 메넬라오스와 함께 트로이 전쟁에 참여했을 때엔 조금도 싸울 줄 모르는, 파리의 어느 불한당처럼 사랑엔 용감하지만 전투에선 그렇지 못한 사람 등 여러 부류의 사람들이 있다는 걸 보았다.

자, 이젠 왜 여인들이 늙은이들을 좋아하지 않는지 살펴봐야 할 것 같다. 나이를 어느 정도 먹은 자들은 사랑 앞에서 수줍음을 많이 타면서도 파렴치하게도 사랑을 요구한다. 그들은 젊은 사람들처럼 음탐이 없는 게 아니라 오히려 더할 수 있으며, 단지 힘이 없을 뿐이다. 따라서 옛날 어떤 스페인 여인이 말하기를, 늙은이들은 위대함과 권세와 지배력을 갖고 있는 왕들을 보면 왕국을 빼앗거나 왕의 자리를 차지하기 위해 그들과 맞서 싸우려는 시도는 해보지도 못하면서 그들처럼 되길 원하는 사람들과 닮았다고 하였다. 그래서 그녀가 하는 말이 "욕망이 생겨나자 그는 죽어 버린다."는 것이다. 또한 늙은이들은 멋진 상대를 만나도 감히 공략하려 들지 못한다.

"왜냐하면 늙은이들은 자연히 두려움이 많아지기 때문이다. 사랑과 두려움은 결코 한 가방 속에 있을 수가 없다."

또한 그들은 이성적이다. 왜냐하면 그들은 젊음과 아름다움을 지닌 젊은이들처럼 공격하고 방어할 만한 무기가 없기 때문이다. 그래서 시인은 말한다.

"젊음에는 어울리지 않는 것이란 없다. 젊음은 무언가를 해낸다."

또 다른 이는 말한다.

"늙은 군인이나 사랑에 빠진 늙은이는 결코 보기 좋지 않다."

영웅적인 여인들에 대한 찬사

용기 있는 이에 대한 여인의 사랑에 대해선 충분히 이야길 했다고 생각하므로 이번엔 이 주제와 거의 근접하면서 조금 새로운 이야기를 추가할까 한다. 그건 바로 여인들이 용기 있고 의협심이 강하고 도량이 넓은 남자를 사랑하듯이 남자들 역시 용기 있는 마음과 도량이 넓은 여인을 사랑한다는 것이다. 용기와 협기를 갖춘 남자가 그렇지 않은 사람보다 더 사랑하고 싶고 찬탄하고 싶은 것과 마찬가지로 용기 있고 관대하며 영웅적인 여인들에게서 남자들은 같은 것을 느낀다. 그렇다고 해서 내가 여기서 말하고자 하는 여인들이 남자처럼 행동하는 여자라든가 남자처럼 군사를 조직하고 말 위에 올라 총을 쏘고 전투에 뛰어드는 여인들은 아니다.

라 리그(가톨릭 동맹)가 참가했던 종교 내란 중 실제로 위와 같이 행동했던 여인[59]이 있기도 하다. 그녀의 변장은 성(性)을 왜곡시켰다. 더군다나 그건 아름답지도 않고 적합하지도, 받아들여질 수도 없는 행동이며 생각지도 못한 편견과 선입견만을 심어주게 된다. 따라서 고통과 불행만이 이 오를레앙의 숫처녀를 덮쳐 법정에서 심한 중상과 비방에 시달렸고 죽음의 원인이 되었다. 이런 이유 때문에 나는 남장에 대해 좋은 평가를 하고 싶지가 않다. 그러나 경쟁자로서 또한 필요에 따라 남자다운 마음에 근접하면서 여자다운 멋진 행동으로 용기와 협기와 의리를 보여주는 여인을 원하고 사랑한다. 다른 모든 이들을 능가했던 그 옛날 로마나 스파르타의 용기 있는 여인들의 예를 끌어오지 않고도 우리 시대의

---

59) 마들렌 드 생-넥테르. 미라몽의 영주이며 위그노의 우두머리인 기 드 생텍쥐페리의 아내. 남장을 하고 전투에 참가하여 1574년 가톨릭 동맹군 몽탈을 죽였다.

새로운 이야기로 쓰고 싶은 경우는 바로 우리 눈앞에도 충분히 보여지고 감추어져 있다.

첫 번째로, 내 마음에 가장 아름답게 보인 건 바로 시엔의 아름답고 고결하며 용기 있는 여인들의 이야기다. 독일 제국의 참을 수 없는 속박과 지배에 대항하여 그들의 도시에서 반란이 일어났을 때 새로운 질서를 세우고 방위군을 정비하자 여인들은 전쟁에서 제외되어 자기들만 남지 않으려고 남자들 못지않게 무슨 일이라도 하고 싶어 했다. 그네들은 밤낮 하는 일상적인 일과와는 다른 일을 할 수 있었다. 필요한 일을 맡기 위해서 그녀들은 세 개의 군단으로 나누어 조직을 만들었다. 그리하여 1월의 성 안토니오 축일, 북과 깃발로 아름답게 장식된 큰 광장에서 사람들은 그 도시의 주축을 이루는 아름답고 위대한 세 군단을 비교하여 볼 수 있었다.

제1군단의 대장은 보랏빛 옷을 입은 시뇨라 포르트게라였는데 깃발과 함께 그녀를 따르는 여인들도 모두 보랏빛이었다. 모든 여인들은 늘씬한 다리가 드러나며, 활동하기에 간편한 짧은 치마로 요정처럼 옷을 입었다. 두 번째 군단의 대장은 시뇨라 피콜로미니로 그녀와 그 군단의 모든 여인들은 담홍색 옷을 입었고 흰 십자가가 그려진 깃발 역시 같은 색이었다. 세 번째 군단의 대장인 시뇨라 리비아 파우스타는 자기 여인들과 깃발처럼 흰색의 옷을 입었고 깃발에는 승리를 상징하는 종려나무가 그려져 있었다.

여신처럼 보이는 이 세 여인의 주위에는 그들을 따르는 3천 명의 여인들이 있었다. 귀족, 부르주아, 그 외 여러 계층의 여인들로 모두가 아름다운 외모를 지녔던 이 여인들은 자유를 위해 죽고살기를 각오하며 새틴, 타프타, 다마스 또는 실크 등을 가져와 옷을 만들어 입고 장식을 했다. 그들은 "프랑스, 프랑스"를 외치며 공사 중인 보루로 어깨에 섶 다발을 얹어 날랐다. 페라르 주교[60]와 왕의 대리인인 무슈 드 테름[61]은 보기 드문 이런 광경에 매혹되어 경탄하고 찬양하느라 여념이 없었다. 실제 그곳에 있으면서 그 광경을 목격한 이들은 한결같이 그런 멋진 광경은 일찍이 없었노라고 한다.

남자들은 자유를 지키기 위해 보루를 쌓는 데 열성을 다했고 여인들에게 뒤지지 않으려고 또한 그 여인들의 아름다운 모습과 행동에 자극되어 더욱 전력을 다하였다. 모두가 의욕이 넘쳐나서 기사, 귀족, 부르주아, 상인, 장인, 부자, 가난뱅이 할 것 없이 보루로 달려가 이 덕성스럽고 고결한 여인들처럼 힘을 모았다. 뒤지지 않으려는 경쟁심 속에서 속인들은 물론 종교인들까지도 모두 이 작품을 만드는 데 힘을 합쳤다.

보루에서 돌아올 때면 남자들은 한 켠에, 또 여인들 역시 전열을 가다듬어 영주의 관저 앞 광장까지 나아갔다. 차례차례 손에 손을 잡고 아주 부드럽고 감미로운 화음으로 성가를 부르며 도시의 수호자인 성모 마리아 상 앞에 기도하는 사람들의 눈에는 눈물이 흘렀다. 페라르 주교의 축도를 받은 후 각자 거처로 돌아가 모두 앞으로는 더욱더 잘해 나갈 것을 다짐했다.

이 성스러운 여인들의 의식은 티투스 리비우스[62]의 책에서 볼 수 있듯이 포에니 전쟁 당시 로마에서 있었던 세속적이지만 아름다운 의식을

---

60) 이폴리트 데스트, 페라르 주교.
61) 폴 드 라바르트, 테름 영주. 1558년 프랑스군 부사령관. 1562년 사망.
62) 티투스-리비우스 1권 XXVII, 37장.

다시 떠올리게 한다. 그것은 성대하고 엄숙한 의식이었는데 아홉 명씩 세 그룹 즉, 스물일곱 명의 로마의 순결한 어린 소녀들이 긴 드레스를 입고 의식을 치렀다. 소녀들은 성대하고 엄숙한 의식이 끝나면 광장에서 춤을 추었다. 긴 줄을 서로 잡고 차례차례 줄을 서서 함께 부르는 노래와 박자에 맞춰 발을 움직이며 춤을 추었다. 어여쁜 용모나 우아한 자태뿐만이 아니라 조심스럽고 귀엽게 움직이는 순결한 소녀들의 어색한 발놀림과 동작을 바라보는 건 정말 아름다운 일이었을 것이다.

난 이 형식의 춤에서 어린 시절 고향의 소녀들이 줄넘기를 하며 춤추던 것이 떠오른다. 소녀들은 양손에 줄을 길게 늘어뜨려 뛰어넘고는 머리 위로 돌려서 가볍게 뛰면서 두 다리 사이로 줄을 교차시켰다. 노래를 부르며 그 리듬을 놓치지 않으면서 계속되는 귀여운 동작으로 줄을 점점 더 다양한 방법으로 교차시키고 풀어내기도 하면서 춤을 췄는데 그걸 바라보는 건 정말 유쾌한 일이었다. 왜냐하면 뛰어넘기, 교차하기, 다시 풀어내기, 줄을 갖고 보여주는 다양한 동작, 매력적인 소녀들, 이런 것들에는 청초하고 애틋한 외설스러움이 깃들어 있기 때문이다. 어째서 오늘날 우리 궁정에서는 살짝살짝 드러나는 속바지와 깔끔하게 스타킹을 신은 예쁜 종아리를 쉽게 감상할 수 있는 이 춤을 볼 수 없는지 모르겠다.

이제 시엔의 여인들에게로 돌아가 보자. 아름답고 용기 있는 여인들이여, 당신들은 결코 사라져선 아니 되오. 영원히 불멸의 여인으로 간직될 당신들에 대한 찬사도, 어느 날 밤 병든 몸으로 침대에 남겨져 방위대의 임무를 수행하러 가기조차 어려운 형제를 보면서 입고 있던 아름다운 옷을 던져 버리고 형제의 옷을 입고 무기를 휴대하고는 그가 휴식

시간을 가질 수 있게 해준 마음 따뜻한 소녀의 친절도 결코 사라져선 아니 될 것이오.

친절한 태도, 바로 그것이로다! 왜냐하면 그녀가 남장을 하고 군인처럼 무장을 했다 해서 계속하기 위해서가 아니라, 형제를 보살피는 마음에서 그리한 것이기 때문이다. 사람들은 어떤 사랑도 형제애와 같을 수 없다고 한다. 그러나 필요하다면 어떤 곳에서든지 친절한 관용을 베푸는 데 자신을 아끼지 말아야 한다.

그런데 이 아름다운 소녀가 남장을 하고 숨어 들어간 분대의 지휘관은 이런 전모를 알았을 때 그녀의 훌륭한 행동을 널리 알리기 위해서든, 혹은 보초 임무에서 제외시켜 주기 위해서든, 또는 그녀의 아름다움과 기품과 군사적 행동을 바라보고 즐기기 위해서든 그녀의 행동을 더 이상 인정해 줄 수 없음에 유감스러워했을 것이다. 왜냐하면 그녀가 어떤 일이라도 명령을 거역하지 않으리란 건 의심할 수 없을 테니까.

물론 이런 일은 형제를 위해서 정당한 이유가 있어 벌인 것이라 해도 칭찬해 줄 수 없는 노릇이다. 이와는 전혀 다른 이유지만 자기 형제로 변장한 또 다른 이야기가 있다.

'점잖으신' 리샤르데[63]는 어느 날 밤 그의 누이 브라다망트가 스페인 공주와 자고 난 뒤 알맹이 없는 욕망과 사랑, 그리고 그녀의 아름다움에 대해 장황하게 늘어놓는 이야기를 들었다. 잘생긴 외모가 누이와 닮은 그는 누이동생의 옷과 무기를 몰래 훔쳐내어 누이처럼 보이도록 변장을 하고는 공주를 꾀어낸다. 그러나 공주는 성기를 보고는 누이가 아님을

---

63) 아리오스토 『성난 올란도』 중 22장과 25장.

알고 큰 벌을 내린다. 사랑의 여주인 브라다망트를 위해서 로제는 그의 죽음을 책임지고 나선다.

한편 당시 이탈리아에 있었던 무슈 드 라 샤펠 데 위르생[64]은 열정적인 왕 앙리[65]께 시엔 여인들의 훌륭한 면모에 대해 소상한 보고를 드렸다. 왕은 눈물을 보이며 다짐하길 언젠가 하느님께서 황제[66]와의 휴전과 평화를 약속하는 날이 온다면, 그의 편에서 큰 애정을 보여준 이 도시의 열정과 용기에 감사하고, 특히 특출한 매력으로 온 도시를 고무시킨 아름다운 여인들을 보기 위해서 갤리선을 띄우고 토스카나 해를 거쳐 시엔까지 달려가겠노라고 했다.

난 왕께서 이 다짐을 결코 잊지 않았을 것이라고 생각한다. 왜냐하면 그는 아름답고 고결한 여인들을 대단히 칭송하였을 뿐 아니라 그들을 흡족하게 해주고 더욱 고무시킬 수 있는 감사의 뜻을 담은 편지를 여군단을 이끈 세 여인에게 보냈던 것이다.

얼마 후 휴전 협정이 이루어졌다. 그러나 그 순간이 오길 기다리는 동안 프랑스에는 귀하고 값진 동맹국을 잃는 치명적 손실인 도시의 함락이 있었다. 그 도시는 그들의 근원을 생각하고 다시 느끼면서 우리와 결합하고 싶어 했다. 왜냐하면 역사가들이 주장하길[67] 이 용감한 시엔인들은 오늘날 상스(sens) 사람이라고 여겨지는, 옛날에는 세논(senonnes)이라고 불렸던 골(Gaule)의 프랑스 민족에서 이어진 사람들이라고 한다. 그

---

64) 크리스토프 주브날 데 위르생. 샤펠의 영주. 1588년 사망.

65) 앙리 2세.

66) 샤를 퀸트.

67) 최소한 모레리가 주장하는 바에 의하면 "시엔은 브레누스에 의해 로마를 공략한 후 세논의 골족에 의해 세워진 도시다."

래서 그들은 아직도 프랑스인의 기질을 갖고 있어, 화를 잘 내고 강렬하며 충동적이고 급한 성격이 우리와 많이 닮은 것을 알 수 있다. 여인들에게서도 싹싹하고 우아한 몸짓, 프랑스적인 친근함을 쉽게 느낄 수가 있다.

내가 다른 곳에서도 인용했던 옛 기록들을 보면 샤를 8세는 나폴리 여행 중 시엔을 통과했는데, 그 도시에 들어설 때에는 전 이탈리아를 통해 그 어느 도시에서보다도 훌륭하고 융숭한 환영을 받았다고 한다. 그들은 크나큰 존경과 복종의 표시로 전 도시의 모든 문의 경첩을 떼어서 문을 아예 치워 버리고는 오가는 모든 이들에게 이렇게 마음을 활짝 열어 보였다고 한다.

왕과 수행원과 군대가 이 도시를 사랑하고 경의를 표할 큰 이유가 없었다고 생각한다면 그건 여러분의 생각에 달린 것이므로 언급하지 않겠다. 그러나 사실 왕께서는 늘 그곳을 세상에서 가장 편안한 곳이라고 말했다. 왕과 그곳에서 체류한 모든 이들은 대단히 만족스러웠으며, 하루하루는 추호의 무례함도 용납되지 않도록 완벽하게 보호되어졌고 사실 어떤 일도 일어나지 않았다. 용기 있는 시엔인들이여, 영원할지어다! 과거에도 그랬듯이 마음과 영혼에서 여전히 우리와 모든 걸 함께 나누니 신께서도 크게 기뻐하실지어다. 프랑스 왕의 지배는 플로랑스 공작의 지배보다 훨씬 자애하니 피는 속일 수 없다.

파비의 여인들은 프랑스 왕이 공략했을 때 여장군인 시뇨라 콩테사 이폴리타 드 말레스피나[68]의 용감한 행동과 본보기를 따라 등에 자루를

68) 이폴리타 피오라몬티. 루이 드 말라스피나의 아내. 밀라노 공작군의 여장군.

짊어지고 흙을 나르고 군사들을 고무시키면서 요새를 쌓는 일에 모두가 나섰다.

　방금 전 이야기했던 시엔 여인들과 같은 면모는 로셸을 공략했을 때 그곳에서도 볼 수 있었다. 공격이 있었던 사순절 첫 번째 일요일,[69] 우리의 장군[70]께선 무슈 드 라 누에게 항복을 권유하는 편지를 보내면서 협상 조건을 제시할 테니 답변을 듣고 싶다고 했다.[71] 이렇게 시작된 협상은 수차례 고비를 넘기며 이어졌다. 무슈 드 라 누는 협상을 실패로 이끌고 싶지 않았기 때문에 무슈 데 스트로치[72]는 인질로 넘겨졌고 다음 날 휴전은 성립되었다.

　휴전이 이루어지자 우리는 참호 밖으로 나왔고, 성벽 위로 그 도시의 많은 사람들이 나타났다. 그들 중에는 백여 명의 여인들과 부유하고 아름다운 부르주아 여인들이 머리부터 네덜란드산 리넨을 하얗게 입고 있어 대단히 아름다운 광경을 이루었다. 그녀들은 성벽을 굳건히 하는 데 힘을 모으느라 같은 옷을 입은 것인데 그곳에서 그들은 자루에 흙을 담아 나르며 병사들을 도왔다. 먼저 입은 옷은 이미 더럽혀져 갈아입었는데, 이 흰 의복 때문에 다른 많은 사람들 가운데서도 더 눈에 띄었다.

　우린 이 여인들을 바라보느라 넋이 나갔고 몇몇은 농을 던졌다. 그녀들도 우리에게 보이고 싶어 했고, 힘들이지 않고 그녀들을 바라볼 수 있도록 배려해 주는 것 같았다. 그 여인들은 우아한 걸음으로 행진하며 성

---

69) 1573년 2월 22일.
70) 알랑송 공작.
71) '철제 팔'이라는 별명의 프랑수아 드 라 누와 알랑송 공작의 권한을 대행하는 가다뉴 신부와의 협상은 쿠녜와 가까운 앙부아즈의 한 방앗간에서 있었다.
72) 필립 스트로치. 그뿐만 아니라 라 바트레스까지도.

채 가장자리에 모여 있었기 때문이다.

우리는 그 여인들이 궁금해졌다. 그들은 방어 공사에서 일을 하고, 할 수만 있다면 그들의 도시를 위해 어떤 일에라도 기꺼이 봉사하기 위해서 같은 옷을 입고 모여서 맹세를 한 여인 집단이라고 말해 주었다. 지금까지 건강하고 튼튼한 여인들은 무기를 다루기도 했다. 여기서 한 여인의 이야기를 하자면, 창으로 적을 밀어내고는 그 창을 성스러운 유물인 양 아주 소중하게 자기 집에 보존했다고 한다.

오래된 책[73]에서 읽었던 로드의 한 늙은 지휘관에 관한 이야기를 해야겠다. 로드 시가 술탄 솔리만에게 공략 당했을 때 그 도시의 아름다운 부인과 아가씨들은 도시를 가득 채우는 피로와 고통을 덜기 위해서 섬약한 육체와 아름다운 얼굴로 위험스러운 공격 순간에도 용기 있게 나타나 기사와 병사들을 격려하였다. 아! 아름다운 로드의 여인들이여, 그대의 이름과 칭송은 영원할 것이요, 결코 당신은 야만족의 지배하에 있을 수 없을지어다.

프랑수아 1세가 통치하던 때에 피카르디에 있는 생-리키에는 무슈 뒤 뤼의 군기하에 백 명의 병사와 2천여 명의 보병과 포병을 이끄는 돔 랭이라는 이름의 플랑드르 기사에 의해 공격을 당하여 함락되고 말았다.[74] 그 도시 안에는 대단히 열정적이고 사기충천한 백여 명의 병사밖에 없었다. 그들이 사로잡히자 도시에 남겨진 여인들이 무기를 들고 성벽 위로 나타났다. 그리고 끓는 물과 기름과 돌로써 용감하게 적을 밀어냈다. 따라서 도시 안으로 진입하기 위해선 온갖 노력을 다해야 했다.

---

73) 자크 드 부르봉 『위대하고 경이로운 로드 시의 귀족 여인들』.
74) 1536년.

저항이 어찌나 심했던지 공격을 하던 쪽은 돌파구를 찾을 수가 없어 퇴각하고 물러났다. 그리고 그곳을 프랑스, 플랑드르, 부르고뉴라고 명명했다. 얼마 후 프랑스 왕은 그 여인들을 칭송하고 감사하기 위해 그곳에 들렀다.

페론의 여인들 역시 같은 행동을 보였는데 도시가 나소 백작에게 포위되었을 때 도시 안의 용감한 전사들과 똑같이 움직이고 전투에 참가하여 도시를 지키는 데 전력을 다하여 그들의 왕에게 높은 평가를 받고 칭송을 받고 고마움의 뜻을 전해 받았다.[75]

상세르의 여인들은 내란 중 포위되어 공격받았을 때 여러 면에서 행한 훌륭한 행동으로 진가를 발휘함으로써 칭송받았다.[76] 라 리그와의 종교 전쟁[77] 중에 비트레의 여인들은 무슈 드 메르퀴외르에 의해서 포위된 도시 안에서도 본분을 잊지 않으면서 병사들을 도왔다. 그들은 항상 아름답고 깨끗한 복장을 하고 있으면서 자신들이 갖고 있는 아름다움을 용기 있고 자신 있게 드러내길 마다하지 않았다. 이렇게 용기와 꿋꿋함이 필요할 때에는 남자만큼 여자들도 그 진가를 발휘할 수 있다는 걸 인정해야 한다.

옛날 카르타고의 숙녀들은 너무 먼 거리까지 화살을 쏘느라 힘이 빠지고 줄도 성치 않은 활 때문에 활쏘기를 멈출 수밖에 없는 그들의 남편, 형제, 아버지, 병사들을 보게 되었다. 그러나 줄을 다시 이을 만한 삼도, 대마도, 비단도 없음을 알고는 아름답게 땋은 금발머리를 잘라 희

---

75) 1536년 8월, 페론의 여인들은 마리 푸레와 카트린 드 푸아가 이끄는 두 무리로 단을 구성했다. 상세르의 여인들은 부상자들을 돌보는 데 헌신하였다. 그러나 페론의 여인들처럼 무기를 들고 직접 전사로 나서지는 않았다.
76) 1573년 초.
77) 1589년.

고 섬세한 손으로 활줄을 만들어 공급하였다. 이렇듯 여인들의 애정과 호의가 담긴 활을 당기며 전투할 때 얼마나 큰 용기와 힘이 솟아날지는 각자의 상상에 맡기겠다.

『나폴리의 역사』[78]에서 보면, 여왕 잔 2세의 명령을 수행하던 스포르차[79] 장군은 여왕의 남편 자크[80]에게 붙잡혀 감옥에 갇혔다. 누이동생 마르그리트가 아니었더라면 교수형에 처해지고 말았을 것이다. 마르그리트는 무장을 하고 전쟁터에 나가 싸우며 나폴리 공국의 기사 네 명을 사로잡은 뒤 왕에게 편지를 보내어 오빠에게 무슨 일이 생기면 신하 네 명도 꼭 같은 일을 당하게 될 것이라고 협박하였다. 왕은 그녀의 요구를 들어주지 않을 수 없게 되었다.[81] 아! 용감하고 용기 있는 누이여, 그 일을 위해 성(性)까지 내던지고야 말았구려!

내가 아는 이 중에 어떤 누이와 어머니도 위와 꼭 같은 면모를 보여주었는데 적군에게서 빠져나오지 못한 용감한 아들을 구하기 위해 위와 같은 방법으로 구해 내는 데 성공했다.

아름답고 당당한 여인, 제노비

이제 나는 일반적으로 전투적이며 도량이 넓은 여인들 이야기는 그만하고 싶다. 좀 특별한 여인들의 이야기를 해보자. 고대 그리스 로마 시

---

78) 콜레누치오 참조.
79) 여왕 잔 2세에게 자신의 능력을 팔아먹은 유명한 용병 지아코무초 아텐돌로 스포르차(1369-1424). 그는 여왕으로부터 베네방, 만프레도니아 등 여러 곳의 봉토를 대가로 받았다. 그리고 1414년 여왕의 총신 알로포의 누이와 결혼하였다.
80) 자크 드 부르봉. 나폴리 왕. 이번엔 그가 베네방의 스포르차를 잡아 감옥에 넣었다.
81) 스포르차는 1416년 자유를 되찾았다.

대에 가장 뛰어난 아름다움을 과시한 여인으로 제노비를 들고 싶다.[82]

그녀는 남편이 죽자 다른 여인들처럼 그를 애도하고 아쉬워하는데 시간을 보내는 것이 아니라 아이들의 이름으로 제국을 빼앗기 위해서 8년간 그들을 신탁통치하에 두고 많은 고통을 안겨준 로마와 그 당시 황제였던 아우렐리아누스에게 싸움을 선포했다. 그녀는 황제에 대항하여 직접 전장에 나섰으나 패하고 포로로 잡혀 황제 앞에 끌려오게 되었다. 황제는 어떻게 전쟁을 일으킬 열정을 가질 수 있느냐고 물었고, 그녀는 다음과 같이 대답할 뿐이었다.

"난 당신이 황제라는 것밖에 모릅니다. 당신은 날 이겼으니까요."

황제는 그녀를 이겼다는 데 크게 안도하면서, 아주 호화롭고 장중하게 개선 축하식을 하고 싶은 포부가 마음속에서 일었다. 그리하여 제노비는 값나가는 진주와 보석으로 치장된 화려한 의상에 포로와 노예의 표시로서 온 전신과 손과 발까지 황금 사슬로 휘감긴 채 개선 마차 앞을 행진하게 되었다. 그녀의 몸을 휘감고 있는 사슬과 보석의 무게에 짓눌린 그녀는 개선 축하식을 멈추게 하여 쉬곤 했다.

패자이며 포로이면서도 승리자인 개선장군에게 명령을 내리고 자기의 호흡이 가다듬어질 때까지 식을 멈추게 하고 기다리게 한 그녀이니 이 얼마나 감탄할 만한 위대한 배짱인가! 한편 위대한 도량을 갖추고 있고, 친절한 예의를 베풀 줄 아는 황제는 그녀가 마음 편히 휴식을 취하고 기력을 회복할 수 있도록 허락하고 배려해 주었다. 따라서 사람들은 황제의 친절을 찬양해야 할지 여왕의 굽히지 않는 태도를 찬양해야 할

---

82) 보피스쿠스 『아우렐리아누스의 생애』 26-30. 『유명한 여인들』에서 보카치오가 이 이야기를 윤색하였고, 브랑톰은 그것을 인용하고 있다.

지 모를 지경이었다. 어쩌면 그녀의 이런 오만한 태도는 다소 과장된 행동일 수도 있다. 이러한 그녀의 태도는 명예에 대한 끈질긴 집착 때문에 생겨나는 우둔함이나 무기력 때문이 아니라, 아침에 가졌던 행운을 저녁에도 누리고 싶어 한다는 걸 보여주고, 황제는 느린 걸음과 엄숙한 행진에서 그녀를 기다리며 모든 걸 양보했던 것이다.

그녀는 남자뿐만 아니라 여자들까지도 열렬히 좋아하게 만들었다. 구경꾼들 중 어떤 여인들은 그녀의 이런 이미지를 몹시 닮고 싶어 했다(그녀는 몹시 아름다웠다고 사람들은 기록으로 전하고 있다). 그녀는 키가 크고 풍만한 용모에 여왕다운 자신감 넘치는 거동, 우아함, 위엄을 고루 갖춘 미인이었다. 특히 검은 두 눈이 유난히 빛나는 아름다운 얼굴은 호감을 사기에 충분했다. 여러 아름다움 중에서도 신께선 그녀에게 아주 예쁘고 유난히 흰 이와, 날카로우면서도 겸손하고 진지하며 필요에 따라 온화한 성격을 주셨다. 그녀의 말투는 아름다웠으며 또렷한 음성으로 발음되었다. 또한 병사들에게 연설할 때는 자기의 생각과 의지를 잘 설득시킬 줄 아는 언변을 타고나기도 했다.

분명 황제도 단순하게 흰옷으로 무장하고 있던 그녀가 여자로서 이렇게 음전하고 멋지게 차려 입은 모습이 보기 좋았을 것이라고 생각된다. 왜냐하면 성(性)은 항상 모든 걸 앞서가기 때문이다. 또한 황제가 그녀를 더 잘 드러내고 완벽한 아름다움으로 대중들을 사로잡는, 단지 아름다운 여성으로서 개선 축하식에 그녀를 전시하고자 했던 것은 아니라고 추측할 수 있다. 게다가 이렇게 아름다운 여인을 황제는 살갗으로 탐하고 즐기고 또 즐겼을 것이라고. 즉, 그녀가 한 가지 방법으로 정복이 되었다면 황제든 그녀든 서로 이해할 수 있게 되었을 것이고, 황제 또한 다른 방법으로 정복되었을 거라 추측할 수도 있을 것이다.

　나를 놀라게 하는 건 제노비가 아름다운 여인이었기 때문에 황제가 유녀나 창녀로 취급하지 않을 수 없었다는 것이다. 그녀는 어르신네들을 자극하고 유도해서 침대를 뒤흔들게 하는 육체노동 속에서 돈을 벌고 많은 재물과 재산을 축적하기 위해 플로라처럼 황제나 원로원의 허락을 얻어 애정 뷰티크를 세우거나 몸 파는 일을 하지 않을 수 없었다. 그러니까 한 아름다운 여왕을, 공주를, 위대한 여인을 즐기기 위해 왕국으로 또는 공국으로 몰려들었을 수많은 사람들의 찬사와 쾌감이 그곳에서 존재하지 않을 수 없었던 것이다. 이 여행을 하고 돌아온 사람들이 말하기를 그들은 거기서 오랜 망보기를 하며 기다려야 했다고 한다. 결국 제노비는 자기의 애정 뷰티크에서 다른 이들을 받아들이지 않았던 플로라처럼 지체 있는 어르신네들의 돈지갑 덕분에 일찍이 큰 부자가 되었다.

　그녀를 불쌍히 여기고 위대한 과거를 생각해서 작은 집과 그리 넓지 않은 땅덩어리와 필요한 물건을 내주는(사람들은 오랫동안 그것들을 제노비 속령이라 불렀다) 원로원의 배려가 없었다 해도 보통의 여인들 틈에서 하루하루를 연명하고 굶주려야 했던 극단적인 상황에서 필요에 의해 빠져든 대향연, 화려함과 돈과 명예로 이어지는 이 삶이 더 낮게 평가될 수는 없다. 그건 빈곤보다도 더 비참한 삶이다. 스스로를 변질시키는 어떤 삶의 형태는 빈곤을 피하게 해줄 수 있을 것이라고 내가 아는 누군가가 말했던 것 같다.

　이것이 바로 제노비가 위대한 용기를, 마땅히 삶이 끝나는 날까지 이끌어 가고 또한 언제나 모든 행동 속에서 지켜야 했음에도 불구하고 그렇게 하지 못한 이유일 것이다. 그녀는 로마에서 일찍이 볼 수 없었던 가장 멋지고 훌륭한 개선 마차를 만들게 하였는데 그것은 한창 번성할 때 로마에서 승리를 자랑하기 위해서였다고 한다. 로마 제국을 한손에 넣으려는 야심에 찬 그녀가 아닌가! 그러나 모든 건 반대 방향으로 되어 갔으니, 황제는 그녀를 정복하면서 자신을 위해 개선 마차를 타고 승리를 자랑했고, 그녀는 마치 권좌의 왕을 정복한 듯 가장 크고 화려하게 승리를 노래하며 맨발로 걸어갔으니까. 어쨌거나 한 여인에게서 모든 걸 앗아가는 승리는 그것이 어떤 것이든 결코 위대하거나 이름을 드높일 만한 건 아니다.

아우구스투스는 클레오파트라를 완전히 정복하고 싶었지만 일이 잘 풀리지 않았다. 포로로 잡힌 자기에게 연민을 가져 달라며 스스로 목숨을 끊어야 한다는 걸 이해시키고 싶어 하면서, 앞서 명령을 내린 건 바로 자기였다는 걸 페르세우스에게 말하는 파울루스 에밀리우스와 같은 방법으로 그녀는 일찍부터(자살을 기도하면서) 마음의 준비를 하고 있었던 것이다.

열정적인 왕 앙리 2세는 헝가리 여왕[83]을 포로로 잡고 있는 동안 그녀에게 아무것도 요구하지 않았다. 포로로 잡혀 있는 이 위대한 여왕을 거느리는 영광뿐 아니라, 전장에서 그녀가 그리도 오만하고 용감할 수 있다면 감옥 안에서는 어떤 얼굴이 되어 가는지 보고자 할 따름이었다. 마치 로마시대에 빅토리나[84]가 '군인의 어머니'로 불렸듯이 그녀의 오빠인 황제[85]를 '병사의 아버지'라고 부르는 스페인 병사들이 그녀에게 주

---

83) 마리 도트리슈. 샤를 퀸트의 누이. 1558년 죽은 헝가리 루이 2세의 미망인.
84) 오렐리아 빅토리나. 빅토리아누스의 어머니.

어졌을 때 '어머니'라고 칭했던 바로 그 이름에 걸맞게 용기를 갖고 싶고 또 용기를 가져야 할 그 순간에, 아름답고 용기 있는 위대했던 이 여인에게 어떤 오만함도 당당함도 남아 있지 않았다.

전장에서의 여인들의 역할

분명히 아름답고 위대하신 여인께서 전쟁의 책무를 이해하고 이에 관여하게 되면 그녀는 그 전쟁에 아주 유용한 도움을 주고 전사들의 사기를 북돋워준다. 내전 중에 모후[86]께선 종종 진지나 전쟁터에 나타나 확신을 심어주고 격려했으며, 플랑드르의 공주인 그의 손녀[87]는 오늘날 아예 군대에 머물면서 병사들에게 용기 있는 모습을 스스로 실천하며 보여주고 있다. 만약 매력과 통솔력을 갖춘 그녀가 군사들 곁에 있지 않았더라면 플랑드르는 버텨나갈 힘이 없었을 거라고 사람들은 이야기한다. 그러나 그녀의 대고모인 헝가리 여왕은 이런 아름다움과 용기와 도량과 위엄을 보여주지 못했다.

『프랑스사』[88]를 읽어보면 안느봉[89]이 적군에게 포위되었을 때 대범한 몽포르 백작 부인[90]의 존재가 얼마나 중요했던가를 알 수 있다. 병사들은 그녀 못지않게 용감하고 용맹스러웠지만 끊임없는 공격을 버텨가면

---

85) 샤를 퀸트.
86) 카트린 드 메디시스.
87) 이자벨. 필립 2세와 네덜란드 통치자인 엘리자베스 드 발루아의 딸.
88) 참조, 『프루아사르』 1권 174장.
89) 안느봉(Annebon) 또는 앤느봉(Hennebon). 1342년 공략당했던 르 블라베 지방에 있는 모르비앙(Morbihan)의 오래된 요새.
90) 잔 드 플랑드르. 장 드 몽포르의 아내.

서 점차 마음이 약해지고 있었다. 그러나 그녀는 그들에게 용기와 기백을 주는 말로 힘을 불어넣으면서 그들이 그리도 원하는 원군을 기다리며 항거할 수 있도록 고무시켜 주었다. 그리하여 진지는 마침내 다시 일어났다.

방심한 적군들 역시 이쪽과 마찬가지로 전의를 상실한 채 공격을 멈추고 빈둥거리며 놀고 있었기 때문에 일은 잘 풀려나갔다. 비어 있던 텐트를 본 그녀는 50마리의 튼튼한 말과 함께 뛰쳐나가며 신호를 줌과 동시에 적군의 야영지에 불을 던졌다. 당했다고 생각한 샤를 드 블루아는 즉시 공격을 멈추게 했다.

이 주제에 관해선 짧은 이야기를 덧붙일까 한다. 리그 전쟁이 막바지에 이를 무렵, 생-장[91]에서 죽음을 맞이한 콩데 왕자[92]는 마흔 살의 아름다운 미망인 마담 드 부르데유[93]에게 바로 이웃인 마타 성[94]에 피신해 있던 가장 비옥한 땅의 주인인 여섯 혹은 일곱 사람을 자기에게 내놓으라고 요구했다. 그녀는 자기를 믿고 그곳에 숨어서 목숨을 부지하고 있는 이 가엾은 사람들을 배반하지도, 그에게 인도해 주지도 않을 거라며 단호히 거부했다. 마지막으로 그는 그들을 보내지 않는다면 복종하는 걸 가르쳐주고야 말 것이라며 위협했다. 그녀는 답하길(난 그때 그녀와 함께 있었다), 그가 복종할 줄 모르는데 다른 사람들을 복종하게 만들려니 참으로 이상한 일이라며, 그가 왕에게 복종한다면 그녀 또한 그에게 무릎을

---

91) 생-장-당젤리.
92) 앙리 1세. 콩데 왕자. 『앙리 3세 일지』는 그가 아내인 카트린-샤를로트 드 라 트레무이유에게 독살당해 1588년 3월 5일 죽었다고 적고 있다.
93) 자케트 드 몽베롱. 앞에서 언급된 바 있는 브랑톰의 형수.
94) 생-장-당젤리에서 멀지 않은 마타.

끓겠노라고 했다. 그녀는 대포를 들이대건 공격을 해오건 어떤 위협을 가해도 조금도 두려워하지 않았다. 그녀는 몽포르 백작 부인의 후예로서 바로 그곳에서 백작 부인의 용기와 모든 덕목을 그대로 이어받았던 것이다.

결국 그는 그녀를 제압할 수 없었고, 그녀는 안느봉에서 선조인 몽포르 백작 부인이 보여주었던 것 못지않은 능변(能辯)을 토해 내었다.

콩데 왕자는 그녀의 말에 대해 오랫동안 생각하더니 더 이상의 위협 없이 며칠을 기다리겠다고 했다. 그렇게 물러나긴 했지만 만약 그가 죽지 않았다면 공격했을 것이다. 하지만 그녀는 마음뿐만 아니라 만일에 대비한 대응책과 필요한 모든 것을 준비하고 있었으므로 그는 크나큰 수치감을 안고야 말았을 것이다.

마키아벨리는 『전쟁론』[95]에서, 프랑스군인 세자르 보르지아에 의해 진지 안에서 포위되어 치열하게 저항하다가 결국 사로잡히고 만 필리 백작 부인 카트린의 이야기를 적고 있다. 그녀가 패한 원인은 한 장소에서 다른 장소로 옮길 요새와 보루가 너무 많은 탓이었다. 따라서 진지로 다가가던 세자르는 백작 부인이 호위병 및 보좌역으로 삼았던 장 드 카잘이 그의 요새로 퇴각하기 위해 공격을 포기하는 틈을 타서 상대를 속이고 그 진지를 빼앗았다.

작가는 이 실수가 나폴리 왕과 밀라노 공작은 기대할 수도 없는 군대를 기다리고 있던 이 용감한 여인의 명성과 대범한 의기에 오점을 남기게 했다고 말하고 있다. 그러나 결과는 불행했다 해도 그녀는 자기에게

---

95) 『De11' arte della guerra』, V, II.

마땅히 돌아와야 할 영광을 안았다. 이탈리아에서는 그녀를 찬양하는 수많은 시들이 만들어졌다.

진취적 기상을 떨친 위대한 여인들

지난날 프랑스의 역사를 살펴보면 진취적 기상을 떨친 공주와 위대한 여인들을 많이 볼 수 있다. 팡티에브르 백작의 딸 폴[96]과 같은 여인은 루아[97]에서 샤룰루아 백작[98]에게 포위되어 있으면서도 용기와 대범함을 보여주었다. 도시를 점령하면서 샤룰루아 백작은 전쟁을 승리로 이끌고 그녀에게 어떤 불미스러운 일도 일어나지 않도록 안전하게 콩피에뉴에까지 이르게 해주었다. 그리고 그녀의 덕목을 크게 기리도록 했을 뿐만 아니라 그림과 촛불의 주술과 마술로써 그녀를 죽이려 했던 남편에게는 큰 상처를 가하고자 했다.

플랑드르 백작 보두인 6세의 아내이며 몽 앙 에노의 유일한 상속녀인 리실드[99]는 플랑드르 후손들을 보호 감독할 권한을 물려받게 된 시동생 로베르 르 프리종에 대항하여 모든 권한과 행정 능력을 차단하고 이 모든 것이 자신에게 귀착되도록 온갖 노력을 다했다. 그리고 프랑스 왕 필립[100]의 도움으로 두 차례나 시동생에게 전쟁을 일으켰다.

1차전에서[101] 그녀는 사로잡혔고, 그녀의 적인 로베르 역시 그녀의 군

---

96) 폴 드 팡티에브르. 네베르 백작인 장 드 부르고뉴의 두 번째 부인.
97) 페론과 콩피에뉴의 중간.
98) 샤를 르 테메레르.
99) 리실드, 에노 백작 부인. 플랑드르 백작인 몽의 보두인 6세와 결혼했고 1091년 죽었다.
100) 1060년부터 1108년까지 통치했던 필립 1세.
101) 1071년 2월 22일.

대에게 사로잡혔다. 서로를 교환한 후에 다시 감행된 2차전에서 그녀는 결국 패하고 아들인 아르눌프를 잃고[102] 몽까지 쫓기고 말았다.

프랑스 왕인 필립 르 벨의 딸이며, 기엔 공작으로 영국의 왕인 에드워드 2세의 아내 이자벨 드 프랑스[103]는 휴 르 데팡시에[104]와 불미스러운 관계를 맺고 있는 남편에게서 짐을 꾸리지만 아들[105]을 데리고 프랑스로 돌아오기도 난처해 에노의 용감한 기사[106]와 아버지, 그리고 그곳에서 그녀가 직접 이끈 군대를 데리고 영국으로 돌아간다.[107] 그녀는 무력을 통해 남편을 잡아 가두고 모르트메르 백작[108]과의 사랑을 다룰 때 남편이 취했던 조처와 똑같이, 삶을 마감시켜 줄 사람들에게 남편을 넘겨주었다. 그녀가 바로 영국인들에게 프랑스를 비난할 거리를 제공한 장본인이다.

아, 이렇듯 공로를 인정받지 못하는 수도 있던가. 커다란 호의와 은총을 모두 잊은 배은망덕한 아들은 어머니를 가둬둠으로써[109] 아주 '작은' 공로밖에 인정하지 않았던 것이다. 그런데 '작은' 것이 어쩌면 그녀에

---

102) 일명 '불행한 사람(le Malheureux)'으로 불렸던 아르눌프 혹은 아르눌드 3세는 두 번째 싸움에서 죽은 것이 아니라 1071년 2월 22일 전투에서 죽었다.
103) 이자보 또는 이자벨 드 프랑스(1290-1357). 기엔 공작인 영국의 에드워드 2세와 결혼(1309).
104) 휴 스펜서. 에드워드 2세는 동성연애자로 자기가 총애하는 휴 스펜서에게 국정을 내맡김으로써 제후들의 반란에 부딪히게 된다.
105) 갈 왕자.
106) 장 에노 백작의 막내 동생.
107) 르 에노(현 프랑스와 벨기에 국경 부근)를 차지한 이자벨은 그곳에서 영국을 침공하기 위해 도움을 요청하고 1326년 쉬폴크 공작령 안에 상륙했다. 그녀는 장애가 되는 모든 불평분자들을 제압하면서 에드워드 2세를 체포하고 갈 왕자를 에드워드 3세라는 이름하에 왕으로 선포하고 섭정했다.
108) 몰티머 백작인 로저(1287-1330)는 에드워드 2세에 의해서 런던탑에 갇혀 있다가 탈출하여 제후들의 반란 때 프랑스로 와서 이자벨의 연인이 되고, 군대를 이끌고 영국으로 돌아가자고 부추긴다. 이렇게 해서 여왕의 애정과 권력을 독차지한(1326-1329) 그는, 왕(에드워드 3세)의 삼촌인 켄트 백작을 죽이고 랭카스터 백작을 감옥에 가둔다. 에드워드 3세는 그의 폭정에 염증을 느껴 체포한 후 의회의 판결도 거치지 않은 채 사형 선고를 내리고 1330년 스미스 펠드 근처에서 교수형에 처했다.
109) 몰티머가 죽은 후 이자벨은 에드워드 3세에 의해 리싱 성에 갇혀 죽을 때까지 27년의 세월을 어둠 속에서 보내야 했다.

겐 아주 알맞은 것인지도 모른다. 왜냐하면 군대를 이끌며 그녀는 늘 남장을 하는 데 익숙했고 텐트와 병영과 성곽과 망루 사이를 오갈 때는 늘 남보다 작아 보였기 때문이다.

이번엔 왕인 남편[110]과 바다로, 십자군 전쟁으로[111] 늘 함께 동반했던 기엔 공작 부인, 여왕 레오노르[112]의 이야기를 해보고 싶다. 자주 병사와 거친 용병들을 다루면서 그녀는 사라센인들과 관계를 맺기에 이르렀다.[113] 이 때문에 왕은 그녀와 이혼했고[114] 우린 비싼 대가를 치렀다.[115] 그녀는 이 친구들이 넓은 들판에서처럼 안전하게 지켜줄 수 있는 뛰어난 용사가 되길 원했고 또한 그녀의 기질이 용맹스런 사람을 사랑하게 했던 것이다. 한 용사는 마치 어떤 '미덕' 처럼 또 다른 용사에게 끌리게 만든다는 걸 생각해 보라.[116]

이 여왕 레오노르만이 십자군 전쟁 때 남편을 동반했던 유일한 여인은 아니다.[117] 그녀보다 앞서, 또는 그녀와 같은 때, 또는 그녀 이후에 꽤 많

---

110) 루이 7세 르 죈.

111) 아무 소득도 없이 다마스(다마스커스)까지 진격했다가 실패하고 돌아왔던 제2차 십자군 전쟁.

112) 엘레오노르 다키텐(1122-1204).

113) 그녀의 남편은 다마스(다마스커스) 앞에서 실패했고, 앨레오노르는 사라센인 노예와 정을 통했다. 많은 사가들 중에서 메즈레에 의하면 그녀는 자기의 종교와 자존심에 먹칠하며 열정의 대상으로 회교도에게도 서슴지 않고 달려가는 그녀를 묘사하고 있다.

114) 르이 르 죈과 엘레오노르의 이혼은 1152년 3월 18일 보장시 종교회의에서 결정, 선포되었다.

115) 엘레오노르의 이혼은 그녀가 두 번째 남편이며 영국의 왕위 계승권자인 앙주 공작, 앙리 플란타주네에게 아키테니아를 지참금으로 가져가게 만들었다. 이렇게 그녀는 우리로 하여금 비싼 대가를 치르게 하였다.

116) 엘레오노르는 다마스(다마스커스) 앞에서 사라센(예부터 그리스 로마인 등 서구인들이 북부 아랍인을 지칭하던 이름)인 노예의 가슴에서 안티오슈 백작인 그녀의 삼촌 레이몽 드 푸아티에의 가슴에, 그 다음엔 늙은 사라센 장군인 살라딘의 가슴에 안겼다.

117) 엘레오노르의 예는 많은 성주 부인들을 전장으로 이끌어 내었다. 전적으로 아마존의 고귀한 피만으로 작은 여성 집단이 만들어졌고, 리더는 사가들에 의해서 '황금 장화의 여인' 이라고 명명되었다. 아랍의 역사가 에마드-에뎀은 한 프랑스 여인이 자기 사제를 털어 5백 명의 군사를 태운 배를 이끌고 뱃머리를 팔레스타인으로 향했다고 했다. 또 다른 역사가인 이븐-알라틴은 제2차 십자군 전쟁 중에 말에서 떨어져 부상을 입고 적에게 사로잡힌 세 여인이 있었는데 그들의 부상을 치료하려고 옷을 벗겼을 때야 그들의 진짜 성을 알았다고 이야기로 전했다.

은 공주나 지체와 권세 있는 여인들이 남편들과 서로 교차했다. 단지 다리를 서로 얽으며 교차하는 것이 아니라 그녀들은 좋은 의미에서 마음을 넓게 열었다. 그녀들이 그곳에 머물면 다른 누군가가 소리 없이 그곳으로 돌아왔다. 성스러우신 분의 성스러운 묘소를 방문한다는 핑계 하에 그들은 많은 병사들 틈에서 합당하게 사랑을 나누었다. 전투와 사랑은 서로 통하며 둘 사이에는 좋은 공감대를 찾을 수 있고 떼어놓기가 어렵다.

또한 이런 여인들은 아마존의 여인에게 있어 결혼이란 완전한 노예살이일 뿐이며 자신들은 마르스의 전사로서 단지 대를 이어갈 여자아이를 낳으려는 야심에 남자들과 관계를 갖는 것일 뿐이라고 주장했던 것과는 달리, 남자들에게 가치를 부여하고, 사랑하고 대우해 준다.

노클레루스[118]는 『우주형상론』[119]에서 이야기하길, 서기 1123년 프라하를 벽으로 둘러막고 남자들의 지배를 철폐해 버렸던 보헤미아의 여황 티부사가 죽은 후에, 온 나라의 여인과 처녀들을 한손에 넣고 그들에게 자유를 제시하며 남자들에 의한 역겨운 노예 생활에서 벗어날 것을 종용하며 그들을 이끈 발라스카라는 대단한 용기와 기백을 갖춘 여인이 있었다고 한다. 그녀는 여인들에게 각자 남편, 남자 형제, 아버지, 또한 그녀들을 연인으로 섬겼던 남자들까지 죽이도록 명령을 내리고 남자들의 무기를 갈취해서 서로를 도우며 아마존의 여인들처럼 용감하게 일을 해나갔고 승승장구했다. 그러나 그녀는 하찮게 여겼던 남자, 티부사의 남편 프리미스라우스의 공격과 계략에 패하여 죽고 말았다. 이것은 인류의 씨를 말리려 한 엄청난 범죄 행위에 대한 신의 벌이었다.

---

118) 노클레루스가 아니라 테베이다. 브랑톰의 착각인 것 같다.
119) 2권, PP. 912-913.

이 여인들은 이런 잔악무도한 행동으로서가 아니라, 우리가 많이 보아왔듯이 수많은 황후와 여왕과 공주와 귀부인들이 그들의 국가를 통치하고 다스리는 데서, 또한 그밖에 일일이 다 열거할 수는 없지만 역사가 보여주는 많은 부분에서 고귀한 행동으로써 보여주었던 것처럼 용기와 굳건함을 필요로 하는 많은 순간에 그들의 진정한 용기를 보여줄 수도 있었다. 왜냐하면 지배하고 통치하고 권력을 가지려는 야망은 남자 못지않게 여인들의 영혼 속에도 자리 잡고 있고 그 야망은 역시 끊임없이 욕망을 자극하기 때문이다.

만일 그 점에 이르지 못한 여인을 든다면 나는 여기서 페케이르 후작 부인 빅토리아 콜로나를 들겠다.[120] 그녀 이야기는 내가 스페인 책[121]에서 읽었다. 후에 또 이야기가 되겠지만 후작은 이에로니모 무론[122]을 통해서 나폴리 공국에 대해 교황께서 내세운 좋은 제안을(그가 교황과의 동맹을 원하는지를 물어온 것) 전해 들었다. 크건 작건 아주 사적인 문제라도 감추지 않는 남편에게서 그 이야기를 전해 들은 그녀는, 언변이 남편보다 나아서 지상의 위대한 왕들의 평가와 명예를 뛰어넘는 찬사와 호평을 교황께 보냄으로써 남편이 그동안 쌓아온 덕과 가치를 되살리게 했다.

"어떤 왕국에서든 국가의 거대함이나 드높고 훌륭한 그 이름 때문이 아니라, 드높은 신앙과 투명한 미덕은 아닐망정, 명예는 늘 살아 있는 찬사와 함께 영원히 우리 후손에게 전해질 것입니다. 무너진 신앙과 저질러진 배신에 의해서라면 높은 지위도 승자도 패자도 존재할 수 없을

---

120) 파부지오 콜로나와 아네스 드 몬테펠트로의 딸. 1490년 생. 이미 언급된 적이 있는 후작인 프랑수아 페르디낭 다발로의 아내.
121) 『발레스』 폴리오판 205.
122) 이에로니모 모론 대법관.

것입니다. 따라서 이런 것을 위한 사랑이라면 저는 왕의 아내가 되고픈 욕망은 추호도 없습니다. 그러나 그의 두 손으로 전쟁에서 용맹을 널리 떨쳤듯이 평화에 있어서도 결코 비굴하지 않고 숭고한 명예를 지킬 줄 아는 장군이라면 왕들과 위대하신 왕자들과 장군들을 이길 수 있을 것이며 그들에게 승리감을 안겨주며 그들을 통치할 수 있을 것입니다."

이 여인은 위대한 용기와 크나큰 덕과 진실에 대해 말했다. 왜냐하면 악으로써 다스리는 것은 몹시 추할 뿐이지만 덕으로써 공국과 왕국과 왕들에게 명령을 내리고 다스리는 건 아름다운 일이기 때문이다.

클로디우스의 아내였으며 마르쿠스 안토니우스와 재혼한 풀비아는 집안일에는 흥미를 느끼지 못하고 정치에 관여하곤 했기 때문에 황제들에게 명령한다는 명성을 얻기에 이르렀다. 클레오파트라 역시 그녀의 이런 태도에 고마워했을 뿐 아니라, 모든 걸 초월하는 법도에 복종하고 굴종하도록 안토니우스를 길들이고, 그의 일에 끼어들며 매사에 구속력을 가졌다.[123]

우리는 또한 자기의 권한이었던 왕의 직위를 취하거나 가지지 않고도 왕들을 섭정하고 조종했던 프랑스의 위대한 왕자 샤를 마르텔의 이야기도 책에서 볼 수 있다.

이제는 우리 여인들의 이야기로 돌아가 보자. 우리에겐 우선 리그 전쟁 때 귀즈 공작의 누이인 몽펑시에 공작 부인[124]이 있다. 그녀는 소위 리그를 결성하는 데에 육체적인 노력과 번득이는 재치로 필요한 좋은 조건을 모두 갖춘 위대한 통치술을 지닌 여인이었다. 리그가 잘 결성된

---

123) 플루타르크 영웅전 『안토니우스의 생애』.
124) 카트린-마리 드 로렌. 몽펑시에 공작인 루이 드 부르봉의 아내.

후 어느 날 카드놀이를 하면서 그녀의 카드 섞는 솜씨를 누군가 칭찬하자 그녀는 많은 사람들 앞에서 이렇게 대답했다.

"나는 그것들이 섞여 있는 걸 정리하지 않고는 다시 잘 섞을 수가 없었답니다."

만약 그녀의 카드가 죽더라도 상실감을 잃기 전에 복수를 생각할 수 있다는 점에서 카드놀이는 좋은 오락이었다. 그녀는 파리에서 전해지는 새로운 소식들을 접하면 다른 여인들처럼 눈물을 흘리며 방에 처박혀 지내지 않았다. 오빠의 어린아이들 손을 잡고 도시를 산책하면서 자기를 따르는 사람들과 함께 슬퍼하며 모두에게 무기를 높이 들게 하여 왕가와 왕의 초상화를 향해 온갖 비난과 무례한 언동을 퍼부을 수 있도록 연민과 고통과 눈물을 선동했다.

그러나 충성하지 않는 자에게는 죽음을 몰고 오는 음모가 이어졌다.[125] 충고가 필요한 자에게는 충고가, 벌을 받아야 할 자에게는 더 큰 벌이 내려졌다. 형제를 잃은 누이의 심정은 죽음에 대하여 복수를 하지 않고는 커다란 분노를 소화해 낼 수 없었을 것이다.

파리 시민들을 이렇게 증오와 오만함으로 몰아넣은 후 그녀는 원조를 구하러 파름 왕자에게로 떠났다. 온종일 쉬지 않고 먼 길을 달리자 지치고 기진한 말들은 피카르디로 가는 도중 진흙탕 속에서 한 발짝도 움직이지 못하며 멈추었다. 마침 그 지방의 점잖으신 한 신교도가 그곳을 지나다가 그녀를 보았다. 그녀는 변장을 했고 이름도 숨기고 있었지만 상대는 이내 알아보았다. 그는 지금껏 그녀가 그들의 종교에 대해 품고 있

---

125) 앙리 3세의 살해는 몽펑시에 공작 부인에게 큰 만족감을 안겨 주었고, 그녀는 그날 지니고 있던 녹색 스카프를 결코 몸에서 떠나게 하지 않았다. 참조, 『가톨릭 동맹의 기억들』 IV. p.14.

던 증오와 편견을 일시에 사라지게 하는 아주 친절한 태도로 그녀에게 말했다.

"전 당신을 잘 알고 있습니다. 저는 당신의 종입니다. 당신은 지금 곤란에 처하셨습니다. 괜찮으시다면 가까이에 있는 저희 집에서 휴식을 취하십시오. 할 수 있는 건 모두 동원해서라도 당신이 편히 쉬실 수 있게 해드리겠습니다. 조금도 두려워하지 마십시오. 저는 당신이 그렇게 증오하시는 종교를 따르고 있지만 당신에게 필요한 친절을 제공해 드리지 않고는 그냥 갈 수가 없습니다."

그녀는 고민 끝에 친절을 흔쾌히 받아들였다. 그녀에게 필요한 것을 제공받은 후, 여행 의도를 숨긴 채 목적지로 향했다. 이 전쟁에서 그녀에게 베푼 이 신사의 친절은 다른 방법으로 보상을 받았다.

몇몇 사람들은 어떻게 그녀가 위그노인 상대를 믿을 수가 있었는지 놀라워했다. 그러나 어떤가! 필요는 많은 걸 가능케 한다. 뿐만 아니라 그녀는 아주 점잖고 솔직하게 이야기하는 그를 보고 정직하고 좋은 사람이라고 판단할 수 있었던 것이다.

그녀의 어머니인 마담 드 느무르[126]는 자식들이 죽은 뒤[127] 감옥에 갇히게 되면서, 견딜 수 없는 상실감으로 슬픈 나날을 살아가야 한다면 지금껏 냉정하면서도 부드러웠던 본성은 매사에 균형을 잃고 동요할 것이라고 의심할 수밖에 없었다. 마침내 그녀는 왕에 대해 입에 담을 수 없는 욕과 저주와 혐오스러운 말들을 퍼붓고–왜냐하면 그녀가 할 수 있고

---

126) 안 데스트, 귀즈 공작 부인. 후에 느무르 공작 부인.
127) 귀즈 공작인 셋째 아들 앙리가 1588년 12월 23일 살해되고, 둘째 아들인 귀즈 추기경 루이는 형이 죽은 다음날 죽었다.

말할 수 있는 건 오로지 상실감과 고통을 표현하는 것 외에는 없었으니까-왕에게 폭군이라는 말을 쉴 새 없이 하는 것 외에는 어떤 것도 생각지 못하기에 이르렀다.

"아, 이젠 그를 더 이상 이렇게 부르고 싶지도 않아요. 하지만 내가 처해 있는 이 비참한 현실에서 하느님의 은총 안으로 들어갈 수 있도록 온화하고 마음 넓으신 왕께서 내 자식들에게 했듯이 나도 죽여준다면 이런 모든 것을 그만둘 것이오."

그러다가 잠시 말과 욕설을 멈추고 아무 말 없이 앉아 있다가는 바위 같은 마음을 무너져 내리게 하는 "아! 내 자식들, 아! 내 자식들."이라는 말만을 되풀이할 뿐이었다.

아, 그렇게 착하고 그리도 너그럽고 덕망 높고 용기 있던 아들들을, 특히 드높은 기상과 고결한 명예심으로 다른 이의 귀감이 되었던 장남 귀즈 공작을 잃은 마음을 그녀는 이렇게 애도하고 안타까워할 수밖에 없었다. 게다가 그녀는 유난히 자식들을 사랑하던 평범한 여인이었다. 어느 날 내가 궁에서 한 부인과 이야기를 나누면서 느무르에 대해 이야기를 한 적이 있다. 그때 그 부인이 말하길 느무르야말로 세상에서 가장 행복한 여인이라며 여러 가지 이유를 들어 설명했는데 가장 큰 이유는 그녀가 자식을 몹시 사랑한다는 것이라고 했다. 왜냐하면 그녀는 늘 근심과 긴장 속에서도 그들을 위해 평범하게 살면서 어떤 나쁜 일도 일어나지 않도록 온갖 정성을 다하며 있는 그대로의 그들을 무척이나 사랑했던 것이다. 그렇게 살아온 그녀가 두 아들의 죽음과 또 다른 아들[128]은

---

128) 메옌 공작

리옹으로 끌려갔으며, 무슈 드 느무르[129]는 감옥에 갇혔다는 소식을 접하며 어떤 고통과 쓰라림과 아픔을 느꼈을지는 여러분도 충분히 짐작할 수 있을 것이라고 생각한다.

그녀를 좀 더 비좁은 감옥인 앙부아즈로 옮기려고 블루아 성을 나설 때, 문을 통과하던 그녀는 고개를 들어 말 위에서 늠름한 기상을 자랑하는 모습을 돌 위에 조각한 자기의 할아버지인 루이 12세의 모습을 바라보았다. 그녀는 잠시 멈추어 서서 그를 바라보며 그 앞에 모인 사람들을 향해 확신에 찬 의미심장한 말을 던졌다.

"저기에 새겨진 저분이 살아 계시다면, 저분의 손녀딸을 이처럼 험하게 다루고 감옥에 넣는 걸 절대로 허용하지 않으실 것이다."

그러고는 아무 말 없이 갈 길로 향했다. 그러나 마음 깊은 곳에서 자기를 감옥에 넣은 자들에게 복수하기 위해 죽은 망령들에게 간청하고 기도했다고 생각할 수 있다. 마치 그 옛날 카이사르의 죽음을 공모했던 자들이 일을 실행하려고 떠나다가 폼페이의 조각상으로 말을 돌려 그 앞에서 용맹스러웠던 고인들에게 일을 성공적으로 이끌어 주도록 말없이 간청하며 기도했던 것과 같은 행동이라 하겠다. 아마도 이 공주의 간청이 그녀를 모욕했던 왕[130]의 죽음을 재촉했는지도 모른다. 위대한 여인이 앙심을 품으면 심히 두려워해야 한다.

내가 기억하기로는 불같은 그녀의 남편인 귀즈 공작[131]이 총을 맞고 죽기에 앞서 진지에 도착해 있었다. 부상당한 몸을 이끌고[132] 숙소로 들

---

129) 오말 공작의 딸과 결혼한 금창공 귀즈 공작의 또 다른 형제.
130) 앙리 3세는 이듬해인 1589년 죽음을 맞이했다.
131) 두 번째 귀즈 공작인 프랑수아는 1563년 2월 18일 폴트로 드 메레에 의해 치명적인 부상을 입고 열흘 후 죽게 된다.

어오는 남편을 보며 그녀는 눈물범벅이 되어 소리쳤다.

"세상에, 이런 불행한 일이 있을 수 있나요. 벌을 받아야 할 사람은(제독[133]을 의심하면서) 멀쩡히 살아 있는데. 신이시여, 당신께서 공정하신 분이시라면 마땅히 그를 벌하셔야 합니다……"

말이 채 끝나기도 전에 남편이 그녀를 가로막으며 말했다.

"내 사랑이여, 당신의 입으로 감히 신을 공격하려 들지 마시오. 만일 그분께서 내 잘못을 꾸짖기 위해 그를 보내신 것이라면 그분의 의지는 이루어진 것이오. 그분에겐 언제나 찬양만이 남아 있을지어다. 만일 그가 또 뭔가를 하려 든다면 그에겐 복수만이 남을 것이오. 그것은 당신이 아니라도 반드시 이루어지고 말 것이오."

그가 죽자 그녀는 살인자를 네 마리의 말에 사지가 찢기어 죽이는[134] 복수를 감행하였다. 또한 남편의 살인을 계획한 작자로 의심받던 제독은 몇 년 후[135] 그녀가 아들에게 내렸던 지침에 의해서 결국 살해되고 만다.[136] 내가 본 바로 그녀는 어린 시절부터 복수가 완벽하게 이루어질 때까지 충고와 설득으로써 아들을 키워왔던 것이다.

---

132) 튼튼치 못한 갑옷 틈으로 오른쪽 어깨 조금 아래쪽에 총을 맞은 공작은 마지막 힘을 다해 말을 타고 숙소까지 돌아왔다.

133) 폴트로 드 메레의 손에 은밀히 무기를 제공한 콜리니 제독.

134) 폴트로 드 메레는 처형장에 있던 대법관의 며느리인 젊은 마담 드 몽모렝시-토레가 공포에 질려 죽고 말았을 정도로 참혹하게 능지처참 당해 죽었다(1563년 3월 18일).

135) 8년 후 생바르텔르미 대학살(1572년 8월 24일).

136) 앙리 드 귀즈는 "해가 뜨면 종이 울릴 것이다."라는 소리를 듣고 자기의 삼촌인 오말 공작과 몇몇 병사들을 이끌고 제독의 숙소로 달려갔다. 그러고는 제독을 보호하고 있던 수비대장이며 이탈리아 전쟁의 늙은 군인인 코세인에게 아버지의 죽음을 복수하기 위해 제독을 죽일 수 있도록 허락해 달라고 하였다. 코세인은 이내 이들에게 가담했다.

여인들의 충고가 이루어 내는 일

담대한 어머니나 아내의 충고와 격려는 많은 것을 해낼 수 있다. 그런 점에서 기억나는 것이 하나 있다. 샤를 9세가 왕국을 돌아보며 부르도에 머물렀을 때 그는 라 투르라는 이름의 기사를 죽인 죄로 가스코뉴의 용감하고 성실한 기사인 부르나젤 남작을 감옥에 가두었다. 그런데 그건 순전히 협잡과 음모에 의한 것이었다고 사람들은 전한다. 미망인은 남작이 징역형을 선고받고 감옥에 들어간 것 때문에 열심히 뛰어다니기 시작했고, 남작의 목을 칠까 생각 중이던 왕과 왕비의 방에 매일매일 소식이 전해져 왔다. 그러자 궁정의 기사들과 여인들이 동요하기 시작했고 남작의 생명을 구하려고 시도했다. 그들은 두 번씩이나 왕과 여왕에게 은총을 베풀어 달라고 간청했다. 그러나 대법관[137]은 정의는 정의대로 이루어져야 한다면서 반대했다. 한편 젊은 왕은 그를 구하고 싶어서 그것 외는 묻지도 않았고, 무슈 드 시피에르[138]도 왕의 생각대로 밀고 나가도록 부추겼다.

그러는 동안 사형 집행일이 다가왔다. 전장에서 훌륭한 전사였던 남작을 사랑했던 무슈 드 느무르[139]는 여왕에게 달려가 무릎을 꿇고 이 가없은 젊은이를 살려 달라고 간청했다. 여왕은 즉시 사람을 보내어 처형장으로 끌려 나가기 위해 기다리고 있던 남작을 꺼내 주었다. 이렇게 그는 목숨을 구했지만, 얼굴에 새겨진 공포의 흔적은 영원히 지워지지 않았다. 그의 얼굴빛은 무슈 드 부르봉 덕분에 용케 살아날 수 있었던 무

---

137) 미셸 드 로피탈.

138) 필리베르 드 마르실리, 시피에르 영주. 샤를 9세의 가정교사이며 후에 근위 기병대장이 됨. 1566년 사망.

139) 자크 드 사부아, 느무르 공작. 귀즈 공작의 미망인인 안 데스트와 결혼.

슈 드 생-발리에처럼 끔찍한 일을 겪고 난 후 결코 예전의 모습을 되찾을 수가 없었다.

한편 죽은 자의 미망인은 절대로 일을 포기하지 않았다. 다음날 막 미사에 참석하려는 왕을 찾아와 무릎을 꿇었다. 그러고는 서너 살 정도 되어 보이는 아들을 소개하며 말했다.

"폐하, 당신께선 이 아이의 아버지를 죽인 살인자에게 은혜를 베푸셨으니 이 아이에게도 시간을 주시길 간청합니다. 이 아이가 크면 불행한 일을 벌인 자를 죽일 테니까요."

내가 하고 싶은 말은 그때부터 어머니는 매일 아침 아이를 깨우러 와서 남편이 죽었을 때 입었던 피 묻은 옷을 보여주며 세 마디를 잊지 않았다는 것이다.

"이걸 잘 보거라. 그리고 잘 기억해라. 네가 크면 복수해야 한다. 그렇지 않으면 난 네게서 모든 상속권을 빼앗고 말 거야."

웬 증오인가!

나는 스페인에 있으면서[140] 용기와 협기와 계략을 고루 갖춘 아주 유명한 멋쟁이 밀수꾼 산적인 안토니오 로크의 이야기를 듣게 되었다. 그는 절대로 스페인에서는 산적질을 하지 않았다고 하는데 사실 그가 가장 하고 싶었던 첫 번째 직업은 신부였다고 한다.

마침내 그가 자기의 첫 번째 미사를 올리는 날이었다. 그리하여 신학교를 막 나온 그는 직분에 맞게 옷을 차려 입고 성대한 의식 속에서 한 손에 성배를 들고 중앙 제단을 향해 걸어 들어가고 있었다. 그런데 지나

---

140) 1564년.

가면서 어머니의 말을 듣게 되었다.

"아, 불행하고 못된 놈 같으니, 미사를 올리느니 아버지의 원수를 갚는 것이 낫지."

이 목소리는 그의 마음을 움직였고 그 길로 사제의 옷을 벗어던지고 지금은 때가 아니라 여기며 산적이 우글거리는 곳으로 가버렸다. 그곳에서 그는 뛰어난 능력을 발휘하여 대장으로 뽑혔고, 수많은 도적질과 악행을 저지르며 아버지의 원수도 갚고 자신은 법에 따라 처단되었다.

마담 드 느무르에게로 돌아가 보자. 왕은 그녀를 감옥에 오래 가두지 못하였는데 이는 상당 부분 무슈 데카르[141] 덕분이었다. 그는 그녀를 감옥에서 나오게 하여 메옌 공작[142]과 느무르 공작,[143] 그리고 리그를 결성했던 다른 왕자들의 중재자로 파리에 보냈다. 그리고 그들에게 평화의 말을 전하고 죽은 사람은 죽은 사람이니 과거를 잊고 옛날처럼 친구가 되자는 의사를 전하게 했다. 사실 왕은 그녀를 꺼내줌으로써 그녀가 중재 역할을 잘해 낼 것이라고 기대했다. 그런데 도착하자마자 그녀가 가장 먼저 한 것은 사랑하던 사람들을 잃은 것에 대한 유감과 절망과 눈물이었다. 그리고 나서야 그녀의 임무를 펼쳐 보였다. 무슈 드 메옌은 그녀에게 충고할 말이 있는지 물으며 대답을 기다렸다. 그러나 그녀는 단지 이렇게 대답할 뿐이었다.

"난 당신들에게 충고하기 위해 온 것이 아닙니다. 단지 그들이 내게 임무로 부여한 것을 전하러 온 것뿐입니다. 당신들에게 어떤 목표가 있

---

141) 장 드 페뤼스 데카르. 카랑시 왕자. 라 보기용 백작(1520경-1595). 1551년 안 드 클레르몽-탈라르와 결혼.
142) 귀즈 공작이 죽을 당시 리옹에 있던 그는 '프랑스군의 총수권자'로 뽑혀 부르고뉴를 얻기 위해서(그는 그곳의 통치권자였다가 파리의 통치권자가 된다) 1589년 2월 12일 부르고뉴로 돌아온다.
143) 자크 드 사부아, 느무르 공작.

고 그것을 꼭 해야 한다면 그것은 당신들의 몫입니다. 내가 당신들께 말하는 건, 당신들의 마음과 의식이 좋은 충고를 해주어야 한다는 것입니다. 난 내가 약속한 의무에서 이젠 벗어나겠습니다."

이렇게 말하면서 그녀는 오래오래 지속될 불길을 제대로 당길 수 있었다. 왕국을 다스리는 데는 빈틈없고 현명한 왕이 마음을 어떻게 쓰느냐에 따라 세상을 조금은 움직일 수 있는 이 여인에게 마음도 감정도 없다고 여겼는지, 이런 중대한 임무를 위해서 자기를 위협할 수도 있는 여인의 도움을 받았다는 것에 대해 많은 사람들이 놀라워했다. 사람들은 샤를 왕[144]에게 이런 충고를 한 사람은 레스 장군[145]이라고 하는데 그는 왕에게 무슈 드 라 누를 로셸에 보내어 그곳 백성들에게 평화와 복종과 백성의 의무를 다하게끔 유도하도록 충고하기도 했다. 그들에게 신뢰감을 주기 위해서 자신과 그들의 편을 위해서 과도한 전쟁을 유도하고 왕에 대항할 수 있는 방법과 빌미를 주어, 격려하고 고무시키는 걸 허락하라는 것이었다. 왕과 그의 상관인 장군[146]에 의해 추천되어 출두 명령을 받은 그는 시키는 대로 계략을 실천하고 거기에서 빠져나왔다.[147]

한편 이것은 백성들로 하여금 위험에 대처하고 전쟁에 익숙해지게 만들었으며, 그들에게 좋은 교훈을 주었고, 그들이 성난 야만인들처럼 공격을 가할 수 있도록 자극하고 고무시켰다. 많은 사람들이 더 이상 거기

---

144) 샤를 9세.
145) 알베르 드 곤디, 레스 공작.
146) 프랑수아. 당시 18살이었던 알랑송 공작.
147) 왕의 허락과 함께 라 누는 동지들을 모두 참여시키면서 왕의 군사들을 처부수었다. 그는 군대를 규합하고 성벽을 굳건히 하고 출구를 만들고 포위 공략하는 자들의 작업을 망가뜨리면서 끊임없이 평화 협상을 종용했다. 마침내 그의 충성은 극렬분자들을 자극하였다. 신교도인 라 플라스는 그를 가리켜 "배신자, 신의를 버린 거짓말쟁이, 자기 편을 팔아먹는 변절자"라며 비난했다. 로셸 백성들과 동맹을 맺으려던 희망을 잃은 라 누는 그들을 떠나 왕정주의자들의 진지로 돌아왔다(1573년 3월 12일).

에선 음모가 있을 수 없음을 발견했다. 나는 그 전투에 참가하여 모든 걸 볼 수 있었는데 그 이야기는 다른 곳에서 할 수 있는 기회가 있길 바란다. 라 누 장군은 왕과 프랑스에는 가치 있는 인물이었지만 대부분의 사람들은 그를 프랑스군의 장군이 되기 위해 양심을 팔아먹은 협잡꾼이며 아첨꾼으로 인식하고 있다.

난 여기서 앞서 얘기한 느무르 부인에 대해 짤막한 이야기를 덧붙이려 한다. 사람들이 리그를 결성했을 때 그녀는 동맹에 가입한 모든 도시의 이름과 인물 명부가 적힌 노트를 보고 아직도 파리가 명단에 들어 있지 않음을 알고는 아들을 끊임없이 부추겼다.

"내 아들이여, 그건 아무것도 아니오. 파리가 들어가야 하오. 만일 파리를 손에 넣지 못한다면 아무것도 가지지 못한 것이오. 그 때문에 파리를 손에 넣어야 하오."

오로지 파리만이 그녀의 입에서 울려나왔다. 얼마 후 바리케이트가 그곳에 설치되었다.

위대하신 분들의 처신

우리가 지금까지 본 바와 같이 담대한 마음은 항상 더 높은 곳에 뜻을 둔다. 스페인 소설책 『나바르의 승리』[148]에서 읽은 짤막한 이야기가 떠오른다.

장 왕[149]이 통치하던 이 왕국은 아라공 왕에게 포위되고 짓밟혔다.[150]

---

148) 루이 드 코레아 『나바르 여왕의 승리의 역사』.

루이 12세는 그 왕국을 탈환하기 위해 무슈 드 라 팔리스[151] 휘하 군대를 그곳으로 보냈다. 왕은 여왕 카트린[152]에게 편지를 보내어 (무슈 드 라 팔리스가 소식을 가지고 여왕에게 갔다) 마침내 그녀는 프랑스 궁정을 방문했고 그곳에서 여왕 안[153]과 머물렀다. 한편 왕은 무슈 드 라 팔리스와 함께 그녀의 왕국을 차지하려는 계책을 세웠다. 여왕은 그에게 점잖게 대답했다.

"뭐라구요! 무슈, 당신의 어르신인 왕께서 나를 팜플론에 두려고 당신을 이리 오도록 시킨 줄 알고 있군요. 난 당신을 따라 가려고 모든 걸 준비했는데 날 프랑스 궁에 데려가 그들에게 맡기려 하다니, 아! 내게 뭔가 좋지 못한 일이 일어날 것만 같구려. 난 결코 돌아올 수 없을 거예요."

이렇게 그녀는 불길한 예감에 사로잡혔고 결국 일은 닥치고 말았다.[154]

앙리 2세의 죽음이 임박해 오자 사람들은 마담 드 발렁티누아[155]에게 파리에 있는 호텔로 물러가 왕께서 하느님을 생각하는 걸 방해하지 말라고 했다. 하는 수 없이 물러나 있는 그녀에게 궁에서 사람을 보내어 왕에게 속해 있던 보석과 반지들을 모두 돌려 달라고 요구했다.

그녀는 장황하게 떠들어 대는 자에게 갑자기 이렇게 물었다.

---

149) 알베르의 장 3세, 나바르의 왕(1494-1512). 페르디낭 르 카톨리크에 의해 자기 나라의 일부를 빼앗긴 잔 달베르의 할아버지(1512).

150) 1513년.

151) 자크 드 샤반. 라 팔리스의 영주. 루이 12세와 프랑수아 1세 하의 뛰어난 장군.

152) 카트린 드 나바르. 포이부스의 누이며 그의 상속녀.

153) 안 드 브르타뉴.

154) 사실 라 팔리스는 특사 임무에 실패했다. 장 3세를 안심시키고 그를 국가에 통합시키려고 1513년에서 1514까지 샤를 12세와 1515년 프랑수아 1세가 시도했던 노력은 성공을 거두지 못했다.

155) 디안 드 푸아티에.

"뭐라고? 왕께서 돌아가셨다고!"

"아닙니다, 하지만 그리 멀지 않았다고 합니다."

"만약 그분께서 살아 계신다면, 나는 조금도 두렵지 않다는 걸 적들에게 알려주고 싶소. 그가 살아 계시는 한 난 절대로 그들에게 굴복할 수가 없소. 나는 아직도 그들을 물리칠 수 있는 용기가 있소. 그렇지만 만약 그분께서 돌아가신다면 난 더 이상 살고 싶지 않을 거요. 사람들이 내게 안겨줄 모든 쓰라림은 그를 잃은 대가에 비하면 오히려 달콤한 것일 거요. 따라서 나의 사랑, 왕께서 살건 죽건 난 적들을 조금도 두려워하지 않는단 말이오."

이 여인은 이렇게 대범함을 보였다. 그러나 그녀는 죽지 않았고 누군가는 자기가 말한 대로 하지 않았다고 비난할지도 모른다.

그녀는 가까운 측근들까지도 죽음을 슬퍼하도록 내버려 두지 않았다. 죽기보다는 오히려 과거에 그녀 밑에서 업신여김을 당하고 말 한마디에 오락가락하던 적들에게 아직은 조금도 두려울 것이 없다는 걸 보여주기 위해 더 나은 삶을 살고 싶어 했다. 적들의 장소에서도 조금도 두려움을 내비치지 않았고 당당한 태도를 보여 그 누구도 감히 그녀의 마음에 거슬리는 행동을 보일 수가 없었다. 게다가 2년도 안 되어 그들이 그 어느 때보다도 서로를 필요로 하는 사이가 되었고 뜨거운 우정으로 발전했다는 것이다.

우정으로 서로의 관계를 유지시키고 장터의 도적놈들처럼 서로 증오하며 서로 사랑하고, 서로 다른 사람끼리 쉽게 익숙한 사이가 되는 것이 이 위대하고 지체 높으신 어르신네들의 관습이다. 보통 사람들은 그렇게 할 수가 없다. 왜냐하면 우리는 싸워 쳐부수고, 복수하고, 죽이는 것이 아니라 협상하는 것이 낫다고 생각하면 하나하나 짚어가며 합의를 하고 걸러내야 할 것은 걸러내고 엄숙하게 지켜야 할 것은 지키기로 하면서 거기에서 벗어날 방법을 찾는 것이 우리이기 때문이다.

언제나 국가의 대사를 관장하고 우리네 평범한 사람들과는 다른 문제를 항상 생각해야 하는 지체 높으신 어른들에게서 볼 수 있는 이 여인의 태도는 분명 경탄해야 할 것이다. 그러므로 앙리 3세나 모후께서, 왕국의 일에 참여하고 문제를 논의하는 데 함께하지도 않으면서 국가의 큰일에 참견하려 드는 궁정 여인들을 조금도 좋아하지 않는 이유가 있는 것이다. 왕께서 늘 말씀하셨듯이 여인들은 왕국의 상당 부분 혹은 왕국 전체를 이어받아야 하는 상속자가 될 경우 남자들처럼 자기 몫을 보존하기 위해서 두 팔을 걷어 부치거나 땀을 흘리며 나설 생각을 한다. 하지만 이럴 때도 어떤 여인들은 벽난로 가에서 잡담으로 시간을 보내며 국가의 일과 백성들에 대해 상상하면서 마치 자기들이 모든 걸 다하는 체한다. 이 점에 관해서 다시 한 여인에게로 돌아가 보자.

어느 날 블루아에 처음으로 국가를 일구는 일에 참견하려는 한 여인을 보고 왕께서는 작은 질책을 하며 집안일과 신께 기도하는 일이나 맡아 잘하라고 했다. 아무 말이나 자유분방하게 해대는 그녀가 대답했다.

"왕자나 왕과 제후들이 모두 신성한 땅을 일구기 위해서 바다와 육지로 오갈 때 여자들에게 허용된 건 신께서 그들의 긴 여행을 지켜주고 무사히 돌아올 수 있게 해달라고 기도하는 일뿐이었습니다. 하지만 그때부터 지금까지 쭉 보아왔지만 그들이 우리보다 나은 것이 없으니 우리도 모든 걸 말할 수 있도록 허용해야 합니다. 그들을 위해 신께 기도 드린다는 것은 무엇 때문인가요? 그들이 우리보다 낫기 때문인가요?"

이 말은 너무 오만방자했던 것 같다. 따라서 그녀는 비싼 대가를 치러야 했다. 화해와 용서를 얻어 내기 위해서 그녀는 큰 고통을 겪어야 했고, 지나칠 만큼 큰 벌과 수난을 받았다.

아무리 좋은 말이라 해도 때로는 그녀처럼 입에서 나오는 대로 해서는 안 된다. 이처럼 절대로 칭찬해 주고 싶지 않은 사람들을 가끔 볼 수 있는데 그들은 야생말처럼 멋대로 날뛸 뿐 아니라, 비아냥거릴 거리가 생기면 부모건, 친구건, 윗사람이건 가리지 않고 그것을 내뱉어 버린다. 우리 중에도 이런 분류의 사람들을 볼 수 있는데 그들을 가리켜 '잘난 입을 가진 후작, 또는 후작 부인' 이라 하며, 보통은 이들을 몰래 감시하는 자들이 있게 마련이다.

아름다운 최후의 순간

지금까지는 그들의 생애에서 훌륭한 행동을 보여준 여인들의 용기에 대해 간략하게나마 이야기했으니 이제는 죽음에서 보여주는 면모를 기술해 보여주고 싶다. 굳이 고대 로마나 그리스에서 그 예를 찾아낼 것 없이 불같이 타오르는 섭정 왕비, 위대하신 왕 프랑수아의 어머니[156]를 예로 들고 싶을 뿐이다. 그녀를 잘 아는 사람들에게서 들은 바에 의하면 그녀는 모든 면에서 나약해지고 키도 작아진 나이임에도 불구하고 대단히 아름답고 사교적인 여인이었다. 사람들이 그녀에게 죽음에 관해 이야기를 하면 쓸데없는 이야기라며 오히려 훈계를 하곤 했다.

---

156) 루이즈 드 사부아. 프랑수아 1세와 마르그리트 드 나바르의 어머니.

"언젠가는 모두 죽어야만 하는 건지 그 누구도 알 수 없습니다. 이런 쓸데없는 말을 하는 사람들은 그들이 지켜야 할 계명 외에 다른 이야기밖에 할 줄 모르고 무식한 사람들처럼 배움이 다했을 때 죽음에 휩쓸리게 되는 겁니다."

이 열정적인 여왕의 딸[157] 역시 죽음에 관해 미리 이야기하는 걸 좋아하지 않았다. 운명이 다해서 죽기 사흘 전 침대에 누워 있으면서 여왕은 한밤중 투명한 창으로 밝은 달빛이 방으로 스며드는 걸 바라보고 있었다.

그녀는 밤을 지새우며 주위를 지키고 있는 궁녀들에게 왜 이렇게 뜨겁고 밝게 불을 지폈느냐고 나무랐다. 궁녀들은 불은 조금밖에 지피지 않았으며, 환하게 밝혀주는 건 달빛이라고 대답했다.

"뭐라고! 달은 이 시간을 비추기 위해 지금까지 그 빛을 간직하고 있었구나."

그러고는 갑자기 커튼을 열어젖히게 한 그녀는 침대 위를 곧바로 비추는 혜성을 보았다.

"아! 비천한 자들의 눈에는 보이지도 않을 저 신호를 보라. 하느님께서 위대한 인물들을 위해 그것을 나타나게 해주셨도다. 창문을 닫도록 하라. 그건 내 죽음을 알리는 혜성이니 이젠 준비를 해야겠노라."

다음날 아침 신부님을 모셔서 고해성사를 하면서 그리스도인으로서의 의무를 마쳤다. 의사들은 아직 때가 아니라며 그녀를 안심시켰다. 그러나 그녀는 의연하게 말했다.

---

157) 마르그리트 드 나바르. 『엡타메론』의 저자.

"만약 내가 내 죽음의 신호를 보지 않았다면 그 말을 믿겠어요. 나는 내가 그렇게 비천한 존재라고 생각지 않으니까요."

혜성 출현을 모든 사람들에게 이야기한 사흘 후[158] 그녀는 이 세상에서의 모든 꿈을 뒤로 하고 죽음의 강을 건넜다.

나는 아름답고, 젊고, 기품 있는 위대하신 여인들이라 해서 보통의 여인들보다 세상을 등지는 데에 더 큰 회한을 품지는 않을 거라고 달리 생각할 수는 없을 것 같다. 그렇지만 당장 죽게 될 것이라는 예측이 그들을 고통스럽게 하고 비참하게 만듦에도 불구하고 조금도 두려워하거나 걱정하지 않으면서 꿋꿋하게 죽음을 받아들이는 여인들을 우린 볼 수 있다.

루아 가의 로쉬푸코 백작 부인[159]은 내 취향뿐 아니라 다른 사람의 눈으로 봐서도 프랑스에서 가장 아름답고 사랑스러운 여인 중 하나다. 신부님은(사람들이 알고 있듯이 그녀는 독실한 신자였다) 그녀에게 더 이상 세상에 미련을 갖지 말라고 일렀다. 그녀에겐 이젠 시간이 얼마 남지 않았고 하느님께로 가야 하므로 하늘나라의 지복에 비하면 아무것도 아닌 세속을 떠나야만 한다고 알려주었다. 이에 그녀는 말했다.

"그곳은 좋은 곳이겠지요, 신부님. 그런 말은 이 지상에서 큰 만족과 기쁨을 누리지 못하고 죽음에 임박해 있는 사람에게 해주신다면 좋을 거예요. 하지만 제 나이 한창이고, 아름다움과 기쁨은 이곳에 있으니 당신 말씀은 쓰라린 고통일 뿐입니다. 그렇더라도 죽음을 슬퍼하는 일 말고는 더 이상 이 세상에서 나를 사랑해 줄 이유가 없다면 전 당신에게

---

158) 사흘 후가 아니라 약 3주 후가 옳다. 문제의 혜성은 1531년 8월 6일부터 9월 7일 사이에 볼 수 있었고(『혜성 관찰』, 1556), 루이즈 드 사부아는 8월 29일 사망했다.
159) 샤를로트 드 루아. 1557년 프락수아 3세 드 라 로쉬푸코와 결혼했으나 1559년 죽고 말았다.

죽음 앞에서 의연함을 보여드리고 싶습니다. 전 이제 죽음을 있는 그대로 받아들일 것을 당신께 분명하게 말씀드리겠습니다. 마치 가장 천하고 비열하고 추한 늙은이들이 모두 그랬던 것처럼."

경건한 자세로 시편을 노래하기 시작한 그녀는 조용히 죽었다.

칸달 가의 마담 데페농[160]은 갑작스럽게 병마가 덮쳐 약 6, 7주를 앓다가 죽고 말았다. 죽기 전에 그녀는 그렇게 젊은 나이에 죽게 내버려둘 거냐고 화를 내면서, 친구와 종들에게 정성스러운 기도로써 하느님과 인간들의 힘으로 자기를 구원해 주길 간청하며 모든 방법을 동원해서라도 병을 이겨내려고 했다. 그러나 이젠 더 이상 치료할 방법이 없으므로 냉정하게 신 앞에 나아가야 한다는 걸 알고는 이렇게 말했다.

"그것이 사실인가요? 그렇다면 제게 맡겨주세요. 제 스스로 모든 걸 정리하고 용감하게 대처해 나가겠어요."

그런 다음 그녀는 두 팔을 올려 손을 맞잡고 자유로워진 표정과 확신에 찬 마음으로 이제는 인내심을 갖고 죽음을 맞이하며 이 세상을 떠날 것임을 보여주었다. 그러고는 아주 독실한 그리스도인의 기도로써 모든 두려움을 물리치기 시작했다. 당대의 가장 아름답고 사랑스러웠던 스물여섯의 여인은 진실한 그리스도인으로 죽었다.

사람들은 자기 식구를 칭찬하는 건 그리 보기 좋은 일이 아니라고 하지만, 아름다운 진실을 감추어둘 수는 없다. 그렇기 때문에 난 여기서 내 맏형의 딸인 질녀 마담 도베테르[161]를 칭찬하려고 한다.

---

160) 마르그리트 드 푸아칸달. 에페농 공작인 장루이 드 노가레와 결혼.
161) 르네 드 부르데유. 브랑톰의 맏형인 앙드레 드 부르데유와 자케트 드 몽베롱의 딸. 1559년 오베테르 자작인 다비드 부샤르와 결혼하고 1596년 죽었다. 그녀를 몹시 사랑했던 브랑톰은 시로써 비문을, 산문으로써 조사를 바쳤다.

궁에서든 어느 곳에서든 그녀를 본 사람이라면 나와 마찬가지로 외모뿐 아니라 정신적으로도 아름답고 더할 나위 없이 완벽한 여인이라고 말할 것이다. 매력 있는 얼굴, 알맞은 키, 기품 있는 태도와 우아한 동작으로 갖추어야 할 것은 모두 갖춘 외모에, 정신적으로는 아무것도 모르는 순백의 고결함을 지니고 있다. 심각한 문제를 위해서든 즐거운 만남을 위해서든 사랑스러운 입에서 흘러나오는 말은 순수하고, 티 없이 맑으며, 꾸밈이 없다. 언젠가 내가 모후[162]께도 이런 말을 한 적이 있는데, 그녀가 갖고 있던 완벽함과 분위기는 프랑스의 여왕 마르그리트[163]에 버금가는 정도였다. 이것은 그녀를 지나치게 칭찬하지 않을 수 없는 충분한 비유이므로 더 이상은 말하지 않겠다. 그녀를 본 사람은 이 칭찬에 대해 어떤 반박도 할 수 없을 것이다.

어느 날 그녀는 괴병에 걸리고 말았다. 누군가가 그녀에게 독을 먹였다고들 수군댔다. 그곳이 어느 곳이었는지 말하지 않겠다. 하지만 하느님께서 모든 걸 복수해 주시리라 믿는다. 그녀는 병을 이기기 위해 할 수 있는 건 뭐든 했다. 그렇다고 해서 그녀가 죽음을 두려워한 건 아니었다. 왜냐하면 그녀는 남편[164]을 잃었을 때 모든 두려움을 잊었기 때문이었다. 사실 그는 그녀와는 맞지 않았을 뿐 아니라 그녀에게 걸맞은 사람도 아니었고 죽음 때문에 그녀의 아름다운 눈으로 눈물을 쏟아낼 필요도 없는 사람이었다. 그러나 그녀가 살고 싶어 하는 건 단지 아직 솜털만 보송보송한 채 남겨 두고 떠나야 할 딸[165]에 대한 사랑 때문이었다.

---

162) 카트린 드 메디시스.
163) 마르그리트 드 발루아. 앙리 4세의 아내인 여왕 마고.
164) 이보다 3년 전인 1593년 페리고르에서 암살당한 오베테르 자작.
165) 이폴리트 부샤르 도베테르. 프랑수아 데스파레스 드 루산과 결혼했다.

만약 또 기회가 주어진다면 더욱 아름답고 착하게 살 테지만, 남편에 대한 미련은 조금도 없고, 있다 해도 아주 가벼운 것일 뿐이었다.

더 이상 치료할 방법이 없음을 알고는 희미해져 가는 맥박을 느끼면서 그녀는 스스로를 추스르며 씩씩한 체했다(왜냐하면 그녀는 모든 걸 이해하고 있었기 때문이다). 죽기 이틀 전 그녀는 딸을 데려오게 하여 대단히 아름답고 성스러운 격려의 말을 해주며 용기를 심어주었다. 딸이 이 세상에서 살아갈 수 있는 가르침을 주고 신의 은총을 얻도록 이보다 더 나은 걸 보여주는 아름다운 일을 할 수 있는 어머니를 난 알지 못한다.

그녀는 하느님과 함께 휴식과 안락함을 취하러 가는 사람 때문에 슬픈 눈물을 흘리며 고통스러워하지 않도록 딸에게 당부하면서 신의 가호가 있기를 빌어주었다. 그러고는 거울을 달라고 하여 오랫동안 들여다보더니 이렇게 말했다.

"아, 병을 배반하는 얼굴이여, 넌 조금도 변하지 않았구나(왜냐하면 그녀의 얼굴은 그 어느 때 못지않게 아름다웠기 때문이다). 그러나 곧 너를 썩게 하여 유충들의 먹이가 되게 만들 죽음이 다가오는구나."

그러고는 반지들을 모두 꺼내어 손가락에 끼고는 아름다웠던 손을 바라보며 말을 이었다.

"지난날 내가 그리도 좋아했던 세속적인 장식품들, 하지만 이제는 다른 세상에서 더 아름다운 장식으로 나를 꾸미게 될 터이니 미련 없이 이곳에 남겨 두련다."

그런 후 몹시 슬퍼하며 눈물을 토해 내고 있는 자매들을[166] 둘러보며

---

166) 그녀의 세 자매는 뮈르탈 백작 부인인 잔, 앙블르빌 영주의 아내인 이자벨, 담 드 생-보네 아드리엔.

그들을 위로하고, 하느님께서 원하는 것이라면 기꺼이 받아들일 마음의 자세를 갖게 해달라고 기도했다. 언제나 서로 좋아하고 사랑했던 자매들은 즐거움과 기쁨을 그들에게서 앗아가려는 분께 서운하지 않을 수 없었다.

한편 그녀는 그들이 함께 나누었던 우정이 영원히 지속될 것이라며 자기에게 했던 것과 꼭 같이 딸에게 해주길 간청했다.

"내 자매들이여, 당신들이 날 사랑한다면 어째서 이 비참한 삶을 행복한 삶과 바꾸려는 나를 기뻐해 주지 않는 건가요? 내 영혼은 많은 일에 지쳤고, 이젠 거기에서 자유로워져 구원자이신 예수 그리스도와 함께 쉴 곳을 찾았건만 당신들은 아직도 영혼의 거처가 아니라 감옥일 뿐인 하잘것없는 육체에 집착하길 바라고 있나요? 내 자매들이여, 바라노니 너무 깊이 슬퍼하지 말아요."

그녀는 특별히 마담 드 부르데유를 보고 싶다며 어머니가 오길 기다리는 동안 몇 번이고 이런 말을 했다.

"하느님 맙소사. 자매들이여, 마담 드 부르데유는 아직도 오시지 않았나요? 하! 왜 이렇게 오래 걸리는 거지? 크고 작은 우편 심부름하기엔 조금도 쓸 만한 구석이 없는 것 같아."

어머닌 즉시 달려왔지만 살아 있는 딸의 모습을 볼 수 없었다. 그녀는 한 시간 전에 죽고 말았기 때문이다.

그녀는 또한 언제나 '사랑하는 나의 삼촌'이라 부르던 날 보고 싶어해서 마지막 인사를 하기 위해 사람을 보냈다. 그녀는 자기가 죽은 후에 몸을 열어보게 하라고 자매들에게 부탁했다. 그런 일은 그녀가 끔찍이 싫어했던 일이지만, 그렇게 해서라도 죽음의 원인을 명백히 밝혀내는 기회가 되도록 해달라는 것이었다. 또한 딸에게는 이모들의 목숨을 지켜주고 보호해 주기 위한 것이라 말했다.

"왜냐하면, 이미 5년 전부터 난 브랑톰 삼촌과 언니인 뒤르탈 백작 부인과 함께 독에 중독되었다는 의심이 들었다는 걸 고백하고 싶군요. 우리 셋 중에서 내가 가장 큰 독을 삼킨 거지요. 하지만 그렇다고 해서 누군가에게 책임을 묻고 싶지는 않아요. 어쩌면 내 생각이 틀릴 수도 있고, 그렇다면 난 더 큰 부담을 안아야만 할 테니까요. 난 모든 권한을 창조주이신 하느님께 띄워 보내기 위해서 모든 비난, 원한, 적의 반감 그리고 죄악에서 자유로워지고 싶어요."

나라면 과연 이 모든 이야기를 다 해낼 수 있었을까 의심스럽다. 왜냐하면 나약하고 피폐해져 가는 정신력을 조금도 느낄 수 없을 정도로 그녀의 이야기는 위대하고 길었기 때문이다. 그녀의 임종을 지키는 사람 가운데에는 식사를 같이하고 이야기를 나누곤 하던 이웃의 신사가 있었는데 그를 보자 이렇게 말을 이었다.

"아, 친구여. 이 혀와 단검을 그리고 모두를 이젠 돌려드려야 할 것 같아요. 안녕."

주치의와 자매들은 강심제라도 취하게 하려 했다. 그러나 그녀는 이젠 더 이상 아무것도 하지 말라고 애원했다.

"그것들은 아무것도 할 수 없어요. 내 고통을 연장하고 안식을 늦추게 할 뿐이지요."

그리고 가만 내버려둬 달라며 가끔 중얼거렸다.

"하느님, 죽음이 이렇듯 달콤한 것이라니, 누가 그것을 생각할 수 있었겠습니까?"

이 말을 마치자 그녀는 조금씩조금씩 정신이 희미해져 가더니, 죽음이 마지막 순간에 보여주는 추하고 끔찍한 신호도 없이, 조용히 눈을 감았다.

그녀의 어머니인 마담 드 부르데유[167] 또한 오래지 않아 뒤를 따르고 말았다. 이 귀한 딸 때문에 품게 된 우울증에 사로잡혀 일곱 달을 병석에서 지내다가 죽고 말았다. 처음부터 그녀는 결코 이 병마에서 헤어날 수 없을 거라고 말하곤 했다. 살려 달라거나 건강을 찾게 해달라고 하느님께 기도하기보다는 고통을 이겨나갈 수 있는 인내심만을 갖게 해달라고 하였다. 특히 힘겹고 고통스럽지 않게 행복한 죽음을 보내주시길 기도했다.

죽음은 이렇게 그녀의 바람대로 되었다. 어느 날 갑자기, 우리 모두는 그녀가 잠시 정신을 잃은 것뿐이라고 생각했다. 그러나 그녀는 아주 조용히 영혼을 돌려보냈고, 눈가에는 그 어느 때보다도 평온함이 깃든 모습으로 죽음의 강을 건넜다.

이렇게 아름다운 여인들이 한창 시절에 죽어가야 한다는 건 몹시 애석한 일이다. 어쩌면 이 세상을 창조하시던 날부터 화덕(가마)을 장식했던 그의 아름다운 불길만으로 만족하지 못하신 창조주께서 여인들이 그들의 아름다운 눈으로 생생하게 빛났던 것처럼 우리를 비춰주도록 하늘나라로 데려감으로써 새로운 별이 되게 하신 것뿐일지도 모른다.

이번엔 전혀 다른 이야기가 될 것 같다. 당신들께선 용감한 뷔시와 모든 면에서 닮은 그의 진정한 누이인 마담 드 발라니[168]를 앞서 보냈

---

167) 앙드레 드 부르데유의 아내. 브랑톰의 형수. 1598년 사망.

다. 캉브레가 포위되었을 때[169] 그녀는 그곳에서 도시의 점령을 막아내기 위해 대담무쌍하고 용감하게 최선을 다해서 싸웠다. 그러나 동원할 수 있는 모든 방법을 써서 방어하느라 안간힘을 썼지만 모든 것이 수포로 돌아가고야 말았다. 도시가 적들의 손아귀에 들어가고 성채 역시 마찬가지가 되어 버린 걸 보면서, 그들의 공국에서(그녀와 그녀의 남편은 단순히 귀족으로 보이기보다 몇몇 오만하고 가증스러운 국가에서 발견할 수 있는 명칭을 사용하고 싶어 해서 서로 캉브레와 캉브레시스 왕자 또는 공주라고 불렀다) 물러나야 하는 찢어지는 아픔을 이겨낼 수 없었던 그녀는 명예로운 광장 한가운데서 슬픔에 지쳐 죽었다.

어떤 이들은 그녀가 그리스도인이기보다는 이교도적인 행동을 좇아 스스로 목숨을 끊었다고 한다. 그러나 죽어가는 순간에 남편에게 보여 준 충고와 담대함은 그녀를 찬양하기에 충분하지 않겠는가? 그녀는 남편에게 이런 말을 남겼다.

"당신의 그 애석한 불운 뒤에 더 살아서 뭐가 남을까요, 발라니? 당신이 나처럼 하지 않는다면 당신에겐 불운만이 따를 테고, 당신이 힘겹게 쌓은 드높은 명예에서 벗어나 사람들의 손가락질이나 받는 구경거리와 야유거리가 될 건가요? 자, 웃음거리가 되어 불행하게 살아가느니 깨끗하게 죽음을 선택하는 날 배워 봐요."

그건 한 여인이 우리에게 죽을 것이냐 살 것이냐를 가르쳐주는 위대한 경우다. 헌데 무엇 때문에 그가 그녀를 믿고 싶어 하지도 그대로 따

---

168) 용감한 뷔시 당부아즈의 누이인 르네 드 클레르몽. 발랑스 주교의 서자이며 1594년 프랑스군 부사령관을 지냈던 장 드 발라니와 결혼했다.
169) 1595년 10월.

르고 싶어 하지도 않았을까. 그는 그로부터 7, 8개월 후에 이 용감무쌍한 아내의 기억은 잊어버리고 아름답고 정숙한 처녀인 마담 드 몽소의 여동생[170]과 결혼했다. 방법이야 어떻든 오로지 살아남는 길밖에 없다는 걸 보여주면서.

삶이란 분명 좋고 달콤한 것이다. 그러나 훌륭한 죽음 또한 이 여인의 죽음처럼 높이 찬양받아야 할 것이다. 만약 그녀가 슬픔에 젖어 죽은 것이라면, 흔히 남자들의 본성과는 반대라는 여인의 본성에 반하는 것이다. 왜냐하면 그녀는 기쁘게 죽음을 택했으니까.

나는 그런 점에 있어서는 단 한 가지 이야기만을 예로 들어볼까 한다. 바로 여왕의 궁녀로서 궁에서 죽었던 마드모아젤 리뢰유[171]의 이야기다. 그녀를 죽음으로 몰고 갔던 병마와 싸우는 동안에도 그녀는 잠시도 쉬지 않고 계속해서 이야길 했다. 그녀는 원래 말이 많고 타고난 독설가였는지라 매사에 강하게 주장을 펼 줄 알았고 그런 그녀는 아름다웠다. 죽음의 시간이 다가오자 그녀는 시종을 불러오게 하였는데 바이올린을 잘 켜는 쥘리앵이었다.

"쥘리앵, 당신의 바이올린으로 내가 죽을 때까지 귓가에 아름다운 선율을 들려주겠어요? 당신이 연주할 수 있는 것 중에 가장 잘하는 것이 '스위스의 참패'[172] 같은데 당신이 노랫말을 붙일 때엔 '모든 것을 잃었노라'[173]라고 하겠죠. 당신이 할 수 있는 한 최선을 다해서 지극히 경건하게 네 번이고 다섯 번이고 연주해 주세요."

---

170) 디안 데트레. 가브리엘 데트레(마담 드 몽소)의 여동생.
171) 니콜 드 리뢰유. 아름다운 이자보 드 리뢰유의 큰언니(또는 막내 동생?).
172) '마리냥 전투 또는 스위스의 참패'라는 노래는 잔느캥이 만들었는데 『아테그낭 전집』에 실려 있다.
173) 그 노래의 가사는(『아데그낭 전집』 중에서) 다음과 같은 내용을 포함한다. 그들은 당황했고, 그들은 패했노라.

쥘리앵이 바이올린을 켜고 그녀는 화음을 엮어 냈다. 연주가 '모든 것을 잃었노라'에 이르자 그녀는 두 차례 암송했다. 그러고는 머리맡에 놓인 등잔과 반대편으로 몸을 돌리더니 둘러 있는 사람들에게 말했다.

"이젠 모든 걸 잃었어요. 그리고 분별력도⋯⋯."

그리고 그녀는 숨을 거두었다. 이 얼마나 즐겁고 유쾌한 죽음인가. 나는 이 이야기를 신비감을 조성하려는 듯 보이기는 하지만 충분히 믿을 수 있는 그녀의 두 동료들에게서 전해 들었다.

죽음의 에피소드

만약 이렇게 즐거움 속에서 또는 즐거운 마음으로 죽어간 여인이 있다면, 그렇게 죽어간 남자들 또한 찾아보자. 밀라노 공국을 제외한 모든 곳을 차지하려는 프랑스인들을 증오심을 갖고 바라보던 위대하신 교황 레오[174]께선 즐거움과 환희 속에서 돌아가셨다.

로렌의 대수도원장은 자기 부하 중 하나인 보리유의 지휘 아래 두 개의 갤리선을 지중해 동부 연안 쪽으로 띄워 보내고자 했다. 용감무쌍하고 충성스러운 보리유는 기꺼이 길을 나섰다. 그의 일행이 에게 해 근처에 이르렀을 때 물자를 잔뜩 싣고 잘 무장한 베네치아의 커다란 함선 한 척을 만났다. 그는 상대를 향해 대포 한 방을 쏘았다. 그러자 상대는 일제 사격으로 맞대응하였다. 처음 사격부터 상대는 갤리선의 죄수들을 두 개의 작업대와 함께 날려 보냈고, 파니에(Panier, 바구니라는 뜻)라 불리던

---

174) 1521년 사망. 프랑수아 1세와 등을 돌리고 샤를 퀸트와 손을 잡았다.

동료를 앗아가 버렸다. 그런데 그는 죽기 전에 이런 말을 남겼다.

"안녕, 바구니여(Paniers), 포도 수확은 모두 이루어졌노라."

그의 죽음은 이 한 마디로 아주 재미있는 일이 되어 버렸다. 그건 바로 도저히 물리칠 수 없는 상대 때문에 후퇴하고 있는 무슈 드 보리유에게 남겨진 말이었다.

샤를 9세가 왕위에 오른 첫해 7월,[175] 왕께서는 생-제르맹 성 밖을 지나고 있었다. 거기서 우린 라 로슈-쉬르-이온 왕[176]의 주방에서 여섯 개의 은 접시를 훔친 한 소년을 처형하는 걸 목격하게 되었다. 처형대에 오른 소년은 형리에게 말할 수 있는 시간을 조금만 달라고 간청했다. 그는 자신을 죽이는 건 잘못이라는 걸 군중들에게 보여주면서 이야길 시작했다.

"난 절대로 가난뱅이, 거지, 무식쟁이 것은 훔치지 않았어요. 우리보다 훨씬 위대하신 도적님들, 매일매일 우리 것을 갈취하는 지체 높으신 어르신네나 왕자님들 것만을 훔쳤단 말입니다. 그들이 우리에게서 빼앗고 훔쳐간 것을 그대로 가져온 것뿐이라고요."

그 밖에도 재미있는 이야기가 계속되었지만 알맹이는 없는 것들이고 다만 처형대에 그와 함께 올라갔던 가엾은 신부님 이야기나 해볼까 한다. 신부님은 군중들을 향해 몸을 돌리며 이렇게 소리쳤다.

"여러분, 이 가엾은 수형자는 이제 당신들의 기도에 자신을 맡기노니 그와 그의 영혼을 위해 '나의 목자시여'와 '아베마리아' 그리고 '성모 찬가'를 함께 부릅시다."

---

175) 1561년.
176) 샤를 드 부르봉. 라 로슈-쉬르-이온 왕자. 1565년 사망.

이에 군중들은 신부님 말씀에 응답을 하고, 그 수형자는 힘없이 고개를 떨구었다. 그러더니 갑자기 신부님을 쳐다보면서 마치 송아지 새끼마냥 소리를 지르며 놀리기 시작했다. 그러고는 신부님의 발을 걸어 계단 꼭대기에서 저 아래로 내동댕이쳐 버렸는데 얼마나 높은 곳에서 떨어졌는지 다리 한쪽이 부러지고 말았다.

"하! 신부님, 틀림없이 당신을 여기서 쫓아내 버릴 수 있을 거라고 생각했어요. 이렇게 해냈다고요. 난 역시 대단한 남자라고요."

신부님의 투덜거리는 소리를 들으며 그는 목젖이 보일 정도로 크게 웃기 시작했다. 그러더니 이내 목숨을 내던졌다. 가엾은 신부는 크게 다쳤을망정 이 일은 궁에서까지 큰 웃음거리가 되었다. 자, 분명 죽음이 있었지만 슬픔은 찾아볼 수 없었다.

불같은 사나이 무슈 데탕프[177]에겐 콜랭이라는 미치광이 같은 부하가 있었다. 그의 죽음이 임박했을 때 무슈 데탕프는 콜랭이 어떻게 지내는지 물었다. 사람들은 이렇게 아뢰었다.

"가엾게도 그는 죽어가고 있습니다. 아무것도 먹지 않으려고 합니다."

그 말에 식사 중이던 무슈 데탕프가 말했다.

"자, 이 수프를 그에게 갖다 주도록 하라. 그리고 이렇게 이르도록 하라. 아무것도 먹지 않는다니 나에 대한 사랑을 위해서 어느 것도 취하지 않는다면 난 절대로 그를 사랑하지 않을 것이라 하라."

사람들은 곧 죽기 일보 직전의 콜랭에게 달려가 말씀을 전했다. 그러

---

177) 장 드 브로스, 에탕프 공작. 프랑수아 공작의 총애를 받았던 안 드 피슬뢰의 관대하신 남편. 이 공작에겐 사실 콜랭이라는 이름의 미치광이 같은 부하가 있었다. 그러나 브랑톰이 여기서 하는 이야기는 노엘 뒤 파일의 꽁트집에서 파리를 먹고 죽는 동 로베르 주앙의 이야기 내용에 근접시킬 수 있을 것 같다.

자 그는 이렇게 대답했다.

"어르신께 내가 아무것도 듣지 않는다고 말한 사람이 대체 누구요?"

그러고는 때가 여름인지라 수많은 파리떼에 둘러싸여 있던 그는 시종이나 어린아이들이 하듯이 손으로 파리들과 장난을 치기 시작했다. 그리고 한 번에 두 마리를 맨손으로 잡아서는 손바닥 위에 올려놓고 빙빙 돌리면서 말했다.

"자, 그분에 대한 사랑을 위해 내가 먹은 걸 어르신께 말씀드려 주게나. 난 이제 파리들의 왕국으로 가네."

그러고는 반대편으로 몸을 돌리더니 저 세상으로 가버렸다.

어떤 현자들께서는 말씀하시길 대부분의 사람들이 죽음의 강을 건너는 순간에 그들이 생전에 가장 좋아했던 것들을 기억해 내고 그것을 반복한다고 한다. 또한 기사, 전사, 사냥꾼, 장인들 요컨대 특별한 직업을 가졌던 대부분의 사람들은 죽어가면서 직업에 관련된 말을 남긴다고 한다. 사실 이런 일은 주위에서 종종 볼 수 있다.

여인들 역시 아주 사소한 것까지 말해 버리는 경우가 있다. 때로는 음란했던 일까지도. 내가 아는 어떤 여인은 꽤 평판이 좋았건만 죽음의 순간에 지나간 옛사랑들과 자신의 음탕함과 교활함을 모두 토해 냄으로써 자신을 이겼내다. 그녀는 그렇게 문란한 삶을 살았을까 의심할 정도로 사람들이 전혀 모르는 것까지 이야기했다. 어쩌면 그녀는 자기가 상상해 왔던 것들 혹은 더 이상 감출 수 없이 그녀를 구속하는 사실들, 이런 것들을 드러내 보임으로써 마음의 부담을 덜고 싶었는지도 모른다. 사실은 아주 맑은 의식을 갖고 회개하는 마음으로 용서를 빌며 사람들이 명백하게 알아볼 수 있게 일일이 명시하고 번호를 매겨나갔다.

"사실……."

누군가가 입을 열었다.

"이 순간에 이런 스캔들 빗자루로 마음을 깨끗이 청소할 여유가 있다니 그녀야말로 정말 특별한 여인이오."

매일 밤 꿈과 몽상에서 벗어나질 못하는 한 여인이 있었다. 그녀는 낮에 일어났던 모든 일을 밤이면 이야기하였다. 이렇게 그녀는 자기의 꿈과 몽상에 푹 빠져서 모든 걸 쏟아냈던 것인데, 이를 들어주던 남편 앞에서 스스로 문제를 만들어 일으킨 셈이었다. 그 후 그녀에게 뒤따른 건 고통뿐이었다고 한다.

그리 오래 되지 않은 이야기로, 어느 지방에서 꽤 알아주는 한 어르신네가 죽어가면서 고백하여 풍파를 일으킨 일이 있었다. 그는 자기의 애정 행각과 방탕한 짓거리를 모두 공개하고 자기와 관계했던 부인들과 처녀들의 이름을 일일이 거명하며 어느 장소에서 어떤 약속을 어떻게 했는지 모든 사람들 앞에서 하느님께 용서를 빌며 큰 소리로 또박또박 고백해 나갔다. 이것은 여자에겐 치명적일 수밖에 없다. 왜냐하면 그녀들은 스캔들에 휘말리고 말 테니까. 결국 이 어르신네는 여러 여인들을 추문 속에 빠뜨리고 말았다.

사람들이 말하길 인색한 노랑이들은 죽는 순간에도 역시 재물 생각만 하고 재물 이야기만 하며 그것만 생각하는 성향이 있다고 한다. 약 40년 전 푸아투의 제일가는 부자인 마담 드 모르트마르는 현금을 가장 많이 갖고 있는 여인이었다. 그녀는 죽을 때가 되자 금고 안에 들어 있는 돈 생각만 하면서 몹시 아픈 데도 불구하고 돈을 보러 가느라 하루에도 스무 번은 자리에서 일어나곤 했다. 마침내 죽음이 임박해 오자 신부님께서 그녀의 영원한 삶을 위해 설교를 하시는 데도 오로지 금고를 살피기 위해 일어날 생각만 하면서, "내 옷 좀 줘, 내 옷 좀 달라니까. 나쁜 놈들이 내 것을 훔쳐가고 있어."라는 답변밖에는 할 줄 몰랐다. 그녀가 돈에 애쓰고 노력하는 만큼 좋은 일에 힘썼다면 착한 여인이 될 수도 있었을 텐데, 그녀는 그렇게 죽고 말았다.

처음 이야기에서 다소 뒤얽혀진 채 끝을 맺게 된 것 같다. 그러나 도덕적인 고찰이 끝나고 비극이 소극의 이름을 이해할지어다. 이렇게 나는 끝을 맺는다.

CHAPTER
8

여자를 험담하는 일이
빚어내는 결과

당신께서 아무 말씀만 안 하신다면 제 명예는 살아남는 거지요.
그렇다면 전 아무것도 걱정하지 않아요.

추문에 관한 사람들의 태도

사랑을 즐기는 아름답고 정숙하신 여인들에 대해 주의해야 할 것 중 하나는, 자신들이 어떻게 놀아나건 누구의 말로도 공격을 당하거나 추문에 휩싸이는 걸 원치 않을 뿐만 아니라, 그네들을 비난한다면 언제고 반격을 당하고 만다는 사실이다. 요컨대 그들은 사랑을 멋지게 즐기고 싶어 하는 한편 남들이 그에 관해 입방아 찧는 걸 원치 않는다. 한 고상한 여인을 추문에 몰아넣고 비밀을 폭로하는 일은 결코 아름답다 할 수 없다. 만약 그 여인네들이 일상사에서 기쁨을 느낄 수도 없고 사랑 역시 그렇다면 여러 사람들과 새로운 시도를 해보려 할 수밖에 없지 않겠는가?

프랑스 왕궁에서도 정숙한 부인네들을 심하게 헐뜯는 경향이 있다. 호색한들 치고 이 여인들에 대해 거짓말을 날조하거나, 어떤 사실을 여러 사람 앞에서 떠벌이지 않는 사람은 없는 것 같다. 그렇다면 어떤 것에 대한 비난이 가장 큰 모욕이 될까. 무엇보다도 지체 높으신 위대하신 여인들의 명예는 절대로 공격해서는 안 된다. 여기서 내 뜻은 살갗을 더듬어본 적도 없으면서 그것을 묘사하고 떠들어 댐으로써 즐거움을 얻는 사람을 말하는 것이다.

최근 프랑스 궁정은 이 '짓궂은 방해꾼'인 루이 11세 때의 왕실을 제외하곤 앞서간 다른 왕들의 왕실과는 달리 비방과 풍자가 들끓었다. 루이 11세에 대해 전해지는 바에 의하면 그는 대부분의 시간 동안 가장 가까운 귀족 어르신네나 기사들과 함께, 또는 다른 어떤 사람과도 추잡한 이야기들을 나누곤 했다고 한다. 가장 음탕하고 질펀하게 놀아나는 여인들의 이야기를 가져오는 사람일수록 환영[1] 받았으며 그도 그런 이야기를 나누는 데 조금도 주저하지 않았다. 그는 종종 그런 소문들이 알고 싶어서 열심히 캐묻고, 공공연하게 다른 사람들에게 생각나는 대로 이야기하곤 했다. 하지만 그런 건 사실보다 더 큰 스캔들로 변질되어 떠들썩해진다. 그는 여인들에게 좋지 못한 선입견을 갖고 있어 절대로 정숙하다고 믿지 않은 사람이었다.

그는 영국 왕[2]이 파리에 오는 걸 환영한다며 초청했다. 그러나 영국 왕이 이를 승낙하자 이내 후회를 하면서 이 약속을 깰 핑계를 찾기 위해 고심했다.

"하, 하느님 맙소사! 난 그가 오지 않았으면 좋겠단 말이야. 그가 오면 어줍게 멋을 부리고 걸신들린 듯이 구는 여자에게 반할 것이 분명하고, 그 여잔 그를 오래 머물게 만드느라 비위를 맞추고 또다시 오도록 아양을 떨 덴데……. 그러면 그는 내가 원하지도 않는데 자꾸만 올 것 아닌가."

그러면서도 한편 그는 현명하고 덕이 깊은 자기 아내에 대해서만은 상당히 좋은 견해를 갖고 있었다.[3] 변덕이 심하고 의심 많은 그에게 현명함을 보여야 했던 그녀는 다른 사람들의 근접을 차단하려 애썼다. 그가 죽을 때 아들에게 어머니를 사랑하고 자랑스럽게 생각하라 이르면서도 조롱당하지는 말라고 당부했다.

"그녀는 현명하고 정숙하지만, 프랑스 여인이라기보다는 부르고뉴

---

1) 『백 가지 새롭고 진기한 이야기』는 루이 11세가 황태자로서 게네프 앙 브라방 섬에 머물고 있을 때 수집된 것들로 알려진다. "모든 일의 진상을 좀 더 잘 알기 위해 변장을 하고 도시로 나서는 이 짓궂은 왕"을 보여주는 '짓궂은 방해꾼'에 대해서는 보나방튀르 데 페리에르의 『기분 전환』 참조.
2) 에드워드 4세.
3) 루이 11세의 두 번째 아내인 샬로트 드 사부아. "그녀는 절대로 큰 쾌락을 탐하는 여인이 아니라 한마디로 아주 착한 여인이었다."라고 코민은 말한다. 참조, 필립 드 코민 『루이 11세의 초상』.

여인이지."[4]

그는 또한 자손을 갖는 일을 별로 좋아하지 않았고, 자식들이 생겼음에도[5] 그리 소중하게 여기지 않았다. 그는 그녀를 평범한 궁녀처럼 옷을 입혀서, 평범한 여인처럼 앙부아즈 성에서 살게 하였다. 그리고 산책을 하거나 기도를 할 수 있는 자그마한 뜰을 마련해 주었다.

여러분도 생각할 수 있으려니와, 왕이 여인들에 대해 이런 생각을 갖고 있고 험담하기를 그렇게도 좋아하는데 어떻게 여인네들이 궁정의 그 수많은 입들 사이를 오락가락할 수 있었겠는가. 그는 이렇게 희롱함으로써 여인들에게 달리 해를 끼치거나 절대로 그 여인들의 놀음을 응징하려는 것이 아니었다. 단지 가장 큰 즐거움을 위해서 그들을 놀리는 것뿐이었다. 따라서 이런 험담에 쫓기는 가여운 여인들은 하고 싶을 때에 마음대로 옷매무새를 고치지도 못할 지경이었다.

어쨌거나 그 당시에는 매음이 몹시 성행했다. 왕이 그것을 적극 권장했고, 궁정의 귀족이나 기사들과 함께 매음하도록 했다. 그러고는 공공연하게 또는 숨어서 누가 어떻고 어떻다며 웃고, 방탕하고 음란한 짓거리들에 대해 기담을 펼쳐 놓을지 시합이라도 하듯 음담패설을 늘어놓곤 하였다. 그런데 사실 위대하고 지체 높으신 이 여인들의 이름은 덮어주었고 드러나는 외양이나 짐작만으로 판단하며 즐길 뿐이었다. 하지만 그 여인들은 심하게 꾸짖고 야단치는 불같은 왕이 통치할 때보다야 훨씬 좋은 시절을 보냈던 것이라고 난 생각한다. 이것이 다른 옛 왕들에

---

4) 외국인이라는 의미로 이해해야 한다. 샤를로트는 사부아 공작인 루이의 딸이었다.
5) 루이 11세는 샤를로트에게서 그를 이은 샤를 8세, 보쥬의 영주와 결혼한 안, 루이 12세라는 이름으로 샤를 8세의 왕위 계승자가 되는 루이 도를레앙과 결혼한 잔을 낳았고, 그 외에 어려서 죽은 다른 세 아이가 있었다.

비해 좋은 왕이라 할 수 있는 점일까?

그러나 그의 뒤를 이은 샤를 8세는 이런 기질을 갖고 있지 않았다. 그는 언행에 있어 그 누구보다도 절도 있고 품위 있었으며 여자건 남자건 아주 사소한 말이라도 비난하거나 공격하는 법이 없었다고 전해진다. 그렇다면 그가 통치하던 시절 쾌락을 좇는 여인들은 별로 좋은 시간들을 보내지 못했을 것이라고 생각할지도 모른다. 그러나 그는 여인들을 몹시 좋아했고 지나칠 정도로 즐겼다. 대단한 승리감과 명예심에 승승장구했던 나폴리의 원정에서 돌아올 때, 그는 이 왕국에 남겨진 여인들을 기억조차 못하고 리옹에 들러[6] 애무와 쾌락을 나누며 진하게 밤을 즐겼다. 사람들은 또한 여인들이 그의 죽음의 원인이었다고도 전한다. 허약한 체질임에도 여인들에게 심하게 내맡겨서 무기력해져 죽음을 재촉했던 것이다.[7]

루이 12세는 여인들에게 대단히 존경받는 인물이었다. 그는 평생 좋은 관계를 맺었던 아내나, 여러 처녀 또는 부인들[8]에 대해서 말하는 것을 제외하고는 자격시험을 거쳐 선발된 궁정의 서생들이나 신학생 같은 왕국의 위선자들이 누구에 대해 무슨 말을 하건 모두에게 너그러웠다. 또한 그는 다른 사람들 못지않게 여인들을 사랑하고 자기 품에 안았다.

---

6) 1495년 가을.

7) 기력이 쇠진하고 피로에 지친 쉰두 살에 경박하고 색정적인 열여섯 살의 영국 헨리 8세의 누이인 마리와 세 번째로 결혼한 그는 플뢰랑제의 표현을 빌자면, "아내와 아주 훌륭한 동반자가 되길" 원했다. 또한 "그는 머잖아 그를 낙원으로 곧바로 인도해 줄 젊은 사랑의 화신을 차지했다."고 사람들은 말했다. 사실 그는 결혼한 지 3개월 되는 1515년 새해 첫날 세상을 떴다. 숨을 거두기 전에 그는 아내에게 침울하게 이런 말을 했다. '내 귀여운 아내여, 당신의 새해 선물로 내 죽음을 주노라.' '귀여운 아내'는 이 죽음의 선물을 받아들여 장례식도 치르기 전에 사랑하는 연인 쉬포크 공작과 결혼했다.

8) 사람들은 뷔시 주교의 어머니로 알려진 궁정의 세탁부와의 관계며, 나폴리에서의 토마사나 스피뇰라와의 애정 관계를 모두 알고 있었다.

그러나 자기 목숨을 바쳐야 했던 그의 조부 루이 도를레앙[9]처럼 허풍이나 제멋대로 떠들어 대는 우쭐거림, 독설 같은 건 삼가는 사람이었다.

루이 도를레앙은 사촌 장 드 부르고뉴 공작이 참석했던 연회 석상에서 자기 방에 자기가 즐겼던 아름다운 여인들의 초상화를 걸어놓았다고 큰 소리로 허풍을 떨었다. 어느 날 우연히 사촌 장이 그 방에 들어갔다. 그런데 그의 눈에 가장 먼저 띈 초상화의 여인은 바로 자신의 부인이었다. 그녀의 이름은 마르그리트로, 에노와 젤랑드의 백작인 알베르 드 바비에르의 딸이었다. 기절초풍할 듯 놀란 장은 낮은 목소리로 중얼거렸다.

"아, 두고 보자."

그는 조금도 동요하지 않는 것처럼 감정을 숨겼다. 그러고는 복수심을 가슴속 깊이 품고는 왕국의 섭정 정치와 통치술에 관해서 자기의 아픔을 아내 아닌 정치 문제로 채색시켜 시비를 걸고 들어갔다. 그 후 파리의 포르트 바르베트에서 루이 도를레앙을 암살하고[10] 아내는 독살시켜 버렸다.[11] 매춘부 같은 아내가 죽자 그는 부르봉 공작인 루이 3세의 딸과 재혼하였다.[12] 그러나 어쩌면 그는 사태를 더욱 악화시켰을 수도 있다. 이런 사람들에게서 머리에 뿔을 다는 문제를 보면, 아무리 방과 은신처를 바꾸어도 뿔은 언제나 있기 때문이다.

공작은 자신과 아내를 스캔들에 몰아넣지 않으면서 현명한 방법으로

---

9) 샤를 6세의 동생인 루이 도를레앙. 1407년 11월 23일 암살되었으나 브랑톰이 말하는 이유 때문은 아니다.
10) 샤를 6세의 동생이며, 샤를 5세의 차남인 루이 도를레앙은 비에유 드 탕플 가와 바르베트가 모퉁이에서 부르고뉴 공작이 매복해 놓은 자들의 손에 살해되었다. 참조, 1권 1장.
11) 브랑톰의 착각. 마르그리트 드 바비에르는 남편인 장 드 부르고뉴 공작과 4년을 더 살았다.
12) 브랑톰의 또 다른 착각. 부르봉 공작 루이 3세의 딸은 오베르뉴의 황태자인 삼촌 베로와 결혼했다.

복수했다. 그로서는 아주 교묘한 은폐 수법이었다. 내가 잘 아는 위대하신 장군께서 말씀하시길 지혜로운 남자라면 그가 공격받는다 하더라도 절대로 남이 알게 해서는 안 되며 그 문제에 대해선 절대로 비밀을 지켜야 한다고 한다. 몇몇 사람에게는 달리 부정할 수 없는 또 다른 새로운 일을 꾸며내는 것이 오히려 유리한 경우가 세 가지 있다고 한다.

하나는 사람들이 그가 뻐꾸기 남편이고 아내는 공공 소유물이라고 하는 말을 들을 때, 또 한 가지는 사람들이 그를 남색을 밝히는 형편없는 녀석이라고 비난할 때, 세 번째는 사람들이 그를 전쟁이나 전투에서 치사하게 군 겁쟁이로 여기고 그런 인물로 만들어 버릴 때다. 장군이 말한 세 가지는 문제가 공개되었을 때 대단한 추문에 휩싸일 뿐이므로 그 추문들과 싸워야 한다. 때론 사람들은 이렇게 추잡하게 세상을 더럽히는 자를 깨끗이 청소해 버려야 한다고 생각하기도 한다. 따라서 문제가 세상에 알려지면 사람들에게 빈축을 사게 되고, 휘저으면 휘저을수록 악취가 더 나듯이 문제가 들추어지면 질수록 더 큰 상처만 안게 될 뿐이다. 이것이 겉으로 그럴듯한 새로운 문제를 꾸며내고 터뜨리면서까지 명예를 굳건히 지켜야 하는 이유다. 이러한 공격에는 가능한 한 미룰 수 있는 데까지 미루면서 문제를 일으키고 싸우고 항변하는 일을 삼가야 한다. 이 일에 대해서 많은 예를 들 수 있겠으나 이야기를 너무 늘어뜨려 날 불편하게 하지 않을까 싶다.

여하 간에 이런 여러 이유들로 봐서 장 공작이 모든 걸 숨겨 자기 머리에 만들어진 두 뿔을 감추고, 자길 모욕한 사촌에게 다른 이유를 갖고 복수한 것은 아주 지혜로운 처신이었다. 물론 여전히 그는 조롱당하고 있음을 알 수 있다. 그렇지만 이러한 웃음거리나 스캔들은 결코 그의 깊은 야심을 건드릴 수 없으며, 대단히 교묘한 세속적인 지혜로 반격을 하게 만들 뿐이란 건 의심의 여지가 없다.

여인들에게 관대했던 어르신

자, 이젠 내가 살던 곳으로 다시 돌아오기 위해 다른 문제로 넘어가보자. 여인들을 몹시 사랑했던 프랑수아 1세는 여인들이란 절개도 없고, 상황에 따라 쉽게 마음이 변한다는 의견[13]을 갖고 있었다. 그래서 자기가 다스리는 궁 안에서는 여인들을 절대로 비방하지 않고 존중해 주며 예절을 갖추고자 했다. 그가 한번은 파리 근처의 뫼동에서 사순절을 보냈는데, 브리잠부르그 드 쟁통주[14]라는 시종이 시중을 들고 있었다. 그는 고기 시중을 들고 있었는데 왕이 나머지를 가져오라고 명령했다. 때로 궁에서는 소그룹의 여인들이 있게 마련인데 이 시종은 궁 안의 자기 동료나 그 밖의 사람들 중에서 이 여인네들은 사순절 동안 생고기(맨살)는 먹지 않고 익혀서만 먹으니 은총을 내려주십사고 쓸데없는 말을 늘어놓았다. 여인들은 그 사실을 알고 즉시 왕에게 달려와 불평을 하였다. 화가 몹시 난 왕은 그 즉시 호위병을 불러 당장 그를 처형하라고 명했다. 다행히도 그 시종은 동료의 도움으로 그곳을 탈출하여 목숨을 건졌다. 만약 붙잡혔더라면 좋은 인격을 갖추었던 이 시종은 더 이상 불경

---

13) 그의 누이 마르그리트 드 나바르에 따르면, 여자들을 보는 데 있어 프랑수아 1세는 그녀들을 상당히 반박하는 의견을 갖고 있었다. "우리가 판단할 수 있는 바로 그는 1537년 11월 8일 몽모렁시에서 이렇게 편지를 썼다. '여자들을 멈춰 서게 하려면 그녀들은 앞으로 나가지 못해서 죽을 지경이 되고, 그녀들을 앞으로 걸어 나가게 하려면 이번엔 또 한군데에서 꼼짝 않으려 든다.' (클레랑보, 336, 파리 국립박물관의 보존 원고 6,230쪽.)

14) 피에르 브레사르. 일명 브리잠부르그. 1528년 왕의 시종이었고, 후에는 칼을 가는 시종. 참조, 『프랑수아 1세의 행동 목록』 I, 611.

스러울 수 없는 말로 격노한 왕에게 즉시 처형되고 말았을 것이다. 난 그 자리를 목격한 사람에게서 이 이야기를 들었는데 왕은 큰소리로 누구라도 여인들의 명예를 건드리는 행동을 보이면 가차 없이 목을 매달 것이라고 했단다.

그에 조금 앞서, 교황 폴 파르네즈가 니스에 왔을 때[15] 왕은 궁정의 많은 어르신네들과 여인들을 거느리고[16] 교황을 뵈러 갔는데 그리 밉지 않은 몇몇 여인들이 교황의 슬리퍼에 입을 맞추러 갔다. 이에 대해 한 어르신네가 그 여인들을 보고 스캔들을 일으키지 않고도 원하는 대로 얼마든지 맨살을 더듬어도 용서해 달라고 교황 성하께 청하러 간 거라며, 비아냥거리기 시작했다. 이를 알게 된 왕은 여인들을 존중하는 만큼이나 교황에 대한 존경심 때문에 화가 나, 도망하려는 자를 붙잡아 목을 매달아 버렸다.

이 어르신네들은 불덩어리 무슈 달바니[17]처럼 만나서 대화하는데 그처럼 즐겁지는 못했다. 교황 클레멘트께서 그의 질녀와 무슈 도를레앙[18]의 결혼식 때문에 마르세유에 왔을 때였다.[19] 거기엔 아름답고 정숙한 세 미망인이 있었는데 남편들과 보내는 즐거움도 없고 공허감에서 오는 고통과 권태와 슬픔 때문에 처지고 무기력해지고 점점 허약해져 여기저기 아픈 듯 느껴졌다. 그래서 그들은 교황의 은총을 받고 있는 부친 무

---

15) 1538년 6월 2일.
16) 1538년 6월 11일. 브랑톰이 말하고자 하는 여인들은 나바르 여왕, 마담 드 병돔, 에탕프 공작 부인, 몽모렁시 대법관 부인, 브리옹 제독 부인, 그리고 그 외 서른여덟 명의 처녀들.
17) 존 스튜어트, 달바니 공작. 부르보네와 오베르뉴의 통치자(1482-1536)였던 자크 2세의 손자.
18) 교황의 질녀인 카트린 드 메디시스와 장래의 앙리 2세인 앙리 도를레앙의 결혼은 1533년 10월 28일 마르세유에서 있었다.
19) 클레멘트 7세는(1533년 10월 11일) 스페차로부터 달바니 공작의 지휘하에 있는 프랑스군 연대의 호위를 받고, 마르세유에 닻을 내렸다.

슈 달바니에게 금해진 기간 중이지만 날고기를 세 번만 먹게 해달라고 간청했다. 달바니 공작은 그들의 청을 받아들여 날을 잡아 편안한 마음으로 교황의 방으로 오라고 일렀다.

그리고 교황과 시간을 갖게 될 것임을 왕에게도 미리 알려두었다.

창가에 계신 교황을 보고 세 여인은 교황 성하 앞에 무릎을 꿇었다. 무슈 알바니가 먼저 입을 열었는데 아주 낮은 이탈리아어로 말했기 때문에 여인들은 알아들을 수가 없었다.

"교황 성하, 당신께서 보시듯이 여기 이렇게 아름답고 정숙한 세 명의 미망인이 있습니다. 그네들은 저 세상으로 간 남편에 대한 존경심과 낳은 아이들에 대한 애정과 의리 때문에 행여나 누가 될까 재혼하려는 생각은 조금도 못하고 있습니다. 하지만 때때로 그녀들도 육체적 자극을 받고 싶어 하니, 아주 겸허한 마음으로 간청하노니 만약 저들이 유혹을 느낄 때면 결혼과는 무관하게 남자를 가까이할 수 있도록 허락해 주시길 간청합니다."

"뭐라고요?"

교황께서 말씀하셨다.

"그건 내가 도저히 용서해 줄 수 없는, 하느님의 계명을 어기는 일입니다."

"자, 바로 저들입니다. 교황 성하, 그들에게 알아듣도록 말씀하십시오."

그 셋 중 한 여인이 말을 이었다.

"교황 성하, 저희는 무슈 달바니께 우리들의 나약하고 허약한 체질을 설명 드리고 우리 세 사람을 위해 소박한 요청을 당신께 말씀드려 주시길 부탁드렸습니다."

교황께서 말씀하셨다.

"그러나 그 요청은 결코 옳지 못한 것이라 받아들일 수 없습니다. 하느님의 계명을 어기는 일이기 때문입니다."

무슈 달바니가 무슨 말을 했는지 알지 못하는 이 세 과부는 교황께 반박했다.

"교황 성하, 그저 일주일에 세 차례만 기회를 주신다면 저흰 만족할 것이고 아무런 문제도 일으키지 않을 것입니다."

"뭐라고요? 당신들에게 그 사치스러운 죄를 허락하라고요? 난 저주받고 말 겁니다. 난 절대로 그렇게 할 수 없습니다."

순간 이 부인들은 어떤 음흉한 간계와 비웃음이 있음을 알고 무슈 달바니가 한 말에 문제가 있음을 느끼며 이렇게 말했다.

"저희가 말씀드리는 건 그게 아닙니다, 교황 성하, 저흰 단지 금지된 날에 날고기를 먹을 수 있게 해주십사는 것뿐입니다."

이에 달바니 공작이 말했다.

"부인, 난 그것이 살아 있는 육체를 말하는 줄 알았소."

교황께선 그제야 이야기를 이해하고 웃으며 말씀하셨다.

"내 사촌이여, 정숙하신 부인들의 얼굴을 붉게 만들었구려. 여왕께서 이 사실을 아신다면 몹시 화를 내실 겁니다."

여왕께선 그 사실을 알았지만 모르는 체했고, 왕께서도 나중에 이야기를 듣고 교황과 함께 몹시 웃으셨다. 교황께선 이 부인들에게 신의 가호를 빌어주시고는 그녀들이 요구했던 걸 허락해 주셨고, 부인들은 만족했다.

사람들은 이 세 부인의 이름을 내게 말해 주었는데, 마담 드 샤토 브리앙 또는 마담 드 카나플, 마담 드 샤티용, 그리고 마담 라 바이브 드캉이다. 이는 궁정의 옛사람들에게서 들은 이야기다.[20]

교황 바오로 3세가 왕 프랑수아를 보러 니스에 오셨을 때[21] 일찍이 젊어서부터 장난기 있는 행동과 재미있는 말을 잘하곤 했던,[22] 당시엔 마담 뒤 벨레였던 마담 뒤제스[23]는 한술 더 뜨는 일을 했다.

어느 날 교황 성하 앞에 무릎을 꿇고 그녀는 세 가지 간청을 했다. 하나는 교황께서 자기를 사면해 달라는 것이었다. 섭정 왕비의 시녀인 어린 소녀로서 탈라르라는 이름으로 불렸던 그녀는 일을 하던 중 실수로 가위를 잃어버렸는데, 만일 그녀가 가위를 찾으면 일을 끝내겠노라고 성 알리베르고에게 맹세를 했으나 그녀는 그 일을 끝내지도 못했고 성스러우신 분이 묻힌 곳이 어딘지도 알 수가 없다는 것이었다. 또 다른 하나 그녀가 용서를 구한 것은, 교황 클레멘트께서 마르세유에 오셨을 때 아직 소녀 탈라르였던 그녀는 교황 성하께서 베고 누우셨던 베개를 몰래 가져와 그녀의 침대와 침대 사이의 공간에 놓고는 앞뒤로 만지면

---

20) 브랑톰은 『아키텐 연보』 4부, p.473에 실려 있는 장 부셰의 짤막한 이야기를 근거로 하고 있다. 그러나 부셰는 어떤 이름도 인용한 적이 없으므로 브랑톰이 제시한 인명 판정은 신빙성이 별로 없다. 마담 드 샤토브리앙은 남편보다 먼저 죽었으며 마담 드 카나플은 남편을 22년 후인 1555년에야 잃었다. 콜리니 제독의 어머니인 마담 드 샤티용은 1522년부터 샤티용 영주인 콜리니 가의 가스파르 1세의 미망인이었다. 또 한 여인은 프랑수아 드 실리, 바일리 드캉의 아내인 에메 모티에 드 라 파예트.

21) 1538년 6월 2일.

22) 우린 그녀를 잘 알고 있었고, 그녀를 풍자하여 썼던 마로의 글을 알고 있다.

한시도 가만히 있을 수 없는 소녀, 탈라르를
되돌아온 궁정 뜰에서 바라보고 있으니,
그녀가 온 것만으로도 우린 인정해야 한다.
재치와 장난이 이 세상에 다시 왔다는 걸.
왜냐하면 재치는 바로 작은 금발이니까.

23) 루이즈 드 클레르몽-탈라르. 이브토 왕자인 프랑수아 뒤 벨레와 첫 결혼, 뒤제스 공작인 앙투안 드 크루솔과 두 번째 결혼. 1536년 죽음.

서 얼굴과 입술로 애무하고 키스했다는 것이었다. 세 번째 청은, 테의 영주[24]를 파문시켜 달라는 것이었다. 왜냐하면 그녀는 그를 사랑하지만 그는 조금도 좋아하지 않으니 저주받아야 하며, 그는 사랑받지 않으면 조금도 사랑하지 않으니 파문당해야 한다는 것이었다.

이러한 요구들에 놀란 교황께선 왕에게 그녀가 대체 어떤 여인인지 캐물으며 그녀의 수다를 알고는 왕과 웃으셨다. 그녀는 그때 이미 위그 노였으니 교황을 놀리려 했다는 사실이 내겐 그리 놀라운 일은 아니다. 그녀는 일찍부터 자기 길을 갔고, 그 당시에도 그녀에 대해선 모두가 좋게 봐주었으며 행동이나 말도 모두 용서가 되었다. 은총을 받았으니까.

그러나 이 위대하신 왕께서 여인들을 존중하는 데 있어 그렇게 모호하고 진보적이었다고 생각하진 말아야 한다. 그는 그저 남들이 그에게 하는 이야기가 재미있으면 문제 삼지 않고 그냥 좋아했을 뿐이다. 그렇지만 모든 면에서 특권을 누리는 왕으로서 개인이건 단체건 자기와 같은 특권을 누리는 건 원치 않았다.

내가 들은 바로는 그는 자기 궁정의 품위 있는 기사들이 섬기는 여인도 없이 지내는 걸 원치 않았다고 한다. 만일 사랑하는 여인 없이 지낸다면 그를 어리석고 멍청한 사람으로 취급했다. 그리고 종종 기사들에게 애인의 이름을 묻기도 하고, 잘해 주라며 약속을 받아내기도 하고 좋은 말을 들려주었다. 이 얼마나 너그럽고 친근한 왕이신가! 또한 그들 중 누군가가 애인과 뭔가 심각한 이야기를 나누고 있는 걸 보면 불러서 무슨 문제인지 물어보고 바로 잡아주기도 하고 다른 이들의 예를 들어

---

24) 장 드 테. 왕실의 기사로서 왕의 침실을 담당하다가 후에 보병대 장교, 그리고 포병대의 교관을 지냄.

배우도록 했다.

자기와 가장 친근하게 지내는 사람들에게 자기에게 일어난 이야기를 함께 나누고, 그들에게 이야기하는 데 전혀 인색하게 굴지 않았다. 따라서 그에게서 일어났던 재미있는 이야기로 그 자신의 입으로 읊어진 이야기를 한번 들어보기 바란다.

궁에 들어온 한 젊고 예쁜 여인이 짐승 같은 남자들을 보기 위해서 지체 높으신 어른들 특히 이 위대하신 왕에게로 부드럽게 접근해 들어갔다. 하루는 왕께서 자기 숲의 가장 울창한 삼림 가장자리에 잠두콩을 심고자 했다. 이 이야기를 들은 여인은 기회가 될 때마다 왕을 뵈러 가기 시작했다. 즉, 왕께 뭔가를 갖다 드려야 할 때 또는 왕으로부터 뭔가를 받아와야 할 때마다 열심히 달려가 그를 만지고 손에 입을 맞출 기회를 노렸다. 그러다가 그녀는 아무런 격식도 차리지 않고 느닷없이 왕의 손에 아주 공손히 입을 맞추며 왕에게서 잠두콩을 빼앗아 삼림 가장자리에 심었다. 그러고는 아주 냉정한 태도로 왕께서는 어떻게 그에게 서비스하길 바라느냐고 물었다. 아주 참하고 정숙한 여인으로서 모실 것인지 아니면 아주 방탕한 여인으로서 모셔야 할지를 묻는 것이었다. 그녀는 소박하기보다는 예쁘장했으므로 시간을 헛되이 낭비한 것 같진 않다. 마침내 그녀는 훌륭한 서비스로 왕을 모시게 되었는데 일이 끝날 때까지도 그녀는 왕께서 베풀어 주신 은총에 감사하여 어쩔 줄 모르면서도, 기회 있을 때마다 여러 차례 남편의 승진을 부탁하는 일을 잊지 않았다.

난 그 여인의 이름을 알고 있는데 그 이후부터 그녀는 이전처럼 어수룩한 데라곤 전혀 없고 화려한 복장에 꾀바른 여인으로 변모했다. 왕이 그 이야기를 조금도 숨기지 않았기 때문에, 이야기는 여러 귀를 통해 전해졌다.

그는 이 사람 저 사람들의 사랑에 관해 무척 호기심을 갖고 알고 싶어했으며 특히나 사랑의 행위에 대해 무척 궁금하였다. 심지어는 한창 무르익을 때 부인네들이 자아내는 멋진 분위기며, 그네들이 어떤 자세로 어떻게 펼쳐내는지, 그네들이 사용하는 언어는 어떤 것인지 등등을 알고 싶어 했다. 그러고는 목이 터져라 웃어대고는 남에게 알리거나 소문내는 것을 철저히 막고 명예와 비밀을 지킬 것을 굳게 당부했다.

다음으로는 대단히 위대하고 훌륭하고 아주 관대한 로렌 추기경[25]이 있다. 그를 아주 관대하다고 하는 것은 그 시대에 그와 같은 인물이 없었기 때문이다. 그의 씀씀이, 믿음을 갖게 하는 은혜로운 선물들, 특히 가난한 사람들에 대한 자비로움 등은 그 누구도 따를 수가 없었다. 그는 요술 망태기 같은 큰 자루를 갖고 있었는데 시종은 그의 기쁨의 원천인 돈을 자루에 채워 넣는 일을 잊어서는 안 되었다. 매일 아침 3, 4백 에퀴 정도의 돈을 넣으면 그를 찾아오는 가난뱅이들에게 손에 잡히는 대로 꺼내 주었다. 그에 대해서는 한 가난뱅이 장님의 이야기가 의미심장하게 전해진다.

어느 날 로마에서 길을 가던 그에게 이 장님이 동냥을 청했다. 그러자 그는 버릇대로 지니고 있던 금 한 덩어리를 던져주었다. 그러자 그 장님

---

25) 장 드 로렌(1489-1550). 스물다섯에 추기경이 되었고, 라스 드 노가 수집한 그의 묘비명이 증명하듯이 호쾌함과 너그러움으로 당대에 아주 유명했던 인물이다.

    아, 살아생전 누구에게도 인색함이 없고,

    마치 왕자님처럼 고상한 시간을 사랑하셨으며,

    나에 대한 너그러움을 세상 모든 이에게도 똑같이 펼치셨으니,

    내 기억 속에 영원히 영원히 남으시리라.

은 이탈리아어로 크게 외쳤다.

"오, 당신은 예수 그리스도이신가, 아니면 로렌 추기경이신가!"

그는 가난한 자들에게 너그럽고 늘 은혜를 베풀었듯이 다른 사람들에게도 마찬가지였으며, 특히 여인들에게는 더욱 그러했다. 여인들은 쉽게 그를 유혹해서 큰 것을 얻어 내곤 하였다. 돈이란 예나 지금이나 식도락이나 대향연이나 장식품들을 위해선 그리 넘쳐나는 것이 아니기 마련이기 때문이다.

여자들에 얽힌 그의 에피소드를 하나 이야기하자면, 그는 궁에 들어갔다가 새로이 등장한 어여쁜 처녀나 부인네들을 보면 즉시 그녀 옆에 다가가 자기 손으로 옷을 입히고 싶다고 말했다. 그런데 그건 야생 암탉에게 옷을 입히는 것처럼 그렇게 힘든 일은 아니었던 것 같다. 사람들이 하는 얘기는 궁에 거주하는 궁녀들이건 아직 방탕한 생활에 물들지 않은 채 갓 들어와 이 추기경님의 너그러움에 사로잡힌 새 궁녀들이건, 이 궁에서 나갈 때에는 참한 처녀 또는 부인네로서 나가는 이는 거의 없다고 한다. 또한 그럴 때 그들의 짐 궤짝이나 옷 보관함은 오늘날 우리 여왕이나 공주들도 지니지 못한 드레스며 속옷들, 금, 은, 실크 등으로 가득한 걸 볼 수 있었다고 한다. 나도 두세 명의 이런 여인들을 본 경험이 있는데 어머니나 아버지 또는 남편들이 결코 줄 수 없는 엄청난 양의 선물들을 얻어 자기 앞에 그 모든 걸 펼쳐 보이며 기뻐 어쩔 줄 몰라 했다.

이 이야기는 얼른 끝내고 명예로운 의복에 지극히 존귀하신 신분의 이 위대한 추기경님 이야기를 계속해야 할 것이다. 그런데 그의 왕께서도 쾌락을 누리시길 원했다. 이 왕의 마음을 흡족하게 해드리기 위해서 그는 모든 것에서 자신을 사면시켰다. 사랑을 하고 또 다른 것들을 하는

데 인정 많은 여인들은 역시 다른 사람과 마찬가지로 육체적 인간인 그분과 함께 사랑의 전투에도 가고, 사냥도 가고, 춤도 추고, 가장 무도회에도 갔으며 다른 훈련도 함께 쌓아 나갔다. 그는 사랑을 나눈다고 불러야 하는 이 일에는 불완전하지만 작은 결점을 덮어줄 만한 다른 큰 장점과 완벽함을 지니고 있었다.

그가 여인들 앞에서 보여준 존경스러운 태도에 관해 한 가지 이야기를 할까 한다. 그는 천성적으로 여인들을 존중하며 예절 바른 사람이었다. 그런데 특별한 이유도 없이 사부아 공작 부인인 돈 베아트릭스 드 포르투갈[26] 앞에서는 타고난 천성을 모두 잊어버린 듯했다. 그가 한번은 피에몽을 거쳐 로마로 가던 중 자기의 주인이신 왕의 심부름으로 공작과 공작 부인을 방문하게 되었다. 공작과 충분히 이야기를 나눈 뒤, 공작 부인께 인사를 드리기 위해 찾아갔다. 세상 누구보다도 오만하기 이를 데 없는 이 공작 부인은 입을 맞추도록 손을 내밀었다. 이 모욕을 참을 수 없던 추기경은 그녀의 입술에 입을 맞추기 위해 다가섰다. 그러자 그녀는 뒤로 물러났다. 그는 참지 못하고 그녀에게 더욱 가까이 달려들어 머리를 잡고는 반항하는 그녀에게 두세 차례 입을 맞추고야 말았다. 그녀는 포르투갈어와 스페인어로 고함을 지르며 자리를 박차고 나갔다. 그가 말했다.

"어찌, 감히 내게 그런 얼굴과 그런 태도를 보일 수가 있지? 난 이 세상에서 가장 위대하신 우리 여왕님과도 입을 맞추었는데, 감히 일개 가난뱅이 공작 부인인 주제에! 난 절대로 당신하고는 입을 맞추지 않을 것

---

26) 브랑톰은 다른 책에서 피에몽에 은신해 있던 로트렉의 군사들에 대한 이 오만한 공주의 심한 행동에 관해 말한다.

이오. 내가 당신보다 훨씬 부자에 착하고 아름다운 부인들과 잤다는 걸 당신은 알아야 한단 말이오."

어쩌면 그가 사실을 말했을 수도 있다. 이 공주께서 그렇게 좋은 가문의 왕자이며 추기경이기까지 한 어르신께 이렇듯 오만한 태도를 보인건 잘못이다. 하느님을 따르는 위대하신 공주들로서는 그 누구와도 비교할 수 없는 교회의 드높은 서열에 추기경이 계시다는 걸 인정했어야 옳았을 것이다. 추기경님 또한 이렇듯 험한 반격을 한 건 잘못이다. 그러나 이런 모욕을 견디어 내기에는 직분이 어떻든지 간에 고상하고 너그러우신 마음에 그만 화가 너무도 심하게 났던 것이다.

중상모략의 결과

그랑벨 추기경[27]은 에그몽 백작[28]이나 내 펜 끝에 놓였던 다른 이들에 대해서 자기가 느끼는 바를 그대로 느끼게 해주는 사람이었다. 그 이야긴 다음에 하기로 하고, 열정적인 왕 앙리 2세에게로 가보도록 하자.

그는 여인들을 대단히 존중해 주고 항상 예의를 갖춰 대하며 여인들의 명예를 훼손하는 비방자들을 몹시 싫어했다. 왕께서 이런 권위와 성격으로 여인들을 대했기 때문에 궁녀들은 감히 험담하기 위해 입을 열기가 어려웠다. 게다가 여왕께서는 자신이 거느리는 궁녀들을 길들이기 위해서 손수 나섰다. 누굴 비방하거나 헐뜯는 사람에겐 뜨겁게 혼을 내

---

27) 앙투안 페레노, 그랑벨 추기경(1517-1586). 말린과 브장송의 대주교를 차례로 지냈고, 필립 2세의 조언자 중 한 사람이었다.
28) 에그몽 백작은 알브 공작의 명령에 따라 1568년 참수형에 처해졌다.

주었고 일단 그분 귀에 이런 말이 들어간 사람은 누구를 막론하고 궁녀들과 똑같이 처리했다. 여왕께선 왕께서 당신에게 말하는 순수하고 깨끗한 마음과 그의 영혼을 느낄 수 있다고 말하곤 했다. 따라서 비방하는 글을 쓰거나 풍자하는 자들을 비웃으며 코웃음 쳤다.

"그들이 골치 썩히게 놔두시오. 아무것도 아닌 걸로 야단들이니."

이렇게 말하곤 했다. 그러나 그녀에게 들키면 뜨거운 맛을 보아야만 했다.

그런 일은 리뫼유 가의 장녀에게 이르렀다. 그녀는 궁에 갓 들어왔을 때에 궁 전체에 대해서 추문을 일으키기 위해서가 아니라 재미삼아 풍자를 즐겼는데(그녀는 말도 잘하고 글도 잘 썼다), 그녀에게 동조했던 두 명의 동료와 채찍으로 벌을 받았다. 불로뉴 가와 친척29)인 튀렌 가문30)에 속한 그녀는 명예를 지키지 못했다는 이유로, 이상할 정도로 이 글을 싫어한 왕의 지나친 명령에 따라 수치스러운 벌을 받아야 했다.

왕께서 무척 좋아했고 용기와 협기를 갖춘 기사이며 마담 드 발렁티누아의 부친인 무슈 드 마타31)의 일을 나는 기억하고 있다. 그는 좀 경박한 면이 있었던 만큼 평소에 부인네나 처녀들에 대해 장난스러운 농을 즐기곤 했다.

어느 날 그는 '위대한 메레'32)라고 불리는 여왕의 한 시녀에게 시비를 걸었다. 그녀는 동료를 찾고 있었는데 그는 묻는 말에 대답은 않고 이

---

29) 카트린 드 메디시스는 외가 쪽으로 라 투르 드 튀렌 가문과 인연을 갖고 있었다.
30) 그녀는 페리고르의 리뫼유 영주인 질 드 라 투르 드 튀렌의 딸이었다.
31) 피에르 드 라 마르. 마타의 영주. 마르그리트 드 프랑스의 마구간의 관원.
32) 1560년부터 1564까지 카트린 드 메디시스의 영광스러운 시녀였던 에드메 또는 에메 브로생 드 메레. 그녀는 왕의 시종이었던 소렐의 영주 클로드 드 마베와 결혼하였다.

대답만 하는 것이었다.

"아! 난 당신을 공격하지 않아요, 메레. 당신은 짐마차를 끄는 크고 멋진 말이에요."

사실 그녀는 내가 본 중에 가장 키가 큰 여인이었다. 그녀는 여왕께 달려가서 그가 자길 키 크고 볼품없는 암말, 짐마차를 끄는 말이라고 놀렸다며 불평을 늘어놓았다. 여왕은 당장 궁에서 그를 쫓아낼 정도로 화를 내었다. 그는 마담 드 발렁티누아 덕분에 한 달 후에 궁에 다시 돌아왔으나 여왕이나 다른 여인들의 방에는 출입이 금지되었다.

무슈 드 게르제[33]는 그가 해코지하고 싶은 여왕의 시녀에게 훨씬 더 심하게 굴었다. 한 여인에게 보복을 하기 위해서 그는 결코 말솜씨가 달리지 않는 사람이었다. 왜냐하면 그는 입담을 타고난 데다가 누구보다도 그녀를 자주 만날 수 있었기 때문에 그가 비방을 하려 들면 단연코 그 방면에서는 대가라 할 수 있었다. 그러나 비방하는 일은 단단히 금지되어 있었다.

어느 날 저녁 식사 후에 그 시녀는 여왕의 방에서 동료 시녀와 기사들과 함께 있었다. 여왕이 계실 경우엔 다른 사람들은 모두 바닥에 앉을 수밖에 없는 관습에 따라 모두 바닥에 둘러앉아 있었다. 시종과 하인들이 가끔 사육장에서 구해 온 숫양의 불알을(그건 몹시 크고 잔뜩 부풀어 있었다) 손에 넣은 게르제는 그가 놀리고 싶어 하는 시녀 옆에 비스듬히 앉아 드레스와 치마 속으로 그녀가 눈치채지 못하게 살짝 밀어 넣었다. 여왕께

---

33) 브랑톰은 그를 게르제(Gerzay) 또는 게르쥐에(Gergeay)로 부르고, 아그리파 도비네는 자르제(Jarse)라고 이름 붙이기도 한다. 앵그랑드 남작을 죽였고, 『결투에 관하여』에서 "그는 아주 멋진 전투가 있던 날, 루앙의 생카트린 요새 앞에서 죽었다."(1562)고 나온다.

서 침실로 드시기 위해 의자에서 일어나자 이 시녀도 여왕 앞에서 바른
자세를 취하며 벌떡 일어났다. 그러자 털이 부숭부숭 덮인 숫양의 포탄
알이 툭 떨어졌다. 그녀는 기절초풍할 듯 펄쩍펄쩍 뛰고 야단이었다. 그
녀가 서 있던 곳은 아무런 장애물 없이 활짝 드러난 공간이었던지라 여
왕까지도 기절초풍할 지경이었다.

"성모 마리아여!"

여왕께서 소리쳤다.

"그걸 갖고 대체 뭘 하려는 거지?"

그 가엾은 처녀는 얼굴이 새빨개지고 거의 울먹이며 자기는 그것이
무엇인지도 모르며, 누군가 자기에게 못된 장난을 해서 궁지에 몰아넣
으려고 이런 일을 저지른 것이고, 이런 짓을 할 자는 게르제뿐이라고 더
듬더듬 말씀을 올렸다. 자기의 짓궂은 장난이 사건화 되기 시작한 걸 본
그는 재빨리 문을 빠져나갔다. 사람들이 그를 부르러 갔지만 몹시 화가
난 여왕을 본 그는 모든 걸 완강히 부인하면서도 돌아오려 하지 않았다.

여왕의 진노를 가라앉히는 데는 며칠을 기다려야 했다. 그가 퐁텐 게
랭[34]과 함께 황태자[35]가 가장 아끼는 총신 중 하나만 아니었다면 큰 벌
을 감수해야만 했을 것이다. 더군다나 추측만으로는 그를 어찌해 볼 도
리가 없었다. 그럼에도 불구하고 왕과 궁정의 여러 궁인들은 여왕의 진
노를 보면서 감히 겉으로 드러낼 수는 없지만 터져 나오는 웃음을 참아
내기 어려웠다.

---

34) 오노라 드 뷔에유, 퐁텐-게랭의 영주. 왕실의 기사. 후에 부제독, 브르타뉴에서 왕을 지지하는 법관직을 맡았으
며 통치자로서 자기 부하들의 손에 의해 생-말로에서 죽었다(1530년 3월 14일).
35) 샤를 9세.

함께 좋은 우정을 지켜나가던 점잖은 기사와 한 궁녀가 한번은 여왕의 방에서 언성을 높였다. 그 처녀는 화를 내며 이렇게 말했다.

"날 내버려 두라고요. 그러지 않으면 당신이 내게 한 말을 다른 사람들에게 모두 해버리겠어요."

그녀를 믿고, 지체 높으신 어떤 부인에 관한 이야기를 한 적이 있는 이 기사는 자기에게 어떤 좋지 못한 일이 일어나지는 않을까, 적어도 궁에서 쫓겨나는 건 아닐까 걱정이 되긴 했지만 전혀 놀라지 않으며 대답했다. 왜냐하면 그에게도 할 말이 있었기 때문이었다.

"만약 당신이 내가 한 말을 다른 이들에게 한다면, 난 당신이 내게 했던 일을 모두 말해 버릴 거요."

놀란 사람은 누구였겠는가? 바로 그 처녀였다. 하지만 그녀는 또 응수했다.

"내가 당신에게 무슨 일을 했는데요?"

그러자 기사 양반이 대꾸했다.

"내가 당신에게 무슨 말을 했소?"

처녀는 잠시 후 대답했다.

"난 당신이 내게 한 말을 잘 알고 있다고요."

"난 당신이 내게 한 짓을 아주 잘 알고 있소."

처녀는 반박했다.

"난 당신이 내게 한 말을 아주 잘 증명해 보일 거라고요."

상대가 답했다.

"당신이 내게 한 것을 난 그 누구보다도 잘 증명해 보일 수 있소."

마침내 오랫동안 이렇게 비슷한 말로 대꾸하고 반박하는 대화로 싸우던 두 사람은 헤어졌고, 다시 만났을 때는 여전히 즐거움을 나누는 사이가 되었다.

그런데 이 언쟁이 여왕의 귀에 들어가게 되었고, 진노한 여왕께선 그가 한 이야기가 무엇이고, 그녀가 한 짓이 무엇인지 즉시 알고 싶어 그들을 불러오라 명하였다. 그러나 그대로 이야기했다가는 어떤 결과를 몰고 올지 가히 짐작할 수 있었던 두 사람은 여왕 앞에 가서는 말장난이었을 뿐이었다고 아뢰기로 동의했다. 이렇게 그들은 여왕 앞에 나섰건만, 여왕은 그 말이 대단히 터무니없는 파렴치한 말이라도 되는 듯이 기사를 꾸짖고 심하게 나무랐다. 그들이 화해하고 타협하지 않았더라면 그 처녀는 그가 했던 말을 펼쳐내 보였을 것이고, 자신에겐 엄청난 결과가 초래되었을 것인데 그녀에게 했던 말들을 단호히 막을 수 있어 다행이었다고 내게 말했다. 사람들이 그녀를 면밀히 검사한다면 그녀가 숫처녀가 아니란 걸 발견하게 될 거고 상대가 바로 자기라 생각했으리란 것이다.

"그렇지."

난 그에게 대답했다.

"그렇지만 사람들이 그녀를 자세히 검사했을 때 만약 그녀가 숫처녀였다면 당신은 졌을 거고 당신 목숨은 사라질 수도 있었을 것 아니오."

"맙소사. 내가 바랐던 것이 바로 사람들이 그녀를 자세히 검사하는 것이었단 말이오. 그 일에 내 목숨을 건다 해도 난 조금도 두려울 것이 없었소. 난 내 몽둥이에 대해선 걱정할 것이 없었단 말입니다. 왜냐하면 난 그녀가 숫처녀가 아니란 걸 잘 알고 있었거든요. 누군가가 지나갔는데 유감스럽게도 그건 내가 아니란 겁니다. 이미 그녀는 흠집이 났고 그 자취만 남았을 테니 그녀가 졌을 테고 추문에 말려들었겠지요. 난 그녀와 결혼하기 위해 모든 걸 양보했고 내가 할 수 있는 대로 날 내던진 거라 이겁니다."

이 불쌍한 여인들에게 행운이 따르노니, 또한 잘못한 만큼 의무도 따를지어다.

한 여인[36]이 용맹스럽고 호방한 왕자[37]와의 관계로 임신을 하였다. 세인들은 그 일이 결혼을 전제로 일어난 것이라고 했지만 사실은 그렇지 않다는 것이 후에 알려지게 되었다. 앙리 왕이 그 사실을 가장 먼저 알게 되었는데 몹시 화를 내었다. 사실 그녀는 왕과도 약간의 관계를 맺고 있었기 때문이었다. 어쨌든 앙리 왕은 더 큰 잡음이나 추문을 퍼뜨리지 않고서, 무도회 날 그녀를 횃불춤[38]을 추는 곳에 데려오도록 일을 꾸몄다. 그리고 가야르드나 다른 여러 춤에 그녀가 춤을 추도록 유도했다.

그녀는 아주 아름답고 날씬한 몸매로 여러 춤에서 그 어느 때보다도 능숙한 춤 솜씨를 보여주었다. 그녀는 그날 겉으로는 조금도 임신의 기색을 나타내지 않고 무도회에 아주 잘 적응하고 있었다. 따라서 그녀에게 내내 시선을 집중하고 있던 왕은 임신을 했다는 걸 도저히 느낄 수가 없었고, 마침내 친근한 어르신네들께 이렇게 말하게까지 이르렀다.

---

36) 아마도 가르나슈 출신의 프랑수아즈 드 로앙. 르네 드 로앙과 이자벨 달브레의 딸. 그녀는 후에 루뒤누아 공작부인이 된다. 참조, 벨 『역사비평사전』.

37) 자크 사부아느무르 공작. 그녀는 1556년 블루아 성에서 임신하였다.

38) 투아노 아르보의 『무도 기보법』에 이 횃불춤에 관한 자세한 묘사가 나온다. "춤을 추고 싶은 남성은 불 켜진 초를 꽂은 촛대나 횃불 또는 관솔불을 손에 들고 춤을 추며 앞으로 걸어 나가, 홀을 한두 바퀴 돌며 그가 이끌고 나오고 싶은 여성이 있는지 여기저기 둘러본다. 그러다가 마음에 드는 상대를 선택하여 얼마간 함께 춤을 추다가 마지막에는 정중한 몸짓으로 그녀의 손에 촛불이나 횃불 또는 관솔불을 건네주며 모든 걸 그녀에게 떠넘기고 홀로 남겨둔 채 춤을 추며 뒤로 물러나 제자리로 돌아온다. 촛대를 넘겨받은 여성은 먼저 보았던 대로 젊은 남성에게 똑같이 하는 것이다. 춤을 추며 누군가를 선택하고 함께 춤을 춘 뒤에는 그에게 모든 걸 떠넘기고 제자리로 돌아온다. 따라서 이 춤을 '차례차례로(tour a tour)'라고 부르기도 한다."

"이 가련한 처녀가 임신을 했다고 꾸며대는 자들이야말로 불쌍하고 참으로 못된 자들이오. 난 일찍이 저렇게 우아한 자태를 본 적이 없소. 못된 중상 모략자들이 거짓말을 하고 크게 틀린 소릴 하고 있는 것이오."

이렇게 왕께선 정숙한 숙녀에게 사과를 하고 그날 밤 여왕과 함께 잠자리를 하면서도 같은 말을 했다. 그러나 그 사실을 믿지 않은 여왕은 다음날 아침 그녀를 불러오게 하여 임신 6개월이라는 사실을 밝혀내고야 말았다. 그녀는 여왕께 결혼을 걸고 모든 걸 고백했다. 여왕께선 여전히 크게 진노하였으나 그럼에도 불구하고 어지신 왕께서는 그 처녀를 추문에 휘말리지 않도록 가능한 한 비밀을 지키게 하였다. 어쨌든 두 어르신께선 조용히 그녀를 부모의 집으로 보냈고, 그곳에서 그녀는 잘생긴 아들[39]을 낳았다. 그러나 불행히도 추정상 친부의 인정을 끝까지 받아내지 못하였다. 소송은 오래 끌었지만 그 어머니는 아무것도 얻어 내지 못하였다.[40]

앙리 왕 역시 선왕들처럼 재미있는 이야기를 좋아했다. 그러나 여인네들이 추문에 휘말리거나 모욕당하는 건 원하지 않았다. 따라서 꽤 호색적인 기질을 지닌 그였지만 여인들을 만나러 갈 때면 그들이 의혹에 휩싸이거나 명예를 훼손당하지 않도록 가능한 한 신분을 숨기고 가곤 했다. 만약에 발각되는 일이 있다면 그건 그의 잘못이나 시인 때문이 아니라 오히려 여인들 쪽의 잘못 때문이었다. 그런 예로 스코틀랜드 출신

---

39) 제느부아 공작.
40) 그들의 요구를 잠재우기 위해서 사람들은 그를 샤틀레에 가두어야 했다. 그는 1585년 1월에야 거기서 나왔고, 앙리 드 나바르의 수하에 들어갔다. 그리고 자기 어머니의 항변에도 불구하고 바푸아투의 가르나슈 성을 탈취했다.

의 마담 플라맹[41]을 들 수 있다. 그녀는 왕의 아이를 임신하자[42] 입을 가만두지 못하고 스코틀랜드식 불어로 여기저기 떠들고 다녔다.

"전 정말 최선을 다했어요. 하느님, 감사합니다. 전 왕의 아이를 가졌답니다. 전 대단히 영광스럽고 행복하게 느껴진답니다. 바로 왕가의 피를 말하는 거예요. 그 어떤 것보다도 달콤하고 맛있는 진한 술에 비유할 수 있을지 모르겠어요. 가장 좋은 이 선물을 말하지 않으면, 아, 전 너무나도 좋을 뿐이에요."

그녀가 낳은 아들은 얼마 전 마르세유에서 죽은 정열적인 프랑스 대수도원장[43]이다. 위엄과 용기와 협기를 두루 갖추었던 그의 죽음은 참으로 유감스러운 일이다. 만약 그가 온유하고 좀 덜 폭군적인 통치자였다면 프로방스 사람들은 그가 대단히 요란스럽고 낭비가 심하긴 했지만, 올바르고 이성을 갖춘 사람이었다고 말했을지 모른다.

다른 여러 여성들에게서 들은 것과 마찬가지로 이 여인은 위대하신 왕이나 지체 높으신 어른들이 아니라 하찮은 남자들에게 몸을 내던지는 것은 창녀들이나 하는 짓이라고 생각했다. 또한 마치 위대한 종족을 만들기 위해 알렉산더의 아이를 갖고자 먼 길을 달려왔던 아마존의 여왕처럼 왕과 함께 잠자리를 하는 건 조금도 부끄러운 일이 아니라는 생각을 갖고 있었다. 하지만 이것이나 저것이나 큰 차이가 없다는 것이 보편적인 생각이 아니겠는가.

---

41) 마리 드 플라맹, 또는 레이디 플라맹. 스코틀랜드 자크 5세의 친딸이며 마리 스튜어트의 가정교사.
42) 이 스코틀랜드 여인과 앙리 2세의 관계는 왕과 디안 드 푸아티에 사이에 언쟁이 있은 직후인 1550년 9월 끝이 났다. 참조, 뤼시앵 로미에 『종교 전쟁의 정치적 근원』 1권 P.87.
43) 아름다운 르네 드 리유의 남편이며 카스틀란 남작인 필립 알토비티와의 다툼 끝에 부상을 입은 이 앙리 당굴렘은 1586년 6월 2일 마르세유가 아니라 엑스-앙-프로방스에서 죽었다. 참조, 탈르만 『일화집』(몽그레디앵 출판사. 1권 P.163).

앙리 왕이 프랑수아 2세에게 왕위를 물려준 뒤 새 왕의 통치 기간은 너무 짧아서[44] 궁정에선 여인들을 비방하는 중상모략이 난무할 수밖에 없었다. 만일 그가 좀 더 오래 통치를 했더라면, 자기의 왕궁에서 그런 일을 허용하지 않았을 것이다. 그는 대단히 어질고 순수한 심성을 타고 났기 때문에 남을 비방하고 모욕하는 일을 몹시 싫어했을 뿐 아니라 여인들에 대해 항상 경의를 표하고 그들을 공경했다. 또한 그에게는 혀를 함부로 놀리는 수다쟁이나 독설가들을 매몰차게 다루는 아내[45]와 어머니[46]와 삼촌[47]들이 있었다.

8월이나 9월 무렵인 어느 날 생 제르맹-앙-레이에 있던 그는 생-제르맹의 아름다운 숲속에 있는 발정기의 노루들을 보러 친한 왕자들과 지체 있으신 몇몇 부인과 처녀들을 데리고 갔다. 그 중 누군가가 짐승들의 발정 모습이나 교미를 보러 가는 건 정숙하거나 음전한 여인이라고는 도저히 느껴지지 않는다는 걸 말하고 싶어 했다. 즉, 이런 유사한 행위와 광경에서 비너스의 욕망은 그네들을 무척 달아오르게 할 수밖에 없는 것처럼 그네들이 그런 광경을 보며 역겨워하고 싶을 때, 몸 한가운데의 입속에서는 샘물과 체액이 솟아날 것이고 정액에 의해서가 아니고는 그것을 없애줄 다른 처방이 없을 거란 것이다.

왕과 거기에 동반했던 여인들이며 왕자들도 그것을 모르는 바는 아니었다. 만약 그 신사께서 즉시 그 자리에서 사라지지 않았더라면 그는 크

---

44) 1559-1560.

45) 마리 스튜어트.

46) 카트린느 메디시스.

47) 귀즈 가의 사람들. '매사에 모든 권한을 갖고 있는' 귀즈 공작 프랑수아, 그리고 로렌 추기경(그가 권좌에 올랐을 때 의회의 대표단들에게 왕 프랑수아 2세가 했던 선언).

게 혼이 났을 것이고 왕이 죽거나 그의 통치가 끝난 뒤에나 나타날 수 있었을 것이다.

흔히 어떤 왕국을 다스리는 사람에 대항하여 중상 모략하는 비방문들은 많다. 하지만 카틸리나에 대한 키케로의 최초의 독설[48]을 모방한 '호랑이'라는 명제의 독설보다 더 신랄하고 공격적인 것은 없다.

그것은 그의 가장 위대하신 측근과 몹시 아름답고 위대하신 여인과의 사랑에 관해 말하고 있다.[49] 만약 이 맹랑한 저자가 체포되었더라면 그의 목숨이 10만 개라 할지라도 잃고 말았을 것이다.[50] 왜냐하면 그 위대하신 어르신네와 위대하신 여인께선 몹시 속이 상해 무척 쓰려했으니까 말이다.

프랑수아왕은 사랑에 관한 문제에 있어서는 선왕들과 달랐다. 그에겐 세상에서 가장 예쁘고 사랑스러운 아내가 있어서 다른 이들처럼 여인들의 뒤꽁무니를 쫓아가게 하지 않았다. 달리 말하면 지극히 불쌍하다고 할 수도 있다. 어디 가질 않는 사람이니 자기 아내 외는 나쁜 얘기든 좋은 얘기든 여인들에 관해선 걱정할 일이 거의 없는 사람이었다. 그것은 한 성실한 인간으로 내가 여길 수 있는 도덕 기준이라 할 수 있다. 그럼에도 불구하고 그도 어쩔 수 없는지 몇 차례 위험에 빠지는 걸 난 볼 수 있었다.

---

48) 첫 번째 카틸리네르. 키케로의 카틸리나 공격 연설을 카틸리네르라 하며 4개의 카틸리네르가 있다.
49) 귀즈 공작 프랑수아의 아내인 안 데스트와 그의 가까운 친척 로렌 추기경.
50) 저자를 오해하여 사람들은 1560년 7월 15일 모베르 광장에서 인쇄업자인 마르탱름을 목매달아 처단했다. 그의 집에서 '프랑스의 호랑이에게 띄우는 편지'라는 제목의 팸플릿이 발견되었던 것이다. 이 팸플릿은 1875년 영국인 찰스 리드에 의해 재발간되었다.

스캔들과 복수

왕위에 오른 샤를 9세는 연소할 때부터 여인들에 대해선 걱정이 없었다. 오히려 어떻게 젊음을 발산하며 시간을 보낼까만을 걱정할 뿐이었다. 당대의 가장 품위 있고 신사다운 기사였으며 여인들에게도 가장 예의바르고 정중한, 그의 가정교사 무슈 드 시피에르[51]는 몇몇 선왕들에게 했듯이 자기 주인이며 여자에 관해선 제자인 왕에게 많은 가르침을 주었다. 어려서 그리고 자라서도 여인을 보면 그 누구보다도 당황하고 쩔쩔매던 왕도 그가 달리건 혹은 멈추어 서건, 걷던 혹은 말을 타고 가건, 여인들을 보는 즉시 인사를 하는 것이 아니라 아주 정중하게 모자를 벗을 줄 아는 사람이 되었다. 사랑을 아는 나이에 이르러서 그는 내가 아는 몇몇 고귀하신 부인네나 처녀들과 관계를 맺었는데 궁정의 기사라면 할 수 있는 정중함과 예의를 갖출 줄 알았다.

그가 통치하면서부터 드센 풍자가들이 인기를 얻기 시작했다. 심지어는 궁정의 품위 있는 기사들까지도 이상스레 각계각층의 여인들을 즉, 아주 평범한 여인, 좀 특별한 여인, 또는 아주 지체 높으신 여인들까지 비난하며 어떤 때엔 일부러 논쟁을 벌이기도 하였다. 그러면서도 자신들이 여인들을 비난했다는 사실을 부정하는 것이었다. 그들이 이야길 털어놓았던 전달자가 나타나면 왕은 그들이 잘못을 깨닫도록 혼을 내었다. 왜냐하면 그들은 너무 큰 여인을 건드렸기 때문이다.

그러나 어떤 이들은 사람들이 조건반사처럼 이야기해대는 부정적 소문과 수많은 비방에도 낯빛 하나 변하지 않고 수염 하나도 움직이지 않

---

51) 필리베르 드 마르실리, 시피에르 영주. 샤를 9세의 가정교사.

앉으며, 받은 대로 되갚아주거나 아니면 목숨을 날려버린다는 생각조차 않았다. 종종 나를 놀라게 하는 건 다른 사람을 그렇게 험구하는 자들과 코앞에서 그렇게 험담을 하도록 허용할 수 있을까 하는 것이다. 어쨌거나 이 장본인들이 용맹스럽기로 명성을 얻은 인물이라면, 이런 하찮은 모욕쯤은 아무 소리 내지 않고 대범하게 이겨낼 수 있기 때문인가?

젊고 잘생기고 아주 지체 높으신 왕자와 재혼하고 싶어 한 아주 예쁘고 기품 있으신 한 과부댁을 반박하던 풍자를 나는 기억한다. 이 결혼을 반대하던 몇몇 사람들이 왕자의 마음을 돌리기 위해서 그녀에 대해 이전에 결코 볼 수 없었던 추잡한 풍자문을 썼다.[52] 그들은 그 풍자문 속에 과거의 가장 이름 있고 대단히 방탕스러웠던 대여섯 명의 창녀 이야기를 함께 넣었는데 바로 이 과부댁이 이들을 능가한다는 얘기였다. 그들은 이 풍자문을 누군가 알 수 없는 사람들이 자기들에게 전해 주었다며 왕자에게 보여주기까지 했다. 이를 본 왕자는 그것을 적은 자들을 향해 온갖 욕설을 하며 반박했고 여전히 호기 있고 용맹스러운 그들이었지만 침묵으로 이를 넘겼다. 어쨌든 이 풍자문은 몇몇 특징적인 면들을 지적하고 보여주고 있었기 때문에 왕자의 이미지에 큰 타격을 주었다. 그러나 2년 후 결혼은 이루어졌다.

왕은 이렇게 한 켠에서 재미삼아 시시한 이야기나 하는 사람을 결코 좋아하지 않는 아주 어질고 도량이 넓은 사람이었다. 그는 모든 사람을 좋아하지만, 이렇듯 아름답고 위대하고 가장 빛나고 고상한 여인들로 이루어진 자기의 왕궁이 저속한 것들로 젖는 것을 원치 않는다고 말하

---

52) 이 풍자는 1566년 느무르 공작과 결혼하려 할 때 프랑수아 드 귀즈의 미망인 안 데스트를 겨냥해 쓰였다.

곤 했다. 또한 이러한 명성을 지켜나가기 위해선 이렇게 수다스럽고 짓 궂은 입에 의해 헐뜯기고 평가절하 되어서는 아니 될 것이라고도 했다. 이런 이야기는 로마나 베네치아나 다른 어떤 곳의 이야기지 프랑스 궁 정의 이야기는 아니 되었다. 그런 짓거리를 하는 것은 허용될 수 있어도 그에 대해 말하는 것은 허용되지 않았다.

이렇듯 왕은 여인들을 존중하고 사랑했다. 더군다나 그가 죽기 직전 사람들은 그에게 닥친 엄청난 사건을 풀기 위해서 몇몇 위대하시고 아름다우시며 고귀하신 여인들에 대해 나쁜 감정을 심어주려고 했지만 믿으려 들지 않았다. 그는 여전히 친근하게 대했고, 그녀들이 자신의 몸 위에 쏟아내는 많은 눈물 속에서 은총을 받으며 죽었다.

그 후 뒤를 이은 앙리 3세는 폴란드에 있을 때 사람들이 그녀들에 대해 올린 어떤 좋지 못한 보고 때문에 프랑스로 돌아오자 내가 알고 있는 많은 사람들에게 아주 심하게 흠을 잡아 모욕을 주었다. 그래서 더 이상 사람들은 그를 좋아하지 않았다.[53] 난 그녀들이 그의 불운에건 멸망에 건 조금도 해를 끼친 게 없다고 생각한다.

난 그 점에 대해 몇 가지 특징을 얘기하고 간단히 넘어갈까 한다. 여 자란 복수에 대단히 집착한다는 걸 명심해야 한다. 설사 늦어진다 해도 여자는 반드시 복수를 결행하기 때문이다. 반면에 어떤 사람에 대한 복 수의 본질은 처음에는 불꽃처럼 타오르고 스스로 걷잡을 수 없이 뜨거 워진다. 그러나 기회를 기다리다가 세월이 흐르면 그녀의 마음은 열기 가 식어 마침내는 아무것도 아닌 것이 되어 버린다. 그렇기 때문에 일단

---

53) 몽펑시에 공작 부인이 앙리 3세에게 가졌던 증오심.

분노를 억누르면 시간이 흐름에 따라 공격에서 피할 수 있게 된다. 그러나 분노, 상대에 대한 원한, 기회 엿보기는 여인에게선 끝까지 변함없이 지속된다. 그것은 어떤 특별한 여인들에게서 그렇다는 것이며 그런 경우는 아주 극소수일 뿐이다.

어떤 이들은 모욕을 주면서 여인들과 싸움을 벌인 왕을 용서하고자 했다. 그의 행동은 어떤 질책이 그에게 가해졌을 때와 마찬가지로 악습을 바로잡고 억제하기 위해서였다는 것이다. 그런데 여인들의 본성이란 못하게 막으면 막을수록 더욱 뜨거워지며 기회만을 노릴 뿐이다. 또한 경험으로 봐서 왕 역시 어떤 큰길을 가면서 돌아가는 법이 없는 사람이다.

그는 여인들을 지극히 존중하는 마음으로 사랑했고, 지극히 경의적인 태도로 대했다. 더군다나 폴란드로 떠나기 전 지체 높고 아름다운 한 공주[54]를 깊이 사랑하게 되어, 돌아와 왕이 된 후에는 그녀와 결혼할 방도를 찾으려 애썼다. 그녀는 용맹스러운 왕자와 이미 결혼한 몸이었고, 남편은 왕에게 반기를 들고 왕과 싸울 수 있는 사람을 모으기 위해 다른 나라[55]에 가 있었는데 프랑스로 돌아왔을 때엔 부인은 출산 도중 숨을 거둔 후였다. 죽음만이 그녀와의 결혼을 방해했다. 왜냐하면 왕으로서는 이미 해결 방법을 찾아놓았던 터였기 때문이었다. 교황의 은총과 허락에 따라 그녀와 결혼할 수 있게 되어 있었다. 교황께선 사람들이 생각할 수 있는 몇 가지 이유 때문에 이 위대한 왕의 간청을 거부하지 않았

---

54) 마리 드 클레브. 1572년 앙리 드 부르봉, 콩데 왕자와 결혼. 1574년 7월 30일 출산하다가 죽었다. "왕은 그녀를 미친 듯이 사랑했다."고 레투알은 말한다. 그녀의 죽음을 안 왕은 정신을 잃고 쓰러졌다.
55) 스트라스부르그.

던 것이다.

그는 또한 누군가에게 모욕을 주기 위해 관계를 맺기도 했다. 내가 아는 한 여인[56]은 남편이 왕의 마음을 거슬리게 하고 달아나 잡을 수 없자 아내에게 복수를 하고는 이 사실을 여러 사람들에게 폭로해 버렸다. 하지만 이 복수는 그녀를 죽게 하는 대신 살게 해주었다.

내가 아는 한 여인 중에는 지나치게 방탕한 여인이 있었다. 그녀가 자기의 마음에 거슬리자 왕은 일부러 그녀와 관계를 맺었다. 별로 큰 설득도 필요 없이 쉽게 약속을 받아낸 왕은 정원의 찾기 힘든 장소에서 그녀와 만나기로 했다. 그는 그녀를 건드리고 싶지도 않았지만(이는 다른 사람들이 하는 말이다), 아주 깊숙이 건드렸다. 그러고는 장이 서는 큰 광장에 데려가 모든 사람에게 공개한 뒤 오명을 씌워 궁에서 쫓아 버렸다.

그는 다른 선남선녀들의 삶을 알고 싶은 호기심에 가득 차 있으면서도 그들의 삶을 깊이 캐보려 하지는 않았다. 그는 때때로 자기에게 굴러 들어오는 행운을 가장 절친한 측근들에게 나누어 주기도 했다고 한다. 그들은 행복하였을지니, 위대하신 왕께 돌아온 몫이 어찌 대단히 좋지 않을 수 있었겠는가.

내가 지켜본 바에 의하면 여인들은 그를 몹시 두려워했는데 실제로 스스로가 여인들을 질책하거나 징계하거나 험구가들을 좋아하지 않아서라기보다는 그에 대해서는 유난히 예민하게 반응하는 모후 때문이었다고 할 수 있다. 앞의 내용에서 간략하게 예로 든 경우에서 보더라도, 그녀들에게 뿌리를 내리고 품위를 손상시키면서, 적나라하게 여인들의

---

56) 샤를로트 드 트레무이유. 콩데 왕자의 두 번째 아내.

명예에 상처를 주었을 때 이 여인네들이 다른 이들에게 어찌할 수가 있겠는가?

이 왕은 일찍이 어려서부터 여인들에 관한 이야기들을 알고 싶어 하는 경향이 있어 나 자신도 그에게 이런 이야기들을 해주었을 뿐 아니라 다른 이들도 역시 그런 기회를 자주 가졌다. 그러나 그의 이런 면을 바로잡기 위해서 여자 얘기 외에 다른 이야기만을 하길 바라는 어머니 때문에 지극히 비밀스럽게 해야만 했다. 그러나 어머니께서 아무리 바로잡으려 해도 나이가 들고 점차 자유로워지면서 더 이상 어머니의 소유가 될 수 없었다. 그의 궁정과 왕국에는 지체 높으신 여인네들을 비롯하여 항상 많은 여인들이 살고 있었으므로, 여인들에 대해 좀 더 깊숙이 알고자 마음만 먹는다면 누구와도 실행에 옮겨볼 수 있으리란 걸 그는 알고 있었다.

만약 궁에 새로 들어오는 여인이 생기면, 그는 아주 신사답고 정중하게 그들에게 다가가 말을 걸면서 이런 종류의 이야기를 하였다. 그러면 여인들은 그 모든 걸 부정하고 자기와는 관계없는 일이라며 대체 이 모든 새로운 것들을 어디에서 배웠을까 마음속으로 너무 놀라 어찌할 바를 몰라 했다. 그리고 만약 이런 걸 즐기게 될 때엔 그는 절대로 가장 중요한 것을 남에게 넘겨주지 않고 프랑스 역사를 거슬러 100년에 걸쳐 가장 위대한 왕으로서 여인을 품에 안는 아주 고차원적인 방법을 그 일에 적용시켰다. 이에 대해선 이 책의 다른 장에 특별히 썼다.[57]

---

57) 어디에서도 찾을 수 없다.

험담가들의 다양한 모습

여인네들에 대한 험구가들은 그 종류도 다양하다. 어떤 이들은 여인들이 자기들에게 불러일으킨 불쾌감 때문에, 여태껏 그 누구보다도 정숙하게 살아왔고 착한 천사처럼 순수한 여인들을 형편없는 불결한 악마인 것처럼 비방한다. 점잖으신 한 신사 분께선 대단히 깔끔하고 현숙하신 한 부인께서 자기를 약간 불쾌하게 만든 사소한 일로 그녀를 아주 추잡스럽게 비난하다가 언쟁에 말려들었다. 그는 이렇게 말했다.

"난 내가 잘못했다는 걸 압니다. 그리고 이 부인께서 대단히 정숙하시고 덕성스러우시다는 것도 부정하지 않습니다. 그렇지만 어떤 여인이든지 그녀가 성모 마리아처럼 순결하고 정결해서 날 조금이라도 비난할 자격이 있다면 몰라도 그럴 순 없을 테니까, 나도 남자로서 충분히 그럴 수 있다고 감히 말하지 않을 수 없다 이겁니다. 이럴 때 난 좋게 말할 수 없습니다."

하지만 그 외 행동에 대해선 하느님께서도 화를 내실 거다. 또 다른 험구가들은 어떤 여인을 좋아하여 그녀를 정숙한 삶에서 끌어내려고 아무리 애를 써 봐도 마음대로 되지 않을 때 마치 공공연한 사실인 양 그녀에 대해 이러쿵저러쿵 말을 한다. 아주 심한 경우는 자기가 원하는 대로 그녀를 정숙한 삶에서 끌어내 봤더니 어찌나 음탕한지 그 사실을 알고는 그녀를 떠났다고 말하면서 마치 비밀스러운 이야기인 양 모든 사람들에게 은밀히 폭로하고 다닌다. 우리 궁에서도 이런 부류의 남자들을 꽤 볼 수 있다. 경박하고 변덕스러운 남자를 침실의 상대로, 애인으로 따르다가 그들에게서 혐오감을 느껴 냉정하게 그를 차 버리고 그 자리에 다른 사람을 들인 여인들에 대해서, 절망하고 분노한 남자들은 이 사랑스러운 여인들을 감히 어떻게 말할 수도 없게 그려 내고 묘사한다. 그들은 사람들이 좀 더 잘 믿게 하기 위해 그녀들이 옷을 벗었을 때에나 발견할 수 있고 함께 나누는 방탕하고 외설스러운 행위 속에서나 드러나는 특징까지 구체적으로 이야기를 한다.

자기 아닌 다른 사람에게 사랑을 주는 여인에게 분통이 터져, 그 여인에 대해 갖은 비방을 다하고, 그들의 진실에 대해 더 큰 억측을 자아내기 위해서 숨어 살피고, 엿보고, 밤새워 지켜보는 그런 험구가들도 있다.

어떤 목적이 있어서라기보다는 질투 때문에 이성을 잃고 여인들이 좋아하는 남잘 험담하는 사람들이 있다. 사실은 그 자신도 그네들을 불완전한 상태에서 보는 것이 아닌 만큼 사랑하는 것이다. 이것은 질투에서 나오는 큰 결과의 하나다. 이런 험담가는 사람들이 흔히 말할 수 있는 그런 비방을 하는 것이 아니다. 한 핏줄에서 나온 두 형제와 그들의 누이 사이에서 일어나는 질투와 사랑 같은 것이기 때문이다. 또한 어떤 다른 사람을 비방한다기보다는 자기 자신을 모욕하게 되고 마는, 중상모략에 젖어 있고 그것을 위해 타고난 듯한 욕쟁이들도 있다.

우리 궁정에도 주먹이라도 날아올까 두려워 남자들에 대해서 말하는 건 무서워하면서 눈물과 후회와 말밖에는 다른 반격을 할 수 없는 가엾은 여인들에게만 깃발을 휘날리며 다니는 자들이 있다. 어쨌든 이 중상모략의 말을 삼키고 되씹으며 참회하라고 꾸짖는 부모, 형제, 애인, 게다가 남편 때문에 곤경에 빠지게 된 여인들을 여럿 알고 있다. 여인들에 대한 온갖 부류의 험구가들을 이야기하고 싶었지만 결코 그럴 수 없을 것 같다.

내가 여러 사람들을 통해서 얻은 사랑에 대한 견해는 비밀스러운 사랑은 아무런 가치도 없다는 것이다. 여인들이여, 자신의 사랑을 모두에게는 아니라도 적어도 가장 가까운 친구들에게는 조금 드러내 보이거나 자신에게 바쳐지는 애정의 표시를 자랑삼아 보여주라. 또한 애인의 경향 또는 기마 시합, 가장 무도회, 장애물 결투, 게다가 전쟁터에 임하는 자세와 같은 기사다운 행동 등 겉으로 나타나는 그의 갖가지 면모들을 조금씩 주위 사람들에게 얘기해 보라. 그러면 만족감은 대단히 커질 것이다.

실제로 전쟁터에서 훌륭하고 빛나는 공적을 세운 장군이 아무도 그를 알아주지 않고 잠자코 있다면 무엇 때문에 열심히 싸우겠는가? 그런 침묵은 그에게 있어서는 견딜 수 없이 분한 일이라고 생각된다. 마찬가지로 최상의 분위기 속에서 사랑하는 연인이 되기 위해서는 누군가에게 이야기되어져야 한다. 이는 가히 기사도의 전형을 이루고 있다 할 수 있는 무슈 드 느무르의 소중한 견해다. 왕자로서 영주로서 또는 기사로서 가장 행복한 사랑을 누린 사람이라면 단연코 그분이 아니던가. 친밀한 친구에게까지 그것을 숨기면서 기쁨을 얻으려 하지 말아야 한다. 단 몇 사람에게도 비밀을 지키려 들면 오히려 좋지 않게 평가할 뿐이다. 물론 결혼한 여인들에게 이런 사실이 드러나는 건 몹시 위험스럽다. 그러나 결혼해야 할 처녀나 과부들에겐 문제가 되지 않는다. 장래 결혼하게 될 것이라는 핑계와 구실은 모든 걸 덮어주기 때문이다.

아주 훌륭하고 뛰어난 여인[58]과 사랑을 하고 있던 내가 잘 아는 궁정의 한 성실한 기사[59]는 어느 날 동료들과 한자리에 모여 그들이 좋아하

---

58) 이 얘기가 브랑톰 자신의 얘기라면 아마도 뒤라스 영주인 장 드 뒤르포르와 결혼한 마드모아젤 드 그랑몽(마르그리트 도르)일 것이다.
59) 모든 정황으로 봐서, 자신의 사랑에 대해 항상 신중한 태도를 보였고 자신의 시에서만 이름을 밝혔을 뿐 공개되는 걸 꺼려했던 바로 브랑톰 자신이다.

는 유형을 이야기하는 가운데 각자의 상대를 찾아내고 짝을 지으며 애인에 대해 한담을 나누었다. 그러나 이 기사는 자기의 비밀을 결코 드러내 보이고 싶지가 않았다. 그리하여 엉뚱하게도 자기가 사랑하는 여인과는 다른 여인상을 날조하여 같이 있던 이들에게 혼란을 안겨줄 거짓말을 해버리고 말았다. 그중에는 그의 애인을 짐작하고 이들의 은밀한 사랑을 의심하는 위대하신 왕자 분이 계셨지만 그분이나 동료들은 굳이 그에게서 진실을 끌어내려 하진 않았다. 그러면서도 다른 사람들의 경우처럼 가장 아름다운 행운을 이야기하지 않는다면 앞으로의 길이 순탄치 않을 것이라며 수차례 경고했다.

내가 잘 아는 또 다른 바람둥이 기사[60]는 조심성이 너무 없어서 몸짓에 인상까지 말해 버리는 바람에 비밀을 지켜주어야 하는 여인을 하마터면 암살자에게 목숨을 잃을 뻔했다. 그러나 결국 또 다른 문제로 암살자와 맞닥뜨려야 했고, 죽음이 뒤따랐다.

프랑수아 2세가 통치하던 시절 생−데그낭 백작은 퐁텐블로에서 젊은 부르데지에르[61]와 결혼했다. 다음날 새 신랑이 왕의 처소에 오자, 관습에 따라 모두들 그에게 장난스럽게 시비를 걸며 핀잔을 주었다. 그중 누군가가 지난밤 몇 차례나 뛰었느냐고 물었다. 신랑은 다섯 번이라고 대답했다. 그러자 대단히 지체 높으신 공주의 지극한 총애를 받고 있던 한 국무대신께서 불쑥 나서며, 밟아 다지기엔 좋은 길이고 일하기에도 너무 좋은 날씨인데(때는 화창한 여름날이었다) 그건 너무 적은 것이 아니냐고 했다.

"하느님 맙소사! 당신은 그럼 미친 듯 날뛰어야 한다는 거요?"

---

60) 뷔시 당부아즈? 뒤 구아스트? 린느롤?
61) 1560년 생−테그낭 백작인 클로드 드 보빌리에와 결혼한 '아름다운 머릿결'의 마리 바부 드 라 부르데지에르.

"왜 아니겠소?"

국무대신이 대꾸했다.

"난 프랑스와 이 주변에서 가장 아름다운 둔덕에 스물네 시간 동안 열두 번은 뛰는걸."

새 신랑은 기가 막혔다. 왜냐하면 그제야 오래전 일어났던 일들을 알 수 있게 되었기 때문이었다. 그 역시 이 지체 높으신 공주님을 몹시 사랑해서 오랫동안 공략하려고 애썼다. 하지만 결코 목적을 이룰 수가 없어서 심히 유감스러워하고 있었는데, 엉뚱하게도 다른 자가 행운을 차지하고 있었던 것이다. 새 신랑은 반격을 위해 모든 감정을 마음속에 묻었다. 그러나 그때부터 노심초사 기다리면서 그녀를 뜨겁게 달아오르게 하여 가슴에 품을 기회만 노리게 되었다. 그러면서도 그에 대한 말없는 증오를 항상 품고 있었다. 아무리 행복한 사랑의 모험이었다 해도 이 내무대신께서 좀 더 신중하고, 자신의 사냥 솜씨를 자랑하지 않고 비밀스럽게 행동했더라면 후에 불화와 추문에는 이르지 않았을 것이다.

내가 알고 있는 것 중에 가장 큰 잘못을 저지른 사람은 애인이 자기에게 몇 차례 모욕을 주었다고 해서 거느리던 병사와 주사위 던지기를 하여 그녀의 초상화를 잃어 준 어르신네가 아닌가 싶다. 그 사실을 안 여인은 화가 머리끝까지 났고, 모후[62]께서도 그 사실을 알고는 아름답고 품위 있는 여인의 초상화를 주사위 내기에 내동댕이친 파렴치한 행동에 대해 크게 질책하고 나무랐다. 그러나 이 어르신네는 사건을 완전히 다른 방향으로 뒤집어 버렸다. 나는 종종 남녀 사이의 이야기로 미친 듯

---

62) 카트린 드 메디시스.

웃어 날뛰는 것을 보곤 했었는데 이 이야기를 듣던 그날 정신없이 웃었던 일이 생각난다.

명예를 위하여

어떤 여인들은 부드러운 방법보다는 완강한 힘으로 차지하게 된 성채에서 더욱 승리의 쾌감을 느끼듯, 사랑이 아무런 걸림돌 없이 이루어지기보다는 오히려 위협받고 공격당하고 게다가 탐욕스러운 자들의 질투의 대상이 되길 원한다. 하지만 그들도 모욕당하거나 창녀처럼 취급당하고 싶어 하지는 않는다. 말이란 흔히 어떤 효과만을 노리고 더욱 공격해 오기 때문이다.

실라는 결코 아테네를 용서하지 않았다. 아테네를 깡그리 망가뜨리지 않을 수 없었는데 완강한 저항 때문이 아니라 안에 있던 사람들이 성벽 위로 나와서 그의 아내 메텔라[63]에 대해 아픈 곳을 찔러가며 명예를 건드렸기 때문이다.

세상 어디에선가 싸우던 병사들이 상대방의 최고 통치권을 갖고 있는 공주들의 명예를 놓고 비난과 험담을 주고받았는데 이런 말을 주고받기도 하였다.

"너희 공주는 키유 놀이(방망이 모양의 작은 기둥들을 마치 볼링 핀 세우듯이 세워놓고 쓰러뜨리는 게임)를 잘한다며?"

"너희 공주는 다시 세우기도 잘한다지?"

---

63) 세실리아. 메텔루스 대주교의 딸이며 실라의 아내. 참조, 플루타르크 『실라』(Sylla, XXX).

이렇게 상대방의 공주를 비꼬며 농 섞인 별명으로 부르는 과정 속에서, 이 공주들은 자기들의 병사들로 하여금 좀 더 못된 악행과 잔인함을 행하도록 부추겼다는 걸 눈으로 확인할 수 있었다.

난 여기서 헝가리 여왕[64]이 피카르디와 프랑스의 다른 여러 곳을 향해 강한 불길을 당기도록[65] 주요한 동기를 부여했던 경우를 이야기해 볼까 한다. 그 동기를 부여해 준 것은 바로 그들의 사랑에 대해 공공연하게 이야기하며 사방에서 큰 소리로 불러댔던 무례하기 짝이 없는 빈정거림과 험담이 자극하는 일종의 욕망이었다.

바로 바로 바르방송[66]에겐
오, 오 옹그리 여왕이!

별로 의미 없는 하잘것없는 노래 같지만 모험가들이나 일반 백성들의 목청을 자극하는 노래였다.

카토[67]는 카이사르를 결코 좋아할 수가 없었다. 카틸리나의 음모를 밝히기 위해 사람들이 의회에 모였을 때, 카토는 카이사르가 은밀히 쪽지를 건네받았다고 주장했다. 좀 더 정확히 말하자면 사실 그것은 카토의 누이인 세르빌라가 보낸 것으로 밀회 장소와 약속 시간을 적은 연애

---

64) 마리 드 옹그리(헝가리의 불어식 발음). 샤를 퀸트의 누이. 네덜란드의 통치자.
65) 그녀는 프랑수아 1세의 거처 중 하나인 라옹 근처의 폴랑브레 섬에 공격의 불을 당겼다.
66) 1568년 하이거루에서 패하여 사망한 아랑베르그 백작이며 바르방송의 제후인 장 드 린과 여왕의 애정 관계를 암시한다. 참조, 르 루드 랭시 『프랑스의 역사 속에 남겨진 노래 모음집』 2권, P.583.
67) 카틸리나와 반대편인 키케로의 편에 섰으며, 크라수스, 카이사르, 폼페이우스와 맞서다가 결국에는 폼페이우스와 손을 잡았다. 파르살 전투에서 패하고 폼페이우스가 죽은 후 전쟁을 계속하다가 패하게 되자 공화국에서 살아남길 거부하고 스스로 목숨을 끊었다.

편지였다. 이를 조금도 의심하지 못한 데다가 카이사르에 대해선 카틸리나와 마음이 통한 카토는 의회가 이 문제의 쪽지를 공개하도록 그에게 명령을 내려야 한다고 소리 높여 주장했다. 이 곤란한 상황에서 카이사르는 누이의 명예가 큰 손상을 입고 추문에 휩싸이게 만든 이 편지를 공개해 버리고 말았다. 국사를 놓고 카이사르를 미워하고 결코 그를 좋아할 수 없었던 카토가 카이사르의 이런 파렴치한 행동을 보고 어떤 얼굴을 했을까. 상상은 여러분의 몫이다.

하지만 그건 카이사르의 잘못은 아니다. 이 원본을 공개할 수밖에 없는 필연적인 상황에 놓였을 뿐이다. 그렇게 하지 않으면 자신의 목숨이 달아날 판이었으니까. 그리고 세르빌라가 그것 때문에 그에게 해를 끼치고 싶었던 건 결코 아니었을 거라고 생각한다. 사실 그들의 사랑이 계속되도록 내버려 두지 않았더라면, 그 사랑에서 카이사르의 자식인 브루투스가 자기를 세상에 나오게 한 것 때문에 그에게 해를 끼치지 않았을지도 모른다.

여인들이여, 위대하신 인물을 버리기 위해서는 자신에게 돌아올 수 있는 몫에 대해 많은 계산을 해야만 할 것이다. 그들에게서 애정과 위대함과 재산을 이끌어 내기 위해서는 그들을 비싼 값에 사야 할 것 아니겠는가.

깔끔하고 어여쁘게 생겼으나 그녀를 깊이깊이 사랑하는 위대하신 어르신만큼 '위대하지' 못한 한 부인의 이야기를 한번 들어 보자. 어느 날 그녀는 자기 방에서 사랑을 나눌 준비를 마치고 홀로 침대에 앉아 기다리는데 어르신께서 그녀를 어루만지러 오셨다. 부드럽게, 넘쳐나는 힘으로 그녀를 침대에 뉘고 위대하신 힘으로 공격해 오자, 미천한 시민의 인내심으로 그것을 견디어 내던 그녀가 말문을 열었다.

"이것은 당신처럼 지체 높으신 어르신네들께서 우리 낮은 사람들의 몸 한 부분에 당신들의 권위와 자유를 행사하는 일을 억제할 수 없는 위대하신 사례라 할 수 있지요. 적어도 말하는 자유만큼만 당신에게 침묵이 지켜진다면, 당신의 넘쳐나는 욕망만큼 용서받을 수 있겠지요. 청컨대 어르신, 당신이 하시는 이 일의 비밀을 간직하시고, 저의 명예를 지켜주십시오."

낮은 신분의 여인들이 높으신 어르신네들에게 사용하는 일반적 제안이다.

"어르신네, 적어도 제 명예만이라도 염두에 둬주세요."

또 다른 여인들은 말한다.

"어르신, 당신께서 이 사실을 말해 버리시면 전 끝장입니다. 하느님을 위해서, 제 명예를 지켜주십시오."

또 다른 여인들은 말한다.

"어르신, 당신께서 아무 말씀만 안 하신다면 제 명예는 살아남는 거지요. 그렇다면 전 아무것도 걱정하지 않아요."

여기에서 추론할 수 있는 건 사람들은 감추려 한다면 그렇게 할 수 있다는 것이다. 그리고 다른 사람이 알지 못하면, 여인들은 조금도 치욕스럽게 생각지 않는다는 것이다.

대단히 뛰어나고 지극히 지체 높으신 부인들은 자기보다 지체가 낮은 사랑의 노예들에게 말한다.

"말조심해야 합니다. 단 한 마디라도 조심하지 않으면 당신 목숨은 사라지고 말 겁니다. 난 당신을 자루에 넣어 물속에 던져 버리거나 죽여 버리든지 아니면 가운데 물건을 잘라 버리게 할 겁니다."

남자들의 입 때문에 궁에서 불려 다니거나 추문에 휩싸이길 원하는 여인은 신분 고하를 막론하고 없는 만큼 위와 같거나 유사한 말을 하게 마련이다.

때로는 좀처럼 조심성이 없거나 사랑에 사로잡히고 들떠서 남자들이 아무 내색도 하지 않고 있는데, 스스로가 드러내 보이는 일도 있다. 그리 오래 되지 않은 사건인데, 훌륭한 남편에 대단한 미모와 기품을 갖춘 부인과 한 어르신네가 깊이 사랑하는 사이가 되었다. 함께 사랑을 나누는 사이가 된 얼마 후 이 어르신네는 두 사람을 아주 잘 새겨 넣은 고급스러운 팔찌를 선물했다. 조심성 없는 그녀는 그 팔찌를 팔꿈치 윗부분에 늘 하고 다녔다. 그런데 어느 날 그녀와 잠자리를 하던 남편이 이를 발견하게 되어, 결국 죽음을 맞이해야 하는 잔인한 패배의 주인공이 되고 말았다. 신중하지 못한 여인이여!

사랑의 선물

오래전 지극히 위대하고 숭고한 왕자[68])께서는 궁정에서 가장 아름다운 여인[69])을 3년 간 애인으로 지켜왔다. 그 후 그는 정복 차 먼 여행을 떠나야 했고, 떠나기 직전 갑자기 한 아름다운 공주[70])에게 홀딱 반하게 되었다. 그리하여 그는 그녀를 위해 옛 애인을 떠날 것이며, 더 이상 옛

---

68) 앙리 3세. 그가 아직 앙주 공작이었을 때.
69) 르네 드 리유-샤토뇌프. 마담 드 카스틀란이 된다.
70) 마리 드 클레브. 콩데 왕자의 아내.

애인과의 추억 때문에 거리낄 것 없이 오로지 그녀만을 존중하고 사랑함을 보여주려 하였다. 그리하여 떠나기 전에 옛 애인이 자기에게 주었던 보석, 반지, 초상화, 팔찌 등 모든 애정의 표시물과 아주 사소한 친절까지 이 공주에게 주었다. 자기의 모든 것이 다른 여인들에게 보이고 알려지자 분해 죽을 지경이었다. 결국 그녀는 염문을 공개함으로써 상대방과 또 다른 여인을 스캔들에 몰아넣는 것으로 만족했다(만약 이 공주가 죽지 않았다면 왕자가 돌아왔을 때 결혼했을 것이다).[71]

내가 알고 있는 또 다른 왕자[72]는 홀아비 생활 중에 몹시 예쁘고 고상한 처녀[73]를 사랑했다. 사랑에 취해 정신이 없을 때 그는 그녀에게 보석으로 만든 목걸이며 반지, 그리고 옷 등 많은 선물을 하였다. 그중에는 그의 그림이 들어 있는 멋지고 고급스러운 거울도 있었다.

그런데 이 왕자는 처음 애인에게 매력을 잃게 만들어 버린 아름답고 정숙한 공주[74]와 결혼을 하게 되었다. 그러나 두 여인은 서로의 아름다움에 관해서 아무 말도 나누지 않은 상태였다.[75] 공주는 남편더러 첫 번째 애인에게 사람을 보내어 그가 그녀에게 주었던 아름답고 진기한 모든 것을 돌려받아야 한다고 설득했다. 옛 애인은 너무도 분하고 화가 났다. 공주는 아니지만 프랑스의 훌륭한 가문에서 태어났으며, 마음은 항상 높은 곳에 있고 자존심 강한 그녀는 왕자의 그림이 들어 있는 거울을

---

71) 괄호 안의 부분은 원고에서는 빠져 있던 부분이다.
72) 루이 프르미에 드 부르봉, 콩데 왕자.
73) 이자보 드 라 투르 드 리뫼유.
74) 프랑수아즈 도를레앙.
75) 육필 원고의 109쪽 뒷면. 브랑톰은 메종플뢰르의 영주인 제롬 륄리에게 이름 없는 소네트를 보내고 있다. "륄리에, 만약 자네가 단 1초만이라도 그녀를 본다면…." 그녀에 대한 스케치가 오늘날 루브르에 남아 있다. 벤자맹 풀롱의 것이라고 여겨지는 이 그림은 이런 찬가에는 거의 합당하지가 않다.

포함해서 왕자에게 받았던 모든 물건을 고스란히 돌려보냈다. 하지만 이 물건들을 돌려주기 전에 그녀는 펜과 잉크를 가져와 목록을 적어 내려갔다. 그리고 그 모든 것을 왕자의 기사에게 주며 말했다.

"받으세요. 이것을 당신 주인께 드리세요. 이렇게 난 아무것도 더하거나 빼놓은 것 없이 그분이 내게 준 것을 모두 돌려 드려요. 그간에 뭔가를 더한 사람은 바로 그분이시죠. 또 내게 준 것을 돌려받도록 그분에게 간청하신 아름다운 공주님께 전하세요. 이 세상의 어떤 어르신께서 자기 어머니에게 이와 똑같이, 그녀와 잠자리를 할 때마다 사랑과 향유의 대가로 갖다 드린 것을 재차 빼앗아 온다면 하찮은 궁녀들처럼 싸구려 장신구나 시시한 보석도 변변히 지니지 못한 불쌍한 신세가 될 거예요. 그 어르신과 그 어머니의 씀씀이 덕분에 어머니의 머리는 보석에 짓눌려 무거울 지경이었는데 이제 매일 아침 정원에 나가서 보석 대신 꽃이라도 모아서 치장을 하셔야겠죠. 그녀는 그분과 그렇게 함께 일하고 관계하는 사이죠. 난 이제 그들에게서 손 떼겠어요."

이 처녀를 아는 사람은 그녀가 복수하기 위해서 한 것이라고 생각했다. 그녀가 내게 말하길 어떤 말에도 구애받지 않는다고 했다. 그렇지만 왕자의 아내에 대해선 이렇게 악평을 초래케 한 데 대해 매우 유감스럽게 생각하고 있었다. 몸에 땀을 흘려가며 이런 선물들을 얻어 낼 수 있었던 이 불쌍한 여인을 이렇게 절망시키고 분노케 한 것은 그의 잘못이라며 사람들은 왕자에게로 모든 비난의 화살을 돌렸다.

그녀는 그 당시 아름답고 사랑스러운 여인 중 하나로서 이 왕자에게 버림받은 몸을 가문은 뛰어나진 않지만 돈 많은 부자[76]의 것으로 만드는 데 주저하지 않았다. 그리하여 결혼한 사이가 된 어느 날 둘은 명예를 놓고 서로를 비난하게 되었는데 그녀는 신분이 높은 자기가 그와 결혼해 준 것이라 했고 남편은 이렇게 대답했다.

"난 당신이 내게 해준 것보다 당신에게 훨씬 많은 걸 했어. 난 당신의 명예를 되살려 주느라 내 명예를 깎아내렸으니까."

처녀로서 모든 걸 잃은 그녀를 아내로 맞아 주었다는 얘길 하고 싶은 것이었다.

이젠 지체 높으신 어르신네들 이야기를 해보자. 프랑수아 1세가 엘리라 불리는 어린 궁녀였던 마담 데탕프[77]를 취하기 위해 가장 총애하던 여인 마담 드 샤토브리앙[78]을 뒷전으로 밀어냈을 때의 이야기다. 마담 데탕프는 그 당시 섭정 왕비께서 거느리는 여러 궁녀 중 하나였는데 사건은 프랑수아 1세가 스페인에서 보르도로 돌아왔을 때 일어났다.[79]

왕은 그녀를 애인으로 삼고 앞서 말한 마담 드 샤토브리앙을 뒷전으로 밀려나게 했다. 이렇게 새로 박은 징이 다른 것을 밀어낸 것이다. 그런데 마담 데탕프는 왕에게 마담 드 샤토브리앙에게 주었던 모든 보석들을 거두어 달라고 간청했다. 진주며 보석들은 그 당시 그렇게 유행하던 것이 아니었으므로 값이나 가치 때문은 아니었다. 아주 뛰어난 사랑의 여주인이었던 나바르의 여왕이 사랑의 명구들을 곳곳에 새겨 두었던 것처럼[80] 그 안에 조각되고 새겨진 아름다운 사랑의 흔적들 때문이라는 것이었다. 프랑수아는 그녀의 청을 받아들여 그대로 하겠노라고 약속했

---

76) 이탈리아 루카 출신인 리옹의 은행가로 파리에서 자리를 잡은 시피온 사르디니. 1578년 9월 중심가 사거리에 그를 고발하는 격문이 나붙었다. "비겁한 스콜피온, 사르디니, 사르디니에(sardinier; 정어리 잡이 어부), 그리고 그의 공모자 이탈리아 놈들."
77) 안 드 피슬루. 1536년 장 드 브로스와 결혼하였으며 1537년 에탕프 공작 부인이 되었다.
78) 프랑수아즈 드 푸아. 1509년 샤토브리앙의 영주인 장 드 라발과 결혼했다.
79) 1526년 3월.

다. 왕은 그것을 요구하기 위해 마담 드 샤토브리앙에게 기사를 보냈는데 갑자기 병이 났다며 요구한 물건을 받으러 사흘 후에 다시 와달라고 기사를 돌려보냈다.

한편 분을 삭일 수 없던 그녀는 금은 세공사를 불러, 그 안에 새겨진 것은 아무리 아름다운 명구라도 아쉬워하거나 특별히 생각할 것 없이 녹여 버리라고 일렀다. 얼마 후 왕의 기사가 다시 왔을 때 그녀는 원래 상태로 돌아간 모든 보석과 금괴로 돌아간 황금덩어리를 그에게 주었다.

"자, 가져가세요. 이것들을 왕께 전하고 말씀드리세요. 그분께서 내게 주었던 모든 것을 없었던 것으로 하고 자유로워지길 원하신다니 이렇게 금괴로 만들어 돌려드린다고요. 그 안에 새겨진 명구들에 대해선, 내 머릿속에 잘 정리되어 새겨져 있으니 귀하게 보존토록 하겠어요. 그리고 그 누구도 나만큼 그것을 마음대로 사용하고 즐거움을 누리며 기쁨을 갖게 허락하진 않겠다고 전해 주세요."

금괴와 그녀의 말을 전해 받은 왕은 아무 말도 하지 않았다. 단지 "그 모든 걸 그녀에게 돌려보내도록 하라. 내가 그리했던 건 보석의 가치 때문이 아니었으니. 난 그녀에게 이보다 두 배는 더 주었는데 그건 사랑의 명구들 때문이었지. 그런데 그녀가 그것들을 이렇게 사라지게 만들었군. 난 금 같은 건 원하지 않으니 그녀에게 돌려보내게나. 그녀는 여자에게서 나올 수 있으리라고는 생각할 수 없는 담대함과 용기를 보여주었네."

---

80) 브랑톰은 이 여왕에 대해 쓴 다른 글에서 마르그리트 드 나바르에게 마찬가지로 경의를 표하고 있다. "그녀는 불어는 물론 라틴어와 그 외의 다른 언어들로써, 가장 훌륭한 명구들을 지어낼 수 있는 뛰어난 분이었다. 우리의 집에, 침대에, 타피스리에 그녀가 지은 것들은 무수히 있다."

모욕당하고 분노한 담대한 여인의 마음은 이렇듯 큰일을 해낸다.

선물 환수를 요구하는 이 왕자님들은 그 옛날 무슈 드 몽펑시에의 딸인 부르봉 가의 마담 드 네베르[81]만도 못했던 것 같다. 그녀가 아주 총명하고 덕성스러우며 어여쁜 공주였던 시절의 여름이었다. 그 당시 그녀는 프랑스에서 스페인으로 한동안 여왕 엘리자베스 드 프랑스를 따라다니며, 술과 음료 시중을 드는 궁녀로서 여왕 곁에서 자라고 있었다. 우리 기사들이 왕 곁에서 각자의 임무를 부여받듯이 여왕은 각자의 직분이 정해진 부인이나 처녀들의 시중을 받는 것이 우리 궁의 관습이다.

이 공주는 무슈 드 네베르의 장남인 외 백작과 결혼하였다. 그 누구에게라도 호감을 살 수 있는 훌륭한 왕자였고 궁정의 가장 예쁘고 기품 있는 여인을 찾아 헤매던 중 이렇듯 빈틈없고 재치 있는 공주를 찾아내었던 그는 그녀에게 조금도 모자람이 없고 그녀 역시 그에게 모자람이 없는 훌륭한 짝이 되었다.

그런데 어느 날 스페인 여왕[82]께서 그가 떠날 때 주었던 천 5백에서 2천 에퀴 정도 되는 아름다운 다이아몬드 반지를 아내에게서 빼내 자기 손가락에 끼게 되었다. 그런데 정부가 그것을 갖고 싶어 하는 걸 보고는 너그럽고 마음이 후한 그는 자기가 잃어버린 것을 우연히 손에 넣은 체하라면서 주었다. 그녀는 그가 시키는 걸 수용하며 반지를 자기 것으로 만들었고, 그에 대한 사랑을 간직하듯 늘 손가락에 끼고 다녔다.

그런데 우연히 마담 드 네베르는 남편이 잃어버렸거나 자기가 어디에

---

81) 안드 부르봉. 1561년 9월 네베르 공작이며 외 백작인 프랑수아 드 클레브와 결혼.
82) 스페인 여왕은 "예전에 결코 볼 수 없었던 많은 눈물과 애통함을 표현했다."고 네베르 공작이 약혼녀를 데려왔을 때 말했다. 왕의 처소는 몹시 경건한 하루였다.

다 저당 잡혔을 거라고 여겼던 반지가 남편의 정부 손가락에 있는 걸 보았다. 현명하고 자기 조절을 잘하는 그녀는 단지 얼굴색이 변하고 붉어지는 것만으로 분노를 삭이면서 내색도 않고 고개를 다른 곳으로 돌렸다. 그리고 남편과 정부에게 아무 말도 하지 않았다. 주위 사람들에게 이러쿵저러쿵 험담하며 즐거워할 기회를 만들어 주는 다른 여인들처럼 발끈해서 화를 내거나 정부에게 망신을 주어 비웃음거리로 만들지 않고 이런 의연함을 보이는 그녀에 대해 깊은 경의를 표하지 않을 수 없다.

이런 사건에서 감정을 절제한다는 것이 얼마나 필요하고 유익하며, 행과 불행 또한 다른 곳에 있다는 걸 알 수 있다. 이렇듯 자신의 명예는 조금도 흔들림 없이 앞으로 나아갈 수 있다며 단지 손가락 끝이나 어루만지는 여인들이 있지만, 보시는 바와 같이 이내 자신의 실체가 그려지고 폭로되어 사방에서 비웃음거리가 되고 만다는 걸 왜 모르는가.

달콤한 쾌락의 에피소드

한편 돛을 한껏 펼치고 바다로, 비너스의 부드러운 물속으로 항해를 하고, 발가벗은 몸을 편 채 수영을 하고, 몸을 희롱하며 비너스의 사원과 정원이 있는 키프로스를 향해 달려가 마음이 흡족할 때까지 즐기는 사람들이 있다. 사람들은 이 여인들에 관해 이렇게 말한다. "더도 덜도 아니고 단지 그들이 태어나지 않았더라면……." 이렇게 행운이란 어떤 여인을 기쁘게 해주고 또 다른 여인들의 마음을 불쾌하게 만든다. 살면서 여러 차례 보았고, 여전히 그런 일은 계속되고 있다.

샤를 9세 때 퐁텐블로에서는 공주든 지체 높으신 여인들이든 누구도 가리지 않는 아주 추하고 터무니없는 비방문들이 나돌았다. 그래서 비방문을 쓴 작자가 드러나면 큰 고통을 감수해야 했다.

블루아에서도 나바르 여왕께서 왕이신 그녀의 남편과 결혼에 동의했을 때[83] 작자가 누구인지 알 수는 없었지만 터무니없는 비방문이 나돌았다. 그러나 사건을 잘 이해하는 용감하고 의협심 강한 기사들이 여럿 있어 떠도는 소문에 용감히 맞서 많은 도움이 되었다. 그 밖에도 많은 비방과 풍자가 떠돌았는데 이 위대하신 여인의 통치와 앙리 3세에 관한 것 외에는 다른 건 볼 수가 없었다. 그것들 중에는 궁중에서 유행하던 춤곡에 어처구니없이 추잡한 내용을 담은 노랫말을 달아 퍼뜨린 것이 있었는데 낮은 직분의 시동이나 시종장들이 높은 음으로 즐겨 부르곤 했다.

앙리 3세 때에는 더욱 극심한 사건이 있었다. 내가 잘 아는 기사가 최고 신분에서 중간 계층에 걸친 우리 궁정의 서른두 명의 여인들이 벗은 몸으로 정부들과 함께 사랑을 나누고 즐기는 모습을 생생하게 담은 화집을 애인에게 선물했다. 두 명 혹은 세 명의 남자와 있는 여인도 있고 그보다 더 많은 남자와 있는 여인도 있었다. 서른두 명의 여인들은 아주 다양한 모습으로 아르탱 조상들이 표현하는 자세를 일곱에서 스무 가지 이상 표현하고 있었다. 너무도 자세하게 그려져서 실제로 그들이 말하고 행동하고 있는 것으로 착각할 정도였다. 나체인 여인도 있었고, 옷을 입고 있는 여인들은 평소에 입었던 드레스에, 화장과 장신구에 모든 것이 너무도 교묘하게 잘 표현되어 있었다. 남자들 역시 마찬가지였다. 한

---

83) 1571년 9월.

마디로 이 책은 이렇게 자세하게 만들어 낼 수 있는지 호기심만 자극할 뿐 더 이상 할 말을 잃게 만들었다. 게다가 8백에서 9백 에퀴에 거래되었는데 화려한 장정으로 만들어져 있었다.

화집을 받은 여인은 그것을 다른 절친한 동료에게 보여주고 빌려주었는데, 그녀는 책 속에 실려 있던 한 지체 높으신 부인의 총애를 받으며 아주 가깝게 지내는 사이였다. 그 부인은 그녀보다 신분이 높았기 때문에 자연스레 그녀는 그 부인에게 속해 있었다. 모든 것에 호기심이 많은 그녀는 자기가 몹시 좋아하는 사촌을 이 눈요기 만찬에 초대하였다. 그런데 이 둘 역시 그림 속의 주인공들이 되어 있었다.

엄청난 호기심에 사촌은 달려왔고, 아주 사소한 것 하나도 놓치지 않으면서 한 장 한 장 힘겹고 어렵게 넘기며 보느라 저녁 식사 이후 두 시간을 이 책에 바쳐야 했다. 그녀는 속이 쓰리고 화가 나는 대신에 웃음이 나왔다. 오히려 그 주인공들에게 감탄하면서 그들의 음란하고 관능적인 감각에 매료된 두 여인은 비둘기처럼 서로 입을 맞추고 애무를 하기 시작하더니 더욱 강렬해졌다. 그들은 이런 놀음은 매우 익숙해져 있었던 것이다.

두 여인은 더욱 열정적이고 굳세며 의연했다고, 그의 동료가 내게 말해 주었다. 그녀는 어느 날 이 두 여인과 함께 이 책을 보면서 너무 매혹되어 모방하고픈 뜨거운 욕망과 사랑의 황홀경에 빠져들어 그만 네 번째 장에선 더 이상 볼 수가 없었고, 다섯 번째 장을 넘기자 기절해 버리고 말았다고 한다. 세상에 이런 별난 기절도 다 있을까! 반대로 카이사르 아우구스투스의 누이인 옥타비아는 베르길리우스가 마르셀루스의 죽음에 대해 지어올린 시[84]를 들으면서 그만 자제력을 잃고 기절해 버렸다. 그것은 또 다른 종류의 사랑이었던 것이다.

내가 궁정 생활을 하고 있을 때 세상이 다 아는 한 왕자[85]에게 있었던 이야기다. 늙고 나이도 많은 그는 아내를 잃은 후 홀아비 생활을 고수하고 있었다. 마치 성스러운 위대한 직업인 양 그 상태를 지켜오던 그가 마침내 대단히 예쁘고 덕성스러운 젊은 공주와 두 번째 결혼을 하여 다시 한 번 날아보고 싶어졌다. 그런데, 10년 전부터 홀아비 생활을 하면서 여자를 접하지 못한 그는 사용법을 잊어버려(마치 잊어버릴 수 있는 무슨 기술인 것처럼) 첫날밤 수치스러운 일을 당하지나 않을까 두려워졌으나, 능력을 확인하기 위해서 아무것도 할 수가 없었다. 그래서 시도를 해보기로 결심하고는 자기와 결혼할 상대처럼 순결한, 젊고 예쁜 처녀를 돈으로 샀다. 더구나 그는 장래의 아내가 될 여인과 모습이 닮은 처녀를 골랐다고 한다. 그는 여전히 그 옛날의 학습내용을 조금도 잊지 않고 있다는 걸 과시할 수 있었으므로 행운의 여신이 그를 지켜주는 것만 같았다. 이시도가 그를 몹시 행복하게 만들었고, 열정적이고 절로 신이 나게 해주어 자신 있게 새 아내를 공략하도록 했고 결국 빛나는 승리와 명성을 얻었다. 이 노력은 한 젊은 기사의 노력보다는 훨씬 행복했다.

기사의 아버지는 새파랗게 젊고 순진하기 짝이 없는 아들을 결혼시키고 싶어 했다. 그래서 기사는 아내와 좋은 동반자가 될 수 있을지 알고 싶었다. 이를 위해 결혼을 몇 개월 앞두고 매춘부를 찾았고, 매일 저녁

---

84) 그것은 『아이네이스』의 유명한 시구들이다(VI, 882-884). 이에 대한 전설을 브랑톰은 『아이네이스』에 대한 그의 주석에서 옥타비아의 이야기를 덧붙인 도나투스(Donatus)의 것에서 유래된 인용에 의존하고 있다. 옥타비아는 제정신을 차린 후에 시인에게 자기 아들에 대한 찬사를 내용으로 한 시의 각 편마다 시스테르시우스 은화를 만 냥씩 주었다고 한다.

85) 1561년 아내인 자클린 드 롱웨이가 죽어서 홀아비 된 루이 2세 드 몽팡시에의 이야기로 추측된다. 그는 1570년 2월 4일, 57세의 나이에 젊은 카트린 드 로렌과 결혼하였다.

식사 후 자기 아버지의 사냥터로 매춘부를 오게 하였다. 때는 여름이라 아가씨와 푸른 나무 아래에서, 시원한 샘가에서, 신선한 공기를 마시며 농담도 하며 즐겁게 지냈으며, 매춘부와는 가히 맹위를 떨치며 능력을 과시할 수 있었다. 이 방법을 통해 그는 자기 아내에게 악마 같은 짓을 하는 데 있어 그 어떤 사내라도 두렵지 않게 여길 수 있게 되었다.

그러나 끔찍한 일은 결혼 첫날밤 아내와 결합하는 데서 그가 아무것도 할 수 없었다는 것이다. 그로서는 기절초풍할 일이었다. 함께하는 자리에서 불길을 제대로 당길 수 없게 만든 이 배신자 같은 물건을 저주할 수밖에. 용기를 가다듬고 그는 아내에게 말했다.

"내 사랑이여, 난 내가 하고 싶은 말이 뭔지도 모르겠소. 최근에 우리 아버지 사냥터에선 매일 밤 펄펄 날았단 말이오."

그러면서 자기의 의지에 대해 이야기했다.

"내게 생각이 있소. 내일 저녁 식사 후에 당신을 그곳으로 데려가겠소. 당신은 아마 또 다른 날 보게 될 거요."

그의 말대로 아내는 그곳에서 모든 것이 잘 되고 있음을 보았다. 그때부터 궁에서는 다음과 같은 후렴이 떠돌았다.

"만약 내가 우리 아버지 사냥터에서 당신을 안는다면 나도 할 수 있다는 걸 당신은 보게 될거요."

생각하라. 정원의 신, 숲속에 살면서 좋은 동반자로 그곳에 지켜 앉아 그들의 행위와 실행을 조장해 주는 정원의 신 프리아포스를.

모든 시도가 다 같을 수는 없으며 늘 성공하는 건 아니다. 왜냐하면 사랑에 있어서는 아무리 뛰어난 투사라 해도, 이 위대한 사랑의 학교에 왔을 때 그들이 배운 바를 되풀이하고 증인들의 진술 진위를 확인하는

데 실패할 수 있기 때문이다. 다시 말하면 어떤 이는 지나치게 열정적인 반면 어떤 이는 지나치게 냉정해서 뜻하지 않게도 이런 얼음 같은 기분과 뜨거운 기분이 갑자기 함께 찾아오기도 하고, 또 다른 이들은 두 팔에 안겨 지극히 극단적인 황홀경에서 자신을 잃어버리기도 한다. 또 어떤 이들에겐 두려움이 찾아오고, 또 어떤 이들은 갑자기 힘이 쭉 빠지게 되는데 그들 자신도 원인이 뭐라고 해야 할지 알 수가 없다.

또 다른 경우는 원래부터 장애가 있는 경우다. 요컨대 사랑의 행위 중에 뜻하지 않게 찾아오는 장애물이 수없이 많다는 것이다. 그에 대한 이야길 하자면 긴 시간을 할애하지 않으면 안 될 것 같다. 결혼을 했거나 호기 있게 사랑의 모험가로 나서는 사람들이 나보다 백배는 더 많은 이야길 할 수 있을 거라 생각된다. 이러한 시도나 노력은 남자에겐 괜찮지만 여자들에게선 그렇지 못하다. 여기서 한 어머니의 무모한 시도에 대해 이야길 해보자.

대단히 교양 있고 지체 높은 이 여인에겐 유일한 혈육인 딸이 하나 있었다. 이 딸은 훌륭한 귀족 청년과 결혼을 약속한 상태였는데, 신랑감이 대단히 건장하고 매우 거친 사람이라고 듣고 있던 터였다. 딸이 첫날밤의 거친 공격과 최초의 고통을 이겨낼 수 있을까 걱정이 된 어머니는 딸로 하여금 결혼생활에 들기 전에, 자기가 거느리는 시종들 중에서 충분히 건장한 한 시종에게 실습을 해보도록 하여 열두 번의 실습을 거쳤다. 말인즉 첫 번째는 힘든 개봉일 뿐이고, 부드럽게 조금씩 시작하다 보면 큰 물건이라도 편안하게 견디어 내게 되는 것이라나. 그가 실습을 했으니까 거기에서 확실한 징후를 느낄 수 있었다는 얘기다.

쾌락의 달콤한 변화가 온몸에 퍼지면서 그만 정신을 잃어버리는 여인을 여럿 보았다는 기막히게 운 좋은 사랑의 투사들의 이야기를 들은 대로 해보자. 이렇게 정신을 잃은 뒤에는 그리 어렵지 않게 제정신으로 돌아오는데, 정신이 들면 그들은 이렇게 소리친다.

"아! 죽을 것만 같아."

이 죽음은 그들에겐 무척 달콤할 것이다. 또한 마치 위대한 죽음이라도 맞이하는 것처럼 변하지 않고 무감각한 모든 것을 뒤로 하면서 이런 희열감에서 지그시 눈을 감는 여인도 있다. 또 어떤 여인은 신경과 핏줄, 그리고 이 성교의 미각을 낳는 신체의 바로 그 부분까지 긴장되고 경직되어 버리기도 하는데, 자각 증세가 너무 심해서 아무런 대책이 없는 경우도 있다. 어떤 이들은 몇 군데 망가뜨려 다시 만들어 보려는 듯이 뼈를 부러뜨리게도 한다.

이 졸도에 얽힌 한 여인의 이야기를 해보려 한다. 애인이 옷 궤짝 위에서 그녀를 다루어 부드러운 마무리 단계가 되어가자 희열의 감각이 점점 전신에 퍼지더니 그만 음탕한 두 다리를 옷 궤짝과 벽 위의 타피스리에 걸친 채 궤짝 뒤로 정신을 잃고 자빠져 버렸다. 그녀는 거기에서 빠져나오려 애썼지만 남자 친구의 도움을 받아야 했고, 때마침 그곳에 들어오던 몇몇 친구들이 이 광경을 목격하게 되었다. 그들은 그녀의 은밀한 부분을 살짝 볼 수 있도록 두 갈래로 나누어진 나무를 보며 놀라움을 감출 수 없었다. 그녀는 궤짝 뒤에서 장난하다가 남자 친구가 미는 바람에 넘어진 것이고 자기는 이런 타입의 남자는 결코 좋아하지 않는 체하며 사건을 덮어 버리려 애썼다.

이 여인은 그래도 지금 이야기하려는 여인의 경험에 비하면 대단히 운이 좋았다. 한 여인이 남자 친구와 사랑을 나누게 되었는데, 그 남자 친구는 그녀를 안아 침대 가장자리에 뉘고 일에 몰두하였다. 부드럽게 마무리를 하며 마침내 일을 끝내게 되었을 때 지나친 흥분에 사로잡혀 몸에 힘을 주며 쭉 뻗다가 그만 나자빠지고 말았다. 하필이면 그는 밑 창이 미끌미끌하며 무도화처럼 생긴 새 덧신을 신고 있었던 것이다. 그는 그만 방바닥에 새로 깐, 납을 입힌 사각형 무늬 바닥 위에 멈추어 서려고 발에 힘을 주었으나 그럴수록 춤추듯 미끄러지며 멈추어볼 도리가 없이 점점 더 미끄러지기만 할 뿐이었다. 윗저고리는 온통 번쩍이는 것으로 뒤집어썼고, 일어나려고 버둥거리다가 그는 여자 친구의 배며 허벅지며 사랑의 둔덕에 이르기까지 온통 찰과상을 입혀 마치 고양이가 할퀴고 지나간 것처럼 만들어 버렸다. 그녀가 큰 소리로 비명을 질렀지만 그는 그녀를 막을 수도 없었다. 한술 더 뜬 것은, 여름이고 날씨가 몹시 더웠던지라 그전보다 훨씬 선정적인 옷차림을 하고 있었던 여자는 흰색 슈미즈에 흰색 망토를 걸치고 팬츠는 한 켠에 벗어던진 상태였다.

그가 미끄러지는 동작에서 겨우 몸을 추스렸을 때 그의 코와 입 그리고 턱이 멈추어 선 곳은 바로 그가 방금 전 두 차례나 쏟아 부은 음액이 넘쳐나고 있는 여자 친구의 음부였다. 이러다 보니 그의 코, 입, 수염은 범벅이 되고 그는 마치 막 수염에 비누칠을 한 꼴이 되어 버렸다. 그녀는 방금 전 할퀴어진 상처의 아픔도 잊고 큰 소리로 웃으며 남자 친구에게 말했다.

"당신은 정말 착한 소년이에요. 나폴리 비누는 아니지만 수염을 그렇게 깨끗이 감겨 주었으니 말예요."

그 여인은 자기 동료들에게 그 이야길 했고, 남자는 또 자기 동료들에게 이야길 했다. 웃음을 자아내는 이 이야기는 누차 다시 전해지고 전해져 모두가 아는 웃음거리가 되었다.

여인들은 아무리 가까운 친구들끼리라도, 남자들처럼 서로 각자의 사랑, 그리고 가장 비밀스러운 기교까지 이야기를 나누며 웃지는 않는다. 또 누군가가 어떤 실수를 하거나 엉성한 행동을 했을 때 그의 호색적인 면에 야유를 보내고 놀리며 재미있게 시시콜콜 모든 이야기를 나누지도 않을 거란 건 조금도 의심할 바가 없을 것 같다.

물론 더 이야기하는 수도 있다. 그러나 여자들은 서로서로 자기의 남자 친구들에 대해선 슬쩍 감추고 덮어가며, 대부분 자기들의 사랑을 이야기하기보다는 상대방으로부터 남자들이 그네들과 나누었던 모든 비밀과 열정과 광기를 끄집어내려 한다. 그네들은 서로 자기의 이익을 위해 이야길 나눈다고 할 수 있다. 즉, 남자들에게서 더 많은 불길을 일으키도록 부채질하기 위해서 또는 복수를 위해서 또는 그네들이 함께 있으면서 사적으로 나누는 한담 속에서 서로서로 전쟁을 일으키기 위해서 상대방에게서 뭔가를 알아내려 한다.

앙리 3세 하에서 여러 남자들과 동침하는 모습과 갖가지 자세의 여러 여인들의 모습을 담았던, 앞서 내가 말했던 그 책의 말없는 풍자는 많은 파문을 일으켰다. 그것이 대단한 스캔들을 몰고 왔음은 앞에서 이야기한 중에서 볼 수 있었으리라 믿는다.

고귀하신 여인들에 대한 예의

그 문제에 대해선 충분히 이야길 했고, 이젠 좀 더 다른 측면에서 이야길 하고 싶다. 우리 프랑스의 많은 말들이 이 악담들 때문에 바로 잡아졌고, 스페인 말에서처럼 인생에 대해선 위대함과 명성을 갖춘 여인들의 명예는 조금이라도 건드릴 수 없도록 되었다. 게다가 이런 식으로 그들의 명예를 존중하게끔 되어 버렸다. 만일 어디에서든 사람들이 이 여인들을 만나게 되어, 누구든 "여인들께 명예를"이라고 외치면, 모두가 지극한 존경심과 정중함으로 예를 갖추게 되며, 그녀들 앞에서 삶에 대한 모든 무례함은 금지된다.

황제 샤를의 아내인 황후[86]께서 톨레드에 들어왔을 때, 스페인의 지체 높으신 어르신네 중의 한 분인 빌란 후작[87]의 이야기다. 그는 빨리 앞으로 나아가라고 재촉하는 경찰을 위협한 것 때문에 큰 벌이 내려졌다. 왜냐하면 이 협박이 황후가 계신 자리에서 일어났기 때문이었다. 만약 이것이 황제가 계신 자리에서 일어난 일이라면 그렇게 큰 소동이 일지는 않았을 것이다.

페리아 공작[88]이 플랑드르에 있을 때 엘레오노르 여왕[89]과 마리 여왕[90]이 길을 걸어갈 때 시중을 드는 부인들이 뒤따르고 그 뒤에는 시중드는 처녀들이 따랐다. 여왕들 곁에 붙어 다니던 공작이 돌아오는 길에 또 다른 스페인 기사와 문제를 일으켜 그 둘은 목숨을 잃게 되었다. 다른 어떤 문제 때문이 아니라 여왕과 황후 앞에서 다시는 이런 문제를 일으키지 못하게 하기 위함이었다.

---

86) 엘리자베스 드 포르투갈.
87) 빌레나 후작.
88) 고메즈 수아레즈 드 피구에로아, 페리아 공작.
89) 엘레오노르 드 포르투갈. 프랑수아 1세와 결혼.
90) 마리 드 옹그리. 샤를 퀸트의 누이. 헝가리 루이 2세의 미망인.

마찬가지로 돈 카를로 다발로는 마드리드에서 여왕 이자벨 드 프랑스[91]와 거리를 걷다가 문제를 일으키고 말았다. 만일 그가 불쌍한 거지들에게 거처로 제공되고 있던 성당 안으로 갑자기 뛰어들지 않았다면 즉시 사형에 처해지고 말았을 것이다. 그 후 그는 변장을 하고 스페인에서 도망쳐 이탈리아의 가장 비참한 섬 리파리[92]에 갇혀 삶을 마감해야 했다.

말하는 모든 특권을 누리는 익살광대들까지도 만약 이 고귀하신 여인들을 건드렸다가는 익반죽이 되고 마는데 이런 일이 내가 잘 아는 르가라는 광대에게 일어났다.

어느 날 우리의 여왕 엘리자베스 드 프랑스께서 한담을 나누던 중 마드리드와 발라돌리드[93]의 저택에 대해, 이곳들이 얼마나 쾌적하고 사람의 기분을 즐겁게 해주는지에 대해 말하면서 진심으로 이 두 곳이 '한 발로 닿을 수 있는' 아주 가까운 곳에 있으면 좋겠다고 말했다. 이 말은 한 사람 한 사람 거치면서 '두 다리를 크게 벌리면서'로 말해졌고 그 광대는 그것을 이렇게 말했다.

"나는 말입니다 밭이랑을 가꿔 씨를 심고, 그 힘든 일을 하기 위해서 작은 당나귀의 그 물건 하나만 갖고 아름다운 몸 한가운데 있어 봤으면 좋겠습니다."

이 말 때문에 그는 주방에서 채찍으로 매를 맞아야 했다. 그렇지만 그의 이런 바람은 결코 잘못이라 말할 수 없다. 왜냐하면 이 여왕은 스페인

---

91) 앙리 2세의 딸. 스페인 여왕이 된 엘리자베스 드 발루아.
92) 시칠리아 섬 북쪽의 활화산 군도인 리파리 군도 중 가장 중요한 리파리 섬. 브랑톰이 말하는 것처럼 조금도 '비참'하지 않다. 그러나 16세기에는 유형지로 이용되었다.
93) 스페인 왕들이 수차례 머물렀던 르 팔라시오 레알 드 발라돌리드. 모레스에서 멀리 떨어진 이 오래된 도시는 오랫동안 마드리드에서는 수도처럼 사랑받던 도시다.

에서는 결코 볼 수 없을 만큼 상냥하며 기품 있고 아름다운 여인이었으니, 이런 식으로 수많은 사람들이 갈망할 만했다. 그 익살광대 같은 사람의 갈망이 아니라 그보다 만 배는 더 훌륭한 사람들의 갈망인 것이다.

내가 생각하기엔 이렇게 고귀하신 여인네들을 비방하고 험담하는 사람들은 포도 수확기에 나폴리 들판의 일꾼들이 누리는 특권을 누리고 싶어 하는 것 같다. 포도를 따는 일꾼들에게는 포도 따는 일만큼이나 그들 곁을 오가는 모든 이들에게 온갖 험담이나 비난이 허용된다. 그들은 지체 높으신 어르신부터 하찮은 소인배에 이르기까지 가리지 않고 욕설을 퍼붓는다. 또한 거리낌 없이 농을 하며 큰 소리로 서로를 고무시키는 걸 쉽게 볼 수 있다. 즐거움을 주는 건 역시 지체 높으신 귀족 부인, 공주, 그리고 그보다도 더 높은 최고 자리에 앉아 계신 여인에 대한 험담을 아끼지 않을 때다. 따라서 이런 여인들 중에는 그들에게 즐거움과 일의 의욕을 북돋워주기 위해서 일부러 들판에 나가 독설을 쏟아내게 하거나 온갖 욕지거리와 험담을 들어주기도 한다. 그들이 하는 욕지거리는 여인들이 남편이나 연인, 심지어 마부, 시종, 시종장 그리고 경호원들과 아우러지며 펼쳐내는 방탕함고 음란함에 대한 농지거리와 독설이 대부분이다.

그러다가 그들 중 좀 더 호기 있는 자가 나서서 들판의 동료들에게 그 누구보다도 용감하게 여인들을 공략하고 훌륭하게 다루어야 한다며 외설스럽게 여인 앞에서 예절을 요구한다. 이들은 아무런 꾸밈없이 지극히 순수하고 자연스러운 단어로 모든 걸 뛰어넘어 과감하고 직설적인 표현으로 말한다. 그러면 고귀하신 여인들은 그들이 웃음에 취해 시간을 보내도록 자리를 뜨고는 호위하는 사람들에게 대답을 들려주게 한다.

이런 식으로 보복은 가능하다. 포도 수확이 끝나면 이런 말싸움은 이듬해까지 휴전을 하게 된다. 그러지 않으면 색출 작전이 벌어지고 벌을 받게 된다. 이러한 관습은 여전히 지속된다. 그리고 프랑스에서도 많은 사람들이 좋아하는 험담의 즐거움을 안전하게 누릴 수 있도록 1년 중 어떤 계절인가가 지정되었으면 좋겠다고 내게 말했다.

자, 이제 결론에 이르자면, 여인들은 모두에 의해 존중되어야 하며 그들의 사랑, 그들의 애정은 비밀리에 간직되어져야 한다. 아르탱은 사랑하는 남자와 여자가 서로 주고받는 말들은 다른 사람들의 즐거움을 위해서가 아니라 두 연인이 함께 느낄 수 있는 즐거움을 위해서나 말로써 서로를 엮어주고 그들의 학습의 장에 감추어둔 비밀의 신호를 서로 보내기 위해서만 바쳐져야 한다고 말했다. 방탕하고 음탕하며 파렴치한 남편들은 말을 사용하는 데 있어서도 지나치게 외설적이고 선정적이어서 아내와 나누는 방탕함과 음탕함에 만족하지 못하고 동료나 친구들에게 시시콜콜 이야기로 엮어 모두 공개해 버린다. 이런 남편을 둔 어떤 여인은 남편을 죽도록 미워하고 증오하며, 이 때문에 남편에게 줄 수 있는 쾌락도 거부한다. 이것이 바로 추문의 주인공이 되길 원하지 않으면서 남편에게 행사할 수 있는 아내의 권리이기 때문이다.

시인 무슈 뒤 벨레가 쓴 묘비명 중에는 개에게 바친 아주 아름다운 시가 있는데, 내가 보기에는 우리 이야기의 재료로 이루어져 있어 이 책에 넣기에 충분한 자격이 있다고 생각한다. 묘비명에는 이렇게 적고 있다.

"내가 도둑을 쫓을 때는 짖어주고, 내가 연인들을 맞이할 때면 침묵으로 나를 지켜주었으니, 이렇게 나는 나의 스승에게서 눈물 흘리고, 이렇게 나는 나의 연인에게서 눈물 흘리노라."

만약 비밀을 지켜주기 때문에 동물을 사랑해 줘야 한다면, 침묵하기 위해서 인간은 무엇을 해야 하는가? 과거에 가장 훌륭한 성직자이면서, 명망 있었던 라미아는 많은 연인들이 있었는데 자기가 하는 일에 대해서 신중하며 비밀을 지킬 줄 알았다. 특히 그녀는 하지 않은 일에 대해서 허풍을 떨고 과장하며 약속한 것을 이행치 않는 허풍쟁이를 가장 증오하였다. 그러면서 여자는 아무리 그녀가 어떤 일을 했다 할지라도 결코 그것이 폭로되거나, 자신이 창녀로 불리길 원치 않는다고 덧붙였다. 사람들이 전하는 바에 의하면 역시 그녀는 절대 남자를 조롱하지 않았으며, 따라서 남자도 그녀를 조롱하거나 나쁘게 말하지 않았다고 한다. 사랑에 있어서는 현학적인 이런 여인은 그 점에 대해선 다른 이들에게 많은 가르침을 줄 수 있다.

　이제 이 문제에 관해선 충분히 이야기되었다. 나보다 더 말 잘하는 다른 누군가가 있다면 이야기를 윤색하고 확대시킬 수 있을 것이다. 난 그에게 무기와 펜을 넘긴다.

CHAPTER
9

유부녀와 과부와 처녀 중
사랑에 가장 뜨거운 이는 누구일까

———

만약 여자들이 언제나 순결하기만 하다면 그들은 그와 상반되는 것이
어떤 것인지 알 수 없겠지요.

———

누구의 몸이 가장 뜨거운가

내가 마드리드의 스페인 궁정에 있던 어느 날[1] 궁정에서 대단히 고상하신 한 여인과 이야기를 나누던 중에 이런 질문을 받았다.

"유부녀와 과부와 젊은 처녀 중 누가 가장 뜨거운 불덩어리겠습니까?"

이 질문에 나의 의견을 말하자 그녀는 다음과 같은 말로 자신의 견해를 피력하였다.

"내가 보기에는 이 점에 있어서는 아직 핏속에 뜨거운 열기를 갖고 있는 처녀들이 격렬한 사랑을 하게 되어 있다고 여겨져요. 물론 그네들은 풍부한 경험을 쌓은 유부녀나 과부들처럼 그렇게 좋아하지는 않지요. 그렇지만 장님으로 태어난 사람들만큼 본능적인 동기가 그들 내부에 담겨 있어요. 시력을 빼앗긴 채 태어난 사람은 자기에게 주어진 능력을 달콤하게 누리다가 후에 잃어버린 사람만큼 많은 걸 갈망할 수는 없지요."

그러고는 이렇게 덧붙였다.

"어떤 것에 대해 전혀 느껴보지 못한 사람은 그것을 좋아하고 체험해 본 사람보다 그렇게 많은 고통을 느끼지 않고도 참아낼 수 있답니다."

자, 이것이 이 주제에 관해 그 부인이 내세우는 논거다. 그런데 존경하는 보카치오 박사께서는 그의 『필로코포』[2]에서 그가 던진 많은 질문 중 아홉 번째에서 그녀와 같은 견해를 보인다.

어떤 효과를 노리는 그의 욕망을 가장 적절하게 이루기 위해서 유부

---

1) 1564년.
2) 『필로코포』는 플로리오와 블랑슈플뢰르의 기사도적인 모험을 이탈리아어로 쓴 보카치오의 과장된 이야기다. 이 소설은 아드리앵 스뱅에 의해 불어로 번역되었다.

녀, 과부, 처녀 셋 중에 누구에게 사랑을 주어야 할 것인가? 보카치오는 그가 화자로 끌어들인 여왕의 입을 통해 답한다.

"신과 자기의 양심에 위반하며 결코 자기의 것이 아니고 남편에게 속해 있는 유부녀를 탐하는 잘못이 얼마나 숱하게 이루어졌던가요. 처녀나 과부가 아닌 유부녀라는 목표에 이르기는 아주 쉽고, 나는 이런 사랑이 위험스럽다는 것을 압니다. 입김을 세게 불수록 불길은 더 크게 일어나거나 그렇지 않으면 꺼져 버리고 마니까요. 또한 모든 것은 쓸수록 사라져 버리지만 점점 더 부풀어가는 음탕함만은 예외랍니다. 그러나 오랫동안 이런 효과를 느끼지 못했던 과부는 그것을 거의 느끼지 못하며 마치 그녀가 결혼하지 않았던 것만큼이나 그 점을 걱정하지 않습니다.

그녀는 음욕보다는 오히려 기억으로 다시 데워집니다. 그리고 아직은 상상만 할뿐 그것이 무엇인지 모르는 숫처녀는 미온적으로 그것을 기대할 뿐입니다. 그러나 다른 이들보다 뜨거워져 있는 유부녀는 종종, 말로써 남편에게 모욕당하고 능욕당하여 그에 대한 복수를 하고(이 점에서 여자보다 더 앙심이 깊은 것은 없으니까) 일부러 그를 뻐꾸기로 만들고 마음속에서 만족을 느낄 그런 순간이 오길 갈망하지요. 그리고 또한 사람들은 지체 높으신 어르신네나 부인들께서 종종 다른 걸 먹기 위해 부드럽고 질 좋은 고기를 밀어놓는 것과 마찬가지로 늘 같은 고기를 먹으면 진력을 냅니다.

처녀들에게 있어선 가슴속에서 타오르는 불길을 진압하고 남자들의 의지에 따르게 되기까지 너무도 많은 고통과 시간이 필요하죠. 만약 그녀들이 사랑을 하게 되면 자기들이 사랑한다는 것만 알 뿐입니다. 그러나 과부들에게선 아련히 남아 있던 옛날의 불씨가 쉽게 그 위력을 되찾아 오랫동안 잊었던 것을 이내 되찾을 수 있도록 욕망을 일깨워줍니다.

온기라곤 거의 없는 빈 침대에서 차갑게 보내야 했던 오랜 밤들과 잃어 버린 시간들을 안타까워하며 뒤늦게나마 열기를 되찾고 이런 효과에 이르게 해주는 겁니다."

화자로 나오는 여왕이 제시하는 이 이유들에 대해서 페라몽이라는 기사는 길게 반박하지 않는다. 그러면서 흔들리기 쉬운 유부녀는 한 켠으로 제쳐두고, 처녀와 과부의 이야기를 시작하는데 사랑에 있어서 더욱 굳건한 쪽은 과부가 아니라 처녀라는 입장을 고수한다. 왜냐하면 과거에 이미 사랑의 비밀을 느껴보았던 과부는 결코 확고하게 사랑하지 못하며, 서둘러 한 사람을 갖고 싶어 하면서도, 그 사랑에 의혹을 품고 자기의 이익과 명예를 위해 누구에게 합류하는 것이 좋을지 망설인다는 것이다. 또 다른 사람을 생각해 보고, 그러나 때로는 이들 중 그 누구도 원치 않는 등 자기만의 깊은 생각 속에서 오락가락하기 때문에 사랑의 열정은 확고할 수가 없다.

그러나 반대로 숫처녀에게는 이 모든 것들이 미지의 세계일뿐이다. 그녀는 단지 남자 친구를 만들려고 애쓸 뿐이며 거기에 자신의 모든 생각을 쏟아 붓는다. 또한 한 남자를 선택한 후에는 그가 자기의 사랑에 열중해 주는 것을 아주 큰 영광으로 생각하면서 그의 마음에 들기 위해 모든 노력을 다한다. 그리고 보지도, 듣지도, 체험해 보지도 못한 것들을 지나친 열정 속에서 몹시 기대하면서, 이 모든 것들을 보고 듣고 체험해 본 다른 어떤 여인들보다도 더 많은 것을 부푼 마음으로 기대한다. 새로운 것들을 보고자 하는 열망은 그녀를 강하게 지배하기 때문에 자기에게서 이렇게 큰 불길이 점점 더 타오르는 것을 자기보다 경험 많은 그 방면의 전문가에게 자세히 캐묻는다. 이런 과정을 통해 그녀는 자기 생각의 주인으로 만들었던 사람과의 교접을 갈망한다. 이런 열정은 이미 그 과정을 거쳐 온 과부들에겐 존재하지 않는 것이다. 그래서 보카치오의 여왕께서는 이 질문에 대해 마지막 목표인 결론을 내리고자 말을 다시 잇는다.

"숫처녀는 앞으로의 모든 명예가 거기에 달려 있다고 여겨 자기의 처녀성과 순결을 소중히 지키고 싶어 하기 때문에, 과부가 사랑의 쾌감을 위해 백배는 더 정성을 쏟고 세심한 배려를 합니다. 자연히 처녀들은 두려움을 갖게 마련이며, 이 일에서조차 익숙해지기가 쉽지 않고 사랑의 효력을 위해서 뭔가 해야 할 기회가 주어져도 쾌적함이나 새로운 방법을 찾아내는 데 적합하지가 않지요.

그러나 이런 기교에 있어서는 능란하고 열정적으로 이미 수도 없이 실행을 거친 과부들은 다릅니다. 처녀들이 허락하려 기다리는 것을 이미 다 제공했고 상실해 버린 과부는 벌어진 틈새의 어떤 신호에 의해서 통고를 받고 방문을 받는, 바로 처녀들이 기다리는 그 기회가 주어질 때 아무런 두려움도 느끼지 않습니다. 뿐만 아니라 처녀는 처녀성에 대한 이 첫 번째 공격을 두려워합니다. 왜냐하면 이 공략은 때로 어떤 여인들에겐 달콤하고 즐거운 것이기보다는 쓰리고 아플 뿐이기 때문이죠. 하지만 과부들은 그 어떤 것도 두려워하지 않으며 공격자가 거칠게 군다해도 부드럽게 내버려둡니다.

이 첫 번째 공략에서 느끼는 쾌감은 여러 사람들에게서 서로 상반된 반응을 끌어내는데 흔히는 평온하고 가볍게 지나가지만 그 쾌감의 순간으로 돌아가려는 욕구가 늘 교차하게 됩니다. 바로 이런 욕구 때문에 덜 헤프건, 쉽게 몸을 내던지건 과부들은 누구에게 그녀의 가장 값진 것을 맡겨야 할지 결정해야 하고 수없이 그것에 대해 꿈꾸고 있는 처녀들보다 백배 천배 자유롭고 후하게 마련이죠.”

따라서 여왕께선 더 쉽게 애정을 얻어 내고 타락시킬 수 있다는 점에서 처녀보다는 과부가 낫다고 결론짓는다.

그래서 이제는 보카치오의 논거들을 다루고 상술해 보기 위해서, 이 주제에 관해서 선남선녀들의 행동을 통해 본 나의 담론에 따라 불필요한 부분은 조금씩 떼어내고 논의에 들어가 보도록 하자.

타오르는 불길 *끄기*

경험으로 봤을 때, 타고 있는 불에 부채질을 하면 더욱 사납게 타오르는 만큼(보카치오가 말했듯이), 성적 쾌락을 빨리 누리고 싶은 사람은 큰 노력을 들이거나 많은 시간을 허비하지 않아도 되는 유부녀에게 달려가야 한다는 건 조금도 의심할 필요가 없다는 걸 나는 말해둔다. 유부녀는 남편과 함께 아주 심하게 뜨거워진다. 그런데 그 남편에겐 아내에게 당긴 불을 *끄기*엔 뭔가 부족한 것이 있어 다른 데서 뭔가를 빌려오거나 고통스럽게 모든 걸 태워야 한다.

내가 잘 아는 집안 좋고 지체 있으며 마음씨 고운 한 부인이 어느 날 그녀의 친구에게 이야기한 것을 내가 전해 듣게 된, 바로 그녀 자신의 이야기다.

그녀는 천성적으로 사람들이 말하는 것만큼 그 일에 그리 열중하는 편이 아니었고(하느님만이 아실지어다!), 그녀에게 불을 지피러 오는 이는 유일하게 남편뿐이었다. 그런데 그녀에게서 타오르는 불길을 *끄기*엔 남편의 능력이 충분치 못하다보니 점점 더 뜨거워지기만 할 뿐이어서 급기야는 구원을 청하러 남자 친구에게 달려가야 했다. 그러나 역시 그에게서도 만족할 수 없어 혼자 물러나 작은 방이나 침대에서 분노를 삭이거나, 동성애적인 방법을 취하거나, 아니면 인공적인 물건들을 이용해 불길을 꺼야만 했다.

처음 그녀가 자위를 한 것은 무도회에서였는데 악마 같은 더위에 참을 수가 없었을 때 계단 한 켠에서였다고 한다. 이는 마치 뜨겁게 달려와 안달루시아의 끝에 이른 암말들이 종마들을 찾을 길 없고 어찌해 볼도리가 없을 때 취한 행동과도 같다. 암말들이 그곳을 스치는 바람에 맞서 생식기를 드러내 놓으면, 바람이 내부 깊숙한 곳에 이르러 열기는 가라앉고 욕망에 주린 속이 채워진다. 그러면 말들은 지금까지와 마찬가지 속도로 그곳에서 달려오는 걸 우린 볼 수 있다. 그들의 아내가 추잡한 뿔을 만들어 사랑을 찾아가지 않고, 열기를 가라앉히고 갈증을 다소나마 풀어줄 이런 바람을 찾는 걸 간절히 바라는 남편들이 여럿 있다.

자, 내가 방금 전 보여주었듯 여자의 본성은 사뭇 이상스러운 것이 부채질하지 않으면 타지도 않는다. 그건 한 스페인 여인의 말처럼 그리 놀랄 만한 일이 아니다.

"내가 이 뜨거운 열정에서 떠나고 싶어 할수록 남편은 내 화로 속에서 불을 지핀답니다."

분명 여인들은 이런 방법으로 불태울 수 있다. 말에 의해서, 단지 접촉에 의해서, 더구나 유혹에 의해서, 그녀들이 기회를 발견하게 되면 남편에 대한 어떤 고려도 하지 않고 아주 쉽게 자신을 내맡겨 버린다. 왜냐하면 때로는 처녀나 여인들을 바로 이 순간에 이르지 못하게 막는 요인은 종종 잠두콩을 먹지 않고도 배가 부풀어오는 것에 대한 두려움인데, 유부녀는 조금도 두려울 것이 없기 때문이다. 만약 유부녀가 배가 불러온다면, 이 모든 짓을 한 건 가엾은 남편이요, 모든 걸 덮어주어야 하는 것도 바로 이 남편이다.

그네들을 이런 일에서 보호해 주는 명예법에 관하여 보카치오는 주장하길, 대부분의 여인들은 자연법보다 더 가치가 있다는 이유 때문에 명예법이 앞선다고 말하면서 자연법을 조롱하고 있다는 것이다. 자연의 법칙은 결코 헛일을 하지 않는다. 자연법은 그들을 특별히 보호해 주거나 남보다 더 많은 보수를 주지도 않으며, 생산적인 일은 하지 않고 그루터기나 뽑아내라고 준 것이 아니라 필요한 곳에 알맞게 사용하라고 고귀한 팔다리와 몸의 각 부분을 쓰임새에 맞게 만들어 주었다.

그러나 여인들은 종종 자기 몸속에 남겨진 흔적을 없애 버리기 위해 여우 꼬리만을 찾는다. 그런데 흔히 이 그루터기를 뽑아 버리기 위해선 많은 고통과 생명의 위험을 감수해야 하며 특히 자궁의 압박은 많은 죽음을 몰고 오는 걸 볼 수 있다. 이 모든 결과를 불러일으키는 성욕의 절제를 위한 주된 치유법은 오로지 육체적 공존밖에는 없다고 말한다. 그리고 이 명예법은 사랑하지도 않고 남자 친구도 없는 고상하신 여인들을 위한 것이라고 말한다. 이런 여인들에겐 화냥 끼 있는 여인들처럼 육체의 순결을 내던지는 것은 도리에 어긋나며 대단히 비난받아 마땅한 일이다. 그러나 잘 고른 애인을 갖고 있는 여인들에게 이 법은 자기를 타오르게 만드는 불길 속으로 남자 친구를 들어와 앉게 해서는 안 된다거나 그 불길을 진압할 방도를 제시해 주어서는 안 된다든지 하는 것처럼 그네들에게 그 어느 것도 금하게 할 수가 없다. 왜냐하면 그것은 슬품에 잠긴 가엾은 주네브르의 말에 르노가 말했던 것처럼[3] 조금도 야만스럽거나 잔혹한 것이 아니며 그녀를 요구하는 사람에게 부드럽고 너그럽게 삶을 주는 것이기 때문이다. 정숙하며 지체 높으신 한 여인의 이야기를 의미 있게 들어보기 바란다.

어느 날 애인이 그녀의 방에서 앞서 언급한 르노의 문장을 불어로 옮겨놓은 걸 보게 되었다. 그는 여자 친구에게 그녀가 쓴 것이 대체 뭐냐고 물었다.

"자, 보세요. 내가 방금 우리말로 옮긴 것인데 마치 내가 만든 글귀처럼 마음에 들거든요. 당신이 갈망하는 것으로 당신을 만족하게 해주기 위해서 체포해 만들었어요. 그러니까 이젠 실행에 옮기는 것만 남았다고요."

그녀는 그 글을 읽더니 이내 행동에 들어갔다. 웬 체포! 투르넬[4]에서 했더라면 더 좋았을걸! 아리오스토는 아주 그럴듯한 이유 때문에 르노의 입을 빌어 아름다운 말을 쓸 수 있었는데, 그녀는 단 하나도 놓치지 않고 그가 하는 말을 잘 번역했다는 걸 난 확신할 수 있다. 번역이 원전만큼의 감동을 줄 수도 있는 것이다. 이렇게 그녀는 자기의 삶을 그에게 주고 싶고 그것을 용서할 수 없는 일은 아무것도 없다는 걸 그에게 깨닫게 해주었다. 그리하여 남자 친구는 좋은 시간을 보낼 수 있었다.

왜 자연은 한 여자를 그렇게 착하고 자비롭게 만들면서 정작 그녀가 냉정하게 굴지도 않고, 싫어하거나 항변하지도 않으면서 그에게 주는

---

3) 아리오스토 『성난 올란도』 5편.
4) 구체제 하에서 파리 최고 재판소. 판사들이 차례로 사용하는 심문실과 파리 고등법원의 대심부가 각각 나누어 쓰고 있다.

이 선물을 자유롭게 쓸 수 없게 만들었단 말인가.

한 여인은 어느 날 방 안에서 남편이 산책하는 걸 보면서 정부에게 이렇게 말하지 않을 수 없었다.

"저기 걷고 있는 내 남편을 좀 보세요. 정말 뻐꾸기와 모습이 닮지 않았어요? 내가 자주 반박하고 거슬리게 말할수록 남편을 저렇게 만들고 저런 모습으로 변해 가게 만들 테니, 난 남편의 타고난 물건을 더 이상 위협할 수가 없다니까요."

또 다른 부인은 그녀를 멋지게 다룰 줄도 모르면서 질투심에 가득 차서 행동을 엿보거나 자기에게 뿔을 만들지 않을까 의심하는 남편에 대해 이렇게 불평을 늘어놓았다.

"그인 마음이 착하죠. 그이 불씨는 꼭 내 것만큼인 것 같아요. 네댓 방울의 물이면 눈 깜짝할 사이에 끌 수 있거든요. 하지만 내 불은 깊이가 있는 화덕 속에 들어 있잖아요. 그러니 불을 끄려면 좀 더 많아야 하죠. 왜냐하면 여자들은 물을 삼키면 삼킬수록 더 삼키고 싶어 하는 수종 환자 같은 본성을 지니고 있기 때문이죠."

어떤 이는 이보다 더 좋은 예를 들었는데, 여자들의 그것은 암탉의 체질을 갖고 있다나. 왜냐하면 암탉은 페피(Pepie)[5]를 생기게 하고, 물이 모자라거나 물을 마시지 않으면 죽어 버리기 때문이다. 마찬가지로 페피가 생긴 그네들의 속은 마실 것을 주지 않으면 종종 죽기도 하는데 그물은 샘물과는 다른 것이어야 한다. 또 다른 부인은 말하기를 자기는 멋진 정원과 같은 체질을 지녔다고 했다. 정원은 하늘에서 내리는 빗물에

---

5) 새의 혀에 생기는 병으로, 점막이 경화되어 먹이는 먹을 수 없고 물만 마신다.

만족하지 않고 더 좋은 열매를 맺기 위해 필요한 물을 정원사에게 요구한다는 것이다.

또 어떤 여인은 훌륭한 재무관이나 집사들을 닮고 싶다고 하는데 재산을 한 사람에게 맡기기보다는 여러 사람에게 분산시켜 그 가치를 더욱 증대시키길 원하기 때문이다. 이와 유사하게 자신이 갖고 있는 그것의 가치를 증대시킴으로써 여러 사람을 통해 목적을 이루려는 것과 같다.

대단히 잘 생기고 기품까지 갖춘 남편이 있지만 지독하게 못생긴 애인을 가진 뛰어난 미모의 한 여인을 이야기하려 한다. 그녀의 절친한 친구가 좀 더 잘생긴 애인을 고르지 않았느냐고 물었다. 그녀가 대답했다.

"넌 모르겠니? 땅을 잘 경작하려면 많은 노력이 필요한 거야. 흔히 잘 생기고 세련된 사람일수록 그 일을 하기엔 적합치가 않은 법이지. 투박하고 촌스럽고 튼튼한 사람이 더 적합한 법이야."

내가 알고 있는 또 다른 부인은 아주 못생기고 섬세함이라곤 조금도 없는 남편을 두고, 그 남편처럼 못생긴 남자를 정부로 삼았다. 마찬가지로 그녀의 친구가 이유를 물었다.

"그건 내 남편의 추함과 비열함에 좀 더 적응을 잘해 보려는 것뿐이야."

한 여인이 어느 날 동료들과 어울려 사랑에 관해 논하던 중 다음과 같은 말을 했다.

"만약 여자들이 언제나 순결하기만 하다면 그들은 그와 상반되는 것이 어떤 것인지 알 수 없겠지요."

이러한 그녀의 말은 헬리오가발로스의 다음과 같은 의견을 근거로 한 말이었다.

"인생의 절반은 덕으로써, 나머지 반은 악으로써 다스려져야 한다. 달리 말하면 한 존재 안에는 항상 선과 악이 공존하고 있는데 사람들은 종종 관능적 쾌락에 대한 욕구를 일으키는 자기의 반대 모습을 잘 알지 못한다."

난 위대한 인물들이 심지어는 여자에 관해서까지 이 말씀을 인정하는 걸 보았다. 바르브[6]라고 불리던 시지스몬트 황제의 아내는 말하길 한 존재 안에서 정숙함은 항상 어리석음에 속해 있다고 했다. 그리고 이 어리석음을 굽히지 않고 자신을 지켜나가는 여인들을 심하게 꾸짖었다. 아울러 자기는 이런 정숙함 같은 것은 멀리 쫓아 버렸다. 그녀에게 있어 모든 기쁨은 자기처럼 살지 않고 육체를 고통스럽게 하여 금욕하고 절제하고 뒤로 물러나는 여인들을 조롱하면서, 축제와 춤과 무도회와 사랑을 즐기는 데에 있었다. 이런 황제와 황후의 궁정에서 사랑을 즐긴 남녀들은 과연 어떠했을까?

내가 지금 말하려는 여인은 대단히 정숙하기로 소문났으나 자기를 시중드는 기사에게 사랑을 품게 되었다. 그러나 남편이 늘 강조하고 부탁한 그 위대하신 명예법 때문에 자신의 두 다리 사이에 우연이라도 감히 작은 통증이 주어지길 바라지도 못하고 상사병에 걸린 환자가 되어 버렸다. 하루하루 속을 태우고 눈물을 쏟아내다 보니 그녀는 마르고 까칠해지고 초췌해져 생기 넘치고 필요한 곳에 알맞게 살이 쪄 보기 좋던 예전의 모습은 찾아볼 수 없게 되었다. 이렇듯 변해 버린 자기 모습을 거울로 보며 말했다.

---

6) 바르브 드 실리. 독일 황제 시지스몬트(Sigismond)의 두 번째 아내. 그녀는 방탕한 행동거지 때문에 '독일의 메살리나' 라는 별명을 얻을 정도였다. 1415년 사망.

"아, 타오르는 불길을 억제하려는 끊임없는 망설임 때문에 조금씩조금씩 초췌해지고, 나를 소모시켜 때가 오기도 전에 이렇게 늙고 추해졌구나. 나를 높이 평가하게 해주고 사랑하게 해주었던 윤기 흐르는 아름다움도 모두 잃어버려 이젠 이렇듯 앙상하고 비참한 모습이 되었으니, 어떻게 그가 나를 보고 꽃이라 여기겠으며 영광스러운 가벼운 통증의 욕구라도 가질 수 있겠는가? 아니야, 난 날 잘 간직할 거야. 내가 갖고 있는 권위로써 나를 치유토록 스스로를 돕고 말겠어."

그러고는 실행에 옮겼다. 자기와 정부에게 만족감을 주면서 그녀는 곧 회복되어 갔고, 예전처럼 아름다운 모습을 되찾았다. 남편은 그녀가 사용한 치료법을 알지 못한 채, 자기 마음에 맞게 모든 것이 제자리를 찾은 것은 의사 선생 덕분이라 생각하며 그에게 깊이 감사하고 경의를 표했다.

대단히 지체 높고 말 잘하며 유머까지 뛰어난 한 부인에 대해 들려드릴 이야기가 있다. 그녀가 시름시름 앓게 되자 주치의가 어느 날 그녀가 그것을 하지 않는다면 결코 회복될 수 없을 거라고 말했다. 그러자 그녀는 이렇게 대답했다.

"좋아요. 그렇다면 그걸 해봅시다."

의사 선생과 그녀는 몸과 마음으로 기쁨을 서로 주고받았다. 어느 날 그녀가 의사 선생에게 말했다.

"사람들이 당신이 내게 그걸 했다고 말하고 있군요. 하지만 상관없어요. 내가 건강해졌으니까요."

그리곤 끊임없이 유혹의 말을 펼쳐냈다.

"내가 할 수 있는 한 난 그걸 할거라고요. 나의 건강이 달려 있으니까요!"

이 두 여인은 내가 앞서 이야기한 적이 있는[7] 나바르 여왕의 『백 가지의 새로운 이야기』[8]에 나오는 팡프뢴의 정숙한 여인과는 조금도 닮질 않았다. 이 여인은 무슈 다반을 미친 듯이 사랑하였으나 자기의 명예가 다칠까 두려워 타오르는 불길을 가슴속에 품고 죽었다. 난 이 여인의 행동을 놓고 몇몇 품위 있으신 부인들, 어르신네들과 함께 논란을 벌인 바 있다. 충분히 자기의 사랑을 낚아챌 수 있는 위치에 있던 그녀가 사소한 것 때문에 스스로 죽음을 택했으니, 영혼 구제를 꿈꾸는 몽상가이며 어리석은 바보라는 것이 중론이었다. 프랑스의 옛말도 있지 않던가.

"다 깎아버린 초원의 잔디는 안 됐지만 이내 제 모습을 되찾는다."

이 모든 것이 이루어진 후에 무슨 일이 뒤따르던가? 필요한 일을 다른 이들처럼 한 후에 세상 사람들 앞에 나선다고 뭐가 나타난단 말인가? 부인네들이 똑바로 걷지 못하더란 말인가? 그 일에 대해선 아무도 모르지 않던가? 그것이 덮어두어야 할 일일 때 공개하지 않으면 사람들은 아무것도 알 수 없다. 난 내가 아는 많은 고매하신 여인들이(왜냐 하면 이들에게서 사랑은 오히려 수면제이므로, 팡프뢴의 여인이 말했던 것처럼 거센 바람이 두드리는 큰 문으로 달려가기 때문이다) 고개를 높이 들고 궁으로, 또는 어디로 걸어 다니며, 브라다망트[9]나 마르피스[10]처럼 용감하게 자기를 드러내지 않았는지 알고 싶다. 만일 여인들이 궁이나 다른 장소에 온다고 해서 그들에게 물러나라고 요구할 수 있는 뻔뻔스러운 자가 누구이겠는가? 여인들은 자

---

7) 1권 3장, 주 17) 참조.
8) 『엡타메론』의 26번째 이야기.
9) 아리오스토의 『성난 올란도』 22편과 25편.
10) 아리오스토가 『성난 올란도』 13편에서 보여주는 아름다운 여전사 중의 하나. 그녀의 용맹은 18편~20편을 가득 채우고 있다.

기를 속이고 오만한 걸음걸이를 유지할 수 있는 만큼, 남편들도 감히 그들에게 그런 말을 할 수가 없다. 만약 남편들이 말로 위협하거나 다른 수단을 써서 모욕을 주려고 생각한다면 참패하고 말 것이다. 여인들은 자기에게 돌아올 화를 생각하지 않을 수 없기 때문에 즉시 복수의 화살을 당겨 승리를 거두고야 만다. 옛말에도 있지 않던가.

"남편이 아내를 치면 그렇게 하자마자 곧 비웃음을 사게 된다."

복수는 복수를 불러 남편은 아내로 하여금 비싼 대가를 치르도록 한다. 남편을 섬기는 정부의 애정을 알고 있는 아내는 복수를 위해 다른 무기가 있을 수 없다고 여기면서, 애정이 지극한 새로운 남자 친구를 갖기 위해 남편의 호색적인 아첨에 넘어갈 새로운 여인을 만들 심산에 남편의 정부를 이용한다. 그리고 남편이 여자들 틈에서 어찌하는지 지켜보며 기다린다.

의사와 가정교사

아주 유명한 명문가에서 어떤 부인이 정숙한 따님들의 유모일을 보고 있었다. 이 부인은 몸이 아파서 의사와 약제사에게 의존하고 있었다. 보통 병이란 다른 사람에게 전염되기 쉬워서 이 딸들도 병을 앓게 되었고, 열에 쓰러지기까지 하였다. 한 약제사가 그들의 치료를 담당하게 되었다. 물론 약제사는 약과 약초로써 그들을 치료했지만 가장 유효했던 치료는 바로 잠자리를 해버린 것이었다(못된 도적놈 같으니). 더군다나 그는 위대하신 왕께서 흡족해 하실 만하고 그런 분에게 어울릴 프랑스의 가장 정숙하고 아름다운 여인의 아랫배에 대롱을 삽입하고야 말았다.

그 밖에 또 다른 공격을 분명히 받았을 이 처녀는 후에 당당히 결혼을 했고, 보내는 편이든 상대편이든 모두 순결한 처녀로 여겼다. 무엇으로 그녀가 그렇듯 교묘하게 속일 수 있었을까? 그것은 바로 임신을 방지할 수 있는 예방약을 그에게서 얻어 뱃속에 물을 채우고 있지 않았기 때문이다. 처녀들이 가장 두려워하는 것이 바로 임신이기 때문에 이런 짓에 능숙한 자들은 임신을 방지할 수 있는 약을 여자들에게 먹인다. 만약 여자들이 임신을 하게 되더라도 바람만이 그것을 느낄 뿐 그 누구도 결코 알아챌 수 없는 아주 교묘한 방법으로 뱃속에 차오르는 것을 흘려보내게 한다.

열정적인 나바르 여왕 마르그리트 가의 보모였던 한 여인은 어쩌다가 미처 그것을 생각하지 못하고 임신에 이르렀다. 그녀는 탁월한 명성을 지닌 약제사를 비밀스럽게 만났고 6개월이나 된 뱃속의 열매를 없애는 물약을 얻었다. 그리하여 조금씩조금씩 아픔도 고통도 느끼지 않고 다른 누구도 알아채지 못하게 일을 해결하여 이 사건은 없었던 일이 되었다. 얼마 후 그녀는 점잖고 고상하게 결혼식을 올렸으며 남편은 그 사건의 어떤 흔적도 알아채지 못하였다. 이 불결한 처녀들에게 순결한 동정녀처럼 보이게 하는 치유책을 주고 있으니, 아! 이 교활한 사람 같으니!

뻐꾸기 남편들 이야기에서 이런 예들을 든 적이 있지만, 지난날 경험했던 또 다른 경우의 이야길 하려 한다. 우선 흡착기를 마련하여 그것을 몸에 대고 피를 빨아내도록 한다. 그런 다음 작은 유리관에 빨아낸 피를 받아놓는다. 그리하여 결혼 첫날밤 아내를 공략하러 들어온 착한 남편이 막 나온 핏덩어리(몰래 감춰두었던 유리관을 살짝 깨뜨려 흘러나온)와 피투성이가 된 아내를 보며 서로 큰 기쁨을 나누게 된다면 이때 "천상의 명예는 구원을 받는도다." 난 이것이 가장 올바르고 숭고한 치유책이라고 생각한다. 아주 좋은 처방을 내려주고 방법을 고안해 내고 적용시켜 주는 의사 선생님들, 그리고 유식하고 능수능란하신 약제사님들보다 훨씬 좋은 또 다른 방법을 무수히 찾아낼 수 있다.

방금 전 말했던 이 약제사를 난 알고 있는데 우리 이야기를 다른 것으로 넘기기 전에 그에 대해 몇 마디 해야 할 것 같다. 그를 처음 본 것은 내가 이탈리아에 있었을 때[11] 제노바에서였다. 그 당시에는 스위스와 그리종 사람들과의 전쟁 때문에 그곳을 통하는 것이 프랑스인들에겐 공통적인 진로였기 때문이다. 숙소로 날 찾아온 그에게 이 도시에서 무엇을 하고 있는지, 프랑스에서처럼 아리따운 아가씨들을 치료하고 있는지 물었다. 뜻밖에도 그는 고행을 위해 이곳에 있다고 했다. 나는 그 말에 깜짝 놀라 물었다.

"뭐라고요, 당신 뭔가 잘못 먹은 것 아니오?"

"아! 어르신, 주님께서 날 불러주셨고 그분의 영혼이 날 비춰주기 때문입니다. 난 이제 그분의 성스러운 말씀을 알아가고 있습니다."

"맞아요. 그 당시 당신이 종교를 가졌더라면, 그리고 육체에 영혼의 약을 섞어 먹이고 처녀들을 꾸짖고 가르칠 수 있었더라면 얼마나 좋았겠소."

"하지만 어르신, 그때 난 우리 주님보다 다른 걸 더 중요하게 생각했었지요. 그래서 이젠 더 이상 죄를 짓고 싶지 않습니다."

이 문제를 놓고 때론 웃거나 진지하게 얘길 나누는 것 외에 다른 것에

11) 1566년.

대해선 달리 내색을 하지 않았다. 그러니 그 얘긴 여기서 마치겠다. 내가 품은 증오와 원한 때문에 그는 저주받을 것이다. 마찬가지로 무슈 드 롱사르께서도 온몸이 열에 휩싸인 자기 애인에게 약을 주고 치료해 주기보다는 아름다운 두 팔과 허리, 그리고 가슴을 만지려고 아침저녁으로 찾아오는 의사에 대해 이렇게 말한다. 그것은 다음과 같이 시작하는 『연가』[12]의 제2권에 있는 재미있는 소네트에서다.

아침저녁 찾아오는 의사 선생께
난 증오와 원한을 품고 있나니
특별히 하는 일 없이 내 사랑의 허리를
배를, 젖가슴을 그리고 유두를 더듬고 있으니.

난 내가 사랑했던 아름다운 부인께 이와 꼭 같이 했던 한 의사 선생께 큰 질투심을 갖고 있다. 그 부인과 내가 특별히 친근한 관계를 맺고 있던 건 아니었지만 이 작은 왕국에서 내가 가장 매력을 느끼던 여인이었기 때문이다. 물론 이런 작자들은 처녀들이나 부인들에게 극진히 환영받을 뿐 아니라 아름다운 모험에 뛰어드는 동의도 얻어 낸다. 난 우리 궁정의 두 의사를 잘 알고 있는데 모후[13]의 주치의인 무슈 카스틀랑과 페르디낭 드 곤자그에 있었던 무슈 드 네베르[14]의 주치의인 무슈 카브리앙이다. 둘 다 사랑의 만남이 있었는데, 이에 대해 사람들은 궁정의

---

12) 롱사르 『연가』의 제2권, 소네트 XLVII
13) 카트린 드 메디시스.
14) 네베르 공작이 곤자그 출신임.

가장 위대하신 어르신네들이 라이벌이 되고자 무진 애를 썼다고 한다.

어느 날 열정적인 비토 남작[15]과 사랑의 열병 때문에 몸져눕게 된 남작에게 좋은 충고도 해주고 친구가 되기 위해 파리에서 달려온 명의, 무슈 르 그랑[16]과 한담을 나누게 되었다. 우리들은 이 의사 선생께 여인들에 관한 많은 것들을 물었다. 그는 여자에 관해서 너무도 좋은 얘길 해주었고, 그가 대롱을 세워서 뛰어들어야 했던 것만도 열두 가지나 들려주었다. 어느덧 9시를 알리는 소리가 들리자 일어서며 이렇게 말했다.

"정말이지 부질없는 이야기로 두 시간이나 보냈으니 당신네들은 날 미친놈으로 알 거요. 봐야 할 예닐곱의 다른 환자들을 깜빡 잊고 있었습니다. 이제 가봐야겠습니다."

"여러 의사 선생님들이시여, 당신들은 아는 것도 많고 좋은 일도 많이 하시는구려. 마치 스승님처럼 말씀하시는 당신도 똑같소."

우리가 이렇게 말하자 고개를 끄덕이며 대답했다.

"가르침! 가르침! 그래요, 그래. 우리는 그 일에 대해 아는 것도 많고 좋은 일도 많이 합니다. 왜냐하면 우린 모두가 알지 못하는 비밀들을 알고 있으니까요. 하지만 이제 난 늙었으니 비너스와 그의 아이에게 안녕을 고합니다. 자, 여러분, 난 이제 그들을 젊은 당신들에게 맡깁니다."

처녀들을 실컷 즐기는 또 다른 류의 작자들이 있다. 바로 가정교사다. 글을 가르칠 목적으로 가정교사를 둘 때, 그 가정교사가 음흉한 일을 하려고만 들면 어렵지 않게 목적을 이룰 수 있다. 그들은 방에서 단둘이 공부하기 때문에 얼마나 적절하게 기회를 만들 수 있는지 여러분은 상

---

15) 기욤 뒤 프라, 비토 남작. 앞에서도 언급된 바 있는 그가 바로 루이-베렁제 드 구아스트를 죽인 장본인이다.
16) 니콜라 르 그랑. 당대의 유명했던 의사.

상할 수 있지 않는가. 가정교사는 이 처녀들을 열에 들뜨도록 만들기에 적당한 많은 우화나 콩트, 그리고 역사 이야기들은 자연스레 욕망을 자극하게 될 것이고, 변해 가는 그들의 안색과 호흡을 감지하면서 멋진 기회를 엿볼지는 여러분의 상상 속에 맡길 것이다.

부와 권세를 갖춘 명문가의 어여쁜 딸인 한 처녀는 가정교사에게 역사 이야기라기보다는 두 가지 성(남성, 여성)을 체험하고자 주피터(그리스 신화의 제우스)와 주노(그리스 신화의 헤라)에 의해 선택되어졌던 티레지아의 이야기[17]를 들었다. 그녀는 두 가지 성 중에 성행위를 통해 더 큰 쾌감을 느끼는 쪽이 어디인지 알고 싶어서 질문을 했다가 순결을 잃고 창녀로 전락하였다. 판결을 내리게 된 티레지아는 주노에게 반대하며 그건 여자였다고 했고, 이 판결에 앙심을 품은 주노는 티레지아를 장님으로 만들어 버렸다.[18]

만일 이 처녀가 이 이야기를 이해하려고 시도했다고 해도 너무 놀라지는 말아야 한다. 왜냐하면 그녀는 종종 남자들은 이 일에서 열정적이고 큰 기쁨을 얻으니, 여자들은(티레지아의 말에 힘입어) 거기에서 더 많은 걸 이끌어 내야만 하고 체험해 봐야 한다고 친구들에게 말했다는 것이다.

이런 수업이 처녀들에게 필요한 내용인가? 가르칠 만한 것은 없었던가? 그러나 가정교사 노릇을 하는 자들은 그네들이 모든 걸 알고 싶어

---

17) 티레지아는 어느 날 두 마리 뱀이 짝짓기를 하고 나오는 걸 보고 암컷을 죽여 버렸다. 그러자 갑자기 여자로 변하게 되었고, 7년 후 두 마리 뱀이 같은 방법으로 서로 얽혀 있는 걸 보게 되어 원래의 모습을 되찾게 된다. 그는 두 성별을 모두 경험하여 헤라(주노)와 제우스(주피터)의 논쟁에 옳은 판단을 내려줄 심판관으로 선택되었다. 헤라는 사랑 행위에서 더 큰 쾌감을 느끼는 건 남자라고 주장하고 제우스는 반대 의견을 내놓는다. 티레지아는 자기가 쾌감을 느낀 것 중 열에 아홉은 여자였을 때라고 답한다.
18) 브랑톰은 이 얘기를 오비드의 『변신』, III, 316-338에서 인용했는데, 그 책에서 이어지는 이야기는 "빛을 상실케 된 것에 대한 보답으로 주피터는 티레지아에게 미래를 예견하는 능력과 일곱 세대를 살 수 있는 특권을 부여해 주었다."

한다고 말할 것이다. 그리고 그네들은 공부 중이므로 설명이 필요한 이야기나 문구를 접하게 되면 설명해야 하고 책장을 뛰어넘거나 덮어 버리지 말아야 한다고 말한다. 책장을 덮어 버리면 이유를 물어올 것이고, 그건 쓸데없는 나쁜 내용이라 말하면 더욱 호기심을 품고 알고 싶어 한다고 정당화시키려 들 것이다. 이렇게 그들에게 금지된 것에 욕망을 품으면서 아무도 그들에게 말할 수 없게 만드는 것이 이자들의 본심이다. 얼마나 많은 처녀들이 카누스와 비블리스[19]의 이야기, 오비드의 『변신』에서 『사랑의 기교』에 이르기까지 이와 비슷한 많은 이야기들, 또한 불어, 라틴어, 그리스어, 이탈리아어, 스페인어로 쓰인 또 다른 시인들의 관능적이고 선정적인 무수한 문구와 이야기를 읽으며 정신을 잃고 순결을 내던졌겠는가? 스페인의 어떤 노랫말은 이렇게 얘기한다.

"히힝거리는 암노새와 라틴어를 말하는 처녀는 우리에게 데려다 주시길."

하느님은 이 스승들이 고약해지려고 할 때 제자들에게 이런 수업을 한다는 것을 알고 계신다. 그리고 이 세상에서 가장 순결한 것에 어떤 소스를 주어 기묘하게 만들어 버리는지도 말이다. 성 아우구스티누스마저도 디도의 사랑과 죽음을 담고 있는 『아이네이스』의 제4편을 읽으면서 동정을 느끼고 고통스러워하지 않았는가? 『아마디스 드 골(Amadis de Gaule)』[20]을 읽음으로써 마음이 움직여 타락하고 순결을 버리게 된, 종교

---

19) 자기와 쌍둥이인 카우니스에 대한 비블로스의 근친상간적 애정 이야기. 역시 오비드의 『변신』 IX, 419-665에서 인용.

20) 스페인의 기사도를 다룬 소설. 최초의 원본은 14세기 초로 거슬러 올라가지만 1508년 몬타보(montalvo)에 의해 재구성되어 출간되었다. 아마디스는 더할 나위 없는 기사의 전형이며 끊임없이 이어지는 모험 끝에 오리안과 결혼한다. 돈키호테는 아마디스를 모델로 취한다.

계에 몸담고 있던 많은 처녀들만큼 많은 수도승 곁방에서 교활하고 타락한 여우, 불량스러운 심술꾼인 스승들에 의해 해석되고 주석이 달리고 해설되어지는 그리스어와 라틴어 그리고 다른 여러 언어로 쓰인 책들이 어떤 일을 할 수 있을지 여러분의 상상에 맡기도록 하겠다.

우리는 파올로 에밀리오[21]의 역사서에서 그리스 황제인 보두인 1세[22]의 딸이며 잔의 여동생이고, 플랑드르 백작 부인인 마르그리트의 이야기를 통해 생−루이의 삶을 읽을 수 있다. 마르그리트는 잔의 뒤를 이어받지만 아이가 없었다고 역사는 전한다. 그녀가 한창 젊었을 때 사람들은 존경받을 만한 성스러운 삶을 살아가는 남자인 기욤을 가정교사로 보내주었는데 그는 이미 교단에 몸담고 있었다.

그럼에도 불구하고 제자에게 장과 보두인이라는 두 아들을 만들게 하느라 급급하지 않을 수 없었다.[23] 이 두 아들은 지극히 비밀스럽게 키워졌기 때문에 몇 사람만이 그들의 존재를 알았다. 어쨌든 후에 그들은 교황[24]에게 합법적인 지위를 인정받았다.

---

21) 파올로 에밀리오 또는 폴 에밀. 베로나에서 태어나 파리에서 죽은(1529년 5월 5일) 이탈리아 역사가. 생-드니에서 수도승의 임무를 다하는 한편 샤를 8세와 루이 12세 하에서 '왕의 실록사가이며 산문 작가' 였으며 최초로 세속인들의 사료를 편찬했다. 그는 '프랑스 왕국의 수수께끼에 대하여(De rebus gestis Francorum)' 라는 제목으로 프랑스 근원에서부터 1488년까지 열두 권의 책으로 정리했다. 그중 앞의 네 권은 1516년, 1517년에 두 권, 나머지 네 권은 1539-1540년에 나왔다.

22) 콘스탄티노플의 황제 보두인 1세(1204-1205). 플랑드르와 에노의 백작인 그는 십자군 전쟁에 참여했던 불가리아의 왕인 조마니에게 패하였다. 어떤 사가들에 의하면, 승자가 그에게 가했던 잔혹한 대접 때문에 죽었다고 전해지며, 또 다른 얘기는 플랑드르에 돌아왔지만 황제의 자리를 계승한 그의 딸 잔이 인정하길 거부했다고 전한다.

23) 브랑톰은 여기서 이야기를 뒤섞고 있다. 라 누아르(la Noiie) 또는 라 담 누아르(검은 여인)라고 불렸던 마르그리트 드 콘스탄티노플. 보두인 1세의 딸이며 그녀가 황녀 자리를 계승했던 잔의 막내 동생. 그녀에겐 두 명의 사생아 아들이 있었는데 후에 합법적인 지위를 얻게 된다. 당시 교단(교회)에 몸담고 있던 아벤 출신의 가정교사 부샤르가 아버지였다. 이 두 아들이 브랑톰이 말하는 장과 보두인이다. 독신 생활을 끝내고 후에 기욤 드 당피에르와 결혼하여 세 아들과 두 딸을 두었다.

24) 이노상 4세.

사랑에 대한 여인들의 태도

내가 잘 아는 어떤 부인은 말하길 좋아하는 수다쟁이들과 모이길 좋아하고 훈계를 잘하기로 소문이 나 있었다. 그리하여 왕[25]의 어릿광대인 쉬코는 어느 날 왕과 궁의 다른 많은 사람들 앞에서 그녀가 자기처럼 추하고 못생긴 남자와 상대하는 것에 대해 부끄러움을 모르고 좀 더 나은 남자를 고를 만큼 머릿속에 든 것이 없는 것 같다고 말하면서 공개적으로 비난했다. 좌중은 웃기 시작했고, 그 부인은 왕이 이런 일을 하라시켰을 것이라 생각하면서 울기 시작했다. 왜냐하면 왕께선 자주 이 어릿광대에게 이런 역할을 시키곤 했기 때문이었다.

내가 알고 있는 다른 아주 지체 높으신 부인네들이나 공주들은 남들이 자신에게 하는 말에 대해 자신을 잘 방어하고 좀 더 말을 잘하기 위해서, 또는 심심한 시간을 잘 보내기 위해서 침실 곁방에 문사들을 불러 생각을 글로 정리하게 한다. 또 쓸 만한 주제가 없어 그들을 부를 필요가 없을 때면 글의 내용이 자기들의 관점을 희미하게 만드는 것 같다면서 스스로가 읽기도 하고 윤색하기 위해 읽어보도록 시키기도 한다.

이런 부류의 사람들을 이런 식으로 추출해 내는 여인들은 잘못을 조금도 그냥 보아 넘기지 못하고 오히려 심하게 모욕을 주기 일쑤다. 그들은 자기들이 마음대로 정한 심판관이 있는 만큼 모든 결연함은 그들 마음에 드는 선택을 하게 하는 자유와 임의로운 생각으로 가득 차 있다. 그러나 부토, 후견인, 여선생들에게 노예처럼 순종해야 하는 불쌍한 처녀들은 일을 벌이기 위해 그들이 돌멩이를 찾아냈을 때조차도 그것을

---

25) 앙리 3세.

마음대로 집어 들지 못하고 뜨거운지 차가운지 또는 구워졌는지 삶아졌는지 생각할 수가 없다. 따라서 주어지는 기회에 따라 가능한 자주 선생, 애정 아카데미의 설립자, 류트(16세기-18세기 유럽에서 유행하던 비파의 일종)나 바이올린을 연주하는 사람, 춤 선생, 화가 요컨대 그네들이 설전과 과학을 배우는 사람들을 이용한다. 심지어는 보카치오가 말했듯이 신부, 수도승까지 이용하고 『백 가지의 새로운 이야기』에서 나바르 여왕께서 말씀하셨듯이 시종들과도 한다.

시종장, 궁의 두 처녀와 깊은 사랑에 빠졌던 배우, 그리고 아름다운 처녀, 부인, 과부들과 방탕한 관계를 맺고 있음을 내가 잘 알고 있는 시인들 역시 마찬가지다. 왜냐하면 이런 사람들은 성스러운 찬사를 사랑하므로 이 점에 여인들은 사로잡히고 마침내 그네들이 추구하는 걸 손에 넣게 된다. 소송 탄원자들 역시 대단히 위험하다. 그래서 다른 사람들이 말했듯이 보카치오까지도 처녀들이 유부녀나 과부보다 사랑에서 더욱 끈질기고 확고하다고 한 것이다.

처녀들은 배 안에서 방금 물속으로 뛰어든 사람을 닮았다. 수영을 할 줄 모르는 사람이 나뭇가지를 붙잡게 되었을 때 다른 사람이 구하러 올 때까지 끈질기게 붙들고 있는 것과 같다. 수영을 잘하는 사람은 스스로 물속에 뛰어들고 강기슭에 이를 수 있을 때까지 용감하게 헤엄쳐 간다. 이처럼 처녀들은 봉사자를 붙잡기만 하면 단단히 붙들고 지킨다. 그네들의 첫 번째 선택인 그를 떠나보내길 원치 않는다. 그러나 유부녀나 과부들은 아무런 위험 없이 어떤 물에서든 헤엄칠 수 있는 자유와 편리함을 누리며 마음에 드는 이런 부분을 취할 수 있고, 만약 사랑의 봉사자에게 염증을 느끼거나 그를 잃게 되더라도 이내 새로운 연인을 취하거나 두 연인을 차지할 줄도 안다(하나를 잃으면 둘을 새로이 만들어 공백을 메우기 때문에). 이처럼 사랑에 있어서 능숙한 술책가인 유부녀나 과부들과는 달리, 처녀들은 원하는 대로 또 다른 연인을 다시 찾을 수 있는 자유와 편리함을 가질 수 없다는 두려움 때문에 그를 끊임없이 사랑하고, 사랑하고 싶어 한다.

대부분의 가엾은 처녀들은 매일매일 새로운 연인에게 영수증을 발급해 줄 만한 수단도 재산도 돈도 없다. 그녀들이 사랑하는 연인들에게 줄 수 있는 것이라곤 사소한 머리 장식품 또는 작은 진주알이나 구슬, 팔찌, 그리고 작은 반지나 스카프 같은 별로 값나가지 않는 것들뿐이다. 아무리 좋은 가문의 부유한 상속녀라 할지라도 처녀들은 부모나 후견인들에게서 자기 몫이라 해도 마음대로 쓸 수가 없기 때문에 사랑의 봉사자에게 많은 몫을 줄 방도가 없을 뿐 아니라, 몸 가운데 달린 지갑이 아니고는 마음껏 넓게 열 수도 없다. 또한 몸에 달린 지갑에 대해서도 그녀들은 인색한데, 착하고 정숙하게 살아야 한다는 이유가 아니라 해도 가진 것 없는 이들이 무엇으로 지갑을 빌릴 수가 있겠는가. 너그러운 박애정신은 바로 이 모든 수단에서 가능하며 그것에 의존하는 것이 아니겠는가.

반면 유부녀와 과부들은 애인이 있을 때, 그리고 어떤 남자를 차지하고픈 욕망이 생겨날 때면 자기가 갖고 있는 모든 수단을 자유롭게 활용할 수 있다. 그녀들이 누군가에게 반하여 사랑에 열중하게 되면 의중을 탐색해 보기보다는 마치 혀끝의 촉각에 의존하는 미식가들이 음식을 요리조리 탐색해 보고 값에 구애받지 않고 구미가 당기면 돈을 치르듯이, 자기가 갖고 있는 속옷까지도 팔거나 주어가며 상대를 손에 넣고야 만다. 가엾은 처녀들은 그들과 같을 수 없다. 처녀들은 누군가를 만나 좋으냐 싫으냐에 따라 자제할 수 있어야 한다.

난 그들의 사랑과 다양한 입맛, 그리고 이상야릇한 쾌락 등에 대해 무수한 예를 들어가며 이야길 전개해 나가려 한다. 난 절대 끝을 내지 않을 것이고, 역시 이 이야기들에서 성이든 이름이든 밝히는 일은 없을 것이다. 모든 이들의 안녕과 평화를 위해서 그렇게 하길 원치 않으며 그들을 추문에 몰아넣고 싶지 않기 때문에 나는 이 책에서 모든 스캔들을 쫓아 버리려 애썼다. 실례를 들어 얘길 하면서 이름을 숨기는 것이 해가될 것은 없다. 문제의 인물들을 여러분 스스로가 상상할 수 있는 기회를 드리려는 것이다. 아마 때로는 어떤 이를 두고 전혀 다른 인물을 상상하게 될 수도 있다.

여인들의 다양한 기질과 성적 본능

우리가 인간의 숲을 바라다보면 서로 다른 다양한 기질과 성적 본능을 보여준다는 걸 알 수 있다. 어떤 이는 물푸레나무나 너도밤나무처럼 푸르른 채 자신을 불태우려 하고, 또 어떤 이는 오리나무처럼 물기가 없고 늙었지만 오랫동안 멋진 모습을 간직하고, 또 어떤 이는 이 세상의 기다란 모든 물건만 보면 타오른다. 또 다른 이들은 마르고 오래된 나무로 가득한 나무숲처럼 늙고 건조해진 상태에서 돌연 모든 걸 이루어 내려는 듯 자신을 불사르고, 모두 태워 재가 될 때까지 자신을 내던지기도 한다. 이들이 바로 처녀나 유부녀 또는 과부들이다.

어떤 여자들은 푸르른 나이 때부터 아주 쉽게 타오르는데 이들을 보고 사람들은 어머니 뱃속에서부터 사랑의 열정과 창녀적 기질을 타고났다고 말하기도 한다. 아름다운 티망드르의 딸 레이[26]를 보더라도 대단히 빛나는 창녀이신 어머니로부터 물려받은 타고난 기질로 명성을 날렸다. 그 외에도 어머니의 아름다운 엉덩이로부터 전해 내려오는 기질을 보존하며 미처 성년의 나이까지 기다리지도 못하고 열두세 살의 나이에 사랑의 행군을 시작하는 많은 소녀들을 볼 수 있다. 약 12년 전 파리에서 아홉 살밖에 안 된 빵집 딸이 자꾸만 몸이 뚱뚱해지고 배가 불러와 시름시름 앓기 시작하자 그녀의 아버지가 소변을 받아 의사에게로 갔다. 의사는 임신이라고 일러주었다.

"뭐라구요? 내 딸은 이제 겨우 아홉 살이란 말씀입니다."

기절할 듯 놀란 것은 오히려 의사였다.

"분명한 사실입니다, 손님. 그녀는 임신 중입니다."

그녀를 자세히 진찰한 결과 사실을 확인했다. 그녀는 자기에게 일어난 일을 모두 고백했고, 그 어린 소녀에게 일을 벌인 문제의 난봉꾼은 어린 나이에 아이를 갖게 만든 죄로 정의의 심판에 따라 사형에 처해졌다. 내가 이런 사건의 예를 여기에 넣어야 했던 걸 몹시 유감으로 생각한다. 그것은 낮은 신분의 가진 것 없는 가난한 사람의 일인 만큼, 저 위대하시고 지체 높으신 분들이 아니라 아주 미천한 사람들의 이야기를 담은 종이를 구겨버려야 할지 오래 생각해야 했다.

내 의도가 다소 과장되어 버린 것 같다. 그러나 이 이야기는 아주 드물고 이례적인 일이므로 용서받을 수 있으리라 믿는다. 또한 나는 이런

---

26) 라이스. 티망드르의 딸. 같은 이름을 가진 저명하신 바람둥이 세 여인 중 하나. 기원전 422년 시칠리아의 히카라에서 탄생. 그녀의 어머니는 유배 중이던 그리스의 장군 알키비아데스의 정부였다.

기적적인 일이 일어날 수 있는 것인지 알 수가 없었으므로 내가 잘 아는 우리 왕국의 지체 높으신 여인들께 확인해 보았다. 또 아홉 살, 열 살, 또는 열두세 살의 어린 나이에 간음에 의해서든 결혼에 의해서든 남자를 쉽게 받아들이고 견디어 낼 수 있는지도 들어보고자 했다. 그리하여 죽음에 이르거나 고통에 시달리지도 않고 쾌감만을 느끼며 소녀 시절에 처녀성을 잃어버린 몇몇 경험자들의 예를 들어 이야길 전개하게 될 것이다.

지금은 죽고 없지만 보기 드물게 용감했던 한 난봉꾼의 이야기가 내 기억 속에서 되살아난다. 죽기 전 그는 관계했던 처녀와 부인네들의 성적 능력에 대해 불평을 늘어놓았다. 마지막에 그가 한 말은 다른 여자들과의 관계에서처럼 그렇게 넓은 바다에서 출렁이는 물결을 느끼기보다는 좁은 해협에서 헤엄치는 쾌감을 좀 더 느껴볼 수 있게 요람에서 갓 나온 어린 소녀를 만날 수 없는 것이 아쉽다는 것이었다. 그가 만약 내가 잘 아는 고귀하고 정숙하신 부인께 이 말을 고했다면, 똑같은 불평을 늘어놓은 한 기사에게 했던 것과 똑같이 대답했을 것이다.

"난 대체 불평을 늘어놓는 것이 무엇 때문인지 모르겠군요. 우리의 타고난 능력과 넉넉함에 대해 당신들의 능력이 부족하다는 것 때문인지, 당신네들이 작고 조그만 것에 비해 우리 여인들이 그에 맞지 않는다는 것인지, 아니면 오히려 별로 호화롭지 못한 식단 때문인지 알 수 없다는 말입니다. 우리에 대해 당신네들이 늘어놓는 불평만큼이나 우리도 당신네들에 대해 불만이 많답니다. 만약 우리의 역량에 맞설 만큼 당신네들도 같은 크기의 능력을 지녔다면 서로서로 불평하고 비난할 것이 아무것도 없을 것 아니겠어요."

이 대답은 실제로 근거가 있는 말이었다. 한 지체 높으신 부인께서 어느 날 퐁텐블로의 분수에 있는 위대한 헤라클레스 동상을 응시하며, 그녀를 그리로 인도했던 친절한 기사와 팔짱을 끼고 있었다.

그녀가 기사에게 말했다.

"헤라클레스는 거대한 몸에 적합하지 않게 가운데 부분이 너무 작고 균형적이지 못해요. 신체의 모든 부분들이 균형 있게 잘 분배가 되었더라면 좀 더 훌륭하게 인물이 표현될 수 있었을 텐데……."

이 조각상은 그런 면에서 다소 미흡하다는 것이었다. 그 기사는 이 부인의 말에 뭐라 할 말을 찾을 수 없었다. 그저 그 시대 여인들은 오늘날의 여인들처럼 그리 큰 것을 소유하지 않았을 것이라고 믿는 수밖에. 대단히 위대하신 부인이시며 공주이신 어떤 여인[27]께선 사람들이 크고 넓은 입구를 지닌 여인으로 자기 이름을 거론한다는 걸 알고 이유를 물었다. 누군가가 이렇게 아뢰었다.

"왜냐하면 남들보다 더 크고 위대하신 역량을 갖추고 계시기 때문입니다."

어쨌든 여인들은 그것을 사용하는 데 있어 좀 더 불편하게 출입하도록 조우고 비좁은 입구를 되찾을 방도를 매일매일 찾아내려 애쓰며, 나름대로 그 처방을 찾아낸 여인들도 있다. 한편 그렇지 못한 여인들은 많은 노력에도 불구하고 빈번하게 출입하는 것 때문에 길이 닳고 마모되어 버린다. 또 아이가 그 길을 통해 나오다 보니 어떤 여인들의 출입구는 언제나 크게 넓혀진 채로 남게 된다. 여기서 내가 다소 빗나가고 말

---

27) 모후이신 카트린 드 메디시스. 참조, 브랑톰 『저명한 부인들의 언동』 7권, PP. 373-374.

았다는 걸 인정해야 할 것 같다. 그러나 관련이 없는 이야기는 아니다. 우리의 길로 다시 돌아가 보자.

많은 처녀들이 자신이 좀 더 무르익고 건조해지길 기다린다. 또 자기에게 다가오는 사람이 있고 마음이 가는 사람이 있음에도 이런 돌발적인 상황에서 최초의 문을 열기에는 그네들의 타고난 기질이 너무 차가워서 그 나이만이 가질 수 있는 넘쳐나는 부드러움과 푸르름을 그대로 지나가 버리게 내버려 둔다. 그 밖에도 지체 높으신 부인들이 그네들을 필요로 하며 궁정 생활을 하도록 붙잡아 두고 있어 자유로이 행동할 수 없는 탓도 있다.

그러나 스페인의 노랫말 중에 "포도나무와 처녀들은 가두어 두기가 무척 힘들다."라는 후렴이 있듯이, 지나가거나 머물며 그녀를 탐하는 사람이 거의 없다 해도 최소한의 관심만으로도 한창 때의 씨암탉처럼 털이 곤두서는 걸 처녀들은 느낀다. 그렇지만 거세게 휘몰아치는 겨울 바람조차도 동요시키거나 뒤흔들 수 없이 미동도 않는 처녀들도 있다. 또 너무도 아둔하고 순진하며 서툴고 무지할 뿐이어서 사랑이라는 이름을 거론하고 싶은 생각조차 없는 처녀들도 있다.

아주 고지식한 개신교도인 한 처녀는 창녀에 관해 얘기하는 걸 듣기만 해도 갑자기 그 자리에서 기절해 버리고 만다. 어떤 이가 아내와 함께 있는 어느 어르신께 이 얘길 하자, 이렇게 말씀하셨다.

"그 처녀는 여기엔 올 수 없겠구먼. 말하는 걸 듣기만 하고도 기절하니 여기 와서 그걸 본다면 그대로 죽어 버릴 것 아닌가."

이런 처녀들이 있음에도 불구하고 어떤 처녀들은 마음속에서 조금씩 사랑이란 걸 생각하고 느끼기 시작하면 그런 감정에 쉽게 익숙해지고 길들여져 손안에 들어오는 즉시 먹어 치운다. 또 다른 처녀들은 전능하신 하느님의 계명에 경외심을 갖고 지나치게 경건한 척, 종교적 양심을 지키는 척하며 사랑하는 이를 멀리 쫓아 버린다. 이런 위선의 탈을 쓰고 가슴속의 불덩어리를 덮어 버리고 감추며 성당에 나와 경건하고 성실한 신도의 이미지를 지키는 여인들을 많이 볼 수 있다. 이렇게 겉으로 그럴듯한 행동을 보임으로써 세상 사람들은 아무것도 알아채지 못하고 그들을 아주 정숙한 사람으로 평가하고 심지어는 시엔의 성녀 카트린으로 여기기까지 한다. 그러나 종종 세상 사람들과 남자들은 그들에게 기만당하기 일쑤다. 이런 점은 지금 말하려는 여인에게서 대표적으로 볼 수 있는데, 지금은 하늘나라에 가 계신 위대하신 공주일 뿐 아니라 여왕까지 되셨던 여인의 이야기다.[28]

그녀는 어떤 이들의 애정 관계를 공격하고자 할 때면(그녀는 이런 경향이 심했다), 늘 하느님에 대한 사랑으로 이야기를 시작했다. 그렇게 시작한 얘기는 갑자기 속세의 사랑에 대한 얘기로 내려오고, 후에 위대하신 작품(몇몇 사람들에게는 변덕스러운 노여움의 실체)에까지 이르게 된 남들에 대한 관심과 사랑 얘기로 전락해 버리고 만다. 자, 이렇듯 경건하신 믿음을 지키는, 아니 오히려 편협한 신앙심을 고집하는 우리의 여인들이 우리를 배반하고 기만한다.

이 이야기가 사실인지 아닌지는 난 알 수 없다. 그러나 어쨌든 이 세상 어딘가의 한 도시에 한 여인이 있었다. 때는 사순절인지라 신분 고하를 막론하고 모두들 참회하며 음식을 자제하고 고통을 이겨내고 있었

---

28) 『엡타메롱』의 저자, 마르그리트 드 나바르.

다. 그런데 그녀는 애인과 함께 얇게 저민 새끼염소 고기와 햄으로 저녁 식사를 하러 갔다. 냄새가 길가로 흘러나오자 사람들이 그들을 찾아갔고 성찬 중인 그녀를 발견했다. 그녀는 잡혀와 그녀가 준비했던 꼬치에 펜 양고기를 어깨에 얹고 얇게 저민 햄을 옷깃에 달아 도시를 한 바퀴 돌라는 벌을 받았다. 벌을 내리는 방법치고는 기발하지 않은가?

또 다른 유형으로 그 누구도 거들떠보려 하지 않으며 오만하고 자존심이 강하여 남자들이나 그들의 애정 어린 제안 또는 구애를 매몰차게 거절하며 쫓아 버리는 여인들이 있다. 이런 여인들에겐 인내심과 끈기를 갖고 기회를 기다리며 행동해야 한다. 이런 모든 문제에서는 시간이 당신으로 하여금 그녀를 차지할 수 있게 해주기 때문이다. 그녀의 오만한 자존심을 충분히 살려 주고 명예를 드높여 준 후에 당신은 당신의 명예와 자존심을 되찾을 수 있게 될 것이며 그녀를 당신 아래 굴복시키고야 말 것이다. 높이 치솟은 후에는 내려올 수밖에 없고 가치도 하락할 수밖에 없다. 따라서 사랑 자체와 그것에 대해 말하려는 사람을 경멸하고 거들떠보지도 않던 오만한 여인이 그 사람 편이 되어 그를 사랑하게 되고, 심지어는 하찮고 시시하기만 한 낮은 조건의 그 남자와 결혼까지 하는 걸 우리는 종종 볼 수 있다. 이렇게 사랑은 여자들을 조롱하며 그들의 교만과 불손함을 벌하고 다른 이를 공격하기보다는 바로 그녀들을 공격하는 것에서 만족을 느낀다. 왜냐하면 거기에서 승리는 더욱 명예롭기 때문이다. 승리는 명예를 뛰어 넘는 것이므로.

오래전 궁정 생활을 하던 한 처녀는 어찌나 자존심이 강하고 콧대가 높은지 친절하고 능숙한 남자가 그녀에게 다가와 사랑을 고백해도 사랑을 심히 경멸하면서 거만하게 대답하곤 했다. 그러다 보니 불가항력적인 상황만 되지 않는다면 아무도 그녀에게 돌아오지 않았다. 때로 누군가가 그녀의 배에 정박하고 싶어 하고 그녀를 취하려 한다면 그렇게도 빈틈없이 오만한 표정과 말과 태도로 남자들에게 매몰차게 굴며 쫓아버리던 그녀가 어떻게 했겠는가. 결국 사랑은 그녀를 놀라게 하고 벌하며, 그녀가 결혼하기 약 20여 일 전에 임신시킨 한 사랑을 향해 전진해 나아갔다. 그러나 그는 그녀를 섬기고자 했던 그 수많은 기사들과는 조금도 비교할 수 없는 인물이었으니 이런 경우는 "이렇게 그는 비너스를 사로잡았노라."는 호라티우스[29]의 말을 빌어야 할 것만 같다. 이것이 그들의 기적 아니겠는가.

궁정 생활을 하던 어느 날 환상적인 기회가 내게도 돌아왔다. 난 최고의 미인인 데다가 정숙하고 빈틈없으며 대단한 명문가 출신인, 그러나 아주 오만하고 건방진 한 아가씨를 섬기게 된 것이다. 그녀에게 난 지극히 열렬한 애정을 품게 되었다. 난 그녀가 내게 말하고 대답하도록 그녀처럼 건방진 태도로 이것저것 캐물으며 섬기려 애썼다. 그녀는 나의 이런 노력에 조금도 관심이 없고 전혀 느끼는 바도 없었다. 그래서 방식을 달리해 나는 그녀를 지극히 찬양하기 시작했다. 여자의 단단한 마음을 무너뜨리기 위해 찬란한 그녀의 아름다움과 완벽함을 극찬하고 찬양해 주는 것보다 그 마음을 녹아내리게 해주는 것은 없다. 그러므로 이런 찬사에 곁들여 그녀가 지니고 있는 것은 시시한 것이 하나도 없는 것 같다며 개성을 칭찬해 주었다. 처녀건 부인이건 너무 보잘것없고 평범하다는 것은 오만한 태도와 높은 명성을 가질 수 없으며 누구에게 섬김을 받

---

29) 호라티우스, 책 1권의 단시 33의 맨 끝. "이렇게 비너스는 그를 원하게 되었고 어울리지 않는 영혼과 매몰찬 속박 속에 몰아넣는 잔인한 놀음으로 그는 비너스의 마음을 사로잡았도다."

을 만하지 못하다는 얘기다. 따라서 나는 그녀를 많이 찬양하며, "나의 영광이여"라는 말 외에 다른 말을 쓰지 않으려 했고, 이에 대해 그녀는 나를 "거만한 사람"이라고 부르는 걸 좋아했다.

이렇게 하며 오랫동안 나는 그녀를 섬겼다. 만약 내가 그녀를 섬기고 싶어 하는 궁정의 어르신네들만큼, 또는 그보다 더 그녀의 은혜를 입고 있다고 조금이라도 떠들어댔더라면, 용기 있고 용맹스러우며 왕의 아주 아끼는 기사인 나는 그녀를 사로잡을 수 있었을 것이고, 그녀를 예쁘게 단장하여 결혼할 수 있었을 것이다. 그러나 그녀가 살아 있는 동안 이런 약혼 상태는 우리 둘 사이에 지속되었고, 늘 그 약혼을 아주 영광스럽게 간직했다. 사람들은 자기가 자기 얘길 하는 건 별로 재미없어 하므로 난 내 이야기를 또다시 하게 될지는 모르겠다. 그러나 이미 이 책에서 이름을 밝히지는 않았지만 여러 차례 자신의 이야기를 담은 적이 있다는 걸 밝혀야 할 것 같다.

그 밖에 지나치게 유쾌한 기질을 타고나 너무도 명랑하고 아양도 잘 떨고 그리고 다소 경박스러운 여인들이 있다. 이들의 머릿속에는 웃을 일이나 꿈꾸고, 까불고 장난치며 시간을 보내려는 생각 외에 다른 것이 들어와 자리 잡을 수가 없으며 사소한 기분풀이 장난 외에 다른 것은 상상조차 하지 않는다. 사랑이나 애정에 관련된 것보다는 바이올린과 춤, 또는 뛰고 달리는 걸 더 좋아하는 여인들이 있으며, 어떤 여인들은 심지어 사냥을 즐기기도 한다. 이런 여인들은 비너스보다는 오히려 디아나를 섬기는 자매라고 할 수 있겠다. 아주 용맹스럽고 의협심 강한 한 어르신네는 후에 지체 높은 어르신의 아내가 된 한 처녀에게 크게 실연당한 후 죽고 말았는데 죽기 전에 그는 이런 말을 했다.

"내가 그녀에게 나의 열정을 보여주려 할 때면 그녀는 개와 사냥개 얘기밖에 하지 않았소. 아, 그래서 난 진심으로 멋진 개나 사냥개로 변신하길 바랐소. 그 개의 몸속으로 내 영혼이 들어가서, 피타고라스의 말처럼, 그녀가 내 사랑에 머물 수 있고 나는 나의 상처를 치료할 수 있도록 말이오."

결국 그는 그녀를 놓아주고 말았다. 왜냐하면 그는 말 잘 듣는 시동도 사냥꾼도 아니었기 때문에 그의 호탕한 기질과 그의 쾌감 그리고 그의 사랑 유희가 그녀를 인도해 줄 곳으로 그녀를 동반할 수도 그녀를 뒤따를 수도 없었기 때문이다.

그러나 한 가지 주목해야 할 것이 있다. 이런 소녀들은 씨가 뿌려져(말하자면 암컷 망아지와 수컷 망아지로) 망아지처럼 멋대로 뛰놀고 난 후, 즉 사소한 장난 짓거리를 하며 뛰놀고 난 후에는 좀 늦어지긴 하더라도 성숙한 놀이를 하고 싶어 한다. 이들의 소녀 시절은 모두가 예쁘고, 귀엽고, 다듬어지지 않은 들쭉날쭉한 털을 한 채 찧고 까부는 늑대들의 어린 시절과 흡사하다. 그러나 나이가 되면 어린 늑대들도 교활해지고 나쁜 짓을 하는 성숙한 늑대가 되게 마련이다. 방금 말한 이 소녀들도 마찬가지여서 사냥과 축제와 경쾌한 춤, 그리고 말을 타고 원을 그리며 달리는 젊음 속에서 그들의 환상을 좇고 즐긴 후에는 그네들 역시 사랑의 여신의 달콤한 카롤레(춤의 일종)나 우아한 댄스를 즐기고 싶어진다. 요컨대 처녀건 유부녀 혹은 과부건, 빠르든지 늦든지 간에 각자 자기의 시기에 또는 자기의 계절과는 상관 없이 모두 태워 버리고자 하는 이는 거의 볼 수 없다. 숲에 비유한다면 낙엽송들은 어떤 불길도 장악할 수 없으며 사람들도 불길이 그곳에선 꺼져주길 바라는 것과 같다.

이 낙엽송은 불이 잘 붙지도 않으며 불길이 일어날 수도 없고 숯이 될 수도 없는 나무다. 율리우스 카이사르가 바로 그 점을 경험할 수 있었던 사람이다. 골(Gaule)에서 돌아오는 길에 그는 피에몽 사람들에게 자기 군사들이 쉴 수 있도록 대형 야영지를 설치하고 식량을 제공하라고 명령했다. 그들은 카이사르의 명령에 복종하였다. 그러나 이를 거부하고 반역을 도모하는 몇몇 무리들이 퇴각하여 숨어 있던 라리그늄(Larignum) 성 사람들은 카이사르의 명령에 불복하며 저항했다. 이에 카이사르는 머리털을 곤두세우고 그들을 공략하러 달려갔다. 요새가 숲으로 덮여 있는 걸 본 카이사르는 즉시 이들을 손에 넣을 수 있을 거라며 코웃음을 쳤다. 거센 불길에 휩싸여 무너져 내리는 성을 보길 기대하며 당장 나뭇단과 짚더미를 가져와 불을 붙이라고 카이사르는 명령했다. 그러나 이내 불씨는 사그라져 버려 모두가 어안이 벙벙해져 버렸다. 게다가 요새는 타거나 무너져 내린 곳 없이 완벽한 모습을 그대로 드러내었다. 따라서 카이사르는 지하호를 파서 성을 공략해 들어가는 조처를 취하여 안에 있는 사람들과 긴 담판 끝에 항복을 얻어 냈다. 그리고 그들로부터 이 낙엽송(Larix) 숲의 장점을 알게 되었고, 이 성이 숲 가운데 세워져 요새화되었기 때문에 그 이름을 따 라리그늄(Larignum)이라 이름 지어졌다는 것도 알게 되었다.[30)]

대부분의 어머니, 아버지 그리고 남편들은 그들의 딸이나 아내들이 이 숲과 본질을 같이 해주길 바란다. 그들은 그녀들이 어떤 흔적도 표시도 남기지 않고 뜨겁게 태우고 마음속에선 더 큰 만족을 얻으며, 종종

---

30) 이 일화는 플루타르크 영웅전에서 인용됨. 『카이사르의 생애』.

어떤 낌새조차도 느낄 수 없어 겉으로는 창부도, 드러나는 뻐꾸기 남편도 없길 바라는 것이다. 그러나 이런 방법이든 다른 것이든 다 소용없다. 왜냐하면 세상은 더 이상 인간이 존재하지 않은 채 남겨지게 될 것이고, 그곳에서 사람들은 어떤 즐거움도 만족감도 없이 대리석처럼 살아가게 될 것이기 때문이다. 하지만 훌륭한 지휘관을 따름으로써 결코 바른길을 찾아가는 데 실패하지 않듯이 자연은 그렇게 아주 완벽한 것이 아니며, 우리의 본성은 불완전한 채 남아 있다.

과부들의 자유로운 생활

지금까지 처녀들에 대해선 충분히 얘기가 되었으므로 이젠 과부들에 대해 이야기하는 것이 옳을 것 같다. 과부들의 사랑은 그네들이 부모나 형제, 남편의 구속을 받는 것도 아니고, 어떤 정의도 존재하지 않는 충분히 자유로운 상태에 놓여 있는 만큼 쉽고, 즐거우며, 유익하다. 우린 과부와 얼마든지 사랑하고 그녀와 잠자리를 할 수 있으며 처녀나 유부녀와의 관계에서처럼 벌 받을 일이 없다. 우리가 지금 지키고 있는 법의 대부분을 만든 로마 사람들조차도 이런 일 때문에 육체적으로든 재산상으로든 절대로 그들을 벌하지 않았다.

앞에서 인용했던 파피니아누스의 말씀을 한 번 더 수용할까 한다. 이 위대한 로마의 율법학자는 간통 문제를 다루면서 간통이라는 명목 하에 종종 처녀와 과부의 불명예를 함께 이해하려 하며, 다른 글에서는 미망인의 행동에 관해서라면 자식은 비난할 자격이 없고, 오로지 살아 있는 남편만이 그녀를 법정에 세울 수 있으며, 자식은 그녀를 뒤쫓는 자의 불길을 차단할 수는 있지만 다른 방법은 없다는 것이다. 실제로 로마의 법전에서도 미망인이 남편이 죽은 그해에 재혼하거나, 재혼하지 않았는데도 남편 사망 후 열한 달째에 아이를 낳으면 첫 남편의 명예를 더럽히는 것으로 간주된 것 외에는 간통에 대해 벌을 내리도록 명시되어 있는 것은 없다. 헬리오가발로스가 만든 법에서도 역시 미망인은 남편이 죽은 지 1년이 지나서야 재혼을 하도록 했는데 이것은 한 해 동안 충분히 애도하고 다른 사람을 남편으로 취할 것인지 주의 깊게 생각할 여유를 갖게 하기 위함이라고 했다.

자식이나 다른 상속인은 과부의 재산을 빼앗을 수 없다. 그녀가 육체적으로 온갖 짓을 다했다 하더라도 그녀를 비방하는 상속자(자식 또는 그 외의)에 대해선 내가 알고 있는 이유들을 열거할 수 있다. 만일 그가 재산 외에는 위로 수단이 없어서 이 미망인에게 책정된 금액과 지참금을 모두 빼앗으려는 의도에서 자기 문을 연다면, 사람들은 그 비방을 향해 문을 열 것이다. 그러므로 미망인이 악랄한 상속자의 비방에서 자신을 구할 수 있는 재산가라면 더 이상 휩쓸리지 않을 것이다.

이와 같은 말씀에 따라 로마의 여인들은 좋은 시간을 가졌을 뿐 아니라 자신을 즐길 수 있는 근거를 가지고 있었다. 그 역시 이 여인의 삶에 존재했었던 마르쿠스 아우렐리우스 시절의 한 여인을 보고 놀라서는 안 된다. 그녀는 큰 소리로 울부짖고 통한과 한숨, 눈물과 애도 속에서 남편의 장례 행렬을 따라가고 있었다. 그러는 중에도 자신을 품에 안고 조종했던 남자의 손을 굳게 잡았다. 그것은 지금까지 있었던 일은 사랑이라는 이름으로 나누었던 것이며 1년 후 사면에 의해서 자유로워질 때야 비로소 가능할 결혼의 신호탄임을 몸짓으로 말하는 것이었다.

이렇게 폼페이우스는 카이사르의 딸과 결혼했을 때야 사면이 이루어졌다. 그러나 그녀는 이 위대하신 분들에게 자기 것을 주지 않았다. 그는 결혼했지만 아내에게서 항상 좋은 가지를 꺼내 와(사람들의 표현에 따르면) 화덕 위에서 많은 빵을 굽는데 이용했다. 이 여인은 아무것도 잃지 않으면서 좋은 시간을 마련했고, 이 때문에 명예도, 미망인으로서의 유산도 잃지 않았다.

　프랑스 과부들 역시 말하길 좋아하는 사람들에게 비난받을 만한 여러 이유들이 있다 할지라도 달콤한 육체적 기쁨과 정신적 즐거움을 누리기 위해서 자신들의 권리를 잃어버리지 않는다. 지체 높고 부자인 한 어르신네는 형수의 사생활이 다소 방탕하며 그보다 더 치명적인 또 다른 죄악에 빠져 있다는 이유를 들어 그녀 몫의 재산을 놓고 소송을 제기하였다. 하지만 그녀는 소송에서 이겼고, 시동생은 그녀가 가져왔던 지참금과 그녀에게 분배된 재산을 주어야만 했다. 그러나 그녀가 재혼하게 될 것임을 감안하여 아들과 딸에 대한 권리는 박탈했다. 이렇게 고등법원의 판사와 의원나리들께선 재혼하는 과부에게는 자식의 후견인 자격을 허용치 않는 배려를 해주셨다. 또한 얼마 전, 재혼하면서 자기의 시동생에게서 또는 남편의 부모에게서 아이들을 데려갔던 명문가의 두 과부는 특별한 관계를 유지했던 왕의 배려로 도움을 받았다. 뒤집을 수 없는 잘난 자의 법만이 있을 뿐이다. 이 주제에 관해 말하는 건 내 직업과는 관계가 없는 것 같으므로 이쯤에서 포기할까 한다. 더 이상 내가 끼어들지 않는 것이 좋은 얘길 할 수 있는 길이라 여기며 위대하신 법률가 분들께 이 문제를 넘기겠다.

　과부들 중에 어떤 이들은 마치 두 번 세 번 난파되었다가 구조된 뱃사람들이 또다시 바다로 돌아가는 것처럼, 다시 결혼생활로 돌아가고 싶어 슬그머니 기회를 탐지하며 마음을 떠본다. 결혼한 여인네들이 아이 낳는 고통을 겪으면서 다시는 이런 일을 되풀이하지 않을 거라고 확언하고 맹세하고도 또 하는 것과 마찬가지다. 한 스페인 여인은 어린아일 낳는 고통 속에서 출산을 도와주는 덕을 베풀어 주는 몽세라의 성모 마리아[31]의 양초에 불을 붙였다. 어쨌거나 큰 고통을 느끼지 않는다고 해도 그녀는 결코 다시는 이 일을 되풀이하지 않을 거라고 맹세했다. 그런데 너무도 일찍 아이를 낳아버린 그녀는 촛불을 켤 수 있게 붙잡고 있는 여인에게 이렇게 말했다.

"양초 끝을 꼭 잡아요. 다음번을 위해서."

또 다른 여인들은 결혼을 원하지 않는다. 그들은 황금 같은 나이에 독신의 상황에 이르게 되면 그 상태를 고수하려 한다. 우리의 모후는 서른일곱, 여덟의 나이[32]에 과부가 되어 독신 상태를 고수하고 있다. 대단히 아름답고 상냥하며 아주 사랑스러운 그녀는 결혼을 위한 한 사람을 꿈꾸지 않는다. 그러나 사람들은 내게 이렇게 말할 수도 있을 것이다. 누가 활화산 같은 어르신이며 남편이신 위대한 앙리 왕에 비할 수 있으며, 누가 그의 위대함에서 그녀를 나오게 할 수 있겠느냐고. 100명의 남편보다도 더 가치 있는 왕국의 통치권을 그녀가 저버릴 수 있겠는가. 따라서 이런 상태를 유지하는 건 더욱 값지고 큰 기쁨이다.

그렇지만 사랑이 잊어버리게 할 수 없는 것은 없다. 극복하고 조절함으로써 영광과 불멸의 사원에 자신을 던져 넣고 고용된 만큼 그녀는, 독

31) 전설에 의하면 바르셀로나에서 서쪽으로 약 40km 정도 떨어진 곳에 있는 몽세라(산 이름)는 예수가 마지막 숨을 거둔 바로 그날 맨 꼭대기에 금이 가며 갈라졌다고 한다. 그곳의 마리아 상은 실제로 해산 중인 여인들에게 도움을 주기 위해 찾아가는 성지다.
32) 마흔 살의 카트린 드 메디시스.

신의 상태를 고수하지 못하고 라보당주라고 불리던 자기의 급사장과 결혼해 버린 여왕 블랑슈[33]처럼 처신하지는 않았다. 여왕 블랑슈의 아들인 왕은 처음에는 너무도 낯설고 가슴만 쓰릴 뿐이었다. 그러나 어머니였으므로 왕은 어머니의 품위와 위대함을 손상치 않도록 조건을 내세워 라보당주와 결혼할 수 있도록 허락했다. 그 조건이란 낮에는 사람들 앞에서 항시 급사장으로서 어머니를 섬기고, 밤이면 그녀가 원하는 대로 시종으로서 요리하든 사랑의 주인으로서 섬기든 신중함 속에서 서로의 의지에 따라 자신의 역할을 할 수 있도록 한다는 것이었다. 왕은 명령을 내린다는 걸 생각하라. 그녀가 아무리 지체가 높다 해도 이런 입장이 되면 자연법과 왕족의 법도에 따라 항상 자기보다 높은 지위에 있는 사람에 의해 지배당하고 마는 것이다.

나는 이 이야기를 열정적인 로렌 추기경[34]으로부터 듣게 되었다. 프랑수아 2세 때 그는 푸아시에서[35] 열여덟 명의 기사를 생-미셸의 명령에 따라 조직했는데,[36] 그들 중에 늙은 라보당주가 있었다. 사람들은 그를 몇몇 원정 전투에서 볼 수 있었던 걸 제외하곤 오래전부터 궁에서는 볼 수가 없었던 터였다. 사람들은 그가 호위하여 모셨던 무슈 드 로트렉[37]이 나폴리 왕국에서 죽고 난 뒤, 좋은 주인을 잃은 슬픔과 절망감에 빠

---

33) 루이 12세의 어머니인 마리 드 클레브. 그녀는 아직 '백설의 여왕(reine blanche)'(다시 말하면 남편의 상중에 여인들은 흰 상복을 입었는데, 그녀는 아직 상중이었다)이었을 때 장 드 라보당주와 결혼했다.

34) 장 로렌 추기경.

35) 1560년.

36) 이는 갑작스레 조직하게 된 열여덟 명의 기사단이었다. 이에 대해 크루솔 공작 부인은 그들이 열여덟 명뿐이라는 것이 무척 기쁘다고 말했는데 이유인즉, 만약 그들이 스무 명이었다면 사람들은 그들을 '뱅 누보(vingt nouveaux; 20명의 새 사람이라는 뜻)'라고 불러야 할 텐데 그해의 '뱅 누보(vins nouveaux; 그해에 새로 나온 포도주)'는 형편없었기 때문이라고.

37) 오데 드 푸아, 로트렉 자작. 1528년 나폴리 전투에서 사망.

져 있던 그의 모습을 가끔 볼 수 있었다. 무슈 드 로트렉이 죽고 그는 잠시 전장에서 물러나 있는 중이었다. 이런 내용에 추기경은 얘길 덧붙였는데 그는 라보당주가 이 결혼에서 물러나왔다는 생각이 들었다는 얘기였다. 얼마 전에도 프랑스의 한 귀족 부인이 꽤 오랫동안 과부 생활을 잘 견뎌낸 후 자기의 시종과 결혼했다가 이 들러리 노릇에서 그를 차버렸다. 과부들의 이런 식의 태도는 내버려 두도록 하고 좀 더 품위 있고 현명한 여인들의 이야기를 해보자.

현숙한 여왕, 이자벨 도트리슈

프랑스의 많은 여왕들 중에 샤를 9세와 결혼했던 이자벨 도트리슈[38]는 가장 덕망 있고 현명하며 인자하고 뛰어난 여왕 중 하나라고 어디서나 말할 수 있다. 나는 물론이고 그녀를 모시고 대했던 모든 사람들이 그것을 확인시켜 줄 수 있다. 그녀는 궁정의 가장 높으신 부인만큼 아름답고 섬세한 예쁜 공주였다. 그녀는 크지도 작지도 않은 중간 키에 아주 아름다운 체격을 지녔고 상대가 누구라 해도 기분 나쁘게 만들거나 해를 주는 일은 결코 하지 않는 대단히 덕스럽고 착한 여인이었다. 따라서 세상의 아주 사소한 말도 그녀를 공격하지는 않았다. 그녀 역시 스페인어로 아주 조금밖에는 말하지 않는 언어적 표현이 몹시 간결한 사람이었다.

그녀는 대단히 신앙심이 깊지만 겉으로 드러내고 남의 눈길을 끌기

---

38) 엘리자베스 도트리슈. 막시밀리언의 딸이며 샤를 9세의 미망인.

위해 경건함을 가장하는 위선자들처럼 편협하고 왜곡된 신앙심을 갖고 있지 않다. 단지 시간을 잊어버리거나 놓치지 않고 꾸준히 일상적으로 하느님께 기도 드리는 일을 소홀히 하지 않으며, 특별히 다른 시간을 빼앗아 가면서까지 신앙을 강조하지 않고 자기가 정해놓은 시간을 유용하고 성실하게 사용할 뿐이다. 이는 모두 진심에서 우러나와 행해지고 있음은 그녀를 섬기고 있는 궁녀의 입을 통해서도 확인할 수 있다.

그녀는 잠자리에 들기 전 침대 한 켠의 조용하고 은밀한 구석에서 커튼을 내리고 무릎을 꿇은 채, 경건함 속에서 한 시간 반씩 기도를 드린다고 한다. 그녀의 남편 샤를 9세가 죽지 않았다면 아무도 이런 사실에 대해 알 수 없었을 것이다. 그녀가 홀로 침실에 든 뒤 시중들던 궁녀들이 물러나왔지만 잠자리를 지키는 한 궁녀가 방에 남아 있었다. 이 궁녀는 커튼이 드리워진 구석에서 새어나오는 중얼거리는 소리를 들으며 무슨 일인가 살펴보기 위해 다가갔다가 이런 식으로 하느님의 말씀을 외고 기도를 드리는 그녀를 발견하게 되었던 것이다. 이후에도 거의 매일 밤 이를 계속하는 걸 보고 평소 늘 가까이에서 그녀를 모시며 친숙하게 지내온 이 궁녀는 어느 날 건강을 생각해서라도 이 일에 지나치게 열중하는 것은 잘못이라고 말씀드리려 했다. 그녀는 이 궁녀가 자기 혼자만의 신앙생활을 엿보고 발견한 것에 대해 크게 화를 내었고, 다른 사람이 알지 못하도록 함구령을 내렸다. 이 일이 있은 후 그녀는 저녁 기도를 단념했다. 그러나 늦은 밤이면 궁녀들이 눈치채지 못할 것이라 생각하여 기도를 재개하곤 했다.

그러나 궁녀들은 늦은 밤 다른 공주와 여왕이 파티에서 하느님을 모시고 계실 시간에 그녀의 침실에서 새어나오는 불빛과 어른거리는 그림자로 그녀가 무엇을 하고 있는지 알아채곤 했다. 그녀는 종종 늦은 밤 하느님의 말씀을 외고 기도 드리기 위해 회반죽을 이겨 만든 용기 가득히 초를 담아 불을 밝히곤 했다. 이런 형태의 기도는 사람들 앞에 나타내 보이고, 사람들에게 가장 경건하고 성스러운 여인으로 보이기 위해 공개적으로 기도를 올리며 신앙심을 드러내는 위선자들과는 본질적으로 다르다.

이렇게 우리 여왕께선 남편의 영혼을 위해 기도 드렸고, 원망과 아쉬움을 드러내며 지극히 애석해 했다. 그러나 애도하기 위해 머리를 쥐어뜯고 얼굴을 일그러뜨리고 소리를 높이며 자신의 절망감을 광란적으로 표현하는 여인들과는 달랐다. 낮고 조용한 한숨과 아름답고 고귀한 눈물을 소리 없이 쏟아내며 지극히 부드럽게 원망과 찬탄을 늘어놓는 그녀를 보며 사람들은 고통 속에서 괴로워하고 있음을 느낄 수 있었다. 사람들을 안심시키기 위해 괜찮은 얼굴을 하지는 않았지만 자기 영혼이 크나큰 불안과 번민을 느끼게 내버려 두지도 않았다.

기억을 되살려 보면 왕인 그녀의 남편이 병으로 침대에서 신음하며 고통을 겪을 때 병문안을 가면 그녀는 다른 부부처럼 머리맡에 앉지 않고 조용히 그의 시선이 머물기 좋은 위치에 약간 비켜 앉아, 조금도 시선을 다른 데로 돌리지 않고 남편에게로 오랫동안 응시하곤 했다. 사람들은 그녀가 왕에게 품었던 사랑으로 마음 깊은 곳에서 그를 품어 주었다고 말했다. 그리고 난 후에는 지극히 애정 어린, 아무도 알아챌 수 없고 알 수 없는 비밀스러운 그녀의 눈물을 사람들은 보았다. 그녀는 어떤 이에게 깊은 연민을 느낄 때 그러듯이(실제로 나는 그녀의 이런 모습을 본적이 있다) 코를 훔치는 체하며 젖은 눈을 닦곤 했다. 남편에 대한 사랑과 고통을 드러내 보이지 않으려고 부자연스러운 행동을 하는 그녀를 보고도 왕은 아무것도 알아채지 못했다.

고통과 싸우는 남편 곁에서 그녀는 이렇듯 극도로 감정을 억제하고, 조용히 일어나 그의 건강을 위해 하느님께 기도를 드리러 갔다. 더구나 그녀는 그가 호색적인 기질을 타고났으며 명예 때문이든 쾌락을 위해서든 첩실들을 거느리고 있다는 걸 알고 있었으면서도, 작은 질투심을 인내로써 참고 이겨내며 결코 남편에게 극언을 퍼붓거나 심하게 굴지 않았다. 왕이 충동적이고 불안정하며 괄괄한 성격임에 비해 냉정하고 절도 있는 그녀는 불과 물이 함께 있는 것처럼 서로에게 잘 맞는 사람들이었다.

출처가 확실한 누군가에게 내가 들은 이야기다. 그녀가 혼자가 된 후에 위로가 되는 말이라 생각하며 말을 건네는 많은 여인들이 있었다. 당신들도 아시다시피 사람이 많다 보면 언제나 좀 아둔한 여인이 있게 마련인데 바로 이 아둔한 여인이 그녀를 깊이 생각해서 말을 했다.

"딸 대신 아들이라도 당신께 남겼더라면 마담께선 지금쯤 모후가 되셨을 테고, 당신의 그 위대함은 더욱 커지고 굳건해졌을 것 아니겠습니까."

"맙소사."

그녀가 대답했다.

"내게 그런 얼토당토않은 말을 하지 말아요. 나까지 이 나라를 망치려 포를 쏘지 않아도 프랑스는 충분히 불행을 간직하고 있어요. 만약 아들이 있었다면 그가 성년이 되기 전까지 후견인의 위치와 통치권을 확보하기 위해 분열과 반란과 폭동이 끊이질 않았을 테고, 그는 결코 그 싸움에서 헤어날 수가 없었을 것입니다. 모두가 이 불쌍한 어린아이를 발가벗기면서 자기에게 유리하게 일을 꾸미고 이익을 끌어내려 했을 것입니다. 왕이셨던 내 남편이 어렸을 적에도 사람들은 그리하려 들었지요. 그들과 맞서 잘 대처해 주신 모후와 훌륭한 신하들이 아니었더라면 그분도 견디어 내기 힘드셨을 겁니다. 만일 나라면 무능하여 오히려 정사를 그르쳤을 거고 백성들의 원망을 사게 만드는 요인만 더 생겨나게 했을 겁니다. 모든 건 하느님의 뜻으로 이루어진 것입니다. 때문에 난 나의 하느님을 찬양합니다. 그리고 그것이 내게 최악이든 최선이든 그분께서 내게 주신 열매를 기꺼이 받아들이렵니다."

이것이 그녀에게도 지은 죄를 갚아야 할 배상 의무가 있던 이 나라에 대한 착한 공주의 선량함이리라.

난 여기서 생바르텔르미 대학살[39] 사건에 대해 이야길 해야 할 것 같다. 그녀는 세상에서 불고 있는 바람을 조금도 느끼지 못하고 평소처럼 잠자리에 들었다. 아침에 눈을 떴을 때야, 지난밤 행해진 이 끔찍한 수난극을 사람들이 말해 주었다.

"세상에! 왕이신 내 남편께서도 그 일을 알고 계십니까?"

"예, 마담, 그 일을 명령하신 분이 바로 그분이십니다."

그녀는 소리쳤다.

"오, 하느님! 이게 대체 무엇이란 말입니까? 그분께 이런 생각을 부추긴 조언자들이 누구란 말입니까? 하느님이시여, 청컨대 그분을 용서하사 은혜를 베푸소서. 당신께서 우릴 측은히 여기지 않으신다면 저는 이

---

39) 앙리 4세와 마르그리트 드 발루아의 결혼식을 보기 위해 몰려든 신교도를 대상으로 1572년 8월 23일 밤부터 24일에 걸쳐 이루어진 신교도 대학살. 생 제르맹 협약이 신교도에게 유리하게 돌아가고, 위그노인 콩데 왕자와 손을 잡은 콜리니 제독은 샤를 9세에게 영향력을 행사하며 화해를 도모하는 정치(신교도인 앙리 4세와 후에 여왕 마고가 되는 샤를 9세의 누이 마르그리트 드 발루아의 결혼성사 등)를 펴게 만든다. 이는 가톨릭의 불만을 사게 되고 위협을 느낀 모후 카트린 드 메디시스는 샤를 9세에게서 대학살 명령을 받아낸다. 콜리니 역시 300명이 넘는 이 대학살의 희생자가 된다.

죄가 결코 용서받지 못할까 몹시 두렵습니다."

그리고 문득 시간을 묻더니 기도문을 외고 눈에 눈물이 가득한 채 하느님께 기도를 올렸다.

이런 대향연도, 거기에서 벌어진 큰도박도 조금도 치하해 주지 않는 이 여왕의 선량함과 현명함에서 사람들은 무엇을 깊이 생각해 볼 수 있을지(난 여러분께 깊은 사려를 부탁하는 바다). 이 대향연은 제독[40]과 그의 종교를 함께하는 모든 이들의 완전한 몰살을 바라는 엄청난 목적을 갖고 있었다. 그들은 그녀가 이 세상 그 무엇보다 숭배하고 공경하는 그녀의 종교와 정반대편에 서 있었던 것이다. 이 다른 편에서 그녀는 그들이 그녀의 주인이며 남편인 왕의 국가를 얼마나 혼란에 빠뜨리고 있는가를 보았다.

그녀가 프랑스로 오기 위해 남편과 함께 떠날 때 그녀의 부친인 황제[41]께서 해주었던 말씀이 절실히 가슴에 와 닿는 걸 느낄 수 있었다.

"내 딸이여, 당신은 이제 세상에서 가장 위대하고 강력하며, 가장 아름다운 왕국의 여왕이 될 것입니다. 그리고 그곳에서 당신은 몹시 행복하실 겁니다. 그 옛날 찬란했던 모습을 당신께서 되찾을 수 있다면 당신은 더욱 행복에 겨우실 겁니다. 그러나 당신 남편인 왕께서 많은 부분을 손에 넣고 있다면, 왕자들과 종교를 등에 업은 다른 귀족들이 나머지 부분들을 장악하고 있는 만큼 당신은 흩어져 분산되고 갈래갈래 나뉘어져 빛바랜 왕국을 보게 될 겁니다."

이렇게 그는 그녀에게 말씀하셨고 그녀는 그가 얘기했던 바를 눈으로 보았다.

---

40) 콜리니 제독.
41) 막시밀리언 2세. 그는 구교에 충실하면서도 종교의 자유를 허용하는 관대함을 보였다.

그런데 궁 안에서 가장 올바른 식견을 지닌 몇몇 사람과 부인들이 갖고 있는 의견은 왕[42]이 폴란드에서 돌아오는 길에 아직 그의 형수인 그녀와 결혼할 수도 있었다는 것이다. 이런 문제를 놓고 많은 걸 결정할 수 있는 교황의 사면을 받아 왕은 그렇게 할 수 있었다. 이 결혼이 이루어지는 데에는 많은 이유가 있었는데, 난 여기서 그 이유들을 모두 열거하지 않고 더 언변 좋은 사람이 그것들을 상술하게 내버려 두련다. 그러나 많은 이유들 중 하나는 폴란드를 떠나 프랑스로 돌아오는 길에 왕이 황제로부터 받은 많은 은혜를 결혼으로써 사의를 표하자는 것이었다. 왜냐하면 황제께서 그를 조금이라도 방해하려 들었다면 그는 결코 폴란드를 떠날 수도, 독일 땅을 통과할 수도, 프랑스로 확실하게 돌아올 수도 없었을 것이라는 건 추호도 의심할 여지가 없기 때문이다.

폴란드 사람들은 만일 그가 인사도 없이 떠나는 것이 아니라면 붙잡아두려고 들었다. 왜냐하면 독일 사람들이 성스러운 땅에서 돌아오는 용맹스러운 영국 왕 리처드[43]에게 했듯이(역사 실록을 읽어보면, 어쨌든 그들은 이 왕을 포로로 잡아두고 몸값을 물게 만들었다) 그를 잡기 위해 사방에 사람을 매복시켜 기회를 엿보고 있었기 때문이었다. 그들은, 적어도 개신교 왕자들은 성 바르톨로메오 축일에 대한 애정을 위해 그를 단단히 붙잡아두고 싶어 했다. 그러나 자발적으로 의식도 거치지 않고 그는 아주 친절하고 정중하게 경의를 표하며 친밀감을 갖고 그를 맞이하는 황제의 신앙에 뛰어들었다. 그리하여 황제는 마치 그들이 형제라도 되는 것처럼 대단히

---

42) 앙리 3세.
43) 사자왕 리처드. 그는 십자군 전쟁에서 돌아오는 길에 오스트리아에서 레오폴드 공작에게 납치되어 독일 황제 헨리 6세에게 넘겨졌다.

영광스러워하며 연회를 베풀어 주었다. 그와 며칠을 보낸 후 황제는 이틀 정도 몸소 그를 인도하여 자기 땅 안에서는 가장 안전하고 확실한 길을 내주었다. 이렇게 황제의 호의 덕분에 그는 카린티, 베네치아를 거쳐 자기의 왕국으로 되돌아올 수 있었다.

이렇게 왕이 황제에게서 입은 은혜에 대해, 내가 앞서 말했던 많은 사람들이 갖고 있는 의견은 왕이 좀 더 친밀하게 그의 약혼을 약속함으로써 친절을 받아내었을 것이라는 거였다. 그러나 폴란드를 떠나 귀국하던 중에 로렌의 블라몽에서 그는 마드모아젤 드 보드몽을 보았다. 가장 아름답고, 착하고, 완벽함을 갖춘 공주 중의 하나인 루이즈 드 로렌에게 타오르는 눈길을 던졌고, 즉시 그녀를 끌어안고 말았다.

이런 식으로 불덩어리를 여행 내내 가슴에 품고 리옹으로 돌아오자마자 그는 무슈 드 구아[44]를 재촉하여(왕이 가장 아끼는 총신 중의 하나인 그는 왕의 총애를 받기에 충분할 만큼 매사에 뛰어났다) 로렌으로 달려갔고, 그곳에서 그녀와의 결혼을 별다른 언쟁 없이 쉽게 맺어 버렸다. 아버지[45]와 딸 모두에게 상황이 예전 같지 않게 되었음을 여러분은 상상하실 수 있을 것이다. 한 사람은 프랑스 왕의 장인이 되는 것이요, 딸은 여왕이 되는 것이니, 그녀에 대해선 후에 말하게 될 것이다.

다시 우리의 작은 여왕에게 돌아와 보면, 그녀는 여러 가지 이유로 더 이상 프랑스에 머문다는 것에 화가 났다. 게다가 이곳에서 마땅히 누려야 할 것들을 누리지도 인정받지도 못하고 있던 터라 자기에게 남겨진 귀한 나날들을 아버지인 황제와 어머니인 황후와 함께 완성하기로 결심

---

44) 루이 베렁제 드 구아스트.
45) 니콜라 드 로렌, 보드몽의 영주.

했다.

그런데 그곳의 가톨릭 왕[46]께선 우리의 여왕 엘리자베스의 사촌인 안도트리슈를 잃고 홀아비가 되어 있었다. 그는 여왕 엘리자베스와 결혼하려고 친누이인 황후께 그녀를 보내 마음을 열게 하려 했다. 그러나 그녀는 어머니인 황후께서 아무리 말을 꺼내도, 열정적인 왕이었던 남편이 남기고 간 영광스러운 흔적 위에 재혼으로 남편과의 약속을 저버릴 수 없다며 용서를 구하면서 말을 들으려 하지 않았다. 또한 두 사람 사이는 너무 가까운 친척 간이며 혈족이기 때문에 근친혼이 되며 이 점에 대해선 하느님께서도 크게 노하실 것이라는 것도 거부의 큰 이유였다.

이 점에 대해서 황후와 그녀의 남동생인 왕은 식견이 넓고 깊으며 말 잘하는 예수회 수사로 하여금 그녀를 설득하도록 일을 꾸몄다. 그는 그의 의도에 유익할 수 있는 모든 책과 성서의 주요 구절을 빠뜨리지 않고 인용하며 그가 할 수 있는 모든 말로 그녀를 설득했다. 그의 말을 들으며 그녀는 아름답고 참된 말씀들과 이내 혼돈을 일으킬 수밖에 없었다. 왜냐하면 혼자가 된 이후 줄곧 혼자서 성경 공부를 해오면서 재혼함으로써 첫 남편을 잊어버리지 않는 것이 자신을 보호하는 가장 성스러운 해결책이라고 단정 짓고 있었기 때문이었다. 결국 이 예수회 수도사는 아무것도 하지 못한 채 서둘러 돌아갔다.

그녀는 그와의 언쟁으로 더 이상 시간을 빼앗기고 싶지 않았으므로 아주 엄하고 위협적인 말로 그를 심하게 대했다. 만약 그가 또다시 그녀의 일에 끼어들면 머리를 박살내든지 주방에서 채찍을 가하든지 하겠다

---

46) 필립 2세.

며 그의 말을 짧게 끊어 버리고 말았다고 한다. 또한 이것이 사실인지는 알 수 없지만 그가 세 번째 그녀를 찾아왔을 때는 정도를 넘어선 오만불손함에 대하여 육체적으로 고통스러운 벌을 가했다고 한다.

아무튼 난 이를 믿지 않는다. 왜냐하면 그녀는 성스러운 삶을 살아가는 이들을 좋아하며 그는 바로 그런 사람이었으니까.

이것이 정조를 굳게 지키는 이 여왕의 감탄스러운 의연함이요, 위대한 고집이다. 결국 그녀는 죽을 때까지 왕이신 남편의 오래된 뼈 위에 끊임없는 애도와 눈물로 그를 공경하며, 더 이상 그곳에 필요한 것을 공급해 주지도 못한 채(샘이 완전히 말라버렸으므로) 자신을 지키며 젊은 나이에 죽고 말았다. 그녀의 나이 서른다섯이 채 안 되었다.[47] 그녀의 죽음은 참으로 평가하기 힘든 큰 손실이었다. 그녀의 삶은 하느님을 따르는 모든 여인들의 자랑스러운 미덕이요, 거울로 여전히 모범이 되고 있기 때문이다.

그녀가 한결같은 마음과 고결한 금욕 생활과 끊임없는 푸념으로 남편에 대한 사랑을 분명히 보여주었다면, 시누이인 여왕 마고[48]에 대해선 그보다도 더 깊은 애정을 보여주었다. 그녀는 이 여왕이 대부분의 사람들과 가족에게서 거의 버려지다시피 샤토 오베르낙[49]의 초라한 방에서 궁핍하게 지내고 있다는 걸 알고는 그녀를 찾아가 자기가 베풀 수 있는 걸 모두 주었다. 더구나 프랑스에서 미망인 자격으로 물려받은 유산의 절반을 이 시누이에게 주었고, 마치 친자매처럼 모든 걸 나누었다.

---

47) 하지만 그녀 나이 이미 서른일곱이었다.
48) 마르그리트 드 발루아.
49) 오베르뉴의 샤토 뒤송.

또한 사람들이 말하길 이 착한 여인의 크나큰 아량은 이외에도 올케와 나눌 것을 많이 지니고 있었다고 한다. 그녀 역시 올케에게 많은 것을 주었다. 그녀를 무척 공경하고 사랑했고 올케의 죽음을 인내심을 갖고 고통스럽게 지켜줄 수 있었다. 그녀는 끊임없이 새어나오는 한숨과 하염없이 흐르는 눈물로 그녀를 돌보며 약 20여 일 동안 침대를 지켰다. 그녀가 죽은 후에는 그녀를 찬양하고 영원 속으로 들여보내기 위해 굳이 다른 이의 말을 빌려올 필요도 없이 기억 속에 남아 있는 그녀의 가장 아름다운 말들이 그녀를 아쉬워하고 애도케 할 뿐이었다.

사람들이 내게 말해 준 바에 의하면 그녀는 주님의 말씀을 더욱 감동스럽게 하는 훌륭한 책을 만들어 그분의 말씀을 좀 더 알기 쉽고 명백하게 설명해 주었다고 한다. 또한 그녀가 프랑스에서 보내는 동안 있었던 일들을 엮은 또 다른 책이 있다고 한다. 난 그것이 사실인지 알 수는 없지만 사람들은 그녀가 죽기 전 여왕 마고의 손에 넘겨준 것을 보았으며, 이 여왕께선 그것을 아주 중요하게 여기며 대단히 아름다운 것이라 말하곤 했다고 한다. 이는 그렇게 신성한 신탁 관리인께서 하시는 말씀이니 믿어야 할 것이다.

자, 이렇게 우리의 어지신 여왕 엘리자베스와 그녀의 선량함, 덕스러움, 그리고 남편 샤를 왕에 대한 한결같은 성실한 사랑에 대해 간략하게 이야기했다. 그녀가 이렇게 덕스러운 것은 타고난 천성이라고 하지 않을 수 없다. 그녀가 죽었을 때 스페인에서 무슈 드 란삭50)에게 들은 얘

---

50) 란삭의 영주인 루이 드 생-즐레(1512-1589). 궁정의 기사로서 앙리 2세의 시종관. 그의 아들인 프랑수아 2세와 샤를 9세의 가정교사, 카트린 드 메디시스의 수행 기사, 그녀의 재정 관리인, 국가 자문위원, 영국 대사, 그리고 모리스 드 삭스 공작과 알베르 드 브란드부르크에게 전속되었다가 세 차례 교황에게 특사로 파견되었고, 1568년부터 1578년까지 왕실 100인 호위 기사단의 제2연대장을 지냈다. 그는 몽뤼크의 『논평』에서 여러 차례 문제의 인물로 언급되고 있다.

기에 의하면 황후께선 이렇게 말씀하셨다고 한다.

"우리 중 가장 으뜸가는 이가 죽었다."

정숙한 독신 생활

앞서 본 여왕 이자벨 도트리슈의 행동은 그녀의 어머니, 숙모들 그리고 가계의 여인들이 보여준 미덕을 본받으려 애쓴 결과였다고 말할 수 있다. 왜냐하면 우선 그녀의 어머니인 황후를 보더라도, 황제인 그녀의 남편이 죽은 후 오스트리아와 독일을 떠나 자기의 왕국에 머물면서, 여전히 젊고 아름다운 미망인으로 남아 재혼하지 않으려는 모습을 보여주었기 때문이다. 그녀는 혼자 남겨진 외로움 속에서도 변함없이 현명하고 정숙하게 욕망을 절제해 왔고, 지금도 그렇게 하고 있다. 그녀는 자신의 크나큰 책무를 도와주러 와달라고 간청하는 남동생을 만나러 스페인에 오게 되었고, 대단히 현명하고 통찰력 있는 공주로서 왕을 잘 보좌해 주고 있다.

나는 그의 왕국에선 가장 뛰어난 남자로 자부하고 있는 열정적인 왕 앙리 3세가 이 세상에서 가장 뛰어난 술수가의 하나로 그녀를 꼽는 걸 들은 적이 있다. 스페인으로 갈 때 그녀는 독일을 가로질러 이탈리아로 가서 제노바에서 배를 탔다. 그런데 12월의 한겨울이었던지라 험한 날씨가 그들을 덮쳐 하는 수 없이 마르세유 항에 닻을 내려야만 했다. 그렇지만 그녀는 절대로 항구 안에 들어가려 하질 않았고, 혹 의심과 의혹을 불러일으킬까 염려하면서 자기가 이끌고 온 갤리선 안에도 들어가려 하지 않았다. 도시를 구경하기 위해 단 한 번 그곳에 들어갔을 뿐이었다.

거기서 그녀는 날씨가 좋아지길 기다리며 약 7, 8일 간 머물렀다. 그녀의 고귀한 하루 일과는 매일 아침 자기의 갤리선에서 나와(일상적으로 그녀는 그곳에서 잠을 잤으므로) 생-빅토르 성당에서 아주 경건하게 미사를 올리는 것으로 시작되었다. 하루의 성무 일과를 보고 나면 저녁은 수도원 안에서 소박하게 식사를 했다. 저녁 식사 후에는 자기가 데려온 궁녀들이나, 아니면 대단히 위대하신 공주로서 정중한 예를 갖추며 그녀에게 모든 영광을 바치는 마르세유의 어르신네들과 한담을 나누었다. 그곳의 왕께서는 그가 비엔나에 갔을 때 그녀가 베풀어 준 친절과 환대에 대한 보답으로 그녀를 왕의 가장 귀한 손님으로 여기면서 맞아들이도록 모두에게 명령을 내렸던 것이다. 그녀 역시 왕의 진심을 받아들여 그들과 아주 자유롭고 격의 없이 이야기를 나누며(그녀는 스페인어를 할 줄 몰랐기 때문에 불어와 독일어를 사용했다) 가족 같은 친밀함을 드러내 보여주었다.

그리하여 그들은 모두 그녀에 대해 대단히 만족스러워 했고 그녀 역시 그들이 마음에 들었다. 그녀는 왕에게 편지로 감사를 표하면서 도시에서는 볼 수 없었던 아주 성실한 사람들이었노라고 쓰기까지 했다. 약 스무 명 정도로 특별히 지명되었던 이들 가운데에는 아름다운 궁녀 샤토뇌프를 차지하기 위해 대수도원장을 죽였고 자기 역시 그와 함께 죽고 말아 주목을 끌었던 세뇨르 알티비티라 불리던 무슈 카스틀란도 끼어 있었다.[51] 이 얘기를 내게 해준 사람이 바로 그의 아내였는데, 그녀 역시 이 위대하신 공주의 완벽함에 찬사를 덧붙이길 잊지 않으며 내게

---

51) 필립 알토비티, 카스틀란 남작. 그는 아름다운 샤토뇌프, 르네 드 리유와 결혼했으나 앙굴렘의 대수도원장과의 결투에 뛰어들게 되고 그 자신도 그 결투에서 죽는다. 아름다운 금발의 르네는 앙주 공작의 정부(1571-1574)가 되기 전에 아랑베르그 스트로치, 브랑톰과 깊은 관계를 맺었다.

모든 걸 말해 주었다.

　그녀는 마르세유의 체류가 아주 훌륭했다고 여기게 되었고, 도시를
산책하며 찬사를 그치지 않았으며 오래오래 머물고 싶어 했다. 밤이 되
면 날씨가 좋건 바람이 일어 돛을 부러뜨리건 반드시 자기 배로 돌아갔
고, 조그마한 의혹도 원치 않았다. 그 당시 나는 왕궁에 있으면서 왕에
게 그녀의 소식이 전해지는 걸 들었는데 왕께선 그녀에 대한 예가 잘 갖
추어져 대접은 잘 받는지, 그녀 마음은 흡족한지 몹시 염려했다. 이 공
주께선 여전히 이 덕목을 간직한 채 절제하며 살아 왔고, 왕인 남동생을
보좌하며 많은 일을 했다. 그녀는 스페인 체류와 그곳에서의 생활을 마
지막으로 데스칼카다스(descalcadas, 그곳에서는 양말도 구두도 신지 않기 때문에 붙여진
이름이라고 한다)라는 한 수녀원으로 은퇴하였다. 그 수녀원은 스페인 공주
인 그녀의 여동생[52]이 세웠다.

　황후의 여동생인 이 스페인 공주는 돋보이는 위엄을 갖춘데다가 뛰어
나게 아름다웠다. '그녀가 스페인 공주가 아니었더라면 어디에 어울렸
을까' 라는 생각이 드는 까닭은 아름다운 외모와 뛰어난 기품은 언제나
위엄과 당당함을 동반하기 때문이다. 나는 포르투갈에서 스페인으로 돌
아왔을 때 그녀를 뵙고 가까이서 사적인 얘기를 드릴 수 있는 영광을 가
질 수 있었다. 우리의 여왕 엘리자베스 드 프랑스께 문안을 드리러 갔다
가 프랑스와 포르투갈에 대해 많은 새로운 소식을 물으시는 여왕과 여
러 가지 얘기를 나누던 중 공주께서 오셨다며 누군가가 와서 아뢰는 것
이었다. 나와 얘길 나누시던 여왕께서 재빨리 말씀하셨다.

---

52) 잔. 왕자인 장 드 포르투갈과 결혼, 1578년 사망.

"가만히 계세요, 무슈 드 부르데유. 당신은 아름답고 기품 있는 한 공주님을 뵙게 될 겁니다. 당신도 그녈 보는 걸 기쁘게 생각하시게 될 것입니다. 그녀도 당신을 만나고 싶어 할 거예요. 왕이신 그녀의 아들을 만나 뵙고 오셨으니 그분의 소식을 묻고 싶을 겁니다."

곧 공주께서 당도하셨는데, 우아한 옷차림에 스페인식으로 깔끔하게 뒤로 올려 단장한 머리, 스페인의 여느 과부들과 다르지 않게 코끝까지 내려온 흰색 크레이프로 만든 미망인 베일(거의 대부분은 실크 베일을 쓴다)을 쓴 그녀의 모습은 몹시 아름다웠다. 나는 내가 매혹당한 한곳에 시선을 고정시키고 잠시 넋이 나간 채 경탄해 마지않으며 바라보고 있었다. 여왕께서 날 부르시는 바람에 정신이 들었는데 여왕께선 공주께서 포르투갈 왕인 아들의 소식을 알고 싶어 하신다고 말씀하셨다.

여왕은 그녀에게 포르투갈에서 방금 돌아온 기사라고 얘기하며 내게 소식을 말씀드리라 하셨다. 따라서 나는 그녀의 스페인 드레스 앞에 몸을 낮추며 가까이 갔고, 그녀는 아주 온화하고 친근하게 나를 맞으셨다. 그러고는 내게 왕인 그녀의 아들에 대한 소식과 내 눈에 비친 그의 품행 등에 관해 묻기 시작했다. 사람들 사이에선 그와 마담 마르그리트 드 프랑스 즉, 현재 나바르의 여왕과 결혼설이 있었다고 전해지고 있다. 난 그녀에게 많은 걸 말씀드렸다.

그녀는 많은 질문을 하는 가운데 만약 그녀의 아들이 잘생겼다면 누구와 닮았다고 할 수 있냐고 물었다. 나는, 그분은 분명 주님을 따르는 가장 훌륭한 왕자 중의 한 분이시며, 아름다운 모든 것을 닮았으니 진정한 아름다움의 이미지가 바로 그분이라고 말씀드렸다. 그러자 그녀는 내가 말씀드린 것에 대해 만족감을 표현하는 듯 약간 얼굴이 상기되는 것 같았다. 오랫동안 그녀와 충분한 대화가 이루어지고 난 후 사람들이 여왕께 식사 시간을 알리러 왔다. 그리하여 두 자매는 헤어졌고, 여왕께 선 웃으며 내게 이렇게 말씀하셨다(그녀는 창을 통해 약간은 즐기는 기분으로 우리가 나누는 얘기를 듣고 있었다).

"그녀의 아들이 누구와 닮았느냐고 물었을 때 당신의 대답이 그녀를 크게 기쁘게 해주었어요."

그러고는 그녀를 뛰어난 여인이라 생각하지 않는지, 내게는 그녀가 어떻게 비쳐졌는지 알고 싶어 했고, 이어 다음과 같은 말을 했다.

"난 그녀가 왕이신 내 시동생과 결혼하길 몹시 원하고 있으리라 짐작해요. 난 그러길 바라고 있어요."

왕궁으로 돌아오는 길에,[53] 당시 아를에 계시던 모후께 내가 알고 있는 사실들을 말씀드렸다. 그러나 모후께서는 그녀는 왕에겐 어머니뻘이 될 정도로 나이가 너무 많다고 하셨다.

이어 나는 스페인에서 사람들이 하던 얘기를 들려드렸다. 이 얘긴 귀족들 사이에 널리 퍼져 있는 얘기였다. 그녀는 프랑스 왕과 결혼하는 것이 아니라면 다시는 결혼하지 않을 것이며 차라리 세상에서 물러나 조용히 살기로 마음먹었다는 것이다. 이렇게 그녀는 높고 아름다운 생각에 뜻을 두고 스스로 환상을 만든 것이다. 그녀는 아주 크나큰 꿈을 품으면서 언젠가는 자기도 그 기쁨을 누리는 순간이 올 것이라고 믿고 있었다. 그것이 이루어지지 않는다면 자신의 은퇴를 위해서 이미 짓기 시작한 앞서 말한 수도원에 들어가 여생을 마칠 생각이었다.

___
53) 1564년.

그녀는 이렇게 마음을 결정함으로써 왕과 그녀의 조카와의 결혼 소식을 알게 되었을 때까지 독신 상태를 현숙하게 잘 대처하면서 희망과 믿음 속에서 꽤 오랫동안 자기를 지탱했다. 그런데 이 모든 희망을 잃어버리게 되자 다음과 같은 절망에 찬 말을 했다.

"숙모보다 세월의 무게를 덜 받아 자신의 최초의 시간 속에서 조카는 더 젊음을 발산할 것이고, 이미 그의 여름에 있는 숙모의 아름다움은 그녀가 겪은 다정한 세월에 의해 이루어지고 이미 다 만들어져 결실을 맺었으니 자기 나이의 모든 다른 열매보다 가치 있도다. 이제 꽃이 피어나면 다가올 나날에 대한 희망을 주게 되리라. 우리 인간사의 어떤 낭패로운 일도 그 꽃들을 그대로 망가뜨리지는 않을 것이다. 어떤 꽃은 선택하고 어떤 꽃은 잃어버리고 말 것이다. 마치 싱그러운 봄날의 물오른 나무들이 아름답고 새하얗게 피어난 꽃들로 우리에게 여름날의 싱싱하고 아름다운 열매를 약속해 주는 것과 같다. 그러나 그 아름다운 꽃들을 휘몰아가고 꺾어 버리고 사라져 버리게 하여 나뭇잎만 남겨주는 심술궂은 바람이 닥쳐와서는 안 된다. 모든 것은 주님의 뜻에 따라 지나가는 것이니, 난 이제 다시는 그 누구와도 결혼하지 않을 것이며, 그것도 주님의 뜻이리라."

그녀는 자신이 말한 대로 행동에 옮겨 많은 여인들에게 훌륭한 예를 남기고, 세상과 멀리 떨어져 어질고 성스러운 삶을 이끌었다. 개중에는 다음과 같이 말하는 사람이 있을 수도 있다.

"그녀가 샤를 왕과 결혼할 수 없었던 게 천만다행한 일이오. 그런 일이 있었다면 그녀는 이 힘겨운 과부 생활을 저 멀리 던져 버리고 달콤한 결혼생활을 다시 시작했을 테니까요."

이것도 추정 가능한 얘기다. 그러나 또 다른 면으로 추정해 본다면 그녀가 이 위대하신 왕과 결혼하고픈 마음을 세상 사람들에게 드러내 보였던 것은, 드높은 용기를 표명함으로써 결코 자신을 낮추려 하지 않는 스페인 여인 특유의 과시욕이라 할 수도 있을 것이다. 또한 황후가 된 자매를 보면서 자신이 그녀와 동등해지길 바라며 제국에 못지않은 프랑스 왕국의 여왕이 되기를 갈망하게 되었으며, 결과적으로 거기에 이르지 못하게 된다 하더라도 그녀는 자신의 야망이 불러일으키는 크나큰 욕망 때문에 그리로 향해 갔던 것이다. 이것이 그녀에 대한 나의 의견이다. 결론적으로 말하면, 그녀는 더할 나위 없는 훌륭한 공주다. 그녀가 세상과 단절한 것을 두고 크나큰 신앙심에서 우러나온 것이라기보다 분노에서 비롯된 결정이라고 비난할 수 있다. 그러나 그녀가 보여 온 신앙심, 그리고 흠 없는 생애와 성스러운 마감은 나로 하여금 완전한 성덕이 무엇인지 알 수 없게 만든다.

여왕 마리 드 옹그리의 삶

여왕 마리 드 옹그리[54]는 세상과 작별할 날이 멀지 날은 나이에[55] 세상에서 물러나는 것이 하느님을 섬기려는 오빠인 황제[56]를 돕는 것이라 생각했다. 이 여왕은 젊은 나이에 남편이었던 왕 루이[57]를 잃으면서 일찍이 과부가 되었다.[58] 그는 터키인들과의 전투에서 죽었는데[59] 그를 따

---

54) 마리 도트리슈, 헝가리 여왕.
55) 샤를 퀸트가 왕위를 물려준 후에(1555), 나이 쉰둘이었던 마리는 스페인의 시갈로 은둔하였다.
56) 샤를 퀸트는 왕위를 물려준 후에 유스트의 승원에 은둔했다.
57) 루이 2세. 그녀가 1521년 결혼했던 헝가리 왕.
58) 그녀의 나이 스물세 살이었다.
59) 모하시 전투(1526)는 터키 황제 술탄 솔리만 2세가 승리를 거두었다.

른 헝가리인은 만여 명밖에는 없었지만 용감한 기독교인 전사로서 그는 10만여 명의 터키군을 당황하게 만들며 열심히 싸웠다. 그러나 결국 전투에서 패하고 후퇴하려던 중 늪에 빠져 그만 질식사하고 말았다.

이와 유사한 불행은 포르투갈의 왕 세바스티앵[60]에게도 닥쳤다. 그는 자기보다 세 배는 강력한 군대를 가진 무어인[61]들을 상대로 무모하게 전투를 벌였다가 비참하게 죽어갔다. 이 무모한 전쟁은 그의 유일한 지침인 주님의 뜻을 강조하고 만일 그가 신의 뜻을 거부한다면 그분은 모두에게 큰 벌을 내리실 거라는 예수회 사람들의 끈질긴 설득과 권유에 의한 것이었다. 그러나 그는 자기의 위대함을 과시하며 남용하지 말았어야 했다. 왜냐하면 알 수 없는 비밀이 숨겨져 있었기 때문이다. 어떤 이들은 예수회 사람들이 좋은 의미로 그런 말을 했고 일을 그렇게 만든 것이라고 하며, 다른 의견은 젊고 용기 있고 혈기왕성한 왕을 잃게 만들어 좀 더 쉽게 침범해 들어가려고[62] 스페인 왕이 예수회 사람들을 매수했다는 것이다. 하지만 전투에 대해선 아는 바가 없으면서 무기를 주무르려 드는 사람들에 의해 이런 잘못이 일어났던 것이다.

그래서 위대하신 귀즈 공작[63]께서는 이탈리아 원정[64]에서 크게 기만당한 후에 자주 이런 말을 했다.

"난 주님의 교회를 몹시 좋아합니다. 그렇지만 사제들의 믿음이나 말

---

60) 포르투갈 왕. 조부인 장 3세의 뒤를 계승했던 장 왕자의 유복자.
61) 알카사르-키비르 평원에서 늙은 물리 압델멜렉의 군사와 맞붙었으나 그는 무어족 우두머리에게 죽임을 당했고, 군대는 전멸했다.
62) 필립 2세는 스페인 왕관을 쓴지 얼마 안 되어 포르투갈 왕국을 합병해 버렸다. 포르투갈은 1640년에야 혁명을 통해 브라강스 가를 왕권에 앉히고 그 상태에서 벗어날 수 있었다.
63) 프랑수아. 두 번째 귀즈 공작(1519-1563).
64) 1556-1557. 앙리 2세가 그에게 군대 지휘권을 맡겨 멀리 원정을 떠났으나 그 원정에서 그는 나폴리 왕국을 획득하지 못하였다.

에 절대로 승복당하지 않을 겁니다."

이는 교황으로서 온갖 위대하고 엄숙한 말로 그에게 약속했던 것을 지키지 않았던 파울로 4세라 불리는 교황 카라프[65]와 교황께 이 거짓 약속의 말씀을 받아내려 로마까지 달려갔다 와서는 경솔하게도 자기 형을 이 일에 뛰어들게 만든 동생인 추기경[66]을 비난하고자 그가 한 말이었다.

다시 우리의 여왕 마리의 이야기를 계속해 보자. 남편의 불행 이후 그녀는 젊고 몹시 아름다운 과부로 살아왔다. 그녀를 본 사람들의 얘기를 들어보더라도 그녀의 미모를 확인할 수 있으며, 추하거나 다시 고치고 싶은 구석이라고는 없는 많은 초상화들이 그것을 잘 나타내주고 있다. 단지 오스트리아식으로 약간 두툼하면서 앞으로 나온 입술이 약간 흠이라면 흠일 수 있을지 모르겠다. 그런데 그녀의 입 모양은 크지도 나오지도 않은 오스트리아 가문의 입이라기보다는 오히려 부르고뉴 가에 가까운 것 같다. 당시 궁정 생활을 했던 한 부인의 증언이 그걸 말해 준다.

한번은 여왕 엘레오노르[67]가 디종을 거쳐 가게 되었는데 그곳의 샤르트뢰 승원으로 미사를 올리러 가면서 부르고뉴 공작님들이셨던 그녀의 선조들의 묘를 방문하였다. 그녀는 호기심이 발동하여 그것들을 열어 보게 하였는데 거의 완전한 상태로 보존이 잘 되어 있는 것을 보았다.[68] 그중 몇몇 얼굴 중에서 특히 자기들의 얼굴과 입모습이 닮은 걸 알 수

---

65) 교황 요한 4세.
66) 샤를. 로렌의 부추기경. 1557년 추기경이 된다.
67) 엘레오노르 도트리슈. 샤를 퀸트의 누이.
68) 이 공작들은 필립 르 아르디, 장 상 피르, 필립 르 봉, 샤를 르 데메레르다. 이들의 이름을 풀어보면 성격을 엿볼 수 있다. 앞에서부터 차례로 대담한 사람(le Hardi), 겁 없는 사람(Sans Peur), 어진 사람(le Bon), 무모한 사람(le Temeraire)이라는 의미를 담고 있다.

있었다. 이에 대해 그녀는 갑자기 소리 높여 말했다.

"아, 난 우리가 오스트리아 가문의 입을 가졌다고 생각했어요. 그런데 이제 보니 우리 조모뻘 되시는 마리 드 부르고뉴와 조부뻘 되시는 부르고뉴 공작님을 닮았다는 걸 알겠어요. 황제이신 우리 오라버니께서 이를 보지 못하셨다면 그에게도 알려줘야겠어요. 아니 당장 편지를 쓰겠어요."

그녀와 함께 그곳에 갔던 부인이 이 사실을 말해 주었는데 그녀는 이 여왕께서 자신이 부르고뉴 가의 얼굴을 닮았다는 사실을 몹시 기쁘게 받아들이는 것 같았다고 했다. 그녀의 생각은 아마도 옳을 것이다. 왜냐하면 부르고뉴 가문이 오스트리아 가문보다 더 뛰어나기 때문이다. 부르고뉴 가는 프랑스의 필립 아르디의 후손으로서 많은 재산과 대범함, 그리고 용기를 갖춘 뛰어난 능력 등을 이어받았기 때문에 내가 보기에는 오스트리아 가의 4대에 걸친 공작님들이 결코 4대에 걸친 부르고뉴 가 공작님들을 뛰어넘을 수 없었다고 생각된다. 사람들은 아마도 나의 과장법을 종종 힐책하려 들지도 모른다. 하지만 글재주가 별로 없는 날 용서해 주신다면 마음 편히 이 작업을 계속해 나갈 수 있을 것이다.

우리의 여왕 마리 드 옹그리는 약간 남성적인 면이 있기는 하지만 대단히 친절하고 상냥하며 아름다웠다. 그녀의 남성적인 면은 사랑에 있어 결코 절망스럽지 않았던 것처럼 전쟁에서도 그랬다. 이 모두가 그녀에게는 자신을 단련하는 중요한 요소였다. 그녀의 뛰어난 능력을 잘 아는 오라버니인 황제께서는 숙모인 마르그리트 드 플랑드르[69]가 해왔던

---

69) 마르그리트 도트리슈. 막시밀리언의 딸.

임무를 그녀에게 맡기기 위해 불러들였다.

마르그리트 드 플랑드르는 온화함으로 또 한편으로는 다른 이들처럼 준엄하게 네덜란드를 통치한 아주 현명한 공주였다. 어쨌든 마르그리트 드 플랑드르가 있는 한, 프랑스 왕은 아무리 영국 왕이 그를 부추겨도 프랑스에 호의적이고, 현명하고 덕스러우며 한편 불행한 이 고귀하신 공주님의 마음을 불편하게 만들고 싶지 않다면서, 이 지역으로 진군하거나 전쟁을 일으키는 일은 가능한 삼갔다.

그러나 마르그리트 드 플랑드르가 갖고 있는 미덕과 장점들은 이상하게도 결혼에서는 요구되는 것들이 아니었던 것 같다. 첫 번째는 샤를 8세와의 결혼[70]이었는데 너무 어린 상태에서 자기 아버지에게로 돌려보내지고 말았다. 그리고 그 다음엔 재앙이라고 불렸던 아라공 왕의 아들과 결혼했으나 그에게선 유복자만을 하나 낳았을 뿐이다.[71] 그리고 세 번째로 결혼한 미남 필리베르 드 사부아 공작[72]과는 아이가 없었으니 이런 그녀의 초상에서 "행, 불행은 하나"라는 말이 나올 것 같다. 그녀는 부르그 앙 브레스 근처에 있는 브루의 아주 아름다운 수도원에 남편과 함께 잠들어 있다.[73]

이 헝가리 여왕은 홀로 많은 것을 해야 하는 황제를 잘 도왔다. 물론 황제에겐 로마의 왕인 아우 페르디낭이 있었지만 그는 위대한 터키 황제 솔리만을 자극하여 해나가야 할 일이 있었고, 황제 역시 당시[74] 몹시

---

70) 마르그리트와 미래의 샤를 8세인 샤를 황태자와의 약혼은 깨어져 버렸다.

71) 왕자는 몇 달 후 죽었다.

72) 그녀는 4년 간의 행복한 결혼생활(1501-1504) 후 남편을 잃었다.

73) 1558년.

74) 1535년.

혼란스러웠던 이탈리아의 문제를 해결하는 일이 어깨를 짓누르고 있었다. 그뿐 아니라 독일에서는 터키 때문에 역시 사정이 그리 좋은 편은 아니었고, 헝가리 역시 마찬가지였으며, 스페인(스페인은 무슨드 쉬에브르[75] 지휘 하에 반란을 일으켰다[76]) 인도, 네덜란드, 바르바리아,[77] 가장 큰 부담인 프랑스, 요컨대 거의 세상의 절반을 다스려야 했던 것이다. 황제는 그가 누구보다도 사랑했던 이 누이동생으로 하여금 20년 이상[78]이나 네덜란드의 모든 국가들을 다스리는 통치자로 만들었고, 그녀는 그 임무를 훌륭히 해내었으니 그녀가 없었다면 황제는 어떻게 했을지 상상할 수 없다. 또한 그는 통치, 외교 등 모든 걸 그녀에게 일임했다. 심지어 황제 자신이 플랑드르에 머무는 동안에도 그 지역 국가들의 문제는 모두 그녀에게 넘기고 맡겼다. 사실 아주 유능한 통치자였던 그녀는 모든 것을 황제의 명예로 돌리고 그가 없는 동안에 일이 어떻게 진행되었고 무슨 일이 있었는지 모두 보고하였으니 황제는 큰 기쁨에 취할 수 있었다. 그녀는 때로는 호위병을 거느리고, 때로는 아무도 없이 말을 타고 마치 용감한 아마존의 전사처럼 멋지게 전쟁을 치러내었다.

프랑스에 큰 불길을 던져 넣기 시작한 건 바로 그녀였다. 그녀는 왕들이 여흥과 사냥의 기쁨을 즐기기 위해 만든 아름답고 자랑스러운 저택들, 즉 폴랑브레의 아름다운 성[79]처럼 많은 성과 아름다운 집들을 불길에 휩싸이게 만들었다. 얼마 후 몹시 분하고 불쾌했던 프랑스 왕은 그녀

---

75) 쉬에브르 영주인 기욤 드 크루아.
76) 1522년부터.
77) 지금의 튀니지.
78) 1531~1555년.
79) 폴랑브레 성은 리옹에서 그리 멀지 않은 곳으로, 프랑수아 1세와 앙리 2세가 그곳에서 가끔씩 머물며 지내곤 했으며, 앙리 4세는 종교 전쟁 때 그곳에서 메옌과 협상했다. 그 성은 화재로 인해 무너졌다.

가 했던 것을 고스란히 돌려주기 위해 세계의 기적 중 하나로 손꼽는 아름다운 메종 드 뱅[80](목욕탕)에 반격을 가했다. 다른 많은 아름다운 건물을 두고 굳이 이를 기적이라고 일컫는 것에 대해서는 다소 부끄러운 생각이 들기도 하지만 직접 들어가 본 사람들의 말을 빌면 고대의 7대 기적으로 꼽는 유적들에 비해 결코 손색이 없는 구조물이라고 한다.

왕인 필립 2세가 부친인 황제 샤를을 보기 위해 스페인에서 플랑드르로 달려왔을 때 그녀는 궁정의 모든 식구들과 함께 그곳에서 축제를 열었다. 그 어디에도 비길 수 없는 뛰어남과 완벽함 속에서 화려함과 웅장함을 보여주었던 축제였다. 따라서 당시에는 스페인어로 '뱅의 축제(las fiestas de Bains)' 얘기들을 종종 하곤 했다. 베이욘 여행을 기억하는데, 그곳에선 바퀴 돌리기, 각종 투기, 가면무도회 등 사치와 호화로움이 펼쳐졌다.[81] 그러나 여기에 참석했던 늙은 스페인 귀족들은 이 호화로운 축제들이 '뱅의 축제'에 비하면 아무것도 아니라고 한다. 난 직접 그 축제에 가보진 못했지만 스페인어로 쓰인 책에서 이 축제에 관해 엿볼 수 있었다. 검투사들과 야수들과의 투기를 뺀 고대의 놀이들을 대표하는 로마인들의 화려한 축제에서 아름답고 유쾌하지 않은 것은 없었다고 말하지만, 그 외에는 뱅의 축제가 아름답고, 가장 즐겁고, 가장 다양하면서

---

80) 에노의 뱅.

81) 여왕 엘리자베스의 당도에 따라 베이욘에서는 각종 놀이, 경주, 바퀴돌리기 시합, 가면무도회, 연극 등 호화로운 축제가 열렸다(1565년 6월 15일). 참조, 『왕의 누이이신 가톨릭 여왕의 생-재앙-드-뤼스에의 도착에 얽힌 상세한 서술 : 베이욘의 입장과 그녀에게 베풀어진 성대한 환영에 관하여』 파리, 1965. 사람들은 왕가의 성들이 보존되어 있던 호화로운 가구들을 가져오게 했는데 그중에는 프랑수아 1세가 당시 22,000에퀴를 주고 샀던 플랑드르의 유명한 타피스리(스키피오의 승리)도 있었다. 식탁에서는 대단히 호화로운 대접을 받았다. "스페인 귀족들은 프랑스에서 준비한 값비싼 요리를 느낄 수 있었다. 높으신 어르신네들부터 낮은 신분에 이르기까지 그곳에 남아 있는 사람은 누구나 왕의 요리사가 제공한 음식으로 대접받았다. 모든 것이 훌륭하고, 멋지고, 찬란해서 결코 그들의 일상이 그리워질 수 없었다." 참조, p. 샹피온 『카트린 드 메디시스』 PP. 276-299.

도 총체적인 축제였다고 전해진다.

나는 여기서 스페인 책에서 빌려온 내용과 당시 여왕 엘레오노르의 시녀로서 토르시라 불리던 마담 드 퐁텐[82]을 포함하여 축제에 참석했던 이들의 전언을 토대로 그 축제를 묘사하는 데 지면을 할애하려 한다. 물론 내 이야기가 빗나가고 있음을 비난할 수도 있을 것이다. 내 입속에 간직하고 있는 진기한 얘기는 나중을 위한 것이다. 따라서 가장 아름다운 것들 중에 이것을 찾아냈다.

"그녀는 우선 벽돌로 커다란 요새를 하나 만들게 하였다. 그리고 마치 실제 전쟁 때와 똑같은 상황을 재현하는 의식을 치르는 것이었다. 요새는 공격당하고 30대의 대포로 포진하고 방어를 위한 대열로 정렬한 6천 명의 남자들에 의해 구조된다. 공격이 시작되면 구원군이 들어가고 상대편은 피에몽 왕자[83]가 이끄는 보병대와 기사들에 의해 패배 당한다. 그 다음에는 순서에 따라 되찾은 광장에 절반은 착한 편, 절반은 약간 잔혹한 편으로 나누어 병사들은 진군과 후퇴를 번복하며 싸운다. 즉, 실제 전쟁에서 일어날 수 있는 것을 모두 재현하는 것이다. 황제께서 어찌 특별한 기쁨을 얻지 않겠는가.

여왕께서 호화로운 향연을 베푼 것은 오라버니에게서 가질 수 있었던 것 혹은 그 국가들, 그리고 그녀에게 할 일을 베풀어 준 호의와 그녀가 이루어 낸 승리, 이 모든 것을 그의 영광으로 돌림으로써 그에게 기쁨을 안겨주고 싶다는 것을 오라버니에게 보여주고 싶었기 때문이다. 황제

---

82) 클로드 블로세. 일명 토르시. 담 드 퐁텐-샬랑드레.
83) 피에몽 왕자는 뱅-앙-에노의 축제에서, 1565년 베이온 축제에서 샤를 9세('덕스러움'을 구현)와 그의 아우인 후에 앙리 3세가 되는 앙주 공작('사랑'을 구현)이 담당했던 역할에 유사한 다른 요소들을 가미시킨 역을 해냈다.

역시 눈물을 흘리면서 기뻐하였고 많은 비용을 들여가며 애쓴 점을 높이 평가하였다. 특히 자기 방에 배치된 선물을 가장 높이 평가하였다. 그것은 금, 은, 그리고 실크로 만든 고급스러운 타피스리였는데 거기에는 그가 이룩했던 빛나는 승리, 그가 벌렸던 많은 일들이 담겨 있었다. 비엔나 앞에서 솔리만을 추격하던 것[84]과 프랑수아 왕을 사로잡던 일[85] 등 그가 승리로 거두었던 전투와 원정들이 생생하게 형상화되어 있었다. 요컨대 그 안에는 특별하지 않은 것이 하나도 없었다.

그러나 멋진 구조물은 얼마 안 되어 그 광채를 모두 잃어버리고 말았다. 그것은 완전히 약탈당하고 무너져 파괴되어 버리고 말았기 때문이다. 궁녀에게 들은 바로는 재난을 알게 되었을 때 그녀는 분노와 비탄에 빠져 오랫동안 마음을 가라앉힐 수가 없었다고 한다. 그리고 어느 날 그 주위를 지나게 되었을 때 그녀는 폐허를 보고 싶어 했다. 아주 경건한 모습으로 그것을 바라보며 눈에는 눈물이 가득 고인 채 프랑스는 깊이 뉘우치게 되고 말 것이고, 그 불길을 느끼게 될 것이라고 하였다. 또한 아름다운 퐁텐블로가 땅 위에 서 있지 못하고 돌 위에 돌밖에 남지 않게 된다면 프랑스도 결코 마음이 편치 못할 것이라며 복수를 위한 굳은 맹세를 하였다.

실제로 그녀는 그 불길을 마음 깊이 느끼며 이 불쌍한 피카르디 땅위에서 분노에 몸을 떨며 몸 안에 있던 것을 모두 토해 냈다. 만일 휴전이 성립되지 않았더라면 그녀의 복수는 대단히 컸을 것이다. 왜냐하면 그

---

84) 1529년 스무 차례의 살인적인 공격을 가한 뒤 다뉴브 강의 범람에 놀라 그의 근위 보병들이 허둥대며 우왕좌왕하는 바람에 솔리만 2세는 후퇴해야만 했다.
85) 1525년, 파비에서.

녀는 허물어지기 힘든 담대하고 강인한 성격을 지녔기 때문이다. 그것
이 확고해 질 때는 앞을 가리지 않을 때이고 반대편에 대해선 좀 잔혹한
면을 보이는 것이 여인들의 본성이다. 아무리 위대한 여인이라도 공격
을 받게 되면 즉시 복수를 결심한다. 황제는 그녀의 그런 면을 몹시 좋
아했다고 한다.

브뤼셀에서 황제가 자리에서 물러났을 때의 이야기를 하려 한다. 국
가의 모든 주요 인물들을 모이게 한 넓은 홀에서 그는 긴 연설을 통해
모인 사람들과 아들에게 하고픈 얘기를 마친 뒤 곁에 있던 누이인 여왕
마리에게 자기를 낮추며 깊은 감사의 표현을 했다. 그녀는 자리에서 일
어나 오라버니에게 아주 정중하게 예를 올리고는 위대하고 장중한 당당
함과 확신에 찬 기품 있는 태도로 백성들을 향해 다음과 같이 말했다.

"여러분, 23년 전부터 내 오라버니인 황제께서는 기쁜 마음으로 내게
모든 네덜란드 국가들을 통치하는 임무를 부여하셨습니다. 나는 모든
걸 신의 뜻에 따라 움직였으며 모든 결과도 신의 뜻으로 돌립니다. 자연
과 운명은 내게 내가 할 수 있는 최선을 다해 의무를 이행할 수 있도록
능력과 은총을 주었습니다. 어쨌든 그중에 내가 잘못한 것이 있다면, 내
가 한시도 내 잘못을 잊은 적이 없고 깨끗하게 용서한 적도 없었다는 점
에서 날 용서하실 수 있을 겁니다. 하지만 그래도 내게 부족한 것이 있
었다면 난 여러분께 용서를 바랍니다. 그럼에도 불구하고 누군가가 날
불안스럽게 여기고, 용서하고 싶지 않아 하는 이가 있다면 내 작은 걱정
거리가 될 것입니다. 왜냐하면 황제께서 모든 걸 만족해 하시고 오로지
그분을 기쁘게 해드리는 것이 언제나 나의 가장 큰 소망이며 욕망이었
기 때문입니다."

이렇게 말하고 황제께 다시 한 번 커다란 공경심을 표한 뒤 제자리로 돌아갔다. 난 이 말이 오만하고 지나치게 솔직하지 않았는가 싶다. 자기의 직분에서 손을 떼면서 백성들에게 마지막 인사를 하는 것이라면 떠나는 것에 대한 아픈 마음을 표현하며 좋은 말을 남겨야 한다. 그런데 그녀는 무엇을 걱정하고 있었는가? 그녀는 오라버니를 기쁘게 하고 만족스럽게 해줄 목적밖에는 없는가? 세상 사람들을 만족스럽게 해주지 않는다는 것은 자기 오라버니와 운명을 같이할 동료를 줄어들도록 기도하는 것이 아닐까? 난 이 이야기를 헤스딘에서 포로로 잡혀 플랑드르의 리즐[86]에서 5년간 감옥 생활을 하던 나의 형[87]을 구출하기 위해 브뤼셀에 갔었던 한 기사에게 들었다.

그 기사는 모인 사람들 중 몇몇은 여왕의 지나치게 솔직한 말에 소리 없이 분노하는 걸 보았다고 한다. 그러나 그들은 누구도 감히 말을 하거나 분노를 나타내지 못하였다. 왜냐하면 떠나기 전까지는 마지막 일격을 가할 수 있는 그들의 우두머리라는 걸 잘 알고 있었기 때문이다.

그녀는 이렇게 모든 짐을 벗어 버리고 오라버니와 함께 그녀가 한 번도 버리지 않았던 스페인으로 돌아왔다. 그녀와 동생인 여왕 엘레오노르, 그리고 오라버니는 죽는 날까지 함께하며 1년 간격을 두고 하나씩 사라져 갔다.[88] 황제가 가장 앞서고, 나이가 더 위인 프랑스 여왕이, 그리고 헝가리 여왕이 뒤를 이었다.

헝가리 여왕은 재혼도 하지 않고 언니보다도 더 오랫동안 과부 생활

---

86) 릴.

87) 헤스딘 전투에서 포로가 된(1552) 브루데유 자작 앙드레. 한편 브루데유 장군이라 불렸던 그의 또 다른 형제 장은 포탄 한 방에 사망했다.

88) 샤를 퀸트는 1558년에, 여왕 엘레오노르는 1559년에, 헝가리 여왕 마리는 1560년에 차례로 죽었다.

을 했다. 그녀의 언니는 두 번 더 결혼했다. 그녀를 평화와 공식적인 휴전을 확보하기 위한 아주 굳건한 도장으로 이용하려는 황제의 설득과 간청에 의해서였다. 그러나 그 도장의 효과는 오래가지 않았다. 그 어느때보다도 잔혹한 전쟁이 바로 뒤따랐을 뿐이다. 가엾은 공주는 이미 자기가 할 수 있는 건 모두 했기 때문에 더 이상 아무것도 할 수 없었고, 이 때문에 남편인 왕은 더욱 그녀에게 잘 대해 주지 않았다. 그는 둘의 결합을 저주했다.

손 알테스 드 로렌

헝가리 여왕이 세상을 떠난 후, 필립 왕 가까이에는 더 이상 위대한 공주는 남아 있지 않았다. 다만 언제부터인가 '손 알테스'로 불리던 사촌 크리스티에른 드 덴마크, 로렌 공작 부인[89]만이 늘 좋은 친구가 되어주었고, 왕궁의 가치를 드높이는 데 많은 공헌을 해주었다. 왜냐하면 왕, 왕자, 황제 또는 군주의 궁은 아무리 커도 모여드는 사람이 별로 없거나 여왕과 황후, 지체 높은 공주, 그리고 많은 귀족 부인과 처녀들의 궁으로써 이용되지 못한다면 의미가 없기 때문이다.

이 공주는 아름다웠으며 역시 매사에 빈틈이 없는 여인이었다. 얼굴은 아주 예쁘고 상냥한 표정에 키가 크고 늘씬했으며, 언변이 뛰어났고, 특히 옷매무새가 뛰어났다. 그 당시 화장법, 머리 모양, 베일에 이르기까지 그녀는 프랑스의 상류층 부인네들과 자기 나라 여인들에게 있어

---

89) 크리스티에른 2세의 딸인 크리스틴 드 덴마크. 밀라노 공작인 프랑수아마리 스포르차와 결혼했으나 과부가 되어 로렌 공작 프랑수아 1세와 두 번째로 결혼했다(1540).

본보기였으며 스승이었다. 그녀가 연출하는 패션은 '로렌'이라는 이름
으로 유행을 이끌었다. 따라서 '손 알테스'를 모방하며 로렌식으로 치
장하고 과시하려는 여인들의 많은 축제와 호화로움이 늘 궁 안을 밝게
치장해 주었다. 그녀는 특히 예쁜 손을 가진 여인 중 하나였는데 난 이
점에 있어서는 우리 모후[90]의 손 역시 높이 찬양한다.

　그녀는 우아한 자태를 과시하며 말을 타고 질주하곤 했다. 그녀는 항
상 U자형 안장을 놓고 말을 탔는데 이는 여왕 마리의 방법을 배운 것으
로 우리 모후께서도 그녀에게서 배웠다고 들었다. 전에 그녀는 널빤지
를 대고 말을 탔었는데 그 자세에서는 안장에 올라앉은 것만큼 멋진 몸
짓과 우아한 자태를 보여줄 수가 없었다. 그녀는 이 점에 있어서는 이모
인 여왕 마리를 모방하려 했고, 따라서 터키, 바르바리아, 제네 같은 스
페인 말들이 아니면 절대로 타지 않았다. 특히 제네는 아주 잘 달린다는
걸 나도 확인할 수 있었는데 탁월한 열두 마리의 말을 동시에 달리게 했
을 때 이 말이 단연 앞장설 뿐만 아니라 다른 말들보다 훨씬 멋진 모습
을 자랑했다. 이모는 그녀를 몹시 사랑했고, 그녀가 좋아하는 운동이나
사냥과 같은 취미, 또한 그녀의 장점들을 보며 같은 기질을 지녔다고 생
각했다. 더군다나 결혼한 몸으로 그녀는 종종 이모를 보러 플랑드르까
지 가곤 했다.

　새 남편을 잃은 후 아들[91]까지 빼앗겼을 때 울분을 이길 수 없었던 그
녀는 로렌을 과감하게 떠났다. 그녀는 자기를 아주 편안하게 맞아줄 외
삼촌인 황제와 이모들인 여왕님들이 계신 곳으로 갔다. 그녀는 아들의

---

90) 카트린 드 메디시스.
91) 샤를 II 드 로렌.

부재와 그를 잃은 슬픔을 몹시 힘겹게 견뎌내었다. 앙리 왕은 그녀에게 깊이 사과하며 아들을 양자로 삼고 싶다고 하였으나 마음을 가라앉힐 수 없었다. 모든 것이 절망스러울 수밖에 없었던 그녀는 아들을 되찾기 위해 어느 성 목요일 낭시의 한 갤러리에 있는 앙리 왕[92]을 찾아갔다.

여전히 사랑스러움을 갖게 하는 뛰어난 미모와 조금도 사그라지지 않는 위대함으로 당당한 기품을 과시하는 그녀는 왕을 만나기 위해 한걸음에 그곳까지 달려갔던 것이다. 그녀는 왕에 대한 정중한 예절을 잊지 않으면서 아름답고 매력적으로 느끼게 하는 젖은 눈으로 애원하였다. 이 세상에서 그녀에게 유일한 귀한 아들을 빼앗아가는 것은 큰 잘못을 저지르는 것이며, 높으신 분들의 결정으로 자기가 이런 혹독한 시련을 겪을 이유가 조금도 없고, 또한 자신은 그가 하는 일을 저해한 적이 없다며 선처를 호소했다. 그렇게 부드러운 불평과 함께 훌륭한 이유를 들어가며 기품을 잃지 않고 또박또박 의사를 분명하게 표현하는 그녀를 보며 여자에게 몹시 약한 왕은 아주 깊은 동정심을 갖게 되었다. 왕뿐만 아니라 이 광경을 본 모든 이들이 같은 마음이었다.

프랑스 역대 왕 중에서는 가장 여인을 존중해 주는 왕이었던 그는 천성적으로 말을 장황하게 늘어놓거나 남의 문구를 인용해 가며 문제를 심각하게 얘기하는 성격이 아니었다. 그렇다고 대단한 웅변가도 아닌지라 파라댕이 『프랑스사』[93]에서 보여주듯이 긴 연설문의 형식을 갖추거나 쓸데없이 잡담을 섞지도 않으면서 아주 솔직하게 대답했다. 역시 왕은 철

---

92) 앙리 2세.

93) 연대기 편집자인 기욤 파라댕(1511-1590). 정확하고 성실한 기록자라기보다는 구변이 좋은 사람이라는 편이 옳을 것 같다. 브랑톰이 여기서 말하는 내용은 그의 이야기 중 '1552년'을 참조하라.

학자나 위대한 웅변가를 흉내 낼 필요가 없으며 그런 것은 왕의 언동에 적합하지가 않다. 가장 짤막한 말과 간결한 요구와 답변들이 그에게 가장 알맞고, 가장 적합하다. 이런 점에서 무슈 드 피락[94]의 교육은 왕으로서 필요한 만큼을 충분히 지도해 준 아주 좋은 교육이었다고 할 수 있겠다. 또한 이런 장소에서 파라댕의 긴 연설문을 읽거나 또는 앙리 왕에 의해서 그런 연설이 행해졌다고 가정한다면 그 누구도 믿지 않을 것이다.

역시 그곳에 함께 있었던 많은 어르신네들은 왕의 평소 언행 습관이 그렇듯이 긴 대답도 장황한 언동도 들을 수 없었다고 한다. 그가 아주 솔직하고 소박하게 유감을 표하며 그녀를 위로했다는 것이 가장 맞는 말이라 할 것이다. 일이 이렇게 진행된 것은 특별한 개인적인 이해관계 때문이 아니라 나라를 안정시키려는 것이었으므로 그녀가 고통스러워 할 아무런 이유가 없었다. 그는 그녀의 아들을 자기 곁에 두고 장남과 함께 생활하게 하고 같은 것을 먹이고 같은 생활들을 갖게 하고 운명을 같이하길 원했다. 왜냐하면 그는 프랑스의 혈통을 물려받았으니 프랑스 인이며, 많은 프랑스 친척과 친구들이 있는 프랑스 왕궁에서 자라는 것이 더 낫다는 생각에서였다.

또한 그는 낭시에서 죽임을 당한 샤를 드 부르고뉴 공작[95]에 대해 로렌 공작이 프랑스에 지고 있는 빚을 얘기하며 로렌 가문은 기독교 가문

---

94) 기 드 포르 드 피락. 유명한 『4행 시집(Quatrains)』의 저자(1528-1584). 툴루즈에서 지방부 법관, 트렌트 공의회 파견대사, 파리 고등법원의 고등검사, 국가 자문 위원, 양주 공작이 폴란드 왕일 때 대법관, 앙리 3세 하에서 사법부 수장, 여왕 마르그리트의 대법관을 차례로 지낸 인물이다.

95) 샤를 르 테메레르, 부르고뉴 공작. 그는 프랑스 왕 루이 11세에 저항하는 동맹세력에 참여하여 모호한 입장으로 몽틀레리 전투에 참여했다가 콩플랑 협약에 따라 도시들을 돌려받는다. 그의 주된 정치적 목적은 프랑스 왕정, 이웃인 로렌과 스위스에 위협을 가하기 위해 두 국가로(플랑드르, 부르고뉴) 나뉘어 있는 부르고뉴를 통합하여 강력한 하나의 행정력을 이루는 것이었다. 1475년 그는 로렌을 손에 넣지만 루이 11세의 지원을 받은 스위스군에 의해 그랑종과 모라에서 패하고(1476) 르네 드 로렌과 충돌했던 낭시에서 죽었다.

이기 전에 프랑스 가문이란 말을 잊지 않았다. 그것은 프랑스 없이는 그는 명실상부하게 파산해 버리고 말았을 것이며 로렌 공작의 칭호도, 공작령도 가질 수 없는 세상에서 가장 비참한 왕자로 전락하고 말았을 것이라고 믿는 어김없는 말씀이었다. 이 얘기를 통해서 로렌 가문은 프랑스 가문에 더 가까운가 아니면 로렌이 다른 쪽과 동맹을 맺었다고 의심을 하며 로렌을 공격해 왔던 부르고뉴 가문에 더 가까운지가 드러나므로, 마음을 좀 더 편히 갖기 위해서라도 기우는 편에 그녀의 아들을 맡겨 성장시킬 수 있을 거라는 얘기였다.

그는 또한 십자군 전쟁 때 예루살렘에서의 승리, 나폴리와 시칠리아 왕국에서의 승리를 위해 함께 싸워 주었던 프랑스에 대해 로렌 가문 사람들이 지고 있는 빚에 대해서도 말했다. 여기에 덧붙이길 자기의 본심은 결코 야망을 펼치려는 의도가 아니며, 불행에 빠져 있는 이들을 구조해 주려는 것이라 했다. 즉, 독일에서 파름 공작에게 박해를 받으며 아무런 구조도 받지 못하고 있던 어린 스코틀랜드 여왕[96]에게 했던 것과 꼭 같은 배려와 아량으로, 그를 더 높은 곳으로 이끌어 주고 아들이나 다름없는 가족으로 만들기 위해서 어린 로렌 왕자를 자기의 보호 아래 두고 싶어 하는 것이니 그녀는 조금도 슬퍼하지 말아야 한다고 말했다.

그러나 이 모든 좋은 말과 그럴듯한 이유들은 조금도 그녀를 위로해 주지 못했을 뿐 아니라 참을성을 갖고 견디어 낼 수 있게 해주지도 못하였다. 그러다보니 고귀한 눈물을 쉴 새 없이 쏟아내며 정중하게 공경심을 표한 뒤 자기 방으로 물러났다. 왕은 방문 앞까지 그녀를 데려다 주

---

96) 마리 스튜어트. 카트린 드 메디시스와 앙리 2세의 장남인 황태자의 약혼녀로서 프랑스에서 자상하고 세심한 배려 속에서 자랐다. 남편 프랑수아 2세가 짧은 집권 후에 사망하자 스코틀랜드로 돌아갔다.

었다. 그리고 다음날 떠나기 전 그녀를 방문하고 요구 사항을 아무것도 얻어 내지 못한 그녀와 작별 인사를 했다. 이렇게 자기 눈으로 소중한 아들이 프랑스로 떠나가는 걸 보면서 로렌을 떠나 삼촌인 황제 편으로 그리고 사촌인 필립 왕과 이모들인 여왕 쪽(대단한 인척 관계와 칭호들 아닌가!)으로 가기로 결정했다. 그녀는 두 왕 사이의 평화에 많은 일을 했다. 어찌 보면 거의 모두를 그녀가 해냈다고 할 수도 있다. 이편이든 저편이든 대표로 나선 어르신네들께서는 마치 사냥감을 모두 놓쳐 버려서 짐승을 찾을 수 없는 수렵 담당관처럼 아무것도 한 것이 없이, 그렇다고 그만두지도 못하고 세르캉에서의 며칠을 보내자 완전히 지쳐 버린 상태가 되었다. 그런데 그녀는 바로 신성한 영적 직감을 받았는지 아니면 어떤 기독교적인 열정과 타고난 기지가 충동하였는지 이 위대한 중재를 위해 회의를 주도하기 시작했고 마침내 모든 기독교인의 이름으로 행복한 결과를 이루어 냈다.

이 거대한 돌을 옮겨 튼튼한 초석이 되도록 만들 적당한 인물은 찾을 수 없었다. 그녀는 아주 능숙하고 빈틈없으며 대단한 위엄까지 갖추고 있었다. 사촌인 왕은 그녀의 이런 점들을 평가하면서 몹시 신임하였다. 그리고 그녀를 몹시 좋아하면서 커다란 애정과 사랑을 품게 되었다. 그녀 역시 왕을 위해 왕궁을 찬란히 다시 빛나게 해주었고 값진 역할들을 해냈다. 그녀가 없던 왕궁은 몹시 어둡고 침울했었다. 그런데 그때부터 오리무중인 사실 하나는 그녀가 첫 번째 남편인 스포르차 공작에게서 당연히 미망인 몫으로 물려받았어야 함에도 불구하고 받지 못한 땅에 대한 것이다. 누구도 아는 바 없고 논란이 된 적도 없는 그 땅은 누군가가 그녀에게서 빼앗고 갈취하였음이 분명하리라.

그녀는 아들을 빼앗긴 후 무슈 드 귀즈와 그의 아우인 추기경에 대해서, 그들이 자신들의 야심을 위해 왕에게 일을 이렇게 만들도록 설득한 것이라고 비난하면서 늘 불만스럽게 생각했다. 그들은 가까운 사촌이 프랑스 왕자의 양자가 되고 왕가와 결혼하는 걸 보고 싶어 하는 동시에, 언젠가 무슈 드 귀즈 앞에서 결혼에 대해 그녀가 했던 말이 잘못임을 인정케 하려는 것이라고 그녀는 생각하고 있었기 때문이다. 지극히 오만했던 그녀는 절대로 어떤 가문의 막내[97]와는 결혼하지 않을 것이라 선언하고는 장남과 결혼했던 것이다. 이런 식으로 거절을 한 그녀를 무슈 드 귀즈는 마음속에 품고 있었지만 얼마 후 결혼했던[98] 지금의 아내[99]로 상대를 바꿈으로써 결코 그녀에게 패한 것은 아니었다. 왜냐하면 그의 아내는 아주 저명한 가문 출신으로 프랑스의 권좌에 올랐던 왕 중에서도 가장 용맹스럽고 뛰어난 왕 중의 한 분이신 루이 12세의 손녀인 데다가 기독교 국가들 중에서 가장 아름다운 여인이기 때문이다.

이 두 여인이 처음 마주쳤을 때의 이야기를 하려 한다. 둘은 고개를 곧바로 들고 먼 곳을 응시하느라 서로를 바로 볼 수가 없었지만 그렇게 하면서 주의 깊게 상대를 엿볼 수는 있었다. 그들의 뛰어난 머릿속에 어떤 갖가지 생각들이 춤을 추었을지는 여러분들의 상상에 맡길까 한다. 이는 아마도 아프리카 대륙에서 커다란 전쟁을 벌였던 스키피오와 한니발이 로마와 카르타고와의 전면전을 결정하고 이를 시작하여 함께 마주치기 전에 약 두 시간 정도 유예 시한을 두었던 것과 같았을 것이다. 둘

---

97) 귀즈 가문은 로렌 가문에서 나왔다. 로렌 가문의 수장격인 르네 드 로렌의 막내아들에게서 새로 시작된 것이 바로 귀즈 가문이다.
98) 1549년 12월 4일.
99) 안 데스트. 르네 드 프랑스의 딸이며 루이 12세의 손녀.

은 이렇게 서로 다가서서 각자의 얼굴과 신체 각 부분에, 그리고 뛰어난 전사로서의 몸짓과 행동 속에 각인되어 있는 훌륭한 공적들에 의해 이름을 떨친 고귀한 상대를 한편 동료로서 매혹되어 한동안 응시한 채 멈추어 서 있었다.

이렇게 아름다운 명상 속에 서로가 서로에게 매혹된 채 움직일 줄 모르던 그들은 티투스 리비우스가 잘 묘사했던 방식으로 입을 열기 시작했다.[100] 이것은 방금 전 얘기했던 두 공주가 보여준 것이 질투에서 나오는 아름다움인 것처럼 증오와 반목 가운데서 서로에게 감탄할 수 있는 미덕 아니겠는가!

분명 그녀들의 아름다움과 우아한 기품은 동등하다고 말할 수 있었다. 만약 마담 드 귀즈가 그녀를 조금도 자극할 수 없었다 해도 그녀는 지나쳐 버리고 말았을 것이다. 그것은 그녀의 공명심이나 교만함 때문이라기보다는 우리가 주위에서 볼 수 있는 중에 가장 부드럽고 상냥하며 겸손한 성품을 지녔으면서도 씩씩하고 오만해 보이는 그녀의 태도 때문일 것이다. 본심은 그런데도 크고 균형 잡힌 체구에 담겨 있는 엄숙함과 위엄 때문에 흔히 사람들은 마담 드 귀즈를 어렵게 생각하고 가까이 가는 걸 두려워한다. 그러나 말을 나누어 보면, 프랑스적인 부드러움과 만백성의 좋은 아버지였던 할아버지에게서 물려받은 부드러움과 솔직담백함, 천진난만함 그리고 온화함을 엿볼 수 있게 된다. 물론 그녀는 위대함과 명예를 잘 간직하며 보여줄 줄 알았다. 난 그녀에 대해서 다른 곳에서 얘기할 기회가 있기를 바란다.

---

100) 티투스 리비우스, 1, XXX, p.30-31.

반대로 '손 알테스 드 로렌'은 대단히 거만하고 건방진 면도 있었다. 나는 그녀의 이런 면을 스코틀랜드 여왕을 대하는 태도에서 종종 볼 수 있었다. 여왕은 남편을 잃고 여행을 하던 중 로렌에 들렀고 마침 나도 그곳에 있었던 터라[101] 두 여인의 기묘한 갈등을 바라볼 수 있었다. 아마 여러분들은 손 알테스가 여왕의 위엄을 앞서고 우위에 있고자 했을 거라고 말씀하실 것이다.

그러나 매사에 능수능란하면서 도량이 큰 여왕은 누군가가 자기를 능가하게 내버려 두지 않았고 조금도 자기보다 앞서가는 걸 용납하지 않았다. 하지만 한결같은 부드러움 속에서 이루어졌으며 삼촌인 추기경이 알테스 드 로렌의 성격에 대해 이미 경고해 주었기 때문에 그녀의 명예를 손상시킬 수는 없었다. 그래서 그녀가 처음 모후(카트린 드 메디시스)를 만났을 때 모후께서 보여주었던 태도를 적절히 흉내 내고자 했다. 뛰는 놈 위에 나는 놈이 있듯이 거만한 사람 위에는 더 거만한 사람이 있는 법이다.

모후께서는 그녀가 그런 태도를 보여야 할 때면, 즉 누군가의 자존심을 꺾어 풀을 죽이고 싶을 때면 아무리 위대하신 어르신들이라 해도 이 세상에서 가장 오만하게 구는 여인이다. 모후는 손 알테스를 마주하게 되자 그녀를 충분히 당황스럽게 하면서 경의를 표하며 아주 겸손한 듯 절제 있게 대하였다. 그러면서도 고압적인 태도를 잃지 않았다. 그것은 그녀가 랭스에서 있었던 샤를 9세의 대관식에 초대받아 왔을 때였다.[102]

그녀는 그곳에 들어오자 공주로서의 위엄과 품위를 드러낼 수 없을까 두려워하며 말 위에 오르려 하지 않았다. 대신 그녀는 자신이 과부라는

---

101) 1561년 4월, 그는 귀즈 공작의 수행원으로서 귀즈 공작을 동반하여 로렌에 있었다.
102) 1561년 5월 5일.

이유로 검은색 벨벳으로 뒤덮인 멋진 마차 안에 들어앉아, 네 마리의 흰색 터키[103]말로 하여금 마치 개선 마차를 끌 듯 앞쪽에서 이끌게 하였다. 그녀는 마차 문지기 여인도 아주 멋지게 차려 입혀 수행케 하였다. 물론 온통 검은색 벨벳 드레스를 입히고 머리는 곱게 빗어 올리게 하여 하얀색 머리덮개를 씌웠다. 또 다른 수행원으로 후에 바비에르 공작 부인이 된 마드모아젤 르네[104]가 있었다. 여왕(카트린 드 메디시스)께서는 이 개선 행렬이 뜰 안으로 들어오는 걸 창을 통해 바라보며 낮은 소리로 말씀하셨다.

"아, 이 오만한 여인을 보시게나!"

공주가 올라오자 여왕은 홀 중앙에서 그녀를 맞으려는 듯 앞으로 나아갔다. 그러나 문 쪽으로 약간 더 나아간 지점에서 여왕은 막 들어오던 공주에게 정중하게 인사를 받았다. 왜냐하면 그녀는 아들인 왕이 아직 나이가 어려 모든 걸 다스리고, 왕을 조종하고 그로 하여금 그녀가 원하는 것을 하게 하는 최고권자였기 때문이다. 여왕은 그 알테스에게 감사의 표시를 했다. 신분의 고하를 막론하고 모든 궁정은 여왕을 우러러보고 심히 경탄하였다. 마흔을 넘긴 나이에도 불구하고 여전히 아름다워 변한 것도 사라진 것도 없음을 알 수 있었다. 한편 이 공주 역시 아름다웠고, 죽을 때까지 과부의 신분을 지켰으며, 세 번째 결혼이 아닌 남편의 망령에 대한 믿음으로 조금도 오염되지 않고 침해당하지 않는 새로운 젊음을 얻곤 했다.

그녀는 그녀가 떠나왔던 덴마크의 여왕이 되었다는 소식을 들은 지 1년 후에 죽었다. 그 왕국은 그녀에겐 이를 수가 없었다. 그저 죽기 전에

---

103) 이들은 특수한 종자의 말로 아주 명성을 떨쳤는데 아랍종과 페르시아종의 혼합종으로 알려져 있다.
104) 기욤 5세인 바비에르 공작의 아내.

그렇게 오랫동안 자신에게 붙여졌던 '알테스' 라는 경칭이 '마제스테' [105]로 바뀌는 것을 보았을 뿐이다. 그러나 그 경칭은 아주 짧은 기간, 즉 6개월을 채 따라다니지 못하고 말았다. 난 그녀가 여전히 '알테스' 라는 칭호를 지니고 싶어 했을 거라 생각한다. 그것은 바로 예전의 젊음과 푸르름과 아름다움 속에 남아 있는 것이기 때문이다. 모든 제국과 왕국은 젊은 날의 가치에 비하면 아무것도 아니잖은가!

죽기 전에 그녀는 여왕의 이름을 갖게 되는 영광을 안았으나 자신의 왕국으로 돌아가지 않고 이탈리아에서 자기에게 남겨진 땅 토르톤,[106] 단지 마담 드 토르톤(아름다운 이름도, 그녀에게 걸맞은 이름도 아닌)이라고 밖에는 불리지 않는 그곳에서 여생을 마치기로 결심했다. 그녀는 죽기 오래전부터 그곳에 은거했는데 그녀에게 은덕을 베풀어 주는 신성한 곳으로 애정을 느낀 때문이었다. 그곳은 병약해진 그녀가 몹시 즐겨하던 온천욕을 가까이서 할 수 있었다.

그녀의 이런 고행은 하느님께 기도를 드리고, 가여운 이들이 특히 과부들에게 큰 자선과 동정을 베푸는 것과 같이 아주 아름답고 성스러우며 훌륭했다. 그녀가 돌봐준 과부들 중에는 우리가 아는 가엾은 마담 라 카스틀란 드 밀라노가 있다. 마담 라 카스틀란은 아주 적은 보수밖에 던져주지 않는 모후에게서 벗어나지도 못하고 비참하게 궁에서 나날을 보내고 있었는데, 그녀는 원래 이 공주와 한 식구였다가 프랑스 왕궁으로 들어갔던 것이다. 그녀는 대단히 존경스러운 여인으로 손 알테스의 나이 많은 가정교사였다. 여왕이신 마담 드 토르톤은 이 불쌍한 마담 라 카스틀란이

---

105) 알테스는 왕자나 공주들에게 부여되는 경칭이며, 마제스테는 최고권력자에게 붙이는 경칭이다.
106) 옛 이름은 데르토나. 이탈리아의 알렉산드리아 서쪽 24km.

살고 있는 비참한 상황을 전해 듣자 사람을 보내어 자기 옆에 오게 하여 더 이상 프랑스에서 느끼던 곤궁함을 느끼지 않도록 잘해 주었다.

이것이 바로 이 위대하신 공주가 아름다운 과부로서 현숙하게 행동했던가를 간략하게나마 말할 수 있는 전부다. 사실 사람들은 그녀가 스포르차 공작과 결혼하지 않았었느냐고 말할 수 있다. 그러나 그는 바로 죽었기 때문에 결혼생활은 1년을 채 넘기지 못하고 열다섯, 여섯 살에 혼자가 되었으며, 삼촌인 황제는 동맹 관계를 더욱더 굳건하게 만들기 위해 그녀를 로렌 공작과 결혼시켰다. 그러나 그녀는 그 아름다운 결혼도 오랫동안 누리지 못하고 꽃다운 나이에 또다시 혼자가 되었다. 그녀는 자신에게 남아 있는 날들을 정숙한 독신 생활과 은둔 생활 속에서 꼭 필요한 일들을 행하며 하루하루를 더욱 값지고 아름답게 태워갔다.

마담 드 몽페라와 과부들의 옷매무새

스물세 살에 혼자가 되어 독신을 고수하며 어머니나 주인마님으로서가 아니라 아들[107]의 후견인으로서 현명하고 빈틈없이 매사를 처리했고, 그 당시 가장 아름답고 완벽한 공주로서 존경받았던 미망인 마담 블랑슈 드 몽페라[108]의 이야기를 해야 할 것 같다.

나폴리 왕국으로 향하는 어린 왕 샤를 8세를 자기 소유의 모든 땅, 특

---

107) 샤를 2세 드 사부아(1488-1497). 그의 부친인 샤를 1세가 죽었을 때(1489), 그는 겨우 생후 몇 개월밖에 안 되었고, 어머니의 후견 하에 있었다.

108) 십자군 전쟁에서 다른 어떤 가문보다도 많은 영웅을 배출한 가문으로 유명한 롬바르디아의 몽페라 가문의 딸로 사부아 공작이며 사이프러스와 예루살렘 왕이었던 '전사' 샤를 1세와 결혼. 그녀는 혼자 23년을 살았고 1509년에 사망하였다. 당시 43세.

히 화려한 입장식[109]을 준비하게 했던 튀랭에서 영광스럽게 맞이한 사람이 바로 그녀였다. 그리고 그녀 자신이 그곳에 참석하여 아주 호화로운 옷차림으로 행진하며, 자신이 위대한 여인임을 보여주었다. 그녀는 황금빛 주름 잡힌 드레스에 커다란 다이아몬드, 루비, 사파이어, 에메랄드, 그 외의 값비싼 보석들로 수를 놓아 화려하기 이를 데 없는 의상으로 웅장하고 화려하게 자신을 꾸몄다. 머리에는 값비싼 보석들로 테를 둘렀고, 목에는 그 가치를 알 수도 없는 아주 커다란 동방 진주로 장식한 목걸이를 하고 있었으며, 팔에는 팔찌가 여러 개 둘러 있었다. 그녀는 황금빛 복장을 한 여섯 명의 시종이 이끄는 아주 멋진 흰색 여성용 말 위에 올라앉아 앞쪽으로 곧게 몸을 내밀어 당당함을 과시하고 있었다. 그녀에겐 아주 화려하고 귀여움을 강조하는 피에몽 고유의 민속 옷을 입은 여러 명의 시녀들이 뒤따르고 있었는데 참으로 보기 좋은 광경이었다. 그녀들 뒤로는 그 지방의 귀족들과 기사들이 무리를 지어 뒤따랐다. 그리고 그녀 뒤로 샤를 왕이 입장을 하고는 그가 머물 성을 향해 내려갔다.

마담 드 사부아는 성문 안으로 들어가기 전 아직 어린 아들[110]을 왕에게 소개시켰다. 그러고 나서 자기 것이며 동시에 아들 소유인 재산과 땅을 보여주며 많은 얘기를 해주었다. 왕은 그녀에게 은혜를 받고 있음을 느끼면서 깊이 감사하고 아주 즐거운 마음으로 모든 걸 받아들였다. 모든 도시에서 프랑스 금화와 사부아 금화가 통용되는 것을 보면서 두 가지의 금화, 두 가지의 법과 질서가 사랑으로 서로 얽혀 있다는 걸 볼 수

---

109) 1494년.
110) 샤를 2세는 그때 다섯 살 반이었다.

있었다. 『사부아 연대기』를 보면 자세히 나와 있다.[111]

난 이 얘기들을 우리 부모님들, 특히 궁녀였던 나의 할머니 푸아투 대법관 부인[112]에게서 들었다. 그 당시 왕을 수행했던 이들은 여행에서 돌아오자 공주의 아름다움과 지혜, 정치적 술수 등에 대해서만 이야기했고, 궁 안의 부인들이나 처녀들을 만나면 그녀의 미모와 미덕 등을 늘어놓느라 야단들이었다. 특히 왕은 마음의 상처가 겉으로 드러날 정도였다.

어쨌든, 그녀의 아름다움이 아니더라도 몹시 좋아할 수밖에 없었다. 왜냐하면 그녀는 할 수 있는 모든 방법을 동원하여 그를 도와주었기 때문이다. 자기의 보석과 패물, 장신구들을 그에게 보이며 마음에 드는 것이 있으면 사용하도록 했는데 이것이 왕으로서는 큰 은혜를 입은 것이었다.

일반적으로 여인네들은 자기의 보석, 반지, 패물에 큰 애정과 집착을 갖고 있으며 가장 값비싼 것을 착용하고 내보인다고 한다. 어쨌든 이 은혜는 너무도 컸다. 아름답고 뛰어난 몽페라 후작 부인의 도움이 없었더라면 빈털터리가 된 그는 여행 도중 되돌아가야 했을 것이다. 더욱이 돈도 없고 라틴어에 대비하지도 못한 채 트렌트 종교회의[113]를 향해 떠났던 프랑스 주교는 과자 한 조각 없이 배를 띄운 격이었다.

그러나 이 두 사건은 서로 다른 차이가 있다. 왜냐하면 모든 궁색함에 눈감아 준 크나큰 야심과 드넓은 아량은 이 왕의 용감한 마음에 불가능

---

111) 파라댕 『사부아 연대기』 III권, p.85.
112) 루이즈 드 다이용. 푸아투 대법관인 앙드레 드 비본과 결혼. 그녀가 브랑톰의 귀에 흘려 넣은 수많은 일화들은 상당 부분 독자들에게 읽혀지고 있다.
113) 트렌트 주교회의. 개신교의 교세 확장에 맞서기 위해 샤를 퀸트의 요청에 따라 교황 바오로 3세가 소집한 종교회의. 모임은 세 차례 이루어졌다(1545-1549, 1551-1552, 1562-1563). 가톨릭의 근본 원리와 주의를 모두 점검하고 대부분의 교회 관습이 수정되었다.

한 것이 없도록 해주었지만 종교회의에 가야 하는 주교의 경우는 다르다. 그곳에 앉아 뭔가 탐색해 보라고 모든 걸 그에게 떠맡긴 것이 아닐진대 무지와 우둔함에 의지하고서야 제정신과 제 능력을 모두 잃어버리기 십상 아니겠는가.

방금 전 이야기했던 화려한 입장식에서 과부이기보다는 오히려 유부녀임을 느끼게 했던 이 공주의 화려한 옷차림에 주의할 필요가 있다. 이에 대해 부인네들은 말하기를 이제껏 달리 크게 돈을 쓸 필요가 없었던 그녀는 위대하신 한 왕을 위해서 마음껏 돈을 써볼 수 있었던 것이라고들 하였다. 또한 위대하신 어르신네들이나 위대하신 여인네들은 스스로 법도를 만들어나가는 것이라고들 하였다. 사실 그 시대에는 남편을 잃은 여인들이 옷을 너무 조여 입거나 지나치게 유행을 따르거나 개방적인 옷차림을 하지 않았는데 그러한 관습은 약 40여 년 전으로 거슬러 올라간다.

누구나 알 만한 지체 있는 한 부인이 있었다. 왕에게 커다란 은총을 입고 있으면서 그의 커다란 기쁨의 원천이었던 그녀는 자기의 은밀한 사랑의 유희를 좀 더 잘 위장하고 감추기 위해서 언제나 검소한 차림으로, 그러나 항상 옷감만은 실크로 하여 옷매무새를 단속하곤 했다. 따라서 궁정의 모든 미망인들은 그녀를 모방하고자 옷매무새를 따라했다.

그녀는 지나치게 개방적으로 입는 것도 아니지만 그렇다고 해서 지나치게 엄격하게 입는 것도 아니었다. 그녀는 너무 이상하게 입거나 지나치게 화려한 옷차림을 피하고 단지 검은색이나 흰색을 즐겨 입으면서 미망인들의 개량적인 옷차림보다 오히려 더 자극적이며 세속적인 면을 드러내 보이곤 했다. 특히 아름답고 흰 목선을 늘 드러내며 강조해 보여주었다.

앙리 3세의 모후는 앙리 3세의 대관식과 결혼식에서 미망인들에게 새로운 자유를 열어주었다. 지난날의 미망인들은 옷차림에 크게 신경을 쓰지 않았고 오늘날과 다를 바 없이 많은 행동을 삼가며 소박하게 지냈다. 프랑수아 왕 시절(앙리 3세의 맏형) 그녀는 자기의 궁정을 모든 면에서 좀 더 자유롭고 개방적인 분위기로 이끌고자 하여, 과부가 된 모든 여인들도 처녀들이나 유부녀들처럼 춤을 즐기며 자유로운 분위기를 맘껏 취할 수 있도록 하였다. 이런 점에서 앙리 3세의 대관식 축제를 좀 더 의미 있고 명예롭게 만들기 위해 그녀는 무슈 드 보드몽[114]에게 홀로된 콩데 왕자의 미망인[115]이 춤을 출 수 있게 이끌어 달라고 청하였다. 그는 명령에 복종하기 위해 무도회에서 그녀와 춤을 추었다. 대관식 무도회에 참석했던 사람들은 모두 이를 기억할 수 있을 것이다. 이렇듯 그 당시에는 미망인들에게 자유로움이 주어졌다.

오늘날은 마치 불경한 일이라도 되는 것처럼 그들에게 이런 자유로움이 금지되어 있으며 마찬가지로 호화로운 빛깔도 금지되어 검은색이나 흰색 외에는 감히 입을 엄두를 내지 못한다. 그네들이 입을 수 있는 스커트나 속옷, 구두는 회색이나 황갈색, 보라 그리고 푸른색 등이다. 이렇게 자기를 구속하는 색에서 해방되어 빨강, 살구색, 진홍색 등 예전처럼 모든 색을 다 입을 수 있다고 여기며 행동에 옮기는 여인들을 난 몇몇 보았지만 그네들도 짧은 윗저고리나 양말 정도에 그칠 뿐 감히 긴 스커트에는 실행하지 못하는 것 같다.

---

114) 니콜라 드 로렌-보드몽. 앙리 3세의 장인.
115) 프랑수아즈 도를레앙. 콩데 왕자인 루이 1세의 아내. 1601년 사망.

그러나 좀 전에 얘기하던 공작 부인은 황금색 드레스를 입을 수 있었다. 왜냐하면 공작 부인이라는 권위와 존엄성을 보여주기 위해 위대함의 상징인 공작 부인의 예복을 입은 것이기 때문이다.

비탄에 빠진 미망인들은 거울 앞에서나 시도할 뿐 보석 착용은 엄두를 내지 못한다. 더군다나 머리나 목이나 팔에 줄줄이 엮은 진주나 보석으로 치장한다는 건 더욱 엄두를 낼 수 없는 일이다. 따라서 흰색이나 검은색으로 그들의 고유함을 드러내는 미망인들은 프랑스의 발랄한 처녀나 유부녀들의 각양각색으로 얼룩진 모양새만큼이나 눈길을 끈다.

죽은 남편에 대한 사랑

지금껏 다른 나라의 과부 얘기는 충분히 한 것 같고 이제는 우리의 얘기로 돌아와야 할 것 같다. 우선 나는 우리의 여왕 블랑슈[116] 루이즈 드 로렌, 얼마 전에 죽은 앙리 왕의 아내 이야기부터 하고 싶다.[117]

이 공주에 대해선 많이 찬양해야 하며, 또 찬양할 수 있다. 왜냐하면 그녀는 결혼생활 내내 남편과의 화합을 늘 굳고 단단하게 지키며 남편인 왕에 대해 언제나 지혜롭고 정숙하게 믿음을 갖고 행동했기 때문이다. 절대 자유를 누리는 대부분의 어르신네들이 그러하듯이 남편인 왕이 종종 기분 전환하러 나서곤 해도 예민하게 반응하거나 결코 그의 품위를 상하게 하는 일이 없었다.

결혼 초부터 왕은 마음대로 행동하였다. 더구나 결혼한 지 열흘밖에

---

116) 흰 상복을 입고 있는 상중의 여왕을 일컫는다.
117) 니콜라 드 로렌-보드몽의 딸. 1571년 앙리 3세와 결혼 1601년 사망.

안 되어서 그는 아내에게 큰 기쁨을 안겨주기는커녕, 결혼 전부터 그녀를 키워주고 늘 함께 지내왔으며 결혼과 함께 왕궁에까지 따라온 몸종들과 왕실에서 배정해 준 궁녀들까지 왕비가 거느리는 모든 이들을 없애 버리고 말았다. 그녀는 너무도 마음이 슬펐고 그중에서도 가장 가슴을 아프게 하는 것은 마드모아젤 드 샹지였는데 몹시 아름답고 기민한 그녀는 왕궁의 여주인의 동반자로서 쫓겨나기엔 너무도 아까울 뿐 아니라 쫓겨날 이유도 없었다. 가장 신임하는 좋은 동반자를 잃는다는 것은 너무도 분한 일이었다.

하루는 그녀와 사적으로 가깝게 지내는 한 부인이 그녀에게 조롱 섞인 웃음을 띠며 주제 넘는 얘기를 했다. 그 당시 떠도는 소문으로는 많은 이유로 인해 여왕은 왕의 아이를 결코 가질 수 없으니[118] 은밀한 방도를 찾아야 혹 왕이 죽더라도 시모인 모후[119]처럼 위대한 권력을 누릴 수 있을 것이란 얘기였다. 그러나 그녀는 유감스럽게도 조롱 섞인 충고를 멀리하고 오히려 간사한 충고로 받아들여 그때부터 그 부인을 아주 싫어했고 방탕한 혈통에 근거한 미덕과 위대함을 두둔하려 애썼다. 이 충고는 세상을 위해서, 그리고 마키아벨리의 해석에 따르자면, 조금도 후회할 점이 없는 것이었다.

반면에 왕 루이 12세의 세 번째 아내인 여왕 마리 앙글테르는 그녀와 달랐다. 그녀는 왕인 남편의 무기력함에 실망하고 만족을 느낄 수 없자

---

118) 『점성 일기(Journal de l'Etoile)』(1579년 1월)에서 다음과 같은 내용을 읽을 수 있다. "1월 23일 목요일. 왕은 올 랭빌에서 목욕을 하고 몸을 정화시켰다. 한편 파리에 남겨둔 여왕도 마찬가지로 몸을 정갈하게 했다. 그리고 성촉절 축제에 참가하러 샤르트르 성당으로 갔다. 성모님께 기도와 축원을 드린 후 샤르트르 성당 성모 마리아의 내의 두 벌을 가지고(하나는 왕을 위한 것이고 또 하나는 여왕을 위한 것) 파리로 돌아와 그를 무기력하게 만든 방탕함과 그의 몸속에 파고 들어간 매혹 때문에 불가능하게 된 아이를 만들게 해달라는 희망 속에서 함께 잠자리에 들었다." 119) 카트린 드 메디시스.

다른 음모를 꾀했다. 그녀는 이미 루이 왕의 딸인 마담 클로드와 결혼한 앙굴렘 백작(후에 프랑스 왕이 된다)에게 "아, 내 사랑하는 사위여."라고 부르며, 젊고 친절하며 미남인 이 왕자에게 지나친 애정을 보여 가며 어두운 음모의 길잡이로 삼아 자신의 목적을 이루려 했다. 이런 간계한 음모 속에서 그녀는 그에게 열중하게 되었고, 그 또한 그녀에게 탐닉하게 되었다. 불같은 성미의 무슈 드 그리노[120]가 없었더라면 두 불꽃은 끼리끼리 만나 무슨 일을 낼지 모를 판이었다. 무슈 드 그리노는 아주 지혜롭고 사리가 밝은 명예로운 페리고 영주로서, 여왕 안의 명예로운 기사였으며[121] 당시는 여왕 마리의 기사로 있었다. 그는 이 비밀스러운 일이 점차 진전되어 가는 걸 보면서, 앙굴렘 백작에게 그가 저지르려는 잘못을 지적해 주고, 몹시 진노하여 이렇게 말문을 열었다.

"세상에, 당신은 대체 뭘 하려는 겁니까? 교활하고 용의주도하기 이를 데 없는 이 여인이 당신 아이를 갖기 위해 유혹하려 든다는 걸 모른단 말입니까? 게다가 그녀가 당신 아들이라도 낳게 된다면, 당신은 당신이 바라는 프랑스 왕이 절대로 될 수 없고 단순히 앙굴렘 백작으로 남게 되는 겁니다. 왕이신 그녀의 남편은 늙어 아이를 만들 수 없는데, 당신이 그녀를 건드리게 되고 아직 젊고 뜨거운 당신과 그녀가 서로 가까워진다면, 맙소사! 그녀는 단숨에 삼켜 버리고 말겠지요. 그리고 그녀는 아이를 갖게 될 테고 당신은 그렇게 남을 테지요. 후에 당신은 이렇게 말씀하실 수 있을 겁니다. '안녕. 나의 왕국 프랑스여.' 그 점을 생각해 보십시오."

---

120) 장 드 탈레랑. 그리뇰 또는 그리노의 영주. 로마 대사로 파견되었다.
121) 『안 드 프랑스의 삶』에서.

이 여왕은 스페인 사람들이 부르는 노랫말을 그대로 실천하고 증명해 보이려 했던 것이다.

"교활한 여인은 유산 없이는 결코 죽지 않는다."

즉, 그녀가 원하는 걸 남편이 해주지 않으니 자신을 위해 차선책을 찾은 것이다. 무슈 당굴렘은 그리노의 말을 알아듣고는 올바르게 처신하고 그녀를 단념하겠다고 약속했다. 그러나 이 아름다운 영국 여인의 아양과 끊임없이 시도되는 애무 때문에 오히려 그 어느 때보다도 몸이 달아오르기 시작했다. 그것이 열정이요, 사랑인 거다! 역사 속에서 무수히 보아왔듯이 이 작은 살덩어리 때문에 왕국과 제국을 저버리고 모든 걸 잃기도 하지 않던가.

결국 모든 걸 잃어가며 사랑을 계속하는 이 젊은이를 보고 있던 무슈 드 그리노는 그의 어머니인 마담 당굴렘에게 모든 걸 고하였고, 크게 꾸지람을 당한 백작은 다시는 잘못을 되풀이하지 않았다. 사람들은 이 여왕이 남편이 죽기 전이나 또는 죽은 후 얼마간은 모후로서 왕국을 다스리며 살아가기 위해 기어코 방법을 찾아내어 실행에 옮겼을 수도 있다고 말한다. 그러나 애석하게도 왕이 너무도 일찍 죽어서 그녀에겐 이 일을 해낼 시간이 모자랐다. 하지만 그럼에도 불구하고 그녀에 대한 소문이 궁 안을 돌아다녔다.

왕인 남편이 죽고 나서 하루하루 그녀의 몸은 뱃속에든 것은 아무것도 없이 부풀어 갔다. 그녀는 천으로 조금씩조금씩 몸을 부풀려 갔으며 들려오는 말에 의하면 해산 시기에 맞추어 아이를 낳을 임산부가 있어 그녀의 아이가 될 사생아를 뱃속에 키우고 있다는 말이 나돌았다. 섭정을 하고 있던 죽은 남편의 모후께서는 그녀의 몸이 날로 뚱뚱해지는 것이 아이 때문이라는 걸 알고는 이는 그녀를 위해서나 자기 아들을 위해서나 너무도 잘된 일이므로 의사와 산파들을 불러 진단하고 확실한 대답을 듣고 싶어 했다. 이리하여 그녀의 배를 휘감았던 천들이 백일하에 드러나 버렸고 모후가 되어 나라를 다스리려 했던 그녀의 계획은 실패로 돌아갔다. 그 뒤 그녀는 자기 나라로 쫓겨나고 말았다.

자, 이것이 여왕 마리와 우리의 여왕 루이즈[122]의 다른 점이다. 여왕 루이즈는 아주 현명하고 정숙하며 덕스러웠고, 실제로는 물론 헛된 가정으로라도 조금도 모후가 되고자 하지 않았다. 그리고 그녀가 이런 장난을 쳤을 때엔 그건 또 다른 문제가 된다. 왜냐하면 아무도 그쪽으로는 주의를 하지 않았으니 아마도 몇몇은 기절초풍하고 말았을 테니까. 이런 면에서 보면 지금의 왕께선 그녀에게 큰 은혜를 입은 셈이니 그녀를 아끼고 존경해야 할 것이다. 만약 그녀가 이런 식으로 일을 꾸몄다면 그녀는 어린아이, 즉 프랑스를 마음대로 휘두를 왕의 아이를 낳았을 것이다. 하긴 어쩌면 왕이라는 나약한 이름은 누구보다도 많은 고통과 전쟁을 피할 수 없다는 것만을 보증하는 것일 수도 있다.

종교적으로나 세속적인 견지에서 다음과 같은 결론을 내리는 사람들을 볼 수 있다. 즉, 우리의 여왕께서 이런 일전을 벌이고 권좌에 앉았더라면 수많은 굶주림과 헐벗음, 파괴는(지금 존재하고 있으며 앞으로도 존재할) 더 이상 없을 것이며, 종교적으로도 하느님을 향해 나아가는 길은 더욱 크게 열릴 것이란 것이다. 자신의 의견을 이렇듯 말할 수 있는 용기 있고 남다른 언동자에게 나는 경의를 표하는 바이다(그러나 난 꼭 그렇게 생각하지는

---

122) 루이즈 드 사부아, 앙굴렘 공작 부인.

않는다. 우리의 왕도 훌륭한 분이라는 걸 알 수 있기 때문이다. 신이시여, 그분을 지켜주소서). 왜냐하면 그들은 국가를 위해 필요한 구체적이고 충직한 의견들을 많이 갖고 있기 때문이다.

그러나 하느님에 관해서는 내가 보기엔 억지가 있지 않나 싶다. 우리 여왕은 그분께 늘 향해 있고 기울어져 있으며, 그분을 사랑하고 공경하며 섬기느라 자신과 자신의 드높은 조건을 잊어버리기 일쑤다. 지극히 아름다운 공주로서(왕 역시 그녀의 미모와 덕스러움 때문에 아내로 맞았다) 젊고, 감수성이 강해 예민하고 아주 상냥한 그녀는 그 옛날 교회가 생겨나던 초기의 여왕이나 공주들, 성녀, 또는 수녀들에게서 보였던 성스럽고 온정 넘치는 일들을 빠짐없이 기억해 냈다. 그리하여 꾸준히 병원을 방문하여 환자를 치료하거나 죽은 자들을 묻어 주며, 경건한 마음으로 하느님을 섬기는 일 외에 또 다른 일에는 열중하며 전념하는 일이 없다. 왕인 남편이 죽은 후에도 그녀는 조금도 달라지지 않았다. 그를 위해 애도하고 아쉬워하며, 하느님께 기도 드리는 것으로 시간을 쪼개며 남편이 살아 있을 때와 똑같이 독신의 생활을 훌륭히 이끌어 나가고 있다.

남편인 왕이 살아 있을 때 사람들은 그녀가 가톨릭 동맹에 다소 기울어져 있다고 의심을 했었다. 그녀가 그녀의 믿음과 종교를 위해 싸우며 상대를 물리치는 자들을 좋아하는 독실한 가톨릭교도로서 하느님을 따르는 열렬한 신자였기 때문이다. 그러나 그들을 결코 좋아하지 않았으며 그들이 남편을 죽인 후에는 어떠한 벌도, 복수도 주장하지 않고 단지 결연히 그들과 손을 끊었을 뿐이다. 모든 벌과 복수는 하느님께로 돌리고 그분의 뜻에 따르기로 하면서, 그녀는 또다시 인간을 위해 기도하고 이 엄청난 사건 속에서 성스러운 목숨을 바쳐야 했던 우리 모두의 왕을 위해 기도했다.

이렇게 그녀는 결혼생활에서나 독신 생활에서나 그 누구도 비난하지 않으며 살았다. 슬픔 속에 너무 깊이 빠져 있다고 사람들이 이야기할 만큼 오랫동안 침체된 상태에서 윤리적이고 건조하게 삶을 이끌다가 그녀에겐 너무도 당연한 아주 아름다운 평판 속에서 삶을 마감했다. 그녀는 지극히 아름답고 종교적인 죽음을 맞았다. 죽기 전 그녀는 왕관을 머리맡 침대 가까이 두게 하고 자기가 살아 있는 동안에는 건드리고 싶어 하지 않았다. 죽고 나서 사람들은 그녀에게 왕관을 씌워주었고 그렇게 그녀는 지상에서 영원할 것이다.

그녀는 신중하고 정숙한 삶을 살아가는 여동생 마담 드 주아이외즈[123]를 남겨 두었다. 역시 용맹스럽고 뛰어나게 훌륭한 인물이었던 남편을 위해 성대한 장례식을 치러 주었고 깊이 애도하였다. 그녀가 지금의 왕(앙리 4세)과 디에프[124]에서 격돌하게 되었을 때다. 4천 명의 군사를 이끈 무슈 뒤 메옌[125]은 마치 독 안에 든 쥐처럼 완전히 포위되어 둘러싸여 버렸다. 그 안에서 지휘를 하고 있던 무슈 드 샤스트[126]의 진지에서 그녀는 남편의 죽음에 대해 악착같은 설욕전을 펼쳤지만 그녀와 행동을 같이하지 않은 무슈 드 샤스트는 그를 받아들이지 말았어야 할(그녀는 그렇게 말했다) 무슈 드 주아이외즈에 빚을 지게 되었다. 그때부터 그녀는 이런 잘못을 저지른 그를 용서치 않았고, 페스트처럼 싫어하고 증오했다. 반면 남편이 약속했던 충성과 믿음을 지킨 사람들을 높이 평가했다. 그러나 당연하게든 부당하게든 상처받은 여인은 거기에서 아무런 대가도 얻어 내

---

123) 마르그리트 드 로렌. 주아이외즈 공작 안과 결혼하였으나 그가 죽고 난 뒤 퍼니 공작과 재혼하였다.
124) 1589년 8월-9월.
125) 메옌의 공작, 즉 멘 공작.
126) 에이마르 드 샤스트. 말트의 연대를 지휘하였고, 디에프의 통치자.

지 못하였다. 여전히 가톨릭 동맹에 몸담고 있었던 그녀는 지금의 왕을 결코 좋아할 수 없었지만 남편의 장례식에 깊은 애도와 유감을 나타내는 왕에게 남편과 자기가 큰 빚을 졌다고 말할 수밖에 없었다. 결국, 적어도 한동안은 남편의 죽음을 애도하며 기리고 현숙하게 처신했던 그녀는 무슈 드 뤽상부르그[127]와 재혼하였다. 하기야 그렇게 젊은 그녀가 내내 자신을 불사르고 있어야만 하겠는가?

네베르 가의 세 공주 중 하나인 카트린 드 클레브, 마담 드 귀즈[128]는 매일매일 남편의 영원한 부재를 슬퍼하며 그를 기리고 찬양하고 또 찬양하였다. 그는 누구도 그에게 버금갈 수 없는 이 세상에서 유일한 사람이었다. 그녀는 그녀에게 닥친 불행 이후 가장 친근한 여인들에게 보내는 편지에서 비통하고 슬픔 가득한 말로써 영혼이 상처받았음을 표현하면서 남편을 이렇게 칭했다.

그녀의 시누이인 몽펭시에 공작 부인[129]은 남편의 죽음을 유난히 슬퍼하였다. 그녀는 정신적으로나 육체적으로나 너무도 완벽함을 갖추고 있고 아직 너무 젊고 아름다우며 매력적인 나이에 남편을 잃었다. 그녀는 할아버지뻘인 남편과 어린 나이에 결혼하여 그에게서 조촐하게 결혼의 열매를 더듬어볼 수 있었지만 결코 두 번째 결혼으로써 그것들을 다시 맛보고 모자랐던 점을 채우고 밀린 이자를 챙기듯 못 다 누린 기쁨을 누리려 들지 않았다.

나는 여러 어르신네들과 기사들 그리고 부인네들이 종종 롱그빌 가의

127) 피니 공작, 프랑수아 드 뤽상부르그.
128) 카트린 드 클레브. 네베르 가에서 태어난 외 백작 부인. 위그노였던 그녀는 같은 위그노인 포르시앵의 왕자 앙투안 드 크루아와 결혼했다. 그는 1567년 5월 5일 26세의 나이로 죽었다.
129) 카트린 마리 드 로렌. 루이 드 부르봉, 몽펭시에 공작 부인.

콩데 왕자의 미망인[130]이 재혼을 꿈꾸지 않는다는 사실에 놀라움을 표시하는 걸 볼 수 있었다. 그렇게 생각할 만도 한 것이 그녀는 프랑스의 가장 뛰어난 미인 중의 하나이며 대단히 매력적이기 때문이다. 그런데도 그녀는 자기의 조건에 만족하며 결코 재혼을 꿈꾸지 않고 아주 젊은 미망인으로 살아가고 있다.

그녀의 어머니인 로틀랭 후작 부인[131] 역시 몹시 아름다웠으며 과부로 죽었다. 물론 어머니와 딸은 프랑스와 우리 궁에서 가장 예쁘고 매력적이라고 일컫는 부드러운 시선과 눈망울로 이 왕국을 온통 어루만질 수도 있었다. 역시 많은 이들이 그녀들 때문에 속을 태우지 않을 수 없었겠지만 결혼을 위해 다가가서는 차라리 아무 말도 하지 않는 편이 나았으리란 걸 깨달을 수 있을 뿐이었다. 모녀가 재혼하지 않고 남편에게 주었던 신뢰를 아주 성실하게 간직하였다.

독신, 아름다운 맹세

이 문제를 갖고 왕궁의 모든 공주를 다 열거하려 했다면 시작을 말았어야 했을 것이다. 그들을 칭송하는 건 다음으로 미루고 여기서는 공주는 아니지만 그들에 못지않은 뛰어난 자질과 품위 있는 영혼을 갖춘 몇몇 여인들 이야기를 하고 넘어갈까 한다.

아드미란드 가문 출신의 풀비아 미란돌라[132]라고 불리던 마담 드 랑당은

---

130) 프랑수아즈 도를레앙. 1569년 3월 13일 자르낙에서 죽은 콩데 왕자, 루이 1세의 미망인.
131) 자클린 드 로앙, 로틀랭 후작 부인.
132) 풀비 피크 드 라 미란돌. 랑당 백작인 샤를 드 라 로쉬푸코와 결혼.

아름답게 만개한 나이에 홀로된 채 그 자리를 지키고 있다. 남편을 잃은 후 큰 슬픔에 잠긴 그녀는 거울 속에서 자신을 마주 대하고는 거울을 망가뜨려 비너스에게 바치며 라틴 시구[133]의 말을 하지 않을 수 없었다.

> 비너스, 난 네게 이 거울을 바치노라.
> 지금의 내 모습이 이러하니
> 난 더 이상 거울 속의 내 모습을 바라볼
> 마음도 인내심도 없기 때문이로다.
> 난 이제 더 이상 예전의 나일 수 없으니.

그녀는 몹시 아름다웠기 때문에 이런 이유로 거울을 멀리한 건 아니었다. 손꼽을 만큼 완벽했던 남편의 그림자 밑에서 그녀가 했던 맹세 때문이었다. 그 맹세를 지키기 위해 그녀는 세속적인 모든 걸 멀리하였다. 베일과 함께 수녀처럼 옷을 입었고 오히려 손질을 소홀히 했다고 할 수 있는 머리칼은 절대 내보이지 않았다. 그러나 그녀의 이런 무관심은 오히려 고귀한 아름다움을 드러냈다. 따라서 얼마 전 죽은 귀즈 공작[134]도 그녀를 수도승이라 불렀을 정도였다. 왜냐하면 그녀는 수녀 같은 검소한 차림에 옷매무새를 꼭꼭 여미며 단정하게 입었기 때문이다. 그는 옷으

---

133) 아우소니우스의 시구를 브랑톰은 처음과 끝을 인용했는데, 그것을 모두 옮기면,
　　나, 늙은 라이스, 이제 나의 거울을 비너스에게 바치노라.
　　그의 영원한 임무이어야 할 영원한 아름다움에게로.
　　그것은 이제 내겐 소용없도다. 지금의 이런 모습을 내게 보여주니
　　난 그것을 원치 않는다.
　　예전의 나, 이제 난 다시 그 모습이 될 수 없도다.
134) 앙리 드 귀즈, 제2의 금창공(얼굴에 칼자국이 있다 해서 생긴 이름).

면서 즐겁게 이런 말을 그녀에게 건네곤 했는데 자기 집 일에 늘 헌신적인 그녀를 좋아하고 고맙게 여겼기 때문이다.

두 번이나 미망인이 되어야 했던 마담 드 카르나발레[135]는 세 번째로 결혼을 원하는 무슈 데페농[136]의 청을 거절했다. 몹시 아름답고 매력적인 과부인 그녀를 보며 사랑에 사로잡힌 무슈 드 라 발레트는 우선 자신의 크나큰 애정을 고백했다. 그러나 자기가 원하는 바를 얻어 낼 수 없자 그녀를 따라다니고 치근대며 결혼을 재촉했다. 그는 왕으로 하여금 서너 차례나 그녀에게 얘기해 주도록 부탁을 드리기까지 했다. 그러나 그녀는 이미 두 차례나, 한 번은 몽트라벨 백작과, 또 한 번은 무슈 드 카르나발레와 결혼을 했었기 때문에 이젠 남편이라는 대상을 만들고 싶지도 않았다.

그녀의 가까운 친구들, 심지어 나까지도 포함하여 그녀를 아끼는 이들이 모두들, 그의 청혼을 거절하는 건 잘못이라고 충고했다. 자타가 공인하는 2인자로서 왕이 가장 아끼는 총신인 라 발레트라면 부와 재산, 모든 특별한 배려와 온갖 위대함과 좋은 직책의 심연[137] 속에서, 그녀가 모든 걸 누릴 수 있게 해줄 수 있기 때문이다. 그러나 그녀는 모든 자기의 기쁨은 이런 점들에 있지 않으며 오히려 그런 것에서 벗어나 완전한 자유를 누리며 그녀를 사로잡는 남편들의 기억 속에서 자기 자신에 만

---

135) 프랑수아즈 드 라 봄. 몽트라벨 드 생-솔랭과의 결혼에서 남편이 죽고, 프랑수아 드 케르네베노그 또는 카르나발레와 재혼하였다가 다시 혼자가 되었다.

136) 장-루이 드 노가레 드 라 발레트, 에페농 공작. 앙리 3세의 동생애 공작. 후에 앙리 4세에 동조하였고, 루이 13세 하에서도 중요한 역을 담당했다(1554-1642).

137) 라 발레트는 자기 머리 위에 온갖 직책의 타이틀을 축적해 갔다. 성신 기사단(l' ordre du saint-Esprit; 앙리 3세가 1587년 창설), 에페농 공작이라는 직분과 타이틀 취득(1581). 보병대의 총사령관(1581), 프랑스 해군 제독, 불로뉴, 앙굴렘, 투렌과 앙주 등 세 개 주교구를 총괄 관리(1583).

족하는 것에 있다고 대답했다.

전통 있는 명문가인 몽베롱 가 출신으로 페리고르 백작령과 오네 자작령의 마담 드 부르데유[138]는 서른일곱인가 여덟에 남편을 잃고 혼자가 된 몹시 아름다운 미망인이다. 그녀는 기엔 출신으로서 우아한 자태, 아름다운 외모 등 무엇으로 보나 그녀를 능가할 수 있는 여자는 아무도 없었다. 그녀는 보기 좋을 만큼 큰 키에 잘 갖추어진 몸매와 그에 못지않게 뛰어난 영혼을 갖춘 여인이었다. 따라서 이런 아름다운 조건들을 고루 갖춘 여인이 과부로 남아 있자니 권세와 부를 갖춘 세 분의 어르신네들이 청혼을 하며 매달렸지만 그녀는 이들에게 이렇게 답했다.

"전 절대로 결혼하지 않을 거라며 사람들에게 그 말을 믿게끔 이야기하고 뒷날 그 말을 지키지 못하는 많은 여인들처럼 그렇게 되고 싶지 않아요. 하지만 하느님과 나의 육신이 오늘날 내가 갖고 있는 것과는 또다른 의지를 불러일으키지 않고, 그들이 내게서 내 삶의 의도를 바꾸어버리지만 않는다면, 결코 하느님께 결혼에 관해 다시 말씀드리는 일은 없을 거예요."

그 말에 상대는 반박하고 나섰다.

"아니 무슨 말씀이십니까! 마담, 당신은 이제 한창 아름다운 나이에 혼자 불태우며 지내시겠다는 겁니까?"

그러면 그녀는 대답했다.

"전 당신께서 하시려는 말씀이 무슨 의미인지 알 수가 없군요. 혼자가 된 이후 지금껏 침대에서 과부이며 얼음처럼 차가운 내가 혼자서 뜨겁게

---

138) 자케트 드 몽베롱. 브랑톰의 형수.

달군다는 건 불가능한 일이었습니다. 그러나 둘째 남편의 동반자로서, 그의 불길이 내게 다가올 때 당신이 말씀하시는 대로 나를 불태울 수 없다고 말하는 건 아닙니다. 하지만 찬 것은 뜨거운 것보다 견디어 내기 쉬우며, 이런 점을 내 기질 속에서 잘 간직해 내며 재혼을 삼가려 합니다."

그녀는 이렇게 자기 의사를 분명히 하고는 과부로 혼자 살아온 것이 지금까지 12년째이건만 아름다움은 조금도 흐트러지지 않고 오점 하나 없이 잘 간직하고 있을 뿐 아니라 오히려 더욱 성숙해진 아름다움을 느끼게 해준다. 한줌 재로 남은 남편에 대한 의리, 살아생전 그들이 나누었던 사랑의 증명, 영원히 그녀를 기려줄 자식들에 대한 극진한 정성, 이렇게 살다가 그녀는 과부로서 죽었다.

열정적인 무슈 드 스트로치가 그녀에게 구혼을 했고, 그녀를 필요로 했던 사람 중의 하나였다. 그러나 그녀는 그가 모후와 인척 관계인만큼 너무 차이가 난다고 해서 아주 정중하게 거절했다.[139] 아름답고 매사에 뛰어나며 부유한 상속녀로서 그녀에게 남겨진 그 좋은 날들을 얼음처럼 차갑고 삭막하며 고독한 모포 속에서 한밤의 미망인으로 보내다니! 오, 세상엔 그녀와 다른 여인들도 있을 것이요, 그녀와 유사한 여인들도 있을 것이니! 그들을 모두 열거하자면 끝이 없을지어다.

기독교 여인들 이야기 속에 이교도 여인들의 이야기를 섞어 볼까 한다. 그 옛날 예쁘고 상냥한 로마 여인 마르시아[140]는 남편을 잃자 눈물을 멈출 줄을 모르며 슬퍼하고 애도하였다. 사람들이 언제쯤 탈상을 할 것

---

139) 스트로치 가 사람들은 메디시스 가문을 쳐부수었던 플로랑스에서 스스로 나온 사람들이다. 필립 스트로치의 부친인 피에르는 프랑스군 부사령관으로 로다민 드 메디시스와 결혼했기 때문에 카트린 드 메디시스는 필립을 자기 가족으로 여기고, 사촌 필립이라고 불렀다.
140) 카토 유티크의 차녀이며 포르시아의 동생.

이냐 물었더니 그녀는 자기 생의 마지막 날이 남편의 탈상날이라고 답했다. 게다가 그녀는 아름다울 뿐 아니라 아주 많은 재산을 갖고 있었으므로 언제쯤 재혼할 것인지 사람들은 가끔씩 묻곤 했는데 그럴 때면, 이렇게 대답했다.

"아마도 그건 나의 재산 때문이 아니라 나의 장점들 때문에 결혼하려는 남자를 찾게 될 때."[141]

그녀는 이렇게 말함으로써 사람들을 따돌렸고 그들로 하여금 그들이 추구한 것이 그녀가 갖고 있는 미덕이나 장점이 아니라 충분하게 남아 있는 재산 때문이었다고 믿게 만들어 이 가여운 훼방꾼들을 쉽게 떨쳐 버렸다.

성 히에로니무스께서는 그가 기초를 세운 사도 서한 중에서 집정관, 사법관, 감찰관 등을 무수히 배출해 낸 위대하고 훌륭한 가문 출신인 마르셀라라는 한 아름다운 여인을 격찬하며 순결에 대하여 이야기하고 있다. 그녀는 아주 젊은 나이에 과부가 되어 혼자 살면서 젊음과 그녀가 태어난 가문의 전통과 남자들의 욕망을 특별히 자극하는 아리따운 몸매 때문에 뭇 남자들의 구혼 대상이 되었다고 성 히에로니무스께서는 말씀하셨다. 우리는 여기서 그렇듯 고상하고 절제된 습관과 언행에 젖은 그분께서 사용하신 이 표현에 주목할 필요가 있다.

많은 구혼자들 가운데 역시 집정관을 줄줄이 배출해 낸 로마의 뛰어난 가문 출신의 세레알리스라는 사람이 자기와 결혼해 줄 것을 몹시 청했다. 그는 자기의 나이가 많이 앞섰으므로 많은 재산과 지참금을 약속하며 결혼을 서둘렀고 알비나라고 불렸던 그녀의 어머니까지도 거절할

---

141) 플루타르크 『카토 듀티크(카토의 중손자)』.

이유가 없다며 그녀를 부추겼다. 그러자 그녀가 대답했다.

"만일 제가 호수에 뛰어들고 싶었다면 두 번째 결혼이라는 관계 속에 절 다시 옭아매도록 하지요. 제게 또 다른 정숙함을 바라지 마세요. 난 상속녀가 되기보다는 차라리 남편을 갖겠어요."

그러자 사랑에 빠진 남자는 그녀가 자기의 나이가 많기 때문에 이런 말을 하는 것이라고 생각하며 늙은이도 오래 살 수 있고 젊은 사람도 일찍 죽을 수 있는 것이라고 말했다. 그러자 그녀는 이렇게 반박했다.

"그래요, 젊은 사람이 일찍 죽을 수 있지요. 그러나 늙은이는 오래 살 수 없다구요."

이 말에 그는 조용히 물러났다. 이는 언니 포르시아보다 더 좋은 평가를 받는 마르시아처럼, 아주 현명하고 확고한 결심을 지닌 여인의 말이라고 생각한다.

포르시아는 남편이 죽자 더 이상 살지 않기로 결심하고 죽음을 택하였다. 그녀는 사람들이 스스로를 죽일 수 있는 모든 철제품을 치워 버리자, 용기 있는 여인에게는 자기의 죽음을 위해 못할 방법이 없다고 말하면서 뜨겁게 달아 있는 숯덩어리를 집어삼켜 내장을 모두 태워버렸다. 마르시알은 그녀를 지나치게 미화시키고 있는 그의 시[142]에서 당시의 상황을 잘 재현하고 있다.

그러나 철학자들에 따라서는 다른 견해를 보이고 있다. 아리스토텔레스와 그의 윤리학서를 보면 정신적 또는 용기, 힘 등에 관해 이야기하면

---

142) 1권, XLIII, "남편 부루투스의 운명을 전해 듣고 고통 속에서 사람들이 그녀에게서 치워버린 무기들을 찾으며, 포르시아는 소리쳤다. '죽고자 하는 사람은 막을 수가 없다는 걸 당신들은 아직도 모르시겠어요? 나의 아버지께서 당신들께 그것을 잘 가르치셨다고 생각하는데요.' 그녀는 이렇게 말하고 뜨거운 재를 집어삼켰다. 이제 물러날지어다. 그녀에게서 무기를 빼앗은 가여운 훼방꾼들이여."

서 그녀와 그녀의 남편은 단지 더 큰 불행을 피하기 위해서 초라하게 서둘러 죽어갔을 뿐이라고 한다. 또한 다른 여러 경우들에서 보이는 것처럼 그들의 자살에선 용기도 숭고함도 보이지 않았다고 신랄하게 비판한다. 그녀가 자기에게 주어진 세월을 남편을 그리워하며 그의 죽음을 복수하는 데 사용하고 자기 자신을 그 일에 바쳤더라면 더욱 가치 있었을 테지만 그녀의 죽음은 알맹이 없는 설욕전일 뿐 아무런 성과도 의미도 없었다는 점에선 나도 그녀를 꾸짖고 싶다.

그러나 그녀뿐 아니라 다른 여러 과부들에게서도 마찬가지로 남편이 죽은 후에도 그가 살아 있을 때와 똑같이 사랑하고 있는 이들에게 나는 찬사를 보내지 않을 수 없다. 이것이 또한 성 바오로께서 그의 위대하신 스승님의 가르침에 따라 그녀들을 찬양하고 칭송하는 이유다. 한창 아름다운 나이에 활짝 피어난 꽃 같은 상태에 남겨진 젊고 아름다운 과부들의 숭고한 마음은 원초적인 본성이 자극하는 음모에 영합하려는 자기 자신과 이에 반하여 신과 인간의 법도가, 자연이, 젊음과 아름다움이 그들에게 허용하는 재혼의 달콤한 열매를 다시 어루만지지 않으려는 또 다른 자기 자신 때문에 크나큰 고통을 겪는다. 또한 어떤 이는 마치 다른 세계 속에서 길을 잃어버린 것처럼 죽은 남편의 희미하고 헛된 그림자 속에 광신도처럼 사로잡혀 어떤 끈질긴 맹세에 집착하기도 한다.

이 모든 것에 있어서, 종교적이기보다는 분명 의식적인 독신 생활의 맹세에 지나치게 사로잡힐 필요가 없다. 『아이네이스』 4편[143]에서 안이 그녀의 언니 디도에게 듣고 있는 타당성 있는 이유와 뛰어난 충고들을

---

143) 베르길리우스 『아이네이스』 1, IV.

젊은 미망인들은 귀담아들어야 한다. 아니라면 적어도 그녀들이 죽은 후 사람들은 지나간 고난의 세월에 영광을 돌리듯 아름다운 꽃과 풀로 엮어 만든 모자나 화관을 씌워줄 것이다. 이 삶의 승리는 분명 아름다운 것일 테고 한동안 찬사 또한 이어질 것이다. 그러나 사람들이 그들에게 줄 수 있는 것은 이내 날아가 버리고, 관 속에서 없어져 버릴 아름답고 달콤한 말일 뿐이다. 젊고 아름다운 미망인이라면 그녀들이 존재하고 있는 이 세상을 느껴야 하며 독신의 규칙이나 종교는 늙은이들에게 넘겨줄지어다.

남편의 죽음을 맞는 여인들의 태도

젊은 과부들에 대해선 이쯤이면 충분히 얘기했으니 이젠 맹세나 재혼엔 질색을 하면서도 거기에 익숙해지고 부드럽고 기분 좋으신 히메네[144]를 여전히 불러내는 여인들의 이야기를 해보자. 정부와의 애정이 너무 깊어 남편이 죽기도 전에 미리부터 정부와 후에 결혼하게 되면 어떻게 처신할 것인가를 계획하는 성급한 여인들도 있다.

"만일 내 남편이 죽는다면 이건 이렇게 하고, 저건 저렇게 하고, 이럴 땐 이런 식으로 대처를 하면, 아무도 우리의 과거를 알 수 없을 거예요. 우린 순간순간 정말 즐겁고 행복하게 살 거라구요. 우린 파리에 가서 궁에 갈 거예요. 우린 서로 뜻이 너무도 잘 맞으니까 누구도 우릴 방해하진 못할 거라구요. 당신이 이걸 하도록 해요. 난 이걸 맡을 테니… 우린

---

144) 히메네. 결혼을 주재하는 신.

왕으로부터 이런 걸 받게 될 거고 또 저런 걸 받게 될 거예요. 우린 우리 아이들의 후견인이 되어 재산을 관리할 수 있을 거예요. 우린 그들의 재산이나 여러 가지 문제에 대해 크게 신경 쓸 건 없을 거예요. 우린 우리 일을 하면 되는 거지요. 아니면 성년이 되길 기다리면서 그들의 재산으로 필요한 걸 누리면 되죠. 우린 남편의 가구를 사용하면 되고요. 부족한 것이 있다면 어디서 만든 것인지 아니까……."

그 외에도 끊임없는 말들이 이어진다.

"요컨대, 누가 우리보다 행복할 수 있겠어요?"

자, 이것이 유부녀들이 정부 앞에서 늘어놓는 그럴듯한 언동이요, 꿈에 부푼 청사진이다. 끊임없는 기다림과 희망 속에서 남편이 죽기만을 기다리는데 남편이 끈질기게 살아 있어 모든 꿈이 좌절되는 경우도 있고, 어떤 여인들은 남편을 앞질러 자기가 상가의 주인공이 되어 버리기도 한다. 따라서 우리 궁에서는 매일매일 우리 앞에 펼쳐지는 예측 못했던 많은 얘기들을 나눈다. 다행스러운 건 그녀들은 남편에게 학대를 당했다고 해서 남편을 죽이고 자기도 죽은 어느 스페인 여인처럼 하지는 못하고 있다는 것이다. 이 스페인 여인은 자기 손으로 묘비명을 써서 자기 방 탁자 위에 남겨 놓았는데 다음과 같다.

아내를 괴롭히고 모욕을 주지 않으면 아니 되었던 사람이 여기 눕다.
아내인 나만 아니라면 내 곁의 사람,
그리고 다른 모두에게 기쁨을 주던 그.
그 때문에, 그의 비겁함과 교만 때문에
나는 그를 죽였노라, 그의 죄를 응징하기 위해

그리고 판단력이 부족한 나 역시 죽음을 택했노라.

내게 일어났던 재앙을 종식시키기 위해.

이 여인은 도나 마달레나 드 소리아라고 불렸는데 사람들에 의하면 그녀는 남편이 자기에게 가했던 모욕에 대하여 멋지게 복수를 했으나 너무나도 어리석게 자신을 죽음으로 이끌고 말았다고 했다. 그녀는 판결이 잘못 내려졌다며 자기 죄를 모두 고백하고 자살해 버렸다. 그녀가 정의로운 법 앞에 두려움을 느낀 것 때문이 아니라면 좀 더 시간이 지난 후에 목숨을 내던졌어야 했다. 하긴 체포될까 두렵기도 했을 테고, 판사의 권위에 영광을 돌리는 편이 낫다고 생각했을 수도 있다. 하지만 예나 지금이나, 아주 교활해서 일을 완벽하게 치르고 감쪽같이 덮어 버리는 여우같은 여인들은 남편을 저 세상으로 보내고 자기는 아주 잘 살아가고 있으며 비굴한 정부들과 좋은 화음을 이루고 있다.

이와는 전혀 다른 류의 과부들을 볼 수 있는데 남편에 대해서 잔인한 것을 꿈꾼다는 건 상상도 할 수 없는 일이며, 어찌나 남편의 죽음을 애달파하고, 눈물 흘리며 한탄하는지, 그녀들을 보면 단 한 시간도 더 못 버텨낼 것 같다.

"아! 난 세상에서 가장 귀한 걸 잃었으니 가장 불행하고 박복한 여인이 되었어요. 그렇지 않은가요, 하느님? 어째서 벌써 우리에게 죽음을 보내셨나요? 그래요, 이젠 전 그이 없이는 더 이상 살 수가 없어요. 내게 위로를 줄 수 있는 그이가 이젠 더 이상 내 곁에 머물 수 없고, 이 세상에 존재하지 않으니 제가 어찌 살겠습니까. 아직도 더 보살펴주어야 하는 저 어린것들만 내게 남겨주지 않았더라면 저도 지금 따라 죽고 말겠습니다. 아, 나의 탄생을 저주하노라. 적어도, 유령으로든 혹은 환상이든 꿈으로든 아니면 마법의 힘으로라도 그를 다시 볼 수 있다면! 그를 만나기엔 내게 너무도 많은 시간이 남아 있으니. 아! 내 가슴이여, 내 영혼이여, 당신을 따라갈 수는 없는 건가요? 무엇으로도 맞바꿀 수 없는 당신을 잃었으니 이젠 무엇으로 내가 내 삶을 버티어 나갈 수 있을까? 당신이 살아 있을 때엔 난 산다는 것 외에 또 다른 것을 가질 수 있었어요. 하지만 당신이 죽은 지금 남은 건 죽음뿐이에요. 뭐라구요? 이 힘들고 불행한 삶을 이끌어 가는 것보다 지금 당신의 사랑과 은총 안에서, 그리고 나의 영광과 기쁨 안에서 죽는 것이 더 나을 것이 없다니요? 아, 하느님! 난 당신 없이 이 고문 같은 아픔을 견디어야 해요. 내가 당신을 곧 볼 수 있게 된다면 난 그 고통에서 자유로워지고 내 마음은 크나큰 기쁨으로 가득 채워질 거예요. 그는 너무도 잘생겼고, 너무도 매력적이었고, 모든 면에서 너무나 완벽했어요. 대단히 용감하고 의리도 있었어요. 제2의 마르스요, 제2의 아도니스요, 더군다나 내겐 너무도 잘해 주었고 날 몹시 사랑했고 정말 좋은 사람이었답니다. 한마디로 그이를 잃은 건 내 인생 모두를 잃은 거예요."

　이렇듯 슬픔에 휩싸인 과부들은 남편이 죽고 난 뒤 외에도 끊임없는 말을 쏟아놓는다. 어떤 여인은 이런 식으로, 또 어떤 여인은 저런 식으로, 어떤 여인은 짐짓 꾸며서, 또 어떤 여인은 또 다른 식으로. 그러나 이 모두가 방금 전 내가 재현해 본 것과 거의 유사한 표현들이다.

　어떤 여인들은 하늘의 결정이 분해서 어쩔 줄을 모르고 또 다른 여인들은 땅을 향해 악담을 퍼붓는다. 어떤 여인들은 신을 비난하고 또 다른 여인들은 세상을 저주한다. 어떤 여인들은 기절하고, 또 다른 여인들은 거의 죽을 지경에 이른다. 어떤 여인들은 공포에 사로잡히고, 어떤 여인들은 미쳐 버리거나 넋이 나가 아무도 알아보지 못하고 말하고 싶어 하지도 않는다. 요컨대 여인들은 상(喪)의 슬픔과 세상에 대한 두려움을 보여주기 위해 표현하고 거짓으로 꾸미며 위선적인 방법들을 동원하는데 그것들을 모두 종류별로 특별히 구분하려 들면 아마도 끝이 없을 것이다.

미망인 옆에서 그녀를 위로해 주고 있는 사람들은 속에 숨어 있는 해악에 대해서는 생각하지 못하고 만사 모두 잘 되어나갈 것이라고 믿다가 자기들의 검을 잃어버리고 아무것도 얻지 못하게 된다. 이 위로자들 중의 어떤 이들은 고통 받는 애달픈 미망인이 이 상황에서 해야 할 연극을 잘 못할까 염려하여 그들을 가르치기까지 한다. 내가 잘 아는 어떤 부인께서는 자기 딸에게 이렇게까지 충고했다.

"얘야, 정신을 잃고 쓰러져야 한다니까. 그렇게 어색해선 안 된단다."

에페소스의 미망인

격렬하게 몰아치는 격류도 최초의 평온한 물줄기를 되찾고 범람하여 넘쳐나던 강물도 아무 일 없었던 듯 제 흐름을 되찾듯이 우리네 미망인들도 점차 원래의 모습을 되찾는다. 조금씩조금씩 정신을 수습하게 되면 작은 기쁨들 속에서 자신을 고무시키며 세상으로 시선을 돌리고 일상을 꿈꾸기 시작한다. 그리하여 심각하고 고상하게 얼굴에 그리고 다니던 죽음 같은 표정 대신에, 십자가를 그으며 죽음의 호수를 건너간 사람의 몰골을 하는 대신에, 시커멓고 누렇게 떠서 눈물범벅의 얼굴 대신에 점차 화색이 돌기 시작하는 걸 조금씩 감지할 수 있다. 그러나 한편으로는 여전히 그 수수께끼 속에 눈물로 얼룩진 슬픈 얼굴을 간직한다. 말하자면 그녀들을 주시하고 있는 사람들로 하여금 세속적인 희로애락보다는 남편을 잃은 슬픔에 더 사로잡혀 있다는 생각이 들게끔 얌전하고 조심스럽게 아주 조금씩 상냥스러운 몸짓으로 자신을 변화시켜 나간다.

새들을 관찰해 보면 막 둥지에서 나온 어린 새들이 처음부터 큰 날갯짓을 하는 것이 아니라 이 가지에서 저 가지로 조금씩 옮겨가며 날아보면서 점차 날갯짓에 익숙해지는 것을 볼 수 있다. 마찬가지로 큰 절망과 슬픔에 가득 찬 남편 상에서 이제 막 벗어난 미망인들은 그들이 뒷전으로 밀어놓았던 세상에 금방 자신을 드러내지 않는다. 하지만 조금씩 스스로를 해방시키다가 어느 날 갑자기 슬픔을 던져 버리고 자기가 살던 세상으로 환속한다. 그러고는 예전보다 오히려 더하다고 느끼게끔 머릿속을 사랑으로 가득 채우고 재혼이나 또는 다른 형태의 방탕한 꿈을 꾼다. 이처럼 그들의 격렬한 슬픔은 오래 지속되지 못한다. 그녀들이 슬픔 속에서 좀 더 오래 쉴 수 있다면 더 낫지 않을까.

내가 잘 아는 어떤 부인은 남편이 죽자 너무도 절망스럽게 슬퍼하며 머리를 쥐어뜯고, 얼굴과 목 등을 잡아당기며 자기 몸을 늘일 수 있는 데는 모두 늘이려 들었다. 사람들이 그 예쁜 얼굴을 망가뜨리는 것은 잘못이라며 진정시키고 말리려 들자 하소연했다.

"아! 하느님, 제게 무슨 말씀을 하시는 겁니까? 당신은 제가 이 얼굴을 갖고 뭘 하길 바라시나요? 남편이 없는데 누굴 위해 그 얼굴을 간직하겠습니까?"

여덟 달이 지난 후 스페인산 백포도주와 적포도주에 절어 머리는 먼지를 뒤집어쓴 여인이 바로 그녀가 되어 있었다.

에페소스의 아름다운 한 미망인[145]의 이야기가 아주 좋은 예가 되지 않을까 생각된다. 남편만을 섬기며 살아온 예쁘고 정숙한 여인이 남편을 잃자 부모건 친구건 그녀에게 무얼 어떻게 해야 할지 위로할 방법을 찾을 수가 없었다. 그저 그녀와 장례식을 함께 치르며 끝없는 애도와 근심과 흐느낌, 한탄과 눈물을 나눌 뿐이었다. 죽은 자를 영원히 쉬게 할 묘지에 안치한 후에도 그녀는 남편 곁을 떠날 줄 몰랐다. 사람들이 아무리 달래도 자기는 절대로 그곳을 떠나지 않을 것이라고 주장하고 맹세하며 관 위에 몸을 내던지고는 그곳에서 굶어 죽더라도 절대로 남편을 내버려둘 수 없다는 것이었다. 그리하여 그녀는 그곳에 홀로 남아 남편을 지키게 되었다.

우연히도 그곳에서 한 남자의 처형이 이루어졌다. 가증할 죄를 지은 죄인은 도시 외곽에 목을 매달아 교수형에 처한 뒤 처형한 상태로 매달아 두고 며칠 동안 오가는 사람들에게 본보기를 보여주는 것이 그곳의 관습이었다. 따라서 병사들이 번갈아 가며 시체를 도둑맞지 않도록 지키며 서 있었다.

하루는 어느 병사가 이 죄인의 시체를 지키고 서 있는데 길가 뒤편에서 어떤 소리가 나는 걸 들었다. 소리를 따라 가니 묘지에서 나는 소리였다. 가까이 가니 아름다운 부인 하나가 몹시 슬퍼하며 눈물을 흘리고 있었다. 그는 여인에게 다가가 이리도 슬퍼하는 이유가 무엇인지 묻기

---

145) 에페소스의 여인에 관해 밀레토스(그리스 에게 해 연안의 옛 도시)에서 전해 오는 이 이야기는 여러 사람에 의해 인용, 소개되고 있다. 라 퐁텐의 콩트 페트론에서(Satiricon, CXI-CXII), 그리고 중세의 여러 이야기 속에서 그대로 베껴지고 있다. 예를 들어, 마리 드 프랑스, 우화 33 『남편에 대해 질투를 벌이는 아내에 대하여』, 유스타슈 데샹 『아내의 사랑을 신뢰하는 사람에 반대하는 실례들』, 또한 16세기에는 그라시앙 뒤 퐁 『남성과 여성의 성에 관한 논쟁』(툴루즈. 1534년).

시작했고 그녀는 순순히 모든 걸 이야기했다. 그녀를 위로해 주며 처음엔 그저 아무 일 없이 지나갔다. 그러나 두 번, 세 번, 틈틈이 그녀에게 다가가 눈물을 닦아주고 이야기를 들어주며 위로해 주다 보니 이 병사가 그녀를 덮쳤을 때 그녀는 아무런 저항도 하지 않았고 죽은 남편의 관은 아주 좋은 신방이 되어 주었다.

그러고 난 뒤에 둘은 결혼을 맹세하게 되었다. 몹시도 행복하게 목적을 이룬 병사는 잠시 자리를 비웠던 일터로 즉, 처형당한 죄수를 지키러 돌아갔다. 이것이 다 살고자 하는 일이 아니던가. 그런데 이렇게 만사가 너무도 잘 되어 가던 그에게 불행한 일이 기다리고 있었다. 그가 너무 오랫동안 자리를 비우며 즐겼던 것이다. 시체를 찾아갈 기회만을 엿보며 숨어 있던 죄수의 가족들이 이 병사가 자리를 뜨자 재빨리 시체를 끌어내려서는 매장시키기 위해 갖고 달아 나버렸다. 병사는 없어진 시체를 보고는 절망하며 부인에게로 달려와 불행한 일을 고하였다. 보초를 소홀히 하여 시체를 가져가게 내버려 둔 죄로 이젠 자기가 그 자리에 매달리게 되었으니 어찌하면 좋겠느냐는 것이었다. 조금 전만 해도 그에게 위로를 받던 그녀가 이젠 그를 위로할 차례가 되었다. 문득 그를 위해 할 수 있는 일을 생각해 낸 그녀가 말했다.

"걱정일랑 집어치워요. 자, 이리 와서 내 남편을 무덤에서 꺼낼 수 있도록 도와주기나 하세요. 어서 이 사람을 꺼내서 잃어버린 시체 대신 매달면 되는 것 아니겠어요."

모든 건 이렇게 얘기가 되어 이루어졌다. 시체의 한쪽 귀가 없다는 얘기를 들은 그녀는 더욱 그럴듯하게 남편의 귀도 잘라버렸다.

다음날 법원에서 사람들이 나왔을 때, 그들은 아무것도 눈치채지 못하였고, 이 남편에게 이렇게 심한 치욕을 안겨준 이 도적놈 같은 병사는 목숨을 건졌다.

내가 이 이야길 들은 건 무슈 드 구아와 그 외 여러 명이 함께 저녁을 먹는 자리에서 이야길 해준 무슈 도라[46]에게서였다. 무슈 드 구아는 이야기를 들으면 중요한 점을 놓치지 않고 실제로 적용을 잘해서 늘 어떤 이야기든 그 가치를 높여줄 줄 아는 사람이었다. 그는 모후께 인사를 여쭈러 갔다가 얼마 전 남편을 잃은 젊고 아름다운 한 미망인이 슬픔에 잠겨 베일을 콧잔등까지 내려 쓰고, 아주 경건하게 말조차 아끼며 가련한 모습으로 서 있는 걸 보았다. 그는 그녀를 보고 나오며 불쑥 입을 열었다.

"저 여자 보았나? 두고 보게나. 1년도 안 되어 에페소스의 여인처럼 될 테니까."

그녀는 그토록 추잡하게는 되지 않았지만 무슈 드 구아가 예측했던 대로 내세울 것이라곤 아무것도 없는 남자와 결혼하였다는 걸 바이올린 연주자이며 모후의 내실 시종이었던 무슈 드 보주아이외[147]에게서 들을 수 있었다. 그는 무용과 음악에서 완벽함을 보여주었을 뿐 아니라 머리가 뛰어나고 독서와 담소를 즐겨 드물게 공감대가 큰 사람이라 함께 많은 이야기를 나누곤 했다. 그는 그의 뛰어난 두 가지 재능 덕분에 많은 사랑을 경험하고 볼 수 있었기 때문에 그에게선 아름다운 이야기들을 끊임없이 들을 수가 있었다.

---

146) 장 도라. 롱사르의 스승으로 플레야드(문예부흥 시대 때 롱사르를 비롯한 7명의 시인) 중의 한 사람.
147) 발타자르, 또는 발타자리니, 드 보주아이외. 카트린드 메디시스의 내실 시종. 이탈리아(피에몽) 출신으로 무용가이며 발레 지도자, 안무가, 바이올린 연주자. 브리삭 장군에 의해 프랑스 궁에 오게 된 후 오랫동안 훌륭한 경력을 쌓았다. 이탈리아적인 요소와 플레야드 시인들의 문학적인 인본주의 영향을 결합한 첫 번째 궁중 발레인 『여왕의 발레 희극』(1581)의 작자.

무슈 드 브리삭이 아주 뛰어난 바이올린 주자들로 구성된 악단과 함께 그를 프랑스의 실권자인 모후(카트린 드 메디시스)께 보냈으며, 사람들은 그를 발타자 랭이라 불렀다. 궁에서 늘 추어지던 두 개의 아름다운 발레는 그에 의해서 만들어진 것이었다.

이 에페소스 여인의 이야기는 많은 이야기 속에서 인용되었을 뿐 아니라, 내게는 언제나 한 친구를 기억하게 만드는 여인이기도 하다. 이 친구는 슬픔에 잠긴 미망인을 보면 말하곤 했다.

"자, 에페소스의 여인 역을 맡을 새로운 인물이 나타나셨군. 아니 어쩌면 벌써 그 역을 해냈을지도 모르지."

분명 그것은 죽은 자에게 무례함을 범한 너무도 비인간적이고 망측스러운 희비극이었다.

토스카나 전쟁 때 무슈 드 수비즈[148] 밑에서 용맹을 과시했고, 종교 분쟁으로 내란이 일어났을 때에는 자르낙 전투[149]에서 모습을 드러내었고, 니오르[150] 요새에서는 연대를 지휘했던 뛰어난 군인임에 틀림없는 드 플뢰비오는 생바르텔르미 대학살 때 죽임을 당하고 말았다. 얼마 후 그를 죽였던 병사는, 눈물과 한숨으로 제정신이 아닌 아름답고 부자인 그의 아내에게 만약 그녀가 자기와 결혼하지 않는다면 그녀 또한 남편이 갔던 길을 가게 할 것이라고 충고했다.[151] 하긴 이 축제에선(이 대학살은 앙리 드

---

148) 장 드 파르트네-라베크, 드 수비즈 공. 개신교 우두머리 중 하나. 폴트로 드 메레에 의해서 프랑수아 드 귀즈의 암살에 가담한 것으로 고소당하여, 가톨릭에 의해 사형 선고를 받아 모후(카트린 드 메디시스)의 눈앞에서 브리삭 백작과 부르디용 장군에 의해 처단되었어야 했다. 그러나 그가 먼저 공격을 서둘렀고 후에 영국에서 죽었다.
149) 1569년 3월 13일.
150) 니오르 광장은 1569년 10월 앙주 공작에 의해서 콜리니가 이끄는 위그노(신교)의 손에서 탈취되었다.
151) 살인자는 플뢰비오의 아내를 구해 그녀와 결혼하기 위해, 죽은 남편의 구두를 가져와 보여주며 위협했다고 도비녜는 그의 역사책에서 말하고 있다(cf. Histoire Universelle l, 4, 1572년. 이 책은 1560-1601까지 연도별로 기록되어 있다).

나바르와 마르그리트 드 발루아의 결혼식을 계기로 시작되었다) 모든 것이 전쟁이며 강한 자가 모든 걸 차지했으니까. 아직 젊고 아름다운 이 가여운 여인은 목숨을 부지하기 위해서 강압에 의해 결혼식과 장례식을 함께 치러야 했다. 그렇지만 그녀는 용서받을 수 있었다.

이런 상황에서 여리고 약한 여인이 무엇을 할 수 있었겠는가. 자살을 하든가, 아름다운 가슴이 살인자의 검에 찔리고야 말았어야 옳겠는가?

"아름다운 할미새야, 시절은 이제 더 이상 그 시절이 아니란다."

이젠 더 이상 예전의 그 어리석고 미친 짓은 존재하지 않는다. 뿐만 아니라 성스러운 기독교 정신이 우리에게 그것을 금하고 있다. 오늘날 많은 과부들이 사용하는 변명은 하느님에 의해 자살이 금해지지만 않았다면 그들은 자신의 목숨을 끊었을 것이라나. 이렇게 그들은 가면을 쓴다.

마찬가지로 이 대학살은 아주 예쁘고 매력적인 과부를 또 하나 만들어 냈다. 그녀는 이 와중에 강간까지 당한 후 미쳐서 한동안 정신이 돌아오지 않은 채 방황하였다. 그러나 얼마 지나자 다행히 정신을 찾았고 독신 생활에 뛰어들어 아무 탈 없이 잘 지내더니 점차 사람들과 교분을 맺고 생기를 되찾기 시작했다. 그러고는 자기가 당한 모욕은 다 잊고 아주 고상하신 어르신네와 행복한 결혼을 했다.

마찬가지로 생바르텔르미 대학살은 다른 이들처럼 죽임을 당한 남편의 사망으로 또 다른 과부를 만들어 냈다. 그녀가 이 불쌍한 가톨릭을 바라볼 때 지극히 유감스러울 뿐이었다. 아직 성축일이 끝나지도 않은 이날의 대학살 속에서 그녀는 때로 정신이 몽롱해지기도 하고 때론 마치 페스트처럼 공포와 전율 속에서 그것을 바라보기도 했다. 파리에 들어서서, 사방을 둘러 바라보았던 것을 말로 할 수는 없었을 것이다. 그의 두 눈도 그의 마음도 그 고통을 이겨낼 수 없었으니까. 내가 무엇을 보았던가?

2년이 지난 어느 날 그녀는 이 아름다운 도시와 인사를 나누기로 마음먹고 마차를 탄 채 도시를 산책하고 궁을 방문하였다. 그러나 남편이 죽임을 당한 유세트 가에 이르자 죽음 속인지 아니면 오히려 불길 속으로 자신이 내던져지는 것이 느껴져 거리를 서둘러 빠져나갔다. 물푸레나무 그림자를 끔찍이도 싫어하는 뱀처럼 그녀는 이 끔찍한 어둠 속에 있으니 차라리 타오르는 불길 속에 자신을 내던지는 쪽을 택했던 것이다.

아직 무슈였던 불덩어리 왕[152]은 말씀하시길 상실감과 고통 속에서 괴로워하며 격할 대로 격해 있는 이 여인을 보고 있자니 야생의 새를 길들이듯 그녀를 길들이기 위해선 쓰러뜨려야만 한다고 했다. 그러나 얼마간 시간이 흐른 뒤 그녀를 본 그는 스스로 아주 온순하고 상냥하게 자신을 길들였으므로 자기가 굳이 쓰러뜨릴 필요 없이 홀로 자신을 가다듬도록 내버려 두면 된다고 했다. 이렇게 짧은 시간 동안에 그녀는 무엇을 한 것인가? 아주 유쾌한 눈길로 파리를 바라보고, 그 도시를 포옹하며 산책하고, 이곳저곳을 들르며 자신이 했던 맹세는 모두 잊고 들뜬 걸음으로 성큼성큼 걸어 다니는 이가 바로 그녀였다.

그 후 여덟 달 동안 궁을 떠나 먼 직무 여행을 마치고 돌아온 내가 그녀를 본 것은 왕에게 인사를 드리러 궁에 갔을 때였다. 나는 루브르의 홀에 들어서면서 왕과 여왕님들, 그리고 궁의 모든 사람들 앞에서 부모, 친구들과 함께 온갖 치장을 하고 꾸민 이 미망인을 보게 되었다. 그곳에서 그녀는 나바르 여왕의 사제장으로 딘의 주교였던 한 주교님의 주재

---

152) 앙리 3세가 아직 앙주 공작일 때를 가리킴.

로 결혼의 첫 의식인 약혼식을 치르고 있는 중이었다. 크게 놀란 나는 후에 그녀의 얘기를 듣고 더욱 기가 막힐 뿐이었다. 이 숭고한 약혼식에서 그녀가 했던 다짐들을 기억하며 그녀를 바라보고 있던 나를 보자 한때 자기의 연인이었던 만큼 결혼식을 위해서 내가 때맞춰 도착한 것이라고 생각하고는(그녀는 그렇게 생각이 들었던 모양이다) 날 결혼식의 증인으로 내세우려 마음먹었다는 것이다. 또한 맹세하길 내게 자기 재산 중 1만 에퀴를 주려 했었다는 것이다. 자기의 결심을 도와주는 대가로 날 거기에 견줄 수는 없는 것 아닌가.

나는 명문가의 미망인인 한 백작 부인을 알고 있는데 그녀도 마찬가지였다. 그녀는 대단히 확고한 위그노로서 아주 지체 높은 가톨릭교도인 어르신네와 결혼에 이르게 되었다. 그러나 결혼식을 치르기 전에 불행이 닥치고 말았다. 파리에 돌고 있던 페스트가 온몸을 덮쳐 그녀에게 죽음을 초래한 것이다. 가쁜 숨을 내쉬며 깊은 회한 속에서 꺼져가는 그녀는 이렇게 말했다.

"모든 과학이 넘쳐나는 이 큰 도시에서 나를 고쳐줄 의사를 한 사람도 찾을 수 없다니! 난 그에게 많은 돈을 줄 수 있을 텐데. 그는 내 돈을 한 푼도 건드릴 수 없겠지. 적어도 내 죽음이 결혼식 후에만 뒤따랐더라면 내 남편만큼은 내가 그를 얼마나 사랑하고 존경하는지 알 수 있었을 텐데(소포니즈바는 다르게 말했다. 왜냐하면 그녀는 독약을 삼키기 전에 약혼했다는 걸 뉘우쳤으니까)."

이 백작 부인은 위와 같이 말하고, 그와 비슷한 몇 마디를 덧붙인 후 반대편으로 돌아누워 죽었다. 이것이 사랑의 열기에 사로잡힌 사람의 모습이다. 아직 정원을 나서기 전에 그녀가 그리도 탐했던 사랑의 열매와 그 기쁨을 망각의 삼도천[153]을 지나기 전에 다시 한 번 떠올리려는 것인지도 모른다.

어떤 부인은 병이 들어 누워 있으면서 부모님 중 한 분이 또 다른 분과 몹시 격렬하게 다투는 소릴 들으며, 웃으며 말했다.

"당신들은 정말 대단히 미쳤군요."

그러고는 돌아누워 웃으며 죽음의 강을 건너갔다.

위그노 여인들이 이런 면을 보여준다면, 가톨릭을 믿는 여인들 역시 그들의 종교와 그들에 대해 험담을 하고 난 뒤 위그노와 결혼하면 또 마찬가지다. 따라서 미망인들은 상대에 대해 단호히 반대 의사를 표하고 조롱하기 위해서, 혼자 살게 되었을 때 지나치게 눈물의 홍수를 이루고 천둥 번개를 동반해 가며 소리 지르고 고통을 표현할 것이 아니라 처음부터 조용히 조신하게 굴어야 한다. 말을 적게 하고 더 많은 걸 하는 것이 낫다. 그러나 그들은 이렇게 말한다.

"처음에는 마치 살인자나 철면피, 온갖 모욕을 다 삼키는 사람으로 간주하죠. 그러나 그건 오래가지 않아요. 그렇게 지나가 버리지요. 사람들은 날 책상 앞에 앉혀 내버려 둔 후엔 다른 걸 취하게 되지요."

어리석은 재혼

내가 스페인 책에서 읽은 것인데, 그 당시엔 타의 추종을 불허할 만큼 위대했던 페케이르 후작[154]의 아내이며, 위대하신 파브리스 콜로나의 딸

---

153) 사람이 죽어 저승으로 가기 전에 있다는 강(그리스 신화, Styx).

인 빅토리아 콜로나[155]는 남편을 잃어, 하느님만이 알아줄 고통과 절망 속에 빠져 그녀에게 어떠한 위로도 불가능했다. 사람들이 그녀의 고통을 다른 어떤 고통에 견주어 이야기할라치면 그녀는 이렇게 항변했다.

"무엇에 대해 날 위로하려 드는 거죠? 내 남편의 죽음에 대해서? 당신은 틀렸어요. 그는 죽지 않았어요. 그는 내 마음속에 여전히 살아 움직이고 있어요. 난 그를 느낄 수 있어요. 매일 낮과 매일 밤, 내 안에서 되살아나 꿈틀거리고 다시 태어난다고요."

이 말들은 분명 아름다웠다. 그러나 시간이 얼마간 흐른 뒤 그녀는 그를 마음속에서 떠나보내고, 아케론으로 보내버렸다. 그리고 그녀는 그녀의 자랑스러운 페케이르와는 조금도 닮지 않은 파르파 신부[156]와 재혼하였다. 나는 그의 출신 성분을 얘기하려는 것이 아니다. 그 역시 아발로스 가문 못지않은 오르시니 가문에서 태어났기 때문이다. 그러나 두 사람의 능력과 됨됨이는 서로 판이하게 다르게 평가되어질 수 있다. 페케이르는 누구와도 비교할 수 없으며 무한한 가치를 지닌 사람이었다. 물론 파르파 신부 역시 왕 프랑수아를 보필하면서 충직하게 자신의 됨됨이를 증명해 보였다. 그러나 그의 경우는 팔목할 만한 승리와 함께 드러나게 큰 공적을 쌓은 후작에 비하면 가벼운 실패와 함께 크게 드러낼 것도 없는 작은 충성들뿐이다.

또한 직업을 보더라도 한 사람은 일찍이 무인으로서의 직분에 뛰어들어 한길을 걸어옴으로써 뒤늦게 직업에 뛰어든 성직자와는 전혀 다른

---

154) 프랑수아-페르디낭 다발로. 샤를 퀸트의 가장 능력 있는 장군 중 하나. 파비 전투에서의 승리는 그의 가치를 드높여 주었다.
155) 클로디아 콜로나.
156) 나폴레오네 오르시니. 파르파 수도원에서 성직을 맡고 있었다.

인생을 산 사람이다. 난 여기서 나의 말이 하느님과 그분의 교회에 헌신하고 있는 분들이나, 무기를 들고 싸우기 위해 성직을 떠나고 포기하신 분들께 누가 되지 않기를 바란다. 뛰어난 군인들 중에는 성직에 있었거나 한때 교회에 몸담았던 사람이 많다는 걸 잘 알고 있기 때문이다.

많은 왕자님과 어르신네들의 존경스러운 스승이신 마키아벨리께서도 그를 본보기로 삼으며 모든 이들에게 그를 따르고 거울로 삼도록 가르쳤던 위대하신 장군, 세자르 보르지아 역시 예전에 추기경 아니셨던가?

아주 뛰어난 군인으로 프랑스군의 부사령관까지 되신 무슈 드 푸아[157]는 교회에 몸담고 사도좌 서기관으로 일했다. 스트로치 장군[158] 역시 교회에 헌신하다가 빨간 모자를 쓰게 되었을 때 성직을 떠나 군인의 길로 들어섰다. 또한 항상 그 옆에 바짝 붙어 늘 그와 함께 군인으로서 수많은 공적을 쌓았던 무슈 드 살부아종[159] 역시 여왕과 친척인 명문가 출신으로 처음 그가 가졌던 직업은 긴 치마를 이끄는 작업이었지만, 얼마나 훌륭한 군인이었던가? 그가 좀 더 살았다면 누구와도 비교할 수 없는 인물이 되었을 것이다.

벨가르드 부사령관[160] 역시 각모를 썼고, 오랫동안 우르스 부원장님으로 불리지 않았던가? 생-캉텡 전투에서 죽은 다혈질의 무슈 당갱[161] 역시 주교님이셨고, 드 본이베[162] 역시 마찬가지였다. 또한 바람둥이 무

---

157) 토마스 드 푸아.
158) 필립 스트로치.
159) 자크 드 살부아종. 페리고르 출신의 귀족. 1547년 스코틀랜드 원정. 브리삭 장군 지휘 하에 피에몽 전투에서 맹활약. 1553년 베르케이 공략. 1554년 카잘 공략. 서른일곱에 사망. 브랑톰은 『위인 명장전』에서 그에 대한 지면을 할애하고 있으며(4권 pp. 97-120) 몽뤼크는 『논평(Commentaires)』에서 그를 높이 찬양하고 있다.
160) 로제 드 생-라리 드 벨가르드. 1574년 프랑스군 부사령관이 됨. 테름 부사령관의 조카이며 앙리 3세의 총신 중 하나.
161) 장 드 부르봉-병동. 수아송과 앙갱 백작. 생-캉텡 전투에서 총에 맞아 죽음(1557).

슈 드 마르티그[163] 역시 성직에서 나온 사람이다. 이 밖에도 무수히 많아서 일일이 다 거명한다면 오히려 지면이 모자랄 것이다. 내 아우인 부르데유[164] 장군 역시 성직에 들어갔으나 일찍이 자신의 기질과 맞지 않음을 알고 긴 치마를 간편한 옷으로 갈아입고 군에 뛰어들자 바로 피에몽의 용맹스런 전사로 이름을 얻기 시작했다. 아! 그러나 스물다섯에 너무도 안타깝게 죽고 말았다.

이 시대 우리 궁에서 볼 수 있는 많은 이들 중에 키 작은 무슈 드 클레르몽-탈라르[165]가 있는데 봉-포르 수도원을 떠나 프랑스군에 합류하여 궁에 들어왔을 때 우리 가운데 가장 용맹스럽고 뛰어난 군인 중의 한 사람이었다. 그는 우리가 처음 요새 진격을 감행했던 라 로셸에서 아주 영광스럽게 죽었다.[166] 르 죈 오레종으로 불렸던 무슈 드 수유라스스[167]는 리에의 주교였으나 군대에 들어온 이후 충성스럽게 왕을 위해 싸우며, 기엔에서는 마티뇽 장군[168]의 지휘 하에 용감하게 싸웠다.

내가 여기서 거명하고픈 사람을 모두 거명한다면, 그렇지 않아도 이야기를 늘여나가기 쉬운 나인지라 어디에서 끝날지 몰라 이쯤에서 끝낼까 한다. 어쨌든 빅토리아 콜로나가 신부님과 결혼한 얘기를 하다가 여기까지 오게 되었는데, 만약 그녀가 그와 재혼하지 않았더라면 자신에

<hr />

162) 프랑수아 드 구피에. 본이베의 영주. 말트의 기사. 같은 이름을 지닌 프랑수아 1세의 총신인 해군 제독과 혼동하지 말아야 한다.
163) 세바스티앵 드 뤽상부르그, 마르티그 자작.
164) 장 드 부르데유.
165) 앙리 드 클레르몽, 탈라르 자작.
166) 1573년.
167) 앙드레 드 수유라스. 일명 오레종. 1576년 리에즈-앙-프로방스 주교. 앙리 4세는 음탕하면서 편협한 종교관을 고집하는 그의 정부를 가리켜 그녀는 금욕(같은 발음을 가진 '젊은이'라는 이중적 의미를 포함)과 기도(oraison)에만 만족할 뿐이라며 놀리듯 말했었다.
168) 마티뇽 부사령관. 12년간 기엔을 다스렸고, 몽데뉴와 아주 친밀한 사이였다.

게도 승리를 가져다주는 빅토리아라는 이름을 간직할 수 있었을 것이다. 그녀가 처음과 같은 이를 다시 만날 수 없을지니 그 이름을 간직했어야 했다.

난 이 여인을 흉내 낸 많은 여인들을 알고 있다. 당대에 가장 용기 있고 용맹스러우며 완벽했던 나의 삼촌[169]과 결혼했던 한 부인[170]이 그러했다. 남편이 죽고 나자 그녀는 스페인 명마에 비한다면 당나귀를 닮은 다른 남자[171]와 결혼했다.

내가 아는 또 한 여인[172]은 용맹스럽고 의리 있는 훌륭한 기사이며 인물 또한 출중했던 프랑스군 부사령관[173]과 결혼했었으나 그와는 전혀 다른 성직자[174]와 재혼하였다. 그녀에 대해 들추어내자면 스무 살 이후 드나들지 않던 궁에 재혼하면서 다시 드나드는 그녀는 첫 남편의 이름과 칭호를 다시 달고 다닌다는 것이다. 우리의 법정은 이런 점에 대해선 법적 질서를 지키도록 유도해야 한다. 왜냐하면 이런 식으로 편리하게 행동하는 여인들이 무수히 많은데 그것은 마지막 남편을 지나치게 무시하고 경멸하는 처사이기 때문이다. 또한 그것은 새 남편이 죽은 후에는 결코 그의 이름을 갖지 않겠다는 의미인데 그녀들은 자신이 저지른 잘못이므로 이를 삼가야 하며 그 이름에 애착을 갖도록 노력해야 한다.

내가 아는 한 미망인은 남편이 죽자 1년간 어찌나 절망 속에서 슬퍼하는지 모두들 얼마 안 있어 저 슬픈 노래가 끝날 즈음 그녀가 죽는 걸

---

169) 라 샤데뉘레.
170) 노블 담 필립 드 보푸알.
171) 프랑수아 드 코몽 데메.
172) 마르그리트 드 뤼스트락.
173) 드 생-앙드레 부사령관.
174) 제오프루아 드 코몽. 클레락의 신부.

보게 될 거라고 생각했다. 그러나 1년이 지나자 큰 슬픔을 거두고 작은 슬픔을 취하는 그녀를 바라볼 수밖에 없게 되었다. 그녀는 어느 날 시종에게 말했다.

"이 크레이프 먹기 좋게 해다오. 할 수 있다면 또 다른 공략을 위해 할 일이 있거든."

그러더니 갑자기 제정신이 드는지 다시 말했다.

"아니 내가 무슨 말을 하는 거지? 내가 꿈을 꾸고 있는가 봐. 딴 짓을 하느니 차라리 죽어야지."

이 슬픔을 거둔 뒤 그녀는 첫 남편과는 견줄 만한 구석이라곤 전혀 없는 남자와 재혼하였다.

"하지만 가문은 옛날의 그의 가문 못지않지."

여인들은 이렇게 말한다. 그렇다는 건 나도 인정하지만 덕목이나 인격은 어디로 갔을까? 모든 면에서 가치를 따져보지 못한 모양이다. 이런 상황에서 그래도 최소한 얻어 낼 수 있는 건 파트너가 생겼다는 것인데, 그것이 모든 걸 앗아가 버리고 만다. 왜냐하면 하느님께선 그녀들이 구박당하고 구타당하는 걸 허락하시기 때문이다(당연히 그래야 하는 듯이). 뒤늦게 참회한다 해도 이제 때는 늦으리.

이런 식으로 재혼하는 여인들의 머릿속에는 어떤 의식과 취향이 담겨 있는 것인지 우리는 알 수 없다. 한 스페인 여인이 재혼을 하려 하자 주위 사람들은 그녀 남편이 보여주었던 큰 우정은 무엇이 되겠느냐며 나무랐다. 그러자 그녀는 대답했다.

"남편의 죽음과 재혼이 한 정숙한 여인의 사랑을 깨뜨려서는 안 되지요."

이 말에는 나도 동감하거니와 또 다른 스페인 여인은 재혼을 권하는 사람들에게 더 좋은 표현을 썼다.

"내가 좋은 남편을 만난다면 그를 잃을까 두려워하게 될 거예요. 난 그러고 싶지 않아요. 그러나 좋지 못한 사람이라면 내가 그와 결혼할 필요가 있을까요?"

로마의 여인 발레리아가 남편을 잃었을 때 죽음과 상실을 위로하러 온 친구에게 이렇게 말했다.

"당신들에겐 그는 죽은 사람이지만, 그는 내 속에서 영원히 살아 있답니다."

"방금 말한 후작은 그녀에게서 이 같은 말을 얻어 냈다. 그러나 이 고귀한 부인께서 한 말씀은 스페인의 험구가들의 말과는 달랐다.

"한 여인은 독수공방의 나날이 열리었도다."

탈세 혐의로 보르도에서 무참하게 죽은, 왕의 부관이었던 모냉[175]의 아내는 남편이 기어코 백성들에게 무참하게 죽었다는 소식을 듣자 이 말부터 했다.

"아, 내 다이아몬드, 그것이 어떻게 되었다고?"

그녀는 결혼 명목으로 1,000내지 1,200에퀴 정도의 값어치를 가진 다이아몬드 반지를 남편에게 주었고, 그는 그 반지를 늘 끼고 다녔던 것이다. 남편인지 다이아몬드인지를 잃고 그녀가 얼마나 큰 슬픔에 잠기게 되었는지는 알아주어야 함이 옳을 듯싶다.

---

175) 나바르 왕의 부관으로서 보르도에서 1548년 8월 21일 백성들의 세금을 포탈한 데 앙심을 품고 들고 일어난 민중들의 손에 무참하게 죽임을 당한 트리스탕 드 모냉의 이야기다. 몽뤼크는 여러 차례 이 사건에 대해 언급한다. 그는 프랑수아즈 드 로마뉴와 재혼했었다.

프랑수아 왕의 지극한 총애를 받으며 남편에게선 별로 사랑받지 못했던 마담 데탕프는 때로 남편 잃은 여인들이 자신들의 과부 신세를 한탄하며 동정심을 얻어 내려 찾아오면 그 신세를 몹시 부러워하는 듯이 이렇게 말했다.

"이 보세요. 당신은 이렇게 되었으니 참으로 행복한 거라고요. 되고 싶다고 과부가 되는 건 아니니까요."

그러면서 그녀는 이 가여운 과부들에게 숙식을 제공하며 머물게 해주곤 했다.

결혼이라는 끝없는 욕구

성스러운 직분이나 계급 때문에 우리가 지극히 받들어 모시며 존경심을 표해야 하는 명예로우신 어르신네들에 관해선 더 이상 말하지 않겠다. 이번엔 입안에 이빨 여섯 개만 갖고도 결혼을 하는 늙은 과부들 얘기를 해야 할 것 같다. 얼마 전 세 명의 남편을 차례로 보냈던 한 여인이 기엔에서 네 번째 결혼을 하였다. 새 남편은 꽤 괜찮은 지위에 있는 귀족이었으며 그녀의 나이는 팔십이었다. 난 왜 그녀가 기어코 결혼을 해야 했는지 알 수가 없다. 그녀는 상당히 부자인지라 물질적으로 부족한 것이 없고 이 귀족 어르신네가 그 재산을 추구하는 것이 분명하니 말이다. 다시 한 번 이성에게 굴복 당하려는 것이 아니라면 나바르 여왕의 바람둥이 시녀 마드모아젤 세뱅의 말처럼 승리의 월계관을 과시해 보려는 것인지도 모르겠다.

내가 알고 있는 또 다른 귀부인 마님께선 일흔여섯 살에 첫 남편과는 비교도 안 되는 빈한한 남자와 짝을 이루어 백 살까지 살면서 아름다움을 유지했다. 어쨌든 그녀는 당대를 풍미하던 미모를 지녔고 무시 못할 젊은 육체는 결혼을 하고 아내가 되고 다시 과부가 될 만했었다고 사람들은 이야기했다.

존경해 주어야 할 기질의 여인들 아닌가! 그녀들은 분명 여전히 식을 줄 모르는 열기를 간직하고 있었어야 했을 터인데. 하기야 오래된 오븐이 새것보다 훨씬 더 쉽게 뜨거워지고, 일단 뜨거워지고 나면 그 열기를 더 잘 간직하여 더욱 맛있는 빵을 구워낸다고 하지 않던가.

그들이 어떤 감칠맛 나는 미각으로 사랑스러운 구혼자와 남편을 사로잡을 수 있는 건지 알 수 없다. 그러나 이런 늙은 여인들의 사랑에 애정을 보이는 친절하고 용기 있는, 게다가 훨씬 젊은 기사님들을 우리는 많이 볼 수 있다. 물론 사람들은 그들이 이 돈 많은 여인들에게서 안락함을 이끌어 내기 위한 것일 뿐이라고 얘기한다. 그런데 내가 본 어떤 이들은 그녀들의 몸에 달린 지갑 말고는, 그녀들의 지갑에서 아무것도 이끌어 내지 않으면서도 뜨거운 열정으로 그녀들에게 애정을 주고 있다.

예전에 우린 아주 좋은 예를 볼 수가 있었는데, 최상의 권한을 누리던 귀하신 왕자님 한 분[176]은 나이 든 한 과부[177]를 열렬히 사랑하게 되어 그녀와 잠자리를 하기 위해 아내와 그 외 수많은 젊고 예쁜 여인들을 모두 떠났다. 그러나 이 경우에 있어서는 그분이 결코 틀리지 않았던 것이 그녀는 좀처럼 보기 드물게 아름다운 미모와 매력을 갖추고 있었을 뿐 아니라 그녀의 겨울은 다른 여인들의 봄, 여름, 가을을 압도할 수 있었기

---

176) 앙리 2세.
177) 디안 드 푸아티에.

때문이다.[178)]

이탈리아의 매춘부들을 찾아다니는 사람들 중 어떤 이들은 정신적으로나 육체적으로 좀 더 편안함을 찾기 위해서 가장 오래된 고대 유물 같은 명성을 지닌 여인을 늘 찾아다닌다. 이것이 어떻게 매력적인 클레오파트라가 마르쿠스 안토니우스로부터 자신을 보러 오라는 명을 받았을 때, 달리 동요하지 않을 수 있었는가 하는 점이다. 그녀는 아직 소녀에 불과하여 자기가 할 수 있는 것이 무엇인지, 그 세계가 어떤 것인지도 알 수 없었을 때에도 이미 카이사르나 폼페이우스를 사로잡을 수 있었다. 그런 그녀인 만큼 건강한 무사임에 틀림없지만 아주 하찮은 이 남자를 그녀의 나이와 깨달음이 주는 자신감으로 충분히 잘 이끌어 가리라 자신할 수 있었던 것이다. 또한 사실을 말하자면, 젊음이 어떤 사람에겐 사랑하기에 적합하지만, 어떤 사람에겐 나이에서 오는 성숙함, 긴 경험과 다듬어진 영혼, 뛰어난 화술 또한 종종 누군가를 유혹하기 위해 연마한 능숙한 솜씨가 사랑을 불러일으킨다.

옛말에 "낡은 곳간에선 마음 놓고 두드릴 수 있지만, 낡은 도리깨는 아무짝에도 쓸모가 없다."는 말이 있다. 나는 채 4년도 넘기기 전에 세 번째 남편과 연인으로 지내던 젊은 남자를 먹어치우는 존경스러운 늙은 과부를 본 적이 있다. 독약이나 암살이 아니라 그들에게서 모든 진액을 빨아내어 캄캄한 지하 세계로 보낸 것이다. 그런데 그녀를 보면 누구와

---

178) 브랑톰은 여기서 마로가 "위대하신 대법관마님께" 썼던 신년 카드 중 하나를 인용해 쓰고 있다.

고우신 디안이여, 당신은 무엇을 바라고,
무엇을 주시렵니까?
당신은 제가 듣던 대로, 가을에 있기보다는
여전히 봄날만을 간직하고 계시는군요.

도 정사를 벌인다는 걸 도저히 상상할 수가 없다. 왜냐하면 사람들 앞에서의 모습은 그 누구보다도 신앙심이 깊고 경건하며 지극히 가련해 보이기 때문이다. 게다가 자기의 벗은 몸이 보일까 두려워 하녀들 앞에서조차 옷을 갈아입지 않는다고 한다. 그래서 시중을 드는 여인들 앞에서는 알몸을 드러내기 힘든 사람이 친절하게 구는 남자들 앞에선 조금도 힘들어하지 않는다는 것이 의아할 정도였다.

그러나 무엇이 어떻다는 것인가? 한 여인이 그의 생애에서 둘이건 다섯, 여섯이건 여러 명의 남편을 맞이한다든가 또는 정부나 애인을 두고 일생에 단 한 남편만을 섬겼다든가 지금까지 여자가 남편을 맞는 일은 가장 정당하고 보호받을 일로 여겨지지 않는가? 이 문제에 관해 내가 잘 아는 어느 부인께선 말씀하시길 한 여인이 여러 명의 남편을 맞이하건, 한 남편을 섬기며 정부나 애인을 갖건 결혼이라는 베일이 모든 걸 감추어주는 것 말고는 어떤 차이도 없다고 한다. 그러니 관능적 쾌락이나 방탕함에 관해서 보면 둘의 차이가 없다. 스페인의 노랫말에 "여자들이란 꼭 잡아야 할 바늘과 뭔가를 고르려는 암늑대의 속성을 갖고 있다."는 가사가 있다. 왜냐하면 바늘은 너무도 미끄러워 놓치기 쉽고, 암늑대는 언제나 가장 험상궂은 수늑대를 찾기 때문이다.

어느 날 저녁 궁에서 네 차례나 결혼을 했던 한 귀부인 마님과 잠시 얘기를 나누게 되었다. 그녀는 지금 막 남편의 형제(beau-frere)와 식사를 하고 나오는 중이라며 나의 장난기를 조금도 염려치 않은 채 순진하게도 누구와 식사를 했는지 알겠느냐고 물었다. 나는 웃으며 짓궂게 이렇게 대답했다.

"세상에 어느 귀신이 그걸 알아맞힐 수 있겠습니까? 부인께선 네 차

레나 결혼하셨으니 당신이 가질 수 있는 그 많은 남편의 형제들 중 누구인지 알아맞히려면 차라리 세상 사람들에게 퀴즈를 내는 것이 어떻겠습니까?"

"당신은 나쁘게만 생각하는군요?"

그러자 그녀는 함께 식사했던 남편 형제의 이름을 말해 주었다.

"아, 드디어 말씀해 주시는군요. 헌데 그 양반은 당신이 말씀하신 대로 잘생긴 형제(beau frere)는 아닌데요?"

옛날 로마에 스물두 명의 남편을 차례로 맞이했던 여인[179]과 스물한 명의 아내를 거느렸던 남자가 멋진 합주를 위해 결혼하기로 합의를 하고 실행에 옮겼다. 아내를 먼저 저승으로 보내게 된 남편은 로마인들에게서 마치 전쟁터에서 승리라도 거둔 듯 가장 명예로운 자가 되었다. 그리하여 머리에는 월계관을 쓰고 손에는 야자수 잎을 든 채 개선 마차를 이끌고 로마 시내를 돌며 승리를 노래했다. 웬 영광이며 웬 승리인가!

앙리 2세 때 궁에는 세 차례나 결혼을 했던 생-타망이라 불리는 바르바장의 어르신네[180]가 있었다. 그의 세 번째 아내는 마담 드 로렌[181]의 가정교사인 마담 드 무시[182]였는데 먼저 간 두 아내를 눌러 이긴 씩씩한 여인이었다. 그는 이 여인 밑에서 죽었던 것이다. 그래서 궁 안의 사람들은 그녀가 새 남편을 지나치게 쇠진하게 만들어 잃게 되었다고 측은해했다. 그러나 무슈 드 몽페자[183]는 그녀를 찾아가서는 동정하는 대신에

---

179) 서기 400년경. 성 제롬께서 사건을 우리에게 전해 주셨는데 그 부인의 장례식에서 본 사실이라고 한다. 브랑톰은 아마도 부셰의 번역문(20번째)을 인용한 것 같다.
180) 샤를 드 로슈슈아르. 바르바장의 영주. 모르트마르의 푸아투 가문 출신.
181) 크리스틴 드 덴마크, 로렌 공작 부인.
182) 프랑수아즈 드 무시.
183) 멜시오르 데 프레, 몽페자 영주.

한 남자에게서 승리를 거둔 그녀를 높이 찬양해 주어야 한다고 격려했다. 그는 그의 두 아내에게서 모든 힘을 빼앗아 죽음에 이르게 할 만큼 원기가 넘치고 강했던 남편이 이렇게 전투에서 굴복하고 그녀가 승리자로 남게 되었으니, 씩씩하고 굳건한 챔피언의 훌륭한 승리를 위해, 또한 그녀 자신이 영예로운 자리를 잘 지켜나가도록 온 궁에 의해 찬양받고 존경받아야 한다는 것이었다.

역시 한 바람둥이 남자가 세 번 결혼했던 여자와 결혼을 하였는데 그들을 가리켜 누군가가 이렇게 말했다.

"그는 마침내 명망 높은 창녀 소굴에서 나온 창녀와 결혼을 했군."

세상에 이런 여인은 치료 기간을 늘여 푼돈을 오랫동안 끌어내기 위해 불쌍한 환자의 상처를 단번에 고쳐주려 하지 않는 탐욕스러운 외과 의사를 닮은 사람과 결혼을 한다. 이를 두고 또 한 여인은 이렇게 말했다.

"그 훌륭한 경력을 그만둔다는 건 아름답지 못한 일이지요. 뭔가 완성하기 위해 끝까지 가야 합니다."

나는 뜨거운 여인들이 그들의 명예를 지키기 위해서라도 몸속의 열기를 쫓아 버릴 수 있는 어떤 묘약이나 처방들을 취해 보려 하지도 않고 그렇게 서둘러 결혼해 버리는 걸 보며 놀라움을 금할 수가 없다. 그러나 그녀들은 자신들이 원하는 방도를 취하려고만 한다. 그녀들은 이렇게 상반되는 조처는 조금도 도움이 안 되며 이런 냉각제들은 속만 쓰리게 할 뿐이라고 말한다. 나는 예전에 이탈리아에서 나온 작은 책자를 본 적이 있다. 서른두 가지의 처방이 적혀 있는 이 책은 너무도 어리석기만 할 뿐이며 오히려 그녀들의 육체에 끔찍한 해를 입힐 수도 있는 것인지라 결코 권하고 싶지도 않고 따라서 글로 옮기지도 않겠다.

플리니우스는 예전에 순결한 처녀들이 사용하던 방법을 소개하고 있다. 그것은 아테네의 부인네들이 여신 세레스, 즉 테스모포리아[184]의 축제 동안에 사랑의 뜨거운 욕구를 없애 가장 정숙한 상태에서 보내기 위해 사용했던, 아구누스 카스투스(agnus castus)[185]라는 나무의 말린 잎이라고 한다. 축제 기간 동안 이런 방법을 통해 정숙함을 유지한 여인들이 축제가 끝나면 이 말린 잎을 어떻게 바람에 휘날려 보냈을지 생각해 보라.

나는 이런 종류의 나무를 기엔의 지체 높으신 귀부인 마님 댁에서 본 적이 있다. 그녀는 종종 방문객들에게 이 나무를 보여주고는 효험을 설명하곤 했다. 그러나 난 한 번도 단 한 줄기 나뭇잎이라도, 아니 말린 잎의 아주 일부만이라도 얻으려고 사람을 보내는 처녀나 부인네들을 본 적도, 그런 사실이 있단 얘기를 들은 적도 없다. 심지어 그 나무의 여주인조차도 단지 그 나무가 마음에 들어 집 안에 배치해 두고 있을 뿐이다. 더욱이 그 남편은 그것이 있는지조차도 모른다. 그러나 역시 자연의 흐름대로 모든 것이 조절되도록 내버려 두는 것이 가장 좋은 방법인 듯도 싶다. 아름답고 매력적인 그 부인은 역시 아주 예쁘고 훌륭한 아들딸들을 줄줄이 낳았으니까.

좀 더 진지하게 이야기하자면 이런 금욕적이고 냉기 흐르는 처방은 수도 생활을 하는 여인들에게 내려지고 주어져야 한다. 만약 그녀들이

---

184) 데메테르.

185) 그것은 델로스에서 여신 라토나(아폴론의 어머니 레나의 라틴명)가 그 밑에 순결한 자기의 딸 디아나를 감추었다는 관목의 일종인 거짓 후추나무(faux poivrier) 또는 서양 모형나무(gattilier)의 이름. 플리니우스는 이에 대하여 설명하기를『자연의 역사』XXIV, 38), 아테네 사람들은 테스모포리아 축제 동안에는 성욕을 절제하도록 되어 있어 침대 위에 이 나뭇잎을 깔아놓았다고 한다. 플라톤, 갈레니우스, 플리니우스 등은 이 나뭇잎과 열매의 제음 효과를 찬양했다. 라블레는 책 제3권, 31장에서 "남자를 식게 만들고, 저주를 내리며 자손을 가질 수 없는 불구로 만드는" 식물들 중 비텍스(vitex)라는 이름으로 이 나무를 꼽고 있다.

육체적 욕망 때문에 자주 괴로워한다면 정신적으로 더욱 당혹스럽고 고통스러울 것이기 때문이다. 만일 그녀들에게 자유가 주어진다면 세속적인 여인들처럼 육체적 갈증을 풀고 싶어 할 것이고 종종 자신이 회개한 것을 뉘우치게 될 것이다.

여기서 로마의 유녀들을 보며 우스운 예를 하나 들어보겠다. 로마의 한 여인이 수도 생활에 몸을 내던졌는데, 수도원에 들어가기 전 남자 친구인 프랑스인 기사가 그녀에게 안녕을 고하기 위해 찾아왔다. 그녀는 이제 세상에서 물러나 하느님께 가기로 마음먹었기 때문이었다. 떠나기 전 그는 그녀를 껴안으며 사랑을 호소했다. 그러자 그녀가 말했다.

"그럼 빨리 하세요. 날 수녀로 만들기 위해, 수녀원으로 데려가려고 그들이 곧 올 거라고요."

그리고 마지막으로 손을 잡으며 하는 말은 이랬다.

"마지막으로 내가 기억할 수 있는 큰 은총을 주세요."

이 무슨 뉘우침이며 종교적 간섭인가. 일단 그녀들이 종교적 삶을 살기로 공언하고 나면, 때로 어떤 이는 정신적으로는 아니더라도 육체적으로 더 많은 후회 속에서 산다. 그들 중 어떤 이는 사면에 의해 또는 자기 스스로 치유법을 찾아 나선다. 물론 이곳에서는 과거에 로마에서 처녀들이 가증할 죄를 지었을 때 그 처녀들을 다룬 것처럼 잔인하게 다루지는 않았다. 그들이 하느님을 모르던 시절 그들의 벌은 공포와 잔악함에 가득한, 실로 끔찍하기 이를 데 없는 것이었다. 그러나 기독교인들은 예수 그리스도의 온화함을 따라 그분처럼 관대함을 베풀 줄 알아야 한다. 그분께서 용서하시듯 우리도 용서해야 한다.

이 가여운 은거자들은 일단 수도원 안에 갇히게 되면 꽤 많은 고통을 이겨내야 한다. 어떤 스페인 여인은 몹시 아름답고 고귀한 처녀가 종교에 자신을 의탁하기 위해 떠나는 걸 보며 이렇게 말한다.

"아, 가여운 것, 대체 네가 무슨 죄를 얼마나 지었다고! 무엇 때문에 평생을 울타리 속에서 지내려고 그렇게 서둘러 감옥으로 들어가려는 건지……."

그리고 수녀님들이 나와 세상 모든 영광을 그녀에게 돌리며 따뜻하게 환대해 주는 걸 보면서 이렇게 말한다.

"아, 모든 것이 그이의 냄새로구나. 성당의 향에서까지 온통 그이의 냄새뿐이로구나."

이 순결의 맹세에 대해 헬리오가발로스는 모든 여인들은 보장할 수 없는 길을 강요하기에는 너무도 약한 존재라고 말하면서 로마의 어떤 처녀도, 동정녀도 처녀성을 강요받지 않는다는 법을 만들었다.[186] 따라서 이 불쌍한 처녀들을 먹이고 키워 결혼시키기 위해 병원을 세운 사람들은 그녀들에게 방탕한 삶을 억지로 단념케 하기보다는 결혼의 달콤한 열매를 맛보고 느끼게 할 수 있도록 자비로운 일을 했다. 라블레[187]의 이야기에서도 파뉘르주는 이 결혼을 위해 자기의 많은 돈을 쏟아 부었다.

비교 대상이 된 전 남편과 새 남편

내가 진정으로 알고 싶은 것으로 감추는 것 없이 솔직하게 모든 걸 풀어놓을 수 있길 바란다. 여행을 떠나는 여인들 즉, 재혼을 한 여인이 어

---

186) 참조, 랑프리드 『헬리오가발로스』.
187) 판타그뤼엘 1. II. chap. XVII.

뙿게 첫 남편의 추억이 있는 장소를 찾을 생각을 하느냐는 것이다. 이에 대해선 다음과 같은 격언이 있다.

"마지막 우정과 원한은 첫사랑을 잊게 한다. 또한 두 번째 결혼은 첫사랑을 매장시켜 버린다."

이에 대해 재미있는 예를 하나 들어볼까 한다. 이는 높으신 어르신네들 말씀이 아닌지라 그리 권위 있는 이야기가 되진 못하겠지만 그렇다고 내던져 버릴 이야기는 아니다. 어둡고 천박한 곳이라 해도 지혜와 과학이 숨어 있다고 말할 수 있으니까.

푸아투의 지체 높으신 마님께서 한번은 자기 땅의 소작인인 한 농부 여인에게 몇 명의 남편을 두었으며 여러 번 결혼을 한 것을 어떻게 생각하는지 물었다. 농부 여인은 간단하게 예를 차린 후 냉정하게 대답했다.

"말씀드리겠습니다, 마담. 하느님의 은총으로 제겐 두 명의 남편이 있었습니다. 하나는 기욤이라 불렀는데 첫 남편이지요. 그리고 두 번째 남편은 콜라스였답니다. 기욤은 착한 사람이었습니다. 까다롭지도 않고 제게도 아주 잘해 주었습니다. 그렇지만 하느님은 콜라스를 용서해 주셨어요. 왜냐하면 콜라스는 내게 그걸 아주 잘해 주었거든요."

그리고 그녀는 모든 걸 숨기지 않고 낱낱이 이야기하기 시작했다.

다시 말하면 이 여인은 아주 방탕한 동반자의 영혼을 위해 하느님께 기도를 올렸다. 바로 그 문제에 있어 다시 돌이켜 생각해 보니 첫 남편은 '전혀'였다는 말이다. 아마도 두 번, 세 번 결혼한 여인들의 대답은 모두가 마찬가지일 거라고 생각한다. 왜냐하면 그녀들은 바로 이 문제 때문에 여기까지 왔기 때문이다. 따라서 더 잘 노는 자가 더 사랑받는 것이다. 흔히 두 번째 남편은 맹위를 떨쳐야만 한다고 생각한다. 그러나 종종 기대는 무너지기 쉽다. 왜냐하면 그들은 그들의 뷰티크 안에 여인들이 찾을 수 있을 거라고 믿었던 것들을 모두 구비하지 못할 수도 있기 때문이다. 또는 있다 하더라도 물건이 변변치 못하고, 무디고, 상했거나 흐물거리고, 단단치 못하고 일그러져 돈을 지불한 것을 몹시 후회하게 된다.

우리는 플루타르크 영웅전에서 아기스가 죽은 뒤 그의 아내인 아름다운 아기아티스와 결혼한 클렌오메네스의 얘기를 읽을 수 있다.[188] 지극히 아름다운 그녀를 보고 열렬히 사랑하게 된 그는 첫 남편 때문에 괴로워하는 큰 슬픔을 보았다. 그는 그녀가 첫 남편에 대해 품고 있는 사랑과 아름다운 기억들에 호의를 갖고 바라보며 깊이 동정하게 되었다. 때로는 그들 사이에 있었던 특별한 기쁨과 기억들, 이런 저런 것들을 물어보며 자기 자신이 그 속에 뛰어들어 추억의 주인공이 되기도 했다. 그러나 그는 그녀를 오래 간직하지 못하였다. 그녀가 곧 죽었기 때문이었다. 그리하여 그는 지극한 슬픔을 안게 되었다.

여러 남편들이 이런 마음으로 재혼한 아내 때문에 같은 일을 겪는다. 때로 어떤 순간은 종지부를 찍는 순간이 되기도 하지만 영원히 그렇지 못할 수도 있는 것 같다.

반면에 첫 남편보다는 새 남편을 훨씬 더 사랑한다고 말하는 여인들도 있다.

"처음 결혼할 때 흔히 우리는 순수한 우리의 의지보다는 부모님이나 후견인들의 강요나 우리의 왕과 여왕의 명령에 따라 결혼하게 되지요.

---

188) 플루타르크 『클레오메네스』.

하지만 남편을 잃고 혼자가 되었을 때는 완전히 해방된 우리의 멋지고 달콤한 쾌락을 위해서, 사랑과 우리의 고귀한 만족을 위해서만 결혼할 뿐입니다."

분명 그것은 옳은 것일 수 있다. 옛말에도 있듯 '반지로 시작된 사랑이 칼로써 끝나는 것'만 아니라면 말이다. 이렇게 매일매일 우리는 남편에게서 사랑받고 산다고 생각되는 여인들이 사실은 심하게 구타하고 함부로 다루며 때로는 생명을 앗아가기까지 하는 남편들의 잔혹한 행위 때문에 고통 받는 걸 볼 수 있다. 이것은 바로 너무도 착하기만 했던 첫 남편의 사랑에 대해 너무도 냉정하고 배은망덕하기만 한 그녀들에 대한 신성한 벌이다.

이와는 전혀 다르게 어떤 여인은 결혼 첫날밤 남편이 그녀를 공략하려 하자 한숨을 쉬며 눈물을 흘리기 시작하였다. 남편은 그녀가 슬퍼하는 이유를 물으며 자기가 의무를 잘 이행하지 못한 것인지 물었다.

"아, 그런 것이 아니랍니다. 전 남편이 생각나서 그러는 겁니다. 그인 날더러 자기가 죽고 나면 절대로 재혼하지 말라고 몇 번이나 부탁했었답니다. 게다가 아이들까지 생각나 불쌍해 어쩔 줄 모르겠어요. 아! 난 이제 당신에게서 또 많은 아일 갖게 되겠지요. 난 어쩌면 좋은가요? 그이가 있는 곳에서 지금 절 내려다본다면 아마 절 저주할 거예요."

첫날밤을 치르기도 전에, 지혜로운 처신을 못 했으면 엉뚱한 생각이나 하지 말지 대체 무슨 어리석은 행동이란 말인가. 그러나 남편은 그녀를 가라앉히며 사랑의 묘약으로써 이 환상을 떨쳐 버리게 만든다. 그리하여 그녀는 다음날 아침 침실 창문을 열면서 첫 남편에 관한 모든 기억을 밖으로 날려 보낸다. 옛 말씀도 있지 않던가.

"남편을 땅에 묻은 여인은 또 다른 남편을 묻을 걱정을 하지 않는다."

또는 "남편을 잃은 여인의 얼굴에 더 이상 슬픔은 없다."

이렇게 옛 남편 때문에 눈물 흘리는 여인과는 전혀 상반되는 모습을 보여주었던 또 다른 어느 귀족 부인의 이야기다. 왜냐하면 재혼한 첫날 밤부터 그녀는 한쪽 가슴에 종양이 남아 있음에도 불구하고 사랑의 쾌락을 위해 한 순간도 그냥 내버려 두지 않는 새 남편과 실컷 즐길 수 있었기 때문이다.

이런 점에 대해 내가 여러분들에게 하고 싶은 말은, 새 남편들이란 아내들이 죽은 남편의 장점이나 미덕을 여전히 가슴속에 품고 있는 것을 보고 싶어 하지 않을 뿐더러, 죽은 사람이 이 세상으로 돌아오기라도 하듯 불쌍한 고인에게 질투하고 자기 맘속에서 나오는 대로 아무 말이나 퍼붓기 일쑤라는 것이다. 만일 클레오메네스가 그랬듯이 아내에게 전 남편에 대해 여러 가지를 물어오는 남편이 있다면, 그것은 두 사람 사이의 비교를 통해 전 남편에 대해 상대적으로 우월감과 자신감을 갖고자 하는 의도가 분명하다. 따라서 내가 여기서 또 한 번 얘기하고픈 것은 여인들은 새 남편으로 하여금 그가 모든 면에서 뛰어나다는 걸 이해시키고 믿게 함으로써 자신들도 더 나은 생활을 해나갈 수 있다는 점이다. 어떤 여인들은 이와 반대로 이야기하고 전 남편의 유능함을 강조함으로써 새 남편을 낙담케 하고 지친 당나귀처럼 기운을 빠지게 만든다.

이런 여인들은 제노바에 속했으나 35년 전부터 터키인[189]의 손에 들어가게 된 조동의 가장 아름답고 즐거움을 주는 시오 섬으로 보내기에

---

189) 터키인들이 시오 섬을 점령한 것은 1566년이다.

알맞은 여인들이다. 제노바 상인들에게 들은 바에 의하면, 이 섬에서는 전통적으로 한 여인이 재혼하지 않고 독수공방을 하면 영주권의 법도는 그녀에게 세금을 물리는데, 이를 '아르고모니아티크(argomoniatique)' [190]라고 한다. 말하자면(여인의 명예는 고려치 않고) 무용하게 쉬고 있는 것에 대한 대가라는 것이다. 또한 플루타르크에 따르면 옛날 스파르타에서도 루산드로스 장군 역시 결혼을 아예 하지 않거나 너무 늦게 하거나 또는 잘못 결혼한 사람들에게는 벌칙을 만들어 적용했다고 한다.

나는 제노바 상인들에게 이 시오 섬에는 어떤 이유로 이런 법이 생겨나게 되었는지 물어보았다. 그들은 이 섬에 영원히 사람들이 뿌리내리고 살 수 있도록 인구를 늘려가고자 함이라고 대답했다. 하지만 우리 프랑스는 재혼하지 않으려는 미망인들 덕분에 사람 없는 불모의 땅이 되는 일은 결코 없을 것이다. 내 생각엔 다시 결혼하려는 이들이 너무도 많아서 무용하게 쉬고 있는 그것에 대한 세금을 낼 사람은 아무래도 있을 것 같지가 않다. 내가 말하고자 하는 건 그것이 결혼을 위한 것이 아니라, 그와는 조금 다르게 일을 하고 열매를 맺게 하기 위한 것이라는 점이다.

또한 우리 프랑스의 처녀들은 도시의 처녀건 시골의 처녀건 역시 시오의 처녀들처럼 세금을 내지 않을 것이다. 만약 그녀들이 결혼도 하기 전에 순결을 잃어버리고 말았다면 그 일을 계속하길 원하고, 아무 두려움도 위험도 느끼지 않고 쾌락을 누리기 위해 밤의 파수꾼에게 단 한 번

---

190) 이 제노바 상인은 기욤 부셰와 거의 같은 용어로 말하고 있다. 그의 『세레스』 제5권, "시오에서는 과부가 계속해서 혼자 살아가려면 영주권에 의해 지불하도록 강제로 정해진 세금을 물어야 한다. 이름하여 '아르고모니아티크(argomnoniatique)' 라고 하는데 쉽게 말하면 '쉬고 있는 유능한 하반신' 이라는 말이다."

듀카를 지불해 버리는 것이다(이렇게 하는 것이 그들의 일생을 위한 유익한 거래일 테니까). 여기엔 또한 이 친절한 밤의 파수꾼이 얻어 낸 가장 크고 확실한 이득이 숨어 있다.

옛날에는 이 시오 섬의 처녀와 부인들도 지금의 그녀들과는 상반된 삶을 살았다. 플루타르크는 그의 『소논문집』에서 시오 섬의 여인들에 관해 언급하고 있는데, 몹시 정숙해서 그가 머물렀던 7년 간 한 번도 결혼한 여인이 간통을 하거나 처녀가 결혼하지 않은 채 순결을 버리는 걸 본 기억이 없다고 술회했다. 훌륭하신 호메로스는 그곳에서 '기적'이라고 썼을 것이다. 오늘날 그녀들은 많이도 변했다는 걸 아셔야 하리라.

비너스의 후예들

그리스인들에게는 언제나 방탕함으로 쏠리는 어떤 창의력이 없을 수가 없었다. 아름다운 여인 비너스가 그곳을 지배하는 여신으로 내려와 앉았다는 사이프러스 섬의 옛날 관습을 읽으면서 느낄 수 있는 점이다. 바로 비너스의 후예들인 그곳 처녀들은 강가를 따라 산책을 하며 육체적 자유로움 속에서 뱃사람들과의 결혼을 성취하기 위해 황금 물결치는 해안까지 나아간다. 그곳을 항해하며 선원들은 일부러 내리기도 하고, 때로는 땅을 밟아보기 위해 나침반이 가리키는 곧은 항로를 되돌려 배를 해안가에 정착시킨다. 그러고는 그곳 처녀들과 간단히 갈증을 해소하고 후하게 지불을 한 뒤 다시 길을 떠난다. 그들 중 어떤 이들은 이런 아름다움을 두고 떠나는 걸 못내 아쉬워한다. 이런 기회를 통해 이 아름다운 처녀들은 그들의 미모와 품성과 친절의 정도에 따라 크건 작건, 신

분이 높건 낮건, 남들보다 좀 더 낫건 아니면 좀 못하건 각자 자신에게
맞는 결혼에 이른다.

오늘날 우리 처녀들은 그 누구도 결혼을 성취하기 위해 바람, 비, 추
위와 태양, 열기, 그리고 달빛 아래 자신을 내보이지도 옮겨 다니지도
않는다. 그들의 섬세하고 부드러운 피부와 하얀 맨살로는 그 고통이 너
무도 고되고 힘들기 때문이다. 대신 화려한 저택과 웅장한 성채 안에서
자신들을 찾으러 오게 만든다. 그러고는 그곳에서 아무런 세금도 치르
지 않고 사랑을 팔고 결혼의 거래를 성사시킨다. 난 세금을 내는 로마의
유녀들을 말하는 것이 아니고 그들보다 훨씬 지체 높은 여인들 얘기를
하는 것이다.

대부분의 경우 그들의 부모나 오라버니들은 돈을 마련하는 데 큰 어
려움이 없으면서도 그들의 결혼을 위해 큰돈을 주려 하지 않는다. 그러
나 반대로 많은 경우에 어떤 이들은 딸 또는 누이의 결혼을 위해 많은
돈을 주고 재산을 미리 상속해 주거나 지위와 위엄을 함께 갖춰주기도
한다.

리쿠르고스[191]는 순결한 처녀들은 지참금 없이 결혼해야 하며 남자들
은 욕심을 위해서가 아니라 덕으로써 결혼하라고 명했다. 그러나 그것
은 어떤 미덕을 말하는가? 장중한 의식과 축제에서 처녀들은 노래를 부
르고, 총각들과 알몸을 드러내며 공개적으로 춤을 춘다. 게다가 장터에
서 싸움을 벌이기도 한다. 이 모든 것은 아주 정숙하게 이루어졌다고 역
사는 말한다. 이런 상태에서 더구나 예쁜 소녀들이 모든 걸 공개하는데

---

191) 스파르타의 법률 제정가. 플루타르크 『리쿠르고스』.

무슨 정숙함을 말하는 것인가? 정숙함이란 조금도 존재할 수가 없다. 다만 그들의 몸놀림과 춤, 거기에다가 뒤엉켜 싸우는 걸 보는 시각적 쾌락만이 있을 뿐이다. 어떻게 이 스파르타 처녀들에게 정숙함이 남아 있다고 감히 내게 은폐할 수 있는가? 나는 그곳에서 흔들리지 않을 정숙함은 있을 수 없다고 생각한다. 대중들 앞에서 한 한낮의 몸싸움은 한밤의 큰 전투의 약속이며 또한 반란이 뒤따른다.

앞서 말한 리쿠르고스가 마치 기름지고 비옥한 좋은 땅에서 경작하듯이 잘생기고 생기 넘치는 사람에게는 다른 사람의 아내를 차용할 수도 있도록 허락한 걸 보면 이 모든 것이 의심할 바 없이 그렇게 이어졌음에 틀림없다. 그리고 자기가 선택한 젊은이에게 젊고 아름다운 아내를 빌려주는 늙고 기운 빠진 남편을 비난할 일이 아니었다. 오히려 그는 아내로 하여금 상대가 마음에 들어만 한다면 자기의 가장 가까운 친척 중에서 짝을 이룰 상대를 선택할 수 있도록 허용하길 바랐다. 적어도 그녀가 낳는 아이들이 자신과 같은 혈통, 같은 부류이기 위해. 이런 이유로 유태인들이 형수 또는 시동생과의 사이에 이런 법칙을 적용했던 걸 볼 수 있다. 그러나 우리 기독교인의 법은 이런 걸 모두 수정하였다. 하지만 여전히 여러 가지 이유 때문에 스페인에서는 이런 식의 행위가 종종 이루어지는데 물론 사면을 받고서 실행에 옮기는 것이다.

그래서 또 다른 과부에 관해서 우리가 할 수 있는 한 가장 소박하고 짧막하게 이야기를 한 후 매듭을 짓기로 하자.

재혼 같은 건 하지 않으며 결혼이 마치 페스트이기라도 한 듯 여기는 또 다른 종류의 과부가 있었다. 그녀에게 또다시 결혼의 신 히메네께 자신의 소원을 빌어볼 생각은 없느냐고 물었다. 그녀는 이렇게 대답했다.

"사슬에 묶여 오랫동안 노를 저은 후에 이제 막 자유를 찾게 되었는데 다시 노예로 만들려고 강요하는 것은 너무도 미련하고 어리석은 것 아닐까요? 저도 마찬가지랍니다. 남편의 노예살이에서 충분히 고생했고 이제야 새로운 삶을 찾게 되었는데, 뭐라고요?"

또 다른 여인에게 한 친구가 혹 재혼하고 싶은 생각은 없는지 물었다.

"이봐요 사촌, 함께 잘 즐겨야지요."

이 '함께 즐긴다'는 말은 재혼은 원하지 않으면서도 그녀가 하고픈 것이 무엇인지를 암시한다. 옛 격언이 말한 대로 "결혼보다는 사랑으로 날아가는 것이 낫다."는 말을 따르는 것이리라. 또한 여인들은 어디서나 친절한 여주인이 된다. 덧붙이자면, 여인들은 어디서나 사람들을 맞이하며 여왕이 된다. 나는 아름다운 여인을 말하는 것이다.

그녀를 차지하고 싶어 기회만을 엿보던 한 기사가 남편을 원하지 않는지 물었다. 그녀가 말했다.

"아, 남편에 관해선 내게 말 붙이지 마세요. 난 이제 더 이상 남편을 갖지 않을 겁니다. 하지만 친구를 갖는 거라면 난 말 않겠어요."

"그렇다면 마담, 제가 친구가 되는 걸 허락하시겠습니까? 왜냐하면 저도 남편은 될 수 없거든요."

그녀는 대답했다.

"얼마든지요. 그 관계라면 계속할 수가 있지요. 그건 가능해요."

젊고 아름다운 한 과부에게 한 점잖으신 신사 분께서 사순절 동안 그녀는 어떻게 보내는지, 세상 사람들이 하는 대로 날고기는 먹지 않는지 물었다. 그녀가 대답했다.

"아니오. 전 먹지 않아요."

신사 분이 말했다.

"제가 보기엔 당신은 그리 조심스럽지 않은 것 같던데요. 이 기간 동안에도 날고기건 익은 고기건 모두 드셨던 것 같은데요."

"그건 남편이 있을 때였지요. 하지만 혼자 사는 제 생활이 절 변화시켰고 제게 억제하는 걸 가르쳐주었습니다."

그녀가 이렇게 반박하자 다시 신사 분이 말했다.

"그러시다면 절제하는 생활을 잘해 나가도록 하십시오. 흔히 금욕을 하고 심한 허기를 느낀 후에 미각이 혀를 자극하게 되면, 창자가 너무 움츠러들고 오그라들어 음식을 삼키기도 어려워지지요."

"당신은 저에 대해 말씀하시는 것 같은데 제 것은 그렇게 오그라들어 있지도 그렇게 굶주려 있지도 않답니다. 맛있는 미각이 제 입맛을 자극하면 때로 포식을 하거든요."

나는 한 귀부인 마님을 알고 있는데, 그녀가 처녀였을 때부터 결혼한 후까지도 모두들 그녀의 비만증에 대해 쑥덕거리곤 했다. 그녀는 남편을 잃게 되었는데 이것이 그녀를 지극한 슬픔 속에 잠기게 하면서 막대기처럼 마르게 되었다. 그러나 그녀는 자신을 슬픔 속에 방치해 두지는 않았다. 즐거운 마음을 갖기 위해 다른 이들의 도움을 받곤 했는데 비서나 그 외에도 많은 사람들, 심지어 요리사의 도움까지도 빌리곤 했다고 한다. 그러다 보니 그녀의 몸은 생기를 되찾으며 예전의 비만함으로 돌아갔다. 뚱뚱하고 기름기 넘치는 그녀의 요리사가 기름기를 잘 보충해 주었던 것 같다.

이렇게 그녀는 자기 시종들을 하나씩 차례로 취하였고 궁에서 가장 정숙하고 사려 깊은 여인은 다른 모든 여인들의 험구 대상이 되어 끊임없이 입에 오르내리게 되었다. 이 여인이 바로 나바르 여왕의 『백 가지의 새로운 이야기』[192]에서, 그녀에 대한 사랑으로 제정론을 잃은 점잖으신 신사 분에게 짚더미 위에서 마부인지 노새 몰이꾼인지와 함께 발견되었다는 고귀하신 도피네 부인이다. 이것으로 그 신사 분은 사랑의 병을 쉽게 치유할 수 있었다고 한다.

나폴리에서 한 미모의 귀부인 마님은 자기의 노예이며 마부인 세상에서 가장 못생긴 무어인과 사랑에 빠졌다 해서 세상을 들끓게 만들었다. 이 노예는 먹을 것을 열심히 갖다 주는 것 때문에 그녀를 사랑하게 되었다고 한다.

『제앙 드 생트레』라는 소설에서 열정적인 왕 제앙은 시종을 한 사람 데리고 있었다. 요즘도 그렇지만 옛날엔 지체 높으신 어르신네들께서 시종을 사자로 보내곤 했었다. 사람들은 종종 그들에게 크고 작은 심부름을 보내곤 하는데 말 한 마리에 몇 푼의 심부름 값으로 시종을 보내면 그들은 이내 달려가고 모든 것은 절약된다. 이 어린 제앙 드 생트레는(오랫동안 사람들은 그를 이렇게 불렀다) 주인이신 제앙 왕의 사랑을 받았다. 왜냐하면 그는 머리 회전이 빨랐고 종종 과부인 그의 누이에게 메신저로 보내지곤 했기 때문이었다.

그런데 이 마님께서는 그에 의해 전달되는 메시지를 몇 차례 받아보다가 그만 그에게 애정을 품게 되었다. 어느 날 주위에 아무도 없는 아주 적당한 순간에 그를 맞이한 마님께선 이것저것 꼬치꼬치 캐물으며 혹시 궁 안에서 그가 좋아하는 여인은 없는지 물었다.

---

192) 스무 번째 이야기. 모를리니와 아리오스토에게서 끌어낸 세뇨르 드 리앙의 이야기며, 라 퐁텐에 의해 『조콩드』라는 제목의 콩트 속에서 모방되었다.

이는 대부분의 여인들이 어떤 사람에게 처음으로 말문을 열고 사랑의 공략을 시도하려 할 때 하는 첫 단계다. 사랑 같은 건 아직 꿈도 꾸어보지 않았던 어린 제앙 드 생트레는 없다고 대답했다. 그녀는 그에게 사랑에 대한 찬사와 미덕을 길게 늘어놓았다. 지금처럼 그때도 사랑의 주도권은 그리 세련되지 못한 세상에서 위선적이면서 어리석은 남편들을 다루며 그 누구보다도 다듬어지고 세련된 이 귀부인 마님들께서 갖고 있었던 것이다. 이 부인은 자기를 사로잡는 젊은이를 보면서 세상에 알려지는 창피를 면해야 하니 모든 건 비밀로 할 것을 약속하며 좋은 연인이 되어 주겠노라 말하려 했다.

마침내 그녀는 애인이 되고 싶다고 어린 시종에게 선언했다. 젊은이는 그녀가 자기를 놀리거나 붙잡아 매질이라도 하려는 것이라 생각하며 몹시 놀랐다. 어쨌든 그녀는 즉시 불타는 사랑의 신호와 애정 어린 포옹, 그리고 지극히 다정한 태도를 숨김없이 보여주었고, 결국 남자는 장난이 아니라는 것을 알게 되었다. 그들의 사랑과 향락은 시종으로서, 또한 한 남자로서 멀리 여행을 떠나게 되고, 그녀가 풍풍한 신부로 상대를 바꿀 때까지 오랫동안 계속되었다. 이 이야기는 나바르 여왕의 이야기에서 계속해서 볼 수 있는데 거기선 아주 용감하고 씩씩한 제앙 드 생트레가 이 신부님과 맞닥뜨리는 이야기가 나온다. 또한 그는 아주 좋은 교환 조건으로 모든 걸 이 신부에게 인도한다.

이렇듯 비록 그들이 자고새처럼 얼룩무늬 투성이라 하여도 마님들께서 시종을 사랑하는 건 비단 오늘날의 이야기만은 아니다. 남편은 다시는 섬기지 않으면서 많은 남자 친구를 갖고자 하니 이 무슨 야릇한 여인들의 심리인지! 남편의 지배에서 벗어나 달콤하기만 한 자유로운 사랑을 누릴 때, 그녀들은 낙원에 있게 된다. 그녀들에겐 아주 훌륭한 상속 지분이 있고 그것을 관리하며, 처리해야 할 일이 있고, 돈을 만질 수 있다. 모든 것은 그들의 손을 거쳐 이루어진다. 그녀들은 시중을 드는 사람이 아니라 여주인이다. 따라서 자기들이 원하는 사람과 즐거움을 선택한다.

이들 중엔 그들의 위대함, 위엄, 재산, 부, 지위 그리고 어디서나 그녀들이 받을 수 있는 부드럽고 좋은 대우 등을 잃지 않기 위해 재혼을 거부하는 여인들이 있다. 내가 아는 몇몇 귀부인들이나 공주들은 첫 남편이 가져다준 위대함을 다시 만날 수 없을까 또는 그들의 신분적 지위를 잃을까 두려워하며 결코 재혼을 꿈꾸지 않는다. 그렇다고 해서 사랑이나 쾌락으로의 희귀를 거부하는 건 아니다. 그 때문에 그들의 지위와 여왕의 방이나 궁에서 열리는 크고 작은 모임에서 자기들의 자리를 잃지도 않으려는 것이다. 가장 높은 곳으로 올라가야 하는 위대함에서 얻어지는 기쁨과 낮추어서 얻어지는 기쁨을 함께 누리니 그들이야말로 행복한 여인들 아닌가! 그들에 대해 험담이나 충고 같은 건 절대로 하려 들지 말아야 한다. 그랬다가는 더 큰 부인과 부정, 복수와 항변만이 있을 뿐이다.

지체 높으신 한 마님께선 겉으로는 독수공방을 하는 체하며, 결혼을 핑계로 오랫동안 한 성실한 기사의 충절한 사랑을 받아왔다. 그러나 시간이 흘러도 명백해지는 건 아무것도 없었다. 그러자 그녀보다 지위가 높고 궁중의 어른이신 공주께서 그녀를 불러 충고를 하려 하셨다. 그러자 교활하고 타락에 빠진 이 여인이 대답했다.

"아니 뭐라구요, 마담. 그가 이 순결한 사랑을 지켜내고 싶지 않아 한다는 말씀이신가요? 아, 그건 너무 잔인해요.”

하느님은 아실 것이다. 이 순결한 사랑이라 부르는 사랑은 바로 방탕과 외설스러움에 얼룩진 사랑이란 걸. 물론 모든 사랑은 순수하고 순결하며 정숙하게 생겨나지만, 화금석의 접촉에 의해 일단 문이 열리고 나면 음탕하고 추잡해지고 만다.

말 잘하고 유쾌하게 이야기를 잘 이끌어 가는 사람이었던 불덩어리 무슈 드 뷔시가 하루는 궁에서 여전히 지칠 줄 모르는 사랑의 편력을 쌓아 가고 있는 과부를 보며 말했다.

“아니, 이 암말은 또 종마에게 달려가는 건가!”

이 말은 그녀에게 망치로 얻어맞은 듯한 충격을 주리라는 걸 무슈 드 뷔시는 알 수 있었다. 그는 재빨리 내게 말했다.

“아하! 이걸 다른 말로 해야 할 것 같은데……. 내가 이렇게 말했다고 하지 말고 ‘이 화약고가 또 말에게 달려가나?’ 라고 했다고 하게나.”

그리하여 나는 얼른 그렇게 했다. 왜냐하면 이 말이 늙은 여인이지만 기쁨을 줄 수 있는 여인으로 생각해 주는 말이므로 유감스러워하지는 않으리란 걸 나도 잘 알고 있었기 때문이다. 그리고 내가 그녀를 젊은 암말을 칭하는 화약고라 부른다면 아직도 내가 그녀를 젊은 여인으로 평가해 준다고 생각하리란 걸 충분히 짐작할 수 있었기 때문이다. 이렇게 재빨리 말을 윤색함으로써 그녀는 아주 만족스러워하며 마음의 평정을 찾았고, 무슈 드 뷔시와도 아무 탈 없이 지낼 수 있었다. 어쨌든 그녀는 그런 빈정거림을 받을 만했다. 왜냐하면 사람들은 그녀를 자신의 나이를 생각지 못하고 또다시 말들을 찾아다니는 원기 왕성한 늙은 암말이라고 불렀기 때문이다.

이 여인은 지금 내가 말하려는 여인과는 조금도 닮지 않았다. 이 여인은 처음에는 위의 여인과 비슷한 모습을 보였으나 나이가 어느 정도 들자 금식과 기도에 열중하며 하느님을 열심히 섬기기 시작했다. 한 점잖은 기사가 왜 이렇게 성당에서 밤을 지새우며 식탁에서는 금식을 하는지, 혹시 육체적 쇠락을 극복하기 위한 건 아닌지 물었다. 그러자 그녀는 마치 크로토나의 밀로처럼 그 어느 때보다도 경건한 태도와 음성으로 이렇게 말했다.

"무슨 말씀이신지요? 제겐 모두가 지난 일입니다."

건장하고 굳센 투사였던 밀로가 어느 날 경기를 보기 위해 투기장에 나타났다. 이젠 몹시 늙었기 때문에 단지 구경을 왔을 뿐이었다. 모여든 사람 중 누군가가 그에게 옛날처럼 또 한 방 날리고 싶은 생각은 없느냐고 물었다. 그는 팔을 걷어 올리며 아주 경건한 태도로 근육과 솟아오른 힘줄을 바라보더니 이렇게 말했다.

"세상에, 이젠 다 죽었군."

이 여인이 밀로처럼 옷을 걷어 올렸다 해도 예전 같지 않았으리라.

앞서 무슈 드 뷔시가 했던 것과 유사한 빈정거림은 궁에서 종종 만날 수 있다. 왕실의 한 기사가 6개월 동안 직무 여행을 하고 오랜만에 궁에 나타났다. 당시 불덩어리 같은 왕에 의해 궁에서 열리고 있는 아카데미에 드나드는 여인이 있었는데 그 기사가 그녀를 보고 이렇게 말했다.

"아니, 저 마담께선 여전히 아카데미를 계속하고 있나? 강좌가 폐지되었다고 들었는데."

그러자 누군가가 말했다.

"그녀가 거기 가는 게 뭐가 이상한가? 그녀의 존경스러운 스승님께서 영원한 운동에 대해 다루고 이야기하는 연금술을 가르쳐주신다네."

사실 이 영원한 운동을 발견하기 위해 철학자들께선 머릿속을 들쑤시지만 비너스가 그녀의 학교에서 가르치는 것만큼 확실한 것은 없다.

교활한 사랑의 계략

이런 이야기를 부풀려 글로 쓰려면 끝이 없을 것 같고, 다루어야 할 문제가 있으므로 여기서 그만두고 보카치오와 함께 처녀와 유부녀와 과부 중 누가 더 사랑에 빠지기 쉬운가 하는 질문에 대해 결론을 내려 볼까 한다. 나는 여기서 들판이나 도시를 활보하는 백성들을 얘기를 하려는 게 아니다. 그건 절대로 내 의도와는 상관없기 때문이다. 나의 펜은 지체 높으신 귀부인 마님들을 위해 움직인다. 어쨌든 내 의견을 물어온다면 나는 기꺼이 남편을 한 켠에 모신 채 사랑에 적합할 우연을 만들어 내고 서둘러 사랑의 수를 이끌어 내는 위험을 즐기는 유부녀라고 말하겠다. 왜냐하면 남편들은 아내들에게 불을 지펴주는데, 가끔씩 막대기로 불을 쑤셔주면 불길이 잘 일어나 열기를 잘 간직하는 화덕처럼 계속 간직할 수 있도록 탈것과 물 그리고 나무 또는 숯만을 요구한다. 또한 램프를 사용하려는 사람이면 거기에 기름만 넣으면 된다. 하지만 꾀바른 사람이라도 남편의 질투에 의한 계략에 빠져들지 않도록 주의해야 한다.

어쨌든 그곳에 이르기 위해선 아주 지혜롭고 열정적으로 달려가야 한다. 이 점에서 우린 위대하신 앙리 왕[193]의 예를 들어볼 필요가 있다. 그는

---

193) 앙리 3세.

사랑에 크게 지배받는 사람이며 여인들을 존중해 주는 데다가 아주 신중해서 모든 여인들에게 사랑받고 환영받았다. 가끔 그가 침대를 바꾸어 다른 여인에게 갈 때는 곧바로 그녀들의 방으로 들지 않고 생-제르맹이나 블루아, 퐁텐블로의 숨겨진 방이나, 성의 다락방과 깊은 구석방 또는 몸을 피하기 쉬운 낮은 층의 방 하나를 지정해서 은밀히 만나곤 했다.

그는 다른 사람은 수행하지 않고 그리퐁[194]이라 불리는 가장 아끼는 내실 시종만 따르게 하였다. 활활 타는 불덩어리인 왕과 함께 길을 나서며 망토 속에 긴 검을 숨기고 앞과 뒤를 살피는 것이 그의 임무였다. 왕이 여자와 잠자리에 들 때면 검을 머리맡에 내려두고 문을 걸어 잠근 채 그리퐁은 밤새 망을 보고 때론 잠간씩 잠이 들기도 했다. 플로랑스 알렉상드르 공작[195]이 증명해 보였듯이 왕이나 왕자들에겐 언제나 그들을 노리는 계략과 함정이 숨어 있기 때문에 고귀하신 왕이라면 자신의 몸을 스스로 잘 지켜야 한다는 걸 여러분이 생각해 주시길 바란다. 따라서 이 것이 이 미천한 동반자가 고귀하신 어르신 곁에서 해야 하는 일인 것이다. 그런데도 모든 걸 무시하고 건방지게 구는 자가 있다면 그는 종종 그에게 걸려들고 만다.

프랑수아 왕에 얽힌 웃지 못할 에피소드를 하나 소개하려 한다. 그는 오랫동안 한 미모의 여인[196]을 첩으로 거느렸는데 어느 날 날짜도 시각도 예고하지 않고 불쑥 찾아와 거칠게 방문을 두드렸다. 그는 왕이며 주

---

194) 피에르 그리퐁. 앙리 3세가 가장 신뢰했던 내실 시종. 1543년부터 시중을 들었다.

195) 알렉상드르 드 메디시스. 플로랑스의 첫 번째 공작. 1537년 알렉상드르는 연모하던 카트린 지노리와의 만남을 주선하겠다고 그를 밤에 집으로 끌어들인 그의 사촌 로렌지노에게 단검에 찔려 죽었다.

196) 마담 드 샤토브리앙에 관한 일화다. 그러나 본이베가 겪은 이 난처한 모험은 베롤알드 드 베르빌의 『출세에 이르는 길』의 chap. XL에 나오는 일화와 이름만 빼고는 아주 유사하다.

인이었던 만큼 그렇게 행동해야 했고 할 수 있었던 것이다. 그 순간 본 이베와 함께 있던 여인은 감히 로마의 유녀들이 한다는 "불가능합니다, 마님께선 손님과 함께 계십니다."를 입 밖에 낼 수 없었다. 함께 있던 인물을 안전하게 숨기는 것이 급선무였다. 다행히 여름이었고, 프랑스에서 관습적으로 그렇듯이 벽난로 앞에 큰 잎이 늘어진 나무 화분을 놓아두고 있었다. 그녀는 남자에게 재빨리 벽난로 속으로 들어가게 하고는 넓은 나뭇가지로 벽난로를 가렸다. 겨울이 아닌 것이 다행이었다.

그녀와 일을 마친 왕은 나무에 물을 주고 싶어 하였다. 그리하여 이 불쌍한 연인은 물통에 뛰어든 꼴이 되고 말았다. 왕은 물뿌리개로 마치 정원사들이 하듯이 나무에 물을 뿌렸고, 이 불쌍한 사내는 머리, 얼굴, 눈, 코에 물을 뒤집어 쓴 데다가 입안에는 물을 가득 담고 있어야만 했다. 그는 감히 움직일 수도 없었으니 어떤 인내와 끈기가 그에게 필요했을지 상상해 보기 바란다. 왕은 물주기를 마친 뒤 그녀에게 휴가를 주고는 방을 나갔다. 그녀는 방문을 걸어 잠그고는 사내를 침대로 불러내어 따스한 몸으로 감싸주고 속옷을 갈아입혀 주었다. 너무도 엄청난 일을 겪은 후라 웃을 수도 없었다. 만일 발각되었더라면 두 사람은 위험에 처했을 것이다.

무슈 드 본이베를 몹시 사랑하고 있던 그녀는 그 반대인 것처럼 보이기 위해 약간의 질투심을 품고 있는 듯한 왕에게 이렇게 말했다.

"글쎄요, 무슈 드 본이베는 좋은 사람이긴 해요. 그는 자신이 잘생겼다고 생각하고 있어요. 내가 그 사람에게 잘생겼다고 말하면 그걸 믿는다니까요. 내가 놀리는 줄도 모르고 말이에요. 이렇게 그냥 전 시간을 보내지요. 어쨌든 그 사람은 재미있어요. 말을 재미있게 하구요. 그 사람 옆에 있으면 안 웃을 수가 없다니까요. 그러다 보니 자주 보게 되는 것 같아요."

그녀는 이렇게 그들의 일상 대화를 왕에게 이야기함으로써 그녀가 그와 만나거나 함께 있는 건 사랑하거나 즐기기 위한 것이 아님을 보여주고 왕으로 하여금 애인에 대한 의혹에 혼란을 안겨주려 하였다. 여인들이 누군가와 함께 나누는 사랑을 감추기 위해 남들 앞에서 험담을 하거나 놀리는 꾀를 쓰는 여인들이 있는데 이를 가리켜 사랑의 계략과 간책이라 한다.

내가 알고 있는 지체 높으신 공주[197])께선 그녀를 위해 봉사하는 한 기사[198])를 거느리고 있었다. 그 사실이 소문으로 번져 이들의 관계를 알게 된 어머니가 그녀를 꾸짖었다. 다른 여러 가지 문제를 의논하던 중 어머니가 말했다.

"얘야, 그 남자를 내버려 둬라. 그는 매력적인 구석이라곤 전혀 없잖니. 정말이지 시골 빵집 주인처럼 생겼어."

그러자 딸이 대답했다.

"그래요. 정말이에요, 어머니. 그가 빨간 모자를 쓴다면 정말 풍채가 볼 만할 거예요."

이렇게 그녀는 그를 사랑하지 않으며 사랑하지도 않을 것처럼 믿도록 스스로가 나서서 험담을 했다. 그러나 그녀는 정사를 즐기기 위해 그를 결코 내버리지 않았다. 적어도 석 달 후까지는 어떤 여인들은 비서나 시종 같은 아랫사람들을 좋아하는 여인들을 아주 한심한 듯 여기며 험담

---

197) 마르그리트 드 발루아.
198) 세바스티앵 드 뤽상부르그-마르티그?

하고 사람들의 앞에서 마치 이런 사랑을 독약보다도 더 끔찍하게 싫어 한다. 그렇지만 그녀들도 그런 사랑에 뛰어들고 그보다 더한 일도 벌인 다. 이것이 여인들의 교활함이다. 사람들 앞에선 그들을 위협하고 모욕 을 주고 화를 내며 야단을 치기도 하면서 뒷전에선 알랑거리며 비위를 맞춘다. 이런 여인들은 교활하기 이를 데 없다. 그래서 스페인에서는 이 렇게 말한다.

"여우는 많은 걸 알고 있다. 그러나 사랑에 빠진 여인은 더 많은 걸 알고 있다."

앞의 그 여인이 프랑수아 왕에게서 걱정을 없애 버리고자 무슨 일을 했건 간에 그녀가 그렇게 많은 일을 벌일 수 없었다면 머릿속에 뭔가가 남아 있지는 않았을 것임이 분명하다. 이 점에 있어서 내게 기억나는 일 이 있다. 한번은 샹보르에 가볍게 산책하는 기분으로 다니러 간적이 있 었는데 프랑수아 왕의 내실 시종이었다가 그곳에서 머물고 있던 늙은 관리인이 아주 친절하게 맞아 주었다. 오래전부터 우린 궁과 전장에서 서로를 알고 있는 터라 내게 모든 걸 보여주고 싶어 했다. 그는 나를 왕 의 방으로 데리고 가서는 창문 옆에 왼손으로 누군가가 써놓은 글씨를 보여주었다.

"이것 좀 보세요. 이걸 읽어보세요. 혹시 우리 주인이신 왕의 글씨를 본 적이 없으시다면, 여기 있습니다."

거기에는 큰 글씨로 이렇게 쓰여 있었다.

"모든 여인은 변한다."

난 점잖고 지혜로운 페리고르의 기사인 무슈 드 로슈라는 친구와 함 께였는데 그에게 말했다.

"그가 가장 사랑하며 변함없다고 믿고 있던 여인들 중 누군가가 마음이 변해 거짓으로 좋은 체했나 보군. 그녀에게서 뭔가 변화를 발견하면서 그는 전혀 만족할 수 없고, 그러다 보니 분한 마음으로 이 말을 쓰게 되었다는 걸 생각해 보게나."

그러자 늙은 관리도 그 말에 동의하며 말했다.

"그게 바로 제 생각입니다. 웃을 일이라고 생각하지 마십시오. 왜냐하면 제가 한 번도 보지도 알지도 못하는 이 모든 여인들 중에서, 노루 사냥에서 한 떼의 사냥개들을 바꾸려 하지 않는 여인은 본 적이 없습니다. 그러나 그런 일은 아주 낮은 목소리로 이루어지지요. 왜냐하면 만약 왕께서 사실을 아시게 되면 바뀌진 놈들을 가려내려 하시기 때문입니다."

이렇게 그들의 남편도, 하인도, 위대하신 왕이나 왕자 또는 영지를 소유하고 계신 어르신네들 등 그 누구에게도 만족치 못하는 이 여인들을 바꾸어 버려야 한다. 또한 그녀들의 어머니나 아버지 또는 그녀들의 자유와 독수공방에서 그녀들을 끌어내 방탕함을 즐기기 위해서 위대하신 왕께서는 그녀들을 잘 알아보고 시험해 보아야 한다.

내가 말하려는 부인[199]은 왕자님[200]의 사랑을 듬뿍 받고 있었는데, 왕자께서 그녀에게 가져오는 사랑이 어찌나 큰지 온갖 배려와 은총과 갖가지 호사스러움 속에 잠길 정도였다. 그럼에도 불구하고 그녀는 다른 어르신네[201]를 사랑하였고 떠나고 싶어 하지 않았다. 그녀의 애인은 왕자께서 아시면 둘 다를 망치려 들 것이라고 충고했다. 그러나 그녀는 "매한가지

---

199) 에볼리 공주.
200) 필립2세.
201) 안토니오 페레즈.

예요. 만일 당신이 날 떠나면 당신을 망치기 위해 나 자신을 망가뜨리고 말 거예요. 난 왕자의 첩이기보다는 당신의 소실로 불리고 싶어요."

여인의 이 기막힌 착상과 방탕스러움을 보라!

내가 아는 과부인 또 다른 여인 역시 위의 여인과 거의 비슷했다. 그녀는 여전히 지체 높으신 어른의 열광적인 사랑을 받고 있었다. 그렇지만 할 일 없이 빈둥거리며 시간을 쓸데없이 낭비하지 않기 위해 다양한 메뉴를 취할 수 있는 여러 명의 하인을 두어야만 했다. 한 사람으로는 이 일을 자주 쉬게 될 수밖에 없고, 계속해서 필요한 걸 제공해 줄 수도 없는 것이다. 이것이 사랑의 규칙이다. 사랑을 하는 여인은 미리 정해진 시간이나 사람을 위해 살지 않으며 단 한 사람에 머물지도 않는다. 세 명의 하인을 한꺼번에 거느리며 어찌나 재주가 좋은지 세 사람과 아주 교묘하게 관계를 지속했던 여인에 대한 이야기가 『백 가지의 새로운 이야기』에 나온다.[202]

샤를 7세의 사랑과 열정을 독차지했던 아름다운 아네스[203]는 그의 핏줄도 아니고 그것을 고백할 수도 없는 딸을 낳았다는 의심을 받았다. 또한 이런 어머니의 딸 역시 그러했노라고 우리의 역사 연대기는 전하고 있다. 영국 헨리 왕[204]의 아내인 앤 드 블레인[205] 역시 마찬가지였다. 왕은 그녀의 아름다움에 사로잡혀 사랑했지만 그녀만으로 만족하지 못하여 간통 혐의를 씌우고 그녀를 참수형에 처했다.

---

202) 엡타메론의 XLIX번째 이야기에 아스티용, 뒤라시에, 발르봉이라는 이름으로 나오는 세 봉사자는 바로 샤티용(181), 갈리오(184), 본느발(185)이다.
203) 아네스 소렐.
204) 헨리 8세.
205) 참조, 제1권 p.36.

내가 아는 한 부인은 한 점잖으신 기사분의 시중을 받게 되었는데 얼마 지나지 않아 지나간 애정 편력을 이야기하다가 갈라서고 말았다. 약간 우쭐대고 싶었던 남자가 말했다.

"하, 뭐라구! 당신은 당신이 나의 유일한 여인이라고 생각한다는 거요? 당신은 내가 당신과 함께 다른 두 여인이 있다고 하면 몹시 놀라겠구려."

그러자 그녀도 지지 않고 즉시 받아쳤다.

"그래요? 당신이 나의 유일한 봉사자였다고 생각했다면, 당신은 더욱 놀라시겠군요. 왜냐하면 전 다른 세 명을 여분으로 두었거든요."

자, 어찌하여 좋은 배는 굳건하기 위해서 항상 두세 개의 닻이 필요한지 보셨을 것이다.

배일 속의 여인들

끝으로 하고픈 말은 여인들을 위해 사랑이여 영원하라! 내가 한 아름다운 여인의 수첩에서 찾아낸 것인데 스페인어로 허풍을 떨던 이 여인이 스페인어로 부르는 노랫말을 듣고 적어두었던 것이다.

"동반자가 없는 여인은 희망도 할 일도 없으며, 키 없는 배는 나아가야 할 방향을 잡을 수도 없다."

이 가사는 유부녀, 과부, 그리고 처녀들에게 아주 유익한 말씀이 될 수 있을 것이다. 여자들이란 누구나 동반해 주는 남자 없이는 좋은 일을 결코 할 수도 없고, 그녀들을 쉽게 사로잡을 유쾌한 일에 대한 희망도 없다. 어쨌든 유부녀나 과부는 처녀들보다 더 많은 고통과 노력과 가혹한 시련을 주지 않는다. 한 번도 쓰러지고 넘어져 보지 못한 여자보다는 정복당해 보고 쓰러지고 넘어져 본 사람을 쓰러뜨리고 정복하는 것이 훨씬 쉽고 수월하다고 사람들은 말한다. 전혀 아무도 지나지 않은 길보다 이미 길을 터서 다져진 길을 걸을 때에는 걷기에도 좋고 조금도 고생스럽지가 않다. 이 비교는 전사로서 여행자로서의 나의 경험에서 나온 것이다. 게다가 처녀들 중에는 절대로 결혼하지 않고 처녀로서의 조건을 간직한 채 평생을 살겠노라는 엉뚱한 공상을 하고 있는 처녀들이 있다.

어떤 처녀에게 이유가 뭔지 물으니 말했다.

"이것이 제 기질이니까요."

하지만 키벨리온, 주노, 비너스, 테티스, 세레스 그리고 하늘의 모든 여신들이 모두 처녀의 이름을 무시했다. 그 외에 태어나면서 주피터의 뇌를 손에 넣었던 팔라스는 거기서 처녀성이란 뇌 속에서 받아들여지는 하나의 의견에 불과하다는 걸 알았다. 결코 결혼하지 않는 처녀들은 혹 그녀들이 결혼하게 되더라도 최대한 늦게 하는데 왜 결혼하지 않는 건지 물어보면 이렇게 말한다.

"왜냐하면 난 결혼을 원하지 않기 때문이죠. 이것이 내 기질이고 의견입니다."

프랑수아 왕 시절에 몇몇 이런 여인들을 난 볼 수 있었다. 섭정 왕비[206)께서는 푸팽쿠르[207)라는 아주 정숙하고 아름다운 시녀를 데리고 있었는데 한 번도 결혼하지 않았으며 나이 육십에 처음 태어났을 때처럼 순결함을 그대로 간직한 채 죽었다. 마담 당굴렘의 소녀 시절 가정교사였던

---

206) 루이즈 드 사부아, 앙굴렘 공작 부인. 프랑수아 1세의 어머니로 프랑수아 1세가 파비에서 크게 패한 이후 섭정을 하며 정치적 능력을 과시했다.
207) 잔 드 푸팽쿠르. 참조, 클레랑보. vol, 1216, 60쪽.

라 브를랑디에르는 순결한 처녀로서 팔십 살에 죽었다.

나는 절대 결혼하고 싶어 하지 않는 칠십 살의 아주 지체 높은 처녀[208]를 알고 있다. 그러나 결혼하지 않는다고 해서 사랑을 즐기는 걸 포기하지는 않았다. 그녀가 결혼하지 않는 이유에 대해 변명하고자 하는 사람들은 말하기를 그녀가 아직 어린 소녀처럼 성적인 능력이 신체적으로 발달되지 못하여 아내로서나 남편에게나 맞지 않기 때문이라고 하는데 이 변명을 믿어야 하는 건지!

마드모아젤 드 샤랑소네, 드 사부아[209]는 얼마 전 처녀로 투르에서 죽었다. 호화롭고 장엄하며 많은 친구들이 참석한 장례식에서 마흔다섯 살에 죽은 이 순결한 처녀는 순백의 드레스와 모자로 감싼 채 아주 엄숙하게 땅에 묻혔다. 그녀는 지혜롭고 정숙하며 아름다운 궁중 시녀로 대단히 지체 높으신 어르신네들의 좋은 유혹을 깨끗이 거절하며 자신을 지켰다.

여왕의 시녀로 궁중 생활을 하고 있는 나의 누이[210]는 수많은 유혹들을 모두 거절했다. 그리고 한 번도 결혼을 원하지 않았으며 앞으로도 그럴 것이다. 그녀는 처녀로서 살다가 죽겠다는 결심을 고집스럽게 지켜오면서 노년에 접어들었다. 그 밖에 여왕의 시녀인 마드모아젤 드 세르토, 일명 미네르바로 불리는 유식한 마드모아젤 드 쉬르지에르[211] 등이 있다.

---

208) 영국의 엘리자베스 여왕. 엘리자베스 1세. 일명 순결한 여왕.

209) 1583년 당시 카트린 드 메디시스에게 속해 있던 루이즈 드 샤랑소네. 그녀 때문에 20여 년 전 브랑톰의 막내아우인 장 드 부르데유는 공허한 한숨만 내쉬어야 했다. 만약 마드모아젤 드 샤랑소네가 결혼에 대해 혐오감을 갖고 있었다면 그것은 브랑톰이 말하는 것처럼 그녀가 정숙해서가 아니라 동성애를 즐겼기 때문이다. 사실 『레 투알(L'Etoile)』에서 이 명예로운 처녀에게 고하는 두 대목을 읽을 수 있다.

샤랑소네와 그녀의 애인은 함께 어우러져 있었다.(1581).
샤랑소네는 더 이상 그녀의 꽃을 갖고 있지 않네.
그녀를 닮은 사이비가 그것을 꺾어 버렸으니 세르토가 그녀의 순결을 앗아갔다네.
사포와 소돔이 되살아나고…….(1583)

210) 마들렌 드 부르데유.

열정적인 엘레오노르 여왕[212)의 딸인 포르투갈 공주[213)도 같은 결심을 했고, 육십이 넘을 때까지 순결한 처녀로 지내다가 죽었다. 그녀가 그렇게 지낸 것은 모자람이 있어서가 아니다. 그녀는 모든 면에서 위대하고 뛰어났다. 구르그 장군[214)이 매사를 관장해 주었던 프랑스까지 그녀는 권력을 행사할 수 있었으니 재산과 권력이 모자랐던 것도 아니었다. 나는 리스본에서 본 적이 있는데[215) 마흔다섯 살이었던 그녀는 우아한 기품, 부드럽고 상냥하며 아름다운 외모에 대단히 매력적이어서 프랑스에 오더라도 모든 사람을 사로잡을 수 있는 여인이었다. 나는 그녀와 사적인 이야기를 나눌 수 있었던 걸 몹시 영광으로 여기고 있다.

프랑수아[216) 왕의 어린 시절, 로렌 수도원장은 스코틀랜드로 가기 위해 갤리선을 이끌고 근동에서 지중해 서쪽을 향해 가던 중 리스본에 며칠 머물면서 매일 그녀를 만나러 갔었다.[217) 그녀는 아주 친절하게 그를 맞았고 그와 함께하는 걸 무척 좋아했다. 또한 그에게 많은 선물을 주기도 했다. 많은 선물 중에 특히 그녀는 다이아몬드와 루비 그리고 커다란

---

211) 엘렌 드 폰세크 드 쉬르제르. 쉬르제르의 영주 르네와 안 드 코세-브리삭의 딸. 그녀가 바로 롱사르의 엘렌이다. 그는 그녀를 두고 이렇게 말했다. "그녀는 제10의 뮤즈 또는 지혜로운 여신이로다(뮤즈는 시, 미술을 다스리는 아홉 여신)." 또한 그의 초고들 중에는 그녀의 지혜를 과장하여 표현한 것이 있다.

　　쉬르지에르는 너무도 지혜로워, 그녀의 앎은 너무도 방대하나니
　　머나먼 곳 어디에서나 언제나 사람들은
　　그녀의 지혜와 성스러운 미덕을 칭찬하는 소리를 듣는도다.
"그녀가 유년 시절을 보낸 피에몽의 산처럼" 이 갈색머리 처녀는 " 영원히 변치 않을 것이다."라고 피에르 샹피용은 『롱사르와 그의 생애』 p.255에서 말하고 있는데 그녀는 도라의 라틴어로 쓴 시에서, 또한 불어로 쓴 바이프, 자맹, 조델 그리고 데포르트에 의해 찬양되었다.
212) 엘레오노르, 포르투갈 여왕.
213) 마리, 포르투갈 공주.
214) 오지에 드 구르그-줄리악.
215) 1564년.
216) 프랑수아 2세.
217) 1559년.

진주로 개성 있고 화려하게 만든 팔찌를 서약의 의미로 주었는데 그의 손목을 세 번 두를 수 있는 것이었다. 그 후 우리는 런던에 잠시 들렀다가 스코틀랜드로 돌아왔다. 그런데 프랑스에 돌아오자마자 약혼을 파기하면서 그것을 돌려보냈다. 왜냐하면 그는 자기가 열렬히 사랑했고 자기를 완전히 사로잡았던 여인을 위해 그렇게 하는 것이 좋다고 생각했기 때문이었다. 그리고 그는 그녀가 그를 조금도 덜 사랑하지 않으며 기꺼이 순결을 바친 것이라고 믿었다. 그녀는 아주 현숙한 미덕을 갖춘 여인이었으므로 그것이 바로 결혼을 의미하는 것임을 알았다.

그러나 사실을 좀 더 말한다면, 그의 형제들이 그를 붙들어 둠으로써 프랑스에서 시작된 최초의 불화와 동요만 아니었다면 갤리선을 돌려 공주에게 달려가 결혼에 대해 이야기했을 것이다. 그리고 일이 잘못될 이유가 사실 없었다. 왜냐하면 그 역시 공주 못지않게 왕가의 혈통을 이어받은 훌륭한 가문 출신으로 뛰어나고 훌륭하며 잘생기고 매력적인 왕자 중의 하나였기 때문이다. 그런데 매사에 결정권을 갖고 있었던 두 형이 일을 교묘하게 이끌어 갔다.

나는 어느 날 그가 형들과 이야길 나누는 걸 보고 들을 수 있었다. 그는 자기의 여행에 대해, 그곳에서 받았던 즐거움과 애정에 대해 소상히 이야기를 했다. 형들은 그가 다시 뱃길을 돌려 그곳으로 돌아가길 바란다는 충고를 해주었다. 교황께서 십자가에 대해 이내 용서를 해주실 거란 거였다. 이 저주받을 마음의 동요만 아니었다면 그는 자기의 명예와 기쁨을 위해 달려갔을 것이다. 그 공주는 그를 몹시 사랑했고, 그의 죽음에 대해 내게 물으며 몹시 애석해 하였다. 이렇게 그는 명확한 판단을 내리기엔 너무 단순했던 것이다.

나는 여기서 교활한 여인들이 가지고 있는 또 다른 이유를 이야기할 까 한다. 바로 왜 나이 든 처녀가 늦게까지 결혼을 하지 않는가 하는 점 이다. 때로 여자들은 혼자서 만족하는 방법을 찾든가 동료들과 동성애 적인 방법을 통해 만족을 찾으며 남자나 결혼에 대해 염려하지 않는다. 이렇게 처녀성을 지켜낸 처녀들은 옛날 로마에서 법이 그녀들을 사형에 처하도록 결정하기 전까지는 명예와 특권을 누렸다.

삼두정치가 이루어질 때의 이야기를 읽어보면 한 로마 의원이 추방을 당하고 사형에 처하게 되었는데 가족을 함께 처단하라는 판결이 내려졌 다. 교수대에 성숙하지 않은 예쁜 딸이 올려지고 순결하다는 판명이 나 자 사형 집행인은 교수대 위에서 그녀의 순결을 앗아버려야만 했다. 황 제 티베르는 이렇게 아름답고 순결한 처녀는 공개적으로 처녀성을 박탈 하기를 좋아했다. 실로 추잡한 잔인성이다.

베스타 여신을 섬기는 무녀들 역시 그들의 종교만큼이나 그들의 순결 때문에 존경과 칭송을 받았다. 만약 그녀들이 세속인들과 어울려 몸을 더럽혔을 때에는 성화를 잘 지키지 못했을 때만큼이나 엄중한 벌을 받 았다. 사람들은 이렇게 더럽혀진 무녀는 일말의 연민도 보내지 않고 산 채로 매장해 버렸다. 로마인 알비누스는 로마 외곽에서 어디론가 걸어 가고 있는 이 무녀들을 만나자 아내와 아이들을 마차에서 내리게 하고 는 목적지까지 데려다 주었다.[218] 그들은 이러한 특권을 누렸으므로 로

---

218) 발레르 막심 『기억할 만한 행동과 언어들』 1. I. 제1장 10절. "골루아에 의해 로마가 점령되었을 때, 키리누스의 제관들과 베스타 무녀들은 무거운 짐이 되는 그들의 성물들을 모두 가져갔다. 수브리시우스 다리에 이르렀을 때 그 들은 옆구리에 심한 무게를 느끼기 시작했다. 아내와 아이들을 마차에 싣고 지나가던 알바니우스가 그들을 알아보 았다. 사적인 애정보다는 국가의 종교에 더 비중을 두고 있던 그는 아내와 아이들을 마차에서 내리게 하고 무녀들 과 짐을 싣게 한 뒤 길을 돌려 카에레까지 데려다 주었다. 그곳에서 그들은 크게 환영받고 존경받았다."

마 백성들과 기사들을 중재하는 신망 있는 중재자가 되기도 했다.

황제 테오도지앵[219]은 기독교인들의 충고에 따라 무녀들을 로마에서 쫓아냈는데 로마인들은 그들이 갖고 있던 엄청난 땅과 재산과 권한들과 함께 제자리로 돌아오도록 집정관으로 시마쿠스[220]를 선출했다. 그리고 이 무녀들은 로마 백성에게든 오가는 이방인들에게든 절대 허락하지 않았던 적선을 매일매일 듬뿍 베풀었다. 그럼에도 불구하고 테오도지앵은 불러들이려 하지 않았다. 그녀들은 아무리 돌리고 움직여도 타오르는 불을 의미하는 '베스타(vesta)'에서 따온 '베스탈레스(vestalles)'라는 명칭으로 불렸다.

그들은 동정녀처럼 30년을 지냈으며, 그 기간을 넘긴 후에는 결혼할 수 있었다. 시인 프루덴티우스[221]의 섬세한 묘사에 따르면 대단히 호화롭고 사치스러운 복장을 하였으며, 오늘날 결혼하는 몽 앙 에노와 로몽 앙 로렌의 세속 수녀들과 같았다고 할 수 있겠다. 이 시인 프루덴티우스는 이런 화려한 복장으로 멋진 마차를 타고 도시에 나서고, 피를 흘리며 야수들과 싸우는 검투사들을 보고 즐기기 위해 원형 경기장에 가는 이 무녀들을 몹시 비난했다. 그는 황제에게 이렇듯 끔찍한 광경을 연출해 내는 피투성이 경기를 폐지하도록 건의했다. 물론 그녀들은 이런 걸 보지 말아야 한다. 그러나 그녀들 역시 이렇게 말할 수 있다.

"모든 여인들이 보고 즐기는 오락일 뿐이므로 우리도 그것을 보고 즐길 수 있다."

몇몇 과부들도 이 처녀들과 같은 방법을 좋아하는 이들이 있다. 물론

---

219) 테오도지앵이 아니라 대 테오도즈 1세. 그는 380년 영세를 받고 이교도와 아리우스파 신교들에 대해 아주 엄격한 가톨릭을 고수했다. 그리고 389년 1100년을 내려온 베스타 사원을 없애 버렸다.
220) 그는 테오도즈가 베스타를 말살해 버린 389년 로마의 집정관이 되었다.
221) 라틴 시인(348-410년경). 그의 『Liber Peristephanon』에서.

남이 모르게 남자와 결혼에 의해서 발산할 수 있는 그들의 욕구를 충분히 발산하기도 한다. 따라서 오랫동안 그녀들이 독수공방을 지켰다고 해서 그들의 비밀스러운 삶을 알기 전에는 지나치게 찬양해서는 안 된다. 여자들이란 몹시 교활하고 치밀해서 남자들의 눈과 생각을 어지럽히고 흐리게 만들 줄 알며, 남자들은 절대로 그들의 삶을 알 수가 없기 때문이다. 대단히 신중하고 지혜롭기 이를 데 없는 여인은 아무도 알 수 없도록 베일 속에서 아주 유효적절한 방법으로 자신의 삶을 즐긴다.

내가 아는 한 귀부인은 온 나라와 궁에서 가장 착한 여인으로 평가받으면서 40년 이상을 과부로 지냈다. 그러나 모든 것은 감추어져 있었다. 그녀는 처녀로 유부녀로 과부로서 55년 간을 아주 교묘하게 창녀 짓을 해왔던 것이다. 어찌나 교묘하고 빈틈없었는지 칠십에 죽을 때까지도 아는 사람이 거의 없을 정도였다. 그녀는 자신의 방을 젊었을 때처럼 늘 꾸며놓았다. 그녀가 젊은 과부였을 때 한 젊은 기사를 좋아하게 되었는데 사로잡을 수가 없자 어느 해의 성 이노상 축일에 매질을 하러[222] 그 기사의 방으로 갔다. 그러자 기사는 그녀에게 회초리 대신 다른 걸 주었고,

---

222) 16세기에 존재하던 풍습. 성 이노상 축일에 사람들은 침대에서 빈둥거리는 게으른 사람에게 회초리로 매질을 하였다. 사람들은 이를 '무고한 자를 고발한다(donner les innocents)' 고 불렀으며, 사람들이 상상할 수 있는 갖가지 즐거운 싸움을 제공해 주었다. 마로의 그럴듯한 풍자시 『이노상 축일에 대하여』는 다음과 같다.

사랑하는 누이여, 이노상 축일에 당신이
어디에서 자고 있는지 내가 알고 있었다면,
5백 명 중 내가 가장 좋아하는
이 아름다운 육체를 보기 위해서
아침 일찍 나는 당신의 침실로 달려갔을 것이오.
열기가 느껴지는 내 손은 당신을 만지고,
더듬고, 내 손 안에 넣고, 아무런 시도를 하지 않고도
크나큰 만족감을 느낄 수 있지 않겠소.
만약 누군가가 사랑의 모험을 하기 위해 찾아온다 해도
당신의 무죄를 정당화할 수 있을 것 같은
이는 고상한 변명이 될 수 있지 않겠소?

다시 시작해도 그녀는 잘 견디었다.

　내가 아는 또 다른 여인은 50년 간 몇몇 상대와 대단히 신중하고 지혜롭게 정열을 불태우며 과부의 명예를 지켰다. 마침내 그녀가 죽게 되자 12년 간 사랑한 사람과 숨겨둔 아들이 있음을 고백했다. 그들의 삶과 마지막을 보지 않고서는 어떤 과부도 지나치게 찬양해서는 안 된다고 내가 말하지 않았던가?

　많은 사람들이 이 문제를 좀 더 고상하고 아름답게 만들 수 있는 좋은 말, 좋은 이야기들을 빠뜨렸다고 내게 말할 수 있다고 생각한다. 나 역시 그렇게 생각한다. 그러나 여기서부터 세상 끝까지, 나는 끝을 볼 수가 없다. 그리고 누가 그 고통을 짊어지려 하겠는가.

　여인들이시여, 여기서 끝을 맺으련다. 내가 여러분들을 공격하는 말을 했음을 용서해 주시기 바란다. 난 결코 당신들을 공격하거나 불쾌하게 하려고 펜을 들었던 건 아니다. 만일 내가 어떤 여인에 관한 말을 했다면 그건 모든 여인을 얘기한 건 아니다. 또한 이들에 대해서도 이름을 덮어줌으로써 조금도 모욕하지 않았다. 나는 사람들이 눈치챌 수 없도록 최대한 배려했으므로 스캔들은 의심이나 의혹에 의해서만 일어날 수 있을 것이다.

　내 이야기 속의 상당 부분이 반복되었음을 인정하며 두서없는 내 언변에 기인한 것임을 사과드린다. 특히 플루타르크의 이야기 중 많은 부분이 인용되었는데 오류가 있다면 여러분이 모든 걸 바로 잡아주길 부탁드린다.